智能交通研究与开发丛书
INTELLIGENT TRANSPORTATION

汽车与交通运行仿真

SIMULATION OF AUTOMOBILE
AND TRAFFIC OPERATION

王宪彬 高远 陈德启 著

本书是一本介绍汽车与交通运行仿真的著作，共分为两篇 22 章。第一篇为"汽车系统动力学分析与建模仿真"，主要涵盖汽车系统动力学的相关内容，分别从驱动和制动的角度阐述了汽车系统动力学模型的建立方法、汽车系统动力学特征的分析方法，以及汽车驾驶稳定区域的求解和验证方法。第二篇为"交通运行建模与仿真"，内容以第一篇为基础，面向交通运行分别介绍了公路线形安全性评价方法、道路交叉口状态感知及配时优化方法和道路路段交通流状态识别与预测方法。

本书可供从事汽车工程、交通工程、交通规划与管理，以及仿真领域研究的专业人士和学生阅读参考。

图书在版编目（CIP）数据

汽车与交通运行仿真/王宪彬，高远，陈德启著. —北京：机械工业出版社，2024.4

（智能交通研究与开发丛书）

ISBN 978-7-111-75435-0

Ⅰ.①汽⋯ Ⅱ.①王⋯ ②高⋯ ③陈⋯ Ⅲ.①交通运输管理－系统仿真 Ⅳ.①U495

中国国家版本馆 CIP 数据核字（2024）第 062584 号

机械工业出版社（北京市百万庄大街 22 号 邮政编码 100037）
策划编辑：李 军 责任编辑：李 军 丁 锋
责任校对：景 飞 张 薇 责任印制：刘 媛
北京中科印刷有限公司印刷
2024 年 6 月第 1 版第 1 次印刷
169mm×239mm · 29.25 印张 · 22 插页 · 604 千字
标准书号：ISBN 978-7-111-75435-0
定价：169.00 元

电话服务	网络服务
客服电话：010-88361066	机 工 官 网：www.cmpbook.com
010-88379833	机 工 官 博：weibo.com/cmp1952
010-68326294	金 书 网：www.golden-book.com
封底无防伪标均为盗版	机工教育服务网：www.cmpedu.com

前　言

本书以汽车系统动力学分析与建模仿真，以及交通运行建模与仿真为主题，旨在探讨汽车与交通领域中的重要问题，并介绍相关的建模与仿真方法。

在现代社会中，汽车与交通运行是人们生活中不可或缺的一部分。对于汽车制造商与交通管理者而言，了解汽车系统的动力学特性、分析驾驶稳定性，以及预测交通运行状态等议题至关重要。而对于研究者和实践者来说，通过建立准确的模型并进行仿真，可以更好地理解和解决相关问题。

本书分为两篇，每篇集中探讨不同的内容，旨在向读者提供全面的知识与技术支持。

第一篇"汽车系统动力学分析与建模仿真"着重介绍了汽车系统的动力学特性和建模仿真方法。本书从引入驱动的汽车动力学模型开始，深入研究了汽车系统动力学平衡点的求解、分岔特征的确认，以及汽车驱动转向分岔的耦合特征分析等问题。此外，本书还讨论了驾驶稳定区域的求解方法，并引入制动建立了更为复杂的汽车模型。在探索不同操纵稳定性模型的动力学特征后，针对控制策略进行了驾驶稳定区域的分析。

第二篇"交通运行建模与仿真"主要专注于交通运行的建模和仿真。首先，介绍了人－车－路系统模型，并重点分析其对公路线形安全性评价的影响。随后，探讨了低等级公路弯坡路段动力学设计模型的建立，以及相应的设计指标分析。在此基础上，深入研究了交叉口运行状态感知、交通参数预测，以及自适应配时优化方法。此外，还关注路网浮动车数据的采集与处理分析，并介绍了基于张量分解和密度峰值优化算法。

本书第1章~第15章由东北林业大学王宪彬撰写，第16章第1节~第3节、第20章~第22章由东北林业大学高远撰写，第16章第4节~第5节、第17章~第19章由东北林业大学陈德启撰写。

本书的目标读者包括从事汽车工程、交通工程、交通规划与管理，以及仿真领域研究的专业人士和学生。我们希望这本书能够为读者提供一个系统而全面的指南，帮助读者掌握汽车与交通运行仿真的关键原理和方法。

最后，要感谢所有为这本书的出版做出贡献的人员，你们的辛勤工作使得这本书得以完成。同时，也希望读者能够通过阅读这本书，深化对汽车与交通运行仿真领域的理解，为未来的研究和实践奠定坚实的基础。

由于作者水平有限，书中难免存在不妥之处，敬请读者批评指教。

作　者

目录

前言

第一篇　汽车系统动力学分析与建模仿真 ········· 1

第1章　绪论 ········· 1
1.1　背景 ········· 1
1.2　研究现状分析 ········· 3
　1.2.1　汽车系统动力学分岔研究现状 ········· 3
　1.2.2　汽车系统动力学稳定区域研究现状分析 ········· 4
　1.2.3　研究趋势分析 ········· 5
1.3　本篇的研究内容 ········· 6

第2章　引入驱动的汽车动力学模型 ········· 7
2.1　统一滑移率公式 ········· 7
　2.1.1　车轮转动动力学分析 ········· 7
　2.1.2　统一滑移率公式的推导 ········· 10
2.2　引入驱动的五自由度汽车动力学模型的建立 ········· 11
　2.2.1　坐标系定义 ········· 11
　2.2.2　汽车动力学方程的建立 ········· 12
2.3　仿真验证 ········· 14
　2.3.1　轮胎力学混合滑移特性仿真 ········· 14
　2.3.2　轮胎动力学演变过程仿真 ········· 15
　2.3.3　整车相空间特性仿真 ········· 18

第3章　汽车系统动力学平衡点的求解与分岔特征确认 ········· 21
3.1　汽车系统动力学平衡点简介 ········· 21
3.2　基于遗传算法和拟牛顿法的平衡点求解方法 ········· 23
　3.2.1　算法简介 ········· 23
　3.2.2　算法验证 ········· 24
3.3　汽车系统动力学平衡点求解 ········· 31
　3.3.1　平衡点的求解流程 ········· 31
　3.3.2　基于前轮转向角变化的平衡点求解 ········· 32

3.3.3　基于驱动力矩变化的平衡点求解 ·············· 42
　3.4　平衡点的分岔特征确认与分析 ·············· 49
　　3.4.1　平衡点的分岔特征确认 ·············· 49
　　3.4.2　前轮转向角对平衡点分岔特征的影响 ·············· 50
　　3.4.3　驱动力矩对平衡点分岔特征的影响 ·············· 53

第4章　汽车驱动转向分岔的耦合特征分析 ·············· 58
　4.1　汽车系统的自治模型 ·············· 58
　4.2　前轮转向角幅值对驱动转向分岔特征的影响 ·············· 59
　　4.2.1　状态变量的分岔特征 ·············· 59
　　4.2.2　分岔特征的动力学演变过程 ·············· 64
　4.3　驱动力矩大小对驱动转向分岔特征的影响 ·············· 73
　　4.3.1　状态变量的分岔特征 ·············· 73
　　4.3.2　分岔特征的动力学演变过程 ·············· 77
　4.4　驱动转向分岔的耦合特征分析 ·············· 86
　　4.4.1　基于前轮转向角幅值分岔的分析 ·············· 86
　　4.4.2　基于驱动力矩大小分岔的分析 ·············· 88

第5章　基于驱动力矩和转向角分岔的驾驶稳定区域求解 ·············· 90
　5.1　驾驶稳定区域的定义 ·············· 90
　5.2　驾驶稳定区域的求解 ·············· 91
　　5.2.1　思路与方法 ·············· 91
　　5.2.2　结果分析 ·············· 92
　5.3　驾驶稳定区域的验证 ·············· 95
　　5.3.1　驾驶稳定区域的仿真 ·············· 95
　　5.3.2　驾驶稳定区域和临界车速的对比 ·············· 99

第6章　引入制动的汽车五自由度模型 ·············· 101
　6.1　车身模型 ·············· 101
　6.2　轮胎模型 ·············· 103
　6.3　仿真验证 ·············· 106
　　6.3.1　模型仿真 ·············· 106
　　6.3.2　CarSim类比验证 ·············· 108

第7章　引入达朗贝尔原理的驾驶稳定区域求解 ·············· 112
　7.1　等效系统的建立 ·············· 112
　　7.1.1　达朗贝尔原理的引入 ·············· 112
　　7.1.2　五自由度等效系统准平衡态确认 ·············· 113
　7.2　等效系统平衡点求解 ·············· 116
　　7.2.1　基于前轮转向角变化的平衡点求解 ·············· 116
　　7.2.2　基于制动力矩变化的平衡点求解 ·············· 118
　7.3　驾驶稳定区域求解 ·············· 121
　　7.3.1　思路简介与求解流程 ·············· 121

7.3.2 三维稳定空间区域 …… 123
7.3.3 驱/制动转向稳定区域对比 …… 124

第 8 章 基于能量耗散理论的驾驶稳定区域验证 …… 126
8.1 制动工况下的能量耗散过程分析 …… 126
　8.1.1 能量耗散理论简介 …… 126
　8.1.2 五自由度等效系统的驾驶稳定区域 …… 127
8.2 基于能量耗散理论的驾驶稳定区域求解 …… 129
　8.2.1 五自由度等效系统的驾驶稳定区域 …… 129
　8.2.2 五自由度原系统的驾驶稳定区域 …… 130
8.3 低速下的驾驶稳定区域差异分析 …… 131

第 9 章 轮胎力有理函数表达方程 …… 134
9.1 引言 …… 134
　9.1.1 标准参考轮胎模型 …… 134
　9.1.2 轮胎力有理函数方程拟合 …… 135
　9.1.3 仿真验证 …… 140
9.2 轮胎力有理函数方程适用性验证 …… 141
　9.2.1 基于二自由度模型的适用性验证 …… 141
　9.2.2 基于三自由度模型的适用性验证 …… 142
　9.2.3 基于五自由度模型的适用性验证 …… 143

第 10 章 不同汽车操纵稳定性模型的动力学特征分析 …… 145
10.1 同模型的相空间分析 …… 145
　10.1.1 二自由度模型相平面与能量特性分析 …… 145
　10.1.2 三自由度模型相空间与能量特性分析 …… 147
　10.1.3 五自由度模型相空间与能量特性分析 …… 150
10.2 不同模型的平衡点分析 …… 153
　10.2.1 二自由度模型平衡点求解与特性分析 …… 154
　10.2.2 三自由度模型平衡点求解与特性分析 …… 157
　10.2.3 五自由度模型平衡点求解与特性分析 …… 162
10.3 不同模型的驾驶稳定区域分析 …… 167
　10.3.1 二自由度模型驾驶稳定区域求解与分析 …… 168
　10.3.2 三自由度模型驾驶稳定区域求解与分析 …… 170
　10.3.3 五自由度模型驾驶稳定区域求解与分析 …… 171

第 11 章 面向控制策略的驾驶稳定区域分析 …… 175
11.1 直接横摆力矩控制与四轮转向控制 …… 175
　11.1.1 直接横摆力矩控制 …… 175
　11.1.2 四轮转向控制 …… 177
11.2 面向控制策略的驾驶稳定区域求解 …… 178
　11.2.1 面向 DYC 的五自由度模型全轮驱动模式驾驶稳定区域求解 …… 179
　11.2.2 面向 4WS 的五自由度模型全轮驱动模式驾驶稳定区域求解 …… 180

11.3 面向控制策略的驾驶稳定区域求解验证 ……………………………… 183
    11.3.1 CarSim 整车模型 ………………………………………………… 183
    11.3.2 联合仿真结构 …………………………………………………… 185
    11.3.3 面向控制策略的驾驶稳定区域验证 ……………………………… 186

第二篇 交通运行建模与仿真 …………………………………………… 195

第12章 绪论 …………………………………………………………… 195
12.1 背景 ………………………………………………………………… 195
12.2 研究现状分析 ……………………………………………………… 196
    12.2.1 公路线形安全性评价的研究 …………………………………… 196
    12.2.2 道路交叉口状态感知及配时优化研究 ………………………… 201
    12.2.3 道路路段交通流状态识别与预测研究 ………………………… 210
    12.2.4 研究趋势分析 …………………………………………………… 214
12.3 本篇的研究内容 …………………………………………………… 215

第13章 面向公路线形安全性评价的人-车-路系统模型 …………… 216
13.1 汽车系统模型 ……………………………………………………… 216
    13.1.1 三自由度汽车系统模型 ………………………………………… 216
    13.1.2 轮胎模型 ………………………………………………………… 217
13.2 驾驶人方向及速度控制模型 ……………………………………… 218
    13.2.1 驾驶人最优预瞄曲率模型 ……………………………………… 218
    13.2.2 真实道路输入下的驾驶人模型 ………………………………… 220
13.3 公路平面线形模型 ………………………………………………… 220
13.4 人-车-路系统动力学模型 ………………………………………… 221
    13.4.1 模型的建立 ……………………………………………………… 221
    13.4.2 模型的验证 ……………………………………………………… 221

第14章 人-车-路系统耦合特征对公路圆曲线的影响分析 ………… 223
14.1 同向曲线安全性分析 ……………………………………………… 223
    14.1.1 纵向速度与同向曲线半径耦合特征分析 ……………………… 223
    14.1.2 预瞄时间与同向曲线半径耦合特征分析 ……………………… 226
    14.1.3 道路横坡度与同向曲线半径耦合特征分析 …………………… 230
14.2 反向曲线安全性分析 ……………………………………………… 233
    14.2.1 纵向速度与反向曲线半径耦合特征分析 ……………………… 233
    14.2.2 预瞄时间与反向曲线半径耦合特征分析 ……………………… 237
    14.2.3 道路横坡度与反向曲线半径耦合特征分析 …………………… 241
14.3 人-车-路系统参数之间的耦合特征 ……………………………… 246
    14.3.1 同向曲线的耦合特征分析 ……………………………………… 246
    14.3.2 反向曲线的耦合特征分析 ……………………………………… 248

第15章 公路平面线形安全性评价方法 ………………………………… 251
15.1 公路平面线形安全性评价指标 …………………………………… 251

15.2 基于MATLAB的公路平面线形安全性评价 ······ 253
　15.2.1 实验路段的选取 ······ 253
　15.2.2 基于预瞄时间的公路平面线形安全性评价 ······ 255
　15.2.3 基于纵向速度的公路平面线形安全性评价 ······ 260
15.3 基于CarSim的公路平面线形安全性评价 ······ 266
　15.3.1 实验路段的选取 ······ 268
　15.3.2 基于预瞄时间的公路平面线形安全性评价 ······ 268
　15.3.3 基于纵向速度的公路平面线形安全性评价 ······ 273

第16章　路网浮动车数据的采集与处理分析 ······ 280

16.1 浮动车数据采集 ······ 280
16.2 路网浮动车数据描述 ······ 282
　16.2.1 低频浮动车数据 ······ 282
　16.2.2 高频浮动车数据 ······ 282
　16.2.3 浮动车数据说明 ······ 282
16.3 浮动车异常数据预处理 ······ 284
　16.3.1 异常数据分析 ······ 284
　16.3.2 数据清洗流程 ······ 285
　16.3.3 轨迹坐标转换 ······ 285
16.4 路网浮动车数据地图匹配方法 ······ 288
　16.4.1 地图匹配算法 ······ 288
　16.4.2 地图匹配结果 ······ 289
16.5 浮动车出行数据基础分析 ······ 291
　16.5.1 原始数据特征分析 ······ 291
　16.5.2 空间范围影响分析 ······ 293
　16.5.3 时间因素影响分析 ······ 295
　16.5.4 天气因素影响分析 ······ 298

第17章　交叉口运行状态感知 ······ 300

17.1 信号交叉口配时参数及控制方法 ······ 300
　17.1.1 交叉口信号配时参数 ······ 300
　17.1.2 交叉口信号控制方法 ······ 301
　17.1.3 基于网格模型的交叉口区域界定方法 ······ 303
17.2 信号交叉口参数计算方法 ······ 309
　17.2.1 信号交叉口交通参数计算方法 ······ 309
　17.2.2 交叉口信号配时参数计算方法 ······ 314
17.3 交叉口运行状态评价及诊断 ······ 319
　17.3.1 信号交叉口整体延误分析 ······ 319
　17.3.2 信号交叉口内部延误分析 ······ 321
　17.3.3 信号交叉口延误问题诊断 ······ 325

第18章　交叉口交通参数预测方法 ······ 331

18.1　深度学习理论 ··· 331
　18.1.1　循环神经网络 ··· 331
　18.1.2　卷积神经网络 ··· 334
18.2　信号交叉口交通特征数据集构建 ··· 335
　18.2.1　特征变量相关性检验 ·· 335
　18.2.2　特征变量标准化处理 ·· 337
　18.2.3　特征变量数据集划分 ·· 338
18.3　多任务深度学习融合模型构建 ·· 339
　18.3.1　残差卷积神经网络 ·· 339
　18.3.2　残差图卷积神经网络 ·· 341
　18.3.3　堆栈式长短期记忆网络 ··· 343
　18.3.4　注意力机制神经网络 ·· 343
　18.3.5　多任务融合深度学习模型 ·· 345
18.4　实验分析 ··· 348
　18.4.1　评价指标选取 ·· 348
　18.4.2　实验环境介绍 ·· 348
　18.4.3　模型结果分析 ·· 349
　18.4.4　敏感度的分析 ·· 355

第 19 章　交叉口自适应配时优化方法 ·· 359

19.1　强化学习理论 ··· 359
　19.1.1　强化学习基本要素 ·· 359
　19.1.2　强化学习基本模型 ·· 360
19.2　信号交叉口智能体设计 ·· 362
　19.2.1　基于 NUDG 的交通状态提取方法 ······························· 362
　19.2.2　信号灯相位集的构建及动作选择 ································· 363
　19.2.3　信号相位转换奖励值函数的构建 ································· 364
19.3　基于 3DQN – PSTER 的信号交叉口优化配时方法 ················ 365
　19.3.1　3DQN – PSTER 深度强化学习模型 ···························· 365
　19.3.2　信号交叉口的交通环境构建方案 ································ 369
　19.3.3　模型评估和应用性能的指标选取 ································ 371
19.4　仿真实验与结果分析 ··· 372
　19.4.1　仿真环境设置 ·· 372
　19.4.2　模型比较分析 ·· 377
　19.4.3　模型应用结果 ·· 380

第 20 章　基于张量分解的路段行程速度稀疏张量重建算法 ············ 392

20.1　张量理论基础 ··· 392
　20.1.1　张量相关定义 ·· 392
　20.1.2　基本符号 ··· 393
20.2　基于相关性分析和低秩假设的路网内路段行程速度稀疏张量建模 ········· 394

20.2.1　交通数据的相关性分析 ………………………………………… 394
　　20.2.2　路网内路段行程速度稀疏张量模型 ……………………………… 396
　　20.2.3　交通数据的低秩性分析 …………………………………………… 397
　20.3　基于截断核范数的低秩张量分解填充算法 ………………………………… 398
　20.4　路网内路段行程速度稀疏张量重建算例分析 ……………………………… 402
　　20.4.1　实验数据 …………………………………………………………… 402
　　20.4.2　结果分析 …………………………………………………………… 402

第21章　基于密度峰值优化的路网子区划分及交通状态识别算法 …… 409
　21.1　路网交通子区划分算法研究 ………………………………………………… 409
　　21.1.1　路网子区划分的原则 ……………………………………………… 409
　　21.1.2　基于NCut的路网子区划分方法 …………………………………… 410
　　21.1.3　基于密度峰值聚类改进NCut的路网子区划分方法 ……………… 413
　21.2　路网子区内路段交通状态识别算法 ………………………………………… 414
　　21.2.1　交通流参数的选择 ………………………………………………… 415
　　21.2.2　基于FCM算法的交通状态识别 …………………………………… 416
　　21.2.3　基于密度峰值聚类和FCM算法的交通状态识别 ………………… 419
　21.3　路网子区划分与交通状态识别算例分析 …………………………………… 419
　　21.3.1　路网交通子区划分算例分析 ……………………………………… 419
　　21.3.2　子区交通状态识别算例分析 ……………………………………… 422

第22章　基于组合优化深度学习算法的路网内路段行程速度预测 …… 428
　22.1　基于STL的LSTM模型输入向量优化 ……………………………………… 429
　22.2　基于注意力机制的LSTM模型结构优化 …………………………………… 430
　22.3　基于注意力机制和LSTM的交通流参数预测模型 ………………………… 432
　22.4　交通流参数预测算例分析 …………………………………………………… 434
　　22.4.1　数据准备 …………………………………………………………… 434
　　22.4.2　模型构建与参数设置 ……………………………………………… 434
　　22.4.3　误差评价指标 ……………………………………………………… 435
　　22.4.4　预测结果对比分析 ………………………………………………… 436

参考文献 ………………………………………………………………………………… 452

第一篇　汽车系统动力学分析与建模仿真

第 1 章　绪　　论

1.1　背景

随着移动互联、大数据、云计算、人工智能，以及新能源和新材料等技术的快速发展，汽车技术正在经历一次重大变革。这种变革推动了汽车行业向着"智能化、网联化、电动化、共享化"的方向发展，被称为汽车的"新四化"趋势。新的汽车技术发展引发了人们对汽车的新期望，并形成了一波又一波的汽车热潮。不仅在中国，全球范围内汽车保有量也呈现出同样的增长趋势。

与此同时，汽车安全问题一直是人们广泛关注的社会问题，也是科学技术进步所面临的重大课题。新的汽车技术应用给汽车安全带来了新的挑战，特别是在智能交通系统背景下，安全问题的内涵变得更加丰富和深刻，对于车辆行驶安全提出了更高的要求。

在"新四化"发展趋势下，交通对象之间的耦合关系不断增强，其作用机理也在动态演变。汽车安全面临着许多新的科学问题和关键挑战。而汽车与交通运行仿真技术的发展将能够提供关键的保障，极大地改善道路交通安全。

现代智能交通系统是由驾驶人、车辆和道路环境相互耦合形成的复杂广义系统。随着汽车智能化和网联化技术的发展，涌现出了一系列内容丰富、内涵深刻且具有挑战性的科学问题。针对单车系统，需要应对人机共驾的挑战，以保障人－车行驶的安全；针对多车系统，需要实现多车协同的高效决策，保障车车之间的交互安全；对于整个路网系统而言，则需要实现车路信息的深度融合，以保障交通系统的运行安全。然而，在当前的研究成果中，在汽车系统动力学分析和仿真方面存在一些不足之处。

首先，对于动力学分析问题，现有研究主要集中在单车系统的研究上，对于多车系统以及整个路网系统的分析相对较少。

针对人－车－路系统模型的构建，当前的研究存在一些限制，难以全面描述系统中多个要素之间的耦合与协同运行机制。目前的研究大多以单一对象为基础，扩展到人-车、人-路、车-路的交互视角，但相对缺乏以人-车-路系统整体为视角的研究。具体而言，在车-路耦合研究方面，现有研究虽然在一定程度上深入探讨了该领域，但多数基于轮胎动力学和道路动力学的作用机制，无法充分扩展并建立统一视角下的人-车-路闭环系统模型。在人车交互研究方面，研究多集中于先进驾驶辅助系统的安全技术，而较少考虑驾驶人对辅助系统的接受程度，这限制了该系统宜人性的提高。在人-路交互研究方面，主要集中于单一汽车驾驶行为意图的研究，而对于交互意图的识别研究尚未深入展开。

总体而言，目前相关研究主要集中在较狭义的范畴内，对某些因素进行过度简化。虽然考虑到了人、车和路等交通要素，但缺乏统一而完整的系统描述。因此，亟须通过准确解析汽车失稳的动力学机理，分析不同动力学模型的特征，以解决汽车控制过程中的模型选择问题，为实现人车协同驾驶提供基础模型。同时，需要构建人车交互机理模型，深入研究车辆与驾驶人的交互机制，为规避碰撞风险的主动控制提供理论支持。此外，还需要最终建立一种全新可扩展的人-车-路复杂系统描述和统一建模方法，基于这种方法，可以了解交通环境变化对汽车运行安全的影响规律，为汽车的运动控制和交通管理提供理论指导。通过这些努力，可以更好地理解和应对复杂的人-车-路系统，并为建立更安全的交通环境和有效的交通运输提供支持。

其次，针对控制理论研究的进展，目前存在一些难题，使得难以解析复杂场景下人车交互的机理以及自学习协同决策的机制。

这个问题的本质在于多个优化目标之间的关联性受到研究对象的耦合特性的影响。现有的多目标决策控制方法通常通过对多个优化目标进行加权，形成单一的优化目标进行计算，或将其作为独立指标来探究系统的多维性能。然而，这种方法缺乏对多个优化目标内在联系和耦合机理的分析和研究，因此难以解析复杂场景下人、车、路相互作用的耦合机理，从而限制了方法的应用。

此外，现有对驾驶人认知与操控行为规律的研究主要关注整体驾驶行为和认知过程之间的关系，很难总结出共性的驾驶特征并建立自学习协同决策的机制。基于规则的方法难以覆盖所有真实交通场景，而基于深度学习的方法在研发过程中需要大量的计算资源，并且缺乏解释性。因此，需要精确辨识人类驾驶行为，并解析行为决策的个体差异，从而形成模拟人类行为并超越人类的决策与控制策略。这对于实现人机共驾的汽车智能化发展具有深远的意义。

针对上述问题，应加强对不同自由度汽车动力学系统的动力学分析，以揭示其复杂的动力学行为规律和相互作用机制。在此基础上，深入研究人-车-路系统的内在作用机理，以建立更为准确的仿真模型，并能够针对不同的交通场景进行有效的预测和决策。这样，就能够为进一步研究和发展可以解析复杂场景下人车交互机理和自学习协同决策机制的控制理论提供有力的理论研究支撑。

综上所述，随着汽车技术的快速发展，汽车安全面临着新的挑战和机遇。强化汽车系统动力学分析与建模仿真技术，尤其是对动力学分析和仿真的研究，可以揭示汽车系统的复杂动力学特征规律，并为道路交通安全提供更有效的保障。通过深入理解人–车–路系统内在机理，能够探索出更好的解决方案，以提升汽车安全性能，并构建更安全、高效的交通环境。这些研究内容的深入探讨将为未来的汽车技术发展和交通安全提供重要的参考和指导。

1.2 研究现状分析

1.2.1 汽车系统动力学分岔研究现状

汽车作为一个多自由度耦合的非线性力学系统，人们对其动力学本质特征的探索从未停止。随着轮胎力学模型的发展和非线性理论的完善，人们对汽车动力学分岔特征的理解逐步深入。

以经典的二自由度汽车动力学模型为基础，汽车动力学转向分岔特征的研究取得了丰硕的成果，如 Inagaki 提出的利用 $\beta - \dot{\beta}$ 相平面方法判断汽车系统稳定性的经典的方法，成为指导汽车稳定性设计和控制的重要理论依据。

但众所周知，汽车在行驶过程中其纵向速度越大，轮胎所要提供的地面纵向驱动力就越大。与此同时，受轮胎纵向力和轮胎侧向力混合滑移特征（摩擦圆）的限制，轮胎能够提供的侧向驱动力将越小，这势必将影响汽车转向分岔的动力学特征。

总结转向分岔研究不难发现：前轮转向角能够作为分岔参数引起汽车失稳的结论已基本得到确认。但由于已有的转向角分岔分析中通常无法涵盖驱动的影响，所以转向角分岔分析并不能完整地解释汽车分岔的动力学机理，很多基于转向分岔理论确定的驾驶稳定区域也自然存在很多局限性。

随着汽车动力学分岔研究的深入，纵向速度对稳定性影响的重要性逐步被认识和接受。目前典型的汽车纵向速度对分岔影响的研究方法是联合经典的二自由度汽车模型和稳态的轮胎非线性模型，建立多自由度的汽车非线性系统模型，如引入纵向速度的三自由度模型，并利用计算机仿真的方法进行分析。

然而常用的多自由度车身动力学模型虽然引入了纵向速度和纵向轮胎力，但大多仍旧假定轮胎的纵向力和侧向力在汽车行驶过程中互不干涉，并忽略了驱动力大小和驱动方式对操纵稳定性的影响。

分析纵向速度对分岔影响的相关研究成果可以发现：在纵向速度不变的前提下，研究纵向速度对分岔的影响仅仅是转向分岔研究中的衍生结论，其同样不能完整解释驱动和转向耦合作用的分岔机理。

以多自由度车身模型和车轮转动动力学模型为基础的驱动分岔分析，针对驱动力大小和驱动方式对稳定性的影响进行了初步研究。但是，目前的研究尚未完全揭示驱动对整车动力学分岔特征的影响机理，也未得出在驱动转向的耦合作用下汽车动力学分岔特征的规律。

纵观汽车操纵稳定性非线性动力学分析的发展历程：基于轮胎侧向力的汽车操纵稳定性失稳现象本质上是由前轮转向角引起的动力学分岔问题，已基本形成了共识，但仍缺乏对汽车驱动和转向耦合分岔机理的深入分析，不能有效支撑驱动转向集成控制和安全辅助驾驶装置的研发工作。

1.2.2　汽车系统动力学稳定区域研究现状分析

随着对汽车分岔的动力学本质特征认识的不断加深和工程应用的驱动，汽车驾驶稳定区域逐渐成了汽车工程领域研究的热点。

如果从应用的理论方法上分类，基于自治非线性系统稳定平衡点的稳定区域的估算方法，按照是否使用李雅普诺夫函数大致可以分为两类。其中绝大多数方法都使用李雅普诺夫函数，这主要是因为这种方法不用求解系统相空间的解轨迹。李雅普诺夫方法是研究非线性系统稳定性的一种典型方法，通常分为第一法（间接法）和第二法（直接法）。

在汽车动力学领域，李雅普诺夫第二法能够分析直线行驶时恒定速度下的汽车的侧向稳定性，分析中使用两个二次李雅普诺夫函数估计稳定区域。相比于基于李雅普诺夫方法的汽车稳定区域研究，非李雅普诺夫研究方法通常不使用李雅普诺夫函数。如前面提到的 Inagaki 利用相空间轨迹法就是一种典型的非李雅普诺夫方法。

为评价汽车安全辅助驾驶系统的有效性，有学者提出了一种基于三自由度模型驾驶稳定区域的计算方法。在其研究中，驾驶稳定区域被定义为，在状态空间中能够通过有效的控制装置最终过渡到系统稳定平衡点的汽车初始状态集。这种方法虽然将纵向速度作为一个自由度引入到模型中，但是仍没有考虑驱动对操纵稳定性的影响，而且这种方法确定的驾驶稳定区域并不是汽车系统自身的驾驶稳定区域，而是由安全辅助驾驶系统确定的驾驶稳定区域。此外，研究中对控制器可控范围的时间裕度系数的确定缺乏确切的理论依据，换句话说这种方法在不同时间裕度系数下求得的稳定区域不同。

在二自由度汽车动力学模型的基础上，有学者研究了基于胞映射理论的车身三自由度（侧向速度、横摆角速度和纵向速度）模型的全局吸引域求解方法，并据此评价了不同控制方法的有效性，与相关文献相比，从动力学的角度给出了一种具有更确切理论依据的驾驶稳定区域确定方法。

与李雅普诺夫函数相比，一个更可靠的稳定性分析技术是利用李雅普诺夫指数的概念。因为李雅普诺夫指数不依赖于初始条件，是动力学系统的"不变"衡量指标。李雅普诺夫指数通常表示相邻轨线间的平均发散（分离）率，是一个统计平均量。李雅普诺夫指数的概念是由李雅普诺夫在研究常微分方程的非平稳解的稳定性时首次引入的。李雅普诺夫指数在辨识动力学系统的稳态行为上十分有效,而且对于任意动力学系统均适用。正是这种普适的特征,使其比李雅普诺夫直接法更具有优势。任一动力学系统的李雅普诺夫指数可以通过系统的数学模型或一个时间序列利用数值方法计算得到。而且计算李雅普诺夫指数的数学模型已经很完善。

对于基于汽车分岔特征的稳定区域研究,由于缺少切实可行的李雅普诺夫函数构造方法和非线性汽车系统的复杂性,这种方法在求解汽车驾驶稳定区域时遇到了很大的困难。而且这种方法也无法分析轮胎特性等汽车参数对驾驶稳定区域的影响。

总结目前的驾驶稳定区域研究,尽管应用李雅普诺夫函数来研究非线性动力学系统的稳定区域是一种经典的方法,但这种方法同样存在两种明显的缺陷:首先是没有通用的方法获得最佳的李雅普诺夫函数,其次是利用这种方法得到的稳定区域通常是真正的稳定区域的子集。目前的驾驶稳定区域研究,从总体上说,无论是否利用李雅普诺夫函数方法求解,都缺乏基于汽车驱动和转向耦合分岔机理的驾驶稳定区域的深入研究。

1.2.3 研究趋势分析

首先,汽车作为一个多自由度耦合的非线性动力学系统,在分析其动力学特征时引入了不少非线性分析方法,转向失稳机理目前已经基本被公认为非线性系统中的分岔现象,驱动转向工况下的失稳机理也可以用分岔理论来解释。除此之外,众多学者致力于各种汽车模型状态空间稳定区域和控制参数稳定区域的研究,但目前还缺乏对汽车转向制动耦合分岔机理的分析,以及对基于转向制动分岔确定的稳定区域的研究。

从上述典型研究中可以发现,许多研究人员已经对车辆在制动下的动态行为进行了非线性特性研究和控制器设计。使用高维非线性车辆模型来分析车辆的制动稳定性更为合理,但仍缺乏相对全面的分析:考虑到纵向和横向运动以及车轮旋转耦合的非线性车辆动力学模型,并通过使用非线性分析方法直接分析作用在车轮上的制动系统的控制参数(制动力矩)如何影响汽车的动力学行为。随着汽车机动化和智能化的快速发展,极端条件下纵向和横向控制的研究已成为一个热门方向,并取得了显著进展。

综上,深入分析包含阐述多种自由度的汽车转向制动系统模型的作用范围、动力学机理及揭示在转向、驱动和制动耦合工况下模型的动力学特性变化和非线性分岔特征,具有很深的现实性意义,在此基础上确定汽车转向、驱动、制动下的驾驶稳定区域,将为汽车行驶稳定性安全技术的开发与控制策略作用效果的评价提供技术指导和理论依据。

1.3 本篇的研究内容

本篇通过引入驱动的汽车动力学模型,研究了汽车系统动力学平衡点的求解与分岔特征确认、汽车驱动转向分岔的耦合特征分析、基于驱动力矩和转向角分岔的驾驶稳定区域求解、引入制动的汽车五自由度模型、引入达朗贝尔原理的驾驶稳定区域求解、基于能量耗散理论的驾驶稳定区域验证,以及轮胎力有理函数表达方程。本篇还分析了不同汽车操纵稳定性模型的动力学特征,并在此基础上探讨了面向控制策略的驾驶稳定区域分析。具体内容如下:

第 2 章介绍了引入驱动的汽车动力学模型中的统一滑移率公式的推导,以及建立了引入驱动的五自由度汽车动力学模型。第 3 章探讨了汽车系统动力学平衡点的求解与分岔特征确认的方法,并分析了前轮转向角和驱动力矩对平衡点分岔特征的影响。第 4 章研究了驱动转向分岔的耦合特征,并分析了前轮转向角幅值和驱动力矩大小对驱动转向分岔特征的影响。第 5 章从驾驶稳定区域的定义出发,提出了驾驶稳定区域的求解方法,并进行了验证。第 6 章建立了引入制动的汽车五自由度模型,并进行了仿真验证。第 7 章将达朗贝尔原理引入驾驶稳定区域的求解,建立了等效系统,并求解了平衡点和驾驶稳定区域。第 8 章基于能量耗散理论对驾驶稳定区域进行了验证。第 9 章研究了轮胎力有理函数表达方程,并进行了适用性验证。第 10 章分析了不同汽车操纵稳定性模型的动力学特征,包括相空间分析、平衡点分析和驾驶稳定区域分析。第 11 章探讨了面向控制策略的驾驶稳定区域分析,包括直接横摆力矩控制和四轮转向控制,并进行了驾驶稳定区域求解验证。

第 2 章　引入驱动的汽车动力学模型

2.1　统一滑移率公式

2.1.1　车轮转动动力学分析

在汽车动力学分析过程中，轮胎的纵向力计算是分析驱动对汽车动力学分岔特征影响的必要过程。尽管轮胎的力学特征有很强的非线性，目前轮胎纵向力有很多典型轮胎模型可以用于计算，如轮胎力模型主要有 Pacejka 教授的魔术公式（Magic Formula）轮胎模型、郭孔辉教授的 Unityre 轮胎模型、Gim 的 Gim 轮胎模型，以及 Fiala 的 Fiala 轮胎模型等。其中，以魔术公式的应用最为广泛。

不失一般性，本书采用魔术公式轮胎模型，其稳态轮胎力的计算公式如下：

$$F = D\sin\{C\arctan[Bx - E(Bx - \arctan Bx)]\} \tag{2-1}$$

式中，B、C、D、E 为参数；F 为轮胎纵向力或侧向力；x 为轮胎滑移率或侧偏角。

典型的稳态滑移率（即 k）公式见式（2-2）。

$$k = \frac{\omega_w R_e - v_{wx}}{v_{wx}} \tag{2-2}$$

式中，ω_w 为车轮转动角速度；v_{wx} 为车轮平面内、轮心处的纵向速度；R_e 为车轮滚动半径。

然而，值得注意的是该公式的适用条件通常仅在汽车稳定状态时给出，当汽车处于失稳状态时，该滑移率公式的有效性并没有在相关文献中明确论述。为完整分析轮胎力在稳定状态和失稳状态（即线性和非线性区域内）的动力学特征，本书首先对车轮转动动力学进行深入分析，并结合滑移率的定义式（2-2）做如下假设：

1）驱动状态时车轮受到由半轴传递的驱动力矩 T_d，定义其正方向为车轮角速度的方向。

2）根据牛顿第三定律确定轮胎纵向力方向：轮胎纵向力方向与轮胎与路面之间的滑移速度方向相反。

3）当滑移率 $k = -1$ 时，即 $\omega_w = 0$，$v_{wx} \neq 0$，此时若汽车为制动状态，车轮则抱死拖滑；若汽车仍为驱动状态，车轮则为一种正向和反向旋转之间的过渡瞬时状态。在这两种情况下，轮胎与地面之间属于滑动摩擦，轮胎力处于非线性区域内。

4）当滑移率 $k = 0$ 时，即 $\omega_w R_e = v_{wx} \neq 0$，此时汽车行驶时，其车轮处于纯滚动状态。在这种情况下，轮胎与地面之间无相对滑移，定义轮胎力为零。

5）当滑移率 $k=1$ 时，即 $\omega_w R_e = 2v_{wx} \neq 0$，此时汽车行驶时，车轮高速滑转。在这种情况下，轮胎与地面之间属于滑动摩擦，轮胎力处于非线性区域。

6）当滑移率 $k>1$ 或 $k<-1$ 时，定义轮胎纵向力的大小。在这种情况下，轮胎与地面之间属于滑动摩擦，轮胎力处于非线性区域，定义纵向力大小等于 $k=1$ 或 $k=-1$ 时的值。

根据上述假设，将车轮转动的动力学状态进行分类分析，见表 2.1。为方便分析，受力分析图中省略了与滑移率计算无关的力，如垂直载荷和地面法向反作用力等平衡力系，以及驱动轴作用于车轮的水平力。图 2.1 为根据表 2.1 的分析结果绘制的滑移率 - 轮胎纵向力曲线。

表 2.1 车轮转动动力学分析（一）

序号	条件	受力分析图	滑移率 k 的值域
① - A	$\omega_w>0, v_{wx}>0,$ $\omega_w R_e > v_{wx}; \dfrac{\omega_w R_e}{v_{wx}}>1$	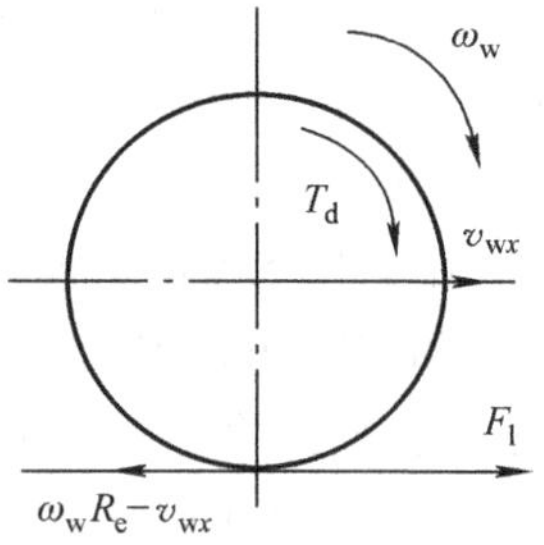	$k=\dfrac{\omega_w R_e}{v_{wx}}-1$ $\in(0,1,+\infty)$
① - B	$\omega_w>0, v_{wx}>0,$ $\omega_w R_e < v_{wx}; 0<\dfrac{\omega_w R_e}{v_{wx}}<1$	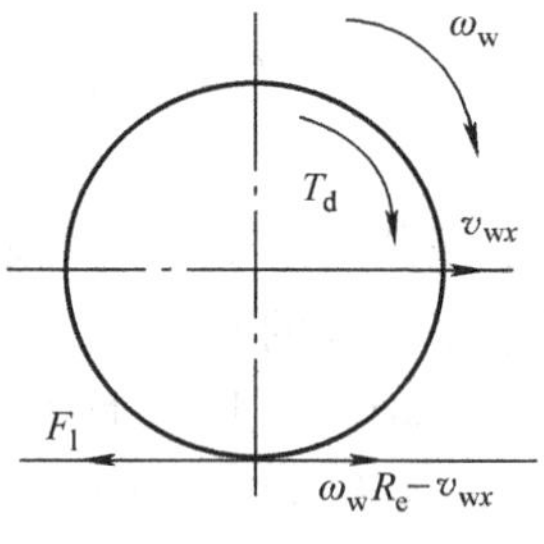	$k=\dfrac{\omega_w R_e}{v_{wx}}-1$ $\in(-1,0)$
②	$\omega_w>0, v_{wx}<0; \dfrac{\omega_w R_e}{v_{wx}}<0$	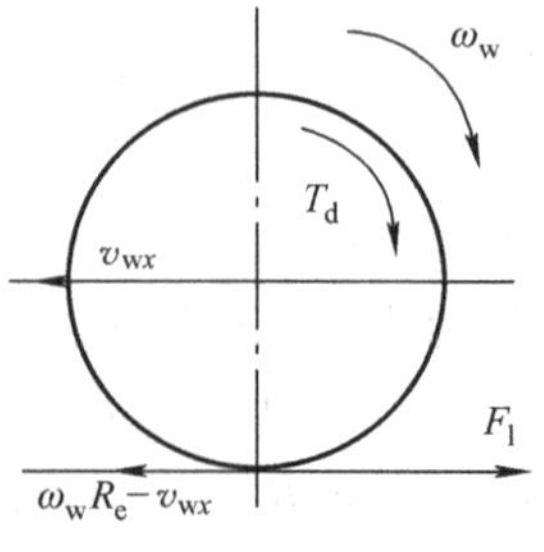	$k=\dfrac{\omega_w R_e}{v_{wx}}-1$ $\in(-\infty,-1)$

(续)

序号	条件	受力分析图	滑移率 k 的值域
③	$\omega_w<0, v_{wx}>0$, $\dfrac{\omega_w R_e}{v_{wx}}<0$	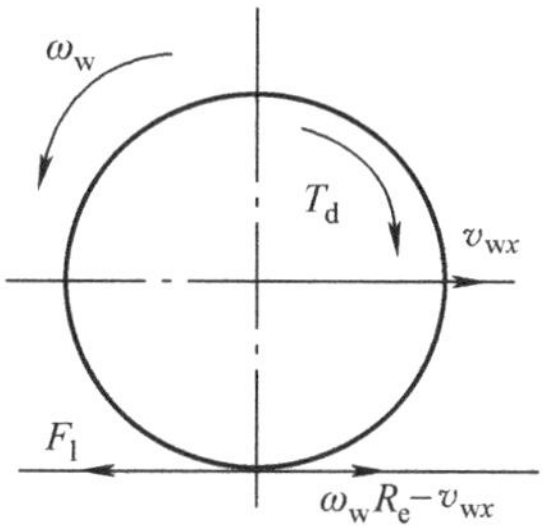	$k=\dfrac{\omega_w R_e}{v_{wx}}-1$ $\in(-\infty,-1)$
④-A	$\omega_w<0, v_{wx}<0$, $\|\omega_w R_e\|>\|v_{wx}\|$	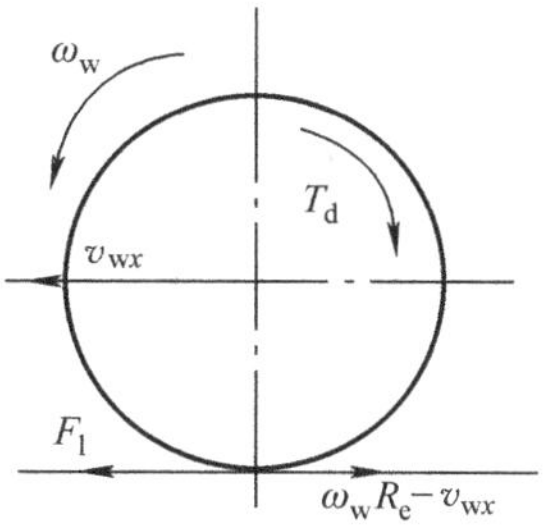	$k=\dfrac{\omega_w R_e}{v_{wx}}-1$ $\in(0,1,+\infty)$
④-B	$\omega_w<0, v_{wx}<0$, $\|\omega_w R_e\|<\|v_{wx}\|$	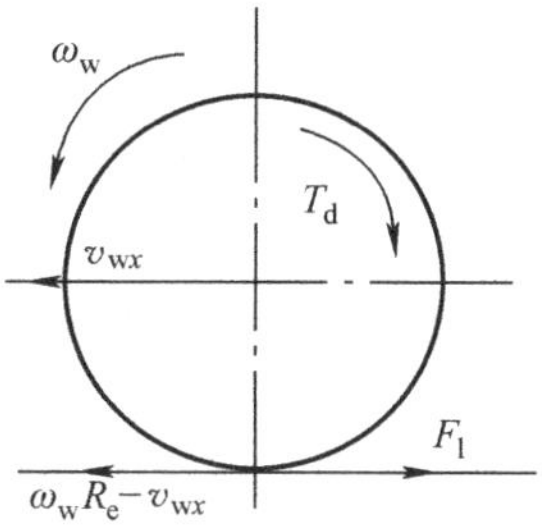	$k=\dfrac{\omega_w R_e}{v_{wx}}-1$ $\in(-1,0)$

众所周知，传统的滑移率-轮胎纵向力曲线通常仅包括①-A、①-B和③三种动力学状态，并且它们是严格的"一对一"的代数对应关系。但是由上述分析可知，当汽车失稳时，"滑移率-轮胎纵向力"之间已不再是"一对一"的代数对应关系，如图2.1所示。

由于②、④-A和④-B三种轮胎的力学状态确实能够在实际的汽车驱动过程中出现，尤其是在汽车失稳时，所以在研究汽车驱动过程中的操纵稳定性问题时更不能忽略这些状态。

那么，这就出现了一个难题：尽管这样的理论分析严格有效，但是这样的分析结果却给仿真分析和数值求解带来了困难，即无法利用统一有效的滑移率表达方式，区分不同的轮胎力学状态。

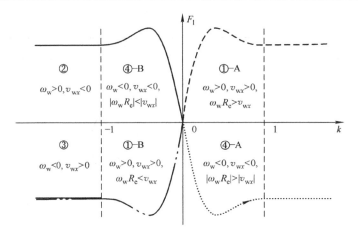

图 2.1 滑移率 – 轮胎纵向力曲线

2.1.2 统一滑移率公式的推导

为方便仿真，本书在典型的稳态滑移率公式，即式（2-2）的基础上提出了统一的滑移率公式：

$$k = \frac{\omega_w R_e - v_{wx}}{|v_{wx}|} \tag{2-3}$$

纵向速度 v_{wx} 的绝对值用于定义滑移，从而确认纵向滑移速度的方向与产生的轮胎滑移力的方向的一致性。

改进的统一滑移率公式仅改变了表 2.1 中的②、④ – A 和④ – B 三种情况的滑移率的值域。表 2.2 给出了车轮转动动力学分析。

表 2.2 车轮转动动力学分析（二）

序号	条件	受力分析图	滑移率 k 的值域
②	$\omega_w > 0, v_{wx} < 0$		$k = \dfrac{\omega_w R_e}{|v_{wx}|} + 1 \in (1, +\infty)$
④ – A	$\omega_w < 0, v_{wx} < 0,$ $|\omega_w R_e| > |v_{wx}|$		$k = \dfrac{\omega_w R_e}{|v_{wx}|} + 1 \in (0, 1)$

(续)

序号	条件	受力分析图	滑移率 k 的值域
④-B	$\omega_w<0, v_{wx}<0,$ $\|\omega_w R_e\|<\|v_{wx}\|$		$k=\dfrac{\omega_w R_e}{\|v_{wx}\|}+1\in(-1,0)$

图 2.2 给出了利用统一滑移率公式绘制的滑移率-轮胎纵向力曲线。根据分析计算结果可以看出，改进后的统一滑移率公式并没有改变原有公式所能涵盖的动力学范围。其只是通过数学技巧，改变了滑移率的值域范围，并保持轮胎力学状态条件和值域范围不变，进而保证了"滑移率-轮胎纵向力"之间的"一对一"的代数对应关系，这样做最大的优点是便于计算机仿真分析。

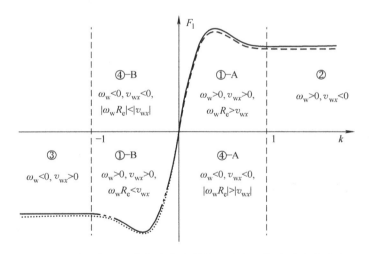

图 2.2 利用统一滑移率公式绘制的滑移率-轮胎纵向力曲线

2.2 引入驱动的五自由度汽车动力学模型的建立

2.2.1 坐标系定义

图 2.3 给出了六自由度汽车坐标系 $x_{CoG}y_{CoG}z_{CoG}$，该坐标系遵守右手定则。
由于主要考虑汽车的平面运动稳定性，所以本研究建模时不考虑车身俯仰和侧

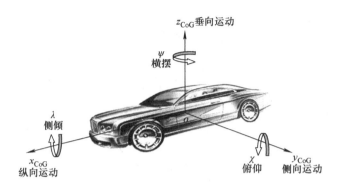

图 2.3 六自由度汽车坐标系

倾运动产生的垂直载荷变化对系统稳定性的影响。图 2.4 所示为简化后的单轨汽车模型,又称"自行车模型"。各个坐标轴的方向定义如下:

1)纵向速度、纵向加速度。纵向速度、纵向加速度沿车身纵轴指向车头为正,车尾为负。

2)侧向速度、侧向加速度。侧向速度、侧向加速度指向汽车前进方向左侧为正,前进方向右侧为负。

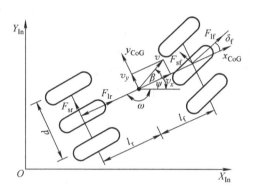

图 2.4 简化后的单轨汽车模型

3)横摆角、横摆角速度。当汽车相对法向坐标轴 z_{CoG} 有横摆运动时,前进方向左摆对应的横摆角速度为正,前进方向右摆对应的横摆角速度为负。

2.2.2 汽车动力学方程的建立

在汽车平面运动的动力学研究中,通常以图 2.4 中的单轨汽车模型为基础进行。为简化模型的推导过程,本书在正确性已经得到论证的三自由度汽车转向系统模型[式(2-4)]的基础上,完善了空气阻力在模型中的计算方法,并在典型的车轮动力学方程中引入驱动力矩,最终得到了的五自由度的汽车动力学系统方程,见式(2-5)。

$$\begin{cases} m(\dot{v}_x - v_y\omega) = \sum F_x \\ m(\dot{v}_y + v_x\omega) = \sum F_y \\ I_z\dot{\omega} = \sum M_z \end{cases} \quad (2\text{-}4)$$

$$\begin{cases} \dot{v}_y = -v_x\omega + \dfrac{F_{\text{lf}}\sin\delta_\text{f} + F_{\text{sf}}\cos\delta_\text{f} + F_{\text{sr}} - \text{sgn}(v_y)C_{\text{air\_y}}A_{\text{L\_y}}\dfrac{\rho}{2}v_y^2}{m} \\[2mm] \dot{\omega} = \dfrac{(F_{\text{lf}}\sin\delta_\text{f} + F_{\text{sf}}\cos\delta_\text{f})l_\text{f} - F_{\text{sr}}l_\text{r}}{I_z} \\[2mm] \dot{v}_x = v_y\omega + \dfrac{F_{\text{lf}}\cos\delta_\text{f} - F_{\text{sf}}\sin\delta_\text{f} + F_{\text{lr}} - \text{sgn}(v_x)C_{\text{air\_x}}A_{\text{L\_x}}\dfrac{\rho}{2}v_x^2}{m} \\[2mm] \dot{\omega}_\text{f} = \dfrac{T_\text{d} - \text{sgn}(\omega_\text{f})T_\text{bf} - R_\text{e}F_{\text{lf}}}{J} \\[2mm] \dot{\omega}_\text{r} = \dfrac{T_\text{d} - \text{sgn}(\omega_\text{r})T_\text{br} - R_\text{e}F_{\text{lr}}}{J} \end{cases} \quad (2\text{-}5)$$

式中，m 为整车质量，为 1500kg；I_z 为绕 z 轴的转动惯量，为 3000kg·m²；l_f 为汽车前轮到质心的距离，为 1.2m；l_r 为汽车后轮到质心的距离，为 1.3m。

值得一提的是，模型中引入了符号函数（sgn）来描述空气阻力。在汽车失稳过程中，行驶方向有前后左右多种情况，空气阻力的方向永远与行驶方向相反，所以要获得速度的符号，并通过负号给车辆施加与行驶方向相反的空气阻力。稳态轮胎力的计算方法采用经典的魔术公式，即式（2-1）。

为了便于计算机分析，滑移率方程采用前面分析得到的式（2-3）：

$$k = \frac{\omega_\text{w}R_\text{e} - v_{\text{w}x}}{|v_{\text{w}x}|}$$

前后轮的轮胎侧偏角的表达式分别见式（2-6）和式（2-7）。

$$\alpha_\text{f} = \delta_\text{f} - \arctan\left(\frac{v_y + \omega l_\text{f}}{v_x}\right) \quad (2\text{-}6)$$

$$\alpha_\text{r} = \delta_\text{r} - \arctan\left(\frac{v_y - \omega l_\text{r}}{v_x}\right) \quad (2\text{-}7)$$

对于轮胎混合滑移，采用 Pacejka 提出的模型进行分析，具体计算步骤按照式（2-8）进行。

$$\begin{cases} F_{\text{lf}} = F_{\text{lf0}}G_x \\ F_{\text{lr}} = F_{\text{lr0}}G_x \\ G_x = \cos\{\arctan[B_{g,x}(\alpha)\alpha]\} \\ B_{g,x}(\alpha) = r_{x,1}\cos[\arctan(r_{x,2}k)] \\ F_{\text{sf}} = G_yF_{\text{sf0}} \\ F_{\text{sr}} = G_yF_{\text{sr0}} \\ G_y = \cos\{\arctan[B_{g,y}(k)k]\} \\ B_{g,y}(k) = r_{y,1}\cos[\arctan(r_{y,2}\alpha)] \end{cases} \quad (2\text{-}8)$$

式中，F_{lf0}、F_{lr0}、F_{sf0}、F_{sr0} 为稳态下前后车轮纵向力和侧向力，其大小可以用魔

术公式,即式(2-1)计算;G_x、G_y为轮胎力混合滑移修正函数;$r_{x,1}$、$r_{x,2}$、$r_{y,1}$、$r_{y,2}$为轮胎力混合滑移修正系数。

2.3 仿真验证

2.3.1 轮胎力学混合滑移特性仿真

为说明所使用轮胎模型[式(2-1)、式(2-3)、式(2-6)~式(2-8)]对混合滑移表达的有效性,对轮胎的力学特性进行了数值仿真计算。图2.5和图2.6分别为混合滑移和纯滑移的轮胎纵向力和侧向力对比。

表2.3中的参数为单轨汽车模型采用的侧向轮胎力参数。表2.4给出了单轨汽车模型采用的纵向轮胎力参数。

表2.3 侧向轮胎力参数

轮胎	系数			
	B	C	D	E
前轮	11.275	1.56	2574.7	-1.999
后轮	18.631	1.56	1749.7	-1.7908

表2.4 纵向轮胎力参数

轮胎	系数			
	B	C	D	E
前轮	11.275	1.56	2574.8	0.4109
后轮	18.631	1.56	1749.6	0.4108

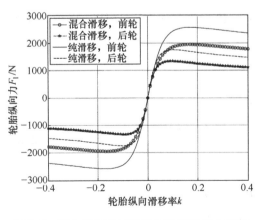
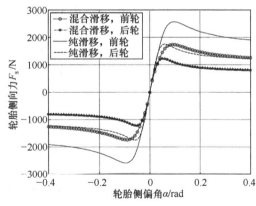

图2.5 混合滑移和纯滑移的轮胎纵向力对比　　图2.6 混合滑移和纯滑移的轮胎侧向力对比

在式（2-8）中，轮胎力混合滑移修正系数是描述轮胎混合滑移特征的必要参数。在本研究中，经过细致的拟合计算，发现最好的混合滑移的交互作用可以利用表 2.5 中的混合滑移系数表达。

表 2.5　混合滑移系数

纵向滑移系数		侧向滑移系数	
$r_{x,1}$	$r_{x,2}$	$r_{y,1}$	$r_{y,2}$
35	40	40	35

图 2.7 中显示了式（2-8）对轮胎力混合滑移特征的数值计算结果。图中假设静态垂直轮胎力 $F_z = 7800\text{N}$（该数值对应汽车系统模型中的前轮）。为方便直接表述轮胎与路面接触的摩擦特性，此处将标准化的纵向和侧向轮胎力在一幅图中共同绘出。图中水平方向的曲线是通过限定轮胎侧偏角的大小，以一定间隔在 $-\infty$ 到 $+\infty$ 范围内变化纵向滑移率 k 计算得到的。垂直方向的曲线以同样的方法保持滑移率为常数得到。显而易见，图中最大的轮胎力的外边界呈现椭圆形状。而椭圆的大小取决于魔术公式中纵向和侧向的峰值摩擦系数。

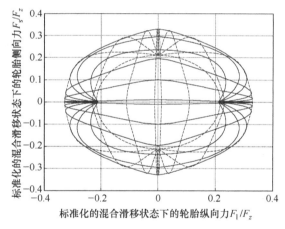

图 2.7　对轮胎力混合滑移特征的数值计算结果

2.3.2　轮胎动力学演变过程仿真

为验证整个汽车系统模型的正确性，以及改进的统一滑移率公式在不同驱动条件下能够保证轮胎力和汽车状态变量（如车轮的转动角速度）的正确计算，本节将设计不同的行驶工况，进行整车动力学演变过程仿真。

由分析不难得到，当汽车在未失稳的驱动工况下，轮胎动力学状态都应该稳定到表 2.1 中① - A 的状态。所以在下面的仿真中将初始条件分成两类，而在整个动力学过程中将经历动力学分析中的各个状态，并随着汽车速度的增加最终稳定到

①-A 的状态。为简单起见，以下试验以前轮驱动汽车、直线加速（$T_d = 140\text{N} \cdot \text{m}$）为例进行。

1. 驱动轮反转的反向行驶试验

试验条件 1 为：$\omega_{wf} < 0$，$v_{wx} < 0$，$|\omega_{wf} R_e| > |v_{wx}|$，$v_{wx} = -20\text{m/s}$，$\omega_{wf} = 2v_{wx}/R_e \text{ rad/s}$，路面附着系数 $\mu = 0.3$。

在上述初始条件下，从理论上分析，由于驱动力矩的作用，前轮质心处的纵向速度绝对值将首先继续增大，然后减小至零，此后一直增大；前轮的转动角速度的绝对值将先减小后增大，随后减小至零，此后一直增大；从动轮后轮的转动角速度的绝对值将首先减小至零，然后一直增大。汽车的动力学过程将依次经历表 2.1 中的以下状态：④-A→④-B→②→①-A。图 2.8 给出了条件 1 下的汽车相应的前轮质心处的纵向速度、前轮和后轮的转动角速度。

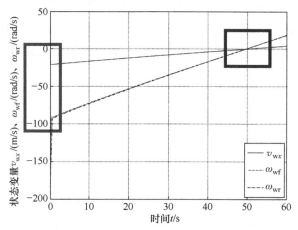

图 2.8 条件 1 下的汽车相应的前轮质心处的纵向速度、前轮和后轮的转动角速度

从图中可以看出仿真结果和理论分析相一致，具体动力学过程如下：

在初始阶段④-A 时，在驱动力矩和地面给轮胎的反作用力的联合作用下，前轮质心处的纵向速度的绝对值增大，而前轮转动角速度 ω_{wf} 的绝对值减小，当 $|\omega_{wf} R_e| < |v_{wx}|$ 时，驱动轮的动力学状态则过渡到④-B 阶段，此时轮胎的纵向力的方向由与 v_{wx} 方向相同过渡到与其相反。在这一过渡过程中前轮质心处的纵向速度和前轮的转动角速度的绝对值均存在初始阶段存在的增大的过程，如图 2.9 所示。

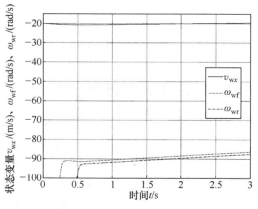

图 2.9 图 2.8 的局部放大图
（④-A → ④-B）

在由④-B阶段过渡到②阶段时,前轮角速度增大至大于零($\omega_{wf}>0$),前轮质心处的纵向速度和后轮的转动角速度仍小于零,如图2.10所示。

在由②阶段过渡到①-A阶段时,前轮质心处的纵向速度、前轮和后轮的转动角速度均大于零,且$\omega_{wf}R_e > v_{wx}$,此时汽车为稳定的加速驱动状态。

2. 驱动轮反转的正向行驶试验

试验条件2为:$\omega_{wf}<0$,$v_{wx}>0$,$v_{wx}=20\text{m/s}$,$\omega_{wf}=-1.1v_{wx}/R_e$ rad/s,路面附着系数$\mu=0.3$。

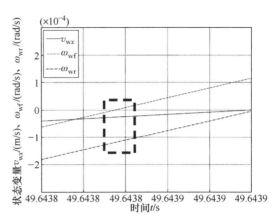

图2.10 图2.8的局部放大图
(④-B→②)

从理论上分析,由于驱动力矩的作用,前轮和后轮的转动角速度会迅速增大至大于零,随后从动轮后轮的转动角速度将一直增大,而前轮的转动角速度和前轮质心处的纵向速度将经历增大、减小再增大的过程。前轮质心处的纵向速度则将首先减小,然后再增大。也就是说,汽车的动力学过程将依次经历表2.1中的以下状态:③→①-B→①-A。

图2.11给出了条件2下的汽车相应的前轮质心处的纵向速度、前轮和后轮的转动角速度,其局部放大图如图2.12所示。从图中可以看出仿真结果和理论分析相一致。

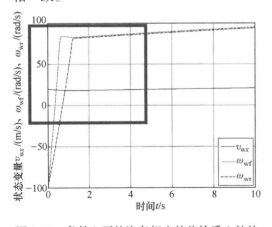

图2.11 条件2下的汽车相应的前轮质心处的纵向速度、前轮和后轮的转动角速度

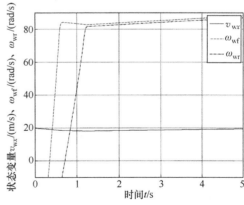

图2.12 图2.11的局部放大图

通过上述两组试验结果可以说明:改进的统一滑移率公式在不同驱动条件下能够保证轮胎力和汽车状态变量(如车轮的转动角速度)的正确计算。而且,通过

典型工况直线驱动的仿真试验,说明五自由度模型比三自由度模型更完善,可以用来分析驱动对动力学特征的影响。

2.3.3 整车相空间特性仿真

在进行平面运动稳定性分析中,现有的三自由度模型虽然考虑了车身纵向速度和纵向加速度的影响,但却忽略了汽车在行驶过程中轮胎纵向力和纵向空气阻力的影响。而实际上车身三自由度模型在建模中隐含了一种假设条件,即在汽车行驶过程中轮胎纵向力和纵向空气阻力平衡。

相比于三自由度模型,前面建立的基于车身三自由度模型和车轮转动的汽车系统五自由度模型突破了上述假设条件。但从理论上讲,其应该同样能够体现出三自由度模型的动力学特征。所以,为对比三自由度与五自由度模型,本节将分析驱动力矩为定值时系统的相空间特性。

1. 驱动力计算与施加方式

由于三自由度模型中隐含汽车行驶过程中轮胎纵向力和纵向空气阻力平衡的假设与汽车实际驾驶行为不符,即驾驶人不可能在汽车失稳时,随时改变加速踏板的位置来调整驱动力矩。所以,本节中采用更为接近实际驾驶行为的固定驱动力矩大小的施加方式,驱动力矩大小按照车身初始状态受到的空气阻力来计算,具体公式见下式:

$$T_\mathrm{d} = \sqrt{\left(\frac{1}{2}C_{\mathrm{air\_}x}A_{\mathrm{L\_}x}\rho v_{x0}^2\right)^2 + \left(\frac{1}{2}C_{\mathrm{air\_}y}A_{\mathrm{L\_}y}\rho v_{y0}^2\right)^2} R_\mathrm{e} \quad (2\text{-}9)$$

式中,v_{x0}、v_{y0} 分别为初始状态对应的纵向和侧向车速。

表 2.6 给出了驱动力计算相关参数。

表 2.6 驱动力计算相关参数

$C_{\mathrm{air\_}x}$	$A_{\mathrm{L\_}x}/\mathrm{m}^2$	$C_{\mathrm{air\_}y}$	$A_{\mathrm{L\_}y}/\mathrm{m}^2$	$\rho/(\mathrm{kg/m^3})$	R_e/m
0.3	1.7	0.4	3.5	1.2258	0.224

尽管式(2-9)提出的利用初始状态纵向和侧向车速计算驱动力矩的简化方法,所能达到的效果与三自由度模型中隐含的假设存在一定差别,但是这样的驱动力矩不仅更接近实际驾驶行为,而且计算简便。

此外,当汽车在一些特殊的失稳状态下,如车轮因驱动力矩向前转动,而车身却向后移动,此时驱动力矩和空气阻力同向,无法通过驱动力矩平衡空气阻力。

为论述方便,不失一般性,本节采用后轮驱动的方式,即将由式(2-9)计算的驱动力矩完全加载到后轮上,亦即前轮驱动力矩为零。

2. 状态空间分析

图 2.13 和图 2.14 是前轮转向角为零,纵向速度初值分别为 20m/s 和 40m/s 时,后轮驱动的五自由度系统在 $v_x - v_y - \omega$ 相空间的多初值点轨迹图。其中

v_y（m/s）和 ω（rad/s）的取值范围分别为（-15,15）和（-1,1），取值间隔为2m/s 和0.2rad/s。图2.15 和图2.16 为 $v_x-v_y-\omega$ 相空间轨迹在 $v_y-\omega$ 平面上的投影，其中图2.15 中纵向速度初值为20m/s，图2.16 中纵向速度初值为40m/s。仿真时间为10s。

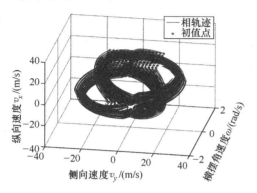 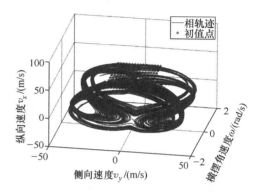

图2.13　纵向速度初值为20m/s时，后轮驱动的五自由度系统在 $v_x-v_y-\omega$ 相空间的多初值点轨迹图

图2.14　纵向速度初值为40m/s时，后轮驱动的五自由度系统在 $v_x-v_y-\omega$ 相空间的多初值点轨迹图

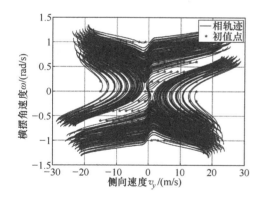 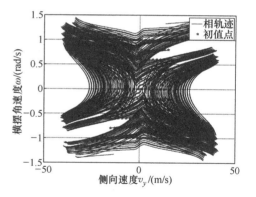

图2.15　纵向速度初值为20m/s时，$v_x-v_y-\omega$ 相空间轨迹在 $v_y-\omega$ 平面的投影

图2.16　纵向速度初值为40m/s时，$v_x-v_y-\omega$ 相空间轨迹在 $v_y-\omega$ 平面的投影

将五自由度系统的相空间特征与图2.17 中三自由度模型（纵向速度初值为20m/s、40m/s 时）的 $v_x-v_y-\omega$ 系统相空间特征相对比，由图2.13 和图2.14 可以说明，与三自由度模型相似，随着速度初值的提高，系统对应的驱动力矩增大、能量增加，模型的整体相空间轨迹变大。同时不难发现，在五自由度系统相空间在 $v_y-\omega$ 平面的投影图（图2.15 和图2.16）当中对应的稳定区域，或称为吸引域，其随着速度的提高也在缩小。

从上述分析可以发现，五自由度模型不仅能够体现出三自由度模型的动力学特

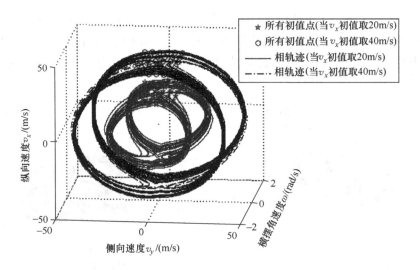

图 2.17 三自由度模型(纵向速度初值为 20m/s、40m/s 时)的 v_x-v_y-ω 系统相空间特征

征,而且为研究驱动力矩对系统动力学特征的影响提供了条件,这是 Kiencke 所研究的三自由度模型所不具备的。

第 3 章 汽车系统动力学平衡点的求解与分岔特征确认

3.1 汽车系统动力学平衡点简介

在非线性动力学中，对于任意非线性系统满足：

$$\dot{x}_i = f_i(x_1, x_2, \cdots, x_n), \quad i = 1, 2, \cdots, n \tag{3-1}$$

设系统状态变量的初始条件为

$$t = 0, x_i(0) = x_{i0} \tag{3-2}$$

则式（3-1）中满足初始条件的解 $x_i(t)$ 能够完全确定系统的整个运动过程。以 x_i、x_j ($i \neq j$) 为直角坐标建立的 (x_i, x_j) 平面，称为系统的相平面。类似地，以空间一点为原点，以 x_i、x_j、x_k ($i \neq j \neq k$) 两两为直角坐标建立 (x_i, x_j, x_k) 直角坐标系，称为系统的相空间。与系统的运动状态一一对应的相平面上或相空间中的点称为系统的相点。系统的运动过程可以用相平面上或相空间中的移动过程来描述。相点移动的轨迹称为相轨迹或相轨线。不同初始条件的相轨迹组成相轨迹族。

相平面（或相空间）内能使式

$$\frac{\mathrm{d}\dot{x}_i}{\mathrm{d}x_i} = \frac{\mathrm{d}\dot{x}_i}{\mathrm{d}t} \bigg/ \frac{\mathrm{d}x_i}{\mathrm{d}t} \tag{3-3}$$

右边分子分母同时为零的特殊点称为相轨迹的奇点。奇点的物理意义是代表系统的一种平衡状态，因此也称为平衡点和临界点等。在平衡点处轨迹无确定的斜率，这表示没有轨迹通过该点或有不止一条轨迹通过该点。

对于汽车动力学系统来说，平衡点就是使得状态变量的加速度值同时为零的点。在这样的物理含义下，二自由度和三自由度汽车动力学系统均存在一个稳定平衡点和两个不稳定平衡点。Inagaki 利用提出的相平面的方法得到的 β-$\dot{\beta}$ 相平面上相轨迹图可以看到三个平衡点。刘丽和施树明等人得出了类似的结论，图 3.1 中可以看到 v_y-ω 平面上的三个平衡点，其中一个为稳定平衡点（"◇"），其余两个为不稳定平衡点（"○"）。

由于非线性系统的稳定性可根据系统平衡点及其周围的动力学特性来判别，特别是系统平衡点随参数变化的分岔规律。所以，汽车系统动力学平衡点的精确求解就成为汽车系统非线性动力学分析的重要前提之一。

汽车系统的强非线性特征使解析方法不能用来求解平衡点。而传统的数值优化算法（如牛顿迭代法等）是一种试探性的寻优方法。这种方法通过比较函数值大小

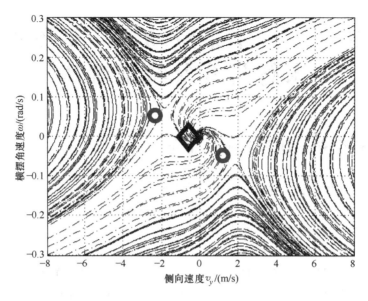

图 3.1 相轨迹在 $v_y - \omega$ 平面投影的局部图

来判断函数变化的大致趋势,并作为搜索方向的参考,逐步逼近最优解,对包含约束条件的实际问题具有较强的局部搜索能力。但该方法的计算结果对初值选取具有很强的敏感性,不同的初值往往会得到不同的计算结果,给全局范围内的精确求解带来困难。带来这种求解困难的原因主要是非线性系统一般具有多峰值特征,使牛顿迭代法求解容易误入局部最优解,无法找到真正的系统平衡点。

为弥补上述缺陷,遗传算法(Genetic Algorithm,GA)被应用于平衡点的求解。由于遗传算法在不需要给定初值的条件下就能够同时搜索整个解空间,所以更容易求得全局最优解。而且遗传算法仅进行代数计算,不需要导数信息,使求解更加容易。因此,在实际问题求解方面,与传统数值方法相比,遗传算法具有更好的鲁棒性和全局寻优的优势。

遗传算法在求解汽车系统的动力学平衡点时同样遇到了困难,即尽管遗传算法能够得到平衡点的近似解,但有些情况下收敛速度缓慢。这主要是由于遗传算法的参数选择对求解的精度和效率有较大影响。例如,交叉率和变异率过大,解的多样性会受到限制,导致无法求得最优解,而交叉率和变异率过小会使变异的效率非常低,导致算法过早收敛于局部最优点;初始种群数量过多,算法会占用大量系统资源,导致收敛速度降低,而种群数量过少,则可能导致求解过程终止于次优解。对于这些参数的选择,目前仍没有实用的上下限确定方法,需要依赖经验确定。

为提高平衡点求解方法的计算精度和收敛速度,一些学者提出了一些混合算法。一种典型的方法是首先利用遗传算法粗略求解,然后用牛顿迭代法或梯度方法等方法精确求解。尽管这些方法的搜索过程相对平稳,有效地避免了算法在局部最优解处收敛,并保证了足够的精度,具有整体优化性,但这些方法的验证,通常建立在对检验函数具有先验知识的基础上。而且牛顿迭代法虽然保障了求解精度,但在每次迭代过程中需要计算系统方程的雅克比矩阵。对于高维系统而言,庞大的计算量降低了求解效率。此外,上述方法在实际问题的应用中受到很多约束限制。到目前为止,还没有研究将相应的混合算法合理应用到汽车系统动力学平衡点的求解问题当中。

针对上述实际问题,本章提出了一种基于遗传算法和拟牛顿法的汽车系统动力学平衡点求解的混合算法。

3.2 基于遗传算法和拟牛顿法的平衡点求解方法

3.2.1 算法简介

本章提出的混合算法包含两种典型的数学求解方法:拟牛顿法和遗传算法。

拟牛顿(Quasi – Newton, QN)法是目前求解非线性优化问题最有效的方法之一。拟牛顿法是牛顿迭代法的改进方法。这种方法不仅可以避免计算系统的雅克比矩阵,有效减少每步迭代的计算量,而且同时保持超线性的收敛速度。

一般来说,对任意非线性方程组 $F(x)(x = x_1, x_2, \cdots, x_n)$,存在迭代公式

$$\begin{cases} x^{(k+1)} = x^{(k)} - \boldsymbol{B}_k^{-1} F(x^{(k)}) \\ \boldsymbol{B}_{k+1}(x^{(k+1)} - x^{(k)}) = F(x^{(k+1)}) - F(x^{(k)}) \\ \boldsymbol{B}_{k+1} = \boldsymbol{B}_k + \Delta \boldsymbol{B}_k \, (k = 0, 1, 2 \cdots) \end{cases} \quad (3\text{-}4)$$

式中,$\boldsymbol{B}$ 为迭代矩阵;$\Delta \boldsymbol{B}_k$ 为修正矩阵,其秩大于等于 1。

这种方法称为解非线性方程组 $F(x) = 0$ 的拟牛顿法,式(3-4)中的第二个方程称为拟牛顿方程。

定义矩阵

$$\boldsymbol{H}_{k+1} = \boldsymbol{H}_k + \frac{(s - \boldsymbol{H}_k y) s^{\mathrm{T}} + s (s - \boldsymbol{H}_k y)^{\mathrm{T}}}{s - y} - \frac{(s - \boldsymbol{H}_k y)^{\mathrm{T}} y}{(s^{\mathrm{T}} y)^2} s^{\mathrm{T}} \quad (3\text{-}5)$$

式中,$s = x^{(k+1)} - x^{(k)}$,$y = F(x^{(k+1)}) - F(x^{(k)})$。将式(3-4)矩阵 $\boldsymbol{B}$ 换成矩阵 $\boldsymbol{H}$,则

$$x^{(k+1)} = x^{(k)} - \boldsymbol{H}_k F(x^{(k)}) \quad (3\text{-}6)$$

这称为 BFGS(Broyden – Fletcher – Goldfarb – Shanno)算法。

将遗传算法和拟牛顿法相结合,可以在不需要初始值的条件下搜索全局最优解,降低求解精度对遗传算法参数选择的敏感性,在保证求解精度的前提下,提高收敛速度,有效降低求解过程的整体计算量,改善求解效率。

对于任意非线性系统，基于遗传算法和拟牛顿法混合算法的平衡点求解流程可以分为以下两步：

首先，根据系统的相空间特征，用遗传算法在全局解空间范围内求解系统的平衡点，确定平衡点的可行解和其相应的邻域。可行解的邻域为拟牛顿法提供随可行解变化的求解范围，以提高算法的求解效率。

然后，以遗传算法得到的可行解为初值，利用 BFGS 拟牛顿方法在相应可行解的邻域内求解平衡点的精确解。

图 3.2 所示为上述混合求解方法流程图。

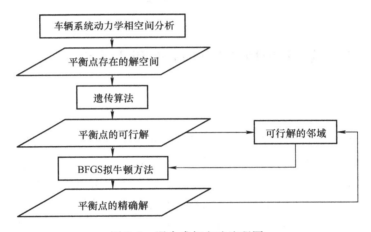

图 3.2　混合求解方法流程图

3.2.2　算法验证

为验证上述算法可改善求解效率，下面将以典型的非线性 Duffing 方程和 Van der Pol 方程为例进行验证。本书中得到的结果均是在如下配置的计算机系统上得到的：操作系统为 Windows XP SP3，CPU 为 Pentium（R）dual – core E6500 @ 2.93GHz，内存为4G，工具软件为 MATLAB 7.4.0（R2007a）。

1. Duffing 方程算例

Duffing 方程［式（3-7）］在其相平面上有三个平衡点：原点（0，0）是不稳定平衡点，（-1，0）和（1，0）为稳定平衡点。

$$\begin{cases} \dot{x}_1 = x_2 \\ \dot{x}_2 = -0.3x_2 + x_1 + x_1^3 \end{cases} \tag{3-7}$$

图 3.3 所示为 Duffing 方程的相平面轨迹，在图中可以清楚地看到三个平衡点。图 3.4 中的"∘"为用遗传算法在全局解空间范围内求解 20 次系统平衡点的结果，具体数值见表 3.1。

表 3.1 Duffing 方程在全局解空间范围内求解 20 次系统平衡点的结果

真值		遗传算法（GA）						混合算法（GA+QN）					
x_1	x_2	x_1	x_1绝对误差	x_2	x_2绝对误差	适应值	计算耗时/s	x_1	x_1绝对误差	x_2	x_2绝对误差	适应值	计算耗时/s
0	0	-0.0001	0.0001	0	0	0.0002	1.4321	0	0	-0	0	0	2.143
0	0	-0.0017	0.0017	-0.0006	0.0006	0.0021	1.2209	0	0	-0	0	0	1.2638
1	0	0.9999	0.0001	0.0004	0.0004	0.0004	1.2335	1	0	0	0	0	1.2436
1	0	0.9998	0.0002	0.0005	0.0005	0.0008	1.2537	1	0	-0	0	0	1.2683
0	0	0.0016	0.0016	-0.0005	0.0005	0.0008	1.3866	0	0	0	0	0	1.4309
0	0	-0.0003	0.0003	0	0	0.0003	1.2776	-0	0	0	0	0	1.2887
0	0	-0	0	-0	0	0.0001	1.2394	-0	0	0	0	0	1.2542
0	0	0.0001	0.0001	-0.0003	0.0003	0.0005	1.3161	0	0	-0	0	0	1.3302
0	0	-0.0008	0.0008	-0.0002	0.0002	0.0011	1.2082	-0	0	0	0	0	1.2247
0	0	0.0006	0.0006	0.0012	0.0012	0.0014	1.2219	0	0	0	0	0	1.234
-1	0	-0.9998	0.0002	-0.0006	0.0006	0.0008	1.1923	-1	0	0	0	0	1.2054
0	0	-0	0	-0.0004	0.0004	0.0007	1.2373	-0	0	0	0	0	1.2462
0	0	-0.0009	0.0009	0	0	0.0009	1.2581	-0	0	0	0	0	1.2727
0	0	0.0004	0.0004	0.0004	0.0004	0.0007	1.2262	-0	0	0	0	0	1.2368
0	0	-0.0002	0.0002	0.0003	0.0003	0.0006	1.2306	-0	0	0	0	0	1.2423
0	0	-0.0007	0.0007	-0	0	0.0007	1.3071	-0	0	0	0	0	1.319
-1	0	-1	0	-0.0001	0.0001	0.0002	1.3397	-1	0	0	0	0	1.3489
1	0	1	0	-0.0005	0.0005	0.0006	1.1913	1	0	0	0	0	1.2001
0	0	0.0003	0.0003	0.0009	0.0009	0.001	1.2981	0	0	0	0	0	1.3274
1	0	1.0001	0.0001	-0.001	0.001	0.001	1.2517	1	0	-0	0	0	1.2668

注：表中除真值外的 0 均表示小于 1.0×10^{-5} 的正实数。

在图 3.4 中可以看到式（3-7）的三个平衡点均已搜索到，但由于遗传算法的随机性特征，三个平衡点得到的结果个数差别较大。其中，(0, 0) 得到的结果个数最多。而且，从图 3.4 中可以看到，遗传算法结果的收敛性较差。

图 3.4 中的"*"为混合算法求得的结果，即以相应遗传算法的结果为初值，利用 BFGS 拟牛顿法求得的结果。

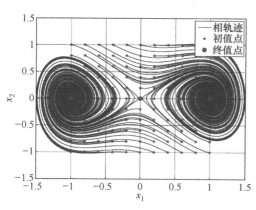

图 3.3 Duffing 方程的相平面轨迹

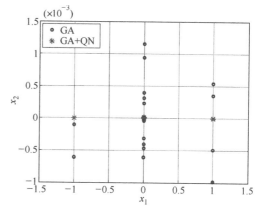

图 3.4 Duffing 方程的平衡点

表 3.2 ~ 表 3.4 分别给出了利用遗传算法和混合算法在三个可行解区域内求解 10 次得到的 Duffing 方程的三个平衡点。图 3.5 ~ 图 3.7 分别为利用表 3.2 ~ 表 3.4 的数据绘制的散点图。

表 3.2 Duffing 方程的不稳定平衡点（0，0）

真值		遗传算法（GA）									混合算法（GA+QN）								
x_1	x_2	x_1	x_1 绝对误差	x_1 平均绝对误差	x_2	x_2 绝对误差	x_2 平均绝对误差	适应值	计算耗时/s	平均计算耗时/s	x_1	x_1 绝对误差	x_1 平均绝对误差	x_2	x_2 绝对误差	x_2 平均绝对误差	适应值	计算耗时/s	平均计算耗时/s
0	0	0	0	0	0	0	0	0	1.5832	1.4868	0	0	0	0	0	0	0	2.3792	1.5793
0	0	-0	0		0.0001	0.0001		0.0001	1.3454		0	0		-0	0		0	1.3666	
0	0	-0	0		-1	0		0	1.3207		-0	0		0	0		0	1.3284	
0	0	0	0		0	0		0	1.9502		-0	0		0	0		0	1.9683	
0	0	-0	0		-0	0		0	1.5426		-0	0		-0	0		0	1.5511	
0	0	-0	0		-0	0		0	1.4523		-0	0		0	0		0	1.4627	
0	0	-0	0		-0	0		0	1.5202		-0	0		0	0		0	1.5283	
0	0	-0.0001	0.0001		-0.0001	0.0001		0.0002	1.4267		-0	0		0	0		0	1.4393	
0	0	-0	0		-0	0		0	1.3164		-0	0		-0	0		0	1.3268	
0	0	-0.0001	0.0001		-0	0		0.0001	1.4104		-0	0		0	0		0	1.4425	

注：表中除真值外的 0 均表示小于 1.0×10^{-5} 的正实数。

表 3.3 Duffing 方程的稳定平衡点（−1，0）

真值		遗传算法（GA）									混合算法（GA+QN）								
x_1	x_2	x_1	x_1 绝对误差	x_1 平均绝对误差	x_2	x_2 绝对误差	x_2 平均绝对误差	适应值	计算耗时/s	平均计算耗时/s	x_1	x_1 绝对误差	x_1 平均绝对误差	x_2	x_2 绝对误差	x_2 平均绝对误差	适应值	计算耗时/s	平均计算耗时/s
-1	0	-1	0	0.0001	0	0	0	0.0001	1.6169	1.434	-1	0	0	0	0	0	0	2.4051	1.5301
-1	0	-1	0		0	0		0.0001	1.4467		-1	0		-0	0		0	1.4838	
-1	0	-0.9998	0.0002		-0.0001	0.0001		0.0004	1.4076		-1	0		0	0		0	1.4221	
-1	0	-1	0		0	0		0	1.502		-1	0		-0	0		0	1.5153	
-1	0	-0.9998	0.0002		0	0		0.0004	1.3822		-1	0		0	0		0	1.3969	

(续)

真值		遗传算法（GA）								混合算法（GA+QN）							
x_1	x_2	x_1	x_1绝对误差	x_1平均绝对误差	x_2	x_2绝对误差	x_2平均绝对误差	适应值	计算耗时/s	平均计算耗时/s	x_1	x_1绝对误差	x_1平均绝对误差	x_2	x_2绝对误差	x_2平均绝对误差	适应值	计算耗时/s	平均计算耗时/s
-1	0	-1.0004	0.0004	0.0001	-0	0	0	0.0009	1.3977	1.434	-1	0	0	-0	0	0	0	1.4128	1.5301
-1	0	-1.0002	0.0002		0	0		0.0003	1.3738		-1	0		0	0		0	1.4101	
-1	0	-1	0		-0	0		0.0001	1.4031		-1	0		0	0		0	1.4158	
-1	0	-1	0		-0	0		0.0001	1.4139		-1	0		0	0		0	1.4297	
-1	0	-1	0		-0	0		0.0001	1.3965		-1	0		0	0		0	1.4092	

注：表中除真值外的 0 均表示小于 1.0×10^{-5} 的正实数。

表 3.4 Duffing 方程的稳定平衡点（1，0）

真值		遗传算法（GA）								混合算法（GA+QN）							
x_1	x_2	x_1	x_1绝对误差	x_1平均绝对误差	x_2	x_2绝对误差	x_2平均绝对误差	适应值	计算耗时/s	平均计算耗时/s	x_1	x_1绝对误差	x_1平均绝对误差	x_2	x_2绝对误差	x_2平均绝对误差	适应值	计算耗时/s	平均计算耗时/s
1	0	1	0	0.0001	0	0	0.0001	0	1.5057	1.3965	1	0	0	-0	0	0	0	2.2958	1.4887
1	0	0.9997	0.0003		0.0001	0.0001		0.0006	1.3567		1	0		-0	0		0	1.3989	
1	0	1.0001	0.0001		0	0		0.0002	1.3377		1	0		-0	0		0	1.3576	
1	0	1	0		-0	0		0	1.2901		1	0		0	0		0	1.3028	
1	0	0.9998	0.0002		0.0001	0.0001		0.0003	1.3351		1	0		-0	0		0	1.351	
1	0	0.9995	0.0005		0.0001	0.0001		0.001	1.3582		1	0		0	0		0	1.3733	
1	0	0.9999	0.0001		0.0002	0.0002		0.0002	1.5254		1	0		0	0		0	1.5398	
1	0	0.9998	0.0002		-0.0001	0.0001		0.0004	1.3844		1	0		-0	0		0	1.3991	
1	0	1	0		-0	0		0.0001	1.5093		1	0		-0	0		0	1.5252	
1	0	1.0001	0.0001		-0	0		0.0002	1.3626		1	0		0	0		0	1.3735	

注：表中除真值外的 0 均表示小于 1.0×10^{-5} 的正实数。

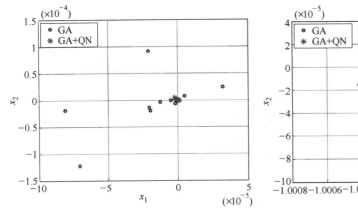

图 3.5　Duffing 方程的不稳定平衡点 (0, 0)

图 3.6　Duffing 方程的稳定平衡点 (-1, 0)

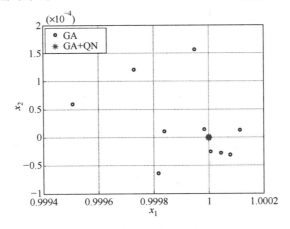

图 3.7　Duffing 方程的稳定平衡点 (1, 0)

对比遗传算法和混合算法的结果不难发现：遗传算法求得结果的收敛性较差，为保证精度则需要多次求解，使得总体计算效率较低；而混合算法首先利用遗传算法求解，保证了解集的完整性，再以任意遗传算法的结果为初值点，利用 BFGS 拟牛顿法进行求解，则可快速求解到最优解，保证了解集的精确性。

虽然混合算法增加了 BFGS 拟牛顿法的求解步骤，但总体计算效率较高。如上述 Duffing 方程算例，利用遗传算法连续求解 10 次得到的结果中，最大的平均绝对误差达到 1.0×10^{-4}，平均计算耗时为 1.3965s；而混合算法得到的结果中，最大的平均绝对误差仍小于 1.0×10^{-5}，平均计算耗时为 1.4887s。虽然混合算法的平均计算耗时比遗传算法增加了约 6.6%（约 0.0922s），但是任意一次混合算法的绝对误差均小于 1.0×10^{-5}，仅是遗传算法最大的平均绝对误差的 10%，无须多次求解。

2. Van der Pol 方程算例

Van der Pol 方程 [式 (3-8)] 在相平面上有一个平衡点：原点 (0, 0) 是系统唯一的不稳定平衡点。

$$\begin{cases} \dot{x}_1 = x_2 \\ \dot{x}_2 = -(x^2-1)x_2 - x_1 \end{cases} \tag{3-8}$$

图 3.8 为 Van der Pol 方程的相平面轨迹，在图中可以清楚地看到一个不稳定平衡点。

图 3.9 中的"∘"为用遗传算法在全局解空间范围内求解 10 次系统平衡点的结果，具体数值见表 3.5。从图中可以看到，遗传算法结果的收敛性较差。而图中的"*"为混合算法求得的结果，即以相应遗传算法的结果为初值，利用 BFGS 拟牛顿法求得的结果。

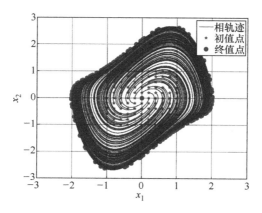

图 3.8 Van der Pol 方程的相平面轨迹

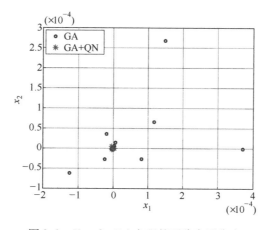

图 3.9 Van der Pol 方程的不稳定平衡点

表 3.5 Van der Pol 方程在全局解空间范围内求解 10 次系统平衡点的结果

真值		遗传算法（GA）									混合算法（GA+QN）								
x_1	x_2	x_1	x_1绝对误差	x_1平均绝对误差	x_2	x_2绝对误差	x_2平均绝对误差	适应值	计算耗时/s	平均计算耗时/s	x_1	x_1绝对误差	x_1平均绝对误差	x_2	x_2绝对误差	x_2平均绝对误差	适应值	计算耗时/s	平均计算耗时/s
0	0	-0.0001	0.0001	0.0001	-0.0001	0.0001	0.0001	0.0001	1.5288	1.4064	0	0	0	0	0	0	0	2.304	1.5006
0	0	0	0		0	0		0	1.3405		0	0		0	0		0	1.3951	
0	0	-0	0		-0	0		0	1.3072		-0	0		0	0		0	1.3249	
0	0	0.0001	0.0001		0.0001	0.0001		0.0001	1.3264		0	0		-0	0		0	1.3359	
0	0	0	0		0	0		0	1.3197		0	0		0	0		0	1.3318	
0	0	-0	0		-0	0		0	1.3631		-0	0		-0	0		0	1.3733	
0	0	0.0001	0.0001		0.0003	0.0003		0.0004	1.3492		-0	0		0	0		0	1.3635	
0	0	-0	0		0	0		0.0001	1.3795		-0	0		-0	0		0	1.3969	
0	0	0.0001	0.0001		-0	0		0.0001	1.4432		-0	0		-0	0		0	1.4585	
0	0	0.0004	0.0004		-0	0		0.0004	1.7067		-0	0		0	0		0	1.7219	

注：表中除真值外的 0 均表示小于 1.0×10^{-5} 的正实数。

对比遗传算法和混合算法的结果不难发现：与 Duffing 方程的计算结果类似，上述 Van der Pol 方程算例，利用遗传算法连续求解 10 次得到的结果中，最大的平均绝对误差达到 1.0×10^{-4}，平均计算耗时为 1.4064s；而混合算法连续求解 10 次得到的结果中，最大的平均绝对误差小于 1.0×10^{-5}，平均计算耗时为 1.5006s。虽然混合算法的平均计算耗时比遗传算法增加了约 0.1s，但是任意一次混合算法的绝对误差均小于 1.0×10^{-5}，无须多次求解。

综上所述，混合算法虽然增加了单次求解时间，但是减少了总体求解时间并有效提高了求解精度，其在整体上明显改善了求解效率。而且，通过两个典型算例的验证说明混合算法具有较好的适用性。

3.3 汽车系统动力学平衡点求解

3.3.1 平衡点的求解流程

1. 利用遗传算法计算可行解

根据前面提到的结论并在全局相空间特征分析的基础上，本章提出的混合方法首先将系统整个解空间分为三个部分，即一个稳定平衡点存在的空间区域和两个不稳定平衡点存在的空间区域。以前轮转向角和驱动力矩为系统的分岔参数，将整个解空间按照系统平衡点的侧向速度、横摆角速度和纵向速度的取值范围分为三个部分。在每一个解空间范围内利用以实数编码的遗传算法方法搜索系统的平衡点。

对于五自由度汽车动力学系统来说，系统平衡点就是要找到符合式（2-5）的系统状态变量 $(v_x, v_y, \omega, \omega_f, \omega_r)$，使得式（2-5）五个表达式的值等于零，即满足式（3-9）。

$$\begin{cases} \dot{v}_y = -v_x \omega + \dfrac{F_{lf}\sin\delta_f + F_{sf}\cos\delta_f + F_{sr} - \mathrm{sgn}(v_y) C_{air\_y} A_{L\_y} \dfrac{\rho}{2} v_y^2}{m} = 0 \\[2mm] \dot{\omega} = \dfrac{(F_{lf}\sin\delta_f + F_{sf}\cos\delta_f) l_f - F_{sr} l_r}{I_z} = 0 \\[2mm] \dot{v}_x = v_y \omega + \dfrac{F_{lf}\cos\delta_f - F_{sf}\sin\delta_f + F_{lr} - \mathrm{sgn}(v_x) C_{air\_x} A_{L\_x} \dfrac{\rho}{2} v_x^2}{m} = 0 \\[2mm] \dot{\omega}_f = \dfrac{T_d - \mathrm{sgn}(\omega_f) T_{bf} - R_e F_{lf}}{J} = 0 \\[2mm] \dot{\omega}_r = \dfrac{T_d - \mathrm{sgn}(\omega_r) T_{br} - R_e F_{lr}}{J} = 0 \end{cases} \quad (3\text{-}9)$$

因此，求解五自由度动力学系统平衡点的问题可以归结为以式（3-9）为非线性等式约束的非线性规划问题，且目标函数为式（3-10）：

$$\min f(\dot{v}_x,\dot{v}_y,\dot{\omega}) = |\dot{v}_x| + |\dot{v}_y| + |\dot{\omega}| + |\dot{\omega}_f| + |\dot{\omega}_r| \tag{3-10}$$

最优解$(\dot{v}_x^*,\dot{v}_y^*,\dot{\omega}^*,\dot{\omega}_f^*,\dot{\omega}_r^*)$满足$f(\dot{v}_x^*,\dot{v}_y^*,\dot{\omega}^*,\dot{\omega}_f^*,\dot{\omega}_r^*)=0$。故适应值函数定义为式（3-11）：

$$\text{fitness} = |\dot{v}_x| + |\dot{v}_y| + |\dot{\omega}| + |\dot{\omega}_f| + |\dot{\omega}_r| \tag{3-11}$$

2. 利用拟牛顿法精确求解

以每次遗传算法得到的平衡点为搜索初值，以上一次拟牛顿法求得的平衡点和本次遗传算法求得的平衡点的距离为半径，在包含上一个平衡点的邻域范围内，利用拟牛顿法算法搜索精确解。变化的邻域半径可由式（3-12）计算。

$$R_{vn} = \sqrt{\Delta v_x^2 + \Delta v_y^2 + \Delta \omega^2} \tag{3-12}$$

式中，Δv_x为上一次拟牛顿法求得的平衡点和本次遗传算法求得的平衡点的v_x差值；Δv_y为上一次拟牛顿法求得的平衡点和本次遗传算法求得的平衡点的v_y差值；$\Delta \omega$为上一次拟牛顿法求得的平衡点和本次遗传算法求得的平衡点的ω差值。

3.3.2 基于前轮转向角变化的平衡点求解

本章中前轮驱动模式即将驱动力矩全部施加到前轮上，后轮的驱动力矩为零；当以后轮驱动为驱动方式进行分析时，将全部驱动力矩施加到后轮上，亦即前轮的驱动力矩为零；全轮驱动模式则将全部驱动力矩平均分配到前后轮上，即前后轮上分别施加总驱动力矩的一半。

1. 前轮驱动

本节将利用前面提出的混合算法求解固定驱动力矩（即驱动力矩等于初始车速对应空气阻力）条件下，汽车系统的平衡点随前轮转向角变化的结果。v_x取恒定的初值（$v_x = 30\text{m/s}$）。为保证汽车系统能够维持动力学平衡状态，驱动力矩按照车身受到的空气阻力来计算，具体公式见式（2-9）。经过计算，此时施加的驱动力矩$T_d = 63.02\text{N}\cdot\text{m}$。

前轮转向角变化范围为 $-0.04 \sim 0.04\text{rad}$，其中负号表示右转。分别用单一的传统遗传算法和本书提出的混合算法搜索五自由度汽车动力学系统的一个稳定平衡点和两个不稳定平衡点。

表 3.6 和表 3.7 分别为前轮驱动且前轮转向角为 0.005rad 时，利用遗传算法、遗传算法和拟牛顿法混合算法求得的稳定平衡点。分析数据易知，由遗传算法求得的稳定平衡点的离散性较大，而利用混合算法在其邻域内搜索后得到的结果收敛到相对较小的区域内。

第3章 汽车系统动力学平衡点的求解与分岔特征确认

表3.6 汽车动力学系统的稳定平衡点（前轮驱动，前轮转向角为0.005rad，GA）

前轮转向角/rad	平衡点					系统状态变量的变化率					适应值
	侧向速度/(m/s)	横摆角速度/(rad/s)	纵向速度/(m/s)	前轮角速度/(rad/s)	后轮角速度/(rad/s)	侧向速度	横摆角速度	纵向速度	前轮角速度	后轮角速度	
0.005	−0.3085	0.0272	29.7287	133.6093	132.7215	−0.0007	−0.0014	−0.0103	0.6942	−0.1626	0.8692
0.005	0.0573	0.0009	29.7162	133.4941	132.6555	−0	0.0956	0.0017	−0.0255	0.2649	0.3878
0.005	0.0095	0.0043	29.7037	133.4448	132.6057	0	0.0826	0.0037	−0.1172	0.0133	0.2169
0.005	0.0412	0.002	29.7054	133.4471	132.6133	0	0.0912	0.0035	−0.0452	0.0005	0.1405
0.005	0.0113	0.0042	29.7099	133.4701	132.6336	0.0001	0.0831	0.0033	−0.0432	−0.0118	0.1415
0.005	−0.4195	0.0349	29.7165	133.6228	132.6626	−0.0002	−0.028	−0.0127	−0.1796	0.0139	0.2344
0.005	−0.1436	0.0154	29.7277	133.593	132.7073	−0	0.0411	0.0021	−0.6176	0.2304	0.8915
0.005	0.0089	0.0044	29.7276	133.5498	132.7144	−0.0004	0.0825	0.0034	−0.0324	−0.0808	0.1991
0.005	0.0061	0.0046	29.7035	133.4286	132.6059	0.0001	0.0817	0.0005	0.4643	−0.0387	0.5856
0.005	0.068	0.0001	29.7073	133.4519	132.6241	0.0001	0.0985	0.0037	0.0221	−0.104	0.2285

表3.7 汽车动力学系统的稳定平衡点（前轮驱动，前轮转向角为0.005rad，GA+QN）

前轮转向角/rad	平衡点					系统状态变量的变化率					适应值
	侧向速度/(m/s)	横摆角速度/(rad/s)	纵向速度/(m/s)	前轮角速度/(rad/s)	后轮角速度/(rad/s)	侧向速度	横摆角速度	纵向速度	前轮角速度	后轮角速度	
0.005	−0.3017	0.0267	29.7213	133.5941	132.6846	0	−0	−0.0066	0	−0.0001	0.0068
0.005	−0.3013	0.0267	29.7001	133.4986	132.5898	−0	0	−0.0064	−0.0007	0	0.0071
0.005	−0.3013	0.0267	29.7036	133.5141	132.6052	0	0	−0.0064	−0.0002	−0	0.0067
0.005	−0.3007	0.0266	29.7	133.4978	132.5893	−0	0.0001	−0.0063	0.0003	−0	0.0068
0.005	−0.3013	0.0267	29.7	133.4982	132.5894	0	−0	−0.0064	0	−0.0001	0.0065
0.005	−0.3022	0.0267	29.7289	133.6285	132.7189	0	−0.0001	−0.0066	−0.0043	−0.0165	0.0275
0.005	−0.3019	0.0267	29.7287	133.627	132.7172	0	−0	−0.0067	−0	−0	0.0068
0.005	−0.3013	0.0267	29.7012	133.5034	132.5946	0	0	−0.0064	−0	−0.0001	0.0065
0.005	−0.3013	0.0267	29.7	133.4982	132.5894	0	−0	−0.0064	−0	−0	0.0064
0.005	−0.3013	0.0267	29.7	133.4982	132.5895	0	−0	−0.0064	−0	−0	0.0064

图 3.10 为根据表 3.6 和表 3.7 的中的数据绘制的汽车动力学系统的稳定平衡点分布图。

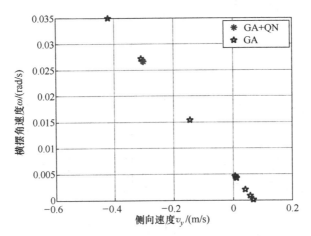

图 3.10　汽车动力学系统的稳定平衡点分布图（$\delta_f = 0.005\mathrm{rad}$）

表 3.8 ~ 表 3.13 为不同前轮转向角时，部分平衡点的取值。由表中数据可以看到，本章提出的 GA + QN 的混合算法较单独的遗传算法求得的系统平衡点的适应值更小。换句话说，混合算法得出的值更加接近系统的平衡点真值。

图 3.11 ~ 图 3.13 为用遗传算法求得的所有平衡点 v_y 和 ω 的取值变化图。其中，"∗"为由遗传算法和拟牛顿法混合求解方法得到的稳定平衡点，"○"为由遗传算法和拟牛顿法混合求解方法得到的不稳定平衡点，"◇"为由遗传算法求解得到的稳定平衡点，"☆"为由遗传算法求解得到的不稳定平衡点。

通过对系统平衡点的分析可知，当前轮转向角的值小于 0.01rad 时，系统存在三个平衡点，其中一个为稳定的平衡点，另外两个为不稳定的平衡点。汽车左转与右转时平衡点的取值是相同的，只是符号相反。前轮转向角越大，平衡点越接近不稳定平衡点，即系统越不易稳定。当前轮转向角值大于 0.01rad 以后，系统的稳定平衡点和一个不稳定平衡点同时消失，只剩下一个不稳定平衡点，即意味着系统失稳。

2. 后轮驱动与全轮驱动

利用与前轮驱动系统相似的方法，求解后轮驱动和全轮驱动模式下系统的平衡点。

图 3.14 ~ 图 3.16 为后轮驱动模式下的平衡点对应的侧向速度和横摆角速度值。通过平衡点求解结果可以看出，对于后轮驱动系统，当前轮转向角 $\delta_f = \pm 0.008\mathrm{rad}$ 时，系统的平衡点的个数同样出现了明显变化：平衡点由三个变为一个。表 3.14 ~ 表 3.16 中为部分平衡点的求解结果。

表 3.8 汽车动力学系统的稳定平衡点（前轮驱动，GA）

前轮转向角 /rad	平衡点					系统状态变量的变化率					适应值
	侧向速度 /(m/s)	横摆角速度 /(rad/s)	纵向速度 /(m/s)	前轮角速度 /(rad/s)	后轮角速度 /(rad/s)	侧向速度	横摆角速度	纵向速度	前轮角速度	后轮角速度	
-0.01	0.4675	-0.043	29.7285	133.5865	132.7155	-0.0077	-0.0437	-0.054	5.0545	0.0314	5.1912
-0.005	0.7537	-0.0563	29.7057	133.7208	132.6219	0.0002	0.0742	-0.0434	0.3169	-0.2226	0.6573
0	-0.0792	0.0057	29.7228	133.5231	132.6905	-0	-0.0214	0.0032	-0.0552	0.0214	0.1012
0.005	-0.1868	0.0185	29.724	133.5713	132.6964	0	0.0297	-0.0015	-0.0241	0.0082	0.0636
0.01	-0.6261	0.0533	29.7168	133.7833	132.6715	0.0009	0.0124	-0.0364	-0.0447	-0.2471	0.3416

表 3.9 汽车动力学系统的稳定平衡点（前轮驱动，GA + QN）

前轮转向角 /rad	平衡点					系统状态变量的变化率					适应值
	侧向速度 /(m/s)	横摆角速度 /(rad/s)	纵向速度 /(m/s)	前轮角速度 /(rad/s)	后轮角速度 /(rad/s)	侧向速度	横摆角速度	纵向速度	前轮角速度	后轮角速度	
-0.01	0.903	-0.0685	29.7283	133.9889	132.7158	-0	-0	-0.069	-0	-0	0.0691
-0.005	0.3016	-0.0267	29.7163	133.5715	132.6622	-0	0	-0.0066	0	0	0.0066
0	-0	0	29.7256	133.5316	132.7037	-0	0	0.0034	-0.0002	-0	0.0036
0.005	-0.3016	0.0267	29.7145	133.5633	132.654	-0	0	-0.0066	0	-0	0.0066
0.01	-0.9031	0.0685	29.7253	133.9753	132.7022	0	0	-0.069	-0.0001	0	0.0691

表 3.10 汽车动力学系统的一个不稳定平衡点（前轮驱动，GA）

前轮转向角 /rad	平衡点				系统状态变量的变化率				适应值
	侧向速度 /(m/s)	横摆角速度 /(rad/s)	纵向速度 /(m/s)	前轮角速度 /(rad/s)	后轮角速度 /(rad/s)	侧向速度	横摆角速度	纵向速度	前轮角速度	后轮角速度	
-0.04	-2.5834	0.0768	29.7282	134.486	132.7058	0.003	0	-0.1493	0.1975	0.1193	0.4691
-0.035	-2.4813	0.0785	29.7092	134.4427	132.661	-0.005	0.0128	-0.1392	-1.1499	-0.4103	1.717
-0.03	-2.3182	0.0787	29.7213	134.37	132.6879	0	-0.0016	-0.144	0.3198	-0.0497	0.5152
-0.025	-2.2283	0.0803	29.7216	134.3917	132.6914	-0.0001	0.0168	-0.1422	-0.2239	-0.0848	0.4678
-0.02	-2.0733	0.0807	29.7053	134.2661	132.6115	-0.0006	0.0063	-0.1376	-0.192	0.0192	0.3558
-0.015	-1.8834	0.0802	29.7142	134.2249	132.6547	0.0002	-0.019	-0.129	-0.0053	-0.034	0.1875
-0.01	-1.7716	0.0813	29.7273	134.2668	132.7092	-0.0001	-0.0071	-0.1288	0.0903	0.0327	0.259
-0.005	-1.6499	0.082	29.7073	134.1712	132.6266	-0.0007	0.003	-0.1238	-0.1731	-0.0897	0.3903
0	-1.4376	0.0802	29.7193	134.1521	132.6779	0.0017	-0.0155	-0.1102	-0.2203	-0.0474	0.3951
0.005	-1.2638	0.0787	29.724	134.119	132.6904	0	-0.0064	-0.103	0.0125	0.1343	0.2562
0.01	-0.9739	0.0717	29.7228	134.0098	132.6968	-0.0003	0.0048	-0.076	-0.1007	-0.1563	0.3381

表 3.11 汽车动力学系统的一个不稳定平衡点（前轮驱动，GA + QN）

前轮转向角 /rad	平衡点					系统状态变量的变化率					适应值
	侧向速度 /(m/s)	横摆角速度 /(rad/s)	纵向速度 /(m/s)	前轮角速度 /(rad/s)	后轮角速度 /(rad/s)	侧向速度	横摆角速度	纵向速度	前轮角速度	后轮角速度	
-0.04	-2.5818	0.077	29.7019	134.3761	132.598	0	-0	-0.1474	-0	-0	0.1474
-0.035	-2.4524	0.0778	29.7168	134.4036	132.6643	0	0	-0.1452	-0.0001	-0.0001	0.1453
-0.03	-2.3219	0.0787	29.7153	134.3599	132.6577	0	-0	-0.1427	-0	0.0001	0.1428
-0.025	-2.1911	0.0796	29.7128	134.3138	132.6463	0	-0	-0.1401	-0	0.0001	0.1402
-0.02	-2.0604	0.0804	29.7279	134.3492	132.7137	0	0	-0.1374	0	0	0.1374
-0.015	-1.9261	0.0811	29.7205	134.2842	132.6809	0	0	-0.1339	0	-0.0001	0.134
-0.01	-1.788	0.0816	29.7183	134.2421	132.671	0	-0	-0.1298	-0	0	0.1299
-0.005	-1.6423	0.0818	29.7194	134.2126	132.6757	0	0	-0.1246	0	-0	0.1246
0	-1.4816	0.0814	29.7137	134.1465	132.6506	0	-0	-0.117	-0	-0.0001	0.1171
0.005	-1.2877	0.0795	29.7262	134.1448	132.7064	0	0	-0.1051	0	0	0.1051
0.01	-0.8708	0.0669	29.73	133.9776	132.7232	-0	-0.0012	-0.0652	-0	0	0.0664

第3章 汽车系统动力学平衡点的求解与分岔特征确认

表 3.12 汽车动力学系统的另一个不稳定平衡点（前轮驱动，GA）

前轮转向角 /rad	平衡点				系统状态变量的变化率					
	侧向速度 /(m/s)	横摆角速度 /(rad/s)	纵向速度 /(m/s)	前轮角速度 /(rad/s)	后轮角速度 /(rad/s)	侧向速度	横摆角速度	纵向速度	前轮角速度	后轮角速度	适应值
−0.01	0.9947	−0.0727	29.7007	133.9188	132.5922	−0.0003	−0.007	−0.0799	0.002	0.0024	0.0915
−0.005	0.9687	−0.0675	29.703	133.8381	132.601	0.0003	0.0652	−0.0677	0.138	0.0507	0.3219
0	1.1097	−0.0693	29.7011	133.8371	132.6007	−0.0009	0.1129	−0.0743	0.338	−0.1589	0.6849
0.005	1.6402	−0.0818	29.7256	134.2124	132.7076	−0.0001	0.0002	−0.1276	0.6113	−0.0734	0.8126
0.01	1.7623	−0.0812	29.7001	134.1407	132.5897	0.0003	0.0104	−0.1272	0.0452	0.0037	0.1867
0.015	1.7977	−0.0785	29.7039	134.0357	132.6049	−0.001	0.0561	−0.1315	1.923	0.0318	2.1434
0.02	1.9699	−0.0786	29.7015	134.1598	132.5974	0.0001	0.0418	−0.1279	0.0835	−0.0227	0.2758
0.025	2.0924	−0.0776	29.7122	134.2412	132.6334	0.0001	0.0481	−0.1298	−0.1451	0.1619	0.485
0.03	2.3043	−0.0784	29.7062	134.3168	132.6084	0.0003	0.0085	−0.1399	−0.2758	0.1216	0.5463
0.035	2.6239	−0.0811	29.7296	134.6013	132.7207	0.0043	−0.0785	−0.1635	−0.0085	0.0063	0.2611
0.04	2.6233	−0.077	29.7141	134.6179	132.656	−0.0149	−0.0153	−0.1284	−3.5788	−0.0514	3.7887

表 3.13 汽车动力学系统的另一个不稳定平衡点（前轮驱动，GA + QN）

前轮转向角 /rad	平衡点					系统状态变量的变化率					
	侧向速度 /(m/s)	横摆角速度 /(rad/s)	纵向速度 /(m/s)	前轮角速度 /(rad/s)	后轮角速度 /(rad/s)	侧向速度	横摆角速度	纵向速度	前轮角速度	后轮角速度	适应值
−0.01	0.7799	−0.0622	29.73	133.9256	132.7232	−0	0.0007	−0.0547	0	0	0.0555
−0.005	1.2878	−0.0795	29.7258	134.143	132.7045	−0	−0	−0.1051	−0	−0	0.1052
0	1.482	−0.0814	29.7253	134.1986	132.7021	−0	0	−0.1172	0.0001	−0.0001	0.1173
0.005	1.6422	−0.0818	29.717	134.2021	132.6653	−0	0	−0.1245	−0.0001	0	0.1246
0.01	1.7879	−0.0816	29.7174	134.2379	132.6669	−0	−0	−0.1298	0	−0.0001	0.1299
0.015	1.9261	−0.0811	29.7206	134.2843	132.6811	−0	0	−0.1339	−0	0	0.1339
0.02	2.0603	−0.0804	29.7265	134.3429	132.7075	−0	−0	−0.1374	−0	−0	0.1374
0.025	2.1918	−0.0796	29.723	134.3598	132.6918	−0	0	−0.1402	−0.0001	−0	0.1403
0.03	2.3223	−0.0787	29.7215	134.3879	132.6853	−0	−0	−0.1428	0	−0	0.1428
0.035	2.4526	−0.0778	29.7193	134.4147	132.6752	−0	−0	−0.1452	−0	−0.0001	0.1453
0.04	2.5818	−0.077	29.7016	134.3747	132.5966	−0	0	−0.1474	−0.0001	0.0003	0.1478

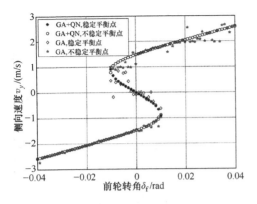

图 3.11　平衡点对应的侧向速度值
（前轮驱动）

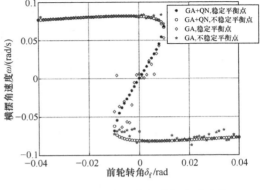

图 3.12　平衡点对应的横摆角速度值
（前轮驱动）

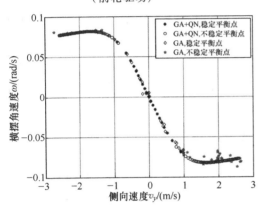

图 3.13　平衡点在 v_y-ω 上的取值范围
（前轮驱动）

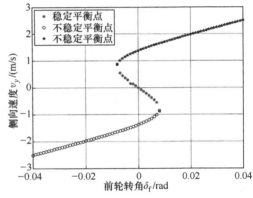

图 3.14　平衡点对应的侧向速度值
（后轮驱动）

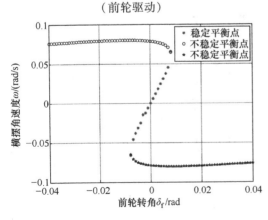

图 3.15　平衡点对应的横摆角速度值
（后轮驱动）

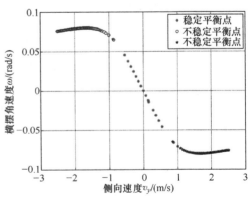

图 3.16　平衡点在 v_y-ω 上的取值范围
（后轮驱动）

第3章 汽车系统动力学平衡点的求解与分岔特征确认

表 3.14 汽车动力学系统的稳定平衡点（后轮驱动，GA+QN）

前轮转向角 /rad	平衡点					系统状态变量的变化率					适应值
	侧向速度 /(m/s)	横摆角速度 /(rad/s)	纵向速度 /(m/s)	前轮角速度 /(rad/s)	后轮角速度 /(rad/s)	侧向速度	横摆角速度	纵向速度	前轮角速度	后轮角速度	
-0.008	0.8786	-0.0658	29.7071	132.5893	133.7222	-0	-0.0011	-0.0622	-0.0222	-0	0.0856
-0.004	0.2851	-0.0246	29.7182	132.6648	133.4596	-0	-0	-0.005	0	-0.0003	0.0054
0	-0	0	29.73	132.7231	133.4641	-0	-0	0.0033	-0.0001	0.0073	0.0106
0.004	-0.2851	0.0246	29.7240	132.6906	133.4857	0	-0	-0.0051	-0.0001	-0	0.0052
0.008	-0.8785	0.0658	29.7075	132.5901	133.7239	-0	0.0011	-0.0623	-0.0001	0.0001	0.0635

表 3.15 汽车动力学系统的一个不稳定平衡点（后轮驱动，GA+QN）

前轮转向角 /rad	平衡点					系统状态变量的变化率					适应值
	侧向速度 /(m/s)	横摆角速度 /(rad/s)	纵向速度 /(m/s)	前轮角速度 /(rad/s)	后轮角速度 /(rad/s)	侧向速度	横摆角速度	纵向速度	前轮角速度	后轮角速度	
-0.04	-2.5071	0.0759	29.7067	132.9446	134.7963	0	0	-0.1399	-0	-0	0.1399
-0.03	-2.2452	0.0776	29.7176	132.8965	134.6763	-0	0	-0.1348	-0	-0.0001	0.1349
-0.02	-1.9794	0.0792	29.7152	132.799	134.4916	-0	0	-0.1287	-0	0	0.1287
-0.01	-1.7002	0.0801	29.7099	132.6983	134.2822	0	0	-0.1201	-0	-0.0002	0.1204
0	-1.3751	0.0788	29.7135	132.6496	134.0805	-0	-0	-0.1047	-0	-0	0.1048
0.008	-0.8583	0.0648	29.7157	132.627	133.7474	0	-0	-0.0601	-0	-0	0.0601

表 3.16 汽车动力学系统的另一个稳定平衡点（后轮驱动，GA+QN）

前轮转向角 /rad	平衡点					系统状态变量的变化率					适应值
	侧向速度 /(m/s)	横摆角速度 /(rad/s)	纵向速度 /(m/s)	前轮角速度 /(rad/s)	后轮角速度 /(rad/s)	侧向速度	横摆角速度	纵向速度	前轮角速度	后轮角速度	
-0.008	0.8585	-0.0648	29.7141	132.6199	133.7403	-0	0	-0.0601	-0	0	0.0601
0	1.3754	-0.0787	29.7206	132.6813	134.1124	0	0	-0.1048	0	-0	0.1048
0.01	1.7001	-0.0801	29.7074	132.6871	134.2709	0	-0	-0.1201	-0	-0	0.1201
0.02	1.979	-0.0792	29.7087	132.7698	134.462	0	0	-0.1286	-0	-0	0.1286
0.03	2.2447	-0.0777	29.7101	132.8626	134.6421	0	-0	-0.1347	0.0002	-0.0022	0.1371
0.04	2.5088	-0.0759	29.728	133.0399	134.8928	-0	-0	-0.1401	-0	-0.0001	0.1402

图 3.17～图 3.19 为全轮驱动模式下的平衡点对应的侧向速度和横摆角速度值。通过平衡点图可以看出，对于全轮驱动系统，当前轮转向角 $\delta_f = \pm 0.009\text{rad}$ 时，系统的平衡点同样由三个减少为一个。表 3.17～表 3.19 中为部分平衡点的求解结果。

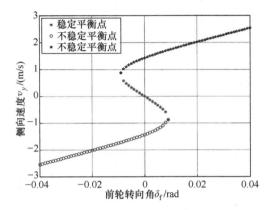

图 3.17 平衡点对应的侧向速度值（全轮驱动）

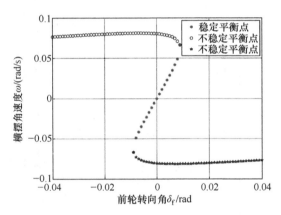

图 3.18 平衡点对应的横摆角速度值（全轮驱动）

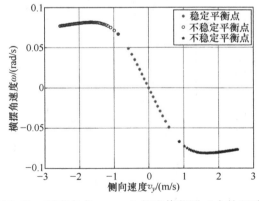

图 3.19 平衡点在 $v_y - \omega$ 上的取值范围（全轮驱动）

第3章 汽车系统动力学平衡点的求解与分岔特征确认

表 3.17 汽车动力学系统的稳定平衡点（全轮驱动，GA + QN）

前轮转向角/rad	平衡点					系统状态变量的变化率					适应值
	侧向速度/(m/s)	横摆角速度/(rad/s)	纵向速度/(m/s)	前轮角速度/(rad/s)	后轮角速度/(rad/s)	侧向速度	横摆角速度	纵向速度	前轮角速度	后轮角速度	
-0.009	0.8709	-0.0666	29.7168	133.2796	133.216	-0	0	-0.0637	0	-0	0.0638
-0.005	0.3292	-0.0289	29.7145	133.1102	133.0544	0	0	-0.0082	0	-0	0.0082
0	0	-0	29.7218	133.1001	133.0537	0	-0	0.0035	-0.0367	0.0327	0.0729
0.005	-0.3295	0.0289	29.7261	133.1621	133.1062	0	-0	-0.0083	0	0	0.0084
0.009	-0.8716	0.0667	29.7081	133.2407	133.1771	-0	0	-0.0637	-0.0002	0	0.0639

表 3.18 汽车动力学系统的一个不稳定平衡点（全轮驱动，GA + QN）

前轮转向角/rad	平衡点					系统状态变量的变化率					适应值
	侧向速度/(m/s)	横摆角速度/(rad/s)	纵向速度/(m/s)	前轮角速度/(rad/s)	后轮角速度/(rad/s)	侧向速度	横摆角速度	纵向速度	前轮角速度	后轮角速度	
-0.04	-2.5424	0.0768	29.7153	133.7173	133.8198	0	-0	-0.1442	0.0001	-0	0.1443
-0.03	-2.2805	0.0786	29.7118	133.6163	133.7074	0	0	-0.1392	-0	-0	0.1392
-0.02	-2.0166	0.0802	29.7078	133.5221	133.5913	0	-0	-0.1333	-0	-0	0.1334
-0.01	-1.7421	0.0813	29.7161	133.4895	133.5268	0	0	-0.1255	-0.0001	-0	0.1256
0	-1.4268	0.0806	29.7077	133.3782	133.3729	0	-0	-0.1113	-0	-0	0.1114
0.009	-0.8709	0.0666	29.7173	133.2817	133.218	0	0	-0.0637	0	-0	0.0638

表 3.19 汽车动力学系统的另一个稳定平衡点（全轮驱动，GA + QN）

前轮转向角/rad	平衡点					系统状态变量的变化率					适应值
	侧向速度/(m/s)	横摆角速度/(rad/s)	纵向速度/(m/s)	前轮角速度/(rad/s)	后轮角速度/(rad/s)	侧向速度	横摆角速度	纵向速度	前轮角速度	后轮角速度	
-0.009	0.8767	-0.0669	29.7004	133.208	133.1439	-0	-0.0002	-0.0644	-0.0009	0.0216	0.0871
0	1.4268	-0.0806	29.7068	133.3744	133.3691	-0	0	-0.1113	0	-0	0.1114
0.01	1.7421	-0.0813	29.7156	133.487	133.5243	-0	0	-0.1255	-0	-0	0.1255
0.02	2.0167	-0.0802	29.7082	133.5242	133.5934	-0	0	-0.1333	-0	-0	0.1334
0.03	2.2803	-0.0786	29.7092	133.6045	133.6955	-0	0	-0.1392	-0	-0	0.1392
0.04	2.5424	-0.0768	29.7158	133.7196	133.822	-0	0	-0.1442	0.0006	0	0.1448

比较上述不同驱动方式的平衡点的求解结果可以看出：不同驱动方式下，汽车系统平衡点的个数均随着前轮转向角幅值的变化而变化，只是发生变化时的前轮转向角幅值不同，如图 3.20 和图 3.21 所示，对应的大小顺序为：前轮驱动对应转向角（$\delta_f = 0.01 \text{rad}$）> 全轮驱动对应转向角（$\delta_f = 0.009 \text{rad}$）> 后轮驱动对应转向角（$\delta_f = 0.008 \text{rad}$）。

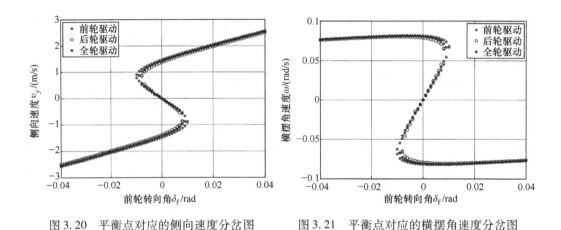

图 3.20 平衡点对应的侧向速度分岔图　　图 3.21 平衡点对应的横摆角速度分岔图

3.3.3 基于驱动力矩变化的平衡点求解

1. 前轮驱动

试验条件为：前轮转向角 $\delta_f = 0.01 \text{rad}$，纵向初速度 v_x 的变化范围为 $11 \sim 35 \text{m/s}$，对应的驱动力矩按照空气阻力的计算公式计算，见式（2-9），则驱动力矩 T_d 变化范围为 $8.5 \sim 85.8 \text{N} \cdot \text{m}$。

图 3.22 ~ 图 3.23 给出了前轮驱动模式下，平衡点随驱动力矩变化时侧向速度和横摆角速度的计算结果。其中"·"代表稳定平衡点，"○"和"☆"均代表不稳定平衡点。

通过仿真结果可以看出，在驱动力矩较小时，系统存在着一个稳定平衡点和两个不稳定平衡点，随着驱动力矩的增大，一个不稳定平衡点和稳定平衡点相互接近，当驱动力矩达到 $T_d = 63.02 \text{N} \cdot \text{m}$（即纵向初速度 $v_x = 30 \text{m/s}$）时，两平衡点几乎重合，随后消失。此后随着驱动力矩的增大，系统仅剩下一个不稳定的平衡点。

图 3.24 所示为系统平衡点对应的 v_x 的取值范围。图 3.25 给出了平衡点在 $v_y - \omega$ 上的取值范围。

表 3.20 ~ 表 3.22 给出了部分汽车动力学系统的平衡点的取值。

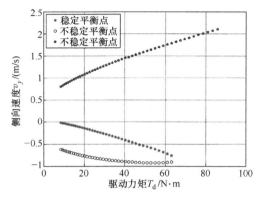

图 3.22　平衡点对应的侧向速度值
（前轮驱动，$\delta_f = 0.01\,\text{rad}$）

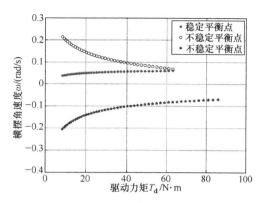

图 3.23　平衡点对应的横摆角速度值
（前轮驱动，$\delta_f = 0.01\,\text{rad}$）

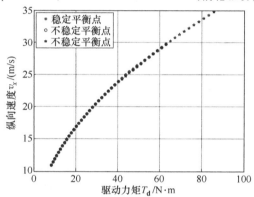

图 3.24　系统平衡点对应的 v_x 的取值范围（前轮驱动，$\delta_f = 0.01\,\text{rad}$）

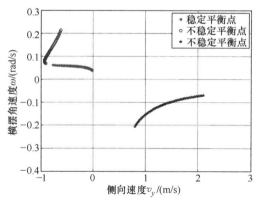

图 3.25　平衡点在 $v_y - \omega$ 上的取值范围（前轮驱动，$\delta_f = 0.01\,\text{rad}$）

2. 后轮驱动与全轮驱动

与前轮驱动类似，本节利用混合算法求解了固定前轮转向角条件下，后轮驱动和全轮驱动系统的平衡点随驱动力矩变化的结果。纵向初速度 v_x 的变化范围为 11～35m/s，对应的驱动力矩按照空气阻力的计算公式计算，则驱动力矩变化范围为 8.5～85.8N·m。

表 3.20 汽车动力学系统的稳定平衡点（前轮驱动，GA+QN，$\delta_f = 0.01\text{rad}$）

驱动力矩/N·m	平衡点					系统状态变量的变化率					适应值
	侧向速度/(m/s)	横摆角速度/(rad/s)	纵向速度/(m/s)	前轮角速度/(rad/s)	后轮角速度/(rad/s)	侧向速度	横摆角速度	纵向速度	前轮角速度	后轮角速度	
8.4721	-0.0147	0.0381	10.9047	48.7227	48.6818	-0	0	-0.0023	-0	0	0.0023
15.754	-0.0876	0.047	14.9028	66.6378	66.5303	-0	0	-0.0072	-0	0	0.0072
28.0071	-0.2389	0.0541	19.9097	89.1635	88.8827	-0	0	-0.0178	0	-0	0.0178
43.7611	-0.4567	0.058	24.9083	111.8134	111.1978	-0	-0.0001	-0.033	0	-0	0.0332
63.0159	-0.7595	0.0612	29.7035	133.795	132.6049	0	-0	-0.0522	0	-0	0.0522

表 3.21 汽车动力学系统的一个不稳定平衡点（前轮驱动，GA+QN，$\delta_f = 0.01\text{rad}$）

驱动力矩/N·m	平衡点					系统状态变量的变化率					适应值
	侧向速度/(m/s)	横摆角速度/(rad/s)	纵向速度/(m/s)	前轮角速度/(rad/s)	后轮角速度/(rad/s)	侧向速度	横摆角速度	纵向速度	前轮角速度	后轮角速度	
8.4721	-0.6166	0.214	10.9085	48.7534	48.6985	-0	0	-0.1437	-0	-0	0.1437
15.754	-0.7207	0.1629	14.9034	66.6989	66.533	0	0	-0.1294	-0	-0	0.1294
28.0071	-0.8339	0.1202	19.9045	89.2738	88.8593	-0	-0.0005	-0.1119	0	-0	0.112
43.7611	-0.9059	0.0909	24.9095	111.9949	111.203	0	-0	-0.0931	-0	-0	0.0937
63.0159	-0.9039	0.0686	29.7131	133.921	132.6478	0	-0	-0.069	0	-0	0.069

表 3.22 汽车动力学系统的另一个不稳定平衡点（前轮驱动，GA+QN，$\delta_f = 0.01\text{rad}$）

驱动力矩/N·m	平衡点					系统状态变量的变化率					适应值
	侧向速度/(m/s)	横摆角速度/(rad/s)	纵向速度/(m/s)	前轮角速度/(rad/s)	后轮角速度/(rad/s)	侧向速度	横摆角速度	纵向速度	前轮角速度	后轮角速度	
8.4721	0.8008	-0.2051	10.9078	48.7889	48.6957	-0	0	-0.1522	0	0	0.1522
15.754	0.9857	-0.1575	14.9096	66.7801	66.5605	-0	0	-0.1424	-0	0	0.1425
28.0071	1.2386	-0.1206	19.9061	89.3627	88.8663	-0	0	-0.1362	0	0	0.1362
43.7611	1.4981	-0.0979	24.7096	111.2424	110.3106	-0	0	-0.1311	0	-0.0001	0.1312
63.0159	1.7874	-0.0817	29.7078	134.1946	132.624	-0	0	-0.1297	0	-0.0001	0.1298
85.7717	2.1035	-0.0699	34.726	157.4655	155.0269	-0	-0	-0.1305	-0.0003	0	0.1308

图 3.26 和图 3.27 给出了后轮驱动模式下，前轮转向角的取值为 $\delta_f = 0.008\text{rad}$ 时，平衡点随驱动力矩变化时对应的侧向速度和横摆角速度值。图中符号含义与前面相同。

通过仿真结果可以看出，在后轮驱动模式下，平衡点变化的整体过程与前轮驱动类似，即在驱动力矩较小时，系统存在着一个稳定平衡点和两个不稳定平衡点，随着驱动力矩的增大，一个不稳定平衡点和稳定平衡点的侧向速度和横摆角速度相互接近，当驱动力矩达到 $T_d = 63.02\text{N}\cdot\text{m}$（即纵向初速度 $v_x = 30\text{m/s}$）时，两平衡点近乎重合，随后消失。此后随着驱动力矩的增大，系统仅剩下一个不稳定的平衡点。

图 3.28 所示为平衡点对应的 v_x 的取值范围。图 3.29 给出了平衡点在 $v_y - \omega$ 上的取值范围。表 3.23 ~ 表 3.25 给出了部分汽车动力学系统平衡点的取值。

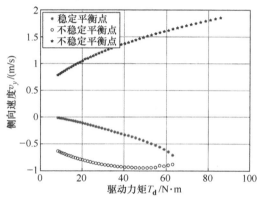

图 3.26 平衡点对应的侧向速度值
（后轮驱动，$\delta_f = 0.008\text{rad}$）

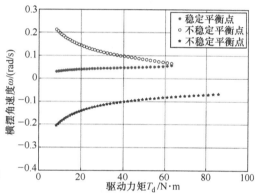

图 3.27 平衡点对应的横摆角速度值
（后轮驱动，$\delta_f = 0.008\text{rad}$）

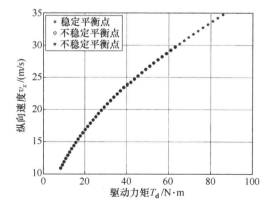

图 3.28 平衡点对应的 v_x 的取值范围
（后轮驱动，$\delta_f = 0.008\text{rad}$）

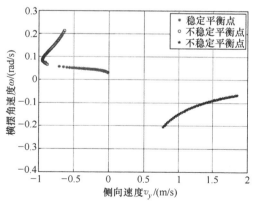

图 3.29 平衡点在 $v_y - \omega$ 上的取值范围
（后轮驱动，$\delta_f = 0.008\text{rad}$）

表 3.23 汽车动力学系统的稳定平衡点（后轮驱动，GA + QN, $\delta_f = 0.008$ rad）

驱动力矩/N·m	平衡点					系统状态变量的变化率					适应值
	侧向速度/(m/s)	纵向速度/(m/s)	横摆角速度/(rad/s)	前轮角速度/(rad/s)	后轮角速度/(rad/s)	侧向速度	纵向速度	横摆角速度	前轮角速度	后轮角速度	
8.4721	-0.0118	10.9027	0.0305	48.6723	48.7097	0	-0	0	0	-0	0.0013
15.754	-0.07	14.9024	0.0376	66.5254	66.624	0	-0	-0	-0	-0	0.0044
28.0071	-0.1918	19.9023	0.0436	88.8416	89.0881	0	-0	0	-0.0003	-0	0.0115
43.7611	-0.367	24.7033	0.0479	110.2679	110.7792	0	-0	0	-0.0012	0	0.0206
63.0159	-0.7093	29.7123	0.0566	132.6169	133.6399	-0	-0	0	0.0047	-0.0004	0.0487

表 3.24 汽车动力学系统的一个不稳定平衡点（后轮驱动，GA + QN, $\delta_f = 0.008$ rad）

驱动力矩/N·m	平衡点					系统状态变量的变化率					适应值
	侧向速度/(m/s)	纵向速度/(m/s)	横摆角速度/(rad/s)	前轮角速度/(rad/s)	后轮角速度/(rad/s)	侧向速度	纵向速度	横摆角速度	前轮角速度	后轮角速度	
8.4721	-0.6344	10.9082	0.213	48.6824	48.8089	0	-0	-0	0	-0.0002	0.1446
15.754	-0.7459	14.9064	0.1623	66.5245	66.7715	0	-0	-0	0.0001	-0	0.1307
28.0071	-0.869	19.9072	0.1203	88.8429	89.3184	0	-0	-0	-0.0001	0.0001	0.1139
43.7611	-0.9412	24.7114	0.0921	110.2857	111.0754	-0	-0	-0	-0	0	0.0932
63.0159	-0.8795	29.7117	0.0659	132.6087	133.7433	0	0.0012	-0	-0	-0	0.0637

表 3.25 汽车动力学系统的另一个稳定平衡点（后轮驱动，GA + QN, $\delta_f = 0.008$ rad）

驱动力矩/N·m	平衡点					系统状态变量的变化率					适应值
	侧向速度/(m/s)	纵向速度/(m/s)	横摆角速度/(rad/s)	前轮角速度/(rad/s)	后轮角速度/(rad/s)	侧向速度	纵向速度	横摆角速度	前轮角速度	后轮角速度	
8.4721	0.7816	10.9079	-0.2059	48.7134	48.8224	0	-0.1512	0	-0	-0	0.1512
15.754	0.9568	14.9017	-0.1581	66.5506	66.7906	-0	-0.1408	0	-0	-0	0.1409
28.0071	1.1905	19.9041	-0.1206	88.892	89.4109	-0	-0.1328	0	-0	-0	0.1328
43.7611	1.4153	24.714	-0.0972	110.373	111.3213	-0	-0.1246	0	-0	-0	0.1246
63.0159	1.6412	29.7155	-0.08	132.7094	134.2679	-0	-0.1179	0	-0	-0	0.1179
85.7717	1.8507	34.7218	-0.0673	155.0665	157.4287	-0	-0.1107	0	-0	-0	0.1108

图 3.30 ~ 图 3.33 所示为全轮驱动模式下，系统平衡点对应的侧向速度和横摆角速度。由图中的结果可以看出，其整体趋势与前轮驱动和后轮驱动基本一致。表 3.26 ~ 表 3.28 给出了全轮驱动模式下部分平衡点的取值。

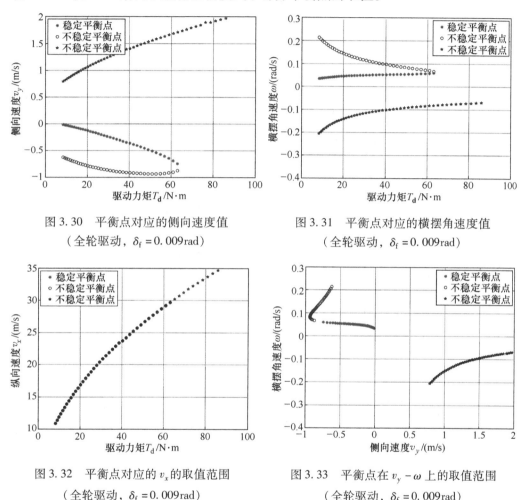

图 3.30　平衡点对应的侧向速度值
（全轮驱动，$\delta_f = 0.009\text{rad}$）

图 3.31　平衡点对应的横摆角速度值
（全轮驱动，$\delta_f = 0.009\text{rad}$）

图 3.32　平衡点对应的 v_x 的取值范围
（全轮驱动，$\delta_f = 0.009\text{rad}$）

图 3.33　平衡点在 $v_y - \omega$ 上的取值范围
（全轮驱动，$\delta_f = 0.009\text{rad}$）

通过对比上述由驱动力矩引起的平衡点个数变化与由前轮转向角引起的平衡点个数改变，我们不难发现：对于同一个汽车动力学系统而言，通过改变前轮转向角和改变驱动力矩的方式计算得到的系统发生平衡点个数变化的参数是一致的。如在前轮驱动模式下，当纵向速度初值为 $v_x = 30\text{m/s}$ 时，计算得到的驱动力矩为 $T_d = 63.02\text{N} \cdot \text{m}$，改变前轮转向角的大小，当 $\delta_f = 0.01\text{rad}$ 时，系统的平衡点的个数产生突变，而当固定前轮转向角幅值，如 $\delta_f = 0.01\text{rad}$ 时，改变驱动力矩的大小，系统的平衡点的个数产生突变时驱动力矩的大小为 $T_d = 63.02\text{N} \cdot \text{m}$，此时对应的纵向速度初值为 $v_x = 30\text{m/s}$，而且不同的驱动方式得到的结论是相同的。

表 3.26 汽车动力学系统的稳定平衡点（全轮驱动，GA + QN，$\delta_f = 0.009$ rad）

驱动力矩 /N·m	平衡点					系统状态变量的变化率					适应值
	侧向速度 /(m/s)	横摆角速度 /(rad/s)	纵向速度 /(m/s)	前轮角速度 /(rad/s)	后轮角速度 /(rad/s)	侧向速度	横摆角速度	纵向速度	前轮角速度	后轮角速度	
8.4721	-0.0133	0.0343	10.9073	48.7131	48.7116	-0	-0	-0.0018	-0	-0	0.0018
15.754	-0.0787	0.0423	14.9025	66.5805	66.5773	0	-0	-0.0057	0	-0	0.0057
28.0071	-0.2152	0.0489	19.9085	89.0096	88.9988	0	-0	-0.0143	0	-0	0.0144
43.7611	-0.4056	0.053	24.7004	110.5554	110.5249	-0	0	-0.0245	0	-0.0001	0.0246
63.0159	-0.7426	0.0598	29.7	133.1665	133.0988	0	-0	-0.049	0.003	-0	0.052

表 3.27 汽车动力学系统的一个不稳定平衡点（全轮驱动，GA + QN，$\delta_f = 0.009$ rad）

驱动力矩 /N·m	平衡点					系统状态变量的变化率					适应值
	侧向速度 /(m/s)	横摆角速度 /(rad/s)	纵向速度 /(m/s)	前轮角速度 /(rad/s)	后轮角速度 /(rad/s)	侧向速度	横摆角速度	纵向速度	前轮角速度	后轮角速度	
8.4721	-0.6254	0.2136	10.9055	48.7053	48.7408	0	-0	-0.1441	-0	0	0.1441
15.754	-0.7335	0.1626	14.9094	66.6321	66.6717	-0	-0	-0.13	-0	-0.0001	0.1301
28.0071	-0.8517	0.1205	19.9073	89.0661	89.0936	0	0	-0.113	0	0	0.1131
43.7611	-0.9245	0.0923	24.7133	110.7098	110.7045	-0	-0	-0.0931	0.0001	-0.0001	0.0933
63.0159	-0.8722	0.0667	29.7038	133.2217	133.1581	0	0	-0.0637	-0.0015	-0	0.0653

表 3.28 汽车动力学系统的另一个稳定平衡点（全轮驱动，GA + QN，$\delta_f = 0.009$ rad）

驱动力矩 /N·m	平衡点					系统状态变量的变化率					适应值
	侧向速度 /(m/s)	横摆角速度 /(rad/s)	纵向速度 /(m/s)	前轮角速度 /(rad/s)	后轮角速度 /(rad/s)	侧向速度	横摆角速度	纵向速度	前轮角速度	后轮角速度	
8.4721	0.7911	-0.2056	10.9052	48.7392	48.7477	-0	0	-0.1517	0	-0.0003	0.152
15.754	0.971	-0.1579	14.9	66.6405	66.6525	-0	-0	-0.1417	0	0.0002	0.1419
28.0071	1.2142	-0.1208	19.9	89.1057	89.123	-0	-0	-0.1346	0	0	0.1347
43.7611	1.4569	-0.0978	24.7248	110.8699	110.8945	-0	-0	-0.1283	-0	-0	0.1283
63.0159	1.7133	-0.0813	29.7162	133.4831	133.5167	-0	-0	-0.1245	0	-0.0003	0.1248
85.7717	1.974	-0.0693	34.7032	156.1941	156.2409	-0	0	-0.1213	0	-0.0002	0.1215

3.4 平衡点的分岔特征确认与分析

3.4.1 平衡点的分岔特征确认

分岔现象是非线性系统特有的一种非常重要的动力学性质。通俗来说，对于同一个非线性方程而言，由于其中某一参数取值的不同，其对应解的形式可能完全不同，即参数 μ 取值在某一临界值 μ_c 两侧，解的性质将发生根本性变化。人们称解在此临界值 μ_c 处出现分岔。

对于非线性方程

$$\dot{x} = f(x,\mu), x \in R^n \tag{3-13}$$

如果参数 μ 在某一临界值 μ_c 邻近微小变化将引起解（运动）的性质（或相空间轨迹的拓扑性质）发生突变，此现象即称为分岔（或分叉、分歧、分支，bifurcation），此临界值 μ_c 称为分岔点（或分岔值）。而不能引起分岔的参数 μ 的取值点都称为常点。

如果式（3-13）的解在常点附近不会发生性质的变化，这样的解具有结构稳定性。结构稳定性表示在参量微小变化时，解不会发生拓扑性质变化（解的轨迹仍维持在原轨迹的邻域内且变化趋势也相同）。反之，在分岔点附近，参量值的微小变化足以引起解发生拓扑性质变化，这样的解则称为结构不稳定。所以，分岔现象与结构不稳定实质上是一致的：分岔的出现表示系统此时是结构不稳定的，或者说解的结构不稳定意味着将出现分岔。

系统的分岔可以分为动态分岔和静态分岔两种类型。如前所述，如果式（3-13）的解在分岔点附近会发生拓扑性质的突然变化，这样的分岔称为动态分岔。而特别地，如果当参数 μ 经过某一临界值 μ_c 时，仅有平衡点数目发生突变（或者说，相空间轨迹的拓扑性质即奇点的个数和类型产生突变），这样的分岔则称为静态分岔。

将五自由度汽车动力学系统［式（2-5）］动力学平衡点的个数随驱动力矩和前轮转向角变化而变化的现象与分岔现象的定义进行对比，不难发现：如果将前轮转向角幅值 δ_f 和驱动力矩 T_d 作为系统参数，五自由度汽车动力学系统的方程可以写成如下形式：

$$\dot{y} = f(y, \delta_f), y \in R^5 \tag{3-14}$$

$$\dot{y} = f(y, T_d), y \in R^5 \tag{3-15}$$

式中，$y = (v_y, \omega, v_x, \omega_f, \omega_r)$。

该形式与分岔现象对动力学系统模型的定义形式［式（3-13）］是相同的。而通过分析上一节汽车动力学系统平衡点数目随参数变化的结果，可以确认：汽车动力学系统平衡点随前轮转向角幅值和驱动力矩大小变化时发生的个数突变，实际上就是一种典型的静态分岔现象。

综上所述，对于五自由度汽车动力学系统［式（2-5）］而言，随着驱动力矩和前轮转向角的变化，系统将发生分岔现象。具体地说，驱动力矩和前轮转向角都能单独作为分岔参数引起系统发生平衡点静态分岔。下面将利用多初值点相空间图，来进一步分析前轮转向角和驱动力矩对平衡点分岔特征的影响。

3.4.2 前轮转向角对平衡点分岔特征的影响

1. 驱动力矩为初始状态空气阻力

如前所述，用相轨迹族的结果来显示系统的平衡点特征清晰易懂，故本节将利用多初值点的方法分析前轮转向角对平衡点分岔特征的影响。具体分析条件如下：选择驱动力矩为初始状态空气阻力作为驱动力矩的施加方式，纵向速度初值 $v_x = 30 \text{m/s}$，侧向速度 v_y 和横摆角速度 ω 的取值范围分别为 $-3 \sim 3 \text{m/s}$ 和 $-0.3 \sim 0.3 \text{rad/s}$，取值间隔分别为 0.5m/s 和 0.05rad/s，前轮转向角为固定的阶跃幅值，由 $\delta_f = 0$ 开始逐渐增大。

图 3.34 ~ 图 3.35 所示分别为前轮转向角 δ_f 为 0.009rad 和 0.01rad 时系统的相空间轨迹在 $v_y - \omega$ 平面上的投影图（前轮驱动）。

在图 3.34 中，"◯"代表一些初值点最终收敛到一点，这一点就是系统的稳定平衡点。在稳定平衡点的左侧和右下方分别标有一个"◆"，代表系统的两个不稳定平衡点。从数值仿真结果可以看到，由相轨迹族体现出的三个平衡点特征明显，相轨迹在趋向于不同平衡点时边界清晰、易于辨认，而在图 3.35 中，当前轮转向角增大到 $\delta_f = 0.01 \text{rad}$ 时，系统的稳定平衡点与一个不稳定平衡定消失仅剩下一个由"◆"表示的不稳定平衡点。

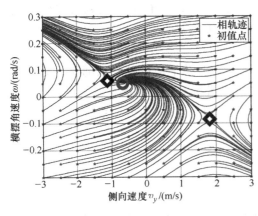 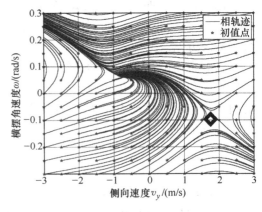

图 3.34 $\delta_f = 0.009 \text{rad}$ 时系统的相空间轨迹在 $v_y - \omega$ 平面上的投影图（前轮驱动）

图 3.35 $\delta_f = 0.01 \text{rad}$ 时系统的相空间轨迹在 $v_y - \omega$ 平面上的投影图（前轮驱动）

与前轮驱动系统类似,图 3.36 ~ 图 3.39 分别给出了全轮驱动和后轮驱动模式下,系统的相空间轨迹在 $v_y - \omega$ 平面上的投影图。其仿真条件与前轮驱动系统一致。由图中可以看出:对于全轮驱动系统而言,当前轮转向角由 $\delta_f = 0.008 \mathrm{rad}$ 增大到 $\delta_f = 0.009 \mathrm{rad}$ 时,系统的平衡点个数发生了变化,由三个平衡点减少到一个,即发生了平衡点的静态分岔。而对于后轮驱动系统而言,静态分岔则发生在前轮转向角由 $\delta_f = 0.007 \mathrm{rad}$ 增大到 $\delta_f = 0.008 \mathrm{rad}$ 时。

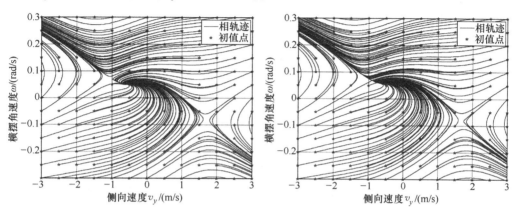

图 3.36　$\delta_f = 0.008 \mathrm{rad}$ 时,系统的相空间轨迹在 $v_y - \omega$ 平面上的投影图(全轮驱动)

图 3.37　$\delta_f = 0.009 \mathrm{rad}$ 时,系统的相空间轨迹在 $v_y - \omega$ 平面上的投影图(全轮驱动)

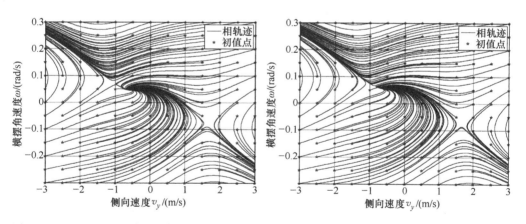

图 3.38　$\delta_f = 0.007 \mathrm{rad}$ 时,系统的相空间轨迹在 $v_y - \omega$ 平面上的投影图(后轮驱动)

图 3.39　$\delta_f = 0.008 \mathrm{rad}$ 时,系统的相空间轨迹在 $v_y - \omega$ 平面上的投影图(后轮驱动)

从上述分析中可以看出,驱动力矩等于初始状态空气阻力时,通过相空间的分析,转向角对系统的动力学平衡点分岔特征的影响,其结果与利用混合算法求解的平衡点结果完全一致,也验证了混合遗传算法搜索五自由度汽车动力学系统平衡点的合理性和正确性。

2. 驱动力矩为恒定驱动力矩

为使分析更具有一般性,在本节中将选取恒定驱动力矩作为初始条件进行仿真分析。具体分析条件如下:选择恒定驱动力矩作施加方式,$T_d = 140\text{N} \cdot \text{m}$,纵向速度初值 $v_x = 20\text{m/s}$,侧向速度 v_y 和横摆角速度 ω 的取值范围分别为 $-3 \sim 3\text{m/s}$ 和 $-0.3 \sim 0.3\text{rad/s}$,取值间隔分别为 0.5m/s 和 0.05rad/s,前轮转向角为固定的阶跃幅值由 $\delta_f = 0$ 开始逐渐增大。

图 3.40 和图 3.41 显示了前轮驱动系统的平衡点随前轮转向角变化的动力学分岔演变过程。在图 3.40 中的相平面中可以清晰地看到当前轮转向角 $\delta_f = 0.018\text{rad}$ 时系统的三个平衡点。虚线方框标注了稳定平衡点和一个不稳定平衡点的位置,它们边界清晰、易于分辨;圆圈位置显示的是另一个不稳定平衡点。当前轮转向角 $\delta_f = 0.019\text{rad}$ 时,如图 3.41 所示,系统的平衡点发生了分岔现象。虚线方框内相轨迹已不能区分原有的稳定平衡点和不稳定平衡点的界限,即说明这两个平衡点已消失;圆圈位置显示的是系统仅存的一个不稳定平衡点。

与前轮驱动系统类似,图 3.42 ~ 图 3.45 分别显示了后轮驱动和全轮驱动系统的平衡点随前轮转向角变化的动力学分岔演变过程。对于后轮驱动系统而言,当前轮转向角 $\delta_f = 0.01\text{rad}$ 时,系统的平衡点由一个稳定的平衡点和两个不稳定的平衡点变为了一个不稳定平衡点。而全轮驱动系统发生同样分岔现象时对应的前轮转向角 $\delta_f = 0.015\text{rad}$。

从上述分析中可以看出,不同驱动方式下,转向角对系统的动力学平衡点的分岔特征存在着明显的影响:

1) 系统的动力学平衡点均随着前轮转向角的变化发生了分岔,而且系统的平衡点由一个稳定的平衡点和两个不稳定的平衡点变为了一个不稳定平衡点。

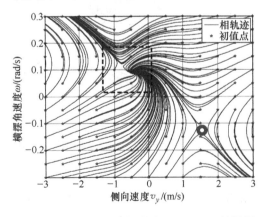 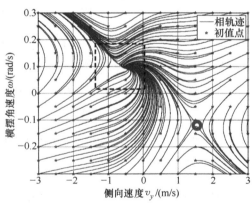

图 3.40　$v_x - v_y - \omega$ 相轨迹在 $v_y - \omega$ 平面的投影 ($\delta_f = 0.018\text{rad}$,前轮驱动)　　图 3.41　$v_x - v_y - \omega$ 相轨迹在 $v_y - \omega$ 平面的投影 ($\delta_f = 0.019\text{rad}$,前轮驱动)

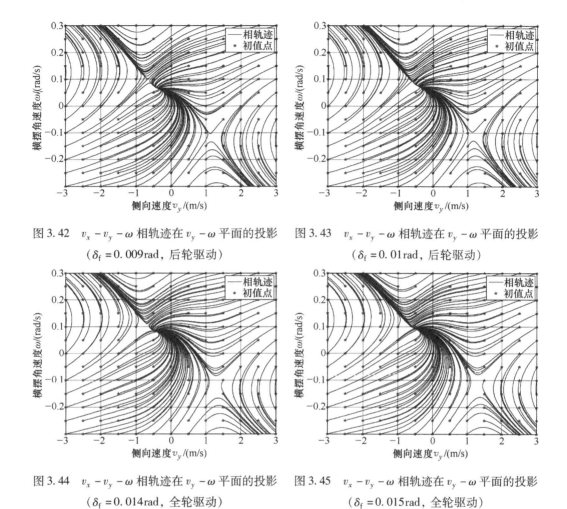

图 3.42　$v_x - v_y - \omega$ 相轨迹在 $v_y - \omega$ 平面的投影（$\delta_f = 0.009\text{rad}$，后轮驱动）

图 3.43　$v_x - v_y - \omega$ 相轨迹在 $v_y - \omega$ 平面的投影（$\delta_f = 0.01\text{rad}$，后轮驱动）

图 3.44　$v_x - v_y - \omega$ 相轨迹在 $v_y - \omega$ 平面的投影（$\delta_f = 0.014\text{rad}$，全轮驱动）

图 3.45　$v_x - v_y - \omega$ 相轨迹在 $v_y - \omega$ 平面的投影（$\delta_f = 0.015\text{rad}$，全轮驱动）

2）不同驱动方式下，系统发生平衡点分岔时对应的前轮转向角的幅值大小顺序与驱动力矩等于初始状态空气阻力的分岔值的顺序一致：前轮驱动转向角（$\delta_f = 0.019\text{rad}$）＞全轮驱动转向角（$\delta_f = 0.015\text{rad}$）＞后轮驱动转向角（$\delta_f = 0.01\text{rad}$）。

3.4.3　驱动力矩对平衡点分岔特征的影响

1. 驱动力矩为初始状态空气阻力

分析条件如下：选择驱动力矩为初始状态空气阻力，取固定的前轮转向角，侧向速度 v_y 和横摆角速度 ω 的取值范围分别为 $-3 \sim 3\text{m/s}$ 和 $-0.3 \sim 0.3\text{rad/s}$，取值间隔分别为 0.5m/s 和 0.05rad/s，驱动力矩由 $T_d = 0$ 开始逐渐增大。

图 3.46～图 3.47 所示分别为前轮转向角 $\delta_f = 0.01\text{rad}$ 时，系统的相空间轨迹在 $v_y - \omega$ 平面上的投影图（前轮驱动）。

在图 3.46 中，当 $T_d = 58.9\text{N} \cdot \text{m}$（即 $v_x = 29\text{m/s}$）时，一些初值点最终收敛到图中"〇"代表的稳定平衡点。在稳定平衡点左侧和右下方的不稳定平衡点与其他相轨迹也边界清晰且易于辨认。而在图 3.47 中，当 $T_d = 63.0\text{N} \cdot \text{m}$（即 $v_x = 30\text{m/s}$）时，稳定平衡点和其左侧的不稳定平衡点消失，仅剩下图中右下方的一个不稳定平衡点。图中整体的相轨迹特征伴随着平衡点的静态分岔出现了较大变化。

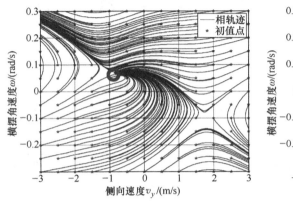 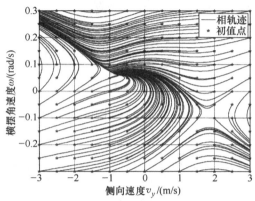

图 3.46　$T_d = 58.9\text{N} \cdot \text{m}$ 时系统的相空间轨迹在 $v_y - \omega$ 平面上的投影图（前轮驱动）

图 3.47　$T_d = 63.0\text{N} \cdot \text{m}$ 时系统的相空间轨迹在 $v_y - \omega$ 平面上的投影图（前轮驱动）

与前轮驱动系统类似，图 3.48~图 3.51 分别给出了全轮驱动和后轮驱动模式下，系统的相空间轨迹在 $v_y - \omega$ 平面上的投影图。其仿真条件与前轮驱动系统除前轮转向角外均是一致的。全轮驱动系统的前轮转向角设置为 $\delta_f = 0.009\text{rad}$，后轮驱动系统的前轮转向角设置为 $\delta_f = 0.008\text{rad}$。

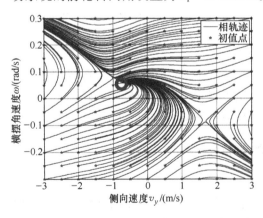 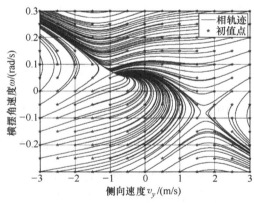

图 3.48　$T_d = 58.9\text{N} \cdot \text{m}$ 时系统的相空间轨迹在 $v_y - \omega$ 平面上的投影图（全轮驱动）

图 3.49　$T_d = 63.0\text{N} \cdot \text{m}$ 时系统的相空间轨迹在 $v_y - \omega$ 平面上的投影图（全轮驱动）

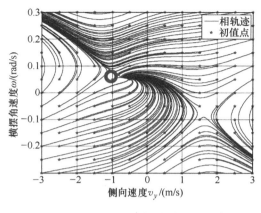 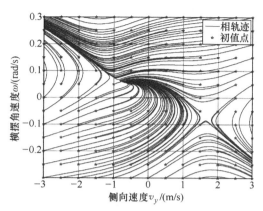

图 3.50　$T_d = 58.9\text{N} \cdot \text{m}$ 时系统的相空间轨迹在 $v_y - \omega$ 平面上的投影图（后轮驱动）　　图 3.51　$T_d = 63.0\text{N} \cdot \text{m}$ 时系统的相空间轨迹在 $v_y - \omega$ 平面上的投影图（后轮驱动）

从相空间图中可以看出，对于全轮驱动系统和后轮驱动系统，当驱动力矩由 $T_d = 58.9\text{N} \cdot \text{m}$（即 $v_x = 29\text{m/s}$）增大到 $T_d = 63.0\text{N} \cdot \text{m}$（即 $v_x = 30\text{m/s}$）时，系统的平衡点个数都发生了变化，平衡点由三个减少到一个，即同样仅剩下图中右下方的一个不稳定平衡点。此时，全轮驱动系统和后轮驱动系统也发生了平衡点的静态分岔。

上述对相空间的分析结果与前面平衡点的求解结果完全一致，也再次验证了混合遗传算法的合理性和正确性。

2. 驱动力矩为恒定驱动力矩

为与前面的分析具有对比性，选择的仿真条件如下：选择恒定驱动力矩作为驱动力矩的施加方式，前轮转向角为固定的阶跃幅值 $\delta_f = 0.015\text{rad}$，纵向速度初值 $v_x = 20\text{m/s}$，侧向速度 v_y 和横摆角速度 ω 的取值范围分别为 $-3 \sim 3\text{m/s}$ 和 $-0.3 \sim 0.3\text{rad/s}$，取值间隔分别为 0.5m/s 和 0.05rad/s。

图 3.52 和图 3.53 给出了前轮驱动模式下汽车系统动力学平衡点在不同驱动力条件下的数值计算结果。图 3.52 中对应的驱动力矩 $T_d = 140\text{N} \cdot \text{m}$，图 3.53 中的驱动力矩 $T_d = 210\text{N} \cdot \text{m}$。对于 $T_d = 210\text{N} \cdot \text{m}$ 的选取主要参考了常见 2.0L 排量的发动机最大转矩。从这两幅图中可以看到，当前轮转向角为 $\delta_f = 0.015\text{rad}$，纵向速度初值 $v_x = 20\text{m/s}$ 时，驱动力矩为 $T_d = 140\text{N} \cdot \text{m}$，汽车系统仍然存在着一个稳定平衡点和两个不稳定平衡点，而即便驱动力矩达到 $T_d = 210\text{N} \cdot \text{m}$，仍然存在着三个平衡点。

图 3.54 和图 3.55 为后轮驱动模式下，汽车动力学系统平衡点的分岔特征。为便于观察将驱动力矩的取值间隔选为 $10\text{N} \cdot \text{m}$。通过图 3.54 中仿真结果可以看到，当驱动力矩为 $T_d = 40\text{N} \cdot \text{m}$ 时，汽车动力学系统存在着一个稳定平衡点和两个不稳定平衡点。虚线框标注了一个稳定平衡点和一个不稳定平衡点的位置，通过系统的

相轨迹可以清晰地分辨这两个平衡点的位置；圆圈的位置则代表了另一个不稳定平衡点的位置。当驱动力矩达到 $T_d = 50\text{N}\cdot\text{m}$ 时，如图 3.55 所示，虚线框内两个平衡点的边界已模糊不清，仅剩下圆圈所示的不稳定平衡点，此时系统已发生了平衡点分岔。

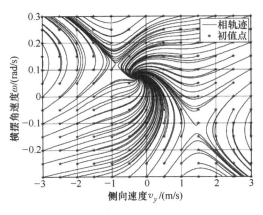 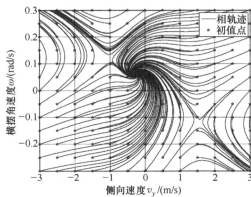

图 3.52 $v_x - v_y - \omega$ 相轨迹在 $v_y - \omega$ 平面的投影
（$T_d = 140\text{N}\cdot\text{m}$，前轮驱动）

图 3.53 $v_x - v_y - \omega$ 相轨迹在 $v_y - \omega$ 平面的投影
（$T_d = 210\text{N}\cdot\text{m}$，前轮驱动）

与后轮驱动的汽车动力学系统相似，在全轮驱动模式下，随着驱动力矩由 $T_d = 110\text{N}\cdot\text{m}$ 增加到 $T_d = 120\text{N}\cdot\text{m}$，系统的平衡点也发生了分岔，即由三个平衡点变为了一个不稳定平衡点，如图 3.56 和图 3.57 所示。

从上述分析中可以看出，无论是前轮驱动、后轮驱动还是全轮驱动系统，驱动力矩对动力学系统平衡点的分岔特征都有明显的影响。

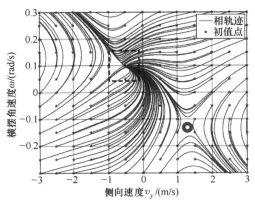 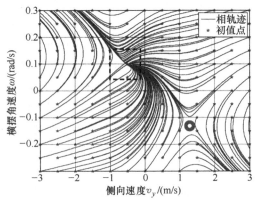

图 3.54 $v_x - v_y - \omega$ 相轨迹在 $v_y - \omega$ 平面的投影
（$T_d = 40\text{N}\cdot\text{m}$，后轮驱动）

图 3.55 $v_x - v_y - \omega$ 相轨迹在 $v_y - \omega$ 平面的投影
（$T_d = 50\text{N}\cdot\text{m}$，后轮驱动）

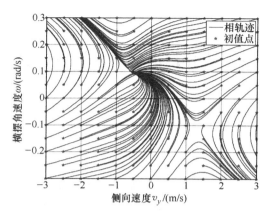 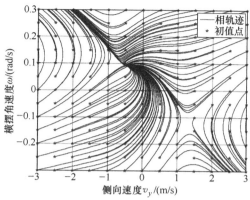

图 3.56 $v_x - v_y - \omega$ 相轨迹在 $v_y - \omega$ 平面的投影（$T_d = 110\text{N} \cdot \text{m}$，全轮驱动）　　图 3.57 $v_x - v_y - \omega$ 相轨迹在 $v_y - \omega$ 平面的投影（$T_d = 120\text{N} \cdot \text{m}$，全轮驱动）

对于前轮驱动系统，尽管当纵向速度初值 $v_x = 20\text{m/s}$，前轮转向角达到 $\delta_f = 0.015\text{rad}$ 时，驱动力矩由 $T_d = 140\text{N} \cdot \text{m}$ 增加到 $T_d = 210\text{N} \cdot \text{m}$，系统仍存在三个平衡点，但如果将图 3.52 和图 3.53 与图 3.41 的结果进行对比，当纵向速度初值 $v_x = 20\text{m/s}$，前轮转向角达到 $\delta_f = 0.019\text{rad}$，而驱动力矩仅为 $T_d = 140\text{N} \cdot \text{m}$，系统的平衡点就已经发生了分岔。这说明对于前轮驱动模式，驱动力矩对平衡点分岔是有影响的。

对于后轮驱动和全轮驱动系统，随着驱动力矩的变化，系统的平衡点均发生了分岔。而且，如果将前轮驱动方式也考虑在内的话，不同驱动方式发生平衡点分岔时对应的驱动力矩的大小顺序为：前轮驱动力矩（$T_d > 210\text{N} \cdot \text{m}$）> 全轮驱动力矩（$T_d = 120\text{N} \cdot \text{m}$）> 后轮驱动力矩（$T_d = 50\text{N} \cdot \text{m}$）。

第4章　汽车驱动转向分岔的耦合特征分析

4.1　汽车系统的自治模型

前人众多的研究成果已明确论证了前轮转向角可以作为汽车动力学的分岔参数。上一章中论证了驱动力矩同样可以作为分岔参数。而驱动和转向在汽车行驶过程中通常是相互耦合的，故本章将分析在转向和驱动耦合作用下汽车的动力学分岔特征。

在本章中选用典型汽车操纵稳定性的试验条件，即蛇行工况作为试验条件。为配合蛇行工况试验，前轮转向角的输入采用如下正弦输入形式：

$$\delta_f = A\sin\omega_{sf}t \tag{4-1}$$

式中，A 为前轮转向角的幅值；ω_{sf} 为前轮转向角的角频率。

将前轮转向角公式代入五自由度的汽车动力学模型，系统方程写成状态方程式（4-2）的形式：

$$\dot{X} = f(X) \tag{4-2}$$

式中，$X = (v_y, \omega, v_x, \omega_f, \omega_r, \delta_f, z)$，$z$ 为中间变量。

$$z = \omega_{sf}\cos\omega_{sf}t \tag{4-3}$$

为便于分析，通常将动力学方程改写为自治方程形式。联立式（4-1）~式（4-3），则五自由度汽车动力学方程［式（2-5）］的七自由度的自治方程形式为

$$\begin{cases} \dot{v}_x = v_y\omega + \dfrac{F_{lf}\cos\delta_f - F_{sf}\sin\delta_f + F_{lr} - \mathrm{sgn}(v_x)C_{air}A_L\dfrac{\rho}{2}v_x^2}{m} \\[2mm] \dot{v}_y = -v_x\omega + \dfrac{F_{lf}\sin\delta_f + F_{sf}\cos\delta_f + F_{sr} - \mathrm{sgn}(v_y)C_{air}A_L\dfrac{\rho}{2}v_y^2}{m} \\[2mm] \dot{\omega} = \dfrac{(F_{lf}\sin\delta_f + F_{sf}\cos\delta_f)l_f - F_{sr}l_r}{I_z} \\[2mm] J\dot{\omega}_f = T_d - \mathrm{sgn}(\omega_f)T_{bf} - R_eF_{lf} \\[1mm] J\dot{\omega}_r = T_d - \mathrm{sgn}(\omega_r)T_{br} - R_eF_{lr} \\[1mm] \dot{\delta}_f = Az \\[1mm] \dot{z} = -\dfrac{\omega_{sf}^2}{A}\delta_f \end{cases} \tag{4-4}$$

4.2 前轮转向角幅值对驱动转向分岔特征的影响

4.2.1 状态变量的分岔特征

为使分析更接近汽车实际运行工况的条件，本节采用的仿真分析条件为在恒定驱动力矩加速条件下进行蛇行试验。

具体试验参数为：纵向速度初值 $v_x = 20\text{m/s}$；在驱动轮上施加恒定驱动力矩 $T_d = 140\text{N}\cdot\text{m}$，特别说明的是，对于全轮驱动方式，驱动力矩的施加方式是在前轮和后轮上分别施加恒定的总驱动力矩的一半，即 $T_d = 70\text{N}\cdot\text{m}$；变化前轮转向角幅值 A 的取值，对应范围为 $0.0005 \sim 0.1\text{rad}$，取值间隔为 0.0005rad；取前轮转向角变化的频率为 $f = 0.4\text{Hz}$，因此前轮转角的角频率的表达式为

$$\omega_{sf} = 2\pi \times 0.4 = 0.8\pi \tag{4-5}$$

图 4.1 ~ 图 4.3 分别给出了前轮驱动时，侧向速度 v_y、横摆角速度 ω 和纵向速度 v_x 的分岔图。

分岔图的做法如下：对于给定的驱动力矩大小 $T_d = 140\text{N}\cdot\text{m}$ 和每一前轮转向角幅值 A，当 $t = 0$ 时，给定系统初值 $v_x = 20\text{m/s}$，$v_y = 0\text{m/s}$，$\omega = 0\text{rad/s}$，$\omega_f = 0\text{rad/s}$，$\omega_r = 0\text{rad/s}$，用 MATLAB 求解系统七自由度汽车动力学方程，得到系统的状态变量随时间的变化值。经过状态变量瞬态变化后，在一定时间内（仿真总时长 $T_s = 200\text{s}$）对状态变量按一定的时间频率

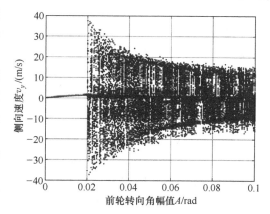

图 4.1 侧向速度 v_y 的分岔图
（$T_d = 140\text{N}\cdot\text{m}$，$v_x = 20\text{m/s}$，前轮驱动）

（本节中 $f = 0.4\text{Hz}$）进行采样，所有采样点的状态变量的取值对应前轮转向角幅值 A 的大小，在相应的变化范围内构成了汽车系统状态变量随前轮转向角幅值的分岔图。

由分岔图中的结果可以看出：

1）当前轮转向角幅值 $A < 0.02\text{rad}$ 时，侧向速度 v_y 随着前轮转向角幅值 A 的增大而逐渐增大，当 $A = 0.0195\text{rad}$ 时，最终 v_y 的值域范围为 [1.381, 1.879]。而横摆角速度 ω 则随着前轮转向角幅值 A 的增大而逐渐减小，当 $A = 0.0195\text{rad}$ 时，ω 的值域范围为 [-0.1087, -0.09283]。当驱动力矩 $T_d = 140\text{N}\cdot\text{m}$ 时，由于驱动力矩大于空气阻力，纵向速度 v_x 在驱动力矩的作用下不断增大。但随着前轮转向角幅值 A 的增大，当 $A = 0.0195\text{rad}$ 时，v_x 的值域范围却由 [39.47, 44.71] 逐渐缩小到 [37.54, 42.09]。

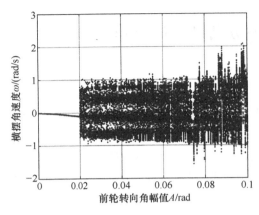
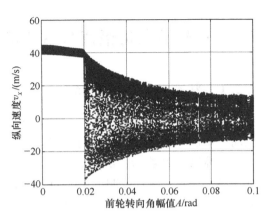

图 4.2 横摆角速度 ω 的分岔图
($T_d = 140\text{N·m}$, $v_x = 20\text{m/s}$, 前轮驱动)

图 4.3 纵向速度 v_x 的分岔图
($T_d = 140\text{N·m}$, $v_x = 20\text{m/s}$, 前轮驱动)

2) 当前轮转向角幅值 $A = 0.02\text{rad}$ 时,侧向速度 v_y 的值域范围突然扩大到 [-35.21, 37.53],随后随着前轮转向角幅值 A 的增大而逐渐减小。当 $A = 0.1\text{rad}$ 时,最终 v_y 的值域范围为 [-16, 14.68]。当前轮转向角幅值 $A = 0.02\text{rad}$ 时,横摆角速度 ω 的值域范围也发生了突变,扩大到 [-0.7432, 0.7834]。此后 ω 随着前轮转向角幅值 A 的增大而逐渐增大。当 $A = 0.1\text{rad}$ 时,ω 的值域范围为 [-0.9546, 1.176]。当前轮转向角幅值 $A = 0.02\text{rad}$ 时,纵向速度 v_x 的值域范围也突然扩大,值域范围为 [-36.12, 41.36]。但随着前轮转向角幅值 A 的增大,v_x 的值域范围却逐渐缩小,当 $A = 0.1\text{rad}$ 时,v_x 的值域范围为 [-13.54, 13.71]。

图 4.4 和图 4.5 所示分别为全轮驱动和后轮驱动系统的状态变量分岔图。从图中可以看到,全轮驱动、后轮驱动的分岔图与前轮驱动的分岔图的整体趋势一致,

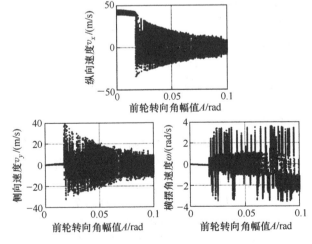

图 4.4 状态变量分岔图($T_d = 140\text{N·m}$, $v_x = 20\text{m/s}$, 全轮驱动)

其中横摆角速度的分岔图 ω 的值域范围扩大到了（-4,4）。但对应的分岔参数前轮转向角幅值 A 在不同驱动方式时差别较为明显，前轮驱动对应的前轮转向角幅值（$A=0.02\mathrm{rad}$）>全轮驱动对应的前轮转向角幅值（$A=0.0175\mathrm{rad}$）>后轮驱动对应的前轮转向角幅值（$A=0.014\mathrm{rad}$）。也就是说，在相同初始条件下，不同的驱动方式会对汽车系统的动力学分岔特征产生影响。

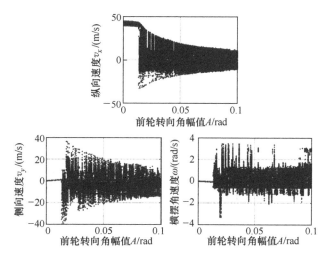

图 4.5 状态变量分岔图（$T_\mathrm{d}=140\mathrm{N}\cdot\mathrm{m}$，$v_x=20\mathrm{m/s}$，后轮驱动）

图 4.6 ~ 图 4.8 给出了 $T_\mathrm{d}=140\mathrm{N}\cdot\mathrm{m}$，纵向速度初值 $v_x=30\mathrm{m/s}$ 时，前轮驱动、全轮驱动和后轮驱动系统的状态变量分岔图。从图中可以看到，这些分岔图的整体趋势与纵向速度初值 $v_x=20\mathrm{m/s}$ 的分岔图一致，而且对应的分岔参数前轮转向角幅值 A 在纵向初速度增加到 $v_x=30\mathrm{m/s}$ 时影响较小：前轮驱动系统对应的前轮转

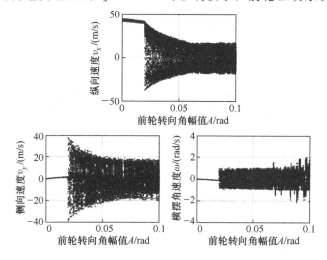

图 4.6 状态变量分岔图（$T_\mathrm{d}=140\mathrm{N}\cdot\mathrm{m}$，$v_x=30\mathrm{m/s}$，前轮驱动）

向角幅值仍为 $A = 0.02\text{rad}$；全轮驱动系统对应的前轮转向角幅值仍为 $A = 0.0175\text{rad}$；后轮驱动系统对应的前轮转向角幅值由 $A = 0.014\text{rad}$ 减小到了 $A = 0.0135\text{rad}$。但分岔参数前轮转向角幅值 A 在不同驱动方式时的大小对应顺序没有变化：前轮驱动对应的前轮转向角幅值（$A = 0.02\text{rad}$）> 全轮驱动对应的前轮转向角幅值（$A = 0.0175\text{rad}$）> 后轮驱动对应的前轮转向角幅值（$A = 0.0135\text{rad}$）。

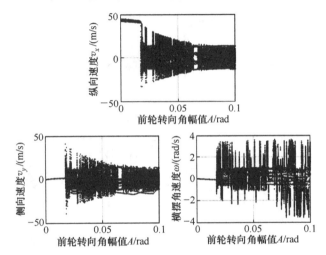

图 4.7　状态变量分岔图（$T_d = 140\text{N·m}$，$v_x = 30\text{m/s}$，全轮驱动）

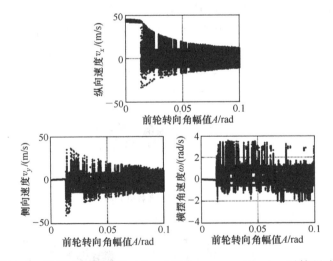

图 4.8　状态变量分岔图（$T_d = 140\text{N·m}$，$v_x = 30\text{m/s}$，后轮驱动）

图 4.9 ~ 图 4.11 给出了 $T_d = 70\text{N·m}$，纵向速度初值 $v_x = 30\text{m/s}$ 时，前轮驱动、全轮驱动和后轮驱动系统的状态变量分岔图。从图中可以看到，这些分岔图的整体趋势与前面得到的分岔图基本一致，但是对应的分岔参数前轮转角幅值 A 在

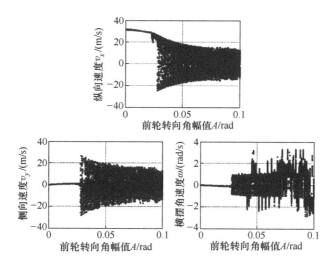

图 4.9 状态变量分岔图（$T_d = 70\text{N}\cdot\text{m}$，$v_x = 30\text{m/s}$，前轮驱动）

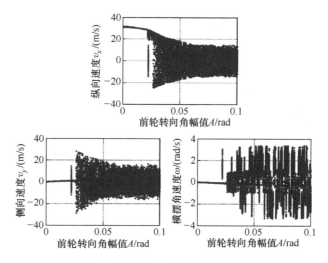

图 4.10 状态变量分岔图
（$T_d = 70\text{N}\cdot\text{m}$，$v_x = 30\text{m/s}$，全轮驱动）

驱动力矩减小到 $T_d = 70\text{N}\cdot\text{m}$ 时影响较为明显：前轮驱动系统对应的前轮转角幅值增大到 $A = 0.028\text{rad}$；全轮驱动系统对应的前轮转向角幅值为 $A = 0.0265\text{rad}$；后轮驱动系统对应的前轮转向角幅值增大到了 $A = 0.02\text{rad}$。但分岔参数前轮转向角幅值 A 在不同驱动方式时的大小对应顺序没有变化：前轮驱动对应的前轮转向角幅值（$A = 0.028\text{rad}$）＞全轮驱动对应的前轮转向角幅值（$A = 0.0265\text{rad}$）＞后轮驱动对应的前轮转向角幅值（$A = 0.02\text{rad}$）。

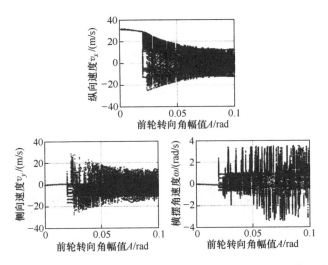

图 4.11 状态变量分岔图（$T_d = 70$N·m，$v_x = 30$m/s，后轮驱动）

4.2.2 分岔特征的动力学演变过程

实际上，上一小节中的系统状态变量分岔图所体现出的五自由度汽车系统的动力学特征有可能是一种典型的混沌运动，即当驱动力矩恒定，五自由度汽车系统在周期转向角激励的作用下，将由准周期运动过渡到混沌运动。在本小节中，将对这一动力学演变过程中的特征予以详细验证。

不失一般性地，本节仅对前轮驱动的工况进行分析，采用的仿真分析条件与上节一致：在恒定驱动力矩加速条件下，在前轮上施加定周期的正弦转向角。

具体试验参数为：仿真初值 $v_x = 20$m/s，$v_y = 0$m/s，$\omega = 0$rad/s，$\omega_f = 0$rad/s，$\omega_r = 0$rad/s，在前轮上施加恒定驱动力矩（即驱动模式为前轮驱动）$T_d = 140$N·m，前轮转向角幅值 A 分别取 $A = 0.015$rad、$A = 0.02$rad 和 $A = 0.04$rad，前轮转向角变化的频率为 $f = 0.4$Hz，前轮转向角的角频率的表达式仍为式（4-5）。

1. 前轮转向角幅值 $A = 0.015$rad

图 4.12 ~ 图 4.19 给出了 $A = 0.015$rad 时的数值计算结果。

图 4.12 所示为系统状态变量 $v_x - v_y - \omega$ 相空间内的相轨迹。图 4.13 为图 4.12 在 $v_y - \omega$ 平面的投影。通过相轨迹曲线可以看出，当 $A = 0.015$rad 时，系统的相轨迹为准周期环面。在整个仿真周期内，纵向速度 v_x 由初始值开始逐渐增大，并稳定在一定范围内；侧向速度 v_y 和横摆角速度 ω 由初始值开始逐渐转变为稳定的周期振荡。

通过观察图 4.14 和图 4.15 中的状态变量的时间序列也可以看到与上述一致的结论。其中，图 4.15 是为便于观察给出的前 100s 的计算结果。

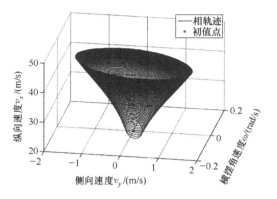
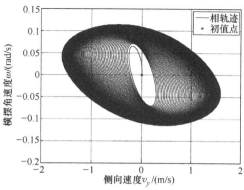

图 4.12　$v_x - v_y - \omega$ 相空间内的相轨迹 （$A = 0.015\text{rad}$，前轮驱动）

图 4.13　$v_x - v_y - \omega$ 相轨迹在 $v_y - \omega$ 平面的投影 （$A = 0.015\text{rad}$，前轮驱动）

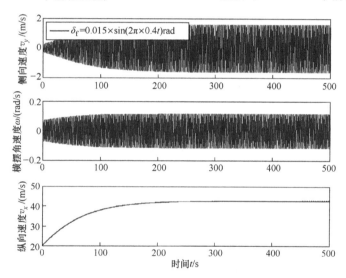

图 4.14　状态变量（v_x, v_y, ω）（$A = 0.015\text{rad}$，前轮驱动）

图 4.16 所示为按前轮转向角的周期取值的相轨迹的庞加莱截面图。由图中可以看到各个状态变量的截面图呈直线分布，这是典型的周期运动的特征。

图 4.17 所示为各个状态变量的功率谱密度图。图中可以看到各个状态变量的功率谱密度均呈典型的周期运动的单峰值分布特征。其中，侧向速度 v_y 的变化频率与前轮转向角输入的变化频率一致，也是 0.4Hz。

图 4.18 和图 4.19 均为系统状态变量的李雅普诺夫指数的数值计算结果。由于李雅普诺夫指数是判断系统状态变量混沌状态的重要指标，为确保其计算结果的可靠性，本书中得到的李雅普诺夫指数结果均是由 Wolf 提出的计算方法得到的。图 4.19 为图 4.18 的局部放大图，以便于观察。由图中结果可以看到，此时系统的李雅普诺夫指数谱为（0, 0, 0, −, −, −, −），这证明系统处于非混沌的状态。

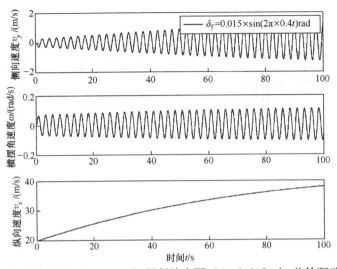

图 4.15　状态变量（v_x，v_y，ω）局部放大图（$A=0.015\text{rad}$，前轮驱动）

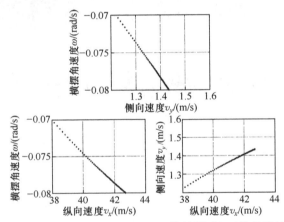

图 4.16　相轨迹的庞加莱截面图（$A=0.015\text{rad}$，前轮驱动）（按前轮转向角的周期取值）

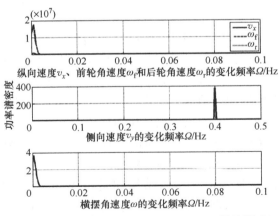

图 4.17　功率谱密度图（$A=0.015\text{rad}$，前轮驱动）

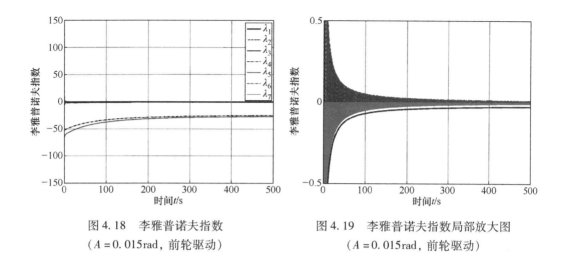

图 4.18　李雅普诺夫指数
（$A = 0.015\text{rad}$，前轮驱动）

图 4.19　李雅普诺夫指数局部放大图
（$A = 0.015\text{rad}$，前轮驱动）

2. 前轮转向角幅值 $A = 0.02\text{rad}$

图 4.20～图 4.27 给出了 $A = 0.02\text{rad}$ 时的数值计算结果。由上一节的分岔图分析可知，此时系统的动力学特征发生了分岔。

图 4.20 和图 4.21 为系统状态变量 $v_x - v_y - \omega$ 相空间内的相轨迹。与 $A = 0.015\text{rad}$ 时的相轨迹相比，系统的相轨迹由准周期环面过渡到了有界的混沌。

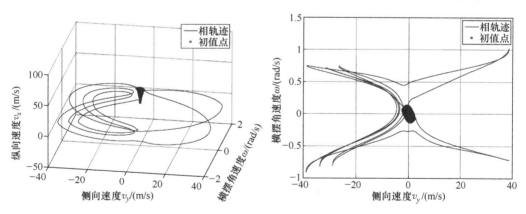

图 4.20　$v_x - v_y - \omega$ 相空间内的相轨迹
（$A = 0.02\text{rad}$，前轮驱动）

图 4.21　$v_x - v_y - \omega$ 相轨迹在 $v_y - \omega$ 平面的投影（$A = 0.02\text{rad}$，前轮驱动）

通过图 4.22 和图 4.23 中状态变量的时间序列可以看到：在仿真的初始阶段，纵向速度 v_x 的绝对值由初始值开始逐渐增大，并稳定在一定范围内；侧向速度 v_y 和横摆角速度 ω 的绝对值由初始值开始逐渐增大，并在一定范围内开始周期振荡。但当仿真时间达到 $t = 251\text{s}$ 时，此时 $v_x = 38.16\text{m/s}$，$\omega = 0.1383\text{rad/s}$，$v_y = -1.083\text{m/s}$，系统的动力学状态突然发生了第一次剧烈变化：

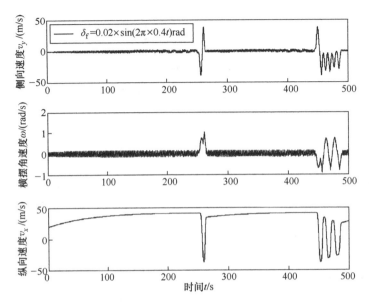

图 4.22 状态变量 (v_x, v_y, ω) （$A = 0.02$rad，前轮驱动）

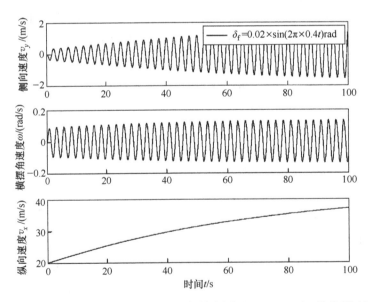

图 4.23 状态变量 (v_x, v_y, ω) 局部放大图 （$A = 0.02$rad，前轮驱动）

1) 侧向速度开始迅速减小后又迅速增大：在 $t = 257$s 时达到了最小值 $v_y = -38.72$m/s，在 $t = 261.8$s 时增大到了 $v_y = 38.54$m/s，在 $t = 264.5$s 时侧向速度又恢复到突变前的范围。

2) 横摆角速度开始迅速增大后又迅速减小，之后又迅速增大，最终恢复到初始状态范围：在 $t=257\mathrm{s}$ 时达到了峰值 $\omega=0.742\mathrm{rad/s}$，在 $t=259.6\mathrm{s}$ 时又减小到了 $\omega=0.4464\mathrm{rad/s}$，在 $t=261.8\mathrm{s}$ 时达到了峰值 $\omega=1.026\mathrm{rad/s}$，在 $t=265\mathrm{s}$ 横摆角速度又恢复到突变前的范围。

3）纵向速度开始迅速减小后由迅速增大最终稳定在原来的值域范围内，在 $t=259.5\mathrm{s}$ 时达到了最小值 $v_x=-37.22\mathrm{m/s}$，在 $t=264\mathrm{s}$ 时增大到了 $v_x=34.51\mathrm{m/s}$，此后纵向速度又缓慢增大。

当仿真时间达到 $t=446\mathrm{s}$ 时，此时 $v_x=41.5\mathrm{m/s}$，$\omega=-0.05763\mathrm{rad/s}$，$v_y=2.843\mathrm{m/s}$，系统的动力学状态突然发生了第二次剧烈变化：

1）侧向速度开始迅速增大后又迅速减小，在 $t=449.8\mathrm{s}$ 时增大到 $v_x=38.71\mathrm{m/s}$，在 $t=456\mathrm{s}$ 时迅速减小 $v_x=-38.82\mathrm{m/s}$，此后经过多次在负值范围内的振荡后，最终在 $t=490\mathrm{s}$ 时稳定在原来的值域范围内。

2）横摆角速度开始连续出现了多次振荡，最终恢复到初始状态范围：在 $t=449.7\mathrm{s}$ 时达到了 $\omega=-0.7104\mathrm{rad/s}$，在 $t=453.4\mathrm{s}$ 时又增加到了 $\omega=-0.2618\mathrm{rad/s}$，在 $t=456\mathrm{s}$ 时达到了峰值 $\omega=-0.9067\mathrm{rad/s}$，此后连续出现了多次振荡，最大值可达到在 $t=477.3\mathrm{s}$ 时的 $\omega=0.7415\mathrm{rad/s}$，最小值可达到在 $t=470.1\mathrm{s}$ 时的 $\omega=-0.7982\mathrm{rad/s}$，最终在 $t=490\mathrm{s}$ 恢复到突变前的状态范围。

3）纵向速度连续三次出现迅速减小后又迅速增大的振荡现象：最小值出现在 $t=452.9\mathrm{s}$ 时 $v_y=-37.39\mathrm{m/s}$，在 $t=459.4\mathrm{s}$ 时增大到最大值 $v_y=34.04\mathrm{m/s}$，在 $t=488\mathrm{s}$ 时纵向速度又恢复到突变前的稳定状态，此后纵向速度又缓慢增大。

图 4.24 所示为按前轮转向角的周期取值的相轨迹的庞加莱截面图。由图中结果可以看到各个状态变量的截面图为有限点集，这是典型的混沌运动的特征。

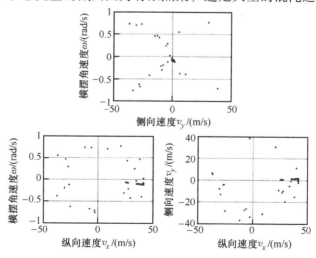

图 4.24　相轨迹的庞加莱截面图（$A=0.02\mathrm{rad}$，前轮驱动）（按前轮转向角的周期取值）

图 4.25 所示为各个状态变量的功率谱密度。图中可以看到侧向速度和横摆角速度的功率谱密度出现了典型的混沌运动的宽频多峰的分布特征,而纵向速度和前后轮的转动角速度的功率谱密度的频率范围也较 $A=0.015\mathrm{rad}$ 时有所增大。

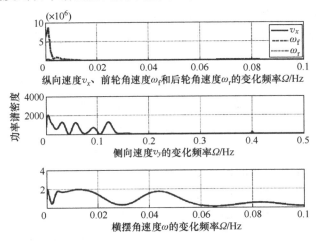

图 4.25　功率谱密度($A=0.02\mathrm{rad}$,前轮驱动)

图 4.26 和图 4.27 均为系统状态变量的李雅普诺夫指数,图 4.27 所示为图 4.26 的局部放大图,以便于观察。由图中结果可以看到,当仿真时间 $t=210\mathrm{s}$ 时,系统的李雅普诺夫指数谱由(0,0,0,-,-,-,-),变为(+,0,0,-,-,-,-),并一直保持到整个仿真结束。这个正的李雅普诺夫指数证明系统已进入混沌的状态。

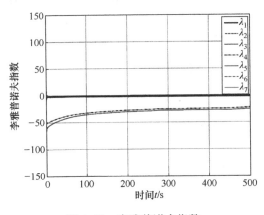

图 4.26　李雅普诺夫指数
($A=0.02\mathrm{rad}$,前轮驱动)

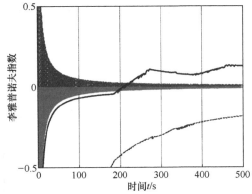

图 4.27　李雅普诺夫指数局部放大图
($A=0.02\mathrm{rad}$,前轮驱动)

3. 前轮转向角幅值 $A=0.04\mathrm{rad}$

图 4.28 ~ 图 4.35 给出了 $A=0.04\mathrm{rad}$ 时的数值计算结果。此时,由上一节的分岔图分析可知,系统的动力学特征已处于分岔后的状态,应已完全进入混沌状态。

由图 4.28 和图 4.29 中的相轨迹图可以看到汽车的运动已进入失稳状态，或者说已经进入混沌状态。通过图 4.30 和图 4.31 中的状态变量的时间序列同样可以看到，系统的状态变量也对应出现了剧烈的振荡变化，但总体上变化范围是有界的。在图 4.32 中的相轨迹的庞加莱截面图中也可以得到一致的结论：此时庞加莱截面均是在有界范围内的有限点集。图 4.33 中的各个状态变量的功率谱密度均呈现宽频多峰的典型混沌特征。图 4.34 和图 4.35 中的李雅普诺夫指数图中可以清晰地看到：在仿真的初始阶段系统的最大李雅普诺夫指数便迅速稳定到大于零的状态，这也同样说明此时系统已完全进入混沌状态。

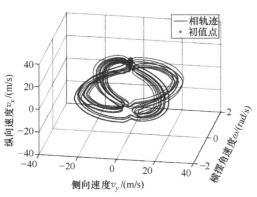

图 4.28 $v_x - v_y - \omega$ 相空间内的相轨迹（$A = 0.04$ rad，前轮驱动）

图 4.29 $v_x - v_y - \omega$ 相轨迹在 $v_y - \omega$ 平面的投影（$A = 0.04$ rad，前轮驱动）

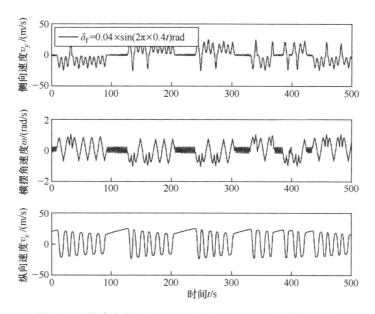

图 4.30 状态变量（v_x，v_y，ω）（$A = 0.04$ rad，前轮驱动）

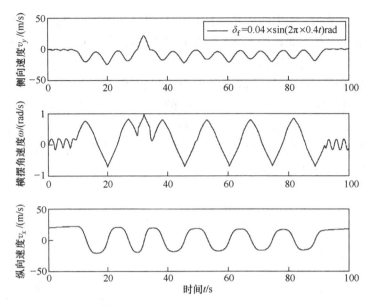

图 4.31 状态变量（v_x，v_y，ω）局部放大图（$A=0.04\text{rad}$，前轮驱动）

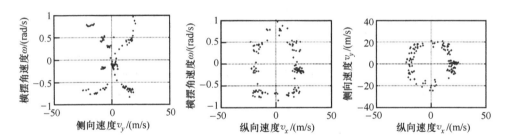

图 4.32 相轨迹的庞加莱截面图（$A=0.04\text{rad}$，前轮驱动）（按前轮转向角的周期取值）

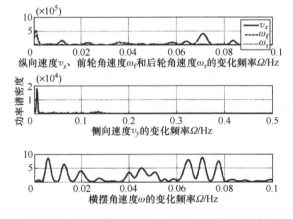

图 4.33 功率谱密度（$A=0.04\text{rad}$，前轮驱动）

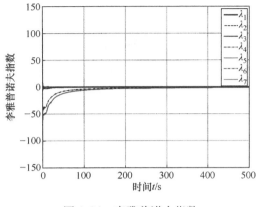

图 4.34 李雅普诺夫指数
($A = 0.04$rad，前轮驱动)

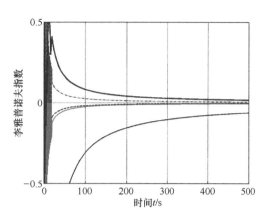

图 4.35 李雅普诺夫指数局部放大图
($A = 0.04$rad，前轮驱动)

4.3 驱动力矩大小对驱动转向分岔特征的影响

4.3.1 状态变量的分岔特征

为保证与前面分析的连续性，本节采用的仿真分析条件如下：在恒定驱动力矩加速条件下，在前轮上施加定周期的正弦转向角。

具体试验参数为：纵向速度初值 $v_x = 20$m/s，变换在驱动轮上施加恒定驱动力矩，T_d 的取值范围为 $0.2 \sim 140$N·m，取值间隔为 0.2N·m，固定前轮转向角幅值 $A = 0.03$rad，前轮转向角变化的频率为 $f = 0.4$Hz，因此前轮转向角的角频率的表达式和式（4-5）一致。

图 4.36 ~ 图 4.38 分别给出了纵向速度初值 $v_x = 20$m/s 时，前轮驱动系统的侧向速度 v_y、横摆角速度 ω 和纵向速度 v_x 的分岔图。

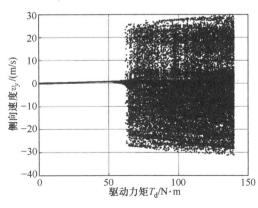

图 4.36 侧向速度 v_y 的分岔图
($A = 0.03$rad，$v_x = 20$m/s，前轮驱动)

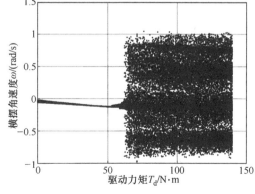

图 4.37 横摆角速度 ω 的分岔图
($A = 0.03$rad，$v_x = 20$m/s，前轮驱动)

分岔图的做法如下：对于给定的前轮转向角幅值 $A = 0.03\text{rad}$ 和每一驱动力矩 T_d，当 $t = 0$ 时，给定系统初值 $v_x = 20\text{m/s}$，$v_y = 0\text{m/s}$，$\omega = 0\text{rad/s}$，$\omega_f = 0\text{rad/s}$，$\omega_r = 0\text{rad/s}$ 时，用 MATLAB 求解系统七自由度汽车动力学方程，得到系统的状态变量随时间的变化值。经过状态变量瞬态变化后，在一定时间内（仿真总时长 $T_S = 200\text{s}$）对状态变量按一定的时间频率（本节中 $f = 0.4\text{Hz}$）进行采样，所有采样点的状态变量的取值对应驱动力矩 T_d 大

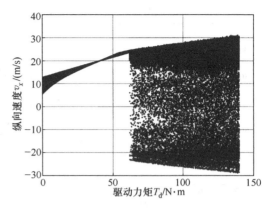

图 4.38 纵向速度 v_x 的分岔图
（$A = 0.03\text{rad}$，$v_x = 20\text{m/s}$，前轮驱动）

小，在相应的变化范围内构成了汽车系统状态变量随驱动力矩的分岔图。

由分岔图中的结果可以看出：

当驱动力矩 $T_d < 62\text{N·m}$ 时，侧向速度 v_y 的值域范围随着驱动力矩 T_d 的增大而逐渐扩大，当 $T_d = 61.8\text{N·m}$ 时，最终 v_y 的值域范围为 [-0.8277, 0.9255]。而横摆角速度 ω 则随着前轮转向角幅值 A 的增大而逐渐减小，当 $A = 0.0195\text{rad}$ 时，ω 的值域范围为 [-0.129, -0.008681]。

当驱动力矩 $T_d < 62\text{N·m}$ 时，在仿真的初始阶段，由于驱动力矩小于空气阻力，纵向速度 v_x 在驱动力矩的作用下不断减小。随着驱动力矩 T_d 的增大，纵向速度的值域变化范围出现了由大变小再变大的过程，但总体上纵向速度的值域是在扩大的。如当 $T_d = 0.2\text{N·m}$ 时，v_x 的值域范围由 [5.669, 12.69] 逐渐扩大到 [23.64, 24.5]。

当驱动力矩 $T_d = 62\text{N·m}$ 时，侧向速度 v_y 的值域范围突然扩大到 [-17.28, 23.44]，随着驱动力矩的增大而逐渐扩大，当 $T_d = 140\text{N·m}$ 时，最终 v_y 的值域范围为 [-30, 30]。

当驱动力矩 $T_d = 62\text{N·m}$ 时，横摆角速度 ω 的值域范围也发生了突变，扩大到 [-0.8903, 0.8202]。此后随着驱动力矩的增大其值域范围变化较为稳定，当 $T_d = 140\text{N·m}$ 时，ω 的值域范围为 [-0.8266, 0.8937]。

当驱动力矩 $T_d = 62\text{N·m}$ 时，纵向速度 v_x 的值域范围也突然扩大，为 [-23.01, 24.49]。随着驱动力矩的增大，v_x 的值域范围却逐渐扩大，当 $T_d = 140\text{N·m}$ 时，v_x 的值域范围为 [-28.53, 30.55]。

图 4.39 和图 4.40 分别为全轮驱动和后轮驱动系统的状态变量分岔图。

从图中可以看到，全轮驱动、后轮驱动的分岔图与前轮驱动的分岔图的整体趋势相近，其中横摆角速度的分岔图中横摆角速度的值域范围有所扩大。对应的分岔

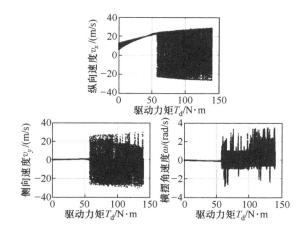

图 4.39　状态变量的分岔图（$A = 0.03\text{rad}$，$v_x = 20\text{m/s}$，全轮驱动）

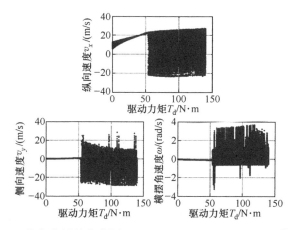

图 4.40　状态变量的分岔图（$A = 0.03\text{rad}$，$v_x = 20\text{m/s}$，后轮驱动）

参数驱动力矩在不同驱动方式时明显不同，全轮驱动系统发生分岔时的驱动力矩由前轮驱动时的 $T_d = 62\text{N}\cdot\text{m}$ 减小到 $T_d = 57.4\text{N}\cdot\text{m}$；而后轮驱动对应的驱动力矩仅为 $T_d = 53.6\text{N}\cdot\text{m}$。不同驱动方式对应的分岔参数的大小顺序为：前轮驱动（$T_d = 62\text{N}\cdot\text{m}$）> 全轮驱动（$T_d = 57.4\text{N}\cdot\text{m}$）> 后轮驱动（$T_d = 53.6\text{N}\cdot\text{m}$）。

由此可见，与前面分析的结论相似，驱动方式的不同会对汽车系统的动力学分岔特征产生影响。

图 4.41～图 4.43 给出了前轮转向角幅值 $A = 0.02\text{rad}$、纵向速度初值 $v_x = 30\text{m/s}$ 时，前轮驱动、全轮驱动和后轮驱动系统的状态变量分岔图。

从图中可以看到，这些分岔图的整体趋势与前轮转向角幅值 $A = 0.03\text{rad}$、纵向速度初值 $v_x = 20\text{m/s}$ 时的分岔图的一致，但对应的分岔参数驱动力矩 T_d 发生了相应的变化：前轮驱动系统对应的驱动力矩 $T_d = 134.6\text{N}\cdot\text{m}$；全轮驱动系统对应的驱动力矩 $T_d = 105.6\text{N}\cdot\text{m}$；后轮驱动系统对应的驱动力矩 $T_d = 60.4\text{N}\cdot\text{m}$。

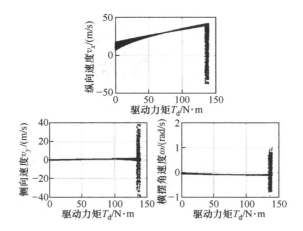

图 4.41　状态变量分岔图（$A = 0.02\text{rad}$，$v_x = 30\text{m/s}$，前轮驱动）

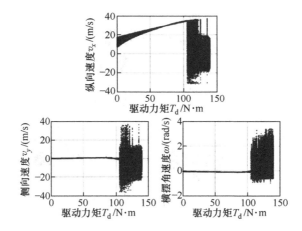

图 4.42　状态变量分岔图（$A = 0.02\text{rad}$，$v_x = 30\text{m/s}$，全轮驱动）

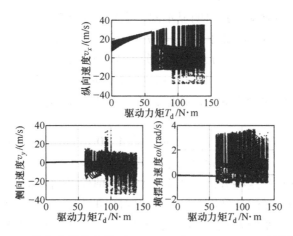

图 4.43　状态变量分岔图（$A = 0.02\text{rad}$，$v_x = 30\text{m/s}$，后轮驱动）

分岔参数驱动力矩 T_d 在不同驱动方式时的大小对应顺序没有变化：前轮驱动（$T_d = 134.6\text{N} \cdot \text{m}$）> 全轮驱动（$T_d = 105.6\text{N} \cdot \text{m}$）> 后轮驱动（$T_d = 60.4\text{N} \cdot \text{m}$）。

4.3.2 分岔特征的动力学演变过程

与前轮转向角幅值变化时得到的结论相似：在周期转向角激励的作用下，随着驱动力矩的增大，五自由度汽车动力学系统同样将由准周期运动过渡到混沌状态。

不失一般性地，本节仅对前轮驱动的工况进行分析，仿真分析条件与上节一致：在每一恒定驱动力矩加速条件下，在前轮上施加定周期的正弦转向角。

具体试验参数为：纵向速度初值 $v_x = 20\text{m/s}$，$v_y = 0\text{m/s}$，$\omega = 0\text{rad/s}$，$\omega_f = 0\text{rad/s}$，$\omega_r = 0\text{rad/s}$，在前轮上施加恒定驱动力矩（即驱动模式为前驱），驱动力矩分别取值 $T_d = 20\text{N} \cdot \text{m}$，$T_d = 62\text{N} \cdot \text{m}$，$T_d = 63\text{N} \cdot \text{m}$，$T_d = 100\text{N} \cdot \text{m}$，前轮转向角幅值 $A = 0.03\text{rad}$，前轮转向角变化的频率为 $f = 0.4\text{Hz}$，前轮转向角的角频率的表达式仍为式（4-5）。

1. 驱动力矩 $T_d = 20\text{N} \cdot \text{m}$

图 4.44 ~ 图 4.51 给出了 $T_d = 20\text{N} \cdot \text{m}$ 时的数值计算结果。

图 4.44 所示为系统状态变量 $v_x - v_y - \omega$ 相空间内的相轨迹。

图 4.45 所示为图 4.44 在 $v_y - \omega$ 平面的投影。通过相轨迹曲线可以看出，当 $T_d = 20\text{N} \cdot \text{m}$ 时，系统的相轨迹为准周期环面。在整个仿真周期内，纵向速度 v_x 由初始值开始逐渐增大，并稳定在一定范围内；侧向速度 v_y 和横摆角速度 ω 的绝对值由初始值开始周期振荡，并最终稳定在一定范围内。

通过观察图 4.46 和图 4.47 中的状态变量的时间序列也可以发现与上述一致的结论。

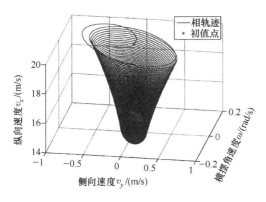
图 4.44　$v_x - v_y - \omega$ 相空间内的相轨迹（$T_d = 20\text{N} \cdot \text{m}$，前轮驱动）

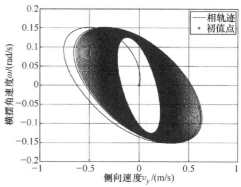
图 4.45　$v_x - v_y - \omega$ 相轨迹在 $v_y - \omega$ 平面的投影（$T_d = 20\text{N} \cdot \text{m}$，前轮驱动）

图 4.48 所示为按前轮转向角的周期取值的相轨迹的庞加莱截面图。由图中可以看到各个状态变量的截面图呈直线分布，这是典型的准周期运动的特征。

图 4.49 所示为各个状态变量的功率谱密度图。图中可以看到各个状态变量的功率谱密度均呈典型的周期或准周期运动的单峰值分布特征。特别地，侧向速度 v_y 的变化频率与前轮转向角输入的变化频率一致，约为 0.4Hz。

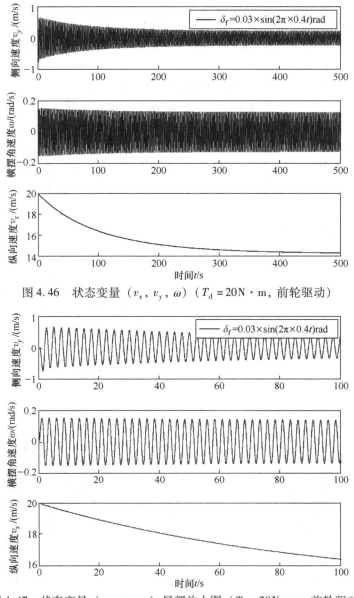

图 4.46　状态变量 (v_x, v_y, ω)（$T_d = 20$N·m，前轮驱动）

图 4.47　状态变量 (v_x, v_y, ω) 局部放大图（$T_d = 20$N·m，前轮驱动）

图 4.50 和图 4.51 均为系统状态变量的李雅普诺夫指数。由图中结果可以看到，此时系统的李雅普诺夫指数谱为（0，0，0，-，-，-，-），这证明系统处于非混沌的状态。

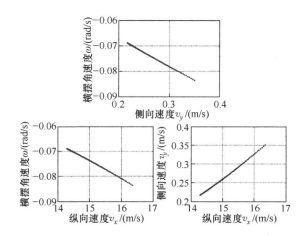

图 4.48　相轨迹的庞加莱截面图（$T_d = 20\text{N}\cdot\text{m}$，前轮驱动）（按前轮转向角的周期取值）

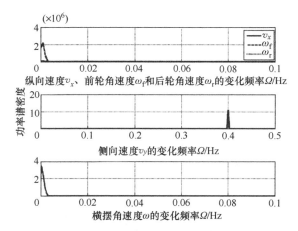

图 4.49　功率谱密度（$T_d = 20\text{N}\cdot\text{m}$，前轮驱动）

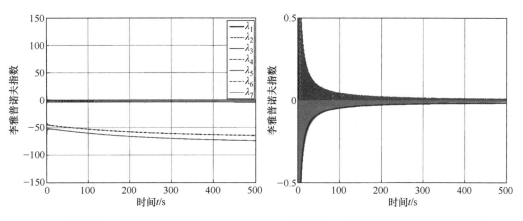

图 4.50　李雅普诺夫指数
（$T_d = 20\text{N}\cdot\text{m}$，前轮驱动）

图 4.51　李雅普诺夫指数局部放大图
（$T_d = 20\text{N}\cdot\text{m}$，前轮驱动）

2. 驱动力矩 $T_d = 62\text{N} \cdot \text{m}$ 和 $T_d = 63\text{N} \cdot \text{m}$

图 4.52 ~ 图 4.59 给出了 $T_d = 62\text{N} \cdot \text{m}$ 时的数值计算结果。由上一节的分岔图分析可知，此时系统的动力学特征发生了分岔，但分岔图中状态变量的结果点较为稀疏。

图 4.52 和图 4.53 所示为系统状态变量 $v_x - v_y - \omega$ 相空间内的相轨迹。与 $T_d = 20\text{N} \cdot \text{m}$ 时的相轨迹相比，系统的相轨迹由准周期环面开始逐渐破裂。

通过图 4.54 和图 4.55 中状态变量的时间序列可以看到：随着驱动力矩的增大，系统的状态变量尽管开始出现不稳定的趋势，但最终恢复了稳定状态。

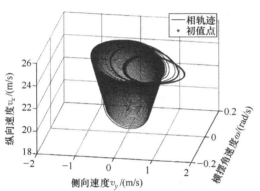 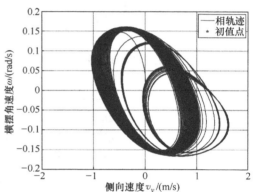

图 4.52 $v_x - v_y - \omega$ 相空间内的相轨迹 （$T_d = 62\text{N} \cdot \text{m}$，前轮驱动）

图 4.53 $v_x - v_y - \omega$ 相轨迹在 $v_y - \omega$ 平面的投影（$T_d = 62\text{N} \cdot \text{m}$，前轮驱动）

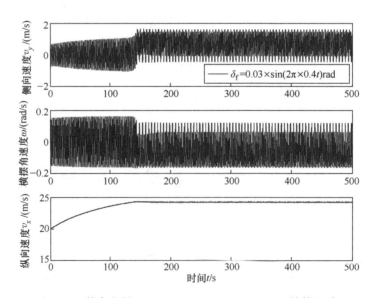

图 4.54 状态变量 (v_x, v_y, ω)（$T_d = 62\text{N} \cdot \text{m}$，前轮驱动）

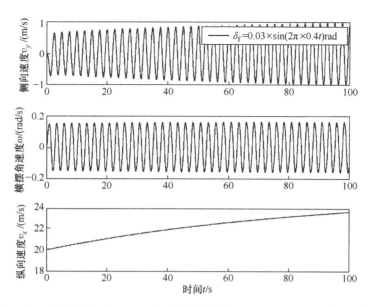

图 4.55　状态变量（v_x, v_y, ω）局部放大图（$T_d = 62\text{N}\cdot\text{m}$，前轮驱动）

与 $T_d = 20\text{N}\cdot\text{m}$ 时系统的庞加莱截面图相比，图 4.56 中相轨迹的庞加莱截面显示，当驱动力矩达到 $T_d = 62\text{N}\cdot\text{m}$ 时，系统的庞加莱截面已由直线分布过渡到了有限点集。

同时，图 4.57 中的侧向速度的功率谱密度也开始出现了宽频多峰的特征。而图 4.58 和图 4.59 中的李雅普诺夫指数结果显示，在仿真过程中系统体现出了一定的混沌特征，但最终又恢复到稳定状态。在仿真的初始阶段，系

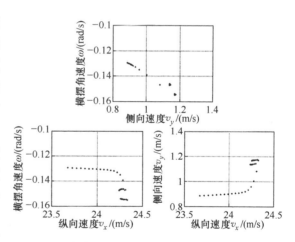

图 4.56　相轨迹的庞加莱截面图（$T_d = 62\text{N}\cdot\text{m}$，前轮驱动）（按前轮转向角的周期取值）

统的李雅普诺夫指数谱为（0，0，0，-，-，-，-），当仿真时间 $t = 195\text{s}$ 时，李雅普诺夫指数谱为（+，0，0，-，-，-，-），说明系统存在混沌特征，当仿真时间 $t = 320\text{s}$ 时，李雅普诺夫指数谱为（0，0，-，-，-，-，-），说明系统的混沌特征消失，并最终保持到仿真结束（$T_S = 500\text{s}$）。综上，当驱动力矩 $T_d = 62\text{N}\cdot\text{m}$ 时，五自由度汽车动力学系统的分岔特征有所体现但不明显。

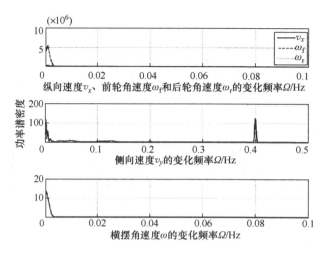

图 4.57 功率谱密度（$T_d = 62\text{N} \cdot \text{m}$，前轮驱动）

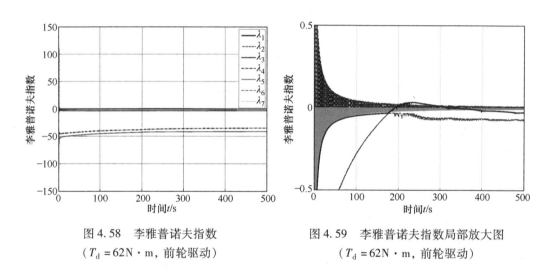

图 4.58 李雅普诺夫指数
（$T_d = 62\text{N} \cdot \text{m}$，前轮驱动）

图 4.59 李雅普诺夫指数局部放大图
（$T_d = 62\text{N} \cdot \text{m}$，前轮驱动）

延续上述分析，图 4.60~图 4.67 给出了驱动力矩 $T_d = 63\text{N} \cdot \text{m}$ 时的分析结果。图 4.60 和图 4.61 所示为系统状态变量 $v_x - v_y - \omega$ 相空间内的相轨迹。与 $T_d = 62\text{N} \cdot \text{m}$ 时的相轨迹相比，系统的相轨迹由准周期环面开始破裂并出现了混沌。

通过图 4.62 和图 4.63 中状态变量的时间序列可以看到：随着驱动力矩的增大，系统的状态变量在仿真过程中出现了不稳定的趋势，最终恢复了稳定状态。但与 $T_d = 62\text{N} \cdot \text{m}$ 时的状态变量相比，纵向速度、侧向速度和横摆角速度出现的变化较为剧烈，已经体现出了明显的混沌特征。而且，如果在实际行驶过程中出现类似的工况，驾驶人已经无法驾驭汽车，将发生严重的交通事故。

与 $T_d = 62\text{N} \cdot \text{m}$ 时系统的庞加莱截面图相比，图 4.64 中的庞加莱截面图显示，

当驱动力矩达到 $T_d = 63\text{N}\cdot\text{m}$ 时，系统的庞加莱截面的有限点集的分布更为复杂。

图 4.65 中的侧向速度的功率谱密度也同样出现了宽频多峰的特征。图 4.66 和图 4.67 中的李雅普诺夫指数结果显示，在仿真过程中系统体现出了较为明显的混沌特征。在仿真的初始阶段系统的李雅普诺夫指数谱为（0，0，0，-，-，-，-），当仿真时间 $t = 180\text{s}$ 时，李雅普诺夫指数谱为（+，0，0，-，-，-，-），正的李雅普诺夫指数说明系统存在混沌特征，并最终保持到仿真结束（$T_S = 500\text{s}$）。

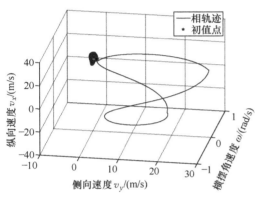

图 4.60 $v_x - v_y - \omega$ 相空间内的相轨迹（$T_d = 63\text{N}\cdot\text{m}$，前轮驱动）

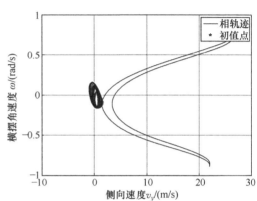

图 4.61 $v_x - v_y - \omega$ 相轨迹在 $v_y - \omega$ 平面的投影（$T_d = 63\text{N}\cdot\text{m}$，前轮驱动）

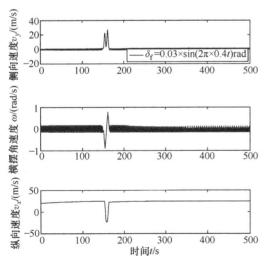

图 4.62 状态变量（v_x, v_y, ω）（$T_d = 63\text{N}\cdot\text{m}$，前轮驱动）

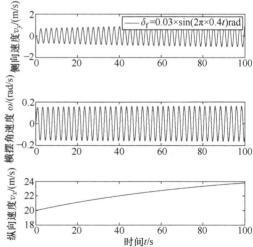

图 4.63 状态变量（v_x, v_y, ω）局部放大图（$T_d = 63\text{N}\cdot\text{m}$，前轮驱动）

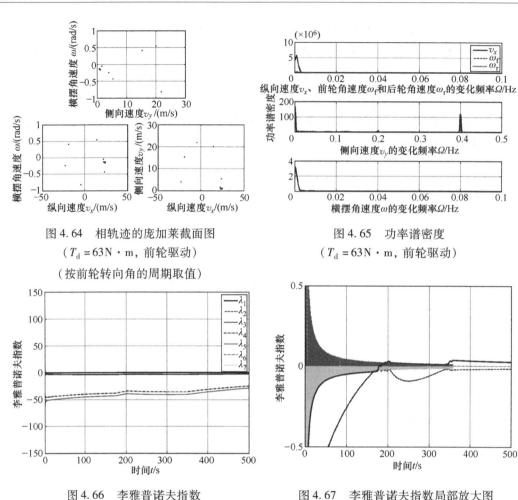

图 4.64 相轨迹的庞加莱截面图
($T_d = 63\text{N} \cdot \text{m}$，前轮驱动)
（按前轮转向角的周期取值）

图 4.65 功率谱密度
($T_d = 63\text{N} \cdot \text{m}$，前轮驱动)

图 4.66 李雅普诺夫指数
($T_d = 63\text{N} \cdot \text{m}$，前轮驱动)

图 4.67 李雅普诺夫指数局部放大图
($T_d = 63\text{N} \cdot \text{m}$，前轮驱动)

3. 驱动力矩 $T_d = 100\text{N} \cdot \text{m}$

图 4.68 ~ 图 4.75 给出了驱动力矩 $T_d = 100\text{N} \cdot \text{m}$ 时的分析结果。由前面分岔图的分析结果可知，此时系统已完全进入混沌状态。

由图 4.68 和图 4.69 中系统状态变量 $v_x - v_y - \omega$ 相空间内的相轨迹可以看到，系统的相轨迹由准周期环面开始破裂并出现了混沌。

同样地，在图 4.70 和图 4.71 中状态变量的时间序列可以看到，当驱动力矩增大到 $T_d = 100\text{N} \cdot \text{m}$ 时，状态变量在仿真过程中出现了连续的振荡变化，这表示系统已失去稳定性，进入了混沌状态。

图 4.72 中庞加莱截面的有限点集、图 4.73 中各个状态变量功率谱密度的宽频多峰特征以及图 4.74 和图 4.75 中的正的李雅普诺夫指数，均表明系统存在混沌特征，这与分岔图的分析保持一致。

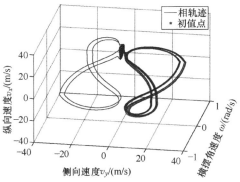

图4.68 v_x-v_y-ω 相空间内的相轨迹
（$T_d = 100\text{N} \cdot \text{m}$，前轮驱动）

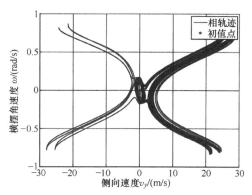

图4.69 v_x-v_y-ω 相轨迹在 v_y-ω 平面的投影（$T_d = 100\text{N} \cdot \text{m}$，前轮驱动）

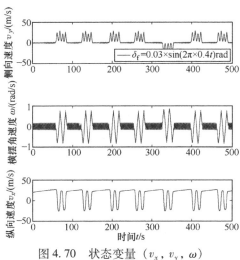

图4.70 状态变量（v_x, v_y, ω）
（$T_d = 100\text{N} \cdot \text{m}$，前轮驱动）

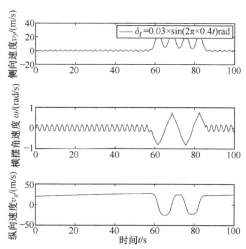

图4.71 状态变量（v_x, v_y, ω）局部放大图
（$T_d = 100\text{N} \cdot \text{m}$，前轮驱动）

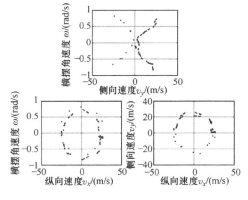

图4.72 相轨迹的庞加莱截面图
（$T_d = 100\text{N} \cdot \text{m}$，前轮驱动）
（按前轮转向角的周期取值）

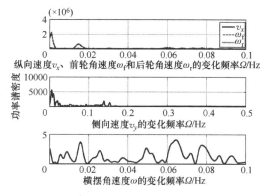

图4.73 功率谱密度
（$T_d = 100\text{N} \cdot \text{m}$，前轮驱动）

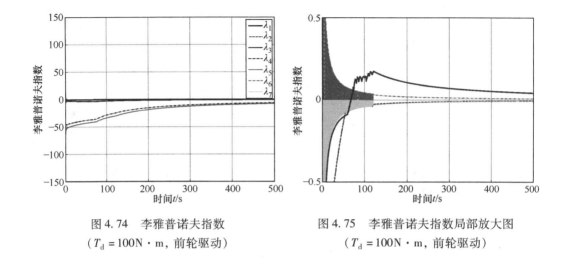

图 4.74　李雅普诺夫指数
（$T_d = 100\text{N} \cdot \text{m}$，前轮驱动）

图 4.75　李雅普诺夫指数局部放大图
（$T_d = 100\text{N} \cdot \text{m}$，前轮驱动）

4.4　驱动转向分岔的耦合特征分析

综合前面的分析不难发现：当驱动力矩和前轮转向角共同作用时，它们都能够单独作为分岔参数影响系统的动力学特征。由前面分析中得到的 $T_d = 140\text{N} \cdot \text{m}$，$v_x = 20\text{m/s}$ 时前轮驱动系统的分岔图（图 4.1～图 4.3）中可以看出，当前轮转角幅值 $A = 0.02\text{rad}$ 时，系统将发生分岔，系统将由准周期运动过渡到混沌。类似的现象也可以由 $A = 0.03\text{rad}$，$v_x = 20\text{m/s}$，驱动力矩达到分岔值即 $T_d = 62\text{N} \cdot \text{m}$ 时前轮驱动的分岔图（图 4.36～图 4.38）中观察到。

汽车在实际行驶过程中，驾驶人通常同时改变驱动力矩和前轮转向角这两个输入参数来获得更好的操纵稳定性，如驾驶人通常可以用过减小加速踏板开度（即减小驱动力）的方式，增加汽车的转向稳定性。那么，如果将驱动力矩减小，系统其他分岔参数值会发生怎样的变化，是否可以通过这样的方法增大前轮转向角的幅值？所以本节将在综合前面分析结果的基础上，进一步分析驱动力矩和前轮转向角在汽车驱动转向分岔中的耦合特征。

4.4.1　基于前轮转向角幅值分岔的分析

本节选取的仿真条件如下：在恒定驱动力矩加速条件下，在前轮上施加定周期的正弦转向角。具体试验参数为：纵向速度初值 $v_x = 20\text{m/s}$，在驱动轮上施加恒定驱动力矩 $T_d = 70\text{N} \cdot \text{m}$（即前轮驱动），变化前轮转向角幅值 A 的取值，对应范围为 $0.0005 \sim 0.1\text{rad}$，取值间隔为 0.0005rad，取前轮转向角变化的频率为 $f = 0.4\text{Hz}$，因此前轮转向角的角频率的表达式见式（4-5）。

图 4.76 ~ 图 4.78 为 $T_d = 70\text{N} \cdot \text{m}$，$v_x = 20\text{m/s}$ 时前轮驱动系统状态变量的分岔图。对比 $T_d = 140\text{N} \cdot \text{m}$，$v_x = 20\text{m/s}$ 时的分岔图（图 4.1 ~ 图 4.3）可以看出，随着驱动力矩的减小，分岔参数前轮转向角幅值由 $A = 0.02\text{rad}$ 增大到 $A = 0.028\text{rad}$，系统将发生分岔，系统将由准周期运动过渡到混沌状态。

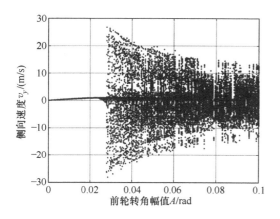

图 4.76　侧向速度 v_y 的分岔图
（$T_d = 70\text{N} \cdot \text{m}$，$v_x = 20\text{m/s}$，前轮驱动）

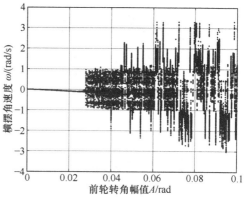

图 4.77　横摆角速度 ω 的分岔图
（$T_d = 70\text{N} \cdot \text{m}$，$v_x = 20\text{m/s}$，前轮驱动）

图 4.79 和图 4.80 分别给出了全轮驱动和后轮驱动时侧向速度、横摆角速度和纵向速度的分岔图。从图中看出，当驱动力矩 $T_d = 70\text{N} \cdot \text{m}$，驱动模式为全轮驱动时，系统状态变量随分岔参数的变化趋势与前轮驱动时一样，前轮转向角幅值由 $A = 0.0175\text{rad}$ 增加到 $A = 0.026\text{rad}$。而后轮驱动发生分岔时的前轮转向角幅值由 $A = 0.014\text{rad}$ 增加到 $A = 0.0235\text{rad}$。但分岔参数前轮转向角幅值 A 在不同驱动方式时的大小对应顺序没有变化：前轮驱动（$A = 0.028\text{rad}$）> 全轮驱动（$A = 0.026\text{rad}$）> 后轮驱动（$A = 0.0235\text{rad}$）。

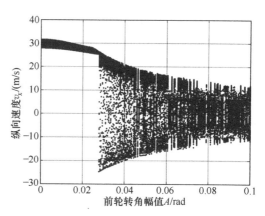

图 4.78　纵向速度 v_x 的分岔图
（$T_d = 70\text{N} \cdot \text{m}$，$v_x = 20\text{m/s}$，前轮驱动）

综上所述，在驱动转向耦合分岔中，可以通过降低驱动力矩的方式获得更大的前轮转向角分岔参数值。

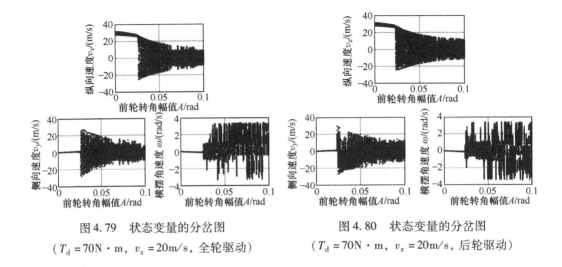

图 4.79 状态变量的分岔图
($T_d = 70\text{N} \cdot \text{m}$, $v_x = 20\text{m/s}$, 全轮驱动)

图 4.80 状态变量的分岔图
($T_d = 70\text{N} \cdot \text{m}$, $v_x = 20\text{m/s}$, 后轮驱动)

4.4.2 基于驱动力矩大小分岔的分析

本节选取的仿真条件如下：在恒定驱动力矩加速条件下，在前轮上施加定周期的正弦转向角。具体试验参数为：纵向速度初值 $v_x = 20\text{m/s}$，变化在驱动轮上施加的恒定驱动力矩，T_d 的取值范围为 $0.2 \sim 140\text{N} \cdot \text{m}$，取值间隔为 $0.2\text{N} \cdot \text{m}$，固定前轮转向角幅值 $A = 0.02\text{rad}$，取前轮转向角变化的频率为 $f = 0.4\text{Hz}$，因此前轮转向角的角频率的表达式见式（4-5）。

图 4.81 ~ 图 4.83 所示为 $A = 0.02\text{rad}$，$v_x = 20\text{m/s}$ 时前轮驱动系统状态变量的分岔图。对比 $A = 0.03\text{rad}$，$v_x = 20\text{m/s}$ 时的分岔图（图 4.36 ~ 图 4.38）可以看出，随着前轮转向角幅值的减小，分岔参数驱动力矩由 $T_d = 62\text{N} \cdot \text{m}$ 增大到 $T_d = 134.8\text{N} \cdot \text{m}$。此时系统将发生分岔，系统将由准周期运动过渡到混沌运动状态。

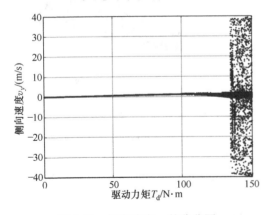

图 4.81 侧向速度 v_y 的分岔图
($A = 0.02\text{rad}$, $v_x = 20\text{m/s}$, 前轮驱动)

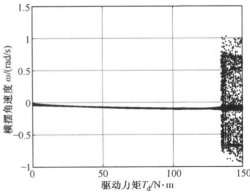

图 4.82 横摆角速度 ω 的分岔图
($A = 0.02\text{rad}$, $v_x = 20\text{m/s}$, 前轮驱动)

图 4.84 和图 4.85 分别给出了全轮驱动和后轮驱动时侧向速度、横摆角速度和纵向速度的分岔图。

从图中不难看出，当前轮转向角幅值 $A=0.02\text{rad}$，驱动模式为全轮驱动时，系统状态变量的分岔参数的变化趋势与前轮驱动时一样，驱动力矩 $T_d = 57.4\text{N}\cdot\text{m}$ 增大到 $T_d = 105.6\text{N}\cdot\text{m}$。而后轮驱动发生分岔时的驱动力矩 $T_d = 53.6\text{N}\cdot\text{m}$ 增大到 $T_d = 84.2\text{N}\cdot\text{m}$。但不同驱动方式对应的分岔参数的大小顺序仍为为：前轮驱动（$T_d = 134.8\text{N}\cdot\text{m}$）> 全轮驱动（$T_d = 105.6\text{N}\cdot\text{m}$）> 后轮驱动（$T_d = 84.2\text{N}\cdot\text{m}$）。

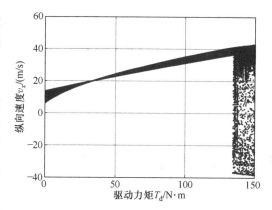

图 4.83　纵向速度 v_x 的分岔图
（$A = 0.02\text{rad}$，$v_x = 20\text{m/s}$，前轮驱动）

综上，在驱动转向耦合分岔中，同样可以通过降低前轮转向角幅值的方式获得更大的驱动力矩分岔参数值。

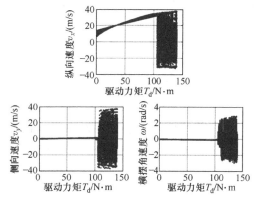

图 4.84　状态变量的分岔图
（$A = 0.02\text{rad}$，$v_x = 20\text{m/s}$，全轮驱动）

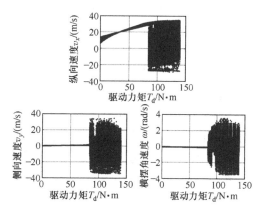

图 4.85　状态变量的分岔图
（$A = 0.02\text{rad}$，$v_x = 20\text{m/s}$，后轮驱动）

通过上述分析可以发现，驱动力矩和前轮转向角幅值作为汽车动力学特征的分岔参数，在动力学过程中它们之间存在着相互耦合的影响作用。

此外，虽然不同驱动方式下，系统发生分岔时对应的分岔参数不同，但对应的大小顺序却始终保持一致：前轮驱动 > 全轮驱动 > 后轮驱动。

第 5 章　基于驱动力矩和转向角分岔的驾驶稳定区域求解

5.1　驾驶稳定区域的定义

汽车操纵稳定性集成控制的核心思想是通过协调控制或分层控制的方式集成各种动力学控制系统，改变纵向（驱动与制动）和转向的输入来获得汽车在驾驶过程中车身的稳定状态。

从驾驶人的使用角度来看，驱动力矩和转向角是汽车的驾驶输入，将直接影响驾驶的稳定性；从系统控制的角度来看，驱动力矩和转向角在作为控制输入参数时，将直接影响汽车系统的输出，即运动状态的稳定性；而从动力学的角度来看，当驱动力矩和转向角作为分岔参数时，将直接影响系统的分岔特征，换句话说，在动力学范畴内，驱动和转向存在各自的动力学稳定区域。

对于动力学稳定区域的定义，如果从系统控制的角度来看就可以看作是可控稳定区域，如果从驾驶人的使用角度来看则可以看作是驾驶稳定区域。

目前，由于模型和分析方法的限制，对汽车操纵稳定性的驾驶稳定区域，多是针对转向作用提出的由汽车状态变量与转向控制参数构成的驾驶稳定区域，对于驱动作用的稳定区域研究较少。因此，本书提出了以非线性动力学分析为基础，求解基于驱动转向耦合分岔的驾驶稳定区域，即基于驱动力矩和转向角分岔的驾驶稳定区域。

该驾驶稳定区域将区别于以往的由状态变量和控制参数组成的状态-参数混合空间给出的分岔特性，而是由驱动力矩和前轮转向角组成的纯粹的参数空间的分岔特性。这样的结果具有更直观的工程意义，将更有利于为集成控制和安全辅助驾驶系统设计提供统一的动力学判据。

分析汽车驾驶过程中的动力学本质，我们可以将这一过程归纳为非线性动力学问题。下面将结合非线性动力学，给出驾驶稳定区域的归纳过程和详细定义。

如果将汽车看作是由车身和轮胎组成的非线性系统，将驱动力矩和前轮转向角看作是该非线性系统的控制参数，那么汽车在驾驶过程中失去失稳性的动力学过程，是一种典型的非线性系统随控制参数变化的动力学分岔现象。汽车操纵稳定性的动力学过程满足如下非线性动力学的定义：

一般地，由车身和轮胎组成的非线性动力学控制系统，可以表示为如下微分-代数方程（Differential Algebraic Equations，DAE）的形式：

$$F(x) = \begin{cases} \dot{x} = f(x,u) \\ y = g(x,u) \\ z = h(x,u) \end{cases} \quad (5\text{-}1)$$

式中，$x \in R^n$，为系统的状态变量，如车身的纵向速度 v_x、侧向速度 v_y 和横摆角速度 ω 等；$u \in R^m$，为系统的控制变量，如驱动力矩 T_d 和前轮转向角 δ_f 等；$y \in R^q$，为系统的观测变量，如各个状态变量的加速度及其变化率；$z \in R^p$，为系统控制后的输出变量（性能变量），如各个状态变量。我们假定 f、g、h 在定义域内光滑可微，n、m、q、p 为正整数。

一般地，当点 (x^*, u^*) 满足

$$F(x^*, u^*) = \begin{bmatrix} f(x^*, u^*) \\ g(x^*, u^*) \end{bmatrix} = 0 \quad (5\text{-}2)$$

则该点为汽车动力学系统即式（5-1）的平衡点（Equilibrium Point，EP）。换句话说，汽车动力学系统的平衡点可以定义为系统状态变量变化率和观测变量均为零的系统状态。

在上述定义的基础上，本书定义：在汽车非线性动力学（控制）系统中，如果将驱动和转向看作是分岔参数，并定义在驱动和转向耦合作用下，使汽车系统的动力学特征发生相轨迹突变、平衡点个数变化或平衡点性质变化等分岔现象时，对应的二维分岔向量集合为分岔参数集，那么，由分岔参数集在驱动力矩和转向角幅值空间中［即 $(T-\delta)$ 空间］所确定的分岔边界线与坐标轴所围成的区域，称为汽车驾驶稳定区域。

5.2 驾驶稳定区域的求解

5.2.1 思路与方法

根据非线性动力学中的定义，当参数 μ 在某一临界值 μ_c 邻近微小变化将引起解（运动）的性质（或相空间轨迹的拓扑性质）发生突变，此现象即称为分岔。而这种分岔通常称为动态分岔，与之对应的称为静态分岔。静态分岔通常指只研究平衡点个数和稳定性随分岔参数的变化。当然，静态分岔可以看作是动态分岔的一种特殊情形，而静态分岔往往要引起动态分岔。

分析上述定义，我们不难发现：对于分岔现象的确定，最为直接和明显的方式就是根据平衡点动力学特征予以确认，并可以通过观察系统的相轨迹的变化特征辅助分析。

在这样的理论前提下，本书提出的驾驶稳定区域的求解思想为：求解五自由度汽车动力学系统的平衡点，确定平衡点分岔参数（即驱动力矩和前轮转向角幅值）

的大小,并从系统相空间的角度,观察系统相轨迹和平衡点的动力学特征随分岔参数的变化,进一步确认驱动和转向的二维分岔参数集,在此基础上确定驾驶稳定区域。

具体的驾驶稳定区域的求解流程(图5.1)为:

1)以不同的纵向初速度 v_x 为基础计算初始状态空气阻力,并令其为驱动力矩,计算公式见式(2-9)。

2)以固定的纵向初速度为初值,搜索不同前轮转向角时,系统的平衡点。

3)记录平衡点个数发生变化时的前轮转向角及其对应的驱动力矩,得到驱动和转向的二维分岔参数集。

4)获得驱动力矩和转向角幅值空间中〔即($T-\delta$)空间〕所确定的汽车驾驶稳定区域。

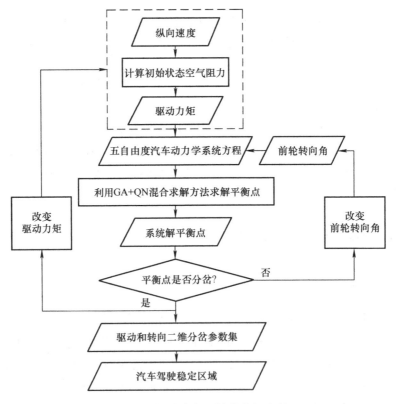

图 5.1 驾驶稳定区域的求解流程

5.2.2 结果分析

图 5.2 ~ 图 5.7 分别给出了不同质心位置的驾驶稳定区域的求解结果。其中,图 5.2 和图 5.3 中的前轴距 $l_f = 1.2\text{m}$,后轴距 $l_r = 1.3\text{m}$;图 5.4 和图 5.5 中的前轴

距 $l_f = 1.35m$,后轴距 $l_r = 1.15m$;图 5.6 和图 5.7 中前轴距 $l_f = 1.15m$,后轴距 $l_r = 1.35m$。

通过观察驾驶稳定区域图可以发现如下特点:

1) 在轴距相同的情况下,不同驱动方式的驾驶稳定区域不同,但分岔边界线均呈现双曲线特征且区域大小的总体趋势为:前轮驱动 > 全轮驱动 > 后轮驱动。

2) 在轴距不同的情况下,相同驱动方式的驾驶稳定区域的形状整体趋势一致:后轮驱动时,随着驱动力矩增大,前轮转向角幅值逐渐减小,并逐渐减小至零转向角;全轮驱动时,随着驱动力矩增大,前轮转向角幅值同样逐渐减小,但前轮转向角减小到一定程度后,减小的速度极为缓慢;前轮驱动时,随着驱动力矩增大,前轮转向角幅值同样逐渐减小,但前轮转向角减小到一定程度后,前轮转向角的幅值又开始增大。

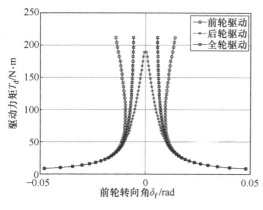

图 5.2 驾驶稳定区域 1
(前轴距 $l_f = 1.2m$,后轴距 $l_r = 1.3m$)

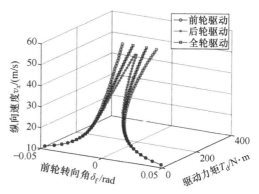

图 5.3 驾驶稳定区域 2
(前轴距 $l_f = 1.2m$,后轴距 $l_r = 1.3m$)

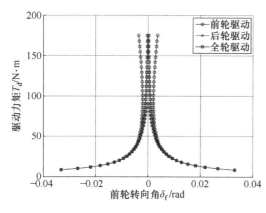

图 5.4 驾驶稳定区域 1
(前轴距 $l_f = 1.35m$,后轴距 $l_r = 1.15m$)

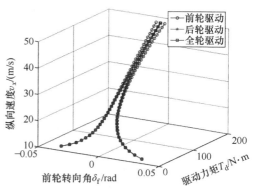

图 5.5 驾驶稳定区域 2
(前轴距 $l_f = 1.35m$,后轴距 $l_r = 1.15m$)

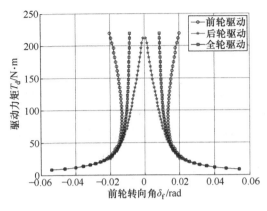

图 5.6 驾驶稳定区域 1
（前轴距 $l_f = 1.15m$，后轴距 $l_r = 1.35m$）

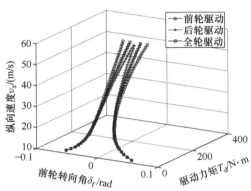

图 5.7 驾驶稳定区域 2
（前轴距 $l_f = 1.15m$，后轴距 $l_r = 1.35m$）

3）在轴距不同的情况下，相同驱动方式的驾驶稳定区域的大小随着质心位置的变化而变化，即质心位置偏前 > 质心位置偏后。

4）当驱动力矩较小时，不同驱动方式的对应的前轮转向角的大小较为接近，但仍存在区别。当前轴距 $l_f = 1.35m$，后轴距 $l_r = 1.15m$ 时，即质心偏后的前轮转向角分岔参数均较小；反之，质心偏前的前轮转向角分岔参数均较大。

5）值得一提的是，图中后轮驱动的数据点数较少，是因为求解过程中在零转向角附近已无法通过数值的方法求解有效解。

表 5.1 为图 5.2～图 5.7 中部分汽车动力学系统的分岔点值。

表 5.1 汽车动力学系统的分岔点值

纵向速度初值 /(m/s)	驱动力矩 /N·m	前轮转向角/rad ($l_f=1.2m, l_r=1.3m$)			前轮转向角/rad ($l_f=1.35m, l_r=1.15m$)			前轮转向角/rad ($l_f=1.15m, l_r=1.35m$)		
		前驱	后驱	全驱	前驱	后驱	全驱	前驱	后驱	全驱
11	8.4721	0.048	0.048	0.048	0.0332	0.0332	0.0332	0.054	0.054	0.054
15	15.754	0.0264	0.0262	0.0263	0.0153	0.0151	0.0152	0.0318	0.031	0.0315
20	28.0071	0.0162	0.0158	0.0159	0.0071	0.007	0.007	0.0209	0.019	0.0203
25	43.7611	0.0119	0.0109	0.0114	0.0038	0.0033	0.0035	0.0162	0.015	0.0153
30	63.0159	0.01	0.0079	0.0091	0.0025	0.0015	0.002	0.0141	0.0118	0.0127
35	85.7717	0.0095	0.0061	0.0077	0.0021	0.0004	0.0011	0.0134	0.0092	0.0112
40	112.0283	0.0096	0.0043	0.0069	0.0022	—	0.0007	0.0138	0.0072	0.0102
45	141.7858	0.0106	0.0027	0.0063	0.0027	—	0.0004	0.0149	0.005	0.0095
50	175.0442	0.0119	0.0012	0.0059	0.0036	—	0.0002	0.0167	0.003	0.0091
55	211.8035	0.0141	—	0.0057	—	—	—	0.0194	0.0008	0.0087

5.3 驾驶稳定区域的验证

5.3.1 驾驶稳定区域的仿真

本节将选取不同的驾驶控制输入,即前轮转向角和驱动力矩的组合来验证驾驶稳定区域的有效性。

为论述简便,本节以前轴距 $l_f = 1.2\text{m}$,后轴距 $l_r = 1.3\text{m}$ 的驾驶稳定区域为例进行说明。表5.2为仿真试验点的取值。根据试验点的位置,我们很容易判断各个点能否达到稳定性状态,表5.2中同样给出了预计的稳定性结论。图5.8和图5.9给出了仿真试验点在驾驶稳定区域中的位置。

表5.2 仿真试验点的取值

序号	纵向速度初值 /(m/s)	驱动力矩 /N·m	前轮转向角 /rad	预计的汽车动力学状态的稳定性		
				前轮驱动	后轮驱动	全轮驱动
1	14	12	-0.03	稳定	稳定	稳定
2	35	100	-0.006	稳定	不稳定	稳定
3	35	100	0.008	稳定	不稳定	不稳定
4	35	150	0.02	不稳定	不稳定	不稳定

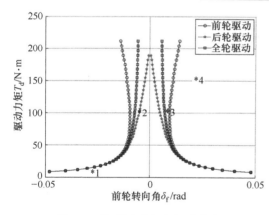

图5.8 仿真试验点在驾驶稳定区域中的位置1

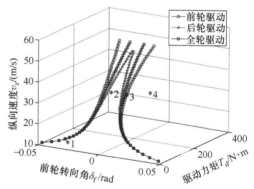

图5.9 仿真试验点在驾驶稳定区域中的位置2

图5.10~图5.13给出了仿真试验点1的汽车动力学状态的仿真结果。从仿真结果中不难看出,在整个仿真过程中:

1) 无论是前轮驱动、后轮驱动还是全轮驱动,汽车的动力学状态均保持稳定,这与根据驾驶稳定区域预计的结论相一致。

2) 汽车的侧向速度和横摆角速度在经过短暂的瞬态变化后,很快稳定下来;而纵向速度由于小于空气阻力而逐渐减小。

此外，可以看到在这种仿真条件下，三种驱动方式的下汽车的运动状态较为相似。

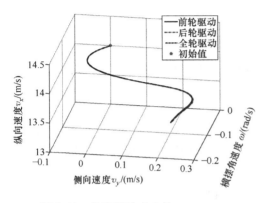

图 5.10　仿真试验点 1 的 $v_x - v_y - \omega$ 相空间轨迹

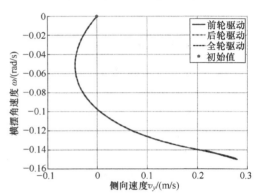

图 5.11　仿真试验点 1 的相轨迹在 $v_y - \omega$ 平面的投影

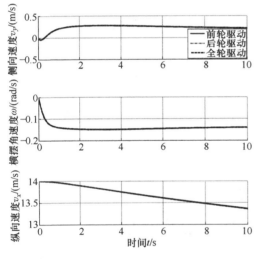

图 5.12　仿真试验点 1 对应的状态变量

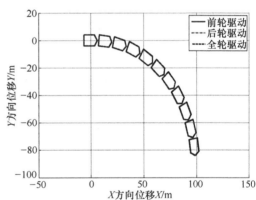

图 5.13　仿真试验点 1 的车身姿态

图 5.14～图 5.17 给出了仿真试验点 2 的汽车动力学状态的仿真结果。在整个仿真过程中，前轮驱动和全轮驱动模式下的汽车的动力学状态仍能够保持稳定，而后轮驱动的汽车已经失去了稳定性，这与根据驾驶稳定区域得到的结论相一致。

图 5.18～图 5.21 和图 5.22～图 5.25 分别给出了仿真试验点 3 和仿真试验点 4 的汽车动力学状态的仿真结果。仿真结果得到的汽车状态与根据驾驶稳定区域得到的结论相一致。仿真试验点 3 条件下，仅在前轮驱动下汽车仍能保持稳定，而后轮驱动和全轮驱动对应的动力学状态已经失稳；而在仿真试验点 4 条件下，三种驱动方式下汽车均已失去稳定性。

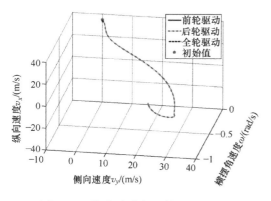

图 5.14 仿真试验点 2 的 v_x-v_y-ω 相空间轨迹

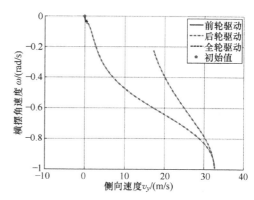

图 5.15 仿真试验点 2 的相轨迹在 v_y-ω 平面的投影

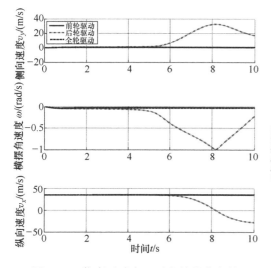

图 5.16 仿真试验点 2 对应的状态变量

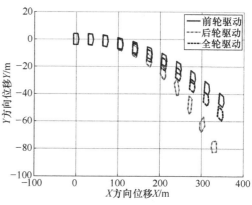

图 5.17 仿真试验点 2 的车身姿态

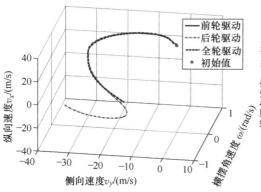

图 5.18 仿真试验点 3 的 v_x-v_y-ω 相空间轨迹

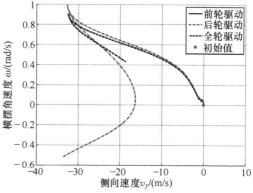

图 5.19 仿真试验点 3 的相轨迹在 v_y-ω 平面的投影

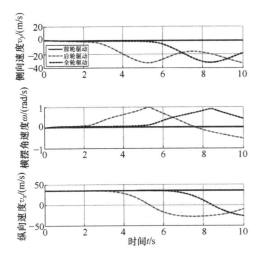

图 5.20 仿真试验点 3 对应的状态变量

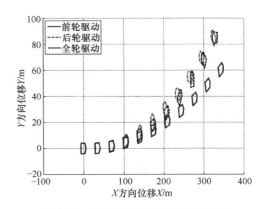

图 5.21 仿真试验点 3 的车身姿态

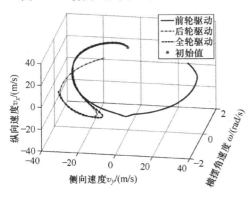

图 5.22 仿真试验点 4 的 v_x-v_y-ω 相空间轨迹

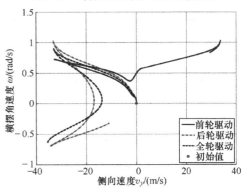

图 5.23 仿真试验点 4 的相轨迹在 v_y-ω 平面的投影

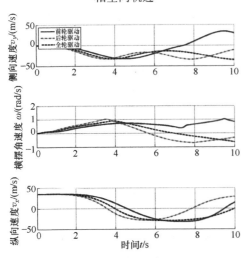

图 5.24 仿真试验点 4 对应的状态变量

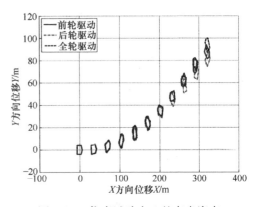

图 5.25 仿真试验点 4 的车身姿态

5.3.2 驾驶稳定区域和临界车速的对比

中性转向、不足转向和过多转向是汽车前轮角阶跃输入下的汽车稳态相应的三种类型。其通常可以用稳定性因数 K 来描述,计算公式如下:

$$K = \frac{m}{L^2}\left(\frac{a}{k_2} - \frac{b}{k_1}\right) \tag{5-3}$$

式中,m 为汽车质量(kg);L 为汽车轴距(m),且 $L = a + b$;a 为前轮到质心的距离(m);b 为后轮到质心的距离(m);k_1 为前轮侧偏刚度,且 k_1 可以用魔术公式的轮胎参数计算,即 $k_1 = B \times C \times D$;$k_2$ 为后轮侧偏刚度。

表5.3给出了汽车的结构参数,结合表2.3中的侧向轮胎力参数,计算得到的稳定性因数如下:

$$K = \frac{m}{L^2}\left(\frac{a}{k_2} - \frac{b}{k_1}\right) = -0.0012(\text{s}^2/\text{m}^2) \tag{5-4}$$

表5.3 汽车的结构参数

a/m	b/m	L/m	m/kg
1.2	1.3	2.5	1500

由于 $K < 0$,说明该汽车系统具有过多转向,所以临界车速 u_{cr} 为

$$u_{cr} = \sqrt{-\frac{1}{K}} = 28.56(\text{m/s}) \tag{5-5}$$

众所周知,具有过多转向的汽车系统,当车速大于临界车速 u_{cr} 时,汽车将失去稳定性。结合前面的仿真结果可以发现,这样的结论并不准确。例如,对于试验点2在前轮驱动和全轮驱动模式时,尽管汽车的初始速度 $v_x = 35\text{m/s}$ 超过了临界车速 $u_{cr} = 28.56\text{m/s}$,但在整个仿真过程中,汽车的运行状态稳定,与驾驶稳定区域得到的结论一致。

计算临界车速对应的驱动力矩(即初始状态空气阻力),由式(2-9)计算得到此时对应的直线行驶状态的驱动力矩为 $T_d = 57.11\text{N}\cdot\text{m}$。根据这一驱动力选取表5.4中的仿真试验点5。如果按照线性理论,若稳定性因数 $K < 0$,当纵向速度 $v_x < u_{cr}$ 时,那么汽车系统是无条件稳定的。试验点5对应的汽车状态也应该是稳定的。但是,按照本章得到的驾驶稳定区域,试验点5无论在何种驱动方式下都将失去稳定性。

表5.4 仿真试验点5

纵向速度初值 /(m/s)	驱动力矩 /N·m	前轮转向角 /rad	预计的汽车动力学状态的稳定性		
			前轮驱动	后轮驱动	全轮驱动
25	30	-0.03	不稳定	不稳定	不稳定

图5.26和图5.27给出了仿真试验点5在驾驶稳定区域中的位置。图5.28~图5.31给出了仿真试验点5的汽车动力学状态的仿真结果。在整个仿真过程中,前轮驱动、后轮驱动和全轮驱动模式下的汽车都已经失去了稳定性,这与根据驾驶稳定区域得到的结论相一致。这也证明传统线性理论的汽车稳定性判别条件并不完整。

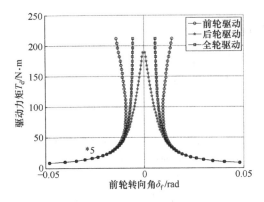

图 5.26　仿真试验点 5 在驾驶稳定区域中的位置 1

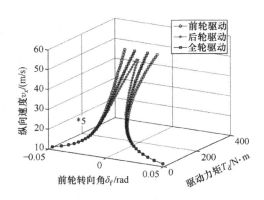

图 5.27　仿真试验点 5 在驾驶稳定区域中的位置 2

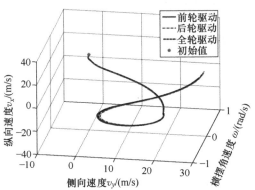

图 5.28　仿真试验点 5 的 v_x-v_y-ω 相空间轨迹

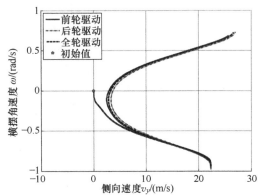

图 5.29　仿真试验点 5 的相轨迹在 v_y-ω 平面的投影

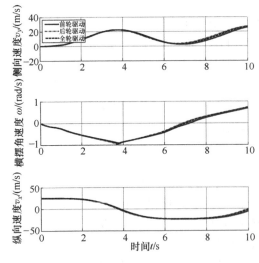

图 5.30　仿真试验点 5 对应的状态变量

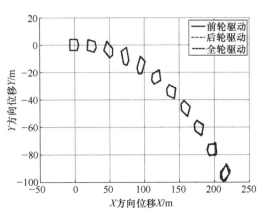

图 5.31　仿真试验点 5 的车身姿态

第 6 章　引入制动的汽车五自由度模型

6.1　车身模型

建模的第一步需要选取合理的坐标系,较大的坐标系更方便描述车辆自身的运动,因此本章采用 ISO 8855 车辆坐标系。图 6.1 所示为 ISO 8855 坐标系示意图。由于本书的研究重点为汽车平面运动稳定性,因此不考虑悬架系统和转向制动工况车轮载荷转移的影响,即汽车的垂向、俯仰、侧倾运动被忽略。

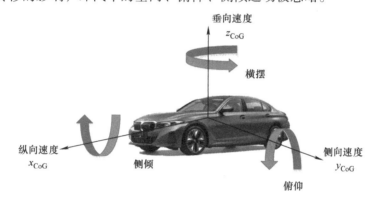

图 6.1　ISO 8855 坐标系示意图

控制输入的产生由不同的执行机制决定。转向角由转向机构直接产生,可以代入动力学方程直接运算,但发动机和制动器产生的转矩要复杂得多,因为它们都是由具有复杂动力学的装置产生的,必须通过车轮的惯性体作用。最终,这些驱动和制动力矩会影响汽车的动力学状态。为了降低制动力矩的复杂性,在本书中,不考虑传动系传递过程,将制动器制动力以制动力矩的形式直接输入到前后轮上,在经典三自由度转向模型的基础上,考虑轮胎纵向力的车身模型和引入制动力矩的前后轮转动模型如图 6.2 所示。

汽车车速较低时,空气阻力较小,滚动阻力是主要的行驶阻力。而当汽车高速行驶时,空气阻力将超越滚动阻力成为汽车运行过程中的主要阻力,同时,空气阻力的方向始终与车身的纵向速度方向相反。因此,为了描述车身纵向和侧向的空气阻力,通过在模型中引入符号函数来处理,同样地,也可以通过符号函数来描述制动力矩(制动力矩方向与车轮转动角速度方向始终相反),最终得到五自由度系统动力学方程如下:

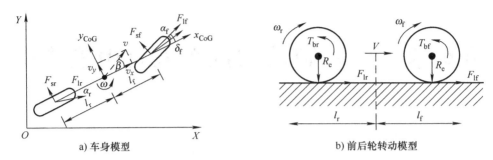

a) 车身模型   b) 前后轮转动模型

图 6.2 车身模型和前后轮转动模型

$$\begin{cases} \dot{v}_y = -v_x\omega + \dfrac{F_{lf}\sin\delta_f + F_{sf}\cos\delta_f + F_{sr} - \mathrm{sgn}(v_y)C_{air\_y}A_{L\_y}\dfrac{\rho}{2}v_y^2}{m} \\ \dot{\omega} = \dfrac{(F_{lf}\sin\delta_f + F_{sf}\cos\delta_f)l_f - F_{sr}l_r}{I_z} \\ \dot{v}_x = v_y\omega + \dfrac{F_{lf}\cos\delta_f - F_{sf}\sin\delta_f + F_{lr} - \mathrm{sgn}(v_x)C_{air\_x}A_{L\_x}\dfrac{\rho}{2}v_x^2}{m} \\ \dot{\omega}_f = \dfrac{-\mathrm{sgn}(\omega_f)T_{bf} - R_eF_{lf}}{J} \\ \dot{\omega}_r = \dfrac{-\mathrm{sgn}(\omega_r)T_{br} - R_eF_{lr}}{J} \end{cases} \quad (6\text{-}1)$$

式中,v_y 为侧向速度;ω 为横摆角速度;v_x 为纵向速度;ω_f 为前轮角速度;ω_r 为后轮角速度;T_{bf} 为前轮制动力矩;T_{br} 为后轮制动力矩;F_{lf} 为前轮纵向轮胎力;F_{lr} 为后轮纵向轮胎力;F_{sf} 为前轮侧向轮胎力;F_{sr} 为后轮侧向轮胎力;l_f 为前轮到质心的距离;l_r 为后轮到质心的距离;R_e 为车轮滚动半径;J 为车轮的转动惯量;I_z 为汽车绕 z 轴的转动惯量;m 为汽车质量;δ_f 为前轮转向角;C_{air_x} 为纵向空气阻力系数;A_{L_x} 为纵向迎风面积;C_{air_y} 为侧向空气阻力系数;A_{L_y} 为侧向迎风面积;ρ 为空气密度。

为提升汽车制动稳定性,在模型中施加考虑前后轮同时抱死的约束条件,从而充分利用路面附着条件,即前后轮制动器制动力之和等于附着力,并且前后轮制动器制动力分别等于各自的附着力。

$$\begin{cases} F_{\mu f} + F_{\mu r} = \mu F_z \\ F_{\mu f} = \mu F_{zf} \\ F_{\mu r} = \mu F_{zr} \end{cases} \quad (6\text{-}2)$$

式中,$F_{\mu f}$ 为前轮制动器制动力;$F_{\mu r}$ 为后轮制动器制动力;F_z 为汽车前后轮总载荷;μ 为路面附着系数。因为本书只考虑汽车的平面运动,前轮荷载 F_{zf} 和后轮荷载

F_{zr} 为固定值,按下式分配:

$$\begin{cases} F_{zf} = \dfrac{mgl_f}{l_f + l_r} \\ F_{zr} = \dfrac{mgl_r}{l_f + l_r} \end{cases} \tag{6-3}$$

为方便表述,本书将制动器制动力所产生的制动力矩 T_b 看作正标量施加到前后车轮,见下式:

$$\begin{cases} T_{bf} = \eta T_b \\ T_{br} = (1 - \eta) T_b \end{cases} \tag{6-4}$$

式中,η 为制动力矩分配系数,本书中,$\eta = 0.7$。

结合式(6-4),可将式(6-2)进一步改写为力矩约束如下:

$$\begin{cases} T_{bf} + T_{br} = \mu F_z R_e \\ T_{bf} = \mu F_{zf} R_e \\ T_{br} = \mu F_{zr} R_e \end{cases} \tag{6-5}$$

为不失一般性,仿真实验在低附着路面上进行。五自由度系统模型参数根据相关文献选取,见表 6.1。

表 6.1 模型参数

参数	数值
质量 m/kg	1500
绕 z 轴的转动惯量 I_z/kg·m²	3000
前轮到质心的距离 l_f/m	1.2
后轮到质心的距离 l_r/m	1.3
车轮转动惯量 J/kg·m²	2.0
纵向空气阻力系数 C_{air_x}(-)	0.3
侧向空气阻力系数 C_{air_y}(-)	0.4
纵向迎风面积 A_{L_x}/m²	1.7
侧向迎风面积 A_{L_y}/m²	3.5
空气密度 ρ/(kg/m³)	1.2258
车轮滚动半径 R_e/m	0.224

6.2 轮胎模型

轮胎力的非线性特征是轮胎模型最重要的体现,魔术公式在非线性区有着很好的拟合精度,为保证仿真过程中的准确性和易于编程,轮胎力的表达采用经典的魔术公式(Magic Formula):

$$F = D\sin\{C\arctan[Bx - E(Bx - \arctan Bx)]\} \tag{6-6}$$

式中，B、C、D、E 为轮胎参数；F 为轮胎稳态纵向力或侧向力；x 为轮胎滑移率或侧偏角。

轮胎在不同工况下滑移率的值域范围也不尽相同，尤其在失稳工况下可能出现多种值域范围，在本章中制动工况下的滑移率计算使用考虑轮胎全工况的统一公式：

$$k = \frac{\omega_w R_e - v_{wx}}{|v_{wx}|} \tag{6-7}$$

式中，k 为滑移率；ω_w 为车轮转动角速度；v_{wx} 为车轮平面内、轮心处的纵向速度。

轮胎坐标系下的轮胎速度通过车架坐标系和车轮坐标系之间的坐标转换来计算：

$$\begin{cases} v_{xf} = v_x \cos\delta_f + (v_y + \omega l_f)\sin\delta_f \\ v_{xr} = v_x \cos\delta_r + (v_y - \omega l_r)\sin\delta_r \end{cases} \tag{6-8}$$

$$\begin{cases} v_{yf} = -v_x \sin\delta_f + (v_y + \omega l_f)\cos\delta_f \\ v_{yr} = -v_x \sin\delta_r + (v_y - \omega l_r)\cos\delta_r \end{cases} \tag{6-9}$$

式中，v_{xf}、v_{yf} 分别为轮胎坐标系下前轮的纵向速度和侧向速度；v_{xr}、v_{yr} 分别为轮胎坐标系下后轮的纵向速度和侧向速度。由于本章模型采取前轮转向模式，所以 $\delta_r = 0$。

制动工况下，轮胎的非线性特征可能导致出现车身的侧滑和旋转，为准确描述失稳工况下的侧向力，侧偏角使用适用于大侧偏角和车轮反向旋转条件的轮胎侧偏角的统一公式：

$$\begin{cases} \alpha_f = \arctan\dfrac{v_{yf}}{v_{xf}}\mathrm{sgn}(v_{xf}) \\ \alpha_r = \arctan\dfrac{v_{yr}}{v_{xr}}\mathrm{sgn}(v_{xr}) \end{cases} \tag{6-10}$$

式中，α_f 为前轮侧偏角；α_r 为后轮侧偏角。

由于汽车纵向运动和侧向运动存在强耦合作用，只单独考虑其作用效果是不全面的，因此必须考虑轮胎的混合滑移特征，按照 Pacejka 教授提出的模型进行分析计算。

$$\begin{cases} F_{lf} = F_{lf0} G_x \\ F_{lr} = F_{lr0} G_x \\ G_x = \cos\{\arctan[B_{g,x}(\alpha)\alpha]\} \\ B_{g,x}(\alpha) = r_{x,1}\cos[\arctan(r_{x,2}k)] \\ F_{sf} = F_{sf0} G_y \\ F_{sr} = F_{sr0} G_y \\ G_y = \cos\{\arctan[B_{g,x}(k)k]\} \\ B_{g,y}(k) = r_{y,1}\cos[\arctan(r_{y,2}\alpha)] \end{cases} \tag{6-11}$$

式中,F_{lf0}、F_{sf0} 为稳态下前轮纵向力和侧向力;F_{lr0}、F_{sr0} 为稳态下后轮纵向力和侧向力;G_x、G_y 为轮胎力混合滑移修正函数;$r_{x,1}$、$r_{x,2}$、$r_{y,1}$、$r_{y,2}$ 为轮胎力混合滑移修正系数。低附着路面和高附着路面下的轮胎力参数和最佳的混合滑移修正系数取值见表 6.2 和表 6.3。

表 6.2 低附着路面下的轮胎力参数和最佳的混合滑移修正系数取值

轮胎	纵向力参数				侧向力参数				纵向混合滑移修正系数		侧向混合滑移修正系数	
	B	C	D	E	B	C	D	E	$r_{x,1}$	$r_{x,2}$	$r_{y,1}$	$r_{y,2}$
前轮	11.275	1.56	2574.8	0.4109	11.275	1.56	2574.7	-1.999	35	40	40	35
后轮	18.631	1.56	1749.6	0.4108	18.631	1.56	1749.7	-1.7908				

表 6.3 高附着路面下的轮胎力参数和最佳的混合滑移修正系数取值

轮胎	纵向力参数				侧向力参数				纵向混合滑移修正系数		侧向混合滑移修正系数	
	B	C	D	E	B	C	D	E	$r_{x,1}$	$r_{x,2}$	$r_{y,1}$	$r_{y,2}$
前轮	6.7651	1.3	6436.8	-1.999	6.7651	1.3	6436.8	-1.999	35	40	40	35
后轮	9.0051	1.3	5430	-1.7908	9.0051	1.3	5430	-1.7908				

低附着路面和高附着路面下的轮胎力特征如图 6.3a~b 所示,由图可知,高附着路面下轮胎所能提供的轮胎力较低附着路面更大。一旦轮胎力达到了峰值,随着侧偏角或滑移率的增加,轮胎力都会有所下降,呈现出明显的非线性特性。图 6.3c 所示为式(6-11)对轮胎力混合滑移特征的数值计算结果。此处将标准化的纵向和侧向轮胎力在一幅图中共同绘出,从中可以清晰地看到混合滑移特征的外边界呈现摩擦圆特征。

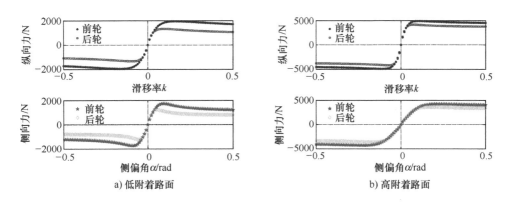

图 6.3 魔术公式的轮胎力特征

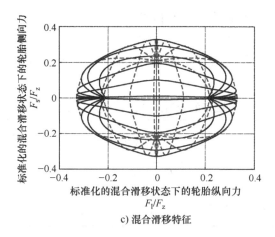

c) 混合滑移特征

图 6.3　魔术公式的轮胎力特征（续）

6.3　仿真验证

6.3.1　模型仿真

本书所建立的五自由度模型是在成熟的三自由度转向模型的基础上而来，为评估模型的真实性，本节首先将通过状态变量的时间序列来进行模型之间的对比，模型对比实验初始条件见表 6.4。

表 6.4　模型对比实验初始条件

初始条件序号	$v_x/(m/s)$	$v_y/(m/s)$	$\omega/(rad/s)$	δ_f/rad
1	10	0	0	0
2	20	0	0	0.005
3	20	0.1	0.1	0.005
4	30	0.1	0.1	0.010

4 组实验的车身状态变量对比如图 6.4 所示。

从图 6.4a～c 可以看到，在不同的初始条件下，三自由度模型和五自由度模型的车身状态变量均有良好的贴合度，横摆角速度和侧向速度时间序列几乎重合。唯一的区别在于五自由度模型的纵向速度逐渐递减，这是由于在五自由度模型中考虑了空气阻力。与上述现象不同，从图 6.4d 可以看到，汽车在初始条件 4 输入后出现失稳，在仿真前 5s，状态变量时间序列基本一致，5s 后由于五自由度模型考虑了空气阻力和统一的侧偏角公式，在能量耗散的作用下，状态变量最终会维持到较低范围，而三自由度模型仍然会处于剧烈的失稳状态，不符合实际的汽车行驶

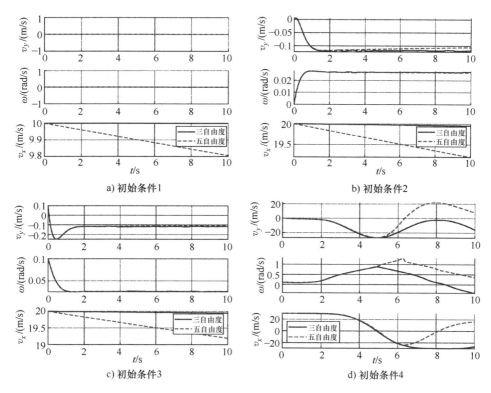

图 6.4　4 组实验的车身状态变量对比

过程。

由上述分析可知，五自由度模型不仅保留了三自由度模型的特点，也修正了三自由度模型的不足。接着通过不同单初值点的相空间（v_y-ω-v_x 相空间）轨迹、状态变量时间序列以及车身姿态变化来验证五自由度模型的有效性。初始条件 1 和 2 前轮转向角不同，初始条件 2 和 3 制动力矩不同，观察参数变化时的动力学特征变化，表 6.5 给出了仿真初始条件。

表 6.5　仿真初始条件

初始条件序号	v_x/(m/s)	v_y/(m/s)	ω/(rad/s)	δ_f/rad	T_b/N·m
1	30	0.1	0.1	0.010	300
2	30	0.1	0.1	0.015	300
3	30	0.1	0.1	0.015	600

图 6.5 为 3 组初始条件下的仿真结果，仿真时间为 30s。

图 6.5 中蓝线、红线和黑线分别代表初始条件 1、2 和 3 输入下的系统动力学行为。在初始条件 1 输入下，相空间轨迹出现了大幅度的曲线运动，对应图 6.5c 中前 2s 的侧向速度和横摆角速度的波动；之后相轨迹便倾斜向下，对应图 6.5c 中

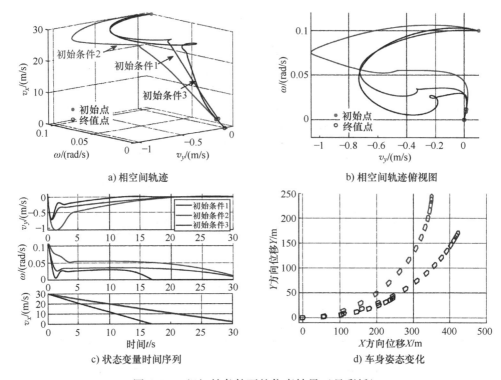

图 6.5 3 组初始条件下的仿真结果（见彩插）

侧向速度和横摆角速度的快速收敛，以及纵向速度的线性递减。由图 6.5d 车身姿态变化中可以看到汽车处于稳态转向状态，前后时刻两车间隔距离不断减小，表明汽车最终将静止。

初始条件 2 较初始条件 1 增大了前轮转向角输入，可以看到红色相轨迹前期的运动范围更大，状态变量在前期的波动更剧烈，但仍然能恢复稳定，在车身姿态变化中可以看到，初始条件 2 下的汽车转向半径较初始条件 1 小，符合驾驶经验，即转向角越大，转向半径越小。

初始条件 3 较初始条件 2 增大了制动力矩输入，可以看到相轨迹前期的运动范围明显变小，状态变量在前期波动幅度同样明显变小，纵向速度线性递减，至仿真时间 16s 左右时已为 0，在车身姿态变化中也可以观察到汽车静止，且整体制动距离较前两组实验明显减小。

通过上述的模型仿真实验，初步说明了五自由度制动模型的有效性，可以描述制动工况下的汽车动力学行为。

6.3.2 CarSim 类比验证

为验证所建立五自由度制动模型的合理性，通过 CarSim 进行制动工况的类比验证，所用版本为 CarSim 2019，在 CarSim 中按照表 6.1 设置车身参数、空气动力学参数、轮胎模型、仿真初始参数、制动力施加方式和路面状况等，如图 6.6 和图 6.7 所示。

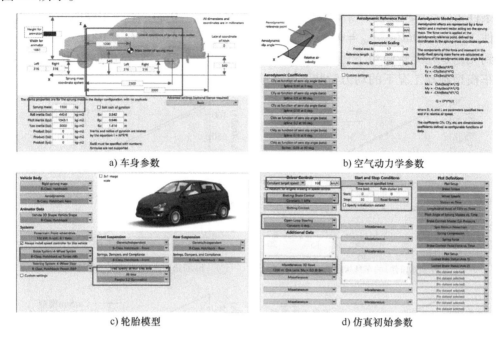

图 6.6　CarSim 车辆模型参数设置（见彩插）

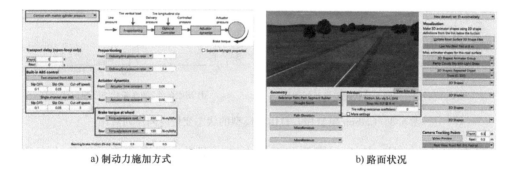

图 6.7　CarSim 制动系统与路面参数设置（见彩插）

工况对比将通过无转向角和有转向角的两组初始条件输入，并观察五自由度系统状态变量时间序列来进行。在这里五自由度模型的初始输入由五个状态变量初值（v_{x0}, v_{y0}, ω_0, ω_{f0}, ω_{r0}）和两个控制参数（δ_f 和 T_b）组成。默认初始前后轮转动角速度按下式计算：

$$\omega_{f0} = \omega_{r0} = \frac{v_{x0}}{R_e} \tag{6-12}$$

图 6.8 中分别通过无转向角输入和有恒定转向角输入给出了 CarSim 模型与本

书构建的五自由度模型的状态变量时间序列对比，图6.8a~b为初始条件1输入下的时间序列的对比结果，图6.8c~d为初始条件2输入下的时间序列对比结果。初始条件1：$v_{x0}=30\text{m/s}$，$v_{y0}=0\text{m/s}$，$\omega_0=0\text{rad/s}$，$\delta_f=0\text{rad}$，$T_b=1000\text{N}\cdot\text{m}$；初始条件2：$v_{x0}=30\text{m/s}$，$v_{y0}=0\text{m/s}$，$\omega_0=0\text{rad/s}$，$\delta_f=0.1\text{rad}$，$T_b=1000\text{N}\cdot\text{m}$。可以看到无论是在无转向角下还是有恒定前轮转向角输入下，五自由度模型与CarSim汽车模型制动工况下的动力学状态基本吻合。

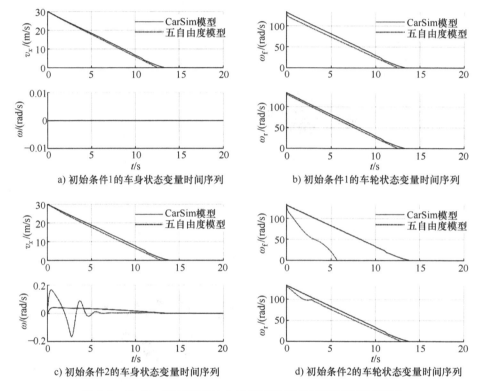

图6.8 CarSim模型和五自由度模型的状态变量时间序列对比

无转向角输入时，CarSim模型和五自由度模型纵向速度和前后轮角速度几乎同步递减为0；横摆角速度两者均恒定为0，表明制动下的行驶姿态稳定；有转向角输入时，五自由度模型较CarSim模型横摆角速度初始波动范围大，然后迅速减小到0附近，车辆静止后最终为0。纵向速度两者基本同步递减，不同的是在制动过程中五自由度模型前轮会先抱死，而后轮转动角速度递减趋势与CarSim模型基本一致。图6.9通过轮胎力的时间序列揭示了出现该现象的原因。

图6.9a显示无转向角制动过程中前后轮纵向力较大，侧向力基本为0，由式（6-1）中的车轮转动方程可以计算得到前后轮转动角加速度数值基本接近，从而使前后轮转动角速度同步递减；而在图6.9b中，在初始恒定转向角输入下，由于轮胎力混合滑移的约束，如图6.3c所示，大部分轮胎力将用来为前轮提供转向

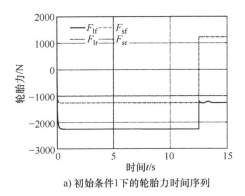 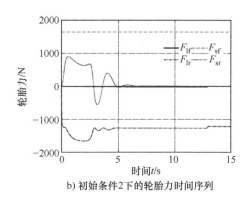

a) 初始条件1下的轮胎力时间序列　　　　b) 初始条件2下的轮胎力时间序列

图6.9　轮胎力的时间序列（见彩插）

所需的侧向力，从而极大程度上减小了前轮纵向力，由式（6-1）的车轮转动方程计算得到的前轮转动角加速度的绝对值要明显大于后轮，即前轮将快速抱死。

通过上述类比，该模型不仅能够体现混合滑移轮胎力特征，也能够体现汽车在纯制动工况和转向制动联合工况下的运动过程，从而为研究制动力矩对汽车系统动力学特征的影响提供了基础分析模型。

第7章 引入达朗贝尔原理的驾驶稳定区域求解

7.1 等效系统的建立

7.1.1 达朗贝尔原理的引入

达朗贝尔原理是求解有约束质点系动力学问题的经典方法，是法国数学家达朗贝尔于1743年最先提出，因而得名。对于一个质点，达朗贝尔原理的数学表达式为

$$F_i + N_i - m_i a_i = 0 \tag{7-1}$$

式中，F_i 为加于质量 m_i 的质点的主动力；N_i 为限制质点的约束力；a_i 为质点的加速度。

达朗贝尔把主动力拆成两个分力：

$$F_i = F_{i(a)} + F_{i(b)} \tag{7-2}$$

其中，一个力 $F_{i(a)}$ 用来平衡约束力 N_i，另一个力 $F_{i(b)}$ 用来产生加速度 $m_i a_i$，即

$$\begin{aligned} F_{i(a)} + N_i &= 0 \\ F_{i(b)} &= m_i a_i \end{aligned} \tag{7-3}$$

故有

$$F_{i(a)} = F_i - F_{i(b)} = F_i - m_i a_i \tag{7-4}$$

将式（7-4）代入式（7-3）即得到式（7-1）。后来的力学家把 $-m_i a_i$ 称为惯性力，附加到质点上。这样，式（7-1）在形式上与静力学的平衡方程一致，可以叙述为：质点系的每一个质点所受的主动力 F_i、约束力 N_i 和惯性力 $-m_i a_i$ 构成平衡力系。但是，静力学中构成平衡力系的都是外界物体对质点的作用力，而惯性力并不是外加的，所以惯性力是一种为了便于解决问题而假设的"虚拟力"。

Horiuchi 在其研究中提到在分析汽车系统的加速或者制动时，可以引入达朗贝尔原理中的惯性力，使得一个有加速度的系统能够转化为一个等效的平衡系统，转化方法为在系统上施加一个由加速度确定的虚拟惯性力。基于这一原理，如果在汽车质心处施加一个大小为 $F = ma$ 的惯性力（式中，a 为作用在车身质心的加速度），那么制动过程可以看作是平衡状态（在本书中称其为等效平衡状态），并对其进行分岔分析，如图 7.1 所示。

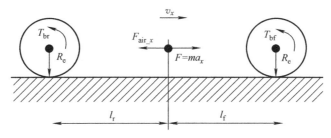

图 7.1　虚拟惯性力的引入

为保持汽车纵向受力平衡，可以得到

$$ma_x = \frac{T_b}{R_e} + \text{sgn}(v_x) C_{\text{air}\_x} A_{L\_x} \frac{\rho}{2} v_x^2 \tag{7-5}$$

移项可得作用在车身质心的惯性加速度 a_x 为

$$a_x = \frac{\left(\frac{T_b}{R_e} + \text{sgn}(v_x) C_{\text{air}\_x} A_{L\_x} \frac{\rho}{2} v_x^2\right)}{m} \tag{7-6}$$

7.1.2　五自由度等效系统准平衡态确认

按照非线性系统稳定性的定义，对于一个由常微分方程所确定的动力学系统，如果其平衡点周围的初始值在足够近的范围内，那么这些初始值相应的相轨线必将趋近于该平衡点。换而言之，系统的稳定性可以理解为平衡点的一种属性特征。所以分析动力学系统稳定性工作的第一步，通常要确定系统的平衡点。

基于非线性动力学理论，给定任意非线性动力学系统：

$$\dot{x}_i = f_i(x_1, x_2, \cdots, x_n), i = 1, 2, \cdots, n \tag{7-7}$$

假设该非线性动力学系统的状态变量初值满足：

$$t = 0, x_i(0) = x_{i0} \tag{7-8}$$

因此，对于非线性系统的完整运动过程可由方程中满足状态变量初值条件的解 $x_i(t)$ 来确定，在非线性动力学系统中，由状态变量所张成的相平面为直角坐标建立的平面，相空间以两两为直角坐标所建立的坐标系内满足式（7-9）右侧分子、分母皆为零时的特殊状态称为可代表系统稳定平衡状态的奇点，即系统的平衡点。

$$\frac{\text{d}\dot{x}_i}{\text{d}x_i} = \frac{\frac{\text{d}\dot{x}_i}{\text{d}t}}{\frac{\text{d}x_i}{\text{d}t}} \tag{7-9}$$

工程技术中的许多重要问题都可以通过静态分岔来解释，而静态分岔就是分岔参数随着系统平衡点数量变化而变化的分岔。具体到汽车动力学系统而言，平衡点就是同时令汽车系统状态变量变化率为零的点。基于汽车动力学系统平衡点的物理意义以及平衡点特性分析，完成汽车动力学系统模型的平衡点求解，一方面，可由平衡点所具有的稳定性性质判别不同汽车系统模型中该状态下邻域运动的趋势特性;另一方面,通过改变汽车系统参数,完成不同参数下不同汽车系统模型平衡点求解的同时,可直观观测到改变不同参数对于各汽车系统模型平衡点分岔特征的影响。

汽车平面运动中的平衡必须满足稳态方程,其通过使动力学方程组的右侧等于零来构造。在汽车动力学平衡点的解中,通过适应度函数值的大小来评估平衡点解的准确性。也就是目标函数值越小,解越精确。由上述分析可知,五自由度系统平衡点求解则可以归结为式(7-10)约束的非线性规划问题,等价于目标函数为

$$\min f(\dot{v}_x, \dot{v}_y, \dot{\omega}, \dot{\omega}_f, \dot{\omega}_r) = |\dot{v}_x| + |\dot{v}_y| + |\dot{\omega}| + |\dot{\omega}_f| + |\dot{\omega}_r| \tag{7-10}$$

最优解 $(\dot{v}_x^*, \dot{v}_y^*, \dot{\omega}^*, \dot{\omega}_f^*, \dot{\omega}_r^*)$ 需满足 $f(\dot{v}_x^*, \dot{v}_y^*, \dot{\omega}^*, \dot{\omega}_f^*, \dot{\omega}_r^*) = 0$,五自由度系统的适应值如下:

$$\text{Fitness} = |\dot{v}_x| + |\dot{v}_y| + |\dot{\omega}| + |\dot{\omega}_f| + |\dot{\omega}_r| \tag{7-11}$$

目标函数约束条件,即加入惯性力后使得五自由度方程的右侧等于0,如下所示:

$$\begin{cases} \dot{v}_y = -v_x\omega + \dfrac{F_{lf}\sin\delta_f + F_{sf}\cos\delta_f + F_{sr} - \text{sgn}(v_y)C_{air\_y}A_{L\_y}\dfrac{\rho}{2}v_y^2}{m} = 0 \\[2mm] \dot{\omega} = \dfrac{(F_{lf}\sin\delta_f + F_{sf}\cos\delta_f)l_f - F_{sr}l_r}{I_z} = 0 \\[2mm] \dot{v}_x = v_y\omega + \dfrac{F_{lf}\cos\delta_f - F_{sf}\sin\delta_f + F_{lr} - \text{sgn}(v_x)C_{air\_x}A_{L\_x}\dfrac{\rho}{2}v_x^2 + ma_x}{m} = 0 \\[2mm] \dot{\omega}_f = \dfrac{-\text{sgn}(\omega_f)T_{bf} - R_eF_{lf}}{J} = 0 \\[2mm] \dot{\omega}_r = \dfrac{-\text{sgn}(\omega_r)T_{br} - R_eF_{lr}}{J} = 0 \end{cases} \tag{7-12}$$

为验证加入惯性力后系统是否出现准平衡态,图7.2所示为系统施加虚拟力前后的相空间和单初值点状态变量时间序列对比。实验初始条件纵向速度 $v_x = 30\text{m/s}$,前轮转向角 $\delta_f = 0.001\text{rad}$,制动力矩 $T_b = 500\text{N}\cdot\text{m}$,侧向速度取值范围 v_y 为 $-10\sim10\text{m/s}$,取值间隔为 1m/s;横摆角速度取值范围 ω 为 $-0.5\sim0.5\text{rad/s}$,取值间隔为 0.1rad/s;单初值点实验条件为纵向速度 $v_x = 30\text{m/s}$,前轮转向角 $\delta_f = 0.001\text{rad}$,制动力矩 $T_b = 500\text{N}\cdot\text{m}$。

图7.2a~b为系统施加虚拟力前后的相空间图,展示了系统的全局动力学特征,可以看到加虚拟力之后系统的全局特征出现了明显变化。施加惯性力后,稳定初始条件下的相轨迹的螺旋向下运动趋势消失,取而代之的为图7.2b中二维平面内的螺旋运动。这表示这些相轨迹的纵向速度由逐渐减小的趋势变为基本保持恒定。图7.2c~d中的局部投影图中两者的吸引域(处于红线内的带状稳定区域)基本一致,值得注意的是图7.2c中处于吸引域边缘的两条绿色相轨迹在图7.2d中

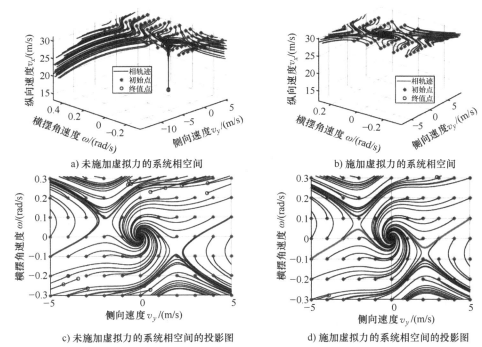

图 7.2 系统施加虚拟力前后的相空间和单初值点状态变量时间序列对比（见彩插）

能回到原点，表明在该初始速度下加入虚拟力后，系统的稳定性会略有提升。

图 7.3a~b 为加入虚拟力后稳定初始条件内的一条相轨迹的单点实验状态变量时间序列，可以看到纵向速度由原来的线性递减趋势转变为基本保持恒定，侧向速度和横摆角速度在初始波动后，在仿真时间内也维持恒定，表明该初始条件输入下的系统可以满足准平衡态。

图 7.2 和图 7.3 分别从全局和局部的视角对系统的准平衡态进行了确认，从而可以进一步进行非线性系统的静态分岔分析。

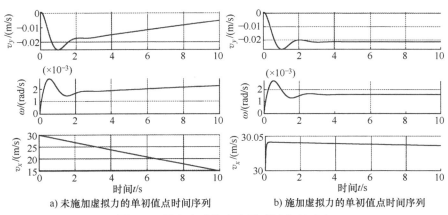

图 7.3 单点实验状态变量时间序列对比

7.2 等效系统平衡点求解

7.2.1 基于前轮转向角变化的平衡点求解

当前轮转向角作为系统的分岔参数时,需要固定制动力矩在某一恒定值来求解系统的平衡点。本节通过基于遗传算法和非线性规划方法的混合算法进行汽车动力学系统等效平衡点的求解,混合算法求解流程图如图7.4所示。

该混合算法首先通过绘制系统相空间(或相平面)大致观察平衡点的解空间范围,将此范围作为混合算法的具体搜索范围,然后通过遗传算法求解系统每个解空间内平衡点的可行解,将遗传算法求解到的可行解作为初始解,再进一步通过非线性规划算法(如拟牛顿法)进行精确解的求解。算法求解初始条件设置如下:纵向速度初值 v_x 取 30m/s,制动力矩 T_b 为 100N·m,前轮转向角搜索范围为 -0.04 ~ 0.04rad,取值间隔为 0.001rad(平衡点产生分岔处求解至 0.001rad 数量级)。首先通过式(7-6),给定制动力矩下计算出相应的达朗贝尔虚拟加速度,构建系统的等效平衡状态,按照图7.4中的平衡点求解流程,完成稳定平衡点与不稳定平衡点的求解。

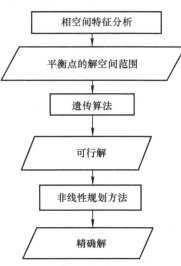

图7.4 混合算法求解流程

图7.5所示为低附着路面下,五自由度系统等效平衡点的分布和等效平衡点随前轮转向角变化时 v_y 和 ω 的取值范围图。三个平衡点的求解结果见表 7.1 ~ 表 7.3。

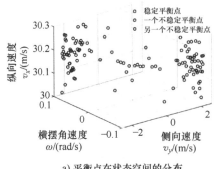

a) 平衡点在状态空间的分布

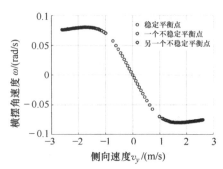

b) 平衡点对应的取值范围

图7.5 前轮转向角平衡点分岔图(见彩插)

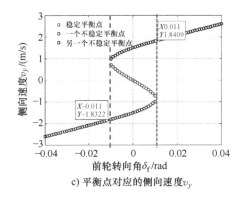
c) 平衡点对应的侧向速度v_y

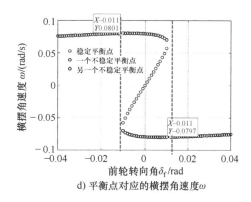
d) 平衡点对应的横摆角速度ω

图 7.5　前轮转向角平衡点分岔图（见彩插）（续）

表 7.1　稳定平衡点（部分）

δ_f /rad	平衡点					系统状态变量变化率					适应值
	v_y /(m/s)	ω /(rad/s)	v_x /(m/s)	ω_f /(rad/s)	ω_r /(rad/s)	$\dot{v}_y$	$\dot{\omega}$	$\dot{v}_x$	$\dot{\omega}_f$	$\dot{\omega}_r$	
-0.01	0.7228	-0.5760	30.0166	132.6132	133.5173	0.0000	-0.2100	-0.0400	0.0000	0.0000	0.2500
-0.005	0.3051	-0.0259	30.2359	133.9295	1.5941	0.0000	-0.0700	0.0000	0.0000	0.0000	0.0700
0	0.0032	-0.0002	30.0843	133.3657	133.9477	0.0000	0.0000	0.0001	0.0000	0.0000	0.0100
0.005	-0.3063	0.0261	30.1538	133.5649	134.2301	0.0000	0.0007	0.0000	0.0000	0.0000	0.0700
0.01	-0.7224	0.0571	30.1475	133.1937	134.1009	0.0000	0.3000	-0.0400	0.0000	0.0000	0.3400

表 7.2　一个不稳定平衡点（部分）

δ_f /rad	平衡点					系统状态变量变化率					适应值
	v_y /(m/s)	ω /(rad/s)	v_x /(m/s)	ω_f /(rad/s)	ω_r /(rad/s)	$\dot{v}_y$	$\dot{\omega}$	$\dot{v}_x$	$\dot{\omega}_f$	$\dot{\omega}_r$	
-0.0400	-2.5982	0.0760	30.0330	132.8080	132.9368	0.0000	0.3600	-0.1400	0.0000	0.0000	0.5000
-0.0350	-2.4721	0.0764	30.1754	133.3761	133.6171	0.0000	0.0000	-0.1400	0.0000	0.0000	0.1400
-0.0300	-2.3490	0.0770	30.2734	133.7454	134.0978	0.0000	0.0000	-0.1400	0.0000	0.0000	0.1400
-0.0250	-2.2083	0.0782	30.1326	133.0631	133.5202	0.0000	0.0000	-0.1300	0.0000	0.0000	0.1300
-0.0200	-2.0777	0.0789	30.1449	133.0601	133.6218	0.0000	0.0000	-0.1300	0.0000	0.0000	0.1300
-0.0150	-1.9420	0.0797	30.1115	132.8593	133.5215	0.0000	0.0000	-0.1300	0.0000	0.0000	0.1300
-0.0100	-1.8023	0.0803	30.0752	132.6516	133.4098	0.0000	0.0000	-0.1200	0.0000	0.0000	0.1200
-0.0050	-1.6447	0.0800	30.2333	133.3087	134.1637	0.0000	0.0000	-0.1200	0.0000	0.0000	0.1200
0.0000	-1.5017	0.0796	30.1924	133.1021	134.0589	0.0000	0.0000	-0.1100	0.0000	0.0000	0.1100
0.0050	-1.3098	0.0774	30.2979	133.5700	134.5768	0.0000	0.0000	-0.1000	0.0000	0.0000	0.10000
0.0100	-0.9887	0.0701	30.1805	133.1494	0.0000	0.0000	0.4700	-0.0700	0.0000	0.0000	0.5400

表 7.3　另一个不稳定平衡点（部分）

δ_f /rad	平衡点					系统状态变量变化率					适应值
	v_y /(m/s)	ω /(rad/s)	v_x /(m/s)	ω_f /(rad/s)	ω_r /(rad/s)	$\dot{v}_y$	$\dot{\omega}$	$\dot{v}_x$	$\dot{\omega}_f$	$\dot{\omega}_r$	
−0.0100	0.9804	−0.0701	30.0777	132.6999	133.7076	0.0000	−0.3800	−0.0700	0.0000	0.0000	0.4500
−0.0050	1.3079	−0.0776	30.2389	133.3098	134.3144	0.0000	0.0000	−0.1000	0.0000	0.0000	0.1000
0.0000	1.5043	−0.0795	30.2549	133.3776	134.3167	0.0000	0.0000	−0.1100	0.0000	0.0000	0.1100
0.0050	1.6664	−0.0799	30.2687	133.4649	134.3214	0.0000	0.0000	−0.1200	0.0000	0.0000	0.1200
0.0100	1.8068	−0.0800	30.1570	133.0122	133.7728	0.0000	0.0000	−0.1200	0.0000	0.0000	0.1200
0.0150	1.9393	−0.0798	30.0659	132.6580	133.3190	0.0000	0.0000	−0.1200	0.0000	0.0000	0.1200
0.0200	2.0712	−0.0792	30.0439	132.6144	133.1738	0.0000	0.0000	−0.1300	0.0000	0.0000	0.1300
0.0250	2.2078	−0.0778	30.1256	133.0321	133.0321	0.0000	0.0000	−0.1300	0.0000	0.0000	0.1300
0.0300	2.3474	−0.0771	30.2520	133.6513	134.0033	0.0000	0.0000	−0.1300	0.0000	0.0000	0.1300
0.0350	2.4595	−0.0768	30.0130	132.6585	132.8937	0.0000	0.0000	−0.1200	0.0000	0.0000	0.1200
0.0400	2.6036	−0.0755	30.1880	133.4973	133.6261	0.0000	0.0000	−0.1200	0.0000	0.0000	0.1200

图 7.5a~b 为混合算法求得的所有平衡点的取值变化图，可以看到平衡点的纵向速度 v_x 取值均在 30m/s 附近。图 7.5c~d 为不同视角下的平衡点分岔图，红色"。"为稳定平衡点，蓝色和黑色"。"为不稳定平衡点。由上述结果及对系统等效平衡点的分析可知，在该组实验初始条件下，当前轮转向角的值小于 0.011rad 时，系统存在三个平衡点，其中一个为稳定的平衡点，另外两个为不稳定的平衡点。汽车左转与右转时平衡点的取值是相同的，只是符号相反。前轮转向角越大，平衡点越接近不稳定平衡点，即系统越不易稳定。当前轮转向角值大于 0.011rad 以后，系统的稳定平衡点和一个不稳定平衡点同时消失，只剩下一个不稳定平衡点，这意味着此时任何初始条件下系统都会失稳。

7.2.2　基于制动力矩变化的平衡点求解

当制动力矩作为系统的分岔参数时，同样地，需要将前轮转向角限定在某一恒定值。本组实验求解条件为：纵向速度初值 $v_x = 30$m/s，前轮转向角 $\delta_f = 0.015$rad，制动力矩 T_b 搜索范围为 0~504N·m，取值间隔为 10.08N·m（平衡点产生分岔处求解至 0.01N·m 数量级）。按照平衡点求解流程，在每次给定的制动力矩 T_b 下计算出相应的虚拟加速度 a_x，构建等效平衡状态，进而完成平衡点的求解。制动力矩平衡点分岔图如图 7.6 所示。三个平衡点的求解结果见表 7.4~表 7.6。

第7章 引入达朗贝尔原理的驾驶稳定区域求解

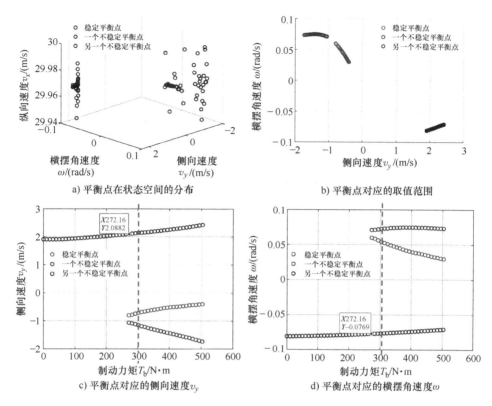

图 7.6 制动力矩平衡点分岔图（见彩插）

表 7.4 稳定平衡点（部分）

T_b /N·m	平衡点					系统状态变量变化率					适应值
	v_y /(m/s)	ω /(rad/s)	v_x /(m/s)	ω_f /(rad/s)	ω_r /(rad/s)	$\dot{v}_y$	$\dot{\omega}$	$\dot{v}_x$	$\dot{\omega}_f$	$\dot{\omega}_r$	
272.16	-0.8008	0.0600	29.9973	132.3378	132.5518	0.0000	0.0023	-0.0621	0.0001	0.0000	0.0646
322.56	-0.6604	0.0509	29.9670	129.5839	132.2900	0.0000	0.0000	-0.0452	0.0000	0.0000	0.0452
372.96	-0.5614	0.0435	29.9687	129.0988	132.1528	0.0000	0.0012	-0.0343	0.0004	0.0000	0.0359
423.36	-0.4939	0.0379	29.9494	128.4523	131.9026	0.0000	0.0000	-0.0270	0.0000	0.0000	0.0271
473.76	-0.4302	0.0325	29.9691	127.9211	131.8235	0.0000	0.0009	-0.0213	0.0000	0.0000	0.0222

表 7.5 一个不稳定平衡点（部分）

T_b /N·m	平衡点					系统状态变量变化率					适应值
	v_y /(m/s)	ω /(rad/s)	v_x /(m/s)	ω_f /(rad/s)	ω_r /(rad/s)	$\dot{v}_y$	$\dot{\omega}$	$\dot{v}_x$	$\dot{\omega}_f$	$\dot{\omega}_r$	
272.16	-1.0630	0.0709	29.9855	129.7561	132.2881	0.0000	0.0037	-0.0919	0.0000	0.0000	0.0956
322.56	-1.2107	0.0732	29.9939	128.9161	131.9043	0.0000	-0.0014	-0.1057	0.0000	0.0000	0.1071

(续)

T_b /N·m	平衡点					系统状态变量变化率					适应值
	v_y /(m/s)	ω /(rad/s)	v_x /(m/s)	ω_f /(rad/s)	ω_r /(rad/s)	$\dot{v}_y$	$\dot{\omega}$	$\dot{v}_x$	$\dot{\omega}_f$	$\dot{\omega}_r$	
372.96	-1.3626	0.0746	29.9676	127.8544	131.3307	0.0000	0.0001	-0.1188	0.0000	0.0000	0.1188
423.36	-1.4954	0.0745	29.9688	126.8547	130.8688	0.0000	0.0000	-0.1286	0.0000	0.0000	0.1286
473.76	-1.6361	0.0738	29.9702	125.7211	130.3674	0.0000	0.0000	-0.1378	0.0000	0.0000	0.1378

表7.6 另一个不稳定平衡点（部分）

T_b /N·m	平衡点					系统状态变量变化率					适应值
	v_y /(m/s)	ω /(rad/s)	v_x /(m/s)	ω_f /(rad/s)	ω_r /(rad/s)	$\dot{v}_y$	$\dot{\omega}$	$\dot{v}_x$	$\dot{\omega}_f$	$\dot{\omega}_r$	
60.48	1.9081	-0.0804	29.9688	132.8727	133.2487	0.0000	0.0000	-0.1343	0.0000	-0.0001	0.1345
120.96	1.9501	-0.0798	29.9851	131.9924	132.7804	0.0000	0.0000	-0.1367	0.0001	0.0000	0.1368
181.44	2.0027	-0.0789	29.9691	131.0290	132.1721	0.0000	0.0000	-0.1392	0.0000	0.0000	0.1392
241.92	2.0624	-0.0777	29.9596	130.1154	131.5962	0.0000	0.0000	-0.1414	0.0000	0.0001	0.1418
302.40	2.1372	-0.0765	29.9692	129.2572	131.0944	0.0000	-0.0030	-0.1452	0.0000	0.0000	0.1483
362.88	2.2020	-0.0749	29.9694	128.3242	130.5514	0.0000	0.0000	-0.1471	0.0000	0.0000	0.1471
423.36	2.2848	-0.0732	29.9698	127.2831	129.9736	0.0000	0.0000	-0.1499	0.0001	0.0000	0.1500
483.84	2.3826	-0.0714	29.9698	126.0794	129.3452	0.0000	0.0000	-0.1532	0.0000	0.0000	0.1532

图7.6a~b为混合算法求得的所有平衡点的取值变化图，可以看到平衡点的纵向速度v_x取值同样在30m/s附近。图7.6c~d为不同视角下的平衡点分岔图，红色"○"为稳定平衡点，蓝色和黑色"○"为不稳定平衡点。通过对系统等效平衡点的分析可知，当制动力矩T_b的值小于272.16N·m时，系统只存在一个不稳定的平衡点。随着制动力矩增加，系统越靠近稳定平衡点，即系统越容易稳定。当制动力矩T_b的值大于272.16N·m后，系统的另一个不稳定平衡点和稳定平衡点出现，即系统出现稳定状态。

经上述分析可以确定，随着制动力矩T_b的改变，汽车系统平衡点数发生变化实际上是一种典型的静态分岔现象。对于该现象，我们可以通过相平面图直观地看到平衡点数量的变化，如图7.7所示。多初值点实验初始条件为纵向速度v_x = 30m/s，前轮转向角$\delta_f = 0.015$rad，侧向速度取值范围v_y为-5~5m/s，取值间隔为1m/s；横摆角速度取值范围ω为-0.5~0.5rad/s，取值间隔为0.2rad/s。

当制动力矩T_b = 262.08N·m时，如图7.7a所示，系统只有一个不稳定的鞍点（根据平衡点周围的相轨迹流形可以判断为鞍点），左下角的小图中可以看到区域内的相轨迹是相连的。而当制动力矩T_b = 272.16N·m时，图7.7b左下角的小

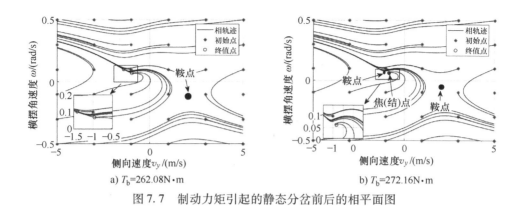

图 7.7　制动力矩引起的静态分岔前后的相平面图

图内相轨迹分离开来，出现了稳定的焦（结）点和另一个不稳定的鞍点，随着制动力矩增加，系统平衡点数量发生变化，意味着系统出现了静态分岔，这和图 7.6 中的平衡点分岔图保持一致，即系统的平衡点数量由一个变为三个，意味着系统从失稳状态过渡到稳定状态。

7.3　驾驶稳定区域求解

7.3.1　思路简介与求解流程

当驾驶人驾驶汽车或者是汽车自动驾驶的情况下，从驾驶人的使用角度（或自动驾驶的角度）来看，制动力矩和转向角都是汽车的驾驶输入，制动力的施加是通过成熟的液压制动机制或者是电制动机制，最终将制动力矩施加到车轮上。而转向角可以直接通过转向机构作用到车轮上，两者均直接影响驾驶的稳定性；从系统控制的角度来看，制动力矩和转向角在作为汽车系统的控制输入参数时，将直接影响汽车系统的输出，即运动状态的稳定性；而从非线性动力学的角度来看，当制动力矩和转向角作为分岔参数时，将直接影响系统的分岔特征，换句话说，在动力学范畴内，制动和转向存在各自的动力学稳定区域。

在汽车非线性动力学（控制）系统中，如果将制动和转向看作是分岔参数，并定义在制动和转向耦合作用下，使汽车系统的动力学特征发生相轨迹突变、等效平衡点个数变化或等效平衡点性质变化等分岔现象时，对应的二维分岔向量集合为分岔参数集。那么，由分岔参数集在制动力矩和转向角幅值空间中所确定的分岔边界线与坐标轴所围成的区域（前轮转向角 - 制动力矩），即汽车驾驶稳定区域。该驾驶稳定区域将区别于以往的由状态变量和控制参数组成的混合空间给出的分岔特性，而是由制动力矩和前轮转向角组成的纯粹的控制参数空间的分岔特性，这样的结果可以为前馈控制提供参考，将更有利于为控制策略的评价和安全辅助驾驶系统设计提供统一的动力学判据。

本节将在本研究团队之前对驱动转向稳定区域的研究基础上,为了直观应用于工程研究,继续应用系统输入参数(前轮转向角-制动力矩)所构建的二维分岔参数集(驾驶稳定区域)的思路,具体求解流程如图 7.8 所示。

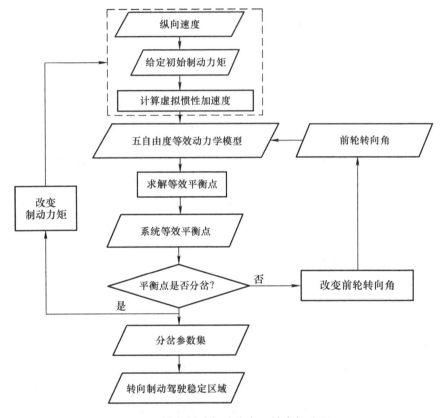

图 7.8 转向制动驾驶稳定区域求解流程

求解流程具体步骤及说明如下:

第一步,给定初始纵向速度输入,本节中设置初始纵向速度范围为 10~60m/s,步长为 10m/s。

第二步,给定初始制动力矩为 10.08N·m,此后每次循环按照给定的步长(本节中制动力矩步长为 10.08N·m)不断增加制动力矩,直到 604N·m,每次施加制动力矩后通过式(7-6)计算得到相对应的惯性加速度。

第三步,通过图 7.4 中的混合算法求解五自由度系统的等效平衡点,并按照静态分岔的定义判断是否是平衡点分岔,如果是,记录分岔点的前轮转向角值,并增加制动力矩继续求解等效系统平衡点;如果不是,继续搜寻平衡点数量变化时分岔点处的前轮转向角值。

第四步,最终得到给定初始纵向速度下的(前轮转向角-制动力矩)二维分岔参数集。

7.3.2 三维稳定空间区域

图7.9给出了经上述流程求解后,在给定速度下由前轮转向角和制动力矩所构成的二维分岔参数集,即转向制动稳定区域的边界,换言之,边界内的($\delta_f - T_b$)区域即稳定区域。

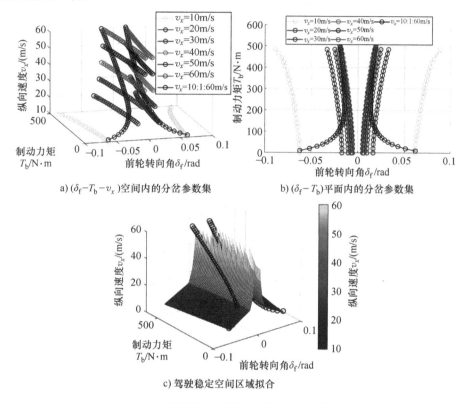

a) ($\delta_f - T_b - v_x$)空间内的分岔参数集　　b) ($\delta_f - T_b$)平面内的分岔参数集

c) 驾驶稳定空间区域拟合

图7.9　驾驶稳定区域求解结果（见彩插）

图7.9a~b中可清晰地观察到稳定区域的边界呈双曲线特征,随着速度的增大,稳定区域逐渐减小。尤其当纵向速度 $v_x = 10\text{m/s}$ 增加到 $v_x = 20\text{m/s}$ 时,稳定区域有很大幅度的缩小。当纵向速度 $v_x = 50\text{m/s}$ 增加到 $v_x = 60\text{m/s}$ 时,稳定区域变化不大,几乎重叠,只有小幅度的缩小。蓝色圆圈线是在不同的速度下求解的二维分岔参数集,可以看到在三维空间内穿过了六组给定速度下的稳定区域边界,从而相互证明了求解得到的数据的正确性。

图7.9b的投影图揭示了给定初始速度下的分岔参数(δ_f 和 T_b)之间的关系:当初始速度相同时,随着制动力矩的增大,分岔点处的前轮转向角值逐渐增大。这是因为制动力矩越大,系统的能量损耗越大,系统更趋向于稳定状态,此时要想出现分岔,就需要更大的转向角来激发系统的不稳定性。

当给定速度下的二维分岔参数集数据越来越多时,从理论上分析,转向制动稳定区域应该是两个对称的二维曲面和（$\delta_f - T_b - v_x$）三维坐标系所围成的三维空间。图 7.9c 是根据 $v_x = 10 \text{m/s}$ 到 $v_x = 60 \text{m/s}$ 的六组稳定区域边界数据拟合出的双曲面，即稳定区域的边界曲面。曲面插值方法采用 MATLAB 2022a 默认的"linear"方法，该方法基于三角剖分，支持二维插值和三维插值。图中蓝色圆圈线斜穿曲面而过，同样证明了所拟合双曲面的正确性。

7.3.3 驱/制动转向稳定区域对比

为进行驾驶稳定区域研究内容的衔接，本节选取上节中不同初始速度下的实验数据（深蓝色圆圈线数据）和前面的驱动转向驾驶稳定区域研究（驱动模式为前轮驱动）进行对比。所选取的驱动转向稳定区域边界和制动转向稳定区域边界数据见表 7.7。

表 7.7 驾驶稳定区域边界数据（部分）

纵向速度初值 /(m/s)	驱动转向			制动转向		
	驱动力矩 /N·m	前轮转向角分岔点1 /rad	前轮转向角分岔点2 /rad	制动力矩 /N·m	前轮转向角分岔点1 /rad	前轮转向角分岔点2 /rad
10	8.4721	-0.0603	0.0603	0.0000	-0.0620	0.0620
15	15.7540	-0.0272	0.0272	50.4000	-0.0328	0.0328
20	28.0071	-0.0165	0.0165	100.8000	-0.0203	0.0203
25	43.7611	-0.0121	0.0121	151.2000	-0.0152	0.0152
30	63.0159	-0.0102	0.0102	201.6000	-0.0138	0.0138
35	85.7717	-0.0096	0.0096	252.0000	-0.0136	0.0136
40	112.0283	-0.0097	0.0097	302.4000	-0.0140	0.0140
45	141.7858	-0.0103	0.0103	352.8000	-0.0148	0.0148
50	175.0442	-0.0112	0.0112	403.2000	-0.0159	0.0159
55	211.8035	-0.0118	0.0118	453.6000	-0.0174	0.0174
60	252.0637	-0.0116	0.0116	504.0000	-0.0192	0.0192

图 7.10a～c 分别给出了驱/制动转向驾驶稳定区域边界的（$\delta_f - T - v_x$）空间对比图、（$\delta_f - T$）平面对比图和将力矩统一为正值后（$\delta_f - T$）平面的对比图。在图 7.10a～b 中，按照力矩的施加方向，驱动力矩为正值，制动力矩为负值。在图 7.10c 中，为方便对比，将力矩统一为正值。

由图 7.10 可以看到，驱动转向驾驶稳定区域边界和制动转向驾驶稳定区域边界均呈双曲线特征分布，两者在（$\delta_f - T - v_x$）空间和（$\delta_f - T$）平面内基本对称。然而从图 7.10c 可以看到两者边界形状存在一定差异：在制动转向驾驶稳定区域边界（圆圈线），随着制动力矩的增加，前轮转向角分岔值先减小到某一值后开始增

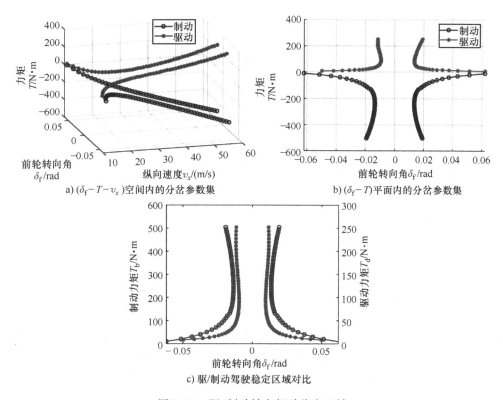

图 7.10 驱/制动转向驾驶稳定区域

大,曲线变化过程比较平滑;而在驱动转向驾驶稳定区域边界(星号线),随着驱动力矩的增加,前轮转向角分岔值先减小到某一值后开始增大,然后又会减小(双曲线的开口出现收缩趋势)。

在研究中发现,出现这种驾驶稳定区域边界的差异,可能是因为在建模时,驱/制动力矩的施加方式不同,前轮驱动具体施加方式为总力矩的70%施加到前轮,30%施加到后轮。在本章的制动转向研究中,虽然也是制动力矩70%施加到前轮,30%施加到后轮,但为了使前后轮在制动时最终同时抱死,从而充分利用路面附着力,在建模时考虑了式(6-5)的约束。在此约束下所能施加的最大制动力矩受到前后轮载荷和路面附着系数的限制,因此施加在前后轮的制动力矩各有阈值,这会对系统等效平衡点的求解造成一定的影响。

第 8 章　基于能量耗散理论的驾驶稳定区域验证

8.1　制动工况下的能量耗散过程分析

8.1.1　能量耗散理论简介

现有的经典力学体系中，有牛顿力学和分析力学两条主要分支。牛顿力学认为力是物体运动的原因，物体的运动规律必须满足牛顿第二定律，但必须通过受力分析来得到力和加速度之间的关系。分析力学又分为拉格朗日力学和哈密顿力学。前者认为拉格朗日函数可以完全代替牛顿力学中力的概念，物体运动规律应该满足拉格朗日函数。拉格朗日力学实际上是代数力学，它不需要受力分析，只需要给出拉格朗日函数，就能得到正确的运动规律。同时，拉格朗日函数甚至都不唯一。哈密顿力学认为，对于自然界无数条运动路线而言，物体只会选作用量最小的那条路径进行运动。由于本书基于包含力与加速度的动力学微分方程车辆模型，因此在牛顿力学的体系下进行功和能量的分析更为方便。

从能量的视角分析汽车平面运动系统可发现，由于轮胎和地面、空气阻力等因素，汽车系统与外界很明显存在着能量交换，因此会产生在行驶过程中的能量耗散。在研究非线性耗散系统时，研究系统能量的耗散过程十分必要。下面将以经典的整车非线性三自由度模型为例说明系统能量耗散的整体过程。三自由度转向模型示意图如图 8.1 所示。

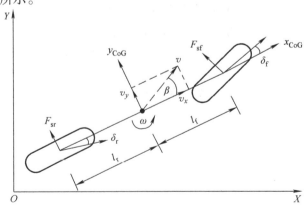

图 8.1　三自由度转向模型示意图

在三自由度汽车平面运动非线性系统中,因为没有驱动或制动力矩的输入,所以没有外部的能量输入。汽车系统受到初始的运动条件扰动后,只存在轮胎与地面相互作用过程中产生的能量耗散,经过一段时间的能量耗散,直到规定的时间,此过程中的耗散能量之和称为总耗散能量。

由图 8.2 所示的三自由度模型能量流分析可知,耗散能量既可以根据轮胎侧向力做功计算,也可以根据初始能量和终止能量之差计算。为简单清晰计算耗散能量,下面通过初始和终止时刻的能量差来进行计算过程说明。根据功能原理,三自由度模型耗散能量的简化计算公式如下:

$$U = -\Delta E = E_0 - E_1 \tag{8-1}$$

$$E_0 = \frac{1}{2}mv_{x0}^2 + \frac{1}{2}mv_{y0}^2 + \frac{1}{2}I_z\omega_0^2 \tag{8-2}$$

$$E_1 = \frac{1}{2}mv_{x1}^2 + \frac{1}{2}mv_{y1}^2 + \frac{1}{2}I_z\omega_1^2 \tag{8-3}$$

式中,E_0 和 E_1 分别为车辆平面运动的初始时刻能量和终止时刻能量;v_{x0}、v_{y0}、ω_0 分别为车辆仿真初始时刻的纵向速度、侧向速度与横摆角速度;v_{x1}、v_{y1}、ω_1 分别为车辆仿真终止时刻的纵向速度、侧向速度与横摆角速度。

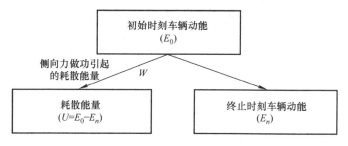

图 8.2 三自由度模型能量流分析

8.1.2 五自由度等效系统的驾驶稳定区域

类比三自由度汽车系统,制动力矩的介入使得汽车系统与外界发生了能量的交换。五自由度制动系统的能量流分析如下:

1)制动力矩对车轮做功,阻碍车轮的正向转动。在此过程中,车轮转动导致自身动能 E_{wheel} 的变化。

2)车轮转动中伴随着由轮胎纵向滑移引起的能量耗散。

3)由轮胎和地面间的纵向滑移产生的纵向力反作用于车轮,推动车辆前行,导致车身和车轮的平动与横摆,引起车身及车轮的纵向平动动能、侧向平动动能及横摆动能之和 E_{body} 的变化。

4)在此过程中,侧向力是对车辆侧偏运动的阻碍而做负功。

5)空气阻力总是与车辆的运动方向相反而做负功,故此过程伴随着能量耗散。

制动工况下汽车系统的能量耗散过程如图 8.3 所示。整体可以分为两个部分：第一部分为轮胎纵向滑移所引起的车轮转动能量耗散 ΔE_1。

汽车在给定的纵向速度下分别对前后轮施加制动力矩后，轮胎和地面会产生纵向滑移，由此产生的纵向力反作用于车轮，阻碍汽车前行，此时制动力矩的作用会引起车轮自身转动动能 E_{wheel} 的减少。

第二部分是轮胎和地面间的侧偏特性产生的车轮侧向滑移做功引起的能量耗散 ΔE_2 与空气阻力和滚动阻力做功引起的能量耗散 ΔE_3。

轮胎侧向力以及空气阻力共同作用于汽车整车，引起车身的侧向平动动能及横摆动能之和 E_{body} 的变化。

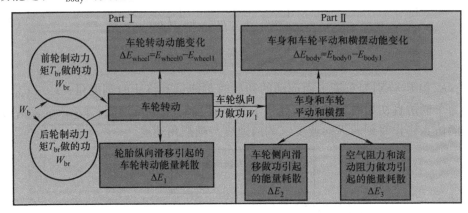

图 8.3 制动工况下汽车系统的能量耗散过程

根据上述分析，结合功能原理，则有

$$W_b + \Delta E_1 + \Delta E_2 + \Delta E_3 = (E_{\text{wheel1}} + E_{\text{body1}}) - (E_{\text{wheel0}} + E_{\text{body0}}) \quad (8\text{-}4)$$

式中，W_b 为制动力矩所做的功；E_{wheel0} 为仿真初始时刻的车身转动动能；E_{wheel1} 为仿真结束时刻的车身转动动能；E_{body0} 为仿真初始时刻的车身的侧向平动动能及横摆动能之和；E_{body1} 为仿真结束时刻的车身的侧向平动动能及横摆动能之和。

汽车系统的总耗散能 ΔE 可计算为

$$\Delta E = \Delta E_1 + \Delta E_2 + \Delta E_3 = (E_{\text{wheel1}} + E_{\text{body1}}) - (E_{\text{wheel0}} + E_{\text{body0}}) - W_b \quad (8\text{-}5)$$

为了便于展示计算结果，将耗散能的计算取为正值，则耗散能的计算表达式进一步细化为

$$\begin{aligned}
\Delta E &= W_b + (E_{\text{wheel0}} + E_{\text{body0}}) - (E_{\text{wheel1}} + E_{\text{body1}}) \\
&= \int_{t_0}^{t_1} (T_{\text{bf}}\omega_f + T_{\text{br}}\omega_r)\,\mathrm{d}t + \left(\frac{1}{2}mv_{x0}^2 + \frac{1}{2}mv_{y0}^2 + \right. \\
&\quad \left. \frac{1}{2}\omega_0^2 I_z^2 + \frac{1}{2}J\omega_{f0}^2 + \frac{1}{2}J\omega_{r0}^2\right) - \left(\frac{1}{2}mv_{x1}^2 + \frac{1}{2}mv_{y1}^2 + \right. \\
&\quad \left. \frac{1}{2}\omega_1^2 I_z^2 + \frac{1}{2}J\omega_{f1}^2 + \frac{1}{2}J\omega_{r1}^2\right) \quad (8\text{-}6)
\end{aligned}$$

式中，ω_f、ω_r 分别为前后车轮角速度；v_{x0}、v_{y0}、ω_0、ω_{f0}、ω_{r0} 分别为仿真初始时刻的纵向速度、侧向速度、横摆角速度、前轮角速度及后轮角速度；v_{x1}、v_{y1}、ω_1、ω_{f1}、ω_{r1} 分别为仿真结束时刻的纵向速度、侧向速度、横摆角速度、前轮角速度及后轮角速度。

8.2 基于能量耗散理论的驾驶稳定区域求解

8.2.1 五自由度等效系统的驾驶稳定区域

本节仿真实验求解条件为：初始纵向速度分别为 $v_x = 30\text{m/s}$ 和 $v_x = 50\text{m/s}$，前轮转向角 δ_f 求解范围分别为 $-0.03 \sim 0.03\text{rad}$，$-0.02 \sim 0.02\text{rad}$，步长为 0.0005rad；制动力矩 T_b 求解范围为 $0 \sim 504\text{N}\cdot\text{m}$，求解步长为 $10.08\text{N}\cdot\text{m}$。仿真时间为 10s。

图 8.4 所示给出了施加虚拟力的系统能量耗散图和投影图，以及和分岔法得到的稳定区域边界对比。图 8.4a、c 可以发现两组初始速度下的系统能量耗散有正值，有负值，且随着速度的增加，能量耗散越大。出现负值是因为虚拟力做正功，能量增加，但不影响能量分层的分布趋势：蓝色部分能量耗散较低，形似梯形，为

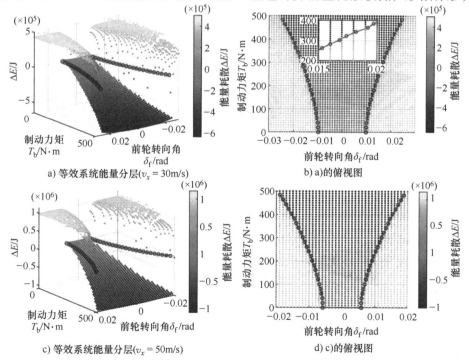

图 8.4 中高速下的等效系统驾驶稳定区域和平衡点分岔法稳定区域边界对比（见彩插）

转向制动稳定区域；黄色部分能量耗散较高，呈光滑曲面分布趋势，沿 $\delta_f = 0$ 的平面对称分布，为转向制动失稳区域。图 8.4b、d 将能量耗散法求得的稳定区域边界线（蓝色部分和黄色部分的边界线）与分岔法得到的边界（红色圆圈线）进行对比。可以看到两者几乎吻合，在图 8.4b 的小图中观察到红色圆圈线正好穿过了黄色和蓝色的能量点，从而通过能量耗散法对等效平衡点分岔法所求解的驾驶稳定区域边界进行了验证。

8.2.2　五自由度原系统的驾驶稳定区域

本书为了沿用经典的分岔分析方法研究转向制动下的稳定区域，在原有系统中加入了虚拟力转化为等效系统。但由于加入虚拟力后的等效系统在一定程度上改变了原有系统的动力学特性，因此接下来将通过能量耗散法继续计算原系统的制动稳定区域。

图 8.5 给出了未施加虚拟力的系统能量耗散示意图和投影图，同样和平衡点分岔法得到的稳定区域边界对比，求解实验条件同上组实验。由图 8.5 可以看到，系统没有了虚拟力的外部输入，能量耗散均为正值，符合理论分析。所有初值点对应的能量耗散同样呈明显的分层分布：黄色部分能量耗散较低，形似梯形，为转向制

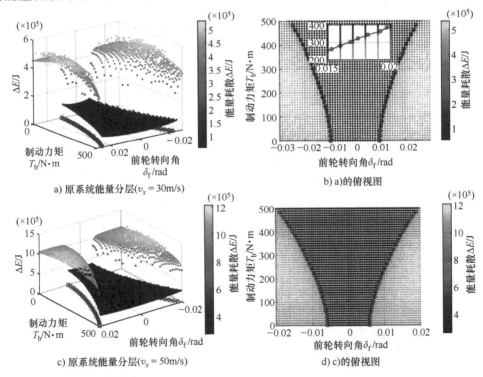

图 8.5　中高速下的原系统驾驶稳定区域和平衡点分岔法稳定区域边界对比（见彩插）

动稳定区域；蓝色部分能量耗散较高，呈光滑曲面分布趋势，沿 $\delta_f = 0$ 的平面对称分布，为转向制动失稳区域。

在能量耗散稳定区域边界（蓝色能量区域和黄色能量区域的边界线，较加入虚拟力的系统更为清晰），可以在小图中看到两个边界仍然是基本吻合（分岔法边界稍微大一点），证明了在该速度下加入虚拟力后的系统和未施加虚拟力系统的转向制动稳定区域基本一致。也就是说在中高速下，虚拟力的施加对系统驾驶稳定区域的整体区域影响不大，所以可以用等效系统的驾驶稳定区域来等效代替原系统的真实驾驶稳定区域。

8.3 低速下的驾驶稳定区域差异分析

本节将初始纵向速度设定为 $v_x = 10\text{m/s}$，从而进行驾驶稳定区域的对比，条件设置同上一节中的两组实验。

由图 8.6a~b 可以发现，该初始速度下的系统能量耗散有正值，有负值，出现负值是因为虚拟力做正功，能量增加，但不影响能量的分层分布趋势：蓝色渐变色部分能量耗散较低，仍然形似梯形，为转向制动稳定区域；黄色部分能量耗散较

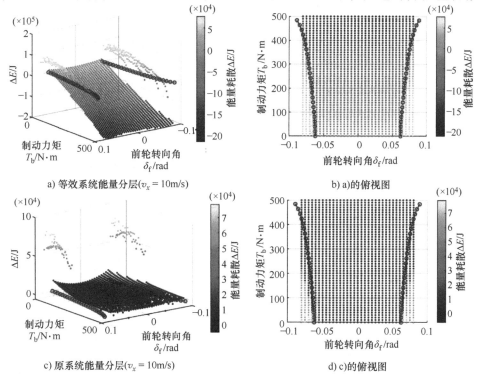

图 8.6 低速下的驾驶稳定区域对比和平衡点分岔法稳定区域边界对比（见彩插）

高，呈散点分布趋势，沿 $\delta_f = 0$ 的平面对称分布，为转向制动失稳区域。当三维空间图投影到 $\delta_f - T_b$ 平面内时，可以看到分岔法的求解的红色圆圈线仍然穿过了能量耗散的稳定区域边界。

取消虚拟力的输入后，图 8.6c~d 中可以看到，系统能量耗散均变为正值，且蓝色加深，表明能量点更密集集中。和 5.2 节现象不同的是，能量法的边界会明显大于分岔法求得的边界。

无虚拟力施加的情况下，理论分析可知，位于分岔边界曲线外的蓝色能量点据判断有可能是因为汽车在制动力矩的作用下很快便停止了。为进一步分析低速下两种方法求解得到的驾驶稳定区域差异，下面将通过取初值点来进行试验，为不失一般性，左转右转均取试验点，三个试验具体试验点颜色均不同，分别为蓝色、绿色和黄色，如图 8.7a 所示。

通过状态变量的时间序列和车身姿态图判断，蓝色能量点代表的初值点状态一直稳定，而绿色能量点和黄色能量点代表的初值点状态变量均出现了大幅度的波动，甚至出现了负值。车身姿态图中车身的激转表明汽车处于剧烈失稳状态。

图 8.7 的结果表明了低速下使用能量耗散法来区分原系统状态的正确性。同时

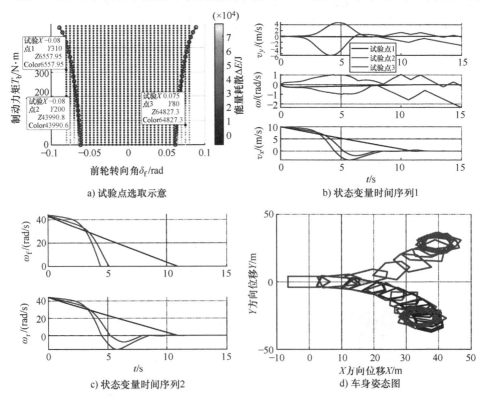

图 8.7 试验点取集与分析（见彩插）

通过取点分析，也证明了在低速下，虚拟力的施加对系统驾驶稳定区域的整体区域影响较大，可能会显著缩小系统的驾驶稳定区域。低速时引起两种方式计算结果差异性的主要原因为虚拟力的施加在高速时对系统的稳定性影响不大，但在低速下会显著缩小系统的稳定区域，因此出现差异后应该以能量法的稳定域为准。从控制器设计的角度来说，仍然可以用等效系统的驾驶稳定区域来代替原系统的真实驾驶稳定区域，因为从低附着路面的控制安全性的角度来说，极限工况下更保守的稳定区域也是控制器设计开发所必须考虑的。

第 9 章　轮胎力有理函数表达方程

9.1　引言

现代汽车操纵稳定性控制系统中，对于汽车系统的准确计算能力要求正在逐渐提高。同时，在汽车控制系统的在线与离线应用过程中，系统模型的准确性很大程度上取决于轮胎与地面的接触模型，也即轮胎模型。精炼的轮胎模型不仅能够对汽车系统轮胎力进行准确表达，而且能够降低处理某些特定问题（如求解"稳定区域"）所带来的复杂计算难度，本节拟基于标准参考轮胎模型获取数据，通过拟合建立轮胎力的有理函数表达形式，以便于求解后面由较复杂的轮胎力表达形式带来的特殊难度运算问题。

9.1.1　标准参考轮胎模型

标准参考轮胎模型的选取，要求必须提供适当准确的轮胎力预测，以及伴随着汽车行进速度、行进位置的改变，轮胎模型仍能体现出高度统一的应用一致性；此外，极端行驶条件下，如胎体的接触形变、滑水现象、附着滑移等，常规的线性轮胎模型已不足以表达轮胎的非线性特性，因此，完整的轮胎模型仍必须能够表达出汽车在特殊行驶条件下，轮胎所呈现出的强非线性复杂力学特征。

长久以来，世界各地的研究人员对于轮胎模型做了大量的相关性研究，应用较为广泛的有 Pacejka 教授所提出的魔术公式（MF）轮胎模型、Gim 的轮胎模型、郭孔辉教授的半经验 Unityre 轮胎模型以及 Fiala 轮胎模型等。其中魔术公式轮胎模型拟合精度较高，且对汽车行驶在极端条件下轮胎所表现出的强非线性特性表达较为准确。因此，本书将魔术公式作为基础模型进行轮胎力数据运算，为后续的有理函数轮胎力表达形式拟合做数据工作支撑。

魔术公式计算形式见式（9-1）。

$$F = D\sin\{C\arctan[Bx - E(Bx - \arctan Bx)]\} \tag{9-1}$$

式中，B 为刚度因子；C 为形状因子；D 为刚度因子；E 为曲率因子；当自变量 x 为汽车轮胎的侧偏角时，F 为轮胎稳态侧向力；当自变量 x 为汽车轮胎的滑移率时，F 为轮胎稳态纵向力。

式（9-1）中，当自变量 x 为滑移率或侧偏角时，魔术公式只能求得纯滑移特性变化的纵向力或侧向力，而汽车在实际行驶过程中，轮胎纵向力与侧向力特性之间存在相互影响的横纵耦合关系，即轮胎的混合滑移特性，其计算关系为

$$\begin{cases} F_{\text{lf}} = F_{\text{lf0}} G_x \\ F_{\text{lr}} = F_{\text{lr0}} G_x \\ G_x = \cos\{\arctan[B_{g,x}(\alpha)\alpha]\} \\ B_{g,x}(\alpha) = r_{x,1}\cos[\arctan(r_{x,2}k)] \\ F_{\text{sf}} = F_{\text{sf0}} G_y \\ F_{\text{sr}} = F_{\text{sr0}} G_y \\ G_y = \cos\{\arctan[B_{g,x}(k)k]\} \\ B_{g,y}(k) = r_{y,1}\cos[\arctan(r_{y,2}\alpha)] \end{cases} \quad (9\text{-}2)$$

式中，α 为轮胎侧偏角；k 为纵向滑移率；G_x、G_y 为轮胎力混合滑移修正系数；F_{lf0}、F_{sf0} 分别为稳态下纯滑移前轮纵向力与侧向力；F_{lr0}、F_{sr0} 分别为稳态下纯滑移后轮纵向力与侧向力，可由式（9-1）计算得出；$r_{x,1}$、$r_{x,2}$、$r_{y,1}$、$r_{y,2}$ 则为轮胎混合滑移修正系数，取值见表 9.1。

表 9.1 轮胎混合滑移修正系数

纵向滑移系数		侧向滑移系数	
$r_{x,1}$	$r_{x,2}$	$r_{y,1}$	$r_{y,2}$
35	40	40	35

后面将讨论不同汽车操纵稳定性模型在极端运动条件下所体现的非线性动力学特征，因此将在低附着路面条件下展开问题分析，低附着路面条件下轮胎力参数见表 9.2。

表 9.2 低附着路面条件下轮胎力参数

侧/纵向力	前/后轮	B	C	D	E
侧向力	前轮	11.275	1.56	2574.7	-1.999
	后轮	18.631	1.56	1749.7	-1.7908
纵向力	前轮	11.275	1.56	2574.8	0.4109
	后轮	18.631	1.56	1749.6	0.4108

9.1.2 轮胎力有理函数方程拟合

汽车系统动力学建模中，魔术公式轮胎力模型应用较为广泛，但由于魔术公式即式（9-1）中含有较多的复杂非线性三角函数项，给某些问题的解析分析增添了难度，相关文献中采用有理函数的形式进行了轮胎力的表达，并进行了复杂的汽车系统状态稳定区域问题求解。本书中，同样采用有理函数的轮胎力表达方式，基本形式见式（9-3）。

$$F = \frac{p_1 x^4 + p_2 x^3 + p_3 x^2 + p_4 x + p_5}{q_1 x^4 + q_2 x^3 + q_3 x^2 + q_4 x + q_5} \quad (9\text{-}3)$$

式中，F 为混合滑移、纯滑移状态条件下的轮胎纵向力或侧向力；x 为滑移率或侧偏角；$p_1 \sim p_5$、$q_1 \sim q_5$ 分别为分子、分母上的常系数。

1. CFTOOL 曲线拟合工具箱拟合

为了求取多种状态下轮胎力的准确表达形式，基于上述标准参考魔术公式轮胎力模型，获取变量为滑移率或侧偏角所对应的纵向力、侧向力数据，以混合滑移前轮侧向力为例，侧偏角 α_f 的取值范围为 $-0.4 \sim 0.4 \text{rad}$，取值间隔为 0.02rad，结合式（9-1）、式（9-2），可求得混合滑移前轮侧向力，见表 9.3。

表 9.3 混合滑移前轮侧向力

α_f	F_{sf}	α_f	F_{sf}	α_f	F_{sf}	α_f	F_{sf}
-0.4	-1258.52644	-0.18	-1510.98665	0.04	1257.68836	0.26	1370.19203
-0.38	-1269.14386	-0.16	-1563.03475	0.06	1588.50981	0.28	1347.03157
-0.36	-1281.04260	-0.14	-1622.13876	0.08	1724.11329	0.3	1327.04554
-0.34	-1294.45528	-0.12	-1683.47547	0.1	1730.99371	0.32	1309.66995
-0.32	-1309.66995	-0.1	-1730.99371	0.12	1683.47547	0.34	1294.45528
-0.3	-1327.04554	-0.08	-1724.11329	0.14	1622.13876	0.36	1281.04260
-0.28	-1347.03157	-0.06	-1588.50981	0.16	1563.03475	0.38	1269.14386
-0.26	-1370.19203	-0.04	-1257.68836	0.18	1510.98665	0.4	1258.52664
-0.24	-1397.23190	-0.02	-752.51443	0.2	1466.57584		
-0.22	-1429.01859	0	0	0.22	1429.01859		
-0.2	-1466.57584	0.02	752.51443	0.24	1397.23190		

注：表中 α_f 为前轮侧偏角，F_{sf} 为混合滑移前轮侧向力。

通过 MATLAB 平台中 CFTOOL 曲线拟合工具箱进行有理函数轮胎力表达式拟合。该工具箱操作简单、功能强大，内置丰富的拟合算法，能实现多种如"高斯逼近""多项式逼近""有理函数逼近""正弦和逼近"等形式的线性、非线性函数拟合。

基于 MATLAB 平台中 CFTOOL 曲线拟合工具箱，对表 9.3 中轮胎力数据进行有理函数表达形式拟合，CFTOOL 函数拟合界面如图 9.1 所示。

图 9.1 所示的信息即直观角度拟合精度较高的结果，其中图像部分黑点为通过式（9-1）、式（9-2）获取的（α_f, F_{sf}）数据点集合，蓝色实线则为拟合后的有理函数轮胎力方程表达式图线；红色实线框选部分为系数求解结果区，紫色虚线框选部分为拟合精度指标值结果区，拟合精度指标值中 SSE（误差平方和）与 R - square（确定系数）是反映拟合精度高低的重要评价标准。通常认为当 R - square 的值无限接近于 1 时，变量对于期望值的解释能力越强，拟合精度越好，SSE 的计

第9章 轮胎力有理函数表达方程

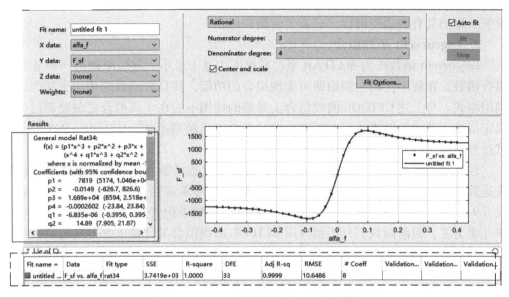

图9.1 CFTOOL 函数拟合界面（见彩插）

算原理见式（9-4），通过分析可知，当 SSE 的值越小，代表拟合精度越高。

$$\text{SSE} = \sum_{i=1}^{n}(y_i - \hat{y}_i)^2 \tag{9-4}$$

式中，SSE 为误差平方和；y_i 为拟合轮胎力值；$\hat{y}_i$ 为原数据点集合中轮胎力值；n 为数据点集合组数。

上述混合滑移前轮侧向力的拟合结果中显示 SSE 的值近似为 3742，拟合数据点集合为 41 组，因此拟合偏差的平均值为

$$\overline{y-\hat{y}} = \sqrt{\frac{3742}{41}} \approx 9.55$$

同时轮胎力拟合结果表达量纲为 500，偏差与量纲的比值数量级为 $\frac{1}{10^2}$，可以分析知晓此时偏差量较小，拟合精度较高。

需要说明的是，将红色实线框选结果区的求解系数结果代入式（9-3）中，结合数据比较验证拟合精度，图9.2 所示的验证结果并不成立，拟合精度极差。通过进一步分析，CFTOOL 曲线拟合工具箱在拟合的同时会对数值做"归一化"处理，因此拟合得到的求解结果系数并不能够直接代入式（9-3）中作为轮胎力的最终表达，但

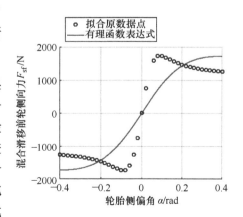

图9.2 CFTOOL 拟合验证结果

求解结果仍具有表达逻辑性,只需要转换即可。

2. Lsqcurvefit 函数拟合

Lsqcurvefit 函数作为 MATLAB 平台数据库中基于最小二乘法原理的一种非线性拟合函数,在程序代码中调用即可实现拟合的功能,并且该函数的使用有其固定的调用格式。与上述 CFTOOL 曲线拟合工具箱的使用不同在于其拟合之前要通过分析确定拟合表达式的形式,而 CFTOOL 曲线拟合工具箱则不然,CFTOOL 是在手动调试过程中探寻到最合理的表达式形式。

较为难以解决的是 Lsqcurvefit 函数的使用前提必须要为待求解的系数组赋予包含运算逻辑的初值,在初值基础之上遍历解析最终求解到合理的系数结果。由于式(9-3)中,待求解表达式系数较多,手动尝试赋予包含运算逻辑的初值成功概率几乎为零,但前面我们分析到应用 CFTOOL 曲线拟合工具箱求解得到的系数虽然是经过数值"归一化"处理之后求得的结果,但其仍旧包含轮胎力表达的运算逻辑。因此,首先应用 CFTOOL 曲线拟合工具箱拟合,并确定轮胎力有理函数的表达形式,进而尝试将所求的结果作为 Lsqcurvefit 函数的初值,进行最终拟合表达式系数的精确求解。

图 9.3 所示为 CFTOOL + Lsqcurvefit 组合方法拟合下的验证结果,很明显这种组合的拟合方式拟合精度较高,能够获取以魔术公式为标准参考模型的有理函数轮胎力精准表达。

对于轮胎力学有理函数表达方程的 CFTOOL + Lsqcurvefit 组合拟合流程如图 9.4 所示。

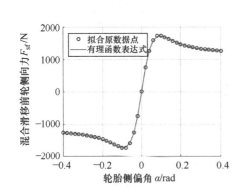

图 9.3 CFTOOL + Lsqcurvefit 组合方法拟合下的验证结果

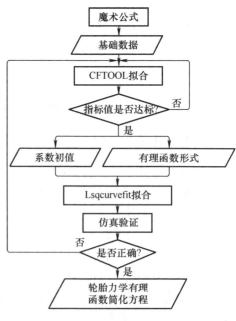

图 9.4 CFTOOL + Lsqcurvefit 组合拟合流程

设定侧偏角 α 的取值范围为 $-0.4 \sim 0.4\text{rad}$，取值间隔为 0.02rad；滑移率 k 的取值范围为 $-0.4 \sim 0.4$，取值间隔为 0.02，按照图 9.4 中拟合流程，分别对混合滑移、纯滑移状态下前后车轮纵向力、侧向力的轮胎力学有理函数简化方程表达式中表达系数进行求解，拟合系数求解结果见表 9.4 ~ 表 9.11。

表 9.4　混合滑移前轮纵向力

p_1	p_2	p_3	p_4	p_5	R-square
0	1156.754475	-0.000301	35.204501	0	0.9999
q_1	q_2	q_3	q_4	q_5	SSE
1	0	0.149382	0	0.000946	1209.3

表 9.5　混合滑移后轮纵向力

p_1	p_2	p_3	p_4	p_5	R-square
0.018742	658.531869	0.002444	14.181885	0	0.9999
q_1	q_2	q_3	q_4	q_5	SSE
1	0.000011	0.113606	0	0.000336	1054.8

表 9.6　混合滑移前轮侧向力

p_1	p_2	p_3	p_4	p_5	R-square
0	1873.321853	-0.00032	232.201407	0	0.9998
q_1	q_2	q_3	q_4	q_5	SSE
1	0.000001	0.854654	0	0.005952	3741.9

表 9.7　混合滑移后轮侧向力

p_1	p_2	p_3	p_4	p_5	R-square
0	641.957238	-0.000015	26.392526	0	0.9999
q_1	q_2	q_3	q_4	q_5	SSE
1	0	0.237969	0	0.00055	609.9

表 9.8　纯滑移前轮纵向力

p_1	p_2	p_3	p_4	p_5	R-square
0	1670.599320	-0.000268	72.930671	0	1
q_1	q_2	q_3	q_4	q_5	SSE
1	0	0.192094	0	0.001652	342.4

表 9.9　纯滑移后轮纵向力

p_1	p_2	p_3	p_4	p_5	R-square
-0.767910	9301.109183	-0.122450	262.799699	-0.000018	0.9995
q_1	q_2	q_3	q_4	q_5	SSE
1	-0.000380	1.385498	-0.000004	0.005505	8100

表 9.10 纯滑移前轮侧向力

p_1	p_2	p_3	p_4	p_5	R-square
-0.036428	2224.740392	0.004767	456.939099	0.000005	0.9998
q_1	q_2	q_3	q_4	q_5	SSE
0	0	1	0	0.008871	2958.6

表 9.11 纯滑移后轮侧向力

p_1	p_2	p_3	p_4	p_5	R-square
0.919826	1110.296579	0.114928	57.171781	0.000010	0.9999
q_1	q_2	q_3	q_4	q_5	SSE
1	0.000502	0.312297	0.000003	0.000994	1068.7

9.1.3 仿真验证

基于标准参考魔术公式轮胎力模型获取轮胎力数据，分别将混合滑移、纯滑移状态下前后车轮纵向力、侧向力进行了轮胎力学有理函数方程表达式的拟合求解，并已经对混合滑移前轮侧向力进行了基础验证。为不失一般性，以所拟合求解的纯滑移轮胎力表达为验证对象，在汽车操纵稳定动力学模型中，进一步验证其准确性。

图 9.5 所示为一定控制条件下，汽车操纵稳定性动力学中汽车侧向速度与横摆角速度集成的局部相平面图，蓝色实线代表基于标准参考魔术公式轮胎力模型表达轮胎力时的系统走势；红色虚线则代表轮胎力表达选用所拟合的纯滑移状态下有理函数轮胎力模型的系统走势。对比仿真结果可知，两种图线能够保持高度吻合，也即代表所拟合的纯滑移状态下有理函数轮胎力模型对于标准参考魔术公式轮胎力模型具有良好的力学特性跟随能力，间接说明拟合精度较高，有理函数轮胎力模型表达较为精确。

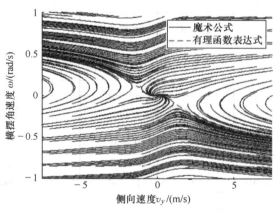

图 9.5 汽车侧向速度与横摆角速度集成的局部相平面图（见彩插）

图9.6所示为纯滑移（侧偏角取0rad）与混合滑移（侧偏角取0.1rad）状态条件下纵向力随滑移率变化的对比图。图9.7所示为纯滑移（滑移率取0）与混合滑移（滑移率取0.15）状态条件下侧向力随侧偏角变化的对比图。依据图9.6、图9.7所显示的结果可以分析得出，汽车行驶在地面上时，混合滑移状态分析条件下地面所能够提供给轮胎的纵向力、侧向力在非线性区域均小于纯滑移状态分析条件下的数值，说明混合滑移状态分析条件下，纵向力与侧向力具有相互影响关系，符合"附着椭圆"关系，再一次验证了所拟合的纯滑移、混合滑移状态条件下的轮胎力学有理函数方程表达式求解的正确性。

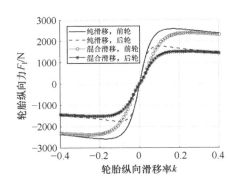

图9.6 纯滑移与混合滑移状态条件下纵向力随滑移率变化的对比图

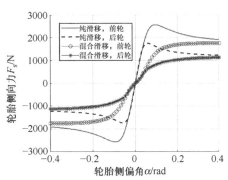

图9.7 纯滑移与混合滑移状态条件下侧向力随侧偏角变化的对比图

9.2 轮胎力有理函数方程适用性验证

为验证表达方程求解准确性以及在不同汽车操纵稳定性模型中的普遍适用性，将轮胎力有理函数方程分别引入到二自由度、三自由度、五自由度模型中，选取工况进行针对系统状态变量特性变化、轮胎力特性变化的验证分析。

9.2.1 基于二自由度模型的适用性验证

轮胎力有理函数表达方程在二自由度模型中适用性的仿真验证工况为：纵向速度 $v_x = 25\text{m/s}$，侧向速度 $v_y = 0\text{m/s}$，横摆角速度 $\omega = 0\text{rad/s}$，前轮转向角输入满足正弦变化特征，即 $\delta_f = A\sin(2\pi f t)\text{rad}$，其中幅值 A 分别取 0.02rad 与 0.04rad，变化频率 f 为 0.4Hz。

图9.8~图9.11为当前轮转向角输入满足正弦特征变化，幅值分别为0.02rad与0.04rad时二自由度模型的系统状态变量变化、前轮转向角输入变化以及轮胎力分布变化对比。比较分析能够发现，当转向角幅值较小时，系统状态变量侧向速度、横摆角速度在小范围内波动，呈规律性往复变化，汽车能够保持稳定行驶，轮胎力完全分布在线性区域；转向角幅值较大时则不然，状态变量急剧增大，汽车发

生失稳、激转等行为,轮胎力也随即向非线性区域过渡。对不同转向角输入条件下的二自由度模型状态特性变化、轮胎力变化进行分析,说明了轮胎力有理函数表达方程在二自由度模型中具有良好的适用性。但由于纵向速度恒定这一严格性的假设,无法分析纵向速度变化对于汽车系统变化特征的影响,这是二自由度模型的局限所在。

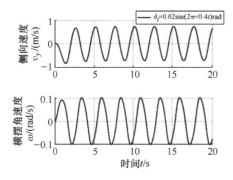

图 9.8 二自由度模型转向角输入幅值为 0.02rad 时系统状态变量变化

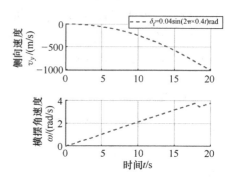

图 9.9 二自由度模型转向角输入幅值为 0.04rad 时系统状态变量变化

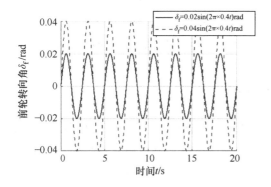

图 9.10 二自由度模型前轮转向角输入

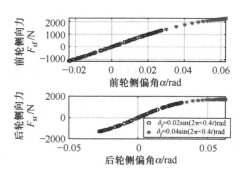

图 9.11 二自由度模型前后轮侧向力与侧偏角分布

9.2.2 基于三自由度模型的适用性验证

轮胎力有理函数表达方程在三自由度模型中适用性的仿真验证工况为：纵向速度初值 v_x 为 25m/s 或 35m/s,侧向速度 $v_y = 0$m/s,横摆角速度 $\omega = 0$rad/s,前轮转向角输入仍满足正弦变化特征,即 $\delta_f = A\sin(2\pi f t)$ rad,其中幅值 A 取 0.02rad,变化频率 f 为 0.4Hz。

图 9.12 ~ 图 9.14 分别给出的是三自由度模型中保持相同的前轮转向角输入条件,改变纵向速度初值输入,状态变量（侧向速度、横摆角速度、纵向速度）变

化的对比结果，图 9.15 则为两种初值条件下轮胎力变化特性对比。三自由度模型突破了二自由度模型中纵向速度恒定不变的假设，依据状态变量变化对比分析、轮胎力对比分析不难发现，纵向速度的改变可引起汽车系统稳定性质的变化，也即高速运行工况下轻度转向就会容易引起失稳状态的发生。其中，稳定行驶条件下轮胎力分布在线性区域，失稳行驶条件下轮胎力则分布在非线性区域，进一步验证了轮胎力有理函数表达方程在三自由度模型中的普遍适用性。

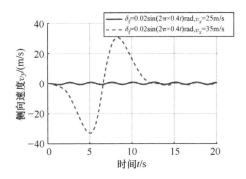

图 9.12 三自由度模型侧向速度对比

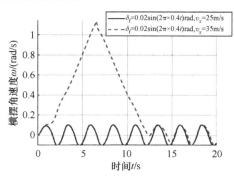

图 9.13 三自由度模型横摆角速度对比

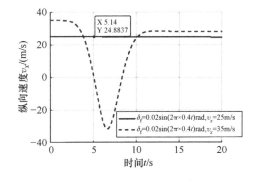

图 9.14 三自由度模型纵向速度对比

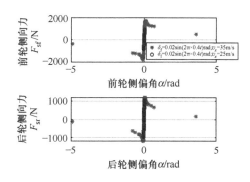

图 9.15 三自由度模型前后轮侧向力与侧偏角分布

9.2.3 基于五自由度模型的适用性验证

轮胎力有理函数表达方程在五自由度模型中适用性的仿真验证工况为：以前轮驱动为例（驱动力矩全部施加在前轮），纵向速度初值 $v_x = 35\text{m/s}$，侧向速度 $v_y = 0\text{m/s}$，横摆角速度 $\omega = 0\text{rad/s}$，前轮转向角输入仍满足正弦变化特征，即 $\delta_f = A\sin(2\pi ft)\text{rad}$，其中幅值 A 取 0.02rad，变化频率 f 为 0.4Hz，驱动力矩 T_d 施加大小分别为 140N·m 与 70N·m。

五自由度模型将前后车轮转动动力学引入到操纵稳定性模型中，同时考虑到了汽车行驶中的空气阻力对系统的影响。

图 9.16~图 9.18 给出的是不同驱动力矩大小施加条件下的五自由度模型系统状态变量变化对比结果，仿真结果表明，驱动力矩数值施加的大小可引起汽车系统稳定性质的变化。当系统施加驱动力矩为较大值的 140N·m 时，系统纵向运动持续加速，当系统施加驱动力矩为较小值的 70N·m 时，不足以克服由空气阻力以及地面摩擦带来的减速影响，同时由于转向作用的存在，引起了系统失稳的发生。

图 9.19 所表达的是两种驱动力矩施加条件下轮胎力对比，同样地，稳定行驶条件下轮胎力均分布在线性区域，而失稳行驶条件下轮胎力则分布在非线性区域。两种运行状态下的系统状态变量特性变化对比以及对应的轮胎力分布现象再次验证了轮胎力有理函数表达方程在五自由度模型中的合理适用性。

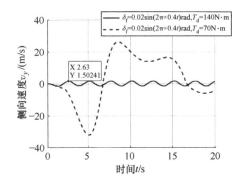

图 9.16　五自由度模型侧向速度对比

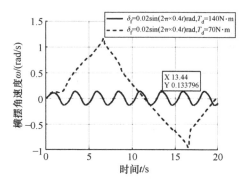

图 9.17　五自由度模型横摆角速度对比

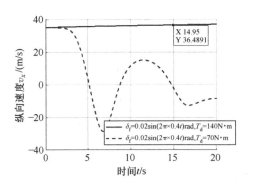

图 9.18　五自由度模型纵向速度对比

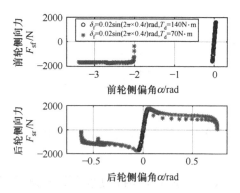

图 9.19　五自由度模型前后轮侧向力与侧偏角分布

第 10 章 不同汽车操纵稳定性模型的动力学特征分析

10.1 同模型的相空间分析

针对不同汽车操纵稳定性模型,相空间特性分析能够较好地判别不同模型的属性差异。在相空间(其中二自由度模型为相平面)中,可通过相点、相轨迹观测系统状态变量在时间域上的走势,实时观测系统运动状态。本章中,基于 MATLAB 平台,对不同汽车操纵稳定性模型进行多点、单点测试仿真,观测相空间(相平面)属性变化规律,比较不同汽车操纵稳定性模型异同。

汽车系统能量耗散与否也是比较分析不同模型优劣差异的关键,因本书中以汽车平面运动为主体分析角度,不涉及由俯仰、侧倾运动所带来的势能变化,即整车系统能量为平动(纵向、侧向)与转动(横摆)动能总和。系统能量(E_s)计算形式见式(10-1)。

$$E_s = \frac{1}{2}mv_x^2 + \frac{1}{2}mv_y^2 + \frac{1}{2}I_z\omega^2 \tag{10-1}$$

10.1.1 二自由度模型相平面与能量特性分析

二自由度模型中,假设纵向速度恒定,可通过状态变量侧向速度 v_y 与横摆角速度 ω 所张成的相平面进行系统稳定特性分析。前轮转向角 δ_f 作为较重要的二自由度模型稳定性影响的外部输入,本节将探究不同前轮转向角输入的二自由度模型动力学特性。

多值仿真试验条件为:纵向速度 v_x 为 25m/s,侧向速度 $v_y \in (-10:1:10)$ m/s,横摆角速度 $\omega \in (-1:0.1:1)$ rad/s,仿真步长为 0.01s,仿真时间为 15s。

图 10.1 和图 10.2 分别给出的是前轮转向角 δ_f 为零时的二自由度模型相平面全局与相平面中心局部放大图像,图 10.3 和图 10.4 所示分别为前轮转向角输入 δ_f 增大至 0.01rad、0.05rad 时的相平面中心放大局部。仿真结果表明当前轮转向角为零时,系统存在带状稳定区域,且存有一个稳定焦点与两个不稳定鞍点,这与前人的研究结果是吻合的,同时伴随着前轮转向角输入增大,稳定焦点逐渐向其中一个不稳定鞍点靠近,带状稳定区域缩小,当前轮转向角输入过大时,稳定区域消失,系统只剩下一个不稳定鞍点,也即系统全部初值状态最终演变为失稳状态。

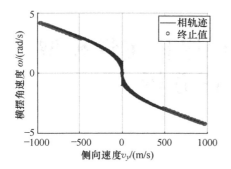

图 10.1 二自由度模型相平面全局
($\delta_f = 0$ rad)

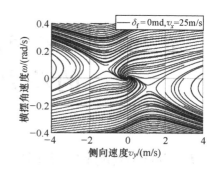

图 10.2 二自由度模型相平面中心局部
($\delta_f = 0$ rad)

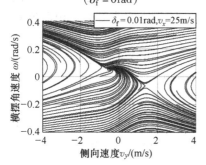

图 10.3 二自由度模型相平面中心局部
($\delta_f = 0.01$ rad)

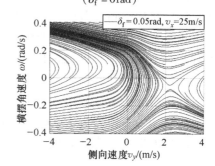

图 10.4 二自由度模型相平面中心局部
($\delta_f = 0.05$ rad)

此外,为了较为清晰观测状态变量变化走势与能量是否耗散等系统特性,进行单值仿真试验,初值试验条件为:纵向速度 v_x 为 25m/s,侧向速度 v_y 为 0m/s,横摆角速度 ω 为 0rad/s,仿真时间为 100s。

图 10.5 ~ 图 10.7 所示分别为单值仿真试验二自由度模型系统状态变量走势、系统动能总和(以下简称系统能量)走势与车身运动姿态,由上部分相平面分析结果可以知晓,当前轮转向角 δ_f 为 0.01rad 时,系统存在部分初值最终可以演变为稳定状态,此处通过单值试验分析可以观察到,前轮转向角 δ_f 较小时(0.01rad),系统状态变量侧向速度、横摆角速度以及系统能量在时间域上可以稳定于一非零常值,汽车运动状态为稳定的类圆周运动。反之,当前轮转角 δ_f 过大时(0.05rad),汽车运动呈无规则激转状态,系统状态变量侧向速度、横摆角速度以及系统能量在时间域

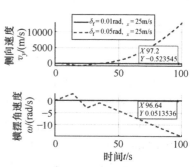

图 10.5 二自由度模型系统状态
变量走势(随前轮转向角变化)

上逐渐增加,由于模型中考虑了地面摩擦等因素,从能量耗散的角度来看有悖于常理,因此二自由度模型在表达汽车系统失稳后运动状态特性尤其系统能量角度是存有缺陷的、不完整的。

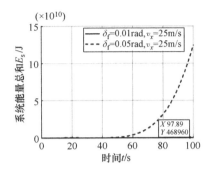

图10.6 二自由度模型系统能量走势（随前轮转向角变化）

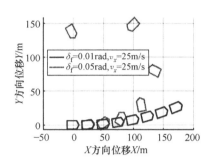

图10.7 二自由度模型车身运动姿态

10.1.2 三自由度模型相空间与能量特性分析

三自由度模型突破了二自由度模型的局限,模型中纵向速度已不再是恒定值,且在时间域上随汽车运动状态改变而产生变化,因此,可通过状态变量侧向速度v_y、横摆角速度ω与纵向速度v_x所张成的相空间进行系统稳定特性分析。同时,因系统中纵向速度v_x可变,本节中将前轮转向角与纵向速度皆作为可变输入量进行三自由度模型的非线性动力学特性分析。

同样进行多值仿真试验,试验条件为：纵向速度v_x为25m/s或35m/s,侧向速度$v_y \in (-10:1:10)$ m/s,横摆角速度$\omega \in (-1:0.1:1)$ rad/s,仿真步长为0.01s,仿真时间为25s。

图10.8给出的是三自由度模型在纵向速度v_x为25m/s、前轮转向角δ_f为零时的相空间全局图,图10.9和图10.10所示分别为纵向速度v_x保持25m/s不变,前轮转向角δ_f分别为0rad、0.01rad、0.05rad下三自由度模型相空间在$v_y - \omega$平面的投影中心局部,图10.11所示为纵向速度v_x为35m/s、前轮转向角δ_f为0.01rad时$v_y - \omega$平面的投影中心局部（为较容易看清投影部分图线结构,防止空间轨线重叠所带来

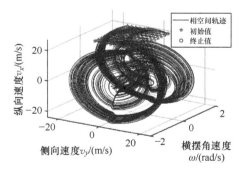

图10.8 三自由度模型相空间全局

的影响,以上投影图像皆为仿真时间严格控制在5s下的得出结果）。通过对比分析,可以判断得出,三自由度模型与二自由度模型具有相似性,即伴随着前轮转向角δ_f输入的逐渐增大,系统产生根本性的动力学特性变化（平衡点由一个稳定焦

点、两个不稳定鞍点转化为剩余的一个不稳定鞍点，带状状态稳定区域逐渐减小至无），同时纵向速度 v_x 的改变同样可使以上动力学特性变化现象发生，这是二自由度模型所不具备的。

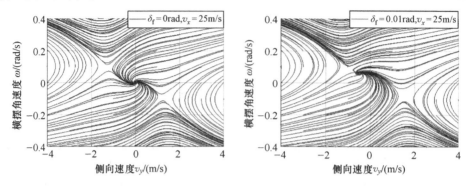

图 10.9　三自由度模型相空间在 $v_y - \omega$ 平面投影中心局部（$\delta_f = 0$、0.01rad，$v_x = 25$m/s）

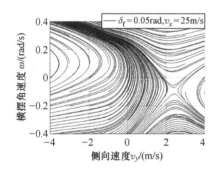 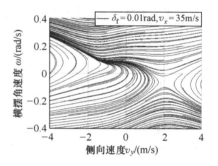

图 10.10　三自由度模型相空间在 $v_y - \omega$ 平面投影中心局部（$\delta_f = 0.05$rad，$v_x = 25$m/s）　　图 10.11　三自由度模型相空间在 $v_y - \omega$ 平面投影中心局部（$\delta_f = 0.01$rad，$v_x = 35$m/s）

上述多值仿真试验分析结果表明，纵向速度 v_x 同样为三自由度模型的重要影响因素之一，故三自由度模型的单值仿真初值试验条件设置为：纵向速度 v_x 为 25m/s 或 35m/s，侧向速度 v_y 为 0m/s，横摆角速度 ω 为 0rad/s，仿真时间为 100s。

图 10.12 和图 10.13 所示为控制纵向速度 v_x 为 25m/s 不变，前轮转向角 δ_f 输入分别为 0.01rad、0.05rad 条件下三自由度模型系统状态变量走势与系统能量走势，图 10.14 和图 10.15 所示为控制前轮转向角 δ_f 输入为 0.01rad 不变，纵向速度 v_x 分别为 25m/s、35m/s 条件下系统状态变量走势与系统能量走势，图 10.16 所示为三种控制条件工况下的车身运动姿态。综合图 10.12 ~ 图 10.16 对比分析可知，三自由度模型中控制纵向速度初值 v_x 为 25m/s，较小前轮转向角（0.01rad）输入下系统可保持稳定状态，侧向速度 v_y 与横摆角速度 ω 稳定于一非零常值，汽车行进状态为类圆周运动，与上述二自由度模型所得部分结果是类似的，同时系统能量逐渐耗散，这是二自由度模型所不能体现的。当前轮转向角 δ_f 输入与纵向速度初值 v_x 分

别增大时，系统转为失稳，侧向速度 v_y 与横摆角速度 ω 在短时间内突变振荡，汽车发生激转偏离驾驶轨迹，且伴随着强烈的能量耗散，一段时间失稳过后，系统能量耗散殆尽，汽车维持近似稳定。

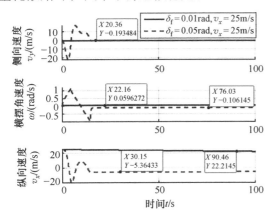

图 10.12　三自由度模型系统状态变量走势
（随前轮转向角变化）

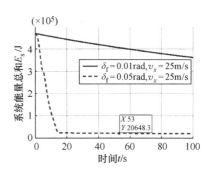

图 10.13　三自由度模型系统能量走势
（随前轮转向角变化）

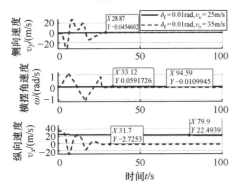

图 10.14　三自由度模型状态变量走势
（随纵向速度变化）

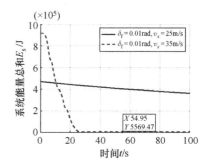

图 10.15　三自由度模型系统能量走势
（随纵向速度变化）

为能够更为清晰反映三自由度学模型能量耗散特性，以上述多值仿真试验条件为控制准则，对多值能量相空间进行仿真分析。

图 10.17 ~ 图 10.19 所示为三自由度模型能量耗散特性仿真结果，可以观察得到，系统仿真终止能量的分布是有明显的区别的，部分初值状态所对应的终止能量与初始能量较为接近，而另一部分初值状态所对应的终止能量与初始能量相差较多，上述单值仿真试验中得出稳定状态系统能量耗散较小，

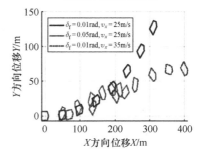

图 10.16　三自由度模型车身运动姿态

失稳状态伴随着汽车激转等剧烈行

为，系统能量耗散较为严重，与此处的分析结果是相吻合的。

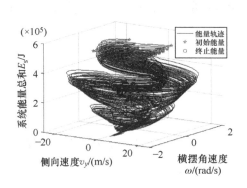

图 10.17 三自由度模型系统能量相空间全局

图 10.18 三自由度模型系统能量相空间在 $\omega - E_s$ 平面投影

10.1.3 五自由度模型相空间与能量特性分析

五自由度模型在三自由度模型基础上引入了前后轮转动,将分析驱动对汽车系统动力学特性产生的影响。因状态变量侧向速度 v_y、横摆角速度 ω 与纵向速度 v_x 依然为判定系统是否稳定的重要参考指标,故仍对上述三状态变量所张成的相空间进行系统稳定特性分析。不同的是五自由度模型中将驱动力矩 T_d（由初始状态下汽车所受空气阻力等量求得）与前轮转向角 δ_f 作为控制系统动力学特性变化的外部输入。

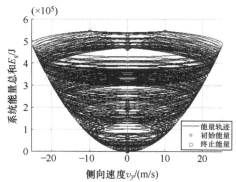

图 10.19 三自由度模型系统能量相空间在 $v_y - E_s$ 平面投影

以前轮驱动为例（驱动力矩全部施加在前轮）,多值仿真条件为:驱动力矩 T_d 为 43.76N·m [由式（2-9）可知对应纵向速度 v_x 为 25m/s] 或 85.77N·m（对应纵向速度 v_x 为 35m/s）,侧向速度 $v_y \in$ (-10:1:10) m/s,横摆角速度 $\omega \in$ (-1:0.1:1) rad/s,仿真步长为 0.01s,仿真时间为 25s。

图 10.20 给出的是五自由度模型在驱动力矩 T_d 为 43.76N·m,前轮转向角 δ_f 为零时的相空间全局。图 10.21、图 10.22 分别为驱动力矩 T_d 为 43.76N·m 不变,前轮

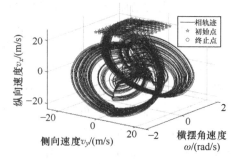

图 10.20 五自由度模型相空间全局

转向角 δ_f 分别为 0rad、0.01rad、0.05rad 时五自由度模型相空间在 $v_y - \omega$ 平面的投影中心局部。图 10.23 所示为驱动力矩 T_d 为 85.77N·m，前轮转向角 δ_f 为 0.01rad 时 $v_y - \omega$ 平面的投影中心局部（以上投影图像仍为仿真时间严格控制在 5s 下的得出结果）。五自由度模型相空间仿真结果表明，伴随驱动力矩与前轮转向角的增大，相空间特性变化规律是与二自由度、三自由度模型所呈现规律具有高度一致性的（平衡点性质、状态稳定区域性质）。但五自由度模型中能够体现驱动因素对汽车系统模型所产生的动力学特性影响，这是二自由度、三自由度模型所不能体现的。

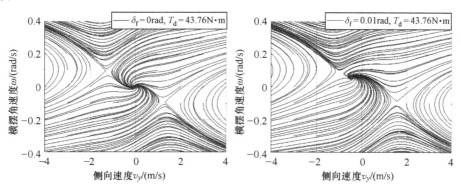

图 10.21　五自由度模型相空间在 $v_y - \omega$ 平面投影中心局部（$\delta_f = 0$、0.01rad，$T_d = 43.76$N·m）

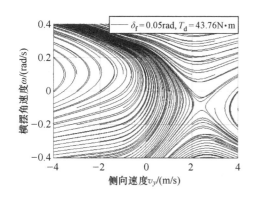

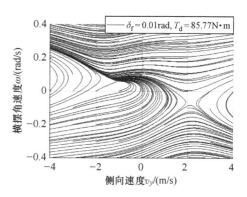

图 10.22　五自由度模型相空间在 $v_y - \omega$ 平面投影中心局部（$\delta_f = 0.05$rad，$T_d = 43.76$N·m）　　图 10.23　五自由度模型相空间在 $v_y - \omega$ 平面投影中心局部（$\delta_f = 0.01$rad，$T_d = 85.77$N·m）

同样对五自由度模型进行单值仿真试验，初值试验条件驱动力矩 T_d 为 43.76N·m 或 85.77N·m（对应纵向速度 v_x 为 25m/s 或 35m/s），侧向速度 v_y 为 0m/s，横摆角速度 ω 为 0rad/s，仿真时间为 100s。图 10.24 ~ 图 10.28 所示为单值仿真试验结果图，通过与上述三自由度模型单值试验对比，五自由度模型仿真结果与三自由度模型仿真结果类似，稳定状态下汽车行进状态为类圆周运动，系统能量耗散，伴随驱动力矩与前轮转向角的逐渐增大，系统演变为失稳状态，汽车发生激转等无规则运动，系统能量大幅度耗散减小。需要说明的是，五自由度模型中，汽车在失稳后的较长时间内，状态变量存在微小的递进变化，系统能量同时也不能维持恒定不变，这与三自由度模型中的仿真结果是存有差异的。

对于五自由度模型仍然进行了能量相空间特性仿真分析，仿真结果中能量相空间特性变化规律与三自由度模型是具有高度相似性的，如图10.29所示。

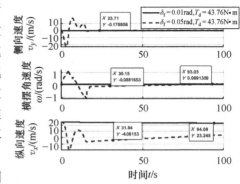

图 10.24 五自由度模型状态变量走势（随前轮转向角变化）

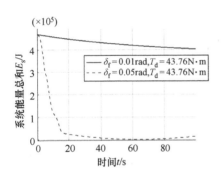

图 10.25 五自由度模型系统能量走势（随前轮转向角变化）

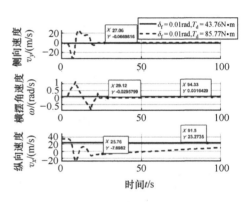

图 10.26 五自由度模型状态变量走势（随驱动力矩变化）

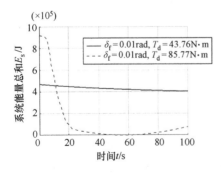

图 10.27 五自由度模型系统能量走势（随驱动力矩变化）

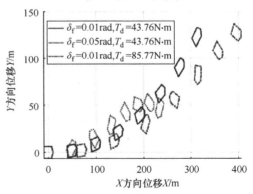

图 10.28 五自由度模型车身运动姿态

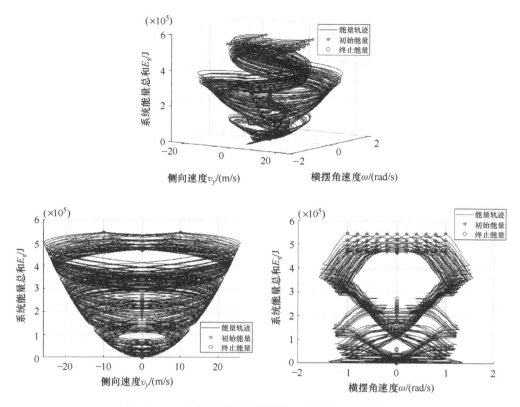

图 10.29 五自由度模型系统能量相空间（见彩插）

综上对于不同模型相空间特性与能量特性比较分析，二自由度模型假设纵向速度恒定，作为输入的前轮转向角可使系统产生根本性的动力学特性变化，但系统能量不耗散，这是不符合物理现象规律的；三自由度模型中，突破了纵向速度恒定这一条件假设，仿真试验结果表明纵向速度仍可对系统产生影响，且系统能量耗散正常，汽车失稳过程能量耗散更为明显；在三自由度模型基础上所构建的五自由度模型存在着与三自由度模型相似的动力学特性，并能够分析驱动因素变化对系统所带来的影响，但模型中汽车失稳后所呈现的运动状态与三自由度模型相比是不完全一致的。

10.2 不同模型的平衡点分析

基于非线性动力学理论，给定任意非线性汽车动力学系统：

$$\dot{x}_i = f_i(x_1, x_2, \cdots, x_n), i = 1, 2, \cdots, n \tag{10-2}$$

假设该汽车动力学系统的状态变量初值满足：

$$t = 0; x_i(0) = x_{i0} \tag{10-3}$$

因此，对于汽车操纵稳定性模型的完整运动过程可由式（10-2）中满足状态变量初值条件的解$x_i(t)$来确定,在汽车操纵稳定性模型中,由状态变量所张成的相平面[x_i,x_j($i\neq j$)为直角坐标建立的(x_i,x_j)平面]、相空间[以x_i,x_j,x_k($i\neq j\neq k$)两两为直角坐标所建立的(x_i,x_j,x_k)坐标系]内满足式(10-4)等式右侧分子、分母皆为零时的特殊状态称为可代表系统稳定平衡状态的奇点,也即系统的平衡点。

$$\frac{\mathrm{d}\dot{x}_i}{\mathrm{d}x_i} = \frac{\dfrac{\mathrm{d}\dot{x}_i}{\mathrm{d}t}}{\dfrac{\mathrm{d}x_i}{\mathrm{d}t}} \tag{10-4}$$

换言之,汽车操纵稳定性模型的平衡点就是同时令系统状态变量变化率为零的点。基于汽车操纵稳定性模型平衡点的物理意义以及平衡点特性分析,完成不同汽车操纵稳定性模型的平衡点求解,一方面,可由平衡点所具有的稳定性性质判别不同汽车操纵稳定性模型中该状态下邻域运动的趋势特性;另一方面,通过改变汽车系统参数,完成不同参数下不同汽车操纵稳定性模型平衡点求解的同时,可直观观测到改变不同参数对于各模型平衡点分岔特征的影响。

本书中,对不同自由度汽车操纵稳定性模型的平衡点求解选用基于遗传算法加拟牛顿法的混合算法,该算法中应用遗传算法突破了传统解析算法在应对具有较强非线性特征的汽车系统时难以求解的弊端,采用拟牛顿法与遗传算法相结合的方式,能够实现无须赋初值的条件下求取全局最优解,保证求解精度的同时,改善了求解效率,并以典型的非线性Duffing方程和Van der Pol方程为例进行了有效性验证,汽车操纵稳定性模型平衡点求解流程如图10.30所示。

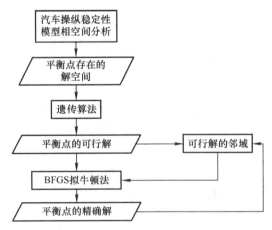

图10.30 汽车操纵稳定性模型平衡点求解流程

10.2.1 二自由度模型平衡点求解与特性分析

二自由度模型中假定纵向速度恒定不变,因此下面将对二自由度模型进行基于前轮转向角变化的平衡点求解。求解条件为：低附着路面，纵向速度初值 v_x 取 25m/s，前轮转向角搜索范围为 $-0.04\sim0.04\text{rad}$，取值间隔为 0.001rad（平衡点产生分岔处求解至 0.0001rad 数量级）。按照图 10.30 中的平衡点求解流程，完成稳定平衡点与不稳定平衡点的求解。表 10.1~表 10.3 分别为二自由度模型的稳定平衡点和两个不稳定平衡点的部分取值。

表 10.1　二自由度模型的稳定平衡点的部分取值

δ_f/rad	平衡点		系统状态变量变化率		适应值
	$v_y/(\text{m/s})$	$\omega/(\text{rad/s})$	$\dot{v}_y$	$\dot{\omega}$	
-0.0101	0.4760	-0.0486	-0	-0.0030	-0.0030
-0.007	0.2796	-0.0321	-0	-0	0
-0.004	0.1483	-0.0179	-0	-0	0
0	0	0	0	-0	0
0.004	-0.1483	0.0179	0	0	0
0.007	-0.2797	0.0321	0	0	0
0.0101	-0.4763	0.0484	0	0	0

注：表中除真值外的 0 均表示小于 1.0×10^{-5} 的正实数。

表 10.2　二自由度模型的一个不稳定平衡点的部分取值

δ_f/rad	平衡点		系统状态变量变化率		适应值
	$v_y/(\text{m/s})$	$\omega/(\text{rad/s})$	$\dot{v}_y$	$\dot{\omega}$	
0.04	-2.0240	0.0630	-0	-0	0
0.035	-1.9162	0.0643	-0	-0.0013	0.0013
0.03	-1.8102	0.0649	-0	-0	0
0.025	-1.7036	0.0657	0	0	0
0.02	-1.5955	0.0665	-0	0	0
0.015	-1.4849	0.0675	-0.0023	0	0.0023
0.01	-1.3700	0.0675	0	-0.0019	0.0019
0.005	-1.2501	0.0677	0	-0	0
0	-1.1126	0.0676	0	-0.0006	0.0006
-0.005	-0.9530	0.0658	0	0	0
-0.0101	-0.7135	0.0606	-0	-0.0052	0.0052

表 10.3　二自由度模型的另一个不稳定平衡点的部分取值

δ_f/rad	平衡点		系统状态变量变化率		适应值
	$v_y/(\text{m/s})$	$\omega/(\text{rad/s})$	$\dot{v}_y$	$\dot{\omega}$	
-0.0101	0.7135	-0.0606	-0	-0.0052	0.0052
-0.005	0.9532	-0.0658	-0	-0	0
0	1.1128	-0.0673	-0	0.0009	0.0009
0.005	1.2501	-0.0677	-0	0	0
0.01	1.3701	-0.0675	-0	0.0004	0.0004

(续)

δ_f/rad	平衡点		系统状态变量变化率		适应值
	v_y/(m/s)	ω/(rad/s)	$\dot{v}_y$	$\dot{\omega}$	
0.015	1.4853	−0.0671	−0	−0	0
0.02	1.5955	−0.0665	−0	−0	0
0.025	1.7034	−0.0658	−0	−0	0
0.03	1.8102	−0.0649	−0	−0	0
0.035	1.9165	−0.0641	−0	−0	0
0.04	2.0229	−0.0633	−0	0	0

图 10.31 ~ 图 10.33 给出的是二自由度模型中当前轮转向角处于 −0.04 ~ 0.04rad 范围时系统平衡点侧向速度 v_y 与横摆角速度 ω 的取值变化特性图。图例中明确表明，"○" 为系统稳定平衡点，"☆" 为系统其中一个不稳定平衡点，"*" 则为系统另一个不稳定平衡点（后面平衡点图示均与此表示方法相同）。

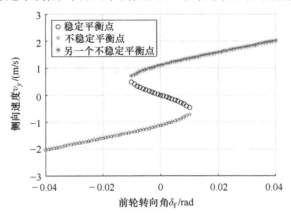

图 10.31 二自由度模型平衡点对应的侧向速度值

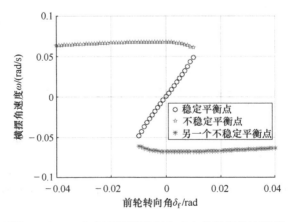

图 10.32 二自由度模型平衡点对应的横摆角速度值

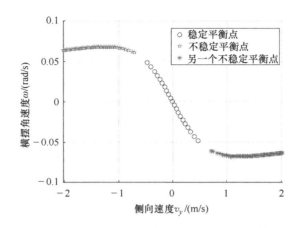

图 10.33 二自由度模型平衡点在 v_y-ω 上的取值范围

通过分析表 10.1~表 10.3 和图 10.31~图 10.33 不难发现，当前轮转向角取值的绝对值小于 0.0101rad 时（其中左转为正，右转为负），系统存在稳定平衡点，且另外两个不稳定平衡点同时存在，前轮转向角取值的绝对值大于 0.0101rad 时，系统产生分岔，稳定平衡点消失，且只存有剩余的一个不稳定平衡点，也即系统发生失稳。也就是说转向角越大，系统越难维持稳定，此外，两个不稳定平衡点是关于坐标原点对称的，说明左转、右转具有相同的变化规律。

10.2.2 三自由度模型平衡点求解与特性分析

三自由度模型中，纵向速度不再假设恒定，在动态系统中存在时变特性，因此对于三自由度模型，将分别求解、分析基于前轮转向角变化、纵向速度初值变化的系统平衡点。

1. 基于前轮转向角变化的平衡点求解

首先，保持三自由度模型中纵向速度初值 v_x 为 25m/s 恒定不变，前轮转向角（单位为 rad）取值搜索范围为（-0.04:0.001:0.04），低附着路面条件下，同样按照图 10.30 中的平衡点求解流程，完成三自由度模型中稳定平衡点与不稳定平衡点的求解。表 10.4~表 10.6 则为三自由度模型随前轮转向角变化系统稳定平衡点、不稳定平衡点的部分取值。

表 10.4 三自由度模型的稳定平衡点的部分取值

δ_f/rad	平衡点			系统状态变量变化率			适应值
	v_y/(m/s)	ω/(rad/s)	v_x/(m/s)	$\dot{v}_y$	$\dot{\omega}$	$\dot{v}_x$	
-0.0102	0.4720	-0.0488	24.9050	0	-0.0049	-0.0295	0.0344
-0.007	0.2771	-0.0321	24.9050	-0	-0	-0.0119	0.0119
-0.004	0.1420	-0.0180	24.9050	-0	0	-0.0036	0.0036
0	0	-0	24.9050	-0	-0	-0	0

（续）

δ_f/rad	平衡点			系统状态变量变化率			适应值
	v_y/(m/s)	ω/(rad/s)	v_x/(m/s)	$\dot{v}_y$	$\dot{\omega}$	$\dot{v}_x$	
0.004	−0.1399	0.0176	24.9100	0	0.0052	−0.0031	0.0083
0.007	−0.2775	0.0319	24.9001	0	−0.0026	−0.0124	0.0150
0.0102	−0.4728	0.0478	24.9050	0	0	−0.0309	0.0309

表 10.5　三自由度模型的一个不稳定平衡点的部分取值

δ_f/rad	平衡点			系统状态变量变化率			适应值
	v_y/(m/s)	ω/(rad/s)	v_x/(m/s)	$\dot{v}_y$	$\dot{\omega}$	$\dot{v}_x$	
0.04	2.0154	−0.0635	24.9050	0	0	−0.0911	0.0911
0.035	−1.9102	0.0636	24.9048	0	0	−0.0952	0.0952
0.03	−1.8040	0.0651	24.9050	−0	0	−0.0713	0.0713
0.025	−1.6974	0.0660	24.9050	0	−0	−0.0907	0.0907
0.02	−1.5900	0.0659	24.9042	0	0	−0.0834	0.0834
0.015	−1.4807	0.0670	24.9050	−0.0001	−0	−0.0756	0.0757
0.01	−1.3665	0.0678	24.9050	0	0	−0.0838	0.0838
0.005	−1.2454	0.0682	24.9050	0	0.0001	−0.0614	0.0615
0	−1.1127	0.0676	24.9083	0	0	−0.0752	0.0752
−0.005	−0.9499	0.0659	24.9062	0	0	−0.0683	0.0683
−0.0102	−0.6888	0.0597	24.9050	0	0.0051	−0.0501	0.0552

表 10.6　三自由度模型的另一个不稳定平衡点的部分取值

δ_f/rad	平衡点			系统状态变量变化率			适应值
	v_y/(m/s)	ω/(rad/s)	v_x/(m/s)	$\dot{v}_y$	$\dot{\omega}$	$\dot{v}_x$	
−0.0102	0.6883	−0.0600	24.9050	−0	−0.0048	−0.0493	0.0541
−0.005	0.9508	−0.0661	24.9050	−0	−0	−0671	0.0671
0	1.1127	−0.0676	24.9083	−0	−0	−0.0752	0.0752
0.005	1.2460	−0.0680	24.9050	−0	−0	−0.0803	0.0803
0.01	1.3665	−0.0678	24.9050	−0	0	−0.0838	0.0838
0.015	1.4802	−0.0673	24.9050	−0	−0	−0.0866	0.0866
0.02	1.5896	−0.0667	24.9008	−0	0	−0.0888	0.0888
0.025	1.6974	−0.0660	24.9050	−0	0	−0.0907	0.0907
0.03	1.8037	−0.0652	24.9050	−0	0	−0.0923	0.0923
0.035	1.9096	−0.0644	24.9038	−0	−0	−0.0938	0.0938
0.04	2.0156	−0.0636	24.9050	−0	0	−0.0952	0.0952

图 10.34~图 10.36 给出的是三自由度模型中当前轮转向角处于 -0.04~0.04rad 范围时系统平衡点侧向速度 v_y 与横摆角速度 ω 的取值变化特性图。通过分析表 10.4~表 10.6 和图 10.34~图 10.36 同样能够观察到，三自由度模型随前轮转向角变化的系统平衡点特性与二自由度模型具有相似的变化规律，即当前轮转向角取值的绝对值小于 0.0102rad 时，系统存在一个稳定平衡点与两个关于原点对称的不稳定平衡点，且随着前轮转向角从零逐渐增大时，稳定平衡点状态变量侧向速度与横摆角速度绝对值逐渐变大，当前轮转向角取值的绝对值高于 0.0102rad 且继续增大时，系统产生分岔，只剩下一个不稳定平衡点，系统发生失稳。此种仿真条件下，三自由度模型产生分岔时，前轮转向角幅值大于二自由度模型，模型具有相似性的同时，三自由度模型在该平衡点求解工况条件下稳定性稍好一些。

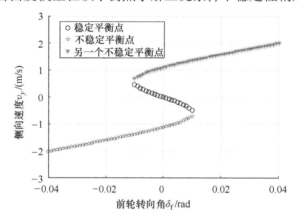

图 10.34　三自由度模型平衡点对应的侧向速度值

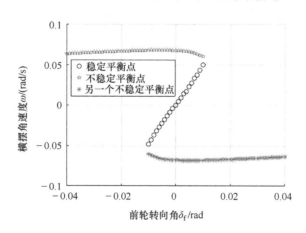

图 10.35　三自由度模型平衡点对应的横摆角速度值

2. 基于纵向速度初值变化的平衡点求解

三自由度模型中基于纵向速度初值变化的平衡点求解，固定前轮转向角 δ_f 幅值

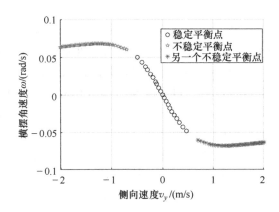

图 10.36　三自由度模型平衡点在 v_y-ω 上的取值范围

为 0.0102rad 恒定不变，纵向速度初值取值范围为（10:0.5:30）m/s，低附着路面条件下，同样按照图 10.30 中的平衡点求解流程，完成三自由度模型中稳定平衡点与不稳定平衡点的求解。表 10.7～表 10.9 则为三自由度模型的稳定平衡点、不稳定平衡点部分取值。

表 10.7　三自由度模型的稳定平衡点的部分取值

纵向速度初值/(m/s)	平衡点			系统状态变量变化率			适应值
	v_y/(m/s)	ω/(rad/s)	v_x/(m/s)	$\dot{v}_y$	$\dot{\omega}$	$\dot{v}_x$	
10	-0.0066	0.0339	9.9250	0	-0	-0.0020	0.0020
11.5	-0.0257	0.0371	11.4250	0	0	-0.0032	0.0032
13	-0.0509	0.0398	12.9421	-0	-0	-0.0048	0.0048
14.5	-0.0812	0.0419	14.4250	-0	0	-0.0066	0.0066
16	-0.1184	0.0439	15.9228	-0	-0.0006	-0.0089	0.0095
17.5	-0.1603	0.0451	17.4250	-0	-0	-0.0114	0.0114
19	-0.2198	0.0477	18.9253	0	-0.0041	-0.0153	0.0194
20.5	-0.2670	0.0474	20.4350	0	-0	-0.0178	0.0178
22	-0.0335	0.0485	21.9250	0	-0	-0.0218	0.0218
23.5	-0.4177	0.0500	23.4250	0	-0	-0.0271	0.0271
25	-0.5310	0.0521	24.9409	0	0.0015	-0.0346	0.0361

表 10.8　三自由度模型的一个不稳定平衡点的部分取值

纵向速度初值/(m/s)	平衡点			系统状态变量变化率			适应值
	v_y/(m/s)	ω/(rad/s)	v_x/(m/s)	$\dot{v}_y$	$\dot{\omega}$	$\dot{v}_x$	
10	-0.4936	0.1657	9.9250	0	0	-0.0905	0.0905
11.5	-0.5296	0.1467	11.4328	0	0	-0.0866	0.0866
13	-0.5636	0.1308	12.9250	0	-0	-0.0827	0.0827
14.5	-0.5950	0.1172	14.4250	0	0	-0.0787	0.0787

(续)

纵向速度初值/(m/s)	平衡点			系统状态变量变化率			适应值
	v_y/(m/s)	ω/(rad/s)	v_x/(m/s)	$\dot{v}_y$	$\dot{\omega}$	$\dot{v}_x$	
16	-0.6275	0.1082	15.9001	0	0.0181	-0.0814	0.0996
17.5	-0.6462	0.0956	17.4289	0	0	-0.0706	0.0706
19	-0.6643	0.0867	18.9249	0	0	-0.0663	0.0663
20.5	-0.6760	0.0788	20.4250	0	0	-0.0618	0.0618
22	-0.6768	0.0715	21.9198	0	-0.0002	-0.0567	0.0569
23.5	-0.6633	0.0645	23.4024	0	-0.0002	-0.0508	0.0510
25	-0.6191	0.0568	24.9023	0	0.0011	-0.0427	0.0438

表10.9 三自由度模型的另一个不稳定平衡点的部分取值

纵向速度初值/(m/s)	平衡点			系统状态变量变化率			适应值
	v_y/(m/s)	ω/(rad/s)	v_x/(m/s)	$\dot{v}_y$	$\dot{\omega}$	$\dot{v}_x$	
10	0.6600	-0.1580	9.9250	-0	-0	-0.0959	0.0959
11.5	0.7265	-0.1404	11.4454	-0	-0	-0.0935	0.0935
13	0.7934	-0.1264	12.9179	-0	-0	-0.0916	0.0916
14.5	0.8630	-0.1145	14.4144	-0	0	-0.0900	0.0900
16	0.9351	-0.1043	15.9429	-0	0	-0.0887	0.0887

图 10.37 给出的是三自由度模型当前轮转向角幅值为 0.0102rad 时，纵向速度初值取值在（10:0.5:30）m/s 上系统平衡点侧向速度 v_y 与横摆角速度 ω 的取值变化特性图。通过分析表 10.7~表 10.9 及图 10.37 可以得出，当前轮转向角幅值为 0.0102rad 固定不变时，纵向速度初值取值 $v_x \leqslant 25$m/s 条件下，三自由度模型存在一个稳定平衡点、两个不稳定平衡点，当纵向速度初值继续增大时，系统产生分

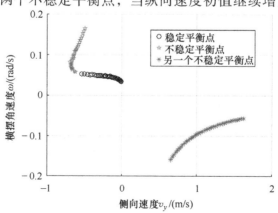

图 10.37 三自由度模型平衡点在 v_y-ω 上的取值范围

岔，稳定平衡点与其中一个不稳定平衡点消失，这与之前所求取的随前轮转向角变化平衡点分岔临界相吻合，说明了纵向速度初值变化同样可对三自由度模型稳定特性产生影响。

10.2.3 五自由度模型平衡点求解与特性分析

五自由度模型在二自由度、三自由度模型的基础上细化到前后轮的转动，将驱动引入到汽车操纵稳定性模型当中，因此本节内容中将分别求取基于前轮转向角变化、驱动力矩变化条件下的五自由度模型的平衡点，探究前轮转向角、驱动力矩对五自由度模型平衡点特性变化的影响。

1. 基于前轮转向角变化的平衡点求解

对于五自由度模型平衡点的求解，选取最不稳定的后轮驱动模式（驱动力矩全部施加在后轮）为分析对象（汽车稳定性高低为前轮驱动大于全轮驱动大于后轮驱动），固定驱动力矩 $T_d = 43.76\text{N}\cdot\text{m}$ 恒定不变［驱动力矩由式（2-9）计算，也即对应纵向速度初值 v_x 仍为 25m/s］，前轮转向角取值搜索范围为（-0.04:0.001:0.04）rad，低附着路面条件下，同样按照图10.30中的平衡点求解流程，完成五自由度模型后轮驱动模式中稳定平衡点与不稳定平衡点的求解。表10.10～表10.12为五自由度模型（后轮驱动模式）随前轮转角变化系统稳定平衡点、不稳定平衡点的部分取值。

表10.10 五自由度模型（后轮驱动模式）的稳定平衡点的部分取值

δ_f /rad	平衡点					系统状态变量变化率					适应值
	v_y /(m/s)	ω /(rad/s)	v_x /(m/s)	ω_f /(rad/s)	ω_r /(rad/s)	$\dot{v}_y$	$\dot{\omega}$	$\dot{v}_x$	$\dot{\omega}_f$	$\dot{\omega}_r$	
-0.0111	0.5580	-0.0680	24.9066	111.1548	111.8164	0	-0.0032	-0.0615	0	0.0002	0.0650
-0.007	0.3169	-0.0415	24.7767	110.5993	111.0913	0	0	-0.0146	0	0	0.0146
-0.004	0.1769	-0.0233	24.8615	110.9852	111.4346	0	0	-0.0039	0	0	0.0039
0	0	0	24.8946	111.1367	111.5657	0	0	0.0011	0	0	0.0011
0.004	-0.1769	0.0233	24.8616	110.9857	111.4351	0	0	-0.0039	0	0	0.0039
0.007	-0.3149	0.0414	24.7225	110.3572	110.8478	0	0	-0.0139	0	0.0001	0.0140
0.0111	-0.5582	0.0680	24.8538	110.9206	111.5665	0	0.0033	-0.0571	0	0	0.0604

表10.11 五自由度模型（后轮驱动模式）的一个不稳定平衡点的部分取值

δ_f /rad	平衡点					系统状态变量变化率					适应值
	v_y /(m/s)	ω /(rad/s)	v_x /(m/s)	ω_f /(rad/s)	ω_r /(rad/s)	$\dot{v}_y$	$\dot{\omega}$	$\dot{v}_x$	$\dot{\omega}_f$	$\dot{\omega}_r$	
-0.04	-2.1346	0.0898	24.8742	111.3183	112.3886	0	0	-0.1456	0	0	0.1456
-0.035	-2.0262	0.0919	24.8871	111.3345	112.3943	0	0	-0.1434	0	0	0.1434

(续)

δ_f /rad	平衡点					系统状态变量变化率					适应值
	v_y /(m/s)	ω /(rad/s)	v_x /(m/s)	ω_f /(rad/s)	ω_r /(rad/s)	$\dot{v}_y$	$\dot{\omega}$	$\dot{v}_x$	$\dot{\omega}_f$	$\dot{\omega}_r$	
-0.03	-1.9200	0.0928	24.9289	111.4820	112.5299	0	0	-0.1413	0	0	0.1413
-0.025	-1.8085	0.0939	24.8987	111.3093	112.3402	0	0	-0.1384	0	0	0.1384
-0.02	-1.6947	0.0951	24.8394	111.0091	112.0195	0	0	-0.1349	-0.0005	0	0.1354
-0.015	-1.5880	0.0956	24.9238	111.3533	112.3448	0	0	-0.1324	-0.0001	0	0.1325
-0.01	-1.4711	0.0963	24.8884	111.1641	112.1289	0	0	-0.1281	0	0	0.1281
-0.005	-1.3517	0.0965	24.9121	111.2409	112.1757	0	0	-0.1233	-0.0003	0	0.1236
0	-1.2230	0.0958	24.9844	111.5374	112.4351	0	0	-0.1170	0	0.0014	0.1184
0.005	-1.0640	0.0944	24.555	110.9393	111.7800	0	0	-0.1051	0	0	0.1051
0.0111	-0.7684	0.0835	24.8049	110.6944	111.4289	0	0.0126	-0.0809	0	0	0.0936

表10.12 五自由度模型（后轮驱动模式）的另一个不稳定平衡点的部分取值

δ_f /rad	平衡点					系统状态变量变化率					适应值
	v_y /(m/s)	ω /(rad/s)	v_x /(m/s)	ω_f /(rad/s)	ω_r /(rad/s)	$\dot{v}_y$	$\dot{\omega}$	$\dot{v}_x$	$\dot{\omega}_f$	$\dot{\omega}_r$	
-0.0111	0.7687	-0.0834	24.7726	110.3726	111.0561	0	-0.0110	-0.0790	0	0	0.0900
-0.005	1.0637	-0.0950	24.7305	110.3814	111.2196	0	0	-0.1040	0	0	0.1040
0	1.2233	-0.0955	24.7762	110.6209	111.4948	0	0.0049	-0.1116	-0.0249	0.0005	0.1420
0.005	1.3446	-0.0971	24.7537	110.5337	111.4641	0	0	-0.1218	0	0	0.1218
0.01	1.4637	-0.0969	24.7426	110.5126	111.4732	0	0	-0.1267	0	0	0.1267
0.015	1.5738	-0.0961	24.7429	110.5447	111.5288	0	0.0023	-0.1301	0.0001	0.0001	0.1325
0.02	1.6879	-0.0955	24.7280	110.5111	111.5169	0	0	-0.1339	0	0.0226	0.1566
0.025	1.7962	-0.0946	24.7118	110.4378	111.4986	0	0	-0.1365	0	0	0.1365
0.03	1.9048	-0.0935	24.7134	110.5180	111.5585	0	0	-0.1392	0	0	0.1392
0.035	2.0127	-0.0925	24.7065	110.5265	111.5801	0	0	-0.1416	-0.0001	0	0.1417
0.04	2.1308	0.0905	24.7005	110.5411	111.6053	0	0	-0.1439	0	0	0.1439

图10.38~图10.40给出的是五自由度模型后轮驱动模式当前轮转向角变化范围处于0.04~0.04rad范围时系统平衡点侧向速度v_y与横摆角速度ω的取值变化特性图。通过分析表10.10~表10.12及图10.38~图10.40不难发现，五自由度模型后轮驱动模式随前轮转向角变化的系统平衡点特性与二自由度、三自由度模型仍具有相似的变化规律，当前轮转向角取值的绝对值高于一定值时，系统产生分岔，平衡点个数发生改变，系统发生失稳。但此时，五自由度模型系统产生分岔的幅值为0.0111rad，明显高于二自由度、三自由度模型，也就意味着此种仿真条件下，对于五自由度模型最不稳定的后轮驱动模式来说，稳定性仍高于二自由度、三自由度模型。

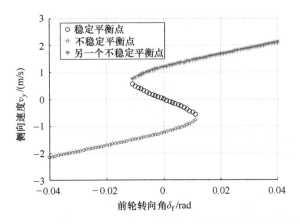

图 10.38 五自由度模型后轮驱动模式平衡点对应的侧向速度值

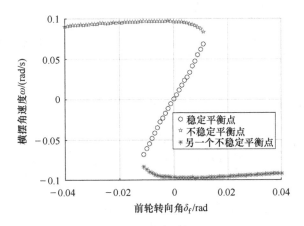

图 10.39 五自由度模型后轮驱动模式平衡点对应的横摆角速度值

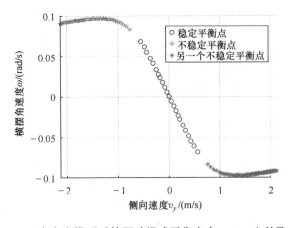

图 10.40 五自由度模型后轮驱动模式平衡点在 v_y - ω 上的取值范围

2. 基于驱动力矩变化的平衡点求解

在完成五自由度模型基于前轮转向角变化的平衡点求解分析之后,将探究基于驱动力矩变化的平衡点求解以及特性分析。为保持一致性,仍选取后轮驱动模式作为求解分析对象,固定前轮转向角 δ_f 幅值为 0.0112rad 恒定不变,驱动力矩大小取值范围为 7.0018 ~ 63.0159N·m,对应纵向速度初值为(10,35),单位为 m/s,低附着路面条件下,同样按照图 10.30 中的平衡点求解流程,完成五自由度模型后轮驱动模式中基于驱动力矩变化的稳定平衡点与不稳定平衡点求解。表 10.13 ~ 表 10.15 为五自由度模型(后轮驱动模式)随驱动力矩变化的稳定平衡点、不稳定平衡点部分取值。

表 10.13 五自由度模型(后轮驱动模式)的稳定平衡点部分取值

T_d /N·m	平衡点					系统状态变量变化率					适应值
	v_y /(m/s)	ω /(rad/s)	v_x /(m/s)	ω_f /(rad/s)	ω_r /(rad/s)	$\dot{v}_y$	$\dot{\omega}$	$\dot{v}_x$	$\dot{\omega}_f$	$\dot{\omega}_r$	
7.0018	-0.0021	0.0385	9.7731	43.6294	43.6572	0	-0.0001	-0.0013	0	0	0.0015
9.2598	-0.0237	0.0434	11.3990	50.8867	50.9310	0	-0.0002	-0.0034	0	0	0.0036
11.8330	-0.0515	0.0474	12.9503	57.8104	57.8764	0	0	-0.0057	0	0	0.0057
14.7212	-0.0843	0.0508	14.3986	64.2743	64.3678	0	0	-0.0079	0	0	0.0079
17.9245	-0.1251	0.0539	15.8964	70.9589	71.0878	0	0	-0.0110	0	0	0.0110
21.4429	-0.1733	0.0567	17.3891	77.6201	77.7933	0	0	-0.0147	0	0	0.0147
25.2764	-0.2276	0.0589	18.8759	84.2546	84.4822	0	0.0010	-0.0188	0	0	0.0198
29.4249	-0.3011	0.0631	20.2738	90.4917	90.7887	0	-0.0045	-0.0244	0	0	0.0289
33.8886	-0.3750	0.0644	21.8890	97.6983	98.0795	0	0.0001	-0.0312	0	0	0.0313
38.6673	-0.4752	0.0679	23.3824	104.3600	104.8690	0	0.0002	-0.0402	0	0	0.0404
43.7611	-0.5732	0.0691	24.9717	111.4500	112.0645	0	0.0077	-0.0492	0	0	0.0569

表 10.14 五自由度模型(后轮驱动模式)的一个不稳定平衡点部分取值

T_d /N·m	平衡点					系统状态变量变化率					适应值
	v_y /(m/s)	ω /(rad/s)	v_x /(m/s)	ω_f /(rad/s)	ω_r /(rad/s)	$\dot{v}_y$	$\dot{\omega}$	$\dot{v}_x$	$\dot{\omega}_f$	$\dot{\omega}_r$	
7.0018	-0.5836	0.2311	9.9014	44.1850	44.2915	0	0.0001	-0.1476	0	0.0001	0.1477
9.2598	-0.6178	0.2075	11.3568	50.6788	50.8195	0	0	-0.1410	0	0	0.1410
11.8330	-0.6558	0.1862	12.8950	57.5423	57.7239	0	0	-0.1353	0	-0.0001	0.1354
14.7212	-0.6913	0.1686	14.3694	64.1210	64.3497	0	0	-0.1296	0	0	0.1296
17.9245	-0.7240	0.1532	15.8356	70.6641	70.9463	0	0	-0.1237	0	0	0.1237
21.4429	-0.7566	0.1387	17.4113	77.6952	78.0391	0	0.0011	-0.1181	0	0	0.1192

(续)

T_d /N·m	平衡点					系统状态变量变化率					适应值
	v_y /(m/s)	ω /(rad/s)	v_x /(m/s)	ω_f /(rad/s)	ω_r /(rad/s)	$\dot{v}_y$	$\dot{\omega}$	$\dot{v}_x$	$\dot{\omega}_f$	$\dot{\omega}_r$	
25.2764	-0.7783	0.1259	18.9361	84.5002	84.9104	0	0	-0.1111	0	0	0.1111
29.4249	-0.7926	0.1148	20.3944	91.0088	91.4905	0	-0.0002	-0.1035	0	0	0.1037
33.8886	-0.7969	0.1038	21.9379	97.8981	98.4554	0	0	-0.0952	0	-0.0001	0.0953
38.6673	-0.7823	0.0945	23.2088	103.5750	104.2017	0	0	-0.0831	-0.0981	0	0.1812
43.7611	-0.7597	0.0833	24.9090	111.1616	111.8705	0	0.0060	-0.0742	0	0	0.0802

表 10.15　五自由度模型（后轮驱动模式）的另一个不稳定平衡点部分取值

T_d /N·m	平衡点					系统状态变量变化率					适应值
	v_y /(m/s)	ω /(rad/s)	v_x /(m/s)	ω_f /(rad/s)	ω_r /(rad/s)	$\dot{v}_y$	$\dot{\omega}$	$\dot{v}_x$	$\dot{\omega}_f$	$\dot{\omega}_r$	
7.0018	0.7694	-0.2200	9.9531	44.4555	44.5378	0	0	-0.1566	0.0001	0	0.1567
9.2598	0.8307	-0.1975	11.3943	50.8937	51.0109	0	0	-0.1507	0	0	0.1507
11.8330	0.8995	-0.1781	12.8998	57.6184	57.7800	0	0	-0.1465	0	0	0.1465
14.7212	0.9704	-0.1620	14.3902	64.2760	64.4923	0	0	-0.1432	0	-0.0001	0.1433
17.9245	1.0436	-0.1483	15.8882	70.9678	71.2502	0	0	-0.1405	0	0	0.1405
21.4429	1.1179	-0.1365	17.3858	77.6575	78.0186	0	0	-0.1382	-0.0001	0	0.1382
25.2764	1.1931	-0.1262	18.8860	84.3586	84.8117	0	0	-0.1361	0	0	0.1361
29.4249	1.2736	-0.1168	20.4835	91.4943	92.0555	0	0	-0.1349	0	0	0.1349
33.8886	1.3370	-0.1101	21.7493	97.1483	97.8257	0	0	-0.1312	0	0	0.1312
38.6673	1.4176	-0.1026	23.3508	104.3019	105.1183	0	0	-0.1303	0	-0.0007	0.1311
43.7611	1.5127	-0.0948	25.2623	112.8401	113.8613	0	0	-0.1271	0.0016	-0.0025	-0.1313
52.9509	1.6155	-0.0874	27.3428	122.1330	123.3943	0	0	-0.1257	0	0	0.1257
63.0159	1.7345	-0.0798	29.8098	133.1517	134.7523	0	0	-0.1224	0	0	0.1224

图 10.41～图 10.42 所表达的是五自由度模型后轮驱动模式当前轮转向角幅值为 0.0111rad 时，驱动力矩取值在 7.0018～63.0159N·m 范围内系统平衡点侧向速度 v_y 与横摆角速度 ω 的取值变化特性图。通过分析表 10.13～表 10.15 及图 10.41～图 10.42 能够发现，当前轮转向角幅值为 0.0111rad 固定不变，驱动力矩 $T_d \leq 43.7611$N·m 时，五自由度模型后轮驱动模式存在一个稳定平衡点、两个不稳定平衡点，当驱动力矩取值继续增大时，系统产生分岔，稳定平衡点与其中一个不稳定平衡点消失，这与前面所求取的五自由度模型基于前轮转角变化平衡点分岔临界相一致，说明了驱动力矩取值变化同样可影响五自由度模型后轮驱动模式稳定特性变化。

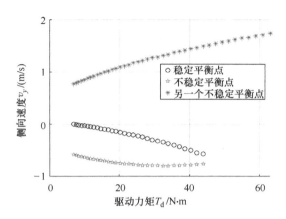

图 10.41　五自由度模型后轮驱动模式平衡点对应侧向速度值

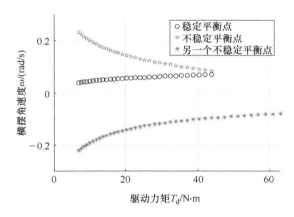

图 10.42　五自由度模型后轮驱动模式平衡点对应横摆角速度值

综上对各汽车操纵稳定性模型的平衡点求解以及特性分析，基于前轮转向角变化的二自由度、三自由度、五自由度模型后轮驱动模式的平衡点求取结果具有相似的变化特性规律，即固定纵向速度初值或驱动力矩不变的条件下，增大前轮转向角（左转与右转）可使汽车系统产生分岔，由稳定状态过渡到失稳状态，并且三自由度模型中增大纵向速度初值、五自由度模型后轮驱动模式中增大驱动力矩大小仍可使系统产生相似的稳定性质突变，充分说明了各模型的相似性与求解流程、求解结果的合理性。

10.3　不同模型的驾驶稳定区域分析

汽车系统稳定区域的求解同样是汽车系统操纵稳定性能分析控制的核心内容，依据稳定区域性质，通过改变系统输入可调节不同工况下汽车的稳定状态。目前对于稳定区域的求解多为由汽车状态变量所集成的状态稳定区域，Inagaki 的研究中从驾驶人的驾驶操作角度给出了更具有直观工程意义的驾驶稳定区域定义：汽车能够保持稳定行驶状态的驱动力矩和转向角幅值的驾驶输入组合值的集合，称为汽车驾驶稳定区域。

本节中将求解不同模型的驾驶稳定区域并进行比较分析，由于二自由度模型、三自由度模型中不包含驱动，且五自由度模型中驱动力矩大小是根据初始状态纵向速度求得的，为达到统一对比的目的，将驾驶稳定区域定义修正为：汽车能够保持稳定行驶状态的纵向速度初值和转向角幅值的驾驶输入组合值的集合，称为汽车驾驶稳定区域。驾驶稳定区域示意图如图 10.43 所示，图中阴影区域为所集成的驾驶稳定区域，"○"连线则为所求得的驾驶稳定区域边界。为直观清晰观测到对比图中驾驶稳定区域边界分布位置，后面将不再展示阴影图样，只展示稳定区域边界。但需要说明的是，所有涉及表达驾驶稳定区域特性图均具有同图 10.43 一致的表达意义。

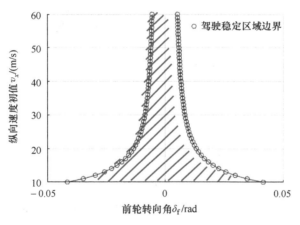

图 10.43 驾驶稳定区域示意图

前面基于遗传算法与拟牛顿法的混合算法求解了不同模型的平衡点，由非线性理论分析可知，汽车操纵稳定性模型产生动力学分岔是与平衡点性质紧密联系的。因此，本节仍基于遗传算法（GA）与拟牛顿法（QN）的混合算法求解不同模型产生平衡点分岔（个数改变）的纵向速度初值与前轮转向角幅值，确定分岔参数集，进而集成驾驶稳定区域。驾驶稳定区域求解流程如图 10.44 所示。

10.3.1 二自由度模型驾驶稳定区域求解与分析

基于二自由度模型，采用混合算法（遗传算法加拟牛顿法）求解纯滑移与混合滑移轮胎力条件下基于前轮转向角与纵向速度初值变化的系统平衡点，记录使系统产生动力学分岔的 (v_x, δ_f) 分岔点集合，确定驾驶稳定区域。其中，纵向速度初值与前轮转向角搜索范围分别为 $10 \sim 60 \text{m/s}$、$-0.06 \sim 0.06 \text{rad}$，二自由度模型分岔点见表 10.16，二自由度模型驾驶稳定区域如图 10.45 所示。

第10章 不同汽车操纵稳定性模型的动力学特征分析

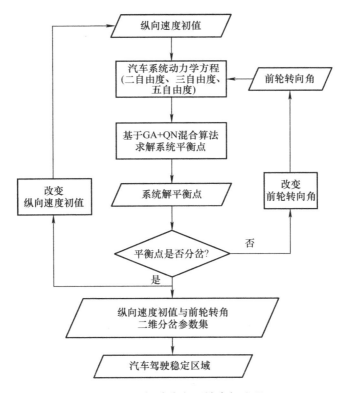

图 10.44 驾驶稳定区域求解流程

表 10.16 二自由度模型分岔点

纵向速度初值 /(m/s)	混合滑移前轮转向角/rad		纯滑移前轮转向角/rad	
	分岔点 1	分岔点 2	分岔点 1	分岔点 2
10	0.0413	-0.0413	0.0569	-0.0569
15	0.0202	-0.0202	0.026	-0.026
20	0.0132	-0.0132	0.0158	-0.0158
25	0.0101	-0.0101	0.0113	-0.0113
30	0.0084	-0.0084	0.009	-0.009
35	0.0074	-0.0074	0.0076	-0.0076
40	0.0068	-0.0068	0.0069	-0.0069
45	0.0063	-0.0063	0.0064	-0.0064
50	0.0059	-0.0059	0.006	-0.006
55	0.0056	-0.0056	0.0057	-0.0057
60	0.0054	-0.0054	0.0055	-0.0055

二自由度模型驾驶稳定区域求解结果表明：伴随纵向速度初值逐渐增加，系统

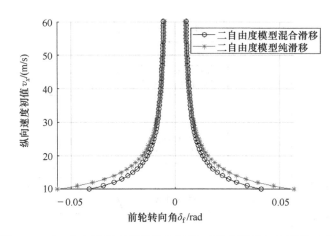

图 10.45 二自由度模型驾驶稳定区域（混合滑移与纯滑移对比）

产生动力学分岔（失稳临界）所对应的前轮转向角逐渐减小，这与汽车高速行驶时轻度转向即可较容易引起失稳的行驶稳定性质是相吻合的；同时，混合滑移条件下所求得的驾驶稳定区域边界数值小于纯滑移条件下求取的结果，同样与 2.2.3 小节中混合滑移轮胎力小于纯滑移轮胎力的试验结果是相呼应的，间接验证了二自由度模型驾驶稳定区域求解结果的正确性。

10.3.2 三自由度模型驾驶稳定区域求解与分析

采用相同的技术思路与求解方法对三自由度模型进行驾驶稳定区域求解，纵向速度初值与前轮转向角搜索范围仍分别为 10~60m/s、-0.06~0.06rad，三自由度模型分岔点见表 10.17，三自由度模型驾驶稳定区域，二自由度、三自由度模型驾驶稳定区域对比分别如图 10.46 和图 10.47 所示，图 10.47 的局部放大如图 10.48 所示。

表 10.17 三自由度模型分岔点

纵向速度初值/(m/s)	混合滑移前轮转向角/rad	
	分岔点 1	分岔点 2
10	0.0433	-0.0433
15	0.0208	-0.0208
20	0.0135	-0.0135
25	0.0102	-0.0102
30	0.0085	-0.0085
35	0.0075	-0.0075
40	0.0068	-0.0068
45	0.0063	-0.0063
50	0.0059	-0.0059
55	0.0056	-0.0056
60	0.0054	-0.0054

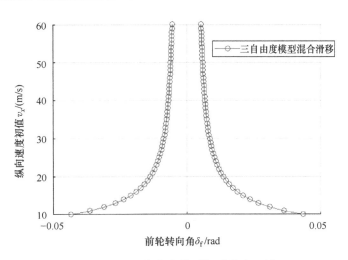

图 10.46　三自由度模型驾驶稳定区域

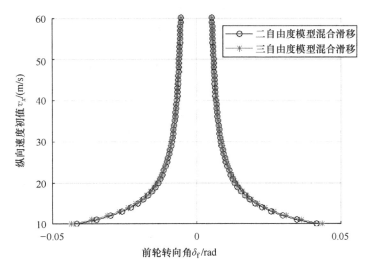

图 10.47　二自由度、三自由度模型驾驶稳定区域对比

三自由度模型的驾驶稳定区域呈现了与二自由度模型相一致的变化特性,也即纵向速度初值越大,汽车在转向行驶过程中越容易失稳,对比表 10.16、表 10.17 及图 10.47,当纵向速度初值取值在低速区（$v_x \leqslant 20\text{m/s}$）、中速区（$20\text{m/s} < v_x \leqslant 40\text{m/s}$）时,三自由度模型所求得的驾驶稳定区域略大于二自由度模型,稳定性能较好,同时,当纵向速度初值取值在高速区（$40\text{m/s} < v_x \leqslant 60\text{m/s}$）时,两种汽车操纵稳定性模型稳定性能差异并不大,驾驶稳定区域边界接近重合。

10.3.3　五自由度模型驾驶稳定区域求解与分析

五自由度模型中包含前后轮的驱动,因此将分别对前轮驱动（驱动力矩全部

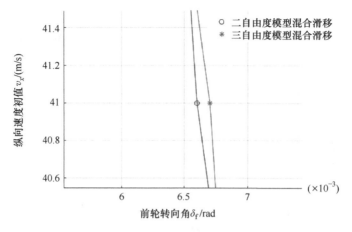

图 10.48　图 10.47 的局部放大

施加在前轮)、后轮驱动 (驱动力矩全部施加在后轮)、全轮驱动 (驱动力矩平均施加在前后车轮) 三种条件工况进行驾驶稳定区域求解,纵向速度初值与前轮转向角搜索范围仍分别为 10 ~ 60m/s、- 0.06 ~ 0.06rad,驱动力矩施加大小对应纵向速度初值按式 (2-9) 计算,取值范围为 7.0018 ~ 252.0637N·m。五自由度模型分岔点见表 10.18,五自由度模型驾驶稳定区域求解结果图 10.49 和图 10.50 所示。

表 10.18　五自由度模型分岔点

纵向速度初值/(m/s)	驱动力矩/N·m	前轮驱动		后轮驱动		全轮驱动	
		分岔点 1	分岔点 2	分岔点 1	分岔点 2	分岔点 1	分岔点 2
10	7.0018	0.0603	-0.0603	0.0603	-0.0603	0.0603	-0.0603
15	15.754	0.0272	-0.0272	0.027	-0.027	0.0271	-0.0271
20	28.0071	0.0165	-0.0165	0.016	-0.016	0.0163	-0.0163
25	43.7611	0.0121	-0.0121	0.0111	-0.0111	0.0116	-0.0116
30	63.0159	0.0102	-0.0102	0.0082	-0.0082	0.0091	-0.0091
35	85.7717	0.0096	-0.0096	0.0061	-0.0061	0.0078	-0.0078
40	112.0283	0.0097	-0.0097	0.0044	-0.0044	0.0069	-0.0069
45	141.7858	0.0103	-0.0103	0.0027	-0.0027	0.0063	-0.0063
50	175.0442	0.0112	-0.0112	0.0011	-0.0011	0.0058	-0.0058
55	211.8035	0.0118	-0.0118	—	—	0.0055	-0.0055
60	252.0637	0.0116	-0.0116	—	—	0.0052	-0.0052

图 10.49 和图 10.50 所示分别为不同纵向速度初值、不同驱动力矩变化下五自由度模型前轮驱动、后轮驱动、全轮驱动的驾驶稳定区域求解结果,驾驶稳定区域大小呈现前轮驱动大于全轮驱动大于后轮驱动的整体变化趋势,也即前轮驱动汽车

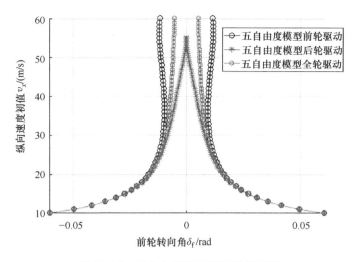

图 10.49 五自由度模型驾驶稳定区域

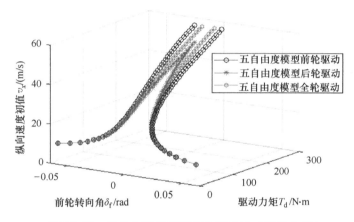

图 10.50 五自由度模型驾驶稳定区域（驱动力矩）

最稳定，全轮驱动汽车次之，后轮驱动汽车最不稳定，这与当前现有不同驱动模式的汽车所具有的稳定性能差异性质是一致的，进一步验证了平衡点求解与驾驶稳定区域求解的正确性。

为达到二自由度、三自由度、五自由度模型稳定特性差异（驾驶稳定区域）对比的目的，通过对分岔数据点以及图 10.51 所示驾驶稳定区域对比的分析可发现在中速区（$20\text{m/s} < v_x \leqslant 40\text{m/s}$）与高速区（$40\text{m/s} < v_x \leqslant 60\text{m/s}$）二自由度、三自由度模型驾驶稳定区域大小与五自由度模型全轮驱动模式下驾驶稳定区域大小近似相等，说明系统稳定性能差异不大。同时，在低速区（$v_x \leqslant 20\text{m/s}$）二自由度、三自由度模型驾驶稳定区域均小于五自由度模型驾驶稳定区域，由此可见，五自由度模型在低速区具有更好的操纵稳定性能。

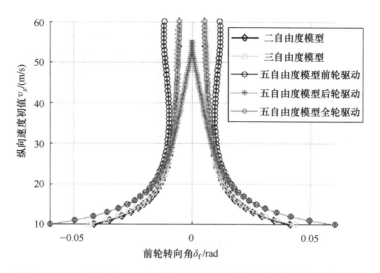

图 10.51　二自由度、三自由度、五自由度模型驾驶稳定区域对比

第 11 章　面向控制策略的驾驶稳定区域分析

11.1　直接横摆力矩控制与四轮转向控制

11.1.1　直接横摆力矩控制

常见的直接横摆力矩控制（DYC）方法有经典的线性反馈控制、最优控制、滑膜控制等。本书中选用应用较为成熟的线性反馈控制方法，直接横摆力矩计算表达形式为

$$M = h_r(\omega - \omega_e) \tag{11-1}$$

式中，ω 为汽车系统中实际车身横摆角速度；ω_e 为期望车身横摆角速度；h_r 为负实数常量，为达到较好的控制效果，本书中取 -10000。

汽车系统中选用的期望横摆角速度 ω_r 模型为

$$\omega_r = \frac{v_x/L}{1 + K v_x^2} \delta_f \tag{11-2}$$

式中，$L = l_f + l_r$，为前后轴距之和；K 为汽车稳定性因数。

$$K = \frac{m}{L^2}\left(\frac{l_f}{c_r} - \frac{l_r}{c_f}\right) \tag{11-3}$$

式中，c_f、c_r 分别为前后车轴等效侧偏刚度，可由表 9.2 中轮胎力参数计算求得，即 $c_{f,r} = B_{f,r} \times C_{f,r} \times D_{f,r}$。

为能够分析 DYC 下的非线性汽车操纵稳定性模型动力学特性变化，以及反映 DYC 是否具有能够保证汽车系统稳定的作用效果，选取特定工况进行验证。在汽车操纵稳定性模型中，假定起始运行工况为纵向速度 $v_x = 35\text{m/s}$、侧向速度 $v_y = 10\text{m/s}$、横摆角速度 $\omega = 1\text{rad/s}$，分别进行有无 DYC 的验证试验。

图 11.1～图 11.6 分别给出的是上述仿真试验起始运行工况下有无 DYC 的汽车系统相空间轨线及在 $v_y - \omega$ 平面投影、系统状态变量变化、系统能量变化、附加横摆力矩与车身运行姿态的对比。通过对比分析可知，无 DYC 下，汽车系统状态变量波动变化范围较大，车身姿态发生旋转，汽车呈现严重失稳状态，反之在有 DYC 的汽车系统中，相轨线变化范围较小，状态变量中侧向速度与横摆角速度无限接近于一非零常值，汽车能够稳定行驶。需要说明的是，由于 DYC 的作用，汽车系统源于制动的影响，纵向速度应该减小，但试验结果中，纵向速度变化并无明显减小趋势，这是由于短时间内的瞬态变化过程存在较大部分的侧向动能、横摆动

能转化为纵向动能,因此即使存在制动干扰,纵向速度仍旧变化不大。同时系统能量的大量减少仍可间接说明制动作用的存在。

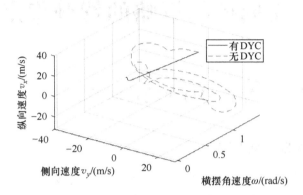

图 11.1　相空间轨线对比

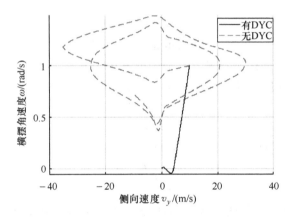

图 11.2　相空间轨线在 v_y - ω 平面投影对比

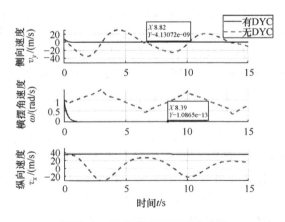

图 11.3　系统状态变量变化对比

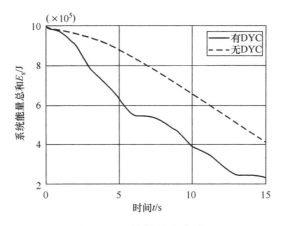

图 11.4 系统能量变化对比

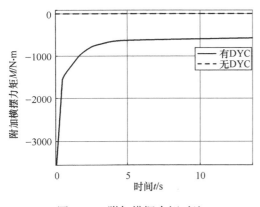

图 11.5 附加横摆力矩对比

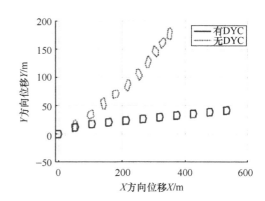

图 11.6 车身运行姿态对比

11.1.2 四轮转向控制

四轮转向控制与直接横摆力矩控制不同的是，四轮转向控制的目标为保证汽车转向行驶过程中车身侧偏角为无限接近于 0 的较小值（车身侧偏角为 0 时为期望最优控制目标）。自 20 世纪 90 年代日本首先提出四轮转向控制理念起，至今发展较为成熟的主要包括线性比例控制四轮转向、反馈控制四轮转向、最优控制四轮转向。

本节中选用经典的反馈控制四轮转向控制方法。汽车系统后轮转向角 δ_r 模型表达式为

$$\delta_r = -\omega(L/v_x - K_D) \tag{11-4}$$

式中，K_D 为系统参数，由汽车质量参数、轴距参数、后轮轮胎侧偏刚度决定。

$$K_D = \sqrt{\frac{2ml_f}{C_r}} \tag{11-5}$$

11.2 面向控制策略的驾驶稳定区域求解

选取全轮驱动模式的五自由度汽车操纵稳定性模型作为分析对象,将直接横摆力矩控制(DYC)、四轮转向控制(4WS)分别引入到汽车模型动力学方程中,同时分别按照图 10.44 所示的驾驶稳定区域求解流程完成面向 DYC、4WS 的五自由度汽车操纵稳定性模型全轮驱动模式驾驶稳定区域的求解。

对于单轨汽车模型,直接横摆力矩控制输出附加横摆力矩将作用于汽车模型方程组中的横摆维度,引入 DYC 后新的五自由度汽车动力学方程见式(11-6)。

$$\begin{cases} \dot{v}_y = -v_x\omega + \dfrac{F_{lf}\sin\delta_f + F_{sf}\cos\delta_f + F_{sr} - \mathrm{sgn}(v_y)C_yA_{Ly}\dfrac{\rho}{2}v_y^2}{m} \\ \dot{\omega} = \dfrac{(F_{lf}\sin\delta_f + F_{sf}\cos\delta_f)l_f - F_{sr}l_r + M}{I_z} \\ \dot{v}_x = v_y\omega + \dfrac{F_{lf}\cos\delta_f - F_{sf}\sin\delta_f + F_{lr} - \mathrm{sgn}(v_x)C_xA_{Lx}\dfrac{\rho}{2}v_x^2}{m} \\ \dot{\omega}_f = \dfrac{T_{df} - \mathrm{sgn}(\omega_f)T_{bf} - R_e\dfrac{F_{lf}}{2}}{J_\omega} \\ \dot{\omega}_r = \dfrac{T_{dr} - \mathrm{sgn}(\omega_r)T_{br} - R_e\dfrac{F_{lr}}{2}}{J_\omega} \end{cases} \quad (11\text{-}6)$$

同样,对于单轨汽车模型,4WS 作用下,将后轮转向角模型添加至五自由度汽车操纵稳定性模型中,引入 4WS 后新的五自由度汽车动力学方程见式(11-7)。

$$\begin{cases} \dot{v}_y = -v_x\omega + \dfrac{F_{lf}\sin\delta_f + F_{sf}\cos\delta_f + F_{sr}\cos\delta_r + F_{lr}\sin\delta_r - \mathrm{sgn}(v_y)C_yA_{Ly}\dfrac{\rho}{2}v_y^2}{m} \\ \dot{\omega} = \dfrac{(F_{lf}\sin\delta_f + F_{sf}\cos\delta_f)l_f - (F_{sr}\cos\delta_r + F_{lr}\sin\delta_r)l_r}{I_z} \\ \dot{v}_x = v_y\omega + \dfrac{F_{lf}\cos\delta_f - F_{sf}\sin\delta_f + F_{lr}\cos\delta_r - F_{sr}\sin\delta_r - \mathrm{sgn}(v_x)C_xA_{Lx}\dfrac{\rho}{2}v_x^2}{m} \\ \dot{\omega}_f = \dfrac{T_{df} - \mathrm{sgn}(\omega_f)T_{bf} - R_e\dfrac{F_{lf}}{2}}{J_\omega} \\ \dot{\omega}_r = \dfrac{T_{dr} - \mathrm{sgn}(\omega_r)T_{br} - R_e\dfrac{F_{lr}}{2}}{J_\omega} \end{cases} \quad (11\text{-}7)$$

11.2.1 面向 DYC 的五自由度模型全轮驱动模式驾驶稳定区域求解

对引入 DYC 的五自由度模型［式（11-6）］全轮驱动模式进行驾驶稳定区域求解，纵向速度初值与前轮转向角搜索范围分别为 10～60m/s、-0.08～0.08rad，驱动力矩施加大小对应纵向速度初值按式（2-9）计算，取值范围为 7.0018～252.0637N·m，引入 DYC 的五自由度模型全轮驱动模式系统分岔点见表 11.1。

表 11.1 引入 DYC 的五自由度模型全轮驱动模式系统分岔点

纵向速度初值/(m/s)	驱动力矩/N·m	五自由度模型全轮驱动模式前轮转向角/rad			
		分岔点1（有 DYC）	分岔点1（无 DYC）	分岔点2（无 DYC）	分岔点2（有 DYC）
10	7.0018	0.0737	0.0603	-0.0603	-0.0737
15	15.754	0.0407	0.0271	-0.0271	-0.0407
20	28.0071	0.0262	0.0163	-0.0163	-0.0262
25	43.7611	0.0188	0.0116	-0.0116	-0.0188
30	63.0159	0.0149	0.0091	-0.0091	-0.0149
35	85.7717	0.0125	0.0078	-0.0078	-0.0125
40	112.0283	0.0109	0.0069	-0.0069	-0.0109
45	141.7858	0.0098	0.0063	-0.0063	-0.0098
50	175.0442	0.0089	0.0058	-0.0058	-0.0089
55	211.8035	0.0082	0.0055	-0.0055	-0.0082
60	252.0637	0.0076	0.0052	-0.0052	-0.0076

图 11.7 和图 11.8 所示为面向 DYC 的五自由度模型全轮驱动模式下的驾驶稳定区域，图 11.9 所示为五自由度模型全轮驱动模式驾驶稳定区域与面向 DYC 的系统驾驶稳定区域对比，通过观察比较图 11.9 和表 11.1 中相同条件工况的分岔点数

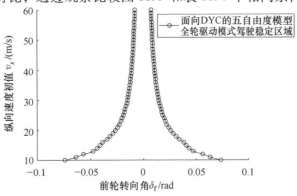

图 11.7 面向 DYC 的五自由度模型全轮驱动模式驾驶稳定区域（纵向速度初值）

据,可以发现 DYC 作用下的五自由度模型驾驶稳定区域明显增大,相同纵向速度初值(驱动力矩)下汽车驾驶能够具有较大的转向空间,行驶更为稳定。

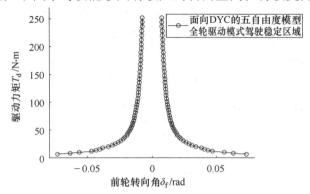

图 11.8　面向 DYC 的五自由度模型全轮驱动模式驾驶稳定区域(驱动力矩)

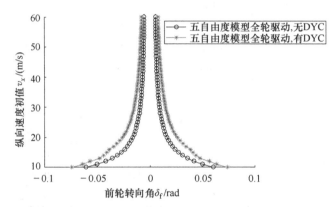

图 11.9　五自由度模型全轮驱动模式驾驶稳定区域与面向 DYC 的系统驾驶稳定区域对比

11.2.2　面向 4WS 的五自由度模型全轮驱动模式驾驶稳定区域求解

采用相同的控制条件按照图 10.44 中求解流程对引入 4WS 的五自由度模型[式(11-7)]全轮驱动模式进行面向 4WS 的驾驶稳定区域求解,纵向速度初值与前轮转向角搜索范围分别为 10 ~ 60m/s、 − 0.08 ~ 0.08rad,所求得五自由度模型驾驶稳定区域分岔点见表 11.2。

表 11.2　引入 4WS 的五自由度模型驾驶稳定区域分岔点

纵向速度初值/(m/s)	驱动力矩/N·m	五自由度模型全轮驱动模式前轮转向角/rad			
		分岔点 1(有 4WS)	分岔点 1(无 4WS)	分岔点 2(无 4WS)	分岔点 2(有 4WS)
10	7.0018	0.0609	0.0603	− 0.0603	− 0.0609
15	15.754	0.0276	0.0271	− 0.0271	− 0.0276

（续）

纵向速度初值/(m/s)	驱动力矩/N·m	五自由度模型全轮驱动模式前轮转向角/rad			
		分岔点1（有4WS）	分岔点1（无4WS）	分岔点2（无4WS）	分岔点2（有4WS）
20	28.0071	0.0167	0.0163	-0.0163	-0.0167
25	43.7611	0.0119	0.0116	-0.0116	-0.0119
30	63.0159	0.0094	0.0091	-0.0091	-0.0094
35	85.7717	0.0079	0.0078	-0.0078	-0.0079
40	112.0283	0.007	0.0069	-0.0069	-0.007
45	141.7858	0.0064	0.0063	-0.0063	-0.0064
50	175.0442	0.0059	0.0058	-0.0058	-0.0059
55	211.8035	0.0056	0.0055	-0.0055	-0.0056
60	252.0637	0.0053	0.0052	-0.0052	-0.0053

图 11.10～图 11.12 所示分别为面向 4WS 的五自由度模型全轮驱动模式驾驶稳定区域以及五自由度模型全轮驱动模式驾驶稳定区域与面向 4WS 驾驶稳定区域的对比，图 11.13 所示为图 11.12 的局部放大。通过对比表 11.2 中分岔点数据可知，4WS 控制作用效果虽没有 DYC 作用效果明显，但驾驶稳定区域仍呈现增大现象，说明 4WS 的作用效果仍是有效的，同时再一次验证了驾驶稳定区域求解流程、求解方法的正确性。

以上将 DYC、4WS 引入汽车操纵稳定性模型的驾驶稳定区域求解分析，一方面，获取了面向控制策略后汽车系统的驾驶稳定区域扩大范围，完成了控制作用效果的定量化评价，另一方面，可为汽车行驶稳定性安全技术的开发提供相关技术指引和理论依据。

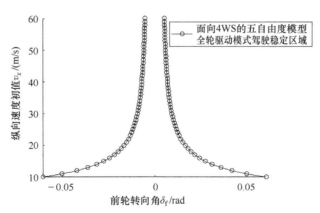

图 11.10 面向 4WS 的五自由度模型全轮驱动模式驾驶稳定区域（纵向速度初值）

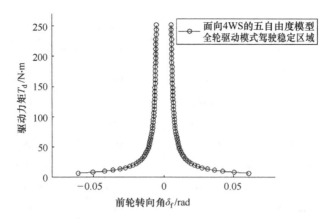

图 11.11　面向 4WS 的五自由度模型全轮驱动模式驾驶稳定区域（驱动力矩）

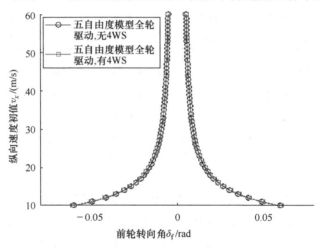

图 11.12　五自由度模型全轮驱动模式驾驶稳定区域与面向 4WS 的驾驶稳定区域对比

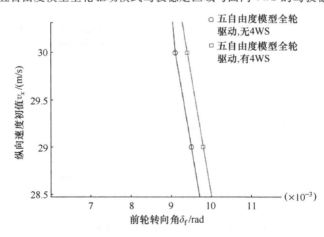

图 11.13　图 11.12 的局部放大

11.3 面向控制策略的驾驶稳定区域求解验证

控制策略（DYC、4WS）的引入，扩大了汽车操纵稳定性模型原有驾驶稳定区域的范围，本节中将对所求得的面向控制策略后的汽车操纵稳定性模型驾驶稳定区域进行有效性验证，完成控制策略作用特性评价的同时仍能够验证驾驶稳定区域求解流程的有效性。在 CarSim 中建立整车模型，在 MATLAB/Simulink 工具箱中搭建控制策略结构（控制器），基于联合仿真验证不同驾驶控制输入［纵向速度初值（驱动力矩）与前轮转向角］下的汽车系统驾驶稳定性。

11.3.1 CarSim 整车模型

本书中采用 CarSim 软件，版本为 CarSim2017，在 CarSim 中建立五自由度汽车操纵稳定性模型，整车模型中需设置车身参数、行驶路面、空气动力学（空气阻力）、轮胎力学四部分，转向角与全轮驱动模式纵向速度初值（驱动力矩）将在 Simulink 中设置输入模块以接口形式传输给 CarSim 整车模型。

车身参数的设置以 CarSim 中 E-Class，SUV 2017 车型为基础模型，并按照五自由度汽车操纵稳定性模型参数进行修改，CarSim 整车模型车身参数设置如图 11.14 所示。

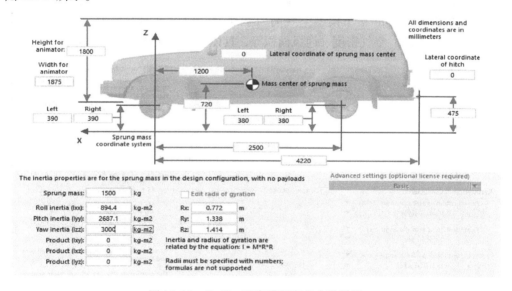

图 11.14　CarSim 整车模型车身参数设置

五自由度汽车操纵稳定性模型中，地面附着摩擦系数为 $\mu = 0.3$，在 CarSim 中设置大小为 $2km^2$ 的等附着摩擦系数行驶路面，如图 11.15 所示。

CarSim 中汽车行驶过程所受到的空气阻力计算首先需要自主定义空气动力学参

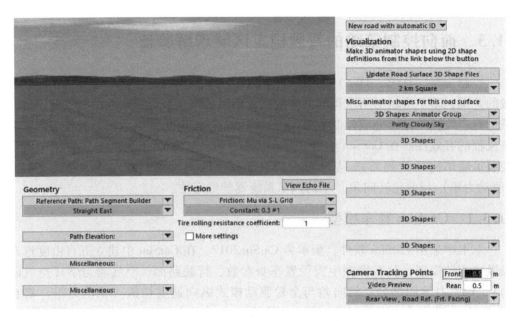

图 11.15 CarSim 整车模型行驶路面参数设置

考点(SAE 中规定为汽车前后轮距参考长度中间部位),以此来替代汽车风压中心,并在软件内部将风压中心处所受空气阻力转化为质心处所受空气阻力,即整车所受空气阻力。因此,CarSim 整车模型空气动力学部分需要设置的参数为:参考点坐标、汽车前后车轮轴距、空气密度、迎风面积等,具体参数设置如图 11.16 所示。

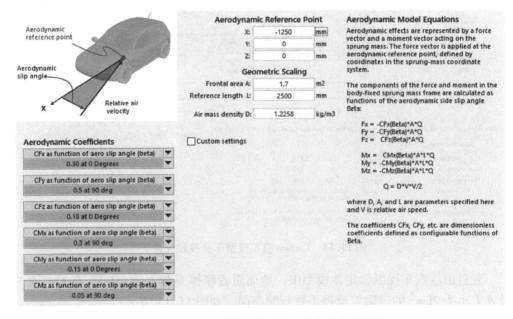

图 11.16 CarSim 整车模型空气动力学参数设置

对于整车模型中的轮胎力学模型，本书中采用具有非线性特性的魔术公式轮胎力模型作为基础模型展开研究，同样，CarSim 内模型库中轮胎模型仍具有非线性特性，选用 265/75 R16 尺寸子午线轮胎，如图 11.17 所示。

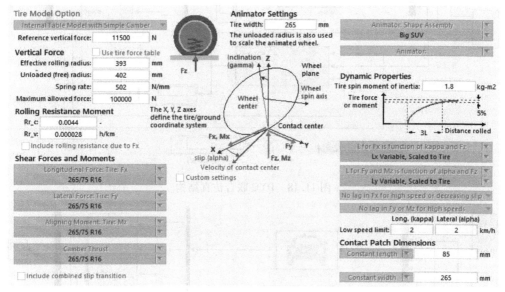

图 11.17　CarSim 轮胎力学模型

11.3.2　联合仿真结构

在 MATLAB/Simulink 工具箱编辑环境中搭建包含 DYC、4WS 控制器的联合仿真结构，包括输入模块 ［前轮转向角输入与纵向速度初值（驱动力矩）输入］、CarSim 整车模型模块、DYC、4WS 控制器模块、单位转换模块，采用经典龙格 - 库塔四阶单步算法求解器，联合仿真同步求解定步长为 0.005s。

DYC 联合仿真结构如图 11.18 所示，整体数据流导向为：输入模块将前轮转向角与纵向速度初值传输给 CarSim 整车模型，同时整车模型将状态变量纵向速度、横摆角速度传送至 DYC 控制器结构单元，控制器通过计算判断是否输出附加横摆力矩作用于整车模型，维持整车系统稳定，形成闭环反馈结构。最终基于时间域的状态变量纵向速度、侧向速度、横摆角速度变化规律判定汽车是否失稳，以及 DYC 控制器是否有效。

4WS 联合仿真结构如图 11.19 所示，数据流导向为：输入模块将前轮转向角与纵向速度初值传输给 CarSim 整车模型，整车模型将状态变量纵向速度、横摆角速度传送至 4WS 控制器结构单元，控制器通过计算判断是否输出后轮转向角作用于整车模型，达到协调稳定目标，形成闭环反馈结构。同样最终基于时间域的状态变量纵向速度、侧向速度、横摆角速度变化规律判定汽车是否失稳，以及 4WS 控制器作用效果。

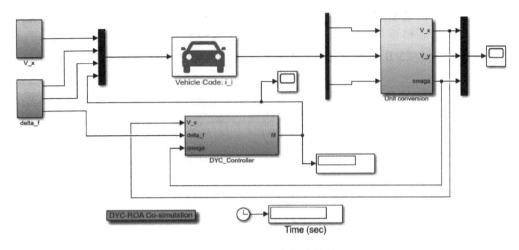

图 11.18　DYC 联合仿真结构

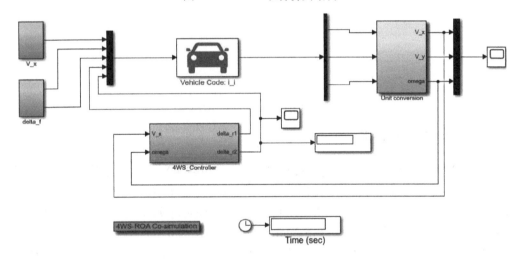

图 11.19　4WS 联合仿真结构

11.3.3　面向控制策略的驾驶稳定区域验证

1. 面向 DYC 的驾驶稳定区域求解验证

在五自由度全轮驱动模式下所求取的驾驶稳定区域与面向 DYC 的系统驾驶稳定区域对比（图 11.9）中选取不同前轮转向角、纵向速度初值（对应不同驱动力矩）的驾驶输入组合，即试验点 1、试验点 2、试验点 3，进而通过单点试验验证面向 DYC 的驾驶稳定区域求解的正确性。试验点的选取位置满足转向正负（左转与右转）、高中低速区皆有分布，如图 11.20 所示。

依据所选取试验点的物理意义与选点位置，试验点取值与预计在该点处的系统稳定性性质见表 11.3。

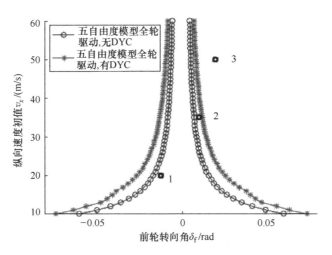

图 11.20 DYC 仿真测试试验点

表 11.3 试验点取值与预计在该点处的系统稳定性性质（面向 DYC）

序号	纵向速度初值/(m/s)	驱动力矩/N·m	前轮转向角/rad	预计五自由度模型全轮驱动状态稳定性	
				有 DYC	无 DYC
1	20	28.01	-0.012	稳定	稳定
2	35	85.77	0.0106	稳定	不稳定
3	50	175.04	0.02	不稳定	不稳定

图 11.21~图 11.24 所给出的是试验点 1 在 15s 内的仿真试验结果，汽车在整个运动过程中，DYC 下状态变量侧向速度、横摆角速度均小于无 DYC 时侧向速度、横摆角速度数值，且纵向速度减小更为明显，这与前面所讨论的结果现象相吻合，DYC 控制器是具有一定作用效果的，符合预期。试验点 1 在有无 DYC 下，侧向速度、横摆角速度均无较大范围波动变化，此时的汽车系统运动状态皆为稳定。

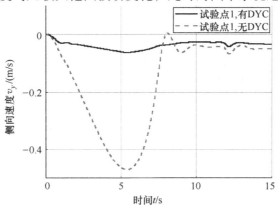

图 11.21 试验点 1 有无 DYC 侧向速度对比

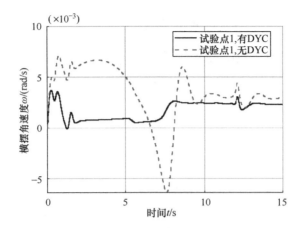

图 11.22　试验点 1 有无 DYC 横摆角速度对比

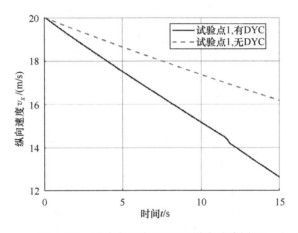

图 11.23　试验点 1 有无 DYC 纵向速度对比

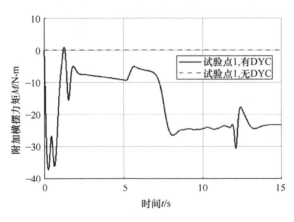

图 11.24　试验点 1 系统附加横摆力矩

保持相同的控制条件参数,图 11.25~图 11.28 所给出的是试验点 2 的仿真结果,通过分析可发现无 DYC 的汽车系统,状态变量纵向速度、侧向速度在正负之间往复振荡,横摆角速度急剧增加,汽车发生急剧加速、减速、激转甚至倒退等一系列失稳状态行为,而汽车系统存在 DYC 时侧向速度、横摆角速度在短时间内可近似保持在一稳定非零常值,系统呈现稳定状态,对比结果同样说明了 DYC 的控制作用效果有效性,同时也能够表明驾驶稳定区域的求解合理性和正确性。

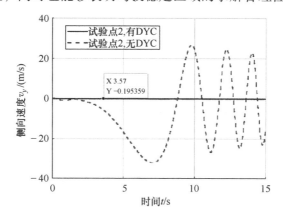

图 11.25 试验点 2 有无 DYC 侧向速度对比

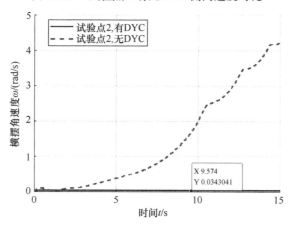

图 11.26 试验点 2 有无 DYC 横摆角速度对比

图 11.29~图 11.32 则分别为试验点 3 条件下的汽车系统仿真结果,无 DYC 的汽车系统仍呈现失稳运动状态,存在 DYC 时,系统横摆角速度能够控制在较小范围内变化,但依然在一定程度上达到了实际行驶过程中令驾驶人与乘客不适的阈值,同时侧向速度也在随着时间的推移而逐渐增大,因此此时存在 DYC 的汽车系统仍可判定为失稳状态。不可否认的是 DYC 控制器存在一定的作用,但并不能够完全"纠正"所有工况下的汽车运动状态行为,一定程度上来说其控制作用是有局限的。

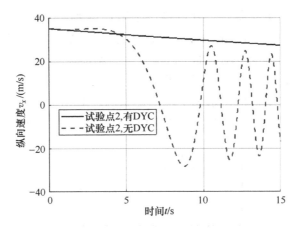

图 11.27 试验点 2 有无 DYC 纵向速度对比

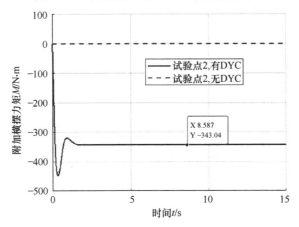

图 11.28 试验点 2 系统附加横摆力矩

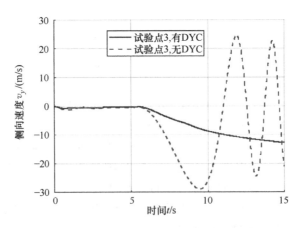

图 11.29 试验点 3 有无 DYC 侧向速度对比

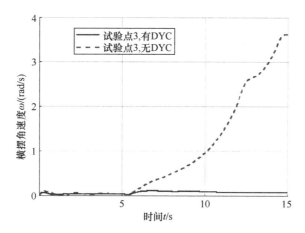

图 11.30　试验点 3 有无 DYC 横摆角速度对比

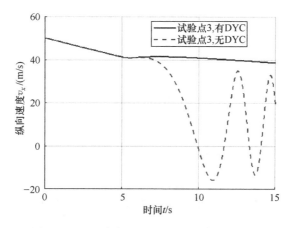

图 11.31　试验点 3 有无 DYC 纵向速度对比

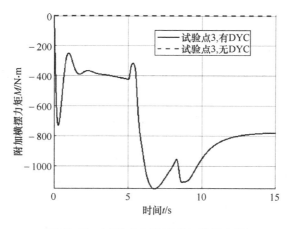

图 11.32　试验点 3 系统附加横摆力矩

2. 面向4WS的驾驶稳定区域求解验证

为验证面向4WS的策略下驾驶稳定区域求解的正确性，同样在4WS作用下驾驶稳定区域求解结果（图11.12）中选取不同前轮转向角、纵向速度初值（对应不同驱动力矩）的驾驶输入组合试验点1、试验点2，如图11.33所示，再次通过单点试验验证面向4WS的驾驶稳定区域求解的正确性。

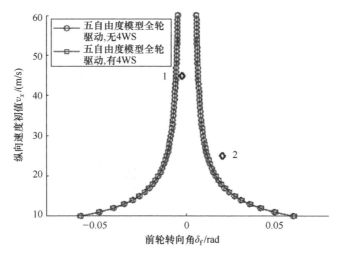

图11.33 4WS仿真测试试验点

依据所选取试验点的物理意义与选点位置，试验点取值与预计在该点处的系统稳定性性质见表11.4。

表11.4 试验点取值与预计在该点处的系统稳定性性质（面向4WS）

序号	纵向速度初值/(m/s)	驱动力矩/N·m	前轮转向角/rad	预计五自由度模型全轮驱动状态稳定性
1	45	141.79	-0.003	稳定
2	25	43.76	0.02	不稳定

图11.34～图11.37所表达的是4WS作用下所求解的汽车操纵稳定性模型驾驶稳定区域中所选取工况试验点的仿真结果对比验证，结果中可清晰观察到，试验点1的汽车运行纵向速度、侧向速度、横摆角速度均处于小范围内变化，呈现稳定转向运行状态，试验点2各项观测指标变化范围很大，超出稳定行驶预期，呈现失稳状态。汽车在试验点1、2的工况下行驶稳定性质符合表11.4中预计结果，进一步验证了面向4WS的驾驶稳定区域求解正确性。

以上基于两种不同控制策略针对汽车操纵稳定性模型驾驶稳定区域求解结果进行了联合仿真试验验证，结果完全符合预期，说明了控制策略可提升汽车转向行驶稳定性，同时也可侧面验证前面平衡点、驾驶稳定区域求解方法、流程、结论的正确性。

第11章 面向控制策略的驾驶稳定区域分析

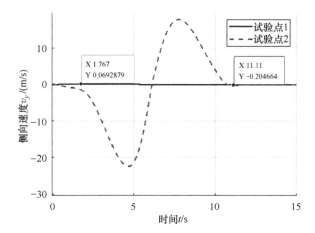

图 11.34 试验点 1、2 侧向速度对比

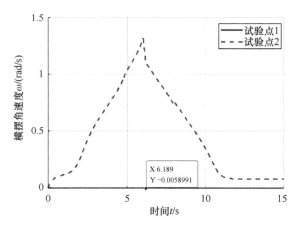

图 11.35 试验点 1、2 横摆角速度对比

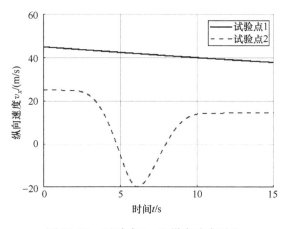

图 11.36 试验点 1、2 纵向速度对比

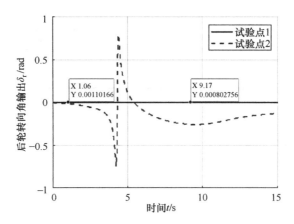

图 11.37　试验点 1、2 后轮转向角输出对比

第二篇　交通运行建模与仿真

第12章　绪　　论

12.1　背景

　　交通运输是人类社会发展的重要驱动力，也是经济增长和社会福祉的重要支撑。随着城市化和工业化的进程，交通需求不断增加，交通系统也日益复杂和多元化。如何有效地分析、评价和优化交通运行状况，提高交通系统的效率、安全性和可持续性，是交通科学与工程领域面临的重大挑战和热点问题。为了解决这一问题，交通运行建模与仿真技术应运而生，成为一种强有力的工具和方法。

　　交通运行建模与仿真技术是指利用数学模型、计算机软件和试验设备等手段，对交通运行过程进行抽象、描述、模拟和分析的技术。它可以从微观、宏观或中观等不同层次，从人、车、路等不同角度，对交通运行的各个方面进行深入研究，揭示交通运行的规律和机理，评估交通运行的性能和影响，探索交通运行的改进和优化方案。近年来，随着计算机技术、人工智能技术、大数据技术等的发展和应用，交通运行建模与仿真技术也取得了一系列的进展和创新。然而，随着交通系统的复杂性和动态性不断增加，以及用户需求和社会环境的不断变化，传统的理论和方法不能满足当前交通运行建模与仿真技术的发展需求，需要进行进一步的创新和拓展，以适应新的交通运行特征和场景。具体而言，在以下几个方面存在着较大的研究空间和挑战：

　　针对交通安全态势评估，现有的研究在揭示人－车－路复杂系统风险产生机理和实现统一的量化评估方面面临一些困难。当前的研究主要集中在行车环境认知和态势评估领域，存在一些局限性。基于汽车运动学的算法模型在简单性和易于理解性方面表现出色，但在适应复杂的道路工况上存在一定的挑战。这些模型往往假设道路环境相对简单和可预测，难以准确反映复杂道路状况下的风险。基于碰撞概率的算法可以考虑到环境感知和行为不确定性，但在处理不确定性建模时存在一定的限制。这些算法的不确定性建模精度有限，难以全面准确地描述人－车－路系统中的风险。基于机器学习等数据驱动方法的风险评估算法在精度上表现尚可，但对数据的完备性有较高的要求，同时缺乏可解释性。这使得难以深入理解评估结果的依据，从而限制了算法的应用和扩展。

综合分析来看，虽然目前已存在一些评估指标，这些指标能够方便获取并易于理解，但它们并不能完全准确地描述驾驶人行为、汽车状态、道路状况和环境特征对行车风险态势的综合影响。这也导致这些评估方法无法全面反映行车状态之间的内在转化规律的问题，从而限制对系统运行风险动态演化机制的深入解析。

为了解决这一问题，需要从人－车－路闭环系统的视角出发，综合考虑驾驶人、汽车和道路环境等多个要素之间的相互作用机理。这样的研究可以揭示人车、车车和车路之间的相互作用及碰撞事故的致因机制，全面了解不同要素之间的相互影响。此外，人－车－路闭环系统中的不确定性问题，也是当前研究中需要解决的关键问题之一。驾驶人行为的不确定性、汽车状态的不确定性以及道路环境的不确定性，都会对行车风险产生影响。因此，必须准确描述和建模这些不确定性的特征，以更好地评估系统运行风险。最后，挖掘统一的系统运行风险动态演化机制，并建立相应的态势评估方法，是当前研究亟待解决的技术瓶颈。通过综合使用数据、模型和算法等多种工具，可以更好地理解系统中风险的动态演化过程，并提供准确的风险评估和预测方法。

12.2　研究现状分析

12.2.1　公路线形安全性评价的研究

目前，国内外对公路线形的安全性评价方法主要有基于交通事故预测模型、公路设计一致性、驾驶人工作负荷、汽车动力学仿真的公路线形安全性评价。

1. 交通事故预测模型

基于事故预测模型的公路线形安全性评价是通过调查获得事故数（率），然后建立事故数（率）与公路线形几何要素的关系，来预测公路路段的安全水平。

Aram 建立了公路线形指标与事故数量之间的回归关系，研究表明平曲线的曲率、长度等对事故数有显著的影响。Zhao 用灰色聚类法对平纵组合线形路段的安全性进行评价，建立了平纵组合线形与交通安全关系的判别模型。邓晓庆利用 BP 神经网络建立关于几何线形指标（平曲线半径、偏角、坡度等）和交通量的高速公路事故预测模型，图 12.1 展示了由事故预测模型得到的事故率与实际事故率的差距。孟祥海针对事故率与几何线形指标、交通量之间复杂的非线性关系，建立了 Elman 神经网络事故预测模型，由图 12.2 可知，事故率与平曲线半径成反比。马聪采用负二项回归模型和非线性负二项回归模型建立了交通事故数预测模型，分析了曲率、坡度等因素对交通事故的影响程度。

此类方法通常需要收集大量数据，要考虑气候、交通量等交通事故的影响因

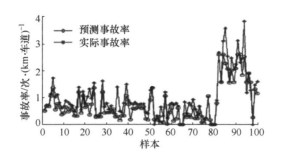

图 12.1　实际事故率与预测事故率图

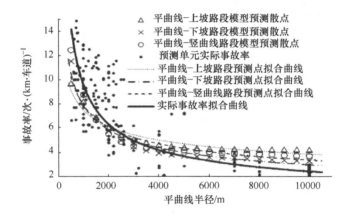

图 12.2　平曲线半径与事故率的关系

素，且对于不同类型的公路，预测精度会不同。

2. 公路设计一致性

公路设计一致性可以定义为驾驶人的期望值与公路线形的几何特征的匹配程度。因此，具有良好一致性水平的公路是指其特征与驾驶人期望非常相似的公路。一致性差意味着可能会增加车祸发生的可能性。公路设计一致性研究集中在三个主要领域：运行速度、汽车稳定性、线形指标。

（1）运行速度

评估公路设计一致性最常用的标准基于 Gibreel 提出的运行速度评估，运行速度通常定义为汽车样本的第 85 百分位速度，并通常使用运行速度预测模型获得。然而，最常用的公路一致性评估方法是由 Lamm 基于平均事故率提出的，Lamm 提出了两个与运行速度相关的设计一致性标准，包括设计速度与运行速度之间的差异以及相邻路段上运行速度之间的差异。表 12.1 总结了标准 Ⅰ 和标准 Ⅱ 的一致性阈值。国内主要是针对不同路段建立运行速度的预测模型来对公路线形的安全性进行评价。图 12.3 所示为由运行速度预测模型得到的预测运行速度变化图，图 12.4 所示为运行速度与设计速度之差。

表 12.1　标准Ⅰ和标准Ⅱ的一致性阈值

一致性评级	标准Ⅰ/(km/h)	标准Ⅱ/(km/h)
好	$\|v_{85}-v_d\|<10$	$\|v_{85i}-v_{85i+1}\|<10$
较好	$10\leqslant\|v_{85}-v_d\|<20$	$10\leqslant\|v_{85i}-v_{85i+1}\|<20$
较差	$\|v_{85}-v_d\|\geqslant 20$	$\|v_{85i}-v_{85i+1}\|\geqslant 20$

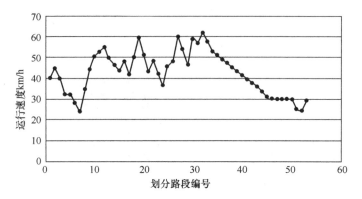

图 12.3　预测运行速度变化图

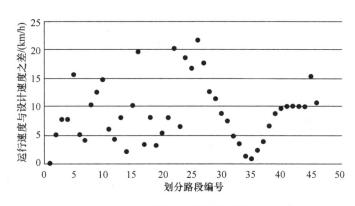

图 12.4　运行速度与设计速度之差

运行速度可以通过实测或者是建立受力平衡方程式获取，通过实测获取运行速度得到的预测模型适用性较低；建立受力平衡方程式获取运行速度的方法忽略了驾驶人等因素的影响。

(2) 汽车稳定性

汽车稳定性标准是指假定公路可提供的侧向摩擦和驾驶人要求的侧向摩擦之间的差异。

(3) 线形指标

线形指数是对路段线形总体特征的定量测量。线形指标主要包括平均半径 (AR)、最大与最小半径之比 (RR)、平均垂直曲率 (AVC) 以及定义为单个水平曲线半径与整个截面平均半径之比的 CRR。FHWA 研究发现平均半径、单个水平曲线半径与整个截面平均半径之比、平均垂直曲率与事故率有显著的关系。

该方法很难得出公路线形与交通事故频率之间的关系，且理论分析结果与实际结果之间的差距还未知。

3. 驾驶人工作负荷

基于驾驶人工作负荷（简称驾驶负荷）的公路线形安全性评价是通过驾驶人的生理指标来对公路线形的安全性进行评价。

林声将心率变异值表征驾驶负荷，建立了关于坡度、坡长和车速的驾驶负荷模型，由图 12.5 可以看出，驾驶负荷随坡度的增大而增加。Xie 进行了正交设计的驾驶模拟试验，研究发现平曲线半径、坡度会显著影响驾驶人工作负荷。王进州以心率增长值和脉搏血容为驾驶人生理负荷指标，并建立驾驶负荷指标与平曲线转角的回归模型，分析了它们之间的关系。徐进分析了坡度对踏板力的影响，建立了心率增长率 H 与踏板力的回归模型，揭示了纵坡路段驾驶负荷的形成机制，图 12.6 所示为加速踏板力与心率增长率变化直方图。

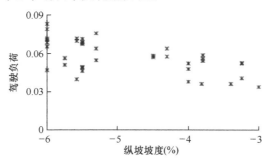

图 12.5 驾驶负荷与纵坡坡度的关系图

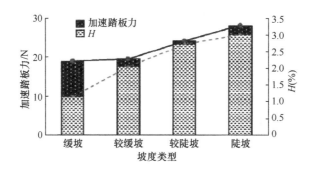

图 12.6 加速踏板力与心率增长率变化直方图

此方法通常采用不同的评价指标体系来反映驾驶负荷。

4. 汽车动力学仿真

基于动力学仿真模型的公路线形的安全性评价主要通过动力学软件、驾驶模拟器以及实车试验等获取与交通安全相关的指标来对公路线形的安全性进行评价。

徐进建立了人-车-路 ADAMS 动力学仿真模型，模拟了汽车在道路上的行驶状况，检验道路的几何线形指标是否在汽车动力学安全范围内，据此来评价公路线形的安全性。任秀欢选取侧向加速度、垂直荷载等动力学指标作为公路安全评价指标，采用 EICAD 和多体动力学软件 ADAMS/Car 建立人-车-路模型，并对公路安全性进行评价。但是该方法把汽车当作刚体，在建模和分析中，对汽车非线性动力学特征的考虑不够深入。

Chen 提出了一种基于故障树理论的公路线形安全评价方法，在 CarSim 中建立人-车-路仿真模型来检验评价方法的准确性；Lei 考虑驾驶人典型的驾驶模式，利用 CarSim 软件对路段的设计参数之间的协调关系进行仿真，提出了一种新的线形设计方法，图 12.7 与图 12.8 表示了道路纵坡坡度与行驶轨迹偏差的关系，由图中可以看出，道路纵坡坡度越大，车辆行驶轨迹偏差越大。该评价方法仅是通过对汽车动力学参数进行分析来对公路几何指标进行评价，并未给出能使汽车安全运行的线形指标阈值。龙铭谦采用八自由度驾驶模拟器对山区高速公路行车进行了仿真，对山区高速公路的行车安全进行评价。

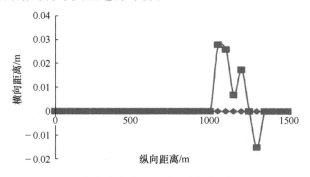

图 12.7　纵坡坡度为 4% 时的车辆行驶轨迹偏差

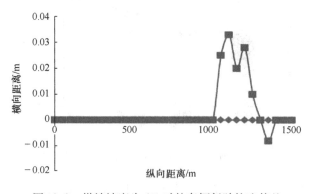

图 12.8　纵坡坡度为 6% 时的车辆行驶轨迹偏差

12.2.2 道路交叉口状态感知及配时优化研究

1. 信号交叉口运行状态评价

交叉口是车辆、非机动车、行人的交汇点,作为道路交通的咽喉,其运行状态与通行能力直接影响到整个道路网络的运行效率与承载能力。实际上,由于交叉口的交通状态以及拓扑结构较为复杂,其内部不同方向的车流、人流容易出现相互干扰、冲突的现象,引起交通秩序混乱,发生交通拥堵,降低整个道路交通系统的运行效率。现有的研究表明,路网中超过50%的交通拥堵的发生位置都集聚在交叉口或者其附近区域,交叉口延误已成为限制道路交通运行效率的瓶颈区域。

(1) 交叉口运行状态评价指标

信号交叉口的运行状态评价可以有效地感知交叉口存在的延误问题。作为信号交叉口配时优化和组织结构调整的依据与前提,交叉口运行状态评价是缓解交通拥堵的重要研究课题之一。图 12.9 所示为国内交叉口运行状态评价的研究进展,可以看出,近 20 年来,交叉口运行状态评价研究一直是信号交叉口的重要研究内容。

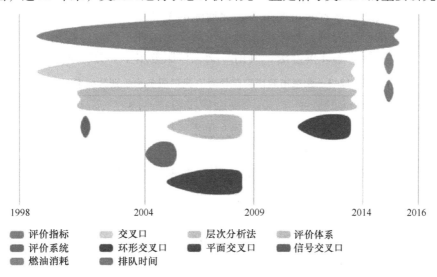

图 12.9 国内交叉口运行状态评价的研究进展

根据国内外学者相关研究,信号交叉口运行状态的评价指标主要包括:通行时间、停车等待时间、排队长度、交通流量、延误、停车次数等。据估计,交通信号引起的交通延误占全球所有延误的5%~10%,信号交叉口平均延误时间几乎可以占据全程行车时间的30%以上。按照车辆的通行过程,信号交叉口延误类型可以分为:车辆排队延误、通行延误、停车等待延误以及控制延误等。不同国家对交叉口延误-服务水平的量化标准存在差异,美国的《道路通行能力手册》将交叉口不同服务水平划分了六个等级:A、B、C、D、E、F,对应不同等级延误的范围。

日本按照车流量与通行能力的比值来划分交叉口服务水平的评价等级。我国对于信号交叉口运行状态评价研究起步略晚，现阶段所采用的信号交叉口的服务水平标准以美国的服务水平标准为基础，并结合我国实际交通情况设定新的阈值区间，见表12.2。

表12.2 延误-服务水平

服务水平等级	每车的延误/s	服务水平等级	每车的延误/s
A	≤10	D	36~55
B	11~20	E	56~80
C	21~35	F	>80

为了充分地量化对信号交叉口运行状态的感知，在以延误为信号交叉口运行状态的评价指标的基础上，国内外许多学者探究了评价信号交叉口运行状态的补充方法，完善了现有的评价标准，实现了对信号交叉口服务水平的全面感知。从出行者主观的感知角度出发，停车时长、停车次数、排队长度对信号交叉口的服务水平的影响较大。从交通管理者的角度来看，交通流的饱和度对服务水平影响较大。以北京市政研究院的研究为例，其考虑了城市道路交通的拥挤程度，提出了基于饱和度影响的交叉口运行状态评价方法，其信号交叉口服务水平划分标准见表12.3。

表12.3 北京市政研究院信号交叉口服务水平划分标准

服务水平等级	1	2	3	4
交通流的饱和度	≤0.5	0.6~0.9	0.8~1.0	1
损失时间/s	≤30	30~40	40~50	>50
红灯时长/s	≤50	≤100	≤150	>150
使用者感受	通畅	趋于饱和	混乱	阻塞

（2）基于网格模型交通参数提取研究

随着交通数据源的多样化及交通数据量的日益增长，利用数据驱动的方式评价交叉口运行状态已成为交叉口领域的研究热点之一，交通大数据已经成为分析交叉口延误问题的重要手段。传统的交通数据源主要来自于固定传感器，例如：交叉口视频监控数据、微波数据、感应线圈数据。然而，固定传感器在数量和覆盖范围上存在局限性，无法全面覆盖交叉口影响范围的上下游区域，无法全局式感知交叉口运行状态。随着移动传感器和通信技术的发展，配备全球定位系统（Global Position System，GPS）设备的车辆出现为全局式感知信号交叉运行状态提供了新的契机，即浮动车数据（Floating Car Data，FCD）。浮动车可以看作是无处不在的移动传感器，通过跟踪车辆运行轨迹，实时收集整个道路网的交通数据并传输到数据中心，以高效的数据采集频率探测道路交通的运行脉络，进而可以突破固定传感器的空间限制。对比固定传感器数据，FCD具有三大优势：一是它可以采集实时数据，并自动传递给数据中心提取交通特征；二是 FCD 的覆盖范围比固定传感器数据要大得多，可以实时地检测大部分路网中交叉口的运行状态；三是它能够以较低的成本收集到高质量的交通数据。这些优点都促使 FCD 逐渐成为交通研究中主流数据源。

现阶段很多研究利用地图匹配技术和地理信息系统（Geographic Information System，GIS）技术从浮动车数据中提取交通参数。然而，将这些技术应用于交叉口时会存在两个主要障碍：一是地图匹配是公认的复杂而耗时的工作，这导致将海量的 FCD 匹配至大范围交叉口成为一个挑战性的工作；二是高质量和及时更新的电子地图不易获取，匹配的准确性不能得到保障。因此，尽管浮动车提供了道路交通网络的重要信息，但目前仍然缺乏可以快速地、有效地提取交叉口区域交通特征的方法。为了弥补这项空白，提出了网格模型，该模型具有三个主要功能：一是网格模型可以将信号交叉口区域离散化，从而实现快速地、精准地匹配浮动车数据；二是基于网格模型的模糊 C 均值聚类方法，可以界定信号交叉口的影响区域；三是依据网格模型的序列顺序可以识别浮动车的轨迹方向。依据上述的三个功能，利用网格模型可以快速扫描出整个城市路网的交叉口，提取交通特征参数，实现准确地、快速地感知交叉口的运行状态。

（3）交叉口信号配时参数的计算方法

针对信号交叉口的延误问题，有必要制定延误诊断方案，实现自动诊断和分析交叉口延误的原因。在制定延误诊断方案时需要获取信号配时参数，然而大范围区域交叉口的实际信号配时参数并不容易获取。一是，在大城市中有成千上万的信号灯，采用人工调查的方法需要消耗巨大的人力成本和时间成本。二是，信号配时参数的信息往往是非公开的数据，由于保密协议或其他因素，直接从相关机构获取大范围的交叉口信号配时数据的可能性很小。三是，一些城市的交通管理部门没有对全部的交叉口信号配时参数进行在线采集、整理和更新。因此，为了克服这些困难，基于浮动车辆数据，利用统计推演和特征聚类的新方法精确地估算交叉口信号配时参数。本书提出的方法具有三个明显的优点：一是单车道或双车道、是否超车、二次排队等交通场景对本书算法的结果影响较小。二是采用数理统计推演技术可以对不连续的轨迹数据的周期长度和配时方案进行估算，估算方法具有简单、高效、精度高等优点。三是本书采用高频率、高精度、数量大的浮动车数据保障了估算方法的准确性。

2. 信号交叉口交通参数预测

交叉口延误已经成为造成交通拥堵、限制交通效率的重要因素。为缓解交通延误，预测信号交叉口的短期运行表现，制定具有前瞻性的管控策略，提升交叉口的运行效率是十分必要的。然而，由于交叉口交通条件较为复杂，传统的预测方法难以刻画交叉口未来交通的时空特征。大数据技术和深度学习模型的发展为应对这一挑战提供了契机。信号交叉口的运行状态预测已经引起了国内外学者的广泛关注，通过预测交叉口不同的交通特征参数可以刻画交叉口未来运行表现。现阶段，交通状态预测方法可以分为两类：一类是基于参数模型的预测方法，另一类是基于数据驱动的模型预测方法（包括传统机器学习方法和深度学习方法）。

(1) 基于参数模型的预测方法

经典的基于参数的模型方法包括：指数平滑法、自回归滑动平均模型（ARIMA）及自回归滑动平均模型的变型，这些都是常见的参数模型方法。虽然，基于参数的预测模型在交通特征变化规律较强的情况下具有良好的性能。但是，大多数参数模型的预测性能表现会受到实际数据的缺乏、计算资源不足和严苛的理想假设的限制。

(2) 传统机器学习方法

与基于参数模型的预测方法相比，数据驱动的模型预测方法放宽了输入的假设限制，模型的结构和参数更加灵活，可以从交通状态参数的时序数据中挖掘出潜在的规律。机器学习模型的鲁棒性更强，处理异常数据、缺失数据、噪声数据的泛化能力更强。传统的机器学习模型中的卡尔曼滤波（Kalman Filter，KF）模型、K-临近算法（K-Near Neighbor）模型、支持向量回归（SVR）模型、人工神经网络（ANN）模型，都是典型的数据驱动的模型算法。虽然 ANN 在识别历史交通数据的潜在特征规律方面取得了一定的成果，但是 ANN 模型存在两个缺陷：一是单层的感知器模型在处理复杂的非线性的交通问题时能力不足；二是多层感知器（MLP）的权值参数不容易训练。为了弥补 ANN 模型的缺陷，Dougherty 和 Cobbett 提出利用 BP 神经网络（Back-Propagation Neural Network，BPNN）预测交通速度和占用率，并取得了很好的结果。虽然上述机器学习模型在交通参数预测中取得了一些的成果，但在预测大范围交叉口的交通时空特征数据时，模型性能仍有很大的提升空间。

(3) 深度学习方法

随着数据存储和处理技术的飞速发展，传统机器学习模型在处理多源性、体量大的交通数据时，表现出了疲软性。为了预测交通参数的时空相关性，交通预测方法正逐渐由非线性模型向深度学习模型方向转换。通过图 12.10 所示的深度学习的研究方向和学科渗透，可以看出深度学习方法已经成为现阶段的研究热点，并在 2014 年以后呈现出井喷式的发展。深度学习方法在交通领域的应用已经成为学者们关注的重点。

结合本书的研究内容，从以下五个方面对深度学习模型进行阐述，分别是时间相关性方面、空间相关性方面、空间拓扑结构方面、模型结构方面、融合深度学习方面。

1) 在时间相关性方面，循环神经网络（Recurrent Neural Network，RNN）展现了它在预测交通参数方面的独特优势。相比于 BP 神经网络，RNN 模型内部具有储存结构，在处理交通时序数据时，具有更好的预测性能。虽然 RNN 模型在预测

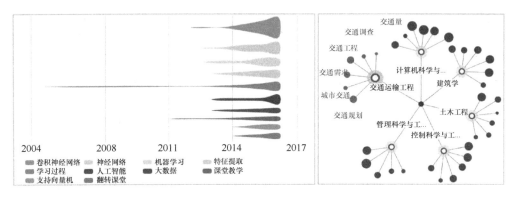

图 12.10 深度学习的研究方向和学科渗透（见彩插）

短期交通参数时取得了一些成果，但是在执行长期交通参数的预测任务时，极容易出现梯度消失、信息丢失的现象。为了克服这些缺点，长短期记忆（Long – Short Term Memory，LSTM）网络模型被提出，并应用于交通状态预测。与传统 RNN 相比，LSTM 的独特的"门"结构促使其在长期的时间序列数据预测方面更具优势，能够对不同的时间粒度的交通状态进行精准的预测，这使得 LSTM 模型在交通状态预测领域得到了广泛的应用。门控循环单元（Gate Recurrent Unit，GRU）模型是 LSTM 模型的一个比较出名的变型，GRU 不但具备与 LSTM 模型相同的预测功能，而且 GRU 更简洁的模型结构促使其在训练过程中收敛速度更快。然而，无论是 LSTM 模型还是 GRU 模型都无法直接学习交通状态的空间特征。

2）在空间相关性方面，卷积神经网络（Convolutional Neural Network，CNN）是一种比较成熟的空间特征提取方法，现已经在交通领域诸如视频识别、驾驶行为识别、交通流空间特征提取、自动驾驶目标检测等方面得到了应用。虽然 CNN 模型可以提取道路网中的静态的空间特征，但是 CNN 模型无法刻画交叉口内部和交叉口之间的拓扑结构。

3）在空间拓扑结构方面，道路网可以看成点和线的集合，交叉口是其中的关键节点。图卷积神经网络（Graph Convolutional Neural Network，GCNN）的出现可以有效地提取复杂的道路网的拓扑结构特征。

4）在模型结构方面，更深层次的模型结构可以提取更多的道路网特征。然而，模型结构层数越深，越容易遇到梯度爆炸和消失的现象。残差网络（Residual Network，ResNet）的出现有效地缓解了梯度消失问题。ResNet 已经成功应用于交通预测，如交通流预测、交通需求预测、交通标识识别等。然而，据我们所知，ResNet 用于预测交叉口的交通参数的研究是很少的。

5）在融合深度学习方面，为了充分发挥深度学习模型各自的专长，融合深度学习模型被提出来，用于预测交通状态的时空特性，例如 ConvLSTM（Convolutional LSTM Network）、CNN – LSTM 融合模型、GCNN – GRU 模型。此外，为了合理分配融合模型变量的权重,注意机制(Attention Mechanism)被提出,用于探究变量对预测值的影响程度,实现自动捕获、分配模型的权重值。现阶段,一些研究已经成功地将注意力机制应用于交通预测,为模型变量设置合理的权重值。然而,上述研究中,仍然还存在一些不足:一是在预测交通状态时,仅选取单一变量,没有考虑环境天气变量的影响,也没有分析交通变量时空特征的耦合关系;二是即使考虑了多个变量,但是却没有考虑各自变量对预测值的影响程度,仅用主观的方式对融合层的变量权重进行分配。

(1) 多任务融合深度学习算法

信号交叉口的交通状态较为复杂,仅选取单一的交通特征无法实现对信号交叉口运行状态的全景式刻画。然而,在现有的研究中,大部分短时交通预测研究都采用单任务学习(Single Task Learning, STL)模型。值得注意的是,STL 模型存在两个局限性:一是每次只能执行一次预测任务,并且每个任务之间都是相互独立的;二是执行任务时需要重新构建模型和训练模型,呈现出单程端到端的模型结构,如图 12.11a 所示。在面对大范围交叉口运行状态预测任务时,由于该任务一般是多维目标预测的复杂问题,通常包括交通速度、通行时间、交通流、交通延误等预测目标,现有研究经常将该问题分解为简单且相互独立的子任务来处理,再合并子任务的预测结果,得到初期任务的最终结果。这样的做法不但忽略了交通预测任务之间的关联信息,而且任务执行效率较低。实际上,交叉口交通特征参数之间具有很强的关联性,同一个变量的不同空间和时间特性以及不同变量之间的关联性都在直接或间接地影响着预测结果。相比单任务学习,多任务学习(Multi Task Learning, MTL)(图 12.11b)模型具有以下优势:

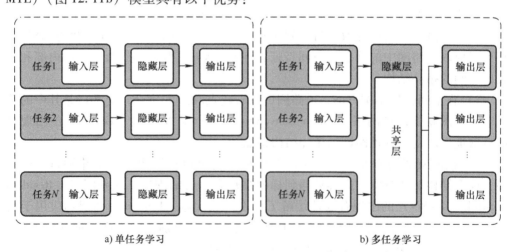

a) 单任务学习　　　　　　　　　　b) 多任务学习

图 12.11　单任务学习模型与多任务学习模型对比

1) MTL 结构存在一个共享层,通过挖掘子任务之间的相关性信息,不但可以减少网络过拟合现象,而且可以提升泛化效果。

2) MTL 在梯度反向传播过程中,由于不同子任务的局部最小值所处的位置不同,各任务之间通过相互作用,避免了陷入局部最优的现象。

3) MTL 可以同时学习多个任务,在相同硬件条件下,不但节省了计算资源,而且提升了学习效率,缩短了训练时间。

（2）信号交叉口交通参数预测

本节的数据源是浮动车数据,它可以为信号交叉口运行状态提供精准的速度信息和通行时间信息。其中通行速度是反映信号交叉口运行状态的直观变量,通行时间是描绘信号交叉口运行状态的过程变量。根据上述模型的介绍,为实现同时预测信号交叉口的通行时间和速度,本书构建多任务融合深度学习模型完成预测任务：一是挖掘通行时间和速度的时空特征规律,对通行时间和速度进行相关分析,提高模型的可解释性和准确性；二是考虑信号交叉口的各进口道之间的关联信息,通过GCN 模型提取大范围交叉口区域的拓扑结构特征；三是将天气环境变量引入至模型的输入变量组；四是利用注意机制对模型中变量之间的权重进行合理分配。

3. 信号交叉口配时优化方法

随着人工智能技术和物联网技术的兴起,国内外学者又开始重新审视交叉口信号配时优化的老话题。相比于以往的研究,现阶段可以获取更加丰富的交通数据源,刻画交叉口运行状态的信息更为详细,交通流在信号交叉口时空分布的特征提取和演化规律的推演变得更加容易,这为信号配时优化方案提供了有力的数据支持。计算资源逐渐丰富,越来越多的模型应用于信号配时方案,为信号配时优化方案提供了更加有效的理论方法,促使信号配时优化方案逐渐趋向于最优策略。

（1）交叉口信号控制方案现状

现阶段,交通信号控制主要包含三种基本类型：固定配时信号控制、感应信号控制和自适应信号控制。

固定配时方案利用历史数据来确定信号配时策略并实行离线控制,现在已经广泛适配于常见的信号配时系统,例如：TRANSYT、SYNCHRO 和 MAXBAND。值得注意的是,固定配时方案受离线程序的限制,难以应对实时的、动态的、多变的交通流,直接引起非必要的交通延误。

为应对实时多变的交通流,交通工程师在道路上铺设感应线圈,用于检测车辆运行信息,当设定的时间区间内检测到车辆的通行信息时,对应相位的绿灯时间也随之延长,从而实现感应信号控制。虽然感应控制方案弥补了固定配时方案不够灵活的缺陷,但是感应信号控制方法容易陷入局部最优策略的困境中,不易实现全局最优的控制策略。此外,感应控制方案在硬件方面额外增加了控制成本,如控制设备成本、施工维护成本等。

自适应交通信号控制方案是通过采集实时的交通数据与信号转换的多维布尔值相结合来构建动态的信号相位控制方案,并根据实时的交通状态制定合适的信号相位序列和相位持续时间。近年来，自适应信号控制由于具有高灵活性、强适应性的优势，已经逐渐成为信号配时研究的主流方向。在优化模型算法方面，随着现阶段计算能力的不断增强，一些算法诸如模糊逻辑算法、人工神经网络、免疫网络算法和遗传算法都被应用于自适应控制方案中。虽然基于启发式算法的信号配时优化方案在交叉口复杂多变的交通流的研究中已经取得了一些成果，但是也存在一些局限性，譬如计算过程中容易遇到计算量大、参数调校困难、耗时长等现象。

根据自适应控制类型，可以分为：感应式信号控制策略、线上优化控制策略、修正频率控制策略。感应式信号控制是根据上游确切的交通需求做出是否延长当前绿灯信号的决策。其中最典型的感应式控制系统是现代化车辆驱动优化系统（Modernized Optimized Vehicle Actuation，MOVA）。然而，该系统的缺点是控制决策仅考虑了当前绿灯相位的交通需求，而忽略了其他方向的交通需求，无法实现全局优化。线上优化控制方法是通过对实时交通状态和未来交通状态的检测，利用模型预测法制定信号控制方法。其主要的控制模型包括：交通流控制模型、Petri 网络模型控制方法。其中最典型的两个控制系统是 SCOOT 系统和 SCATS 系统，它们在一定程度上提高了信号控制的效率。然而，这两个系统均采用宏观交通流模型，容易导致通过交叉口详细的交通信息缺失，无法精准地实现交通控制。修正频率控制方法采用滚动控制策略，每几秒钟就可进行一次控制方案的调整，以保证在规划的周期内实现信号交叉口的最优控制。修正频率控制方法具有优化速度显著的特点，甚至每 0.5s 就可以制定一次决策。此外，该方法也成功应用于现有的系统中比如：OPAC、PRODYN、RHODES、COP 等系统，实现对信号交叉口的有效控制。值得注意的是，强化学习方法（Reinforcement Learning，RL）是滚动控制策略的重要算法，强化学习方法具有较强的灵活性，可以适应多变的交通状态。它以持续变化的交叉口状态信息为输入变量，以降低累计延误为目标，通过对交通流特征的不断学习，动态地制定交通信号控制的最优策略，提高信号交叉口的通行效率。

（2）强化学习理论应用现状

近些年，强化学习的理论研究得到了快速的发展，其中用于制定信号配时优化方案的研究已经取得了一些成果。与传统的启发式算法不同，强化学习算法摒弃了固定式方程和理想化假设的限制。在对信号配时方案进行优化时，强化学习算法以降低延误为优化目标，通过不断与交通环境进行交互，持续更新自身参数和积累经验，使奖励最大化，最终生成最优信号配时的控制策略。通常强化学习包括三个部分：环境状态、动作空间、动作的奖励值。本研究的环境状态为信号交叉口，动作空间指的是信号相位转化的集合，动作的奖励值是交叉口的累计延误。

值得注意的是，单纯地依靠强化学习算法制定信号配时优化策略仍然存在缺陷，因为信号交叉口内部交通流较为复杂，所提取的交通状态呈现出连续性、数量大的特点，需要较大的状态空间，但是有限的计算资源无法囊括全部的交通状态。

（3）深度强化学习在信号交叉口的应用

2013年，深度强化学习（Deep Reinforcement Learning，DRL）方法被谷歌DeepMind团队提出，引发了利用深度强化学习解决交通问题的热潮。深度神经网络被用来处理大量的环境状态，构建了许多深度学习与强化学习相结合的模型。近年来，不断有新的深度强化学习模型被提出，通过Open AI Spinning Up项目对深度强化学习模型进行初步分类，如图12.12所示。

图12.12 深度强化学习模型分类和代表性文献

其中，有模型学习是指在模型构建的过程中，决策过程的状态、动作、转移函数、奖励值均为已知，即智能体可以模拟出于环境相同的状态。但是现实的交通环境中，交通状态转移的概率、奖赏函数很难获取，甚至交通环境中的状态数量也是未知的，这种不依赖交通环境建模的方法为无模型学习。然而，DQN基础算法存在收敛效率低、易出现过拟合现象等问题。现有的研究大多基于理想的交叉口交通环境进行仿真实验，空间状态的提取方法大多基于均匀的离散交通状态编码技术，并未考虑实际的交叉口的影响范围；虽然智能体经过训练后都可以获取较优的信号配时方案，但在经验回放过程中忽略了样本的采样效率和时序特征等问题，导致模型收敛速度慢、收敛过程出现波动较大的现象。

在上述研究中的信号交叉口交通环境中，假设每一辆车的速度、位置、时间等信息都是已知的，就好像在现实交通环境中设置视频检测传感器、感应线圈传感器、微波传感器来获取车辆信息。然而，固定传感器有两个缺陷：一是传感器处于固定位置，无法实现对道路的大范围覆盖；二是传感器的成本较高，以悉尼自适应交通控制系统（SCATS）的感应线圈传感器和视频监控传感器为例，设备成本平均为2万~3万美元，每个交叉口的安装成本平均为2万美元，运行和维护成本每年每千米2.8万美元。本书采用的浮动车数据具有成本低、覆盖范围广的优点。值得注意的是，浮动车数据是样本型数据，在提取交通状态时只能提取到部分的交通状态，浮动车渗透率的大小也就成为模型稳定性的关键部分。因此，探究基于不同浮动车渗透率提取部分交通状态、构建深度强化学习模型亦成为本书的工作任务之一。

12.2.3　道路路段交通流状态识别与预测研究

1. 基于缺失或稀疏数据重建路段交通流参数

高质量的交通数据是分析交通流及其状态的基础。然而检测设备故障、传输或储存问题，以及检测设备布设间距等原因均会造成数据缺失或稀疏，导致交通状态分析结果误差较大。数据稀疏在本质上也是一种数据缺失。近年来，研究人员对如何修复缺失的交通流数据表现出了极大的兴趣。现有的研究主要基于以下三种数据形式：向量、矩阵和张量。

（1）基于向量形式的缺失交通流数据恢复

此类方法基于一维向量形式的交通流监测数据，依据其空间或时间上的相关性来恢复缺失部分。Gold 等根据高速公路交通流数据的特点对数据缺失的原因进行了分类，并采用核回归、多项式回归、线性插值等方法对缺失的数据进行修复。

基于交通数据空间相关性的分析，Conklin 等使用相邻车道的相似性来修复智能交通系统中缺失的交通流监测设备数据。Smith 等人分析交通数据的时间相关性，利用对应时间的历史数据平均值和前几天相邻时段数据的指数平滑值来修复缺失的交通流监测数据。

（2）基于矩阵形式的缺失交通流数据恢复

此类方法将交通数据整理成矩阵的形式，利用矩阵特性来修复缺失的数据。Kurucz 等人提出了一种利用矩阵范数最小化来代替秩函数最小化的低秩矩阵补全算法。Qu 等人利用贝叶斯主成分分析将交通流数据重构为矩阵。结果表明，该方法对低缺失率的数据修复是有效的。Tang 等人融合模糊 C‒均值聚类和遗传算法对基于矩阵形式的缺失数据进行修复，量化评价了在不同时间尺度上的修复效果。结果表明，融合模型具有显著的修复效应。赵建东采取二维线性时空插值微波车检数据，基于 K 近邻模式匹配法预测行程时间。陆百川等人提出了一种基于改进的多尺度主成分分析的数据修复模型，基于交通流数据的时空相关性特征，计算缺失数据的相关系数，估算其真实值。江雅倩提出了一种融合的缺失交通流数据填充算法，该算法基于矩阵低秩分解算法和支持向量回归（SVR）模型，以长沙市路网数据为基础，证明了所提方法的可行性。

（3）基于张量形式的缺失交通流数据恢复

多维张量形式的数据模型将向量和矩阵扩展到更高的维度。近年来，它在机器学习（聚类和降维）等领域迅速发展。该方法通过将交通流数据组织成张量来修复缺失的数据。Acar 等人提出了一种基于 CP 分解和梯度优化的算法，并证明该算法具有较高的灵活性。Silva 和 Herrmann 提出了一种基于层次 Tucker 分解的张量修复方法来修复缺失的地震数据。2013 年，Tan 等首次提出了基于张量的交通数据修复方法，分别构造了不同的数据缺失比例的交通数据集，对算法进行验证，结果表明，在缺失比例较大时所提方法仍可以获得较好的填充效果。随后，Tan 和 Ran 等又利用其他的几种缺失张量数据填充方法，基于构建的交通数据张量模型进行缺失数据修复的研究，基于各种缺失比例的填充实验结果，证明了基于张量的方法可有效地实现缺失交通数据的填充，并且在数据缺失比例大的情况下依旧可以取得较好的填充结果。

2. 交通子区划分算法

路网交通控制子区的概念是在 20 世纪 70 年代被提出的。城市中不同的空间区域被赋予了不同的功能特征，不同的城市区域路网规划结构不同，各区域内路网的交通流运行状态及特性也会有较大的差异。因此，在进行路网交通特性相关的研究时，首先需要制定一定的标准，并按照这一标准，采取合适的算法，将一个复杂且庞大的道路网络中特征相似的路段进行聚集，从而将一个异质性较大的路网，划分为多个同质性较强的子区域，以便于后期根据各个子区独有的交通流特性实施相应的控制优化方案。这便是路网控制子区划分研究的主要内容。在交通控制子区的研究历程中，早期主要依据路网交通组织渠化形式进行静态划分。随着机动车日益增多，为满足交通动态变化的需求，学者们开始研究如何将交通路网的动态变化特性加入至子区划分算法中。

近年来，已有一些考虑路网子区静态特性而展开的城市交通网络子区域划分算法的研究。例如，Ji 等在初始分割的基础上开发了一种合并算法，获得了网络的粗略分割，并设计了一种边界调整算法，通过减少链路密度的方差，同时保持集群的空间紧凑性，进一步提高了划分质量。Nikolas 等对路网历史交通流数据进行分析，采用密度来衡量路段间的相似性，并引入图像分割的思想对路网中路段进行子区划分。

虽然关于城市路网控制子区域划分的文献很多，但对控制子区域划分的研究主要是在静态模式下进行的。普通静态分区只针对某一时刻的路网分区问题。由于交通流具有很强的时变特性，前一时刻的静态划分在后一时刻不一定有效，每一时刻的完整静态划分被认为是一项计算密集型任务。由于城市路网交通流具有很强的动态特性，需要根据交通流在空间和时间维度上的相关性来划分子区域。有一些研究将交通网络静态分区研究扩展到了动态域。秦子雁利用仿真数据，以全天的路段密度来衡量道路运行的时空相似性，提出了基于宏观基本图和谱聚类算法的局部路网子区域划分算法。Wagner 等开发了两种启发式分区算法，利用定义的混合整数线性优化模型来找到具有统一交通水平的交通子区域。Kouvelas 等开发了一种用于异构交通网络周界控制的自适应优化方案，并通过非线性模型来描述划分的子区随时间变化的关系。Dong 等紧密结合路网交通动态特性，提出了基于宏观基本图（MFD）理论的交通子区域划分模型和关键控制区识别方法。Hu 等建立了基于交通状态数据的干线道路相邻交叉口之间定量相关性的相关度模型，选择基于密度的空间聚类应用程序和噪声算法对导出的相关指标进行聚类，以实现干线道路的控制子区划分。徐建闽等针对路网中不同状态的交叉口，考虑子区内交叉口的同质性和关联性，基于拥挤程度的不同，提出了路网动态分区方法。孙晨分析了 Whitson 模型、Whitson 改进模型、路径关联度模型三种模型的特点和适用性，选取局部路网，利用三种模型计算关联度，根据交通需求和关联度，运用层次聚类的方法将路网的交通流特性和路网的路径、转向比例等因素结合起来进行子区划分。

3. 路段交通状态识别算法

交通状态指的是道路上交通流的运行状态。交通状态识别算法以可以描述交通流状态的各种交通流参数为基础，采用机器学习算法，实现交通流状态的划分。交通状态的识别结果可作为交通诱导的依据，因此，交通状态识别算法的研究对于缓解交通拥堵、提升出行信息诱导服务水平和公众出行满意度来说，是十分必要的。在交通状态识别算法研究方面，虽然至今还未形成一致的交通状态划分标准，但国内外学者已经开展了广泛的研究。

在美国《道路通行能力手册》中，定义了服务水平来描述交通状态。其将交通状态划分为 6 个等级，制定了划分规则，通过采集道路路段的平均速度以及行程时间实现交通状态的划分。Hawas 首次指出道路交通状态具有模糊不确定的特性，可利用模糊逻辑来进行交通状态划分的研究。Hilmi 和 Mehmet 研究了多元聚类，以扩展交通流格局动态分类为目标，即动态分类和非层次聚类，研究结果对事件检测和控制具有实际应用价值。Ricardo 等使用 k – means 算法进行日常交通状态识别，选择流量、速度和占用率作为选定的指标。该方法将网络层的动态交通数据转换为伪协方差矩阵，采集路段之间的动态相关性。Yang 等利用交通速度数据集，采用基于奇异值分解（SVD）的非监督式学习分析方法对区域道路网的日交通状态变化进行分析，将传统的聚类问题转化为图划分问题，适用于在高维空间中提取具有多属性的交通变化模式。Cao 等提出了一种基于支持向量机的交通网络流量精确分类模型，实验结果表明，SPP – SVM 两类和多类分类器在分类精度、维数和时间上均优于传统的有监督机器学习算法，适用于实施交通状态分类。张帆提出基于遗传模拟退火算法（SAGA）和模糊 C 均值聚类算法（FCM），结合建立的 SAGA – FCM 算法，判别城市道路交通状态，验证表明平均正确率都在 95% 以上且运行时间小于 1s。王春娥根据当前城市主干路与次干路中常见检测器布设方式及数据采集特点，设计不同的输入参数，运用模糊聚类算法实现道路交通状态的识别。谢洪彬以城市道路中的交通状态为研究点，将交通流量、速度与占有率作为改进的 FCM 算法的模型输入，证明了改进 FCM 算法的准确性。又利用随机森林算法对未来时间的交通状态进行预测判别，准确率高达 91.1%。

4. 路段交通状态预测算法

交通状态预测的目的是根据当前和过去的交通信息，估计未来几秒到几小时的交通状况。短时交通流参数预测的研究有着广泛和长期的历史，其起源于20世纪80年代，随着智能交通系统研究而兴起。该领域的大部分研究集中在开发可以用于模拟交通特征（如流量、密度、速度、行程时间）的方法，并产生对未来交通状况的估计方法。算法研究方面，起初的研究从经典的统计视角（如ARIMA）出发，后来慢慢转向基于机器学习和神经网络的数据驱动建模技术。

目前交通流预测方法主要分为五类：基于统计理论的预测模型、基于非线性理论的预测模型、基于动态交通分配的预测模型和基于人工智能理论的预测模型。近年来统计理论方法的使用较少，基于人工智能理论模型预测方法较为常见。基于统计理论的方法计算复杂度低，操作相对简单，但在复杂情况下预测结果的鲁棒性和准确性不够。动态交通分配实际上是利用交通模拟和计算实验等计算机技术，基于交通模型和交通数据，对动态交通状况进行估计和预测的一种方法。该方法的理论分析是令人满意的，可以考虑各种复杂情况。然而，很难获得这种方法所需的路网数据。此外，该方法难以适用于大规模的路网。非线性理论预测方法通常使用混沌吸引子和相空间重构等概念和方法进行建模。这些方法突出了短期交通流预测和复杂交通系统非线性的特点，但模型计算较为复杂。基于知识发现的人工智能模型预测方法也是基于非线性预测的。该模型主要包括支持向量机方法、随机森林方法和人工神经网络方法。它具有较强的数据拟合能力和较高的预测精度。但是，需要的数据规模巨大，训练过程中参数的调整过程比较困难。因此，目前有许多研究集中于如何提高基于人工智能算法的短时交通流参数预测的精度。

交通流预测算法可分为参数方法、非参数方法和深度学习方法三类。参数方法包括时间序列模型、卡尔曼滤波模型、谱分析等。传统时间序列预测方法的原理是建立数学模型，外推其未来变化，利用预测对象的历史数据确定模型参数，包括确定性的和随机的时间序列预测。由于交通时间序列数据的随机性和非线性，基于线性关系的数学模型更加复杂，预测结果的准确性有待提高。近年来，研究人员逐渐将研究重点放在了非参数方法上，这种方法只需要建立一个简单的数学模型，然后使用真实世界的数据集来实现预测。非参数方法包括非参数回归、K近邻（K-NN）方法、支持向量回归、人工神经网络等。

路段交通流状态预测是一种典型的时空序列预测问题，它需要考虑交通数据的复杂性、动态性、非线性和不确定性等特点。传统交通预测方法（包括参数方法和非参数方法）虽然可以实现交通预测，但存在一些局限性。首先，特征工程需要大量专业知识和经验，且容易受到主观影响。其次，传统方法难以拟合交通数据中的复杂模式和非线性关系，缺乏灵敏度和鲁棒性。最后，它们往往忽略了交通数据中不同空间位置或时间步长之间的相关性和依赖性，导致模型准确性不足。

深度神经网络是一种基于多层神经元结构的机器学习模型，能够从大量的数据中自动学习抽象和高层次的特征表示，提高模型的泛化能力和预测性能。在交通预测领域，深度神经网络应用广泛，利用其强大的特征提取和非线性拟合能力，处理交通数据中的时空相关性和复杂模式。相较于传统方法，深度神经网络有以下优势：①深度神经网络可以从大量的交通数据中自动学习抽象和高层次的特征表示，避免特征工程的复杂性和主观性，提高模型的泛化能力和预测性能；②深度神经网络利用多层神经元结构和非线性激活函数，实现交通数据中复杂模式和非线性关系的拟合，捕获交通数据中的细微变化和异常情况，提高模型的灵敏度和鲁棒性；③深度神经网络可以利用反馈连接和注意力机制，实现对交通数据中的时空相关性和长期依赖性的处理，理解交通数据中的上下文信息和历史信息，提高模型的连贯性和准确性。

12.2.4 研究趋势分析

纵观公路安全评价方法的发展，虽然已经取得了重大成果，但是在有些方面还存在不足。基于交通事故预测模型、公路设计一致性、驾驶人工作负荷对公路线形的安全评价，注意力大多集中在公路线形对交通安全的影响，忽略了其他因素（如汽车、驾驶人）对交通安全的影响。基于汽车动力学仿真的公路线形安全评价虽然考虑了汽车的作用，但是有的忽略了汽车的非线性特征。

对于汽车非线性动力学的发展，虽然汽车的动力学模型在不断改进与完善，对于汽车操纵稳定性评价的方法也越来越多，但是这些方法仅考虑了汽车的影响，忽略了驾驶人与公路线形的影响，最后虽然得出了能使汽车安全运行的汽车动力学参数的阈值，但未能很好地与公路线形相结合。

基于汽车的非线性动力学在公路线形安全评价中的发展，仅是通过汽车动力学参数来对公路安全性进行评价，道路专家可能难以理解动力学参数，最后并没有落到公路线形上，未考虑公路线形几何参数对汽车动力学的影响。

在基于缺失或稀疏数据重建交通流参数的研究方面，一维向量高度依赖历史信息，需要一段时间或空间内稳定的交通流数据。因此，它不能使用数据丢失后收集的信息。此外，如果数据在较长时间内丢失，修复结果的误差就会很大。虽然二维矩阵充分利用了交通流数据的时空相关性特征，但受限于二维数据的特性，不能同时利用交通流数据的多模式相关性，导致修复精度较低。近年来，高维张量模型在数据修复方面得到了广泛的关注，并取得了一定的进展，特别是在交通流缺失数据的修复方面。

在交通子区域划分算法的研究方面，目前已有的算法可分为静态算法和动态算法两类。静态算法主要基于路网的地理集合特征进行交通子区的划分，忽略了交通系统的动态特性，无法精确地表达各种因素在子区划分过程中的重要程度。动态算法考虑到城市路网交通流具有很强的动态特性，根据交通流在空间和时间维度上的相关性来划分子区域，主要的方法包括聚类算法和启发式算法。启发式算法可在一定量的数据缺失情况下，依然可以进行子区划分，但其往往只能得到局部最优的子区划分结果，与实际的子区有较大偏差。聚类算法的运算效率高，但其计算结果容易受到初始值的干扰，具有一定的波动性，且无法处理数据缺失的情况。

在交通状态识别算法的研究方面，目前主要集中在两个方面：一是可表征道路交通状态的交通流参数的选取；二是交通状态划分算法的研究。目前，常选取的交通流参数有平均行驶速度、行程时间指数、延误时间比、服务水平等。基于不同的数据源可方便获取的交通流参数不同，目前大多的交通状态识别研究使用的是固定监测器数据，基于浮动车数据的研究较少。在算法研究方面，考虑到交通状态的模糊特性，目前主要利用模糊数学理论识别交通状态。

在短时交通流参数预测算法的研究方面，道路上交通流状态的演变是一个复杂的非线性过程，其不仅在时间上受路段本身的交通流演化规律的影响，而且还在空间上受到相邻路段的影响。传统的机器学习算法如神经网络、支持向量机等浅层机器学习模型，在有限样本条件下，预报效果较好；但面对高维海量交通数据时，改进算法虽考虑了交通流时空间特性，但受处理参数维数限制，对高维复杂函数的表达能力有限，泛化能力受到制约。现有的机器学习算法不能完全挖掘出交通流特征的本质。深度学习模型，如 LSTM，可以帮助我们有效地学习和抓住内在的复杂特征，在没有先验知识的情况下预测交通流。利用深度学习算法挖掘交通流规则成为交通状态预测的方向。

12.3　本篇的研究内容

本篇首先重点分析了人－车－路系统模型对公路线形安全性评价的影响。随后，建立了低等级公路弯坡路段动力学设计模型并对相应的设计指标进行分析。在此基础上，研究了交叉口运行状态感知、交通参数预测以及自适应配时优化方法。此外，本篇还关注路网浮动车数据的采集与处理分析，并介绍了基于张量分解和密度峰值优化算法。具体内容如下：

第 13 章分别建立了汽车系统模型、驾驶人方向及速度控制模型，以及公路模型。以公路里程为中间参数，实现上述三个模型的融合，完成人－车－路系统动力学仿真模型的建立。第 14 章分析了人－车－路系统耦合特征对公路圆曲线的影响。第 15 章从公路设计一致性、汽车操纵稳定性两方面对公路线形安全性进行定量、定性的评价。第 16 章介绍了路网浮动车数据的采集与处理分析方法。第 17 章建立了交叉口运行状态感知模型。第 18 章建立了基于深度学习算法的交叉口交通参数预测模型。第 19 章提出了基于强化学习的交叉口自适应配时优化算法。第 20 章建立了基于低秩张量分解算法的路段平均行程速度估计模型。第 21 章提出了基于密度峰值优化的路网子区划分及交通状态识别算法。最后，第 22 章建立了基于组合优化深度学习算法的路网内路段行程速度预测模型，并进行了验证。

第13章　面向公路线形安全性评价的人-车-路系统模型

13.1　汽车系统模型

13.1.1　三自由度汽车系统模型

1. 汽车坐标系定义

随着计算机技术的发展，越来越多的学者根据自己的需求以及假设条件，对汽车的动力学、运动学过程做了简化处理，得到了不同自由度的汽车系统模型，传统的用于评估汽车操纵稳定性的二自由度模型仅考虑了汽车的侧向和横摆运动，假设汽车在纵向的行驶是一个匀速运动。但是汽车在道路上行驶，纵向运动是一个变速（匀变速、变加速）运动，且本书还研究汽车纵向速度变化对汽车行驶安全性的影响，因此，本章建立了关于纵向速度、侧向速度以及横摆角速度三个状态变量的汽车动力学模型。

六自由度汽车坐标系如图2.3所示，图13.1所示为单轨汽车转向模型示意图，YOX是大地坐标系，yox是车架坐标系。

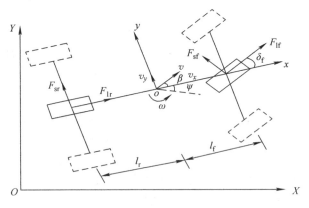

图13.1　单轨汽车转向模型示意图

2. 三自由度汽车系统模型

考虑了汽车的侧向运动，以及在行驶过程中，汽车的纵向速度是变化的，为研究其对汽车行驶状态的影响，根据理论力学的知识，建立了以汽车纵向速度、侧向速度、横摆角速度为状态变量的汽车系统方程式，并考虑了道路横坡度的影响，见

式 (13-1)，忽略轮胎的纵向力及空气阻力等影响，表达式见式 (13-2)。

$$\begin{cases} m(\dot{v}_x - v_y\omega) = F_{lf}\cos\delta_f - F_{sf}\sin\delta_f + F_{lr}\cos\delta_r - F_{sr}\cos\delta_r - C_{air}A_L\dfrac{\rho}{2}v_x^2 \\ m(\dot{v}_y + v_x\omega) = F_{sf}\cos\delta_f + F_{lf}\sin\delta_f + F_{sr}\cos\delta_r + F_{lr}\sin\delta_r + mg\sin i \\ I_z\dot{\omega} = (F_{sf}l_f\cos\delta_f + F_{lf}l_f\sin\delta_f) - (F_{lr}l_r\sin\delta_r + F_{sr}l_r\cos\delta_r) \end{cases} \quad (13\text{-}1)$$

$$\begin{cases} \dot{v}_x = v_y\omega - \dfrac{F_{sf}\sin\delta_f}{m} \\ \dot{v}_y = \dfrac{F_{sf}\cos\delta_f + F_{sr}}{m} - v_x\omega + g\sin i \\ \dot{\omega} = \dfrac{F_{sf}l_f\cos\delta_f - F_{sr}l_r}{I_z} \end{cases} \quad (13\text{-}2)$$

式中，m 为汽车质量，为1500kg；I_z 为绕 z 轴的转动惯量，为3000kg·m^2；l_f 为汽车质心至前轴的距离，为1.2m；l_r 为汽车质心至后轴的距离，为1.3m；v_x 为汽车纵向速度 (m/s)；v_y 为汽车侧向速度 (m/s)；ω 为汽车横摆角速度 (rad/s)；δ_f 为汽车前轮转向角 (rad)；F_{lf} 为前轮轮胎纵向力 (N)；F_{lr} 为后轮轮胎纵向力 (N)；F_{sf} 为前轮轮胎侧向力 (N)；F_{sr} 为后轮轮胎侧向力 (N)；i 为道路横坡度。

13.1.2 轮胎模型

当汽车工作在线性区域时，轮胎的侧向力与侧偏角是呈线性关系的（侧偏角为3°~5°），汽车能够对驾驶人操作做出合适的响应；当汽车的转弯半径较小或者是行驶速度较大时，轮胎的侧向力与侧偏角不能呈现线性关系，轮胎不能产生足够的侧向力来与离心力达到平衡状态，汽车会发生失稳（侧滑、侧偏等），造成交通事故。由此可看，轮胎模型的选取对于分析汽车的运动状态相当重要且关键，因此，本节选用了结构简单且适用范围广，又能表达出轮胎侧向力与侧偏角之间线性、非线性关系的魔术公式。

$$F = D\sin\{C\arctan[B\alpha - E(B\alpha - \arctan B\alpha)]\} \quad (13\text{-}3)$$

式中，F 为轮胎侧向力 (N)；α 为轮胎侧偏角 (rad)；B 为刚度因素；C 为形状因素；D 为峰值因素；E 为曲率因素。

轮胎侧向力参数见表13.1。轮胎侧偏角表达式如下：

$$\begin{cases} \alpha_f = \arctan\dfrac{v_{yf}}{v_{xf}}\mathrm{sgn}(v_{xf}) \\ \alpha_r = \arctan\dfrac{v_{yr}}{v_{xr}}\mathrm{sgn}(v_{xr}) \end{cases} \quad (13\text{-}4)$$

式中，α_f 为前轮轮胎侧偏角 (rad)；α_r 为后轮轮胎侧偏角 (rad)；v_{xf} 为汽车前轮纵向速度 (m/s)；v_{xr} 为汽车后轮纵向速度 (m/s)；v_{yf} 为汽车前轮侧向速度 (m/s)；v_{yr} 为汽车后轮侧向速度 (m/s)。

表 13.1　轮胎侧向力参数

路面条件	轮胎	B	C	D	E
低附着系数路面	前轮	11.275	1.56	2574.7	−1.999
	后轮	18.631	1.56	1749.7	−1.7908
高附着系数路面	前轮	6.7651	1.3	6436.8	−1.999
	后轮	9.0021	1.3	5430	−1.999

路面附着系数的高低主要取决于道路的材料、路面的状况、轮胎结构、胎面花纹、轮胎材料以及汽车的运动速度等因素。高附着系数路面主要包括沥青、水泥、混凝土、砾石路、砂石路、搓板路、比利时路、积水路等；低附着系数路面主要是冰面、雪面、压实雪面、棋盘路、对开路、对接路等。本章采用低附着系数路面的附着系数为 0.3；高附着系数路面的附着系数为 0.8。

13.2　驾驶人方向及速度控制模型

道路交通安全取决于人、车、路三个因素能否相互协调，在驾驶过程中，驾驶人通过识别公路线形，然后做出反应，操纵转向盘，汽车响应驾驶人的操作。研究发现，在山区公路中，由驾驶人引发的交通事故占 90%。由此可见，研究驾驶人的行为特征也成为交通安全的关键点。

驾驶人模型最早是由学者研究飞行员模型引入到驾驶人模型中去的，后来郭院士又提出了预瞄曲率模型，现在，随着计算机技术以及智能交通的发展，很多智能驾驶人模型出现了。

13.2.1　驾驶人最优预瞄曲率模型

由于本节想研究驾驶人预瞄时间对汽车行驶安全性的影响，所以选择了结构简单、物理概念清晰的驾驶人模型。驾驶人在驾驶汽车时，都会根据公路线形来操作转向盘，都期望汽车行驶轨迹与道路轨迹偏差达到最小，使汽车在规定的道路宽度内行驶，不至于冲向对向车道，保证汽车安全行驶。这就是所谓的"最小误差"。

驾驶人在驾驶汽车时，眼睛会看向道路前方，即集中于道路前方的某一点，并选取一个最好的轨迹曲率，使汽车在行驶一定的距离后，使汽车的行驶轨迹与道路中心线的偏差最小。最优预瞄曲率模型如图 13.2 所示。

汽车在道路上行驶，道路中心线为 $f(t)$，假定汽车匀速行驶，速度为 v，在瞬时 t 时刻，汽车横向位移为 $y(t)$，加速度为 $\dot{y}(t)$，驾驶人会提前预瞄一定的距离 d，预瞄时间 $T_{pre} = \dfrac{d}{v}$，驾驶人预瞄点的横向位置是 $f(t + T_{pre})$，此时驾驶人转动转向盘的角度为 δ_{sw}，则汽车的行驶轨迹曲率为 $\dfrac{1}{R}$，横向加速度 $\ddot{y}(t)$，在间隔一段时

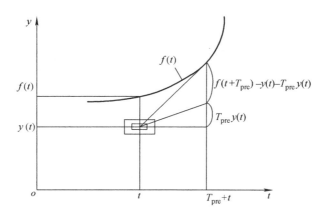

图 13.2　最优预瞄曲率模型

间 T_{pre} 后，汽车的横向位移见式（13-5）。

$$y(t+T_{pre}) = y(t) + T_{pre}\dot{y}(t) + \frac{T_{pre}^2}{2}\ddot{y}(t) \tag{13-5}$$

按照"最小误差"，驾驶人期望选择一个最理想的轨迹曲率 $\frac{1}{R^*}$，在行驶过一定的距离 d 后，汽车的横向位置 $y(t+T_{pre})$ 与道路中心线 $f(t+T_{pre})$ 保持相近，由以前所学知识可得 $\ddot{y}(t) = \frac{v^2}{R^*}$，根据 $d = vT_{pre}$ 可得汽车的最优横向加速度，见式（13-6）。

$$\ddot{y}(t) = \frac{2}{T_{pre}^2}[f(t+T_{pre}) - y(t) - T_{pre}\dot{y}(t)] \tag{13-6}$$

由"Acklman 几何关系"可知：

$$\frac{1}{R} = \frac{\delta_{sw}}{iL} \tag{13-7}$$

$$\ddot{y} = \frac{v^2}{R} = \frac{\delta_{sw}}{iL}v^2 \tag{13-8}$$

由式（13-7）和式（13-8）可推出汽车最优转向盘转角，见式（13-9），经过一系列的公式变换可推导出前轮转向角，见式（13-10）。

$$\delta_{sw}^* = \frac{2iL}{d^2}[f(t+T_{pre}) - y(t) - T_{pre}\dot{y}(t)] \tag{13-9}$$

$$\delta_f = \frac{2}{d^2}[f(t+T_{pre}) - y(t) - T_{pre}\dot{y}(t)] \tag{13-10}$$

式中，v 为车速（m/s）；δ_{sw} 为转向盘转角（rad）；δ_{sw}^* 为最优转向盘转角（rad）；δ_f 为前轮转向角（rad）；R 为汽车转弯半径（m）；i 为传动比；L 为轴距（m）。

13.2.2 真实道路输入下的驾驶人模型

在驾驶人的实际驾驶中,我们需要考虑道路线形等条件,因此,我们需要将上述模型通过汽车的航向角(方位角)来转到大地坐标系下。道路坐标系下的驾驶人模型如图 13.3 所示。

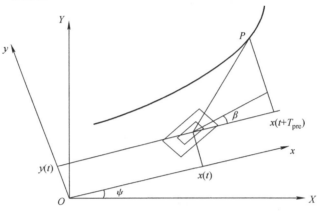

图 13.3 道路坐标系下的驾驶人模型

图 13.3 中,YOX 为绝对坐标系;yOx 为相对坐标系;ψ 为汽车的航向角(方位角);β 为质心侧偏角(rad)。

绝对坐标系与相对坐标系下的转换关系如下所示:

$$\begin{cases} X = x\cos\phi - y\sin\phi \\ Y = x\sin\phi + y\cos\phi \end{cases} \tag{13-11}$$

$$\begin{cases} x = X\cos\phi + Y\sin\phi \\ y = -X\sin\phi + Y\cos\phi \end{cases} \tag{13-12}$$

13.3 公路平面线形模型

为研究道路横坡度、圆曲线半径对汽车行驶安全性的影响,在建立道路模型时,以直线、缓和曲线、圆曲线组成的基本线形为基础。回旋线如图 13.4 所示。

根据《道路勘测设计》中回旋线的微分参数方程可得如下关系式,见式(13-13)。

$$\begin{cases} dl = \rho d\beta \\ dx = dl\cos\beta \\ dy = dl\sin\beta \end{cases} \tag{13-13}$$

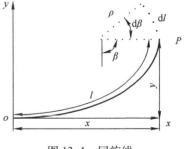

图 13.4 回旋线

式中,$\beta = \dfrac{l^2}{2A^2}$。

将式（13-13）中的三角函数进行泰勒展开，可得到缓和曲线上任一点的坐标公式，见式（13-14）。

$$\begin{cases} x = l - \dfrac{l^3}{40\rho^2} + \dfrac{l^5}{3456\rho^4} - \cdots \\ y = \dfrac{l^2}{6\rho} - \dfrac{l^4}{336\rho^3} + \dfrac{l^6}{42240\rho^5} - \cdots \end{cases} \tag{13-14}$$

在缓和曲线的终点处，$\rho = R$，$l = L$，A 为回旋线参数。圆曲线与直线的推导在这里不再赘述。

13.4 人－车－路系统动力学模型

13.4.1 模型的建立

建立汽车系统模型、驾驶人方向和速度控制模型，以及道路模型。以公路里程为中间参数，实现上述三个模型的融合，完成人－车－路系统动力学仿真模型的建立，见式（13-15）。

$$\begin{cases} \dot{v}_x = v_y\omega - \dfrac{F_{sf}\sin\delta_f}{m} \\ \dot{v}_y = \dfrac{F_{sf}\cos\delta_f + F_{sr}}{m} - v_x\omega + g\sin i \\ \dot{\omega} = \dfrac{F_{sf}l_f\cos\delta_f - F_{sr}l_r}{I_z} \\ \dot{\phi} = \omega \\ \dot{X}_{road} = v_x\cos\phi - v_y\sin\phi \\ \dot{Y}_{road} = v_y\cos\phi + v_x\sin\phi \\ \dot{L} = \sqrt{\dot{X}_{road}^2 + \dot{Y}_{road}^2} \end{cases} \tag{13-15}$$

式中，X_{road} 为汽车在惯性坐标系中 X 方向行驶的位移（m）；Y_{road} 为汽车在惯性坐标系中 Y 方向行驶的位移（m）。

13.4.2 模型的验证

为了验证所建模型的准确性，选取一条由直线和圆曲线组成的路段，直线长度 $L_z = 300\text{m}$，半径 $R = 250\text{m}$，圆曲线长度 $L_y = 785\text{m}$，道路横坡度 $i = 0.02$。验证其在 $v_x = 20\text{m/s}$、$v_y = 0$、$\omega = 0$、驾驶人预瞄时间 $T_{pre} = 2\text{s}$ 的情况下的汽车动力学状态以及驾驶人路径跟踪情况。根据图 13.5a ~ b 得出，在运行时间到达 20s 后，汽车的动力学状态变化趋于稳定，汽车纵向速度变化值为 0.6m/s，汽车的侧向速度变化

范围为 -0.5~0.5m/s，汽车的横摆角速度变化范围为 -0.1~0.1rad/s，汽车的动力学状态变化较小；由图 13.5c~d 可以看出，汽车车身能够平稳运行且行驶轨迹偏差较小，未超出道路宽度。

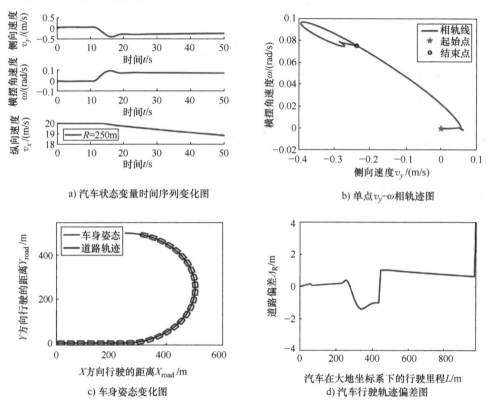

a) 汽车状态变量时间序列变化图

b) 单点 v_y-ω 相轨迹图

c) 车身姿态变化图

d) 汽车行驶轨迹偏差图

图 13.5 模型的验证

第14章 人-车-路系统耦合特征对公路圆曲线的影响分析

14.1 同向曲线安全性分析

14.1.1 纵向速度与同向曲线半径耦合特征分析

(1) 实验分析

本节实验的研究是为了分别获得仅汽车纵向速度、圆曲线半径改变时,其对汽车运行安全性的影响,由此得出汽车在固定的预瞄时间、道路横坡度下以不同的速度在同向曲线上行驶时所需的安全半径。

在进行耦合分析实验时,对实验数据的选取进行了如下解释:

对于纵向速度的选取,是根据不同等级的公路规定的设计速度所选的,因此,选择了17m/s(60km/h)、23m/s(80km/h)、28m/s(100km/h),来研究速度大小对汽车行驶安全性的影响。

对于圆曲线半径的取值,实际是在50~3000m之间进行的取值,当汽车以28m/s的初始速度行驶时,选取了能使汽车安全运行所需的最小圆曲线半径,为了能使图片上的线条清晰展示出来,所以仅选择了其中的三个圆曲线半径的结果进行展示。

考虑不同的纵向速度和圆曲线半径的实验策略见表14.1。

表14.1 考虑不同的纵向速度和圆曲线半径的实验策略

编号	圆曲线半径 R/m	道路横坡度 i	预瞄时间 T_{pre}/s	纵向速度 v_x /(m/s)	实验策略
1	440	-2%	1	17、23、28	纵向速度
2	710、720、730	-2%	1	28	圆曲线半径

(2) 实验1结果分析

由图14.1可知,当驾驶人预瞄时间为1s,汽车以28m/s的初始速度行驶在道路横坡度为-2%,半径为440m的同向曲线上,汽车在通过直圆(ZY)点时,动力学状态发生了较大的变化:由图14.1a可知,汽车以28m/s的纵向速度在直线路段行驶,当通过ZY点时,速度降为-13.18m/s。由图14.1b看出,侧向速度由第10s的-0.6m/s降低到第13s的-25m/s;横摆角速度变化值达到1rad/s;侧向加速

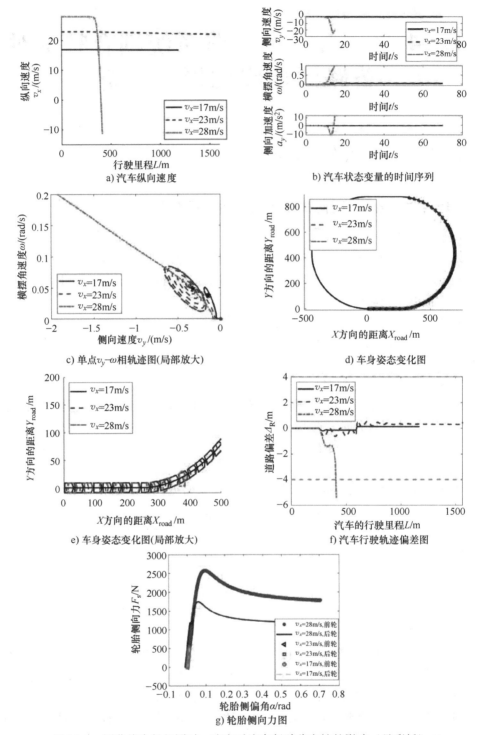

图 14.1 圆曲线半径相同时，速度对汽车行驶稳定性的影响（见彩插）

度超过了0.3g;由图14.1c得知,汽车的侧向速度、横摆角速度变化率较大;由图14.1d~e可知,车身姿态在ZY点时旋转幅度较大;由图14.1f可知,汽车在直线处的行驶轨迹偏差较小,在进入圆曲线路段后,行驶轨迹偏差变大;由图14.1g可知,当轮胎侧偏角在0.06rad以内时,轮胎的侧向力与侧偏角呈线性关系,当轮胎的侧偏角大于0.06rad时,轮胎的侧向力与侧偏角呈非线性关系。由上述汽车动力学状态可以看出,汽车在该路段上不能安全行驶。当汽车分别以17m/s、23m/s的初始速度在该路段上行驶时,汽车的动力学状态变化稳定,且汽车行驶轨迹偏差较小,可认为汽车在该路段上可以安全运行。

(3)实验2结果分析

由图14.2可知,当汽车以28m/s的初始速度,驾驶人预瞄时间为1s,在半径为710m、道路横坡度为-2%的圆曲线上行驶时,其动力学状态发生了较大的变化。

由图14.2a可知,汽车以28m/s的初始纵向速度在直线路段行驶,当进入圆曲线路段时,纵向速度降为-12.13m/s;由图14.2b看出,侧向速度由第22s的-0.5m/s降低到第25s的-25m/s,横摆角速度变化值达到1rad/s;侧向加速度超过0.3g;由图14.2c得知,汽车的侧向速度、横摆角速度变化率较大;由图14.2d~e看

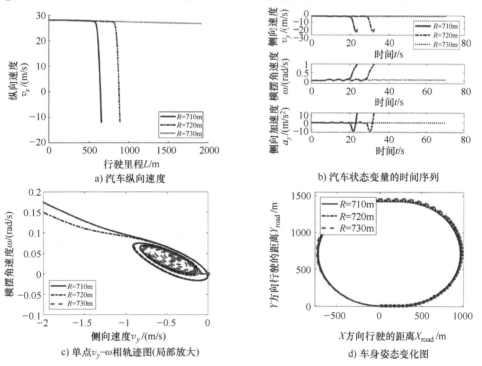

图14.2 速度相同时,圆曲线半径对汽车行驶稳定性的影响(见彩插)

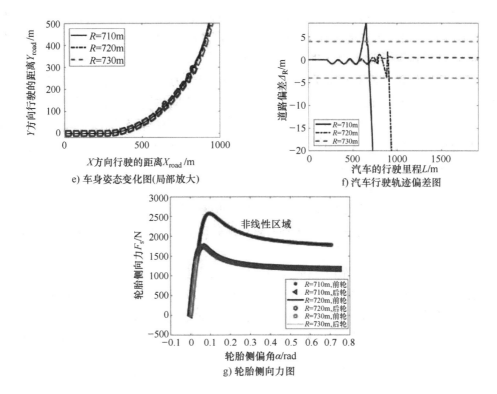

图 14.2 速度相同时,圆曲线半径对汽车行驶稳定性的影响(见彩插)(续)

出,在通过 ZY 点时,汽车车身姿态在圆曲线路段的旋转幅度较大;由图 14.2f 看出,当汽车行驶到 690m 时,行驶轨迹偏差开始变大,当汽车行驶里程达到 720m 时,汽车行驶轨迹偏差达到 -20.0m;由图 14.2g 看出,当侧偏角在 0.06rad 内时,轮胎的侧向力与侧偏角呈线性关系,当轮胎的侧向力超过该范围时,轮胎的侧向力与侧偏角呈非线性关系。由上述动力学状态,可以判断汽车失稳。当圆曲线半径为 720m 时,汽车依然不能安全行驶。当圆曲线半径达到 730m 时,汽车的动力学状态变化稳定,汽车在该路段上可以安全行驶。

由上述两组实验结果可以得知,汽车运行速度越大,需要安全运行的圆曲线半径越大,且行驶轨迹偏差也越大。

14.1.2 预瞄时间与同向曲线半径耦合特征分析

(1) 实验设计

本节实验的研究是为了分别获得仅驾驶人预瞄时间、圆曲线半径改变时,其对汽车运行安全性的影响,由此得出汽车在固定的纵向速度、道路横坡度下以不同的预瞄时间在同向曲线上行驶时所需的安全半径。

在进行耦合分析实验时,对实验数据的选取进行了如下解释:

对于纵向速度的取值，选择了二级公路规定的设计速度，为了研究不同预瞄时间对汽车行驶安全性的影响，选择分析了预瞄时间为1s、2s、3s的情况。

对于圆曲线半径的取值，实际是在50~3000m之间进行的取值，当驾驶人的预瞄时间为1s时，选取了能使汽车安全运行所需的最小圆曲线半径，为了能使图片上的线条清晰展示出来，所以仅选择了三个圆曲线半径的结果进行展示。

考虑不同的预瞄时间和圆曲线半径的实验策略见表14.2。

表14.2 考虑不同的预瞄时间和圆曲线半径的实验策略

编号	圆曲线半径 R/m	道路横坡度 i	预瞄时间 T_{pre}/s	纵向速度 v_x /(m/s)	实验策略
1	270	4%	1、2、3	23	预瞄时间
2	310、300、290	4%	1	23	圆曲线半径

（2）实验1结果分析

由图14.3可知，当驾驶人预瞄时间为1s，汽车以23m/s的初始速度行驶在道路横坡度为4%，半径为270m的同向曲线上，在通过ZY点时，其动力学状态有了较大的变化。

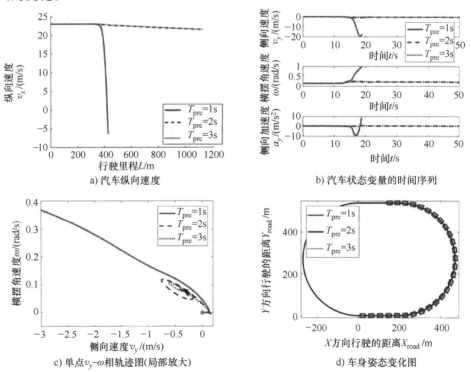

a) 汽车纵向速度　　b) 汽车状态变量的时间序列

c) 单点v_y-ω相轨迹图(局部放大)　　d) 车身姿态变化图

图14.3 圆曲线半径相同时，预瞄时间对汽车行驶稳定性的影响（见彩插）

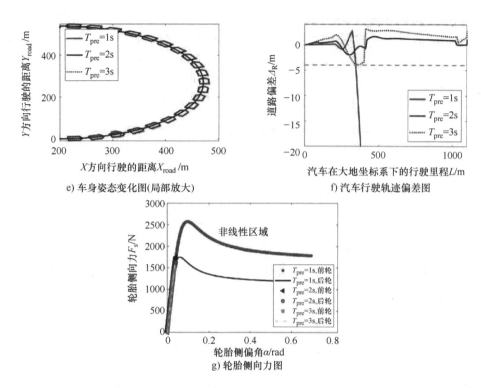

图 14.3 圆曲线半径相同时,预瞄时间对汽车行驶稳定性的影响(见彩插)(续)

由图 14.3a 可知,汽车的纵向速度由初始的 23m/s 降为 -6.259m/s;由图 14.3b 看出,侧向速度由第 16s 的 -0.3m/s 降低到第 18s 的 -19.5m/s,横摆角速度变化值达到 1rad/s,侧向加速度超过 0.3g;由图 14.3c 得知,汽车的侧向速度、横摆角速度变化率较大;由图 14.3d ~ e 可知,在 ZY 点附近,车身姿态旋转幅度较大;由图 14.3f 可知,当汽车行驶到 450m 时,行驶轨迹偏差开始增大,当汽车行驶里程达到 480m 时,汽车行驶轨迹偏差达到 -20m;由图 14.3g 可知,当轮胎侧偏角在 0.06rad 以内时,轮胎的侧向力与侧偏角呈线性关系,当轮胎的侧偏角大于 0.06rad 时,轮胎的侧向力与侧偏角呈非线性关系。由上述汽车动力学状态可以看出,汽车在该路段上不能安全行驶。当驾驶人预瞄时间为 2s、3s,在该路段上行驶时,汽车的动力学状态变化稳定,且汽车行驶轨迹偏差较小,可以认为汽车在该路段上可以安全行驶。

(3) 实验 2 结果分析

由图 14.4 可知,当汽车以 23m/s 的初始速度、驾驶人预瞄时间为 1s,在半径为 290m、道路横坡度为 4% 的圆曲线上行驶时,其动力学状态发生了较大的变化。

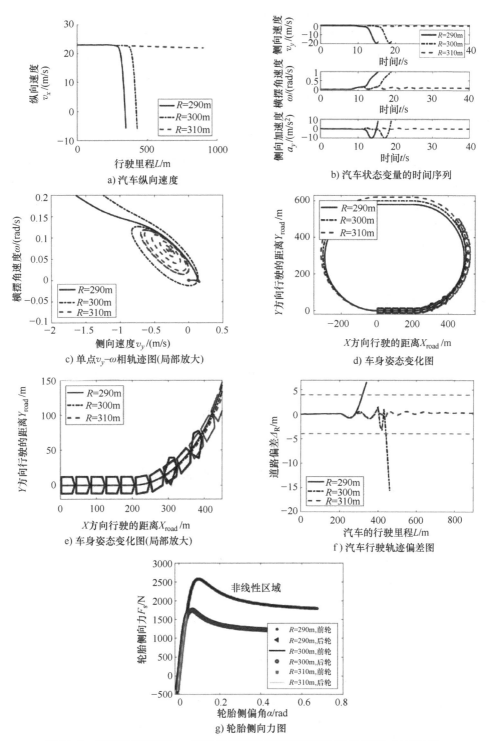

图14.4 预瞄时间相同时,圆曲线半径对汽车行驶稳定性的影响(见彩插)

由图 14.4a 可知，汽车以 23m/s 的初始纵向速度行驶在直线上，进入圆曲线上纵向速度迅速降低到 -5.812m/s；由图 14.4b 看出，侧向速度由第 16s 的 -0.5m/s 降低到第 19s 的 -19.5m/s，横摆角速度变化值达到 1rad/s，侧向加速度超过 0.3g；由图 14.4c 得知，汽车的侧向速度、横摆角速度变化率较大；由图 14.4d~e 看出，汽车旋转幅度在 ZY 点附近变化较大；由图 14.4f 看出，当汽车行驶里程达到 320m 时，汽车的行驶轨迹偏差开始增大，当汽车行驶里程达到 340m 时，汽车行驶轨迹偏差达到 6.7m；由图 14.4g 看出，当侧偏角在 0.06rad 内时，轮胎的侧向力与侧偏角呈线性关系，当轮胎的侧向力超过该范围时，轮胎的侧向力与侧偏角呈非线性关系。由上述汽车动力学状态可以看出，汽车不能安全行驶。当圆曲线半径为 300m 时，汽车依然不能安全行驶。当圆曲线半径达到 310m 时，汽车的动力学状态变化稳定，汽车在该路段上可以安全行驶。

由上述两组实验可以得知，驾驶人预瞄时间越短，需要安全运行的圆曲线半径越大，行驶轨迹偏差也越小。

14.1.3　道路横坡度与同向曲线半径耦合特征分析

（1）实验设计

本节实验的研究是为了分别获得仅道路横坡度、圆曲线半径改变时，其对汽车运行安全性的影响，由此得出汽车在固定的纵向速度、驾驶人预瞄时间下在不同道路横坡度的同向曲线上行驶时所需的安全半径。

在进行耦合分析实验时，对实验数据的选取进行了如下解释：

对于纵向速度的取值，选择了三级公路规定的设计速度，选择了不设超高坡度、设置超高坡度的情况，来研究道路横坡度对汽车行驶安全性的影响。

对于圆曲线半径的取值，实际是在 50~3000m 之间进行的取值，当汽车行驶在不设超高坡度的道路上时，选取了能使汽车安全运行所需的最小圆曲线半径，为了能使图片上的线条清晰展示出来，所以仅选择了三个圆曲线半径的结果进行展示。

考虑不同的道路横坡度和圆曲线半径的实验策略见表 14.3。

表 14.3　考虑不同的道路横坡度和圆曲线半径的实验策略

编号	圆曲线半径 R/m	道路横坡度 i	预瞄时间 T_{pre}/s	纵向速度 v_x /(m/s)	实验策略
1	150	-2%、4%、8%	1	17	道路横坡度
2	200、190、180	-2%	1	17	圆曲线半径

（2）实验 1 结果分析

由图 14.5 可知，当驾驶人预瞄时间为 1s，汽车以 17m/s 的初始速度行驶在道路横坡度为 -2%、半径为 150m 的同向曲线上，在通过 ZY 点时，其动力学状态发生了较大的变化。

第14章 人-车-路系统耦合特征对公路圆曲线的影响分析

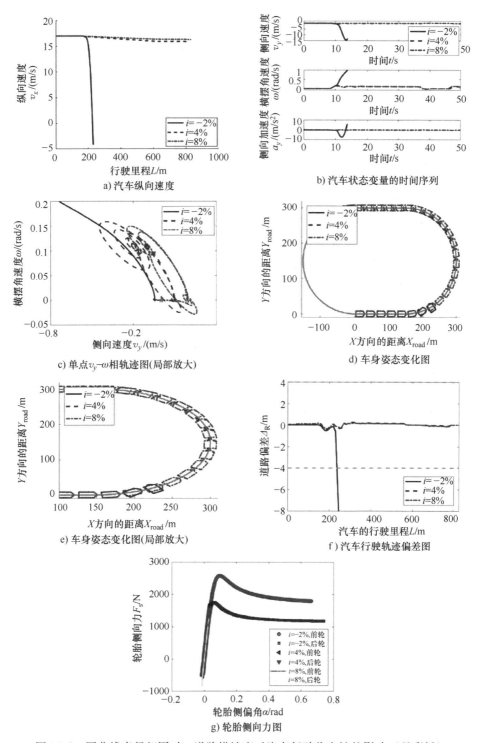

图 14.5 圆曲线半径相同时，道路横坡度对汽车行驶稳定性的影响（见彩插）

由图 14.5a 可知,汽车的纵向速度由初始的 17m/s 降为 -4.166m/s;由图 14.5b 看出,侧向速度由第 10s 的 -0.2m/s 降低到第 13s 的 -14m/s,横摆角速度变化值达到 1rad/s,侧向加速度超过 0.3g;由图 14.5c 得知,汽车的侧向速度、横摆角速度变化率较大;由图 14.5d~e 可知,车身姿态在 ZY 点附近旋转幅度较大;由图 14.5f 可知,当汽车的行驶里程为 240m 时,汽车的行驶轨迹超出路宽;由图 14.5g 可知,当轮胎侧偏角在 0.06rad 以内时,轮胎的侧向力与侧偏角呈线性关系,当轮胎的侧偏角大于 0.06rad 时,轮胎的侧向力与侧偏角呈非线性关系。由上述汽车动力学状态,可以看出汽车在该路段不能安全运行。当道路横坡度为 4%、8%,在半径为 150m 的圆曲线上行驶时,汽车的动力学状态变化稳定,且汽车行驶轨迹偏差较小,可以认为汽车在该路段上可以安全行驶。

(3) 实验 2 结果分析

由图 14.6 可知,当驾驶人预瞄时间为 1s,汽车以 17m/s 的初始速度在半径为 180m、道路横坡度为 -2% 的圆曲线上行驶时,其动力学状态发生了较大的变化。

由图 14.6a 可知,汽车的纵向速度由初始的 17m/s 迅速降低到 -3.421m/s;由图 14.6b 看出,侧向速度由第 11.3s 的 -0.5m/s 降低到第 14s 的 -14.3m/s,横摆角速度变化值达到 1rad/s,侧向加速度超过 0.3g;由图 14.6c 得知,汽车的侧向速度、横摆角速度变化率较大;由图 14.6d~e 看出,汽车旋转幅度在 ZY 点附近变化较大;由图 14.6f 看出,当汽车行驶到 260m 时,开始超出道路宽度;由图 14.6g 看出,当侧偏角在 0.06rad 内时,轮胎的侧向力与侧偏角呈线性关系,当轮胎的侧偏角超过该范围时,轮胎的侧向力与侧偏角呈非线性关系。由此判断汽车在该路段不能安全行驶。当圆曲线半径为 190m 时,汽车依然不能安全行驶。当圆曲线半径达到 200m 时,汽车的动力学状态变化稳定,汽车在该路段上可以安全行驶。

由上述两组实验结果可知,道路横坡度越小,需要安全运行的圆曲线半径越大,行驶轨迹偏差也越大。

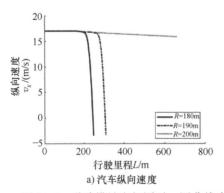

a) 汽车纵向速度

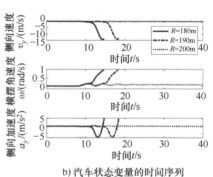

b) 汽车状态变量的时间序列

图 14.6 道路横坡度相同时,圆曲线半径对汽车行驶稳定性的影响(见彩插)

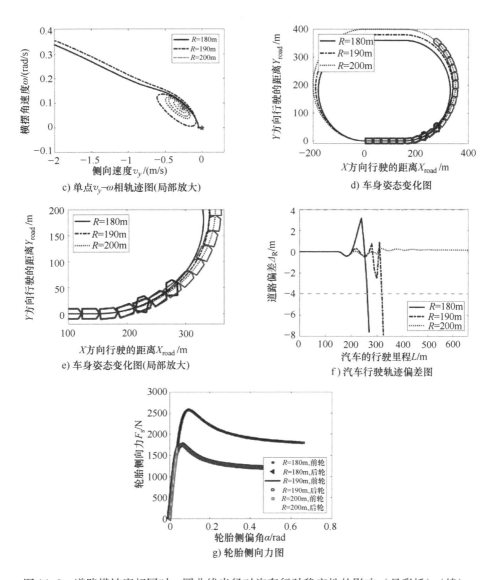

图14.6 道路横坡度相同时,圆曲线半径对汽车行驶稳定性的影响(见彩插)(续)

14.2 反向曲线安全性分析

14.2.1 纵向速度与反向曲线半径耦合特征分析

(1)实验设计

考虑不同的纵向速度和圆曲线(反向曲线)半径的实验策略见表14.4。

表 14.4 考虑不同的纵向速度和圆曲线（反向曲线）半径的实验策略

编号	圆曲线半径 R/m	道路横坡度 i	预瞄时间 T_{pre}/s	纵向速度 v_x /(m/s)	实验策略
1	370	2%	1	17、23、28	纵向速度
2	600、590、580	2%	1	28	圆曲线半径

(2) 实验1结果分析

由图 14.7 可知，当驾驶人预瞄时间为 1s，汽车以 28m/s 的初始速度行驶在道路横坡度为 2%，半径为 370m 的反向曲线上，在通过 ZY 点时，其动力学状态有了较大的变化。

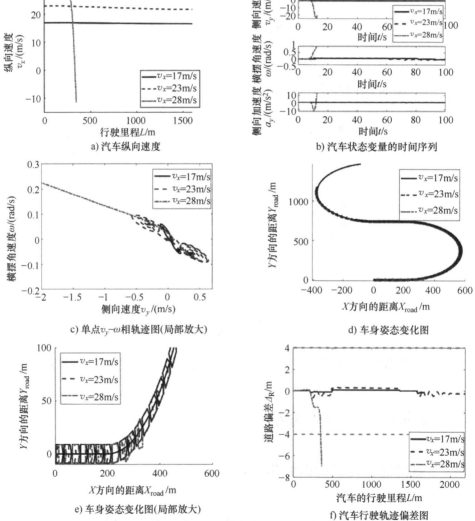

图 14.7 圆曲线（反向曲线）半径相同时，纵向速度对汽车行驶稳定性的影响（见彩插）

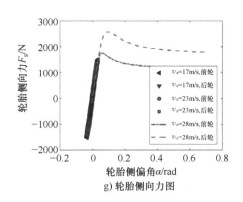

g) 轮胎侧向力图

图 14.7　圆曲线（反向曲线）半径相同时，纵向速度对汽车行驶稳定性的影响（见彩插）（续）

由图 14.7a 可知，汽车的纵向速度由初始的 28m/s 降为 -11.67m/s；由图 14.7b 得知，汽车侧向速度由第 8s 的 -1m/s 降低到第 11s 的 -24m/s，横摆角速度变化值达到 1rad/s；侧向加速度超过 0.3g；由图 14.7c 得知，汽车的侧向速度、横摆角速度变化率较大；由图 14.7d~e 可知，车身姿态在 ZY 点附近旋转幅度较大；由图 14.7f 可知，汽车行驶里程达到 350m 时，行驶轨迹偏差超出了道路宽度；由图 14.7g 可知，当轮胎侧偏角在 0.06rad 以内时，轮胎的侧向力与侧偏角呈线性关系，当轮胎的侧偏角大于 0.06rad 时，轮胎的侧向力与侧偏角呈非线性关系。由上述汽车动力学状态可以看出，汽车在该路段上不能安全行驶。当汽车分别以 17m/s、23m/s 的初始速度在该路段上行驶时，汽车的动力学状态变化稳定，且汽车行驶轨迹偏差较小，可认为汽车在该路段上可以安全行驶。

（3）实验 2 结果分析

由图 14.8 可知，当驾驶人预瞄时间为 1s，汽车以 28m/s 的初始速度在半径为 580m、道路横坡度为 2% 的反向曲线上行驶时，在通过第二个 ZY 点时其动力学状态发生了较大的变化。

由图 14.8a 可知，汽车的纵向速度由初始的 28m/s 迅速降低到 -10.75m/s；由图 14.8b 看出，侧向速度由第 94s 的 0.5m/s 增加到第 97s 的 23m/s，横摆角速度变化值达到 1rad/s，侧向加速度超过 0.3g；由图 14.8c 得知，汽车的侧向速度、横摆角速度变化率较大；由图 14.8d~e 看出，汽车旋转幅度在通过第二个 ZY 点时变化较大；由图 14.8f 看出，当汽车行驶到 2610m 时，开始超出道路宽度；由图 14.8g 看出，当侧偏角在 -0.06~0.04rad 内时，轮胎的侧向力与侧偏角呈线性关系，当轮胎的侧向力超过该范围时，轮胎的侧向力与侧偏角呈非线性关系。由上述状态可以判断，汽车在该路段不能安全行驶。当圆曲线半径为 590m 时，汽车依然不能安全行驶；当圆曲线半径达到 600m 时，汽车的动力学状态变化稳定，汽车在该路段上可以安全运行。

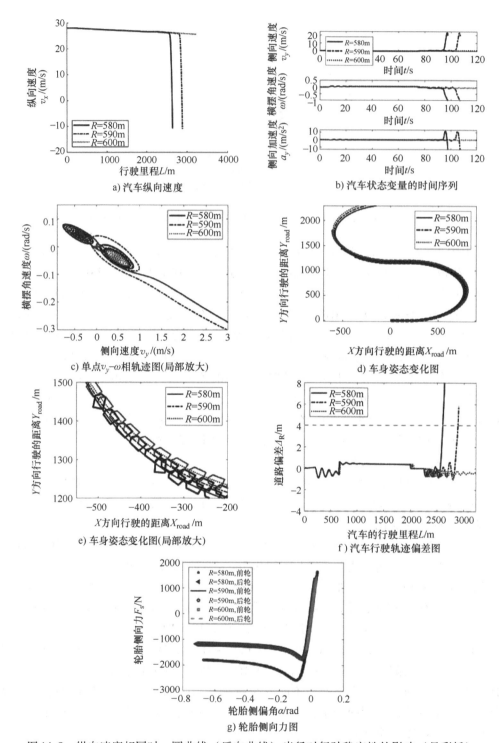

图 14.8 纵向速度相同时，圆曲线（反向曲线）半径对行驶稳定性的影响（见彩插）

由上述实验可以得知，汽车运行速度越大，需要安全运行的圆曲线半径越大，且行驶轨迹偏差也越大。

14.2.2 预瞄时间与反向曲线半径耦合特征分析

（1）实验设计

考虑不同的预瞄时间和圆曲线（反向曲线）半径的实验策略见表14.5。

表14.5 考虑不同的预瞄时间和圆曲线（反向曲线）半径的实验策略

编号	圆曲线半径 R/m	道路横坡度 i	预瞄时间 T_{pre}/s	纵向速度 v_x /(m/s)	实验策略
1	430	4%	1、2、3	23	预瞄时间
2	450、460、470	4%	1	23	圆曲线半径
3	510、520、530	4%	3	23	圆曲线半径

（2）实验1结果分析

由图14.9可知，当驾驶人预瞄时间为1s，汽车以23m/s的初始速度行驶在道路横坡度为4%、半径为430m的反向曲线上，在通过第二个ZY点时，其动力学状态有了较大的变化。

由图14.9a可知，汽车的纵向速度由初始的23m/s降为-8.036m/s；由图14.9b看出，侧向速度由第84s的0.4m/s增加到第88s的19.4m/s，横摆角速度变化值达到1rad/s；由图14.9c得知，汽车的侧向速度、横摆角速度变化率较大；由图14.9d~e可知，在第二个ZY点附近，车身姿态旋转幅度较大；由图14.9f可知，当汽车行驶到1960m时，开始超出道路宽度；由图14.9g可知，当轮胎侧偏角在-0.06~0.03rad以内时，轮胎的侧向力与侧偏角呈线性关系，当轮胎的侧偏角超过该范围时，轮胎的侧向力与侧偏角呈非线性关系。由上述汽车动力学状态可以看出，汽车在该路段上不能安全行驶。当驾驶人预瞄时间为2s，在该路段上行驶时，汽车的动力学状态变化稳定，且汽车行驶轨迹偏差较小，可以认为汽车在该路段上可以安全运行。当驾驶人预瞄时间为3s时，汽车的动力学状态在第二个YZ（圆直）点时变化较大，汽车同样不能安全行驶。

（3）实验2结果分析

由图14.10可知，当驾驶人预瞄时间为1s，汽车以23m/s的初始速度在半径为450m、道路横坡度为4%的反向曲线上行驶时，其动力学状态在通过第二个ZY点时发生了较大的变化。

由图14.10a可知，汽车的纵向速度由初始的23m/s迅速降低到-8.162m/s；由图14.10b看出，侧向速度由第83s的0.2m/s增加到第87s的19m/s，横摆角速度变化值达到1rad/s，侧向加速度超过0.3g；由图14.10c得知，汽车的侧向速度、横摆角速度变化率较大；由图14.10d~e看出，汽车旋转幅度在ZY点附近变化较

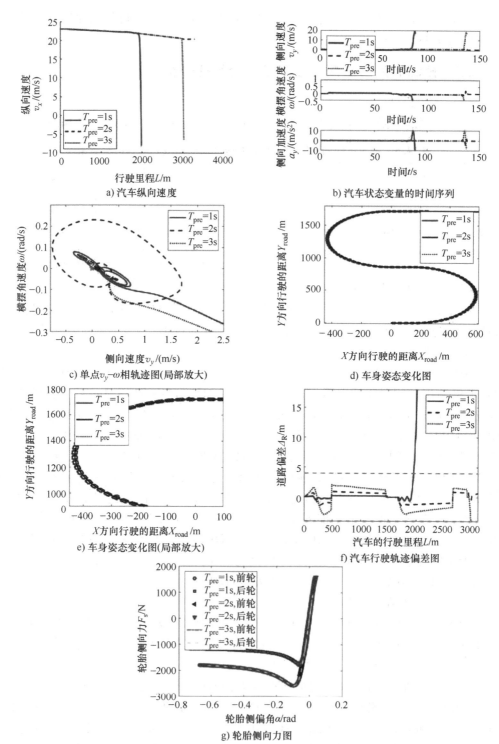

图 14.9 预瞄时间相同时,圆曲线(反向曲线)半径对汽车行驶稳定性的影响(见彩插)

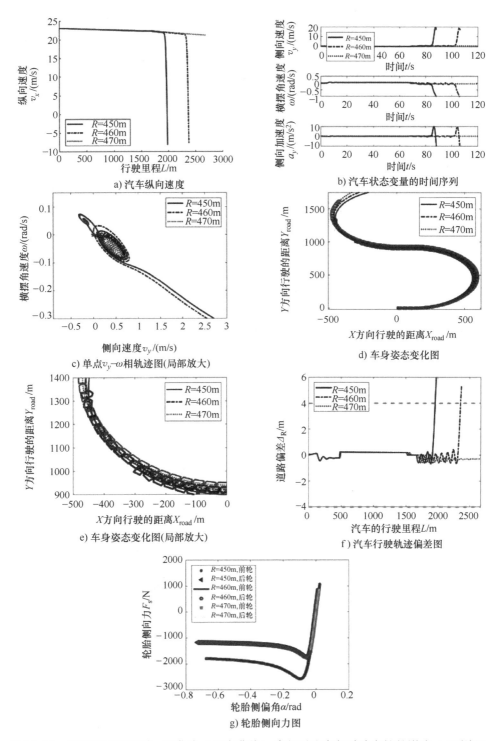

图 14.10 预瞄时间相同时,圆曲线(反向曲线)半径对汽车行驶稳定性的影响(见彩插)

大；由图14.10f看出，当汽车行驶里程达到1960m时，行驶轨迹偏差开始超出路宽，由图14.10g看出，当侧偏角在-0.08~0.024rad内时，轮胎的侧向力与侧偏角呈线性关系，当轮胎的侧偏角超过该范围时，轮胎的侧向力与侧偏角呈非线性关系。由上述汽车动力学状态可以看出，汽车在该路段不能安全行驶。当圆曲线半径为460m时，汽车依然不能安全行驶。当圆曲线半径达到470m时，汽车的动力学状态变化稳定，汽车在该路段上可以安全运行。

（4）实验3结果分析

由图14.11可知，当驾驶人预瞄时间为3s，汽车以23m/s的初始速度在半径为510m、道路横坡度为4%的反向曲线上行驶时，其动力学状态在通过第二个YZ点时发生了较大的变化。由图14.11a可知，汽车的纵向速度由初始的23m/s迅速降低到-6.961m/s；由图14.11b看出，侧向速度由第155s的0.3m/s增加到第159s的18.6m/s，横摆角速度变化值达到1rad/s，侧向加速度超过0.3g；由图14.11c得知，汽车的侧向速度、横摆角速度变化率较大；由图14.11d~e看出，汽车旋转幅度在YZ点附近变化较大；由图14.11f看出，当汽车行驶里程达到3500m时，行驶轨迹偏差变大，超过了路宽；由图14.11g看出，当侧偏角在-0.08~0.04rad内时，轮胎的侧向力与侧偏角呈线性关系，当轮胎的侧偏角超过该

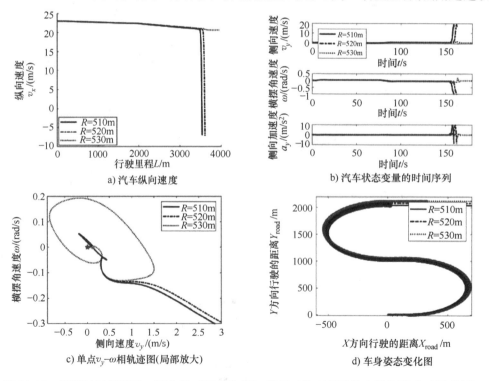

图14.11 预瞄时间相同时，圆曲线（反向曲线）半径对汽车行驶稳定性的影响（见彩插）

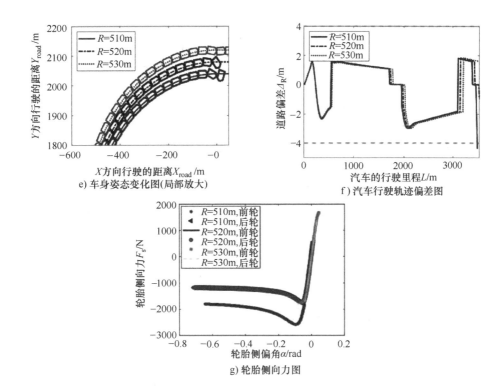

图 14.11 预瞄时间相同时,圆曲线(反向曲线)半径对汽车行驶稳定性的影响(见彩插)(续)

范围时,轮胎的侧向力与侧偏角呈非线性关系。由上述汽车动力学状态可以看出,汽车在该路段不能安全行驶。当圆曲线半径为 520m 时,汽车依然不能安全行驶。当圆曲线半径达到 530m 时,汽车的动力学状态变化稳定,汽车在该路段上可以安全行驶。

由上述 3 组实验结果可以得知,随着驾驶人预瞄时间的增加,汽车安全运行所需的圆曲线半径先减小后增大,汽车行驶轨迹偏差增加。

14.2.3 道路横坡度与反向曲线半径耦合特征分析

(1)实验设计

考虑不同的道路横坡度和圆曲线(反向曲线)半径的实验策略见表 14.6。

表 14.6 考虑不同的道路横坡度和圆曲线(反向曲线)半径的实验策略

编号	圆曲线半径 R/m	道路横坡度 i	预瞄时间 T_{pre}/s	纵向速度 v_x /(m/s)	实验策略
1	160	-2%、2%、8%	1	17	道路横坡度
2	200、190、180	-2%	1	17	圆曲线半径
3	310、300、290	8%	1	17	圆曲线半径

(2) 实验1结果分析

由图 14.12 可知，当驾驶人预瞄时间为 1s，汽车以 17m/s 的初始速度行驶在道路横坡度为 -2%、半径为 160m 的反向曲线上，在通过第二个 ZY 点时，其动力学状态有了较大的变化。

由图 14.12a 可知，汽车的纵向速度由初始的 17m/s 降为 -3.935m/s；由图 14.12b 看出，侧向速度由第 8s 的 -0.2m/s 降低到第 10s 的 -13.20m/s，横摆角速度变化值达到 1rad/s，侧向加速度超过 0.3g；由图 14.12c 得知，汽车侧向速度、横摆角速度变化率较大；由图 14.12d~e 可知，车身姿态在 ZY 点附近旋转幅度较大；由图 14.12f 可知，当汽车的行驶里程为 190m 时，汽车的行驶轨迹开始超出道路宽度；由图 14.12g 可知，当轮胎侧偏角在 -0.04~0.04rad 以内时，轮胎的侧向力与侧偏角呈线性关系，当轮胎的侧偏角超过该范围时，轮胎的侧向力与侧偏角呈非线性关系。由上述汽车动力学状态可以看出，汽车在该路段上不能安全行驶。当道路横坡度为 8% 时，汽车同样不能安全行驶。当道路横坡度为 2% 时，在半径为 160m 的圆曲线上行驶时，汽车的动力学状态变化稳定，且汽车行驶轨迹偏差较小，可以认为汽车在该路段上可以安全运行。

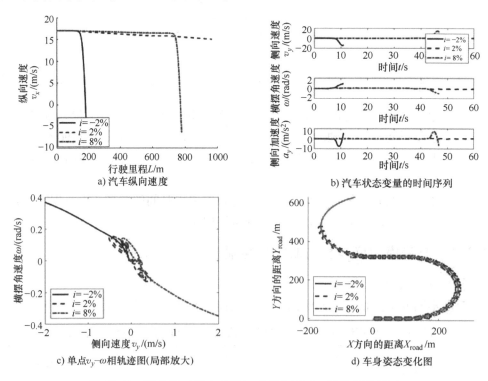

图 14.12 圆曲线（反向曲线）半径相同时，道路横坡度对汽车行驶稳定性的影响（见彩插）

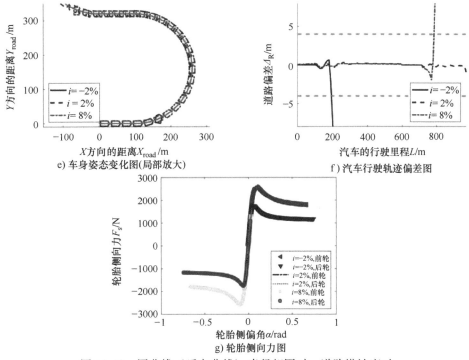

图 14.12 圆曲线（反向曲线）半径相同时，道路横坡度对
汽车行驶稳定性的影响（见彩插）（续）

(3) 实验 2 结果分析

由图 14.13 可知，当驾驶人预瞄时间为 1s，汽车以 17m/s 的初始速度在半径为 180m、道路横坡度为 -2% 的反向曲线上行驶，在通过第一个 ZY 点时，其动力学状态发生了较大的变化。

由图 14.13a 可知，汽车的纵向速度由初始的 17m/s 迅速降低到 -3.416m/s；由图 14.13b 看出，侧向速度由第 9s 的 -0.2m/s 降低到第 11s 的 -13.2m/s，横摆角速度变化值达到 1rad/s，侧向加速度超过 0.3g；由图 14.13c 得知，汽车的侧向速度、横摆角速度变化率较大；由图 14.13d~e 看出，汽车旋转幅度在 ZY 点附近变化较大；由图 14.13f 看出，当汽车行驶里程达到 220m 时，开始超出道路宽度；由图 14.13g 看出，当侧偏角在 -0.02~0.05rad 内时，轮胎的侧向力与侧偏角呈线性关系；当轮胎的侧偏角超过该范围时，轮胎的侧向力与侧偏角呈非线性关系。由上述汽车动力学状态可以看出，汽车不能安全行驶。当圆曲线半径为 190m 时，汽车依然不能安全行驶。当圆曲线半径达到 200m 时，汽车的动力学状态变化稳定，汽车在该路段上可以安全运行。

(4) 实验 3 结果分析

由图 14.14 可知，当驾驶人预瞄时间为 1s，汽车以 17m/s 的初始速度在半径为 290m、道路横坡度为 8% 的反向曲线上行驶，在通过第二个 ZY 点时，其动力学状态发生了较大的变化。

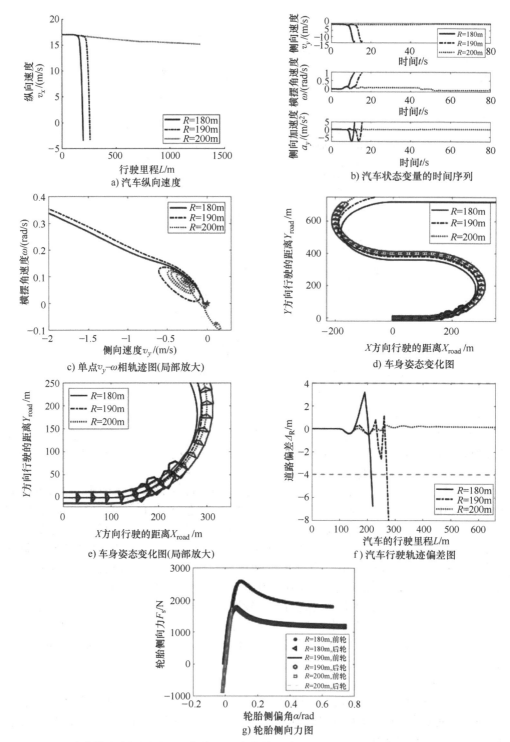

图 14.13 道路横坡度相同时,圆曲线(反向曲线)半径对汽车行驶稳定性的影响(见彩插)

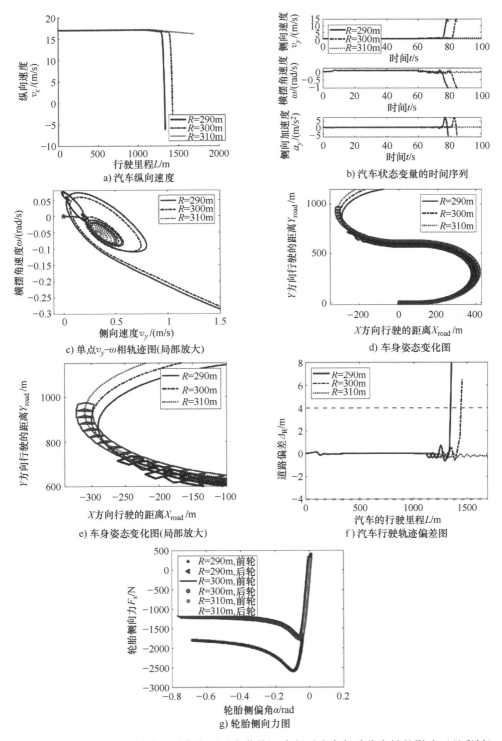

图14.14 道路横坡度相同时,圆曲线(反向曲线)半径对汽车行驶稳定性的影响(见彩插)

由图 14.14a 可知,汽车的纵向速度由初始的 17m/s 迅速降低到 -6.136m/s;由图 14.14b 可知,侧向速度由第 75s 的 0.5m/s 增加到第 78s 的 14.5m/s,横摆角速度变化值达到 1rad/s,侧向加速度超过 0.3g;由图 14.14c 得知,汽车的侧向速度、横摆角速度变化率较大。由图 14.14d~e 看出,汽车旋转幅度在第二个 ZY 点附近变化较大;由图 14.14f 看出,当汽车行驶里程达到 1340m 时,开始超出道路宽度;由图 14.14g 看出,当侧偏角在 -0.04~0.01rad 内时,轮胎的侧向力与侧偏角呈线性关系,当轮胎的侧偏角超过该范围时,轮胎的侧向力与侧偏角呈非线性关系。由上述汽车动力学状态可以看出,汽车在该路段不能安全行驶。当圆曲线半径为 300m 时,汽车依然不能安全行驶。当圆曲线半径达到 310m 时,汽车的动力学状态变化稳定,汽车在该路段上可以安全行驶。

由上述 3 组实验结果可以得知,在此预瞄时间下,随着道路横坡度增大,需要安全运行的圆曲线半径先减小后增大,但行驶轨迹偏差减小。

14.3 人-车-路系统参数之间的耦合特征

14.3.1 同向曲线的耦合特征分析

(1) 预瞄时间、纵向速度与同向曲线半径耦合特征

图 14.15 所示为当道路横坡度是定值($i=4\%$)时,预瞄时间、纵向速度与同向曲线最小半径之间的关系。

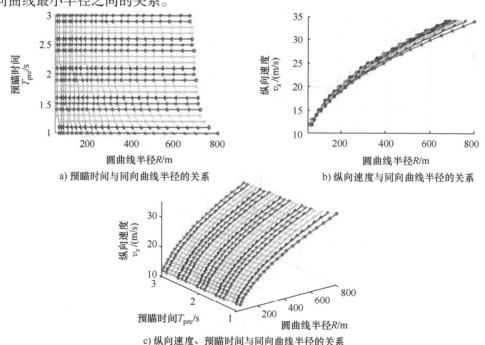

a) 预瞄时间与同向曲线半径的关系

b) 纵向速度与同向曲线半径的关系

c) 纵向速度、预瞄时间与同向曲线半径的关系

图 14.15 预瞄时间、纵向速度与同向曲线最小半径之间的关系

由图 14.15a 可知，当汽车纵向速度一定时，随着驾驶人预瞄时间的增大，汽车安全运行所需的圆曲线半径减小；由图 14.15b 可知，当驾驶人预瞄时间一定时，随着纵向速度的增加，汽车安全运行所需的圆曲线半径增大；由图 14.15c 可知，当汽车纵向速度与驾驶人预瞄时间共同增加时，汽车安全运行所需的圆曲线半径增加。

（2）预瞄时间、道路横坡度与同向曲线半径耦合特征

图 14.16 所示为当纵向速度是定值（$v_x = 23\mathrm{m/s}$）时，预瞄时间、道路横坡度与同向曲线最小半径之间的关系。由图 14.16a 可知，当驾驶人预瞄时间一定时，随着道路横坡度的增大，汽车安全运行所需的圆曲线半径减小；由图 14.16b 可知，当道路横坡度一定时，随着驾驶人预瞄时间的增加，汽车安全运行所需的圆曲线半径减小；由图 14.16c 可知，当道路横坡度与驾驶人预瞄时间共同增加时，汽车安全运行所需的圆曲线半径减小。

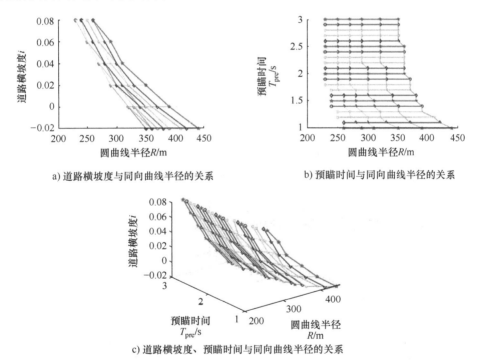

图 14.16 预瞄时间、道路横坡度与同向曲线最小半径之间的关系

（3）纵向速度、道路横坡度与同向曲线半径耦合特征

图 14.17 所示为当驾驶人预瞄时间是定值（$T_{\mathrm{pre}} = 2\mathrm{s}$）时，汽车纵向速度、道路横坡度与同向曲线最小半径之间的关系。由图 14.17a 可知，当汽车纵向速度固定时，汽车安全运行所需的圆曲线半径随着道路横坡度的增大而减小；由图 14.17b可知，当道路横坡度固定时，汽车安全运行所需要的圆曲线半径随着纵

向速度的增大而增大；由图14.17c可知，当道路横坡度与纵向速度同时增大时，汽车安全运行所需的圆曲线半径将增加。

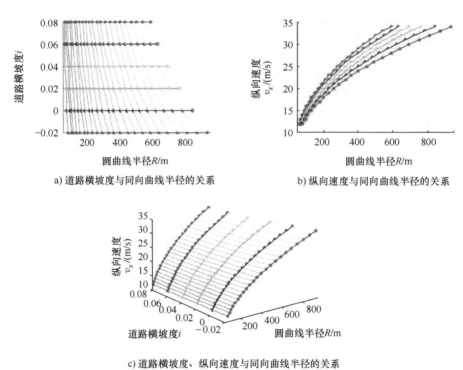

图14.17　纵向速度、道路横坡度与同向曲线最小半径之间的关系

14.3.2　反向曲线的耦合特征分析

（1）预瞄时间、纵向速度与反向曲线半径耦合特征

图14.18所示为当道路横坡度是定值（$i = 0.02$）时，预瞄时间、纵向速度与反向曲线最小半径之间的关系。

由图14.18a可知，当汽车纵向速度一定时，随着驾驶人预瞄时间的增大，汽车安全运行所需的圆曲线半径先减小后增大；由图14.18b可知，当驾驶人预瞄时间一定时，随着纵向速度的增加，汽车安全运行所需的圆曲线半径增大；由图14.18c可知，当汽车纵向速度与驾驶人预瞄时间共同增加时，汽车安全运行所需的圆曲线半径增加。

（2）预瞄时间、道路横坡度与反向曲线半径耦合特征

图14.19所示为当纵向速度是定值（$v_x = 23 \text{m/s}$）时，预瞄时间、道路横坡度与反向曲线最小半径之间的关系，由图14.19a可知，当驾驶人预瞄时间小于2s时，随着道路横坡度的增大，汽车安全运行所需的圆曲线半径先减小后增大；当预

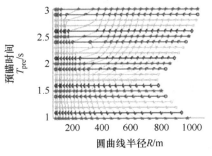
a) 预瞄时间与反向曲线半径的关系

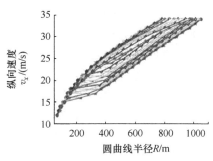
b) 纵向速度与反向曲线半径的关系

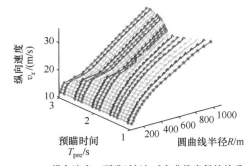
c) 纵向速度、预瞄时间与反向曲线半径的关系

图 14.18　预瞄时间、纵向速度与反向曲线最小半径之间的关系

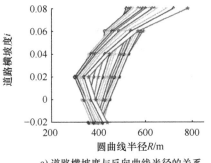
a) 道路横坡度与反向曲线半径的关系

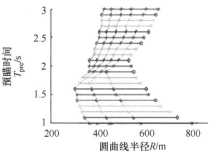
b) 预瞄时间与反向曲线半径的关系

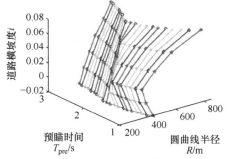
c) 道路横坡度、预瞄时间与反向曲线半径的关系

图 14.19　预瞄时间、道路横坡度与反向曲线最小半径之间的关系

瞄时间大于 2s 时,汽车安全运行所需的圆曲线半径随道路横坡度的增大而增大。由图 14.19b 可知,当道路横坡度一定时,随着驾驶人预瞄时间的增加,汽车安全运行所需的圆曲线半径先减小后增大。由图 14.19c 可知,当预瞄时间小于 2s 时,随着道路横坡度与驾驶人预瞄时间共同增加,汽车安全运行所需的圆曲线半径先减小后增大;当预瞄时间大于 2s 时,随着道路横坡度与驾驶人预瞄时间共同增加,汽车安全运行所需的圆曲线半径一直增大。

(3) 纵向速度、道路横坡度与反向曲线半径耦合特征

图 14.20 所示为当驾驶人预瞄时间是定值($T_{pre} = 2s$)时,纵向速度、道路横坡度与反向曲线最小半径之间的关系。

由图 14.20a 可知,当汽车纵向速度固定时,汽车安全运行所需的圆曲线半径随着道路横坡度的增大先减小后增大;由图 14.20b 可知,当道路横坡度固定时,汽车安全运行所需要的圆曲线半径随着纵向速度的增大而增大;由图 14.20c 可知,当道路横坡度与纵向速度同时增大时,汽车安全运行所需的圆曲线半径将增加。

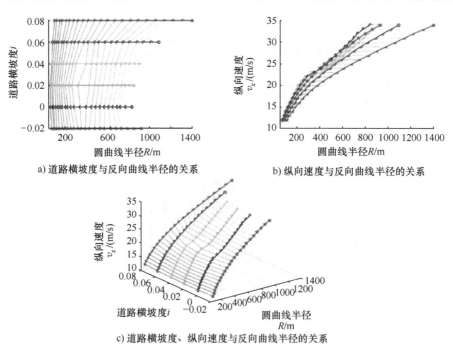

图 14.20 纵向速度、道路横坡度与反向曲线最小半径之间的关系

第 15 章　公路平面线形安全性评价方法

15.1　公路平面线形安全性评价指标

基于上一章对人-车-路与公路圆曲线半径耦合特征的研究,分析发现相邻路段的速度之差、汽车状态变量的时间序列、车身姿态、轮胎侧向力与侧偏角的关系、车身姿态、汽车行驶轨迹偏差等参数可以确定汽车行驶安全性,得到汽车在特定的运行条件(纵向速度、预瞄时间、道路横坡度)下安全运行所需的圆曲线半径,并可利用上述参数评价道路的安全性。本章考虑了汽车的非线性特征,通过汽车行驶的安全性从公路设计一致性、汽车操纵稳定性这两方面对公路线形安全性进行定量、定性的评价。

本章采用的指标从公路设计一致性、汽车操纵稳定性两方面考虑,选取了以下评价指标:

(1) 公路设计一致性评价指标

将汽车运行速度作为评价公路线形连续性和协调性的指标,当相邻路段的速度之差小于 10km/h (2.8m/s) 时,可以认为此公路线形的连续性和协调性较好;当相邻路段的速度之差大于 10km/h (2.8m/s) 且小于 20km/h (5.6m/s) 时,可以认为此公路线形的连续性和协调性一般;当相邻路段的速度之差大于 20km/h (5.6m/s) 时,可以认为此公路线形的连续性和协调性较差。

(2) 汽车操纵稳定性评价指标

将汽车失稳分为三种类型:侧滑、失去轨迹跟踪能力、侧翻。

1) 侧滑。当汽车行驶在直线路段或者是半径较大的弯道路段时,此时轮胎所受的侧向力能够抵挡汽车所受的离心力,轮胎的侧向力与侧偏角呈线性关系,汽车能够安全行驶;汽车转向失稳是指在转弯或者是弯道路段行驶时,当轮胎所受的侧向力不足以抵挡汽车所受的离心力时,此时轮胎的侧向力与侧偏角呈非线性关系,车辆会发生侧滑。本章将汽车的侧向加速度作为汽车侧滑的评价指标,当侧向加速度超过 0.3g 时,可以认为汽车发生了侧滑。

2) 失去轨迹跟踪能力。失去轨迹跟踪能力是指汽车在行驶过程中,不能很好地跟随道路中心线行驶,使汽车行驶轨迹偏差超出所规定的路宽,如果道路跟踪情况较差,汽车可能会冲向对向车道,发生碰撞。本章将汽车行驶轨迹偏差作为衡量道路轨迹跟踪情况的评价标准。

3) 侧翻。汽车侧翻是指汽车在平直的路面上行驶时,车轮所受的荷载是相同的。当汽车在坡道上行驶时，车轮轮胎所受的垂向反力不相等；当一侧受到的垂向反力较大，另一侧受到的垂向反力较小时，汽车将发生侧翻。本章将采用横向载荷转移率（LTR）作为侧翻的评价标准。

对于汽车失稳，不只可以将侧向加速度、汽车行驶轨迹偏差、LTR 作为评价指标，也可以将汽车的状态变量时间序列（侧向速度、横摆角速度）、侧向速度 - 横摆角速度的单点相轨迹图、汽车车身姿态、汽车侧向力与侧偏角的关系等作为评价汽车操纵稳定性的辅助指标。公路线形安全评价指标见表 15.1。

表 15.1 公路线形安全评价指标

公路线形的安全评价	评价指标	门限值	意义
公路设计一致性评价指标	$\|v_{85i} - v_{85i+1}\|$	$\|v_{85i} - v_{85i+1}\| < 10$	公路线形的连续性和协调性好
		$10 \leq \|v_{85i} - v_{85i+1}\| < 20$	公路线形的连续性和协调性一般
		$\|v_{85i} - v_{85i+1}\| \geq 20$	公路线形的连续性和协调性较差
汽车操纵稳定性评价指标	侧向加速度	0.3g	表征汽车是否会发生侧滑
	行驶轨迹偏差	—	表征汽车是否容易冲向对向车道
	LTR	1	表示侧翻

由于本章是将小型汽车作为研究对象，且未考虑纵坡坡度对汽车行驶安全性的影响，所以小型汽车不会发生侧翻事故，在本章实验中未采集垂直载荷这一参数，也就没有考虑 LTR 这一评价指标。

通过上一章对人 - 车 - 路系统与公路圆曲线半径耦合特征的分析，根据本章选取的评价指标，得到汽车在不同速度、道路横坡度、驾驶人预瞄时间下能够安全行驶的最小圆曲线半径。根据不同等级公路的设计速度以及道路的横坡度，整理得到汽车在该等级公路上安全行驶的圆曲线最小半径，建议值见表 15.2。

表 15.2 圆曲线（同向曲线）最小半径建议值

设计速度/(m/s)	不设超高坡度的最小半径/m($i = -2\%$)			设超高坡度的最小半径/m										
				$i = 2\%$			$i = 4\%$			$i = 6\%$			$i = 8\%$		
	1s	2s	3s	1s	2s	3s	1s	2s	3s	1s	2s	3s	1s	2s	3s
12	80	80	70	70	70	70	70	60	60	60	60	60	60	60	60
17	200	180	170	160	150	140	150	140	130	140	130	120	130	120	120
23	440	360	350	350	300	290	310	270	270	290	250	250	260	230	230
28	730	590	570	560	470	460	510	430	420	460	400	390	420	370	360
34	1170	940	910	890	750	730	800	690	670	730	630	610	650	580	560

表 15.2 得出的同向曲线最小半径的建议值要略小于 JTG D20—2017《公路路线设计规范》中的最小圆曲线半径，由表 15.2 也可以看出，汽车安全运行所需的

圆曲线最小半径与速度成正比,与道路横坡度、驾驶人预瞄时间成反比。

圆曲线(反向曲线)最小半径建议值见表15.3。

表 15.3　圆曲线(反向曲线)最小半径建议值

设计速度/(m/s)	不设超高坡度的最小半径/m ($i=-2\%$)			设超高坡度的最小半径/m									
				$i=2\%$			$i=4\%$			$i=6\%$			$i=8\%$		
	1s	2s	3s	1s	2s	3s	1s	2s	3s	1s	2s	3s	1s	2s	3s
12	80	80	110	70	70	130	80	80	140	100	90	160	120	110	170
17	200	180	240	160	150	280	200	190	300	250	200	330	310	250	370
23	440	360	420	370	400	490	470	430	530	570	460	590	780	530	640
28	730	580	630	610	600	740	760	640	800	990	690	880	1400	880	960
34	1170	930	1150	980	860	1060	1270	910	1160	1720	1090	1260	2530	1400	1430

表15.3得出的反向曲线最小半径的建议值要略大于JTG D20—2017《公路路线设计规范》中的最小圆曲线半径,由表15.3也可以看出,汽车安全运行所需的圆曲线最小半径与速度成正比,随着驾驶人预瞄时间的增加,半径先减小后增大:当预瞄时间小于2s时,该半径随道路横坡度的增大先减小后增大;当预瞄时间大于2s时,该半径随道路横坡度的增大而增大。

表15.3中的数据考虑了驾驶人的预瞄时间和汽车非线性动力学特征,得到的结果更加完善。

15.2　基于MATLAB的公路平面线形安全性评价

本节应用MATLAB软件搭建的人-车-路系统动力学模型,使汽车以不同的初始速度、预瞄时间在该路段运行,根据本章所提出的公路线形的评价指标来对该路段的安全性进行评价。

15.2.1　实验路段的选取

本节选取了安图至二道白河二级公路中的K27+701.25、K27+749、K28+735.62、K27+255、K27+487.04和K28+572.68路段作为输入,基于MATLAB平台对其安全性进行评价。上述路段大多是由直线、缓和曲线、圆曲线组成的基本线形,平面线形设计指标见表15.4(R为半径,L_{s1}为缓和曲线的长度,T_1为切线长度,L为曲线长度,E为外距),图15.1所示为安图至二道白河所有路段的道路线形图,道路曲率图如图15.2所示,箭头方向为汽车行驶方向。

表 15.4 平面线形设计指标

交点桩号	转角值	R/m	L_{s1}/m	T_1/m	汽车行驶里程 L/m	E/m	交点间距/m
K27+000.00	0	0	0	0	0	0	0
K27+60.38	65°12′52″	60	25	51.14	93.29	11.74	60.38
K27+255	140°7′32″	35	25	110.99	110.6	69.82	203.61
K27+487.04	33°50′47″	125	30	53.12	103.84	5.97	343.4
K27+701.25	141°40′8″	55.15	25	172.51	161.36	114.28	225.61
K27+749	17°9′9″	247.8	25	49.89	99.18	2.91	222.41
K27+936.39	58°40′54″	60	25	46.65	86.45	9.33	187.99
K28+154.93	7°52′13″	1000	0	68.79	137.36	2.36	224.99
K28+411.93	12°33′14″	750	0	82.5	164.33	4.52	257.22
K28+572.68	27°16′13″	265.4	29	78.91	155.32	7.83	161.42
K28+735.62	19°56′39″	349.7	50	86.53	171.73	5.67	165.44
K29+147.06	61°17′47″	100	50	84.82	156.98	17.45	412.77
K29+564.11	10°55′16″	750	70	106.72	212.95	3.69	503.58
K30+347.45	42°39′27″	150	50	83.82	161.68	11.77	783.83
K30+700	0	0	0	0	0	0	0

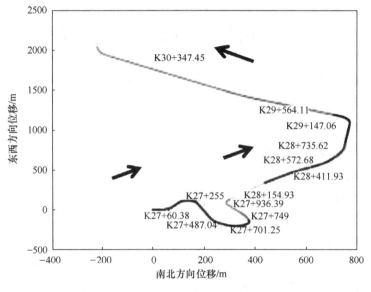

图 15.1 道路线形图

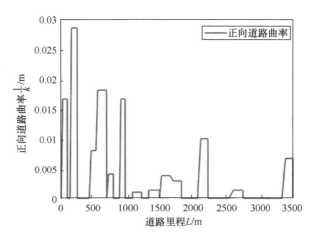

图 15.2　道路曲率图

因为该路段为二级公路,二级公路的设计时速一般是 60～80km/h,所以在基于预瞄时间对公路线形安全评价方法分析时,选择了车速为 23m/s(80km/h);在基于汽车纵向速度对公路线形安全评价方法分析时,选择了车速为 17m/s、23m/s、28m/s(分别为 60km/h、80km/h、100km/h)。

15.2.2　基于预瞄时间的公路平面线形安全性评价

(1) 实验设计

本小节选取路段 K27+701.25、K27+749 和 K28+735.62 三个路段的道路模型作为输入,来研究驾驶人预瞄时间对汽车运行状态的影响。

K27+701.25 路段由缓和曲线、圆曲线所组成,缓和曲线长度 $L_s=25m$,圆曲线长度 $L_y=136.36m$,$R=55.15m$,$i=0.06$;K27+749 路段是由直线、缓和曲线、圆曲线组成的基本线形,$i=0.03$,直线长度 $L_z=0.01m$,$L_s=25m$,$L_y=74.18m$,$R=247.8m$;K28+735.62 路段由缓和曲线和圆曲线组成,$i=0.03$,$L_s=50m$,$L_y=126.32m$,$R=349.7m$。

汽车的初始状态为 $v_x=23m/s$,$v_y=0$,$\omega=0$,驾驶人的预瞄时间分别为 1s、2s、3s。

(2) 实验路段 K27+701.25 结果分析

图 15.3 所示为基于驾驶人预瞄时间的 K27+701.25 路段的安全评价,图 15.3a 中实线部分为 K27+701.25 路段。

1) 公路设计一致性的评价结果。当驾驶人预瞄时间为 1s 时,由图 15.3b 看出,汽车的纵向速度由初始的 23m/s 降到 -13.76m/s,缓和曲线与圆曲线路段速度之差超过 5.6m/s(20km/h),说明此路段的连续性较差;当驾驶人预瞄时间为 2s、3s 时,相邻路段速度之差超过 5.6m/s(20km/h),说明此路段的连续性较差。

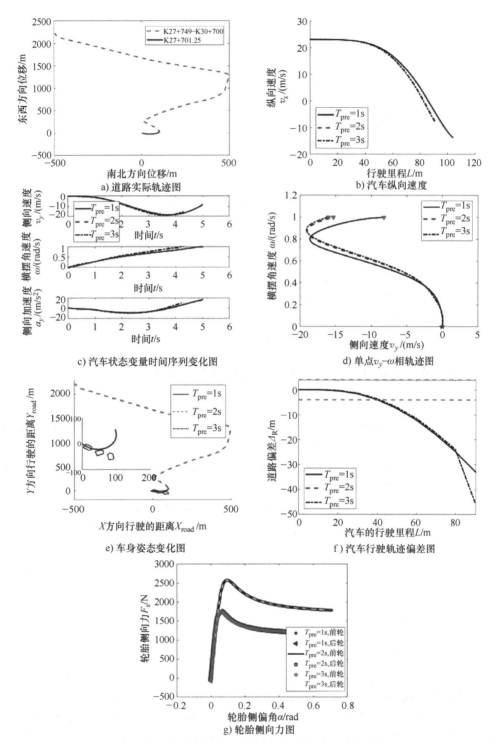

图 15.3 基于驾驶人预瞄时间的 K27 + 701.25 路段的安全评价（见彩插）

2) 汽车操纵稳定性的评价结果。由图15.3c～g看出，当驾驶人预瞄时间是1s时，汽车在1s后动力学状态发生了较大的变化，此时汽车进入了圆曲线路段，表现出了不稳定的运动状态：由图15.3c可以看出，汽车的侧向速度由1s的-1.337m/s降到第4s的-18.5m/s，汽车的横摆角速度变化值达到了1rad/s，侧向加速度超过0.3g；由图15.3d可以看出，汽车的侧向速度、横摆角速度迅速变大；由图15.3e可以看出，汽车的车身姿态变化较大；图15.3f中汽车行驶里程达到100m，汽车在运行40m后，行驶轨迹偏差开始增大，当汽车在行驶到90.5m时，汽车行驶轨迹偏差达到33m；由图15.3g可以看出，当轮胎侧偏角在0.05rad以内时，轮胎的侧向力与侧偏角呈线性关系，当侧偏角超过0.05rad时，轮胎侧向力与侧偏角呈非线性关系。由上述汽车动力学参数可以判断，汽车在圆曲线路段不能安全行驶。当驾驶人预瞄时间为2s、3s时，汽车在进入圆曲线路段后动力学状态变化较大，判定汽车在圆曲线路段不能安全运行。

该路段圆曲线半径为55.15m，小于汽车在不同的预瞄时间下安全运行的最小圆曲线半径，汽车在圆曲线路段发生了失稳。由汽车行驶轨迹偏差可以看出，在汽车未发生失稳前，预瞄时间越短，路径跟踪效果越好，汽车行驶轨迹偏差越小。

(3) 实验路段K27+749结果分析

图15.4所示为基于驾驶人预瞄时间的K27+749路段的安全评价，图15.4a中红色线条部分为K27+749路段。

1) 公路设计一致性的评价结果。由图15.4b看出，当驾驶人预瞄时间为1s时，汽车的纵向速度由初始的23m/s降低到-6.65m/s，相邻路段速度之差超过5.6m/s（20km/h），说明此路段的连续性较差；当驾驶人预瞄时间为2s、3s时，相邻路段的速度之差小于2.8m/s（10km/h），说明路段的连续性较好。

2) 汽车操纵稳定性的评价结果。由图15.4c～g看出，驾驶人预瞄时间为1s时，汽车在3s开始进入失稳状态，此时汽车进入圆曲线路段，在此时间内，汽车动力学状态变化量开始增大，由图15.4c可以看出，汽车的侧向速度由第3s的-2.19m/s降低到第5.48s的-19.56m/s，汽车的横摆角速度变化值达到了1rad/s，侧向加速度超过0.3g；由图15.4d可以看出汽车的侧向速度、横摆角速度的变化量较大；由图15.4e得出，汽车车身姿态变化较大；由图15.4f可以看出，汽车行驶里程达到130m，汽车行驶轨迹超出路宽；由图15.4g得出，当轮胎侧偏角在0.06rad以内时，轮胎的侧向力与侧偏角呈线性关系，当侧偏角不在此范围内时，轮胎的侧向力与侧偏角呈非线性关系。

由上述汽车动力学参数的变化可以看出，汽车在圆曲线路段不能安全行驶。当驾驶人预瞄时间为2s、3s时，在此期间，汽车的动力学状态变化平稳，且汽车行驶轨迹偏差未超出道路宽度，由此判断汽车可在该路段安全运行，预瞄时间为2s的汽车行驶轨迹偏差小于预瞄时间为3s的行驶轨迹偏差。

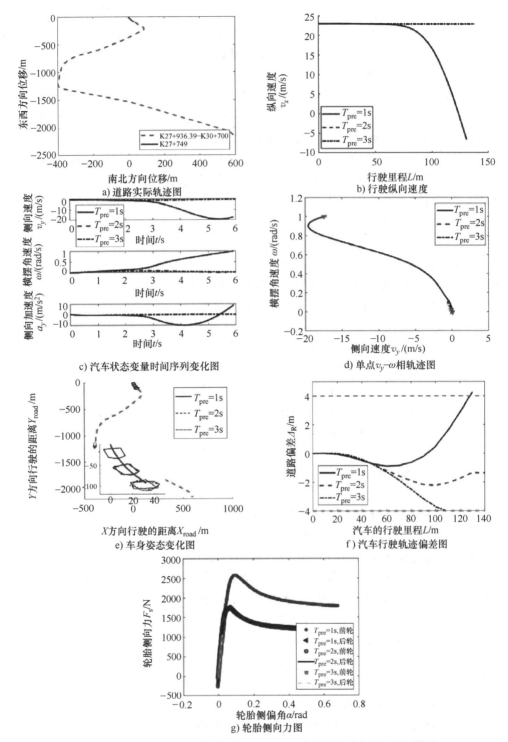

图 15.4 基于驾驶人预瞄时间的 K27 + 749 路段的安全评价（见彩插）

当驾驶人预瞄时间为1s时，汽车在圆曲线路段不能安全运行。但是预瞄时间为2s、3s时，汽车在该路段可以安全行驶。该路段圆曲线半径为247.8m，小于预瞄时间为1s时的汽车安全运行所需要的最小圆曲线半径。由此看出，当汽车纵向速度、道路条件相同时，驾驶人预瞄时间越短，汽车越易发生失稳，在汽车未发生失稳的情况下，预瞄时间越小，汽车行驶轨迹偏差越小，进一步验证了耦合实验得出的结论。

（4）实验路段 K28 + 735.62 结果分析

图 15.5 所示为基于驾驶人预瞄时间的 K28 + 735.62 路段的安全评价，图 15.5a 中红色线条部分为 K28 + 735.62 路段。

1）公路设计一致性的评价结果。由图 15.5b 看出，当驾驶人预瞄时间为1s，汽车以23m/s的初始速度在该路段上运行时，纵向速度变化较小，相邻路段的速度之差小于2.8m/s（10km/h），说明道路连续性较好；当预瞄时间为2s、3s时，相邻路段的速度之差小于2.8m/s（10km/h），说明道路连续性较好。

2）汽车操纵稳定性的评价结果。由图 15.5c～g 可以看出，当驾驶人预瞄时间为1s，汽车以23m/s的初始速度在该路段上运行时，汽车的动力学状态变化较小，侧向速度、横摆角速度、侧向加速度变化较小；车身姿态变化较平稳，汽车行驶轨迹偏差较小，轮胎的侧向力与侧偏角是线性关系，汽车在该路段可以安全行驶。当预瞄时间为2s、3s时，汽车动力学状态变化较小，认为汽车可以在该路段安全运行。

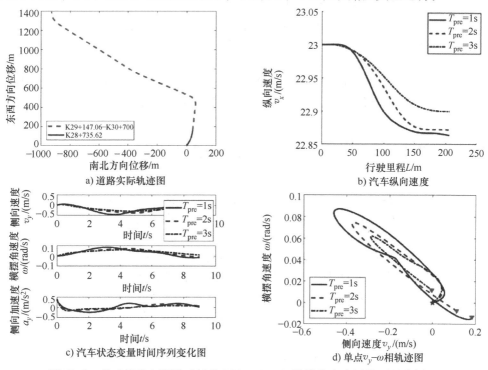

图 15.5 基于驾驶人预瞄时间的 K28 + 735.62 路段的安全评价（见彩插）

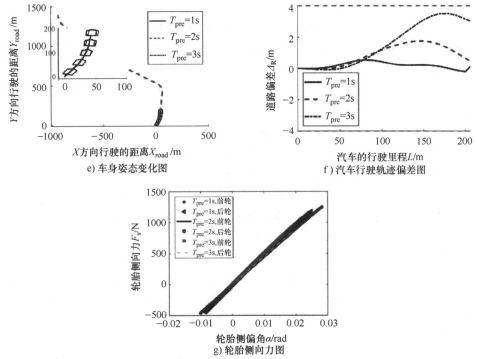

图 15.5 基于驾驶人预瞄时间的 K28 + 735.62 路段的安全评价（见彩插）（续）

汽车以 23m/s 的初始速度在该路段下可以安全运行。该路段的圆曲线半径大于其安全运行所需的最小半径，且由图 15.5f 可以看出，驾驶人预瞄时间越短，汽车行驶轨迹偏差越小。

通过基于驾驶人预瞄时间的公路线形安全评价可知，对于几何线形参数相同的公路，汽车的行驶条件相同，驾驶人预瞄时间不同，导致公路线形的安全性不同，验证了前面实验数据的完整性。

15.2.3 基于纵向速度的公路平面线形安全性评价

（1）实验设计

本小节选取路段 K27 + 255、K27 + 487.04 和 K28 + 572.68 三个路段的道路模型作为输入，来研究初始纵向速度对汽车运行状态的影响。

K27 + 255 路段是由直线、缓和曲线、圆曲线组成的基本线形，$i = -0.06$，直线长度 $L_z = 41.48m$，缓和曲线长度 $L_s = 25m$，圆曲线长度 $L_y = 85.6$，$R = 35m$；K27 + 487.04 路段是由直线、缓和曲线、圆曲线组成的基本线形，$i = 0.05$，$L_z = 179.29m$，$L_s = 30m$，$L_y = 73.84$，$R = 125m$；K28 + 572.68 路段是由直线、缓和曲线、圆曲线组成的基本线形，$i = 0.03$，$L_z = 0.01m$，$L_s = 29m$，$L_y = 126.32m$，$R = 265.4m$。

将 $v_y = 0$，$\omega = 0$，$\delta_f = 0$ 作为初始状态，汽车的初始纵向速度分别选取 17m/s、23m/s、28m/s，驾驶人预瞄时间为 2s。

（2）实验路段 K27+255 结果分析

图 15.6 所示为基于纵向速度的 K27+255 路段的安全评价，图 15.6a 中红色线条部分为 K27+255 路段。

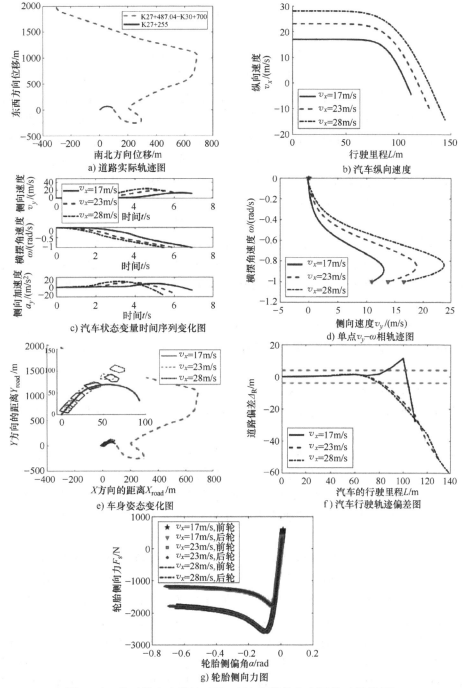

图 15.6 基于纵向速度的 K27+255 路段的安全评价（见彩插）

1）公路设计一致性的评价结果。由图 15.6b 看出，当汽车的初始纵向速度为 17m/s，驾驶人预瞄时间为 2s 时，汽车的纵向速度降低到 -4.5m/s，缓和曲线和圆曲线路段速度之差超过 5.6m/s（20km/h），说明此路段的连续性较差；当汽车的初始纵向速度为 23m/s、28m/s 时，相邻路段的速度之差也超过 5.6m/s（20km/h），说明此路段的连续性较差。

2）汽车操纵负荷稳定性的评价结果。由图 15.6c~g 看出，当汽车初始纵向速度为 17m/s 时，驾驶人预瞄时间为 2s 时，在 4s 开始进入失稳状态，此时汽车进入圆曲线路段，在此时间内，汽车动力学状态变化量开始增大，由图 15.6c 可以看出，汽车侧向速度由第 4s 的 1.6m/s 增加到第 6s 的 12.63m/s，汽车的横摆角速度变化值达到了 1rad/s，侧向加速度超过 0.3g，由图 15.6d 可以看出，汽车的侧向速度、横摆角速度迅速变大；由图 15.6e 得出，汽车车身姿态变化较大；由图 15.6f 可以看出，汽车行驶里程达到 111.6m，汽车在运行 80m 后开始超出路宽，当汽车在行驶到 111.6m 时，汽车行驶轨迹偏差达到 26.43m；由图 15.6g 得出，当轮胎侧偏角在 -0.05~0.01rad 以内时，轮胎的侧向力与侧偏角呈线性关系；当侧偏角不在此范围内时，轮胎的侧向力与侧偏角呈非线性关系。汽车在进入圆曲线路段后动力学状态发生了突变，汽车在该路段不能安全行驶。当汽车的纵向速度为 23m/s、28m/s 时，其动力学参数在进入圆曲线路段发生了突变，汽车在圆曲线路段依然不能安全行驶。

该路段的圆曲线半径小于在不同的速度下安全运行最小圆曲线半径，且由图 15.6f 可以看出，在不发生失稳的情况下，汽车纵向速度越小，行驶轨迹偏差越小。

（3）实验路段 K27+487.04 结果分析

图 15.7 所示为基于纵向速度的 K27+487.04 路段的安全评价，图 15.7a 中红色线条部分为 K27+487.04 路段。

1）公路设计一致性的评价结果。由图 15.7b 可看出，当汽车的初始纵向速度为 17m/s 时，驾驶人预瞄时间为 2s 时，汽车的纵向速度变化较小，相邻路段的速度之差小于 2.8m/s（10km/h），说明道路连续性较好；当汽车的初始纵向速度为 23m/s、28m/s 时，相邻路段的速度之差超过 5.6m/s（20km/h），说明道路连续性较差。

2）汽车操纵稳定性的评价结果。由图 15.7c~g 可知，当汽车的初始纵向速度为 17m/s 时，驾驶人预瞄时间为 2s 时，在该时间段内动力学状态变化稳定，由图 15.7c 看出，侧向速度、横摆角速度、侧向加速度变化较小；由图 15.7d 得出，汽车侧向速度、横摆角速度变化率较小；由图 15.7e 可以看出，汽车的车身姿态变化较为平稳；由图 15.7f 看出，汽车总共行驶了 297m，始终在所设定的道路宽度内；图 15.7g 中显示，轮胎的侧向力与侧偏角呈线性关系。由此判断，当汽车以 17m/s 的初始纵向速度在该路段内运行时，汽车没有发生失稳，可以安全运行。当汽

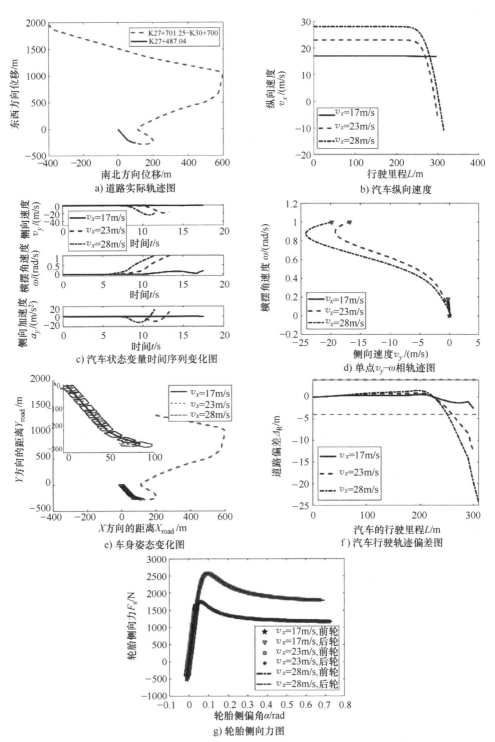

图 15.7 基于纵向速度的 K27+487.04 路段的安全评价（见彩插）

车纵向速度为 23m/s 时，在此期间，由图 15.7c 看出，汽车的侧向速度变化由第 10s 的 0.1m/s 降低到第 12s 的 -19m/s，汽车的横摆角速度变化值达到了 1rad/s，侧向加速度超过 0.3g；由图 15.7d 可以看出，汽车的侧向速度、横摆角速度变化较大；由图 15.7e 可以看出，汽车的车身姿态变化较大，由图 15.7f 可以看出，汽车行驶了 300.6m，汽车在运行到 260m 时超出路宽，当行驶里程达到 300.6m 时，汽车行驶轨迹偏差达到 12.76m；由图 15.7g 得出，当轮胎侧偏角在 -0.01 ~ 0.06rad 以内时，轮胎的侧向力与侧偏角呈线性关系，当侧偏角不在此范围内时，轮胎的侧向力与侧偏角呈非线性关系。由上述状态可判定，汽车在圆曲线路段不能安全行驶。同理，当汽车纵向速度为 28m/s 时，汽车依然不能安全行驶。

汽车以 17m/s 的初始速度在该路段可以安全行驶，当汽车以 23m/s、28m/s 的初始速度在该路段行驶时，汽车发生了失稳。该路段圆曲线半径为 125m，大于汽车以 17m/s 的初始速度运行时所需的最小圆曲线半径，小于汽车以 23m/s、28m/s 的初始速度运行时所需的最小圆曲线半径。可以看出，汽车的纵向速度越大，越易发生失稳，且在失稳前，纵向速度越小，汽车的行驶轨迹偏差越小。

（4）实验路段 K28 + 572.68 结果分析

图 15.8 所示为基于汽车纵向速度的 K28 + 572.68 路段的安全评价，图 15.8a 中红色线条部分为 K28 + 572.68 路段。

1）公路设计一致性的评价结果。由图 15.8b 可看出，当汽车的初始纵向速度为 17m/s，驾驶人预瞄时间为 2s 时，汽车的纵向速度变化较小，小于 2.8m/s（10km/h），说明道路连续性较好；当汽车的初始纵向速度为 23m/s 时，汽车纵向速度变化小于 2.8m/s（10km/h），说明道路连续性较好；当纵向速度为 28m/s 时，纵向速度由初始的 28m/s 降低到 -11.47m/s，相邻路段的速度之差超过 5.6m/s（20km/h），说明道路连续性较差。

2）汽车操纵稳定性的评价结果。由图 15.8c ~ g 可知，当汽车的初始纵向速度为 17m/s，驾驶人预瞄时间为 2s 时，在该时间段内动力学状态变化稳定，由图 15.8c 看出，侧向速度、横摆角速度、侧向加速度变化较小；由图 15.8d 得出，汽车侧向速度、横摆角速度变化较小；由图 15.8e 可以看出，汽车的车身姿态较为平稳；由图 15.8f 看出，汽车行驶轨迹始终在所设定的道路宽度内；图 15.8g 中显示轮胎的侧向力与侧偏角呈线性关系。由此判断，当汽车以 17m/s 的初始纵向速度在该路段内运行时，汽车没有发生失稳，可以安全运行。当汽车纵向速度为 23m/s 时，在此期间，汽车的动力学状态变化较小，认为汽车在该路段能够安全行驶。当汽车以 28m/s 的初始纵向速度在该路段内运行时，汽车在 3s 时开始失稳，此时汽车进入圆曲线路段，由图 15.8c 看出，侧向速度由第 3s 的 -2.7m/s 降低到第 5.5s 的 -24.5m/s，汽车的横摆角速度变化值达到了 1rad/s，侧向加速度超过 0.3g；由图 15.8c 可以看出，汽车的侧向速度、横摆角速度变化率较大；由图 15.8d 得出，汽车车身姿态变化较大；由图 15.8e 可以看出，汽车总共行驶了 165.5m，

第15章 公路平面线形安全性评价方法

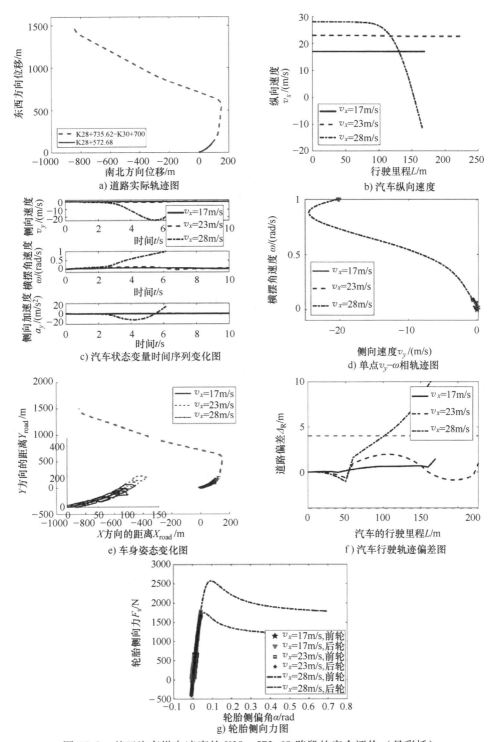

图 15.8 基于汽车纵向速度的 K28 + 572.68 路段的安全评价（见彩插）

汽车在行驶到 100m 时，汽车的行驶轨迹超出道路所设的宽度，当汽车行驶里程达到 165.5m 时，汽车行驶轨迹偏差达到 9.5m；由图 15.8f 得出，当轮胎侧偏角在 0.06rad 以内时，轮胎的侧向力与侧偏角呈线性关系，当侧偏角不在此范围内时，轮胎的侧向力与侧偏角呈非线性关系。由上述可判断，汽车在圆曲线路段发生失稳。

汽车以 17m/s、23m/s 的初始速度在该路段可以安全行驶，当汽车以 28m/s 的初始速度在该路段行驶时，汽车发生了失稳。该路段圆曲线半径为 265.4m，大于汽车以 17m/s、23m/s 的初始速度运行时所需的最小圆曲线半径，小于汽车以 28m/s 的初始速度运行时所需的最小圆曲线半径。可以看出，汽车的纵向速度越大，越易发生失稳，且在未失稳前，纵向速度越小，汽车的行驶轨迹偏差越小。

通过基于汽车纵向速度的公路线形安全评价可知，对于几何线形参数相同的公路，驾驶人预瞄时间相同，汽车行驶速度不同，会导致公路线形的安全性不同，验证了前面实验数据的完整性。

15.3　基于 CarSim 的公路平面线形安全性评价

CarSim 是专门针对车辆动力学的仿真软件，能够仿真车辆对驾驶人、路面及空气动力学输入的响应，可以用来预测和仿真汽车整车的操纵稳定性、制动性、平顺性、动力性和经济性，因为 CarSim 软件能够更加全面地考虑汽车的非线性动力学特征，所以本节基于动力学软件 CarSim 建立人 – 车 – 路系统动力学仿真模型，得到随道路线形变化的汽车动力学状态参数（纵向速度、侧向速度、横摆角速度、侧向加速度、前轮转向角）、轮胎侧向力、汽车行驶轨迹偏差等变量，根据评价指标来判断汽车在该路段是否能够安全运行，对该路段的安全性进行评价，CarSim 建模过程如图 15.9～图 15.13 所示。

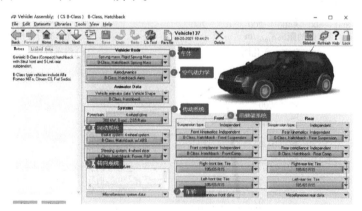

图 15.9　CarSim 车辆模型

第15章 公路平面线形安全性评价方法

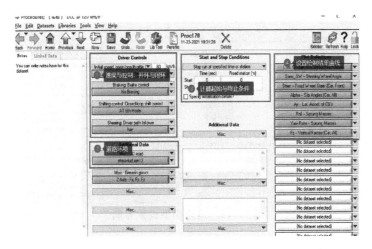

图 15.10 CarSim 速度与控制

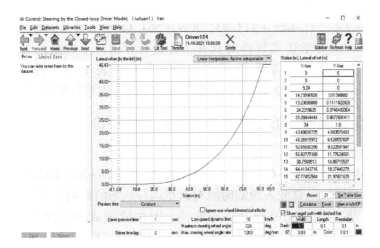

图 15.11 CarSim 驾驶人预瞄模型

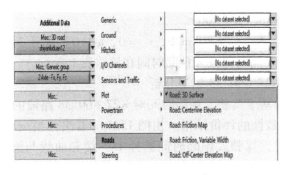

图 15.12 道路模型设置步骤

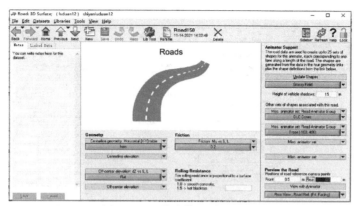

图 15.13　道路模型设置界面

15.3.1　实验路段的选取

本节选取了安图至二道白河二级公路中的 K27+60.38、K28+154.93、K29+147.06、K27+936.39、K28+411.93、K29+564.11 和 K30+347.45 路段作为输入，基于 CarSim 动力学仿真软件对其安全性进行评价。上述路段大多是由直线、缓和曲线、圆曲线组成的基本线形，其几何参数见表15.4，其道路线形图如图 15.1 所示，道路曲率图如图 15.2 所示，箭头方向为汽车行驶方向。

15.3.2　基于预瞄时间的公路平面线形安全性评价

（1）实验设计

本小节选取路段 K27+60.38、K28+154.93 和 K29+147.06 三个路段的道路模型作为输入，来研究驾驶人预瞄时间对汽车运行状态的影响。

K27+60.38 路段是由直线、缓和曲线、圆曲线组成的公路基本线形，$L_z=9.24m$，$L_s=25m$，$L_y=68.29m$，$R=60m$，$i=-0.015$；K28+154.93 路段由直线、圆曲线组成，$i=-0.015$，$L_z=109.55m$，$L_y=137.36m$，$R=1000m$；K29+147.06 路段是由直线、缓和曲线、圆曲线组成的基本线形，$i=-0.015$，$L_z=241.42m$，$L_s=50m$，$L_y=106.98m$，$R=100m$。

汽车的初始状态为：$v_x=80km/h$，$v_y=0$，$\omega=0$。驾驶人预瞄时间分别选取 1s、2s、3s。汽车以不同的驾驶人预瞄时间在该路段上运行。

（2）实验路段 K27+60.38 结果分析

图 15.14 所示为基于驾驶人预瞄时间对 K27+60.38 路段的安全评价。

1）公路设计一致性的评价结果。由图 15.14a 看出，当汽车以 80km/h 的初始速度在该路段运行时，驾驶人预瞄时间选择 1s，缓和曲线与圆曲线的速度之差达 18km/h，超过 10km/h，说明路段的连续性较一般；当预瞄时间为 2s、3s 时，相邻路段的速度之差超过 10km/h，说明路段的连续性较一般。

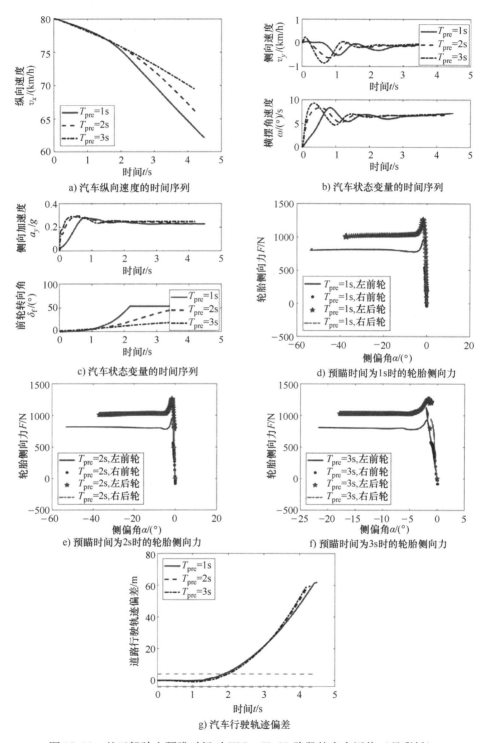

图 15.14　基于驾驶人预瞄时间对 K27+60.38 路段的安全评价（见彩插）

2)汽车操纵稳定性的评价结果。当汽车以 80km/h 的初始速度在该路段运行时,驾驶人预瞄时间选择 1s,在进入圆曲线路段时,其动力学特征发生较大的变化:由图 15.14b 看出,汽车的侧向速度变化值最大达到 0.53km/h;横摆角速度变化范围达到 $8.4°/s$;由图 15.14c 看出,侧向加速度达到了 0.28g,即将达到人体所不能承受的侧向加速度,汽车的前轮转向角等在短时间内变化较大;由图 15.14d 看出,轮胎的侧向力与侧偏角呈非线性关系;由图 15.14f 看出,汽车的行驶轨迹偏差超过路宽。由以上的汽车动力学状态变量的变化程度以及汽车的行驶轨迹偏差的大小可以断定,汽车在该路段不能安全行驶。同样,当预瞄时间为 2s、3s 时,汽车也依然不能安全行驶。

此路段的圆曲线半径小于汽车安全运行所需要的最小圆曲线半径,在汽车能安全运行的情况下,预瞄时间越短,行驶轨迹偏差越小。

(3)实验路段 K28+154.93 结果分析

图 15.15 所示为基于驾驶人预瞄时间对 K28+154.93 路段的安全评价。

1)公路设计一致性的评价结果。由图 15.15a 可知,当汽车以 80km/h 的初始速度在该路段上运行时,驾驶人的预瞄时间选择 1s,相邻路段的速度之差大于 10km/h,但小于 20km/h,说明路段的连续性一般;当预瞄时间为 2s、3s 时,相邻路段的速度之差大于 10km/h,但小于 20km/h,说明路段的连续性一般。

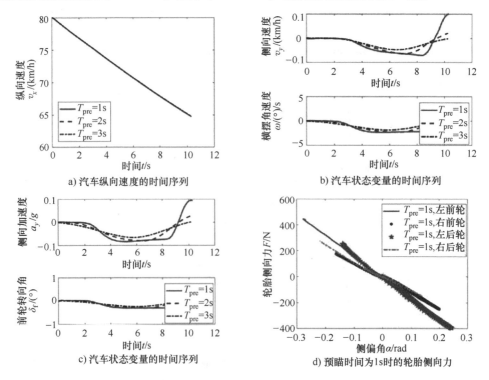

a)汽车纵向速度的时间序列　　　　b)汽车状态变量的时间序列

c)汽车状态变量的时间序列　　　　d)预瞄时间为1s时的轮胎侧向力

图 15.15　基于驾驶人预瞄时间对 K28+154.93 路段的安全评价(见彩插)

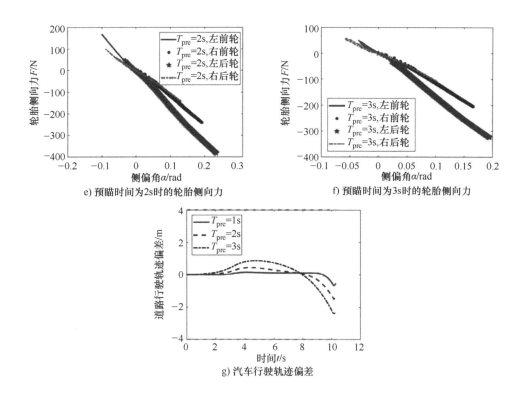

图 15.15 基于驾驶人预瞄时间对 K28 + 154.93 路段的安全评价（见彩插）（续）

2）汽车操纵稳定性的评价结果。当汽车以 80km/h 的初始速度在该路段上运行时，驾驶人的预瞄时间选择 1s，其动力学状态相对稳定，在 10.3s 的运行时间内，侧向速度、横摆角速度、侧向加速度、前轮转向角变化范围较小；轮胎的侧向力与侧偏角呈线性关系；汽车的行驶轨迹偏差未超过路宽。由以上的汽车动力学状态变量的变化程度以及汽车的行驶轨迹偏差的大小可以断定，汽车在此路段上可以安全行驶。同样，当预瞄时间为 2s、3s 时，汽车也可以安全行驶。

此路段的圆曲线半径大于汽车安全运行所需要的最小圆曲线半径，且预瞄时间越短，汽车行驶轨迹偏差越小。

（4）实验路段 K29 + 147.06 结果分析

图 15.16 所示为基于驾驶人预瞄时间对 K29 + 147.06 路段的安全评价。

1）公路设计一致性的评价结果。由图 15.16a 看出，当驾驶人以 1s 的预瞄时间，汽车以 80km/h 的速度在该路段运行时，汽车的纵向速度变化值达 45km/h，相邻路段的速度之差超过 20km/h，说明路段的连续性差；当驾驶人预瞄时间为 2s、3s 时，相邻路段的速度之差超过 20km/h，说明路段的连续性差。

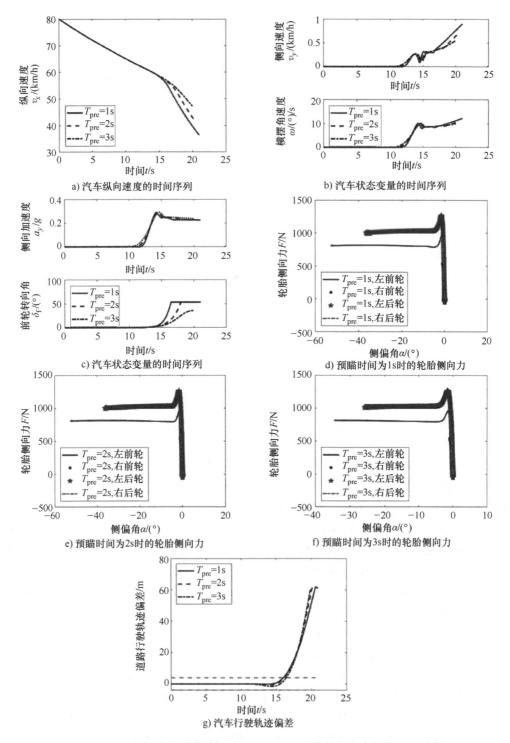

图 15.16 基于驾驶人预瞄时间对 K29+147.06 路段的安全评价（见彩插）

2）汽车操纵负荷的评价结果。由图 15.16b~g 看出，当驾驶人以 1s 的预瞄时间，汽车以 80km/h 的速度在该路段运行时，汽车的侧向速度变化值最大达到 0.9005km/h；横摆角速度变化范围达到 12.3(°)/s；侧向加速度达到了 0.2245g，即将达到人体所不能承受的侧向加速度；汽车的前轮转向角变化较大；轮胎的侧向力与侧偏角呈非线性关系；汽车的行驶轨迹偏差超过路宽。由以上的汽车动力学状态变量的变化程度以及汽车的行驶轨迹偏差的大小可以断定，汽车在该路段不能安全行驶。同样，当预瞄时间为 2s、3s 时，汽车依然不能安全行驶。

此路段的圆曲线半径小于汽车安全运行所需要的最小圆曲线半径，在汽车不发生失稳的情况下，预瞄时间越短，行驶轨迹偏差越小。

依托 CarSim 平台对公路线形进行基于驾驶人预瞄时间的评价，由仿真结果看出，在汽车发生失稳前，预瞄时间越短，汽车行驶轨迹偏差越小，验证了耦合实验的结论。

15.3.3 基于纵向速度的公路平面线形安全性评价

（1）实验设计

本小节选取路段 K27+936.39、K28+411.93、K29+564.11 和 K30+347.45 四两个路段的道路模型作为输入，来研究初始纵向速度对汽车运行状态的影响。

K27+936.39 路段是由直线、缓和曲线、圆曲线组成的基本线形，$i=-0.06$，$L_z=91.45m$，$L_s=25m$，$L_y=61.45m$，$R=60m$；K28+411.93 路段由直线、圆曲线组成，$i=-0.015$，$L_z=105.93m$，$L_y=164.33m$，$R=750m$；K29+564.11 路段是由直线、缓和曲线、圆曲线组成的基本线形，$i=-0.015$，$L_z=312.04m$，$L_s=70m$，$L_y=142.95m$，$R=750m$；K30+347.45 路段是由直线、缓和曲线、圆曲线组成的基本线形，$i=0.015$，$L_z=593.29m$，$L_s=50m$，$R=150m$。

汽车的初始状态为：$v_y=0$，$\omega=0$，其初始纵向速度分别为 60km/h、80km/h、100km/h。驾驶人预瞄时间选取了 2s。汽车以不同的初始纵向速度在上述路段上运行。

（2）实验路段 K27+936.39 结果分析

图 15.17 所示为基于汽车纵向速度对 K27+936.39 路段的安全评价。

1）公路设计一致性的评价结果。由图 15.17a 看出，当驾驶人预瞄时间为 2s，汽车的初始纵向速度为 60km/h 时，汽车的纵向速度变化值达 11km/h，超过 10km/h，说明路段的连续性较一般；同样，当初始纵向速度为 80km/h、100km/h 时，相邻路段的速度之差超过 10km/h，说明路段的连续性较一般。

2）汽车操纵稳定性的评价结果。由图 15.17c~g 看出，当驾驶人预瞄时间为 2s，汽车的初始纵向速度为 60km/h 时，在 10.15s 的运行时间内，汽车的动力学特征发生了较大的变化：由图 15.17b 看出，汽车的侧向速度变化值达到 0.5207km/h；横摆角速度变化值达到 10.06(°)/s；由图 15.17c 看出，最大的侧向加速度达到了

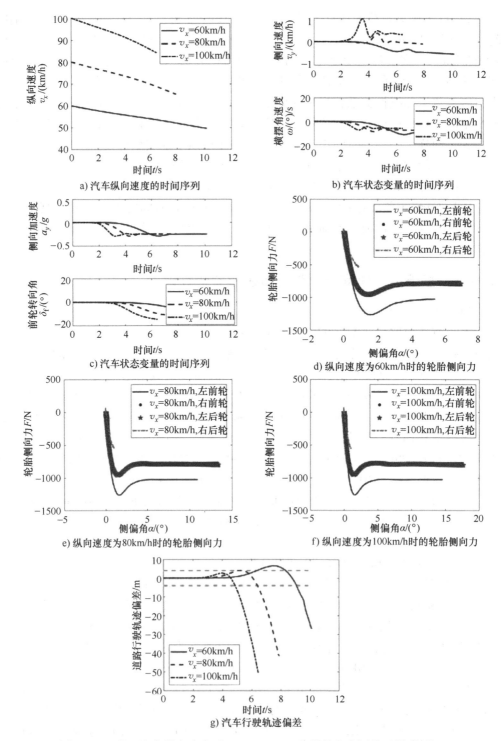

图 15.17　基于汽车纵向速度对 K27+936.39 路段的安全评价（见彩插）

0.2482g，即将达到人体所不能承受的侧向加速度，汽车的前轮转向角在短时间内变化较大；由图 15.17d 看出，轮胎的侧向力与侧偏角呈非线性关系；由图 15.17g 看出，汽车的行驶轨迹偏差超过道路宽度。由以上的汽车动力学状态变量的变化程度以及汽车的行驶轨迹偏差的大小可以断定，汽车在该路段不能安全行驶。同样，当初始纵向速度为 80km/h、100km/h 时，汽车也不能安全行驶。

此路段的圆曲线半径小于汽车安全运行所需要的最小圆曲线半径，不利于行车安全。在汽车发生失稳前，汽车的纵向速度越大，汽车行驶轨迹偏差越大。

（3）实验路段 K28+411.93 结果分析

图 15.18 所示为基于汽车纵向速度对 K28+411.93 路段的安全评价。

1）公路设计一致性的评价结果。由图 15.18a 可知，当汽车以 60km/h 的初始速度在该路段运行，驾驶人预瞄时间为 2s 时，相邻路段的速度之差小于 10km/h，说明路段的连续性和协调性较好；同样，当汽车的初始纵向速度为 80km/h、100km/h 时，相邻路段的速度之差仍小于 10km/h，说明路段的连续性较好。

2）汽车操纵稳定性的评价结果。由图 15.18b～g 看出，当汽车以 60km/h 的初始速度在该路段运行，驾驶人预瞄时间为 2s 时，汽车的动力学状态相对稳定，在 18.2s 的运行时间内，汽车的侧向速度、横摆角速度、侧向加速度、前轮转向角变化范围较小；轮胎的侧向力与侧偏角呈线性关系；汽车的行驶轨迹偏差未超过路

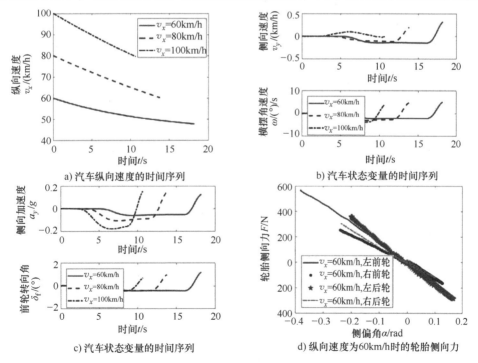

a) 汽车纵向速度的时间序列　　　b) 汽车状态变量的时间序列

c) 汽车状态变量的时间序列　　　d) 纵向速度为60km/h时的轮胎侧向力

图 15.18　基于汽车纵向速度对 K28+411.93 路段的安全评价（见彩插）

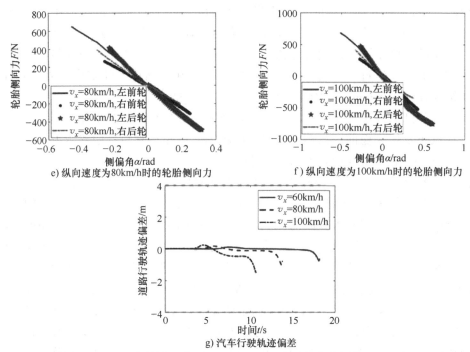

图 15.18　基于汽车纵向速度对 K28 + 411.93 路段的安全评价（见彩插）（续）

宽。由以上的汽车动力学状态变量的变化程度以及汽车的行驶轨迹偏差的大小可以断定，汽车在此路段上可以安全行驶。同理，当汽车的初始纵向速度为 80km/h、100km/h 时，汽车也可以安全行驶。

此路段的圆曲线半径大于汽车安全运行所需要的最小圆曲线半径，汽车在此路段能够安全行驶，且纵向速度越小，汽车行驶轨迹偏差越小。

（4）实验路段 K29 + 564.11 结果分析

图 15.19 所示为基于汽车纵向速度对 K29 + 564.11 路段的安全评价。

1）公路设计一致性的评价结果。由图 15.19a 可知，汽车以 60km/h 的初始速度在该路段运行时，相邻路段的速度之差虽大于 10km/h，但小于 20km/h，说明路段的连续性一般；当汽车以 80km/h 和 100km/h 的速度行驶时，相邻路段的速度之差小于 20km/h，说明路段的连续性一般。

2）汽车操纵稳定性的评价结果。由图 15.19b ~ g 可知，当汽车以 60km/h 的初始速度在该路段运行时，汽车的动力学状态相对稳定，在 39s 的运行时间内，汽车的侧向速度、横摆角速度、侧向加速度、前轮转向角变化范围较小；轮胎的侧向力与侧偏角呈线性关系；汽车的行驶轨迹偏差未超过道路设定的宽度。由以上的汽车动力学状态变量的变化程度以及汽车的行驶轨迹偏差的大小可以断定，汽车在此路段上可以安全行驶。同理，当汽车的初始纵向速度为 80km/h、100km/h 时，汽车也可以安全行驶。

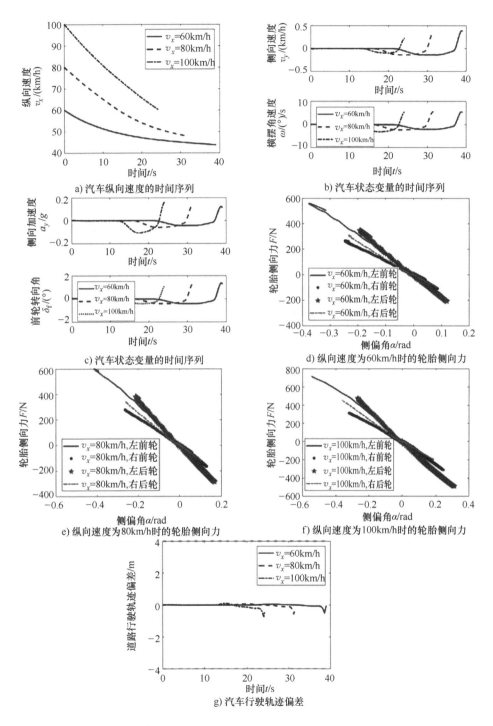

图 15.19 基于汽车纵向速度对 K29 + 564.11 路段的安全评价（见彩插）

此路段的圆曲线半径大于汽车安全运行所需要的最小圆曲线半径,且纵向速度越小,汽车行驶轨迹偏差越小。

(5) 实验路段 K30+347.45 结果分析

图 15.20 所示为基于汽车纵向速度对 K30+347.45 路段的安全评价。

1) 公路设计一致性的评价结果。由图 15.20a 可知,当汽车的初始纵向速度为 60km/h 时,汽车的纵向速度变化值达 19km/h,相邻路段的速度之差接近 20km/h,说明路段的连续性较差;当汽车以 80km/h、100km/h 的速度行驶时,相邻路段的速度之差超过 20km/h,说明路段的连续性差。

2) 汽车操纵稳定性的评价结果。由图 15.20b~g 可知,当汽车的初始纵向速度为 60km/h 时,汽车的侧向速度变化值最大达到 0.7088km/h;横摆角速度变化值最大达 10.45(°)/s;最大的侧向加速度达到 0.2147g,即将达到人体所不能承受的侧向加速度;汽车的前轮转向角在短时间内变化较大;轮胎的侧向力与侧偏角呈非线性关系;汽车的行驶轨迹偏差超过路宽。由以上的汽车动力学状态变量的变化程度以及汽车的行驶轨迹偏差的大小可以断定,汽车在该路段不能安全行驶。当初始纵向速度为 80km/h、100km/h 时,汽车也不能安全行驶。

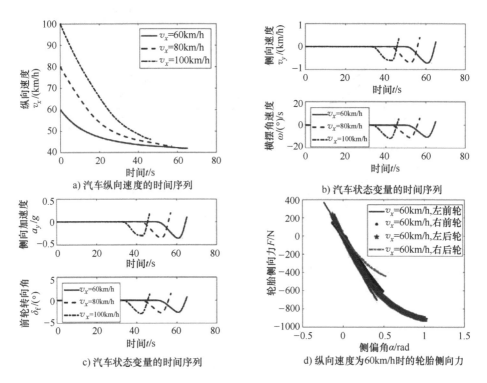

图 15.20 基于汽车纵向速度对 K30+347.45 路段的安全评价

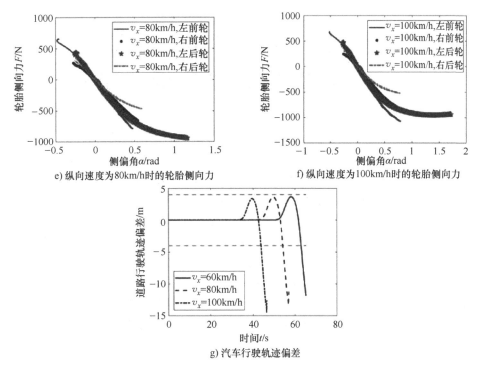

e) 纵向速度为80km/h时的轮胎侧向力

f) 纵向速度为100km/h时的轮胎侧向力

g) 汽车行驶轨迹偏差

图 15.20　基于汽车纵向速度对 K30+347.45 路段的安全评价（续）

此路段的圆曲线半径小于汽车安全运行所需要的最小圆曲线半径，汽车的纵向速度越大，汽车越易发生失稳，且汽车行驶轨迹偏差越大。

依托 CarSim 平台对公路线形进行基于汽车纵向速度的评价，由仿真结果看出，在汽车发生失稳前，纵向速度越小，汽车行驶轨迹偏差越小，验证了耦合实验的结论。

第 16 章　路网浮动车数据的采集与处理分析

交通数据是实现城市路网交通流状态估计与预测的基础，随着智能交通技术的日益发展，交通领域积累了海量的基于移动检测设备的动态数据。相较于传统的交通数据采集方式，基于移动检测设备（如全球定位系统）的数据动态采集方式在多个方面具有显著的优势，能够全天候不间断地对车辆的位置、时间与速度等信息进行采集，为路网交通运行状态的监测提供了坚实的数据基础，在许多复杂交通问题的解决方面具有极大的应用潜力。然而，作为一种新兴的交通数据，车辆上的全球定位系统所采集的数据容易受到包括定位误差、设备故障、传输故障等在内的各种因素的影响，导致浮动车数据无法避免地存在一定的异常数据。由于目前道路上行驶的浮动车所占的比例较低，通过浮动车车辆采集到的数据通常都是稀疏的，利用这些轨迹数据无法对路段上的交通流参数进行精确、直接地计算。因此，如何对含有噪声的数据进行预处理，并利用海量而稀疏的车辆轨迹数据对路段上的交通流参数进行估计是本章的主要研究内容。

本章首先简要分析了目前基于浮动车的交通数据采集方法原理以及数据存在的问题，并对本书使用的浮动车数据进行了描述。其次，针对浮动车数据中存在的问题数据提出了相应的预处理方法。在此基础上，对轨迹数据的地图匹配算法进行了阐述，为后续的交通流状态的估计与预测研究提供了坚实的数据基础。然后，利用基于道路覆盖能力的方法计算可反映交通状态的最小浮动车样本数量，以分析本书中所使用的浮动车数据量是否足够反映路网交通状态。最后，对浮动车数据的稀疏特性进行了分析。

16.1　浮动车数据采集

移动检测设备会随其载体的位置变化而在空间上移动。全球定位系统设备能够对车辆的行驶轨迹数据进行实时地采集，通过对数据进行分析预处理，可以获得道路交通流的运行参数，从而实现道路交通流运行状态的分析，是目前应用最广泛的移动检测设备。

全球定位系统设备最初并不是一种用于交通数据采集的设备，但是由于其采集的数据中基于时间与位置的特性，为交通问题的分析提供了一种良好的基础数据。浮动车指的是在路网中行驶并安装了定位与无线通信设备，能够与交通数据中心进行信息通信的车辆。浮动车系统则指的是利用路网交通流中占有一定比例的装有全球定位系统设备的车辆与交通数据中心进行实时数据通信，从而获得路网交通信息的一种新型交通信息采集系统。

浮动车数据采集系统由四个主要的部分组成，分别为车载终端设备、车辆定位系统、无线通信网络与数据信息控制中心。车载全球定位系统终端设备由三部分组成，分别为：全球定位系统接收器、数据处理及存储器、无线通信接收及发射装备。全球定位系统的车载终端能够按照需求以固定频率发射车辆位置信息，从而实现对车辆的实时监控。数据信息控制中心负责接收并处理来自卫星传回的数据，其数据处理与分析软件由服务器与全球定位系统信息数据库两部分组成。卫星系统通过无线通信网络发射回的信息包括车辆标识、时间、经度、纬度、行驶方向、实时速度等，所有的数据均存放于数据信息控制中心。全球定位系统浮动车数据采集系统的工作原理如图 16.1 所示。

浮动车技术是智能交通系统中一种重要的动态信息采集方法，为路段上的交通流量、平均速度与行程时间等重要交通参数的估计与预测提供了坚实的技术基础。与传统的基于固定检测设备的数据采集技术相比，浮动车数据采集技术在多个方面具有显著的优势，具体如下所示：

1）数据连续，间隔小。

2）数据的采集覆盖范围较广。浮动车车辆经过的地方都可以采集数据，在没有固定检测器的路段显示出更灵活的特点。

3）设备维护费用低，能显著地节省投资费用。

同时，为更好地利用全球定位系统数据进行交通流参数的估计，该系统也存在着以下需要解决的问题：

1）采集的是车辆的连续轨迹数据，时间间隔小，短期内即可产生大规模数据，需要耗费大量的处理时间。

2）由于目前我国大部分城市内行驶的浮动车比例较低，所采集到的全球定位系统浮动车数据较为稀疏。

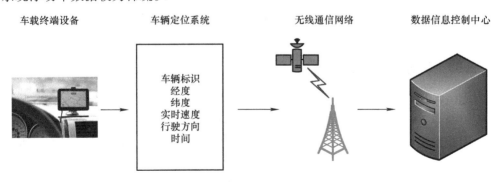

图 16.1　全球定位系统浮动车数据采集系统的工作原理

16.2 路网浮动车数据描述

16.2.1 低频浮动车数据

本章以浮动车上安装的 GPS 设备采集到的轨迹数据为基础对城市路网内的路段行程速度进行估计与预测研究。实验数据来源为北京市浮动车 GPS 数据。该数据由北京市区域内浮动车运行产生的 GPS 轨迹数据构成，时间范围为 2018 年 3 月 1 日至 2018 年 5 月 31 日，时间段为凌晨 0 点至晚上 24 点，即 00:00am—24:00pm。本章所使用的数据集时间跨度为三个月，包含各种典型的交通流运行场景。

经过统计，所使用的数据集中包含 173262 辆浮动车在北京市行驶产生的轨迹数据，其中单个车辆的记录的数据行数与车辆在区域内行驶的时间长度有关。数据按照日期划分为不同的文件夹，每个文件夹包含 288 个文件，每个文件对应 5min 内北京市区域内浮动车行驶产生的 GPS 数据，文件中的每一行数据记录了单个浮动车在某时刻的位置信息。数据以 txt 文本格式进行存储，每天的数据大小约为 4.5GB，全部数据合计 407GB。

16.2.2 高频浮动车数据

本研究选取北京市内的浮动车数据，共计 693 万个轨迹订单，包含 8.9 亿条轨迹点，时间范围为 2017 年 8 月 1 日至 2017 年 8 月 31 日，数据存储格式为 csv 格式，数据量共 68.73GB。数据按照日期划分为 31 个文件，每个文件中存储数据依据订单 ID 和时间顺序存储，采样频率为 3s/次。原始数据依据 ASCII 方式编码，包含 6 个属性字段。订单 ID 是每个订单的唯一标识。其中 GPS 时间戳是时间的特征变量，空间变量主要包括：GPS 经度、GPS 纬度、车头方向角信息，GPS 速度是指浮动车瞬时速度值。浮动车数据主要由两部分组成，包括 GPS 日志文件和 GPS 轨迹文件，定义如下。

16.2.3 浮动车数据说明

文档中每行数据代表浮动车 GPS 车载终端成功上传一次信息，每个 GPS 数据接收周期为 30s 左右。主要数据字段包括日期（Date）、时间（Time）、车辆标识（CarID）、GPS 经度（Longitude）、GPS 纬度（Latitude）、车辆行驶即时速度（Speed）、车辆行驶方位角（Azimuth）及 GPS 信号接收时间信息（ReceiveTime）等属性，见表 16.1。浮动车 GPS 数据样例如图 16.2 所示。

表 16.1 浮动车 GPS 数据字段

序号	字段	序号	字段
1	日期	5	GPS 纬度
2	时间	6	车辆行驶即时速度
3	车辆标识	7	车辆行驶方位角
4	GPS 经度	8	GPS 信号接收时间信息

Date	Time	CarID	Longitude	Latitude	Speed	Azimuth	ReceiveTime
20180515	955	43abdca7f	116.742	39.93955	0	69	2018/5/15 0:10
20180515	955	a4eeeb200	115.4851	40.37603	87	121	2018/5/15 0:10
20180515	953	5b2eb374c	116.3123	40.04888	0	327	2018/5/15 0:10
20180515	954	25e832f94	117.2718	40.19692	0	192	2018/5/15 0:10
20180515	954	ddff015f37	116.3127	39.86657	61	265	2018/5/15 0:10
20180515	955	ce8934a58	116.4856	39.92092	0	267	2018/5/15 0:10
20180515	955	a24deb5ec	116.1075	39.81235	0	74	2018/5/15 0:10
20180515	955	d22cec4b2	116.6748	40.03464	0	0	2018/5/15 0:10
20180515	938	81709002b	116.9817	39.62719	55	41	2018/5/15 0:10

图 16.2 浮动车 GPS 数据样例

本章中所使用的数据字段包括日期、时间、车辆标识、GPS 经度、GPS 纬度、车辆行驶即时速度 6 个属性，见表 16.1。

8 个字段的详细说明如下：

1）日期（Date）：数据上传的日期。通常以日期格式（YYYYMMDD）存储，内含数据上传的具体年、月、日信息。

2）时间（Time）：数据上传的具体时间点，精确到秒。通常以日期格式（HHMMSS）存储。

3）车辆标识（CarID）：经过脱敏处理的车辆唯一编号标识。通常以字符串格式进行存储。

4）GPS 经度（Longitude）：轨迹位置数据中的经度。采用浮动数据类型存储。精确到小数点后 6 位。

5）GPS 纬度（Latitude）：轨迹位置数据中的纬度。采用浮动数据类型存储。精确到小数点后 6 位。

6）车辆行驶即时速度（Speed）：数据上传时刻，浮动车车辆的瞬时运行速度。采用数值格式进行存储。

7）车辆行驶方位角（Azimuth）：数据上传时刻，浮动车车辆的车头朝向。采用数值格式进行存储。以正北方向为 0°，取值范围为 0°~360°。

8）GPS 信号接收时间信息（ReceiveTime）：接收 GPS 数据时间。采用时间格式（YYYY - MM - DD HH:MM:SS）进行存储。

16.3 浮动车异常数据预处理

16.3.1 异常数据分析

浮动车车辆 GPS 数据采集的整个过程中,可能会受到大气云层、恶劣极端天气、隧道区域、大型建筑物等障碍物、传输及存储错误等诸多因素的影响,再加上人为方面操作错误以及 GPS 采集设备终端不够稳定等原因,采集到的浮动车车辆原始 GPS 数据会存在部分异常数据,这些 GPS 异常数据与正常采集到的真实数据相差较多,无法反映出浮动车车辆的真实运行状态。如果不对原始数据中的异常数据进行处理分析,会对后续交通状态的识别与预测的精确度造成一定的影响。因此,需要制定适当的方法对异常数据进行清洗,提高数据的可用率。通过对浮动车原始 GPS 数据总结分析,共总结出四大类异常数据。本章按照原始浮动车 GPS 异常数据的表现形式,制定原始浮动车 GPS 异常数据清洗原则,如下所示:

1)异常数据形式 1:完全相同的数据,即数据记录中存在两行数据的各个字段完全相同的情况。

由于采集设备故障或数据传输错误等,最终采集到的浮动车 GPS 记录中,存在着某两个或多个数据行的各个字段完全重复的情况。这种数据明显为异常数据,对于此类数据,仅保留一条有效的数据即可。因此本章中对此类数据制定的清洗规则为:保留一条有效数据,去除其他的重复数据。

2)异常数据形式 2:数据记录中,同辆浮动车在同一时间拥有两条或两条以上不同的轨迹位置数据。

车辆在某一时刻拥有多个轨迹位置的记录,车辆速度不变,GPS 信号接收时间信息正常。产生这种数据记录的原因,可能是采集设备故障或数据传输错误等。正常情况下,同一车辆在同一时刻应该只有一条轨迹位置记录。对于此类数据,可从多条数据中任意选择一条数据来反映车辆的运行状态。因此,为方便起见,对于此类数据记录,本章制定的数据清洗规则为:保留第一条数据作为有效数据。

3)异常数据形式 3:数据记录中,同辆浮动车在一趟行程中速度字段全是 0km/h,然而经度、纬度数值是正常变化的。

如果数据记录中存在一趟行程中速度字段全是 0km/h,而经度、纬度数值是正常变化的,说明浮动车处于正常行驶状态,但由于采集设备故障或数据传输错误等,速度字段的记录出现异常。对于此类速度字段异常的数据,数据记录中记录了多个时刻车辆的轨迹位置信息,因此可通过这些轨迹位置记录,计算两个数据点之间的空间距离,然后基于与两个数据记录的定位时间间隔的比值计算填充出中间轨迹的平均行程速度。

4)异常数据形式 4:数据记录中,某辆浮动车的轨迹记录当中的速度值过大,明显超出浮动车自身的性能指标。

在车辆速度明显远大于自身性能指标的情况下，如浮动运车辆在高速上最高限速120km/h，在非高速区域最高限速低于100km/h，而浮动车辆的速度达到了130km/h，因此判定此类数据为异常数据。对于此类异常数据，本章制定规则为：对浮动运车辆的速度明显超过性能指标的异常数据进行删除。

16.3.2 数据清洗流程

针对上述四种异常数据的形式特点，本章分别制定了相应的数据清洗原则，

在设计数据处理流程时，为提高计算效率，应避免重复处理大规模浮动车原始数据，充分考虑浮动车数据的特征属性，构建精细化数据处理流程，形成处理浮动车数据的基本流程范式。首先，对原始数据进行遍历操作，依据数据的时空特征，构建浮动车数据的特征数据库。其次，依次对订单轨迹数据进行遍历，辨别GPS状态是否有效、GPS轨迹点是否在研究区域内，以及GPS轨迹点字段特征值是否在规定阈值范围内等数据属性特征。最终设定数据清洗步骤如下所示：

1）构建GPS订单轨迹文件，将无序的GPS轨迹点序列化。读取GPS日志文件，并依据数据的订单ID、时间戳字段对轨迹曲线字段实例化。将订单ID值相同的数据存储在一个数据集中，并根据时间顺序进行排列，构建GPS轨迹文件。

2）对GPS订单轨迹数据进行处理时，由于本章采用的数据是历史数据，暂不考虑实时数据与原始数据的衔接问题。在对相同订单ID的数据进行处理时，将相邻两轨迹点的时间间隔大于3s或空间位置距离大于150m的轨迹数据进行分割处理，形成新的订单轨迹数据。

3）GPS数据空间位置过滤。根据电子地图经度和纬度范围，剔除超出研究范围的浮动车数据。删除订单轨迹数据中位置信息全程不变的订单。

4）GPS数据速度阈值筛选。根据城市道路速度限制规则，速度范围为0~90km/h，删除超出速度规定阈值的轨迹点数据。同时删除轨迹数据速度全程为0km/h的订单。

数据清洗流程如图16.3所示。

16.3.3 轨迹坐标转换

本章在研究浮动车空间特征时，所选取的电子地图为WGS-84坐标系。WGS-84坐标系也可以叫地心坐标系，它是国际上最为通用的坐标系，其中美国的GPS采用的就是该坐标系。然而，国内广泛使用的坐标系为火星坐标系GCJ-02，例如Google中国、腾讯、高德等电子地图导航公司都以火星坐标系为参照标准。GCJ-02火星坐标系是国家测绘局发布的坐标体系，通过对浮动车轨迹点的数据经度、纬度进行加密，形成与原始定位数据的偏差。

本章储存的原始浮动车数据的坐标系是火星坐标系，所以需要统一原始的浮动车数据和电子地图的标准。然而对电子地图的坐标系进行坐标转换是一件较为烦琐

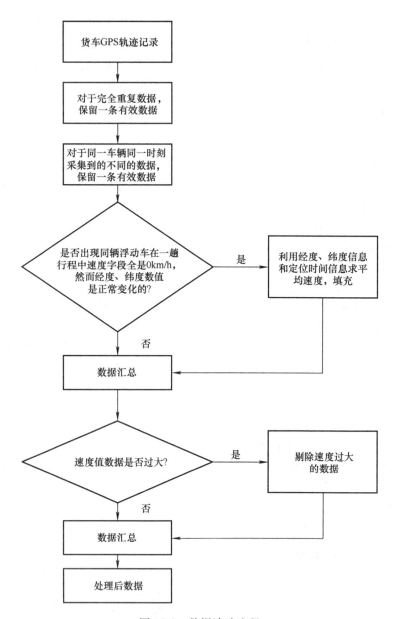

图 16.3 数据清洗流程

的工作。因为电子地图中涉及的情况更为复杂,以信号交叉口为例,不仅需要对单点坐标进行偏移,其渠化线、面也需要进行坐标偏移。与之相比,对浮动车的轨迹点进行坐标转换的任务就相对简单,仅需要对 GPS 点经度、纬度坐标点进行偏移计算。所以,本节对浮动车轨迹点进行坐标转换,即 GCJ - 02 火星坐标系转为

WGS-84 坐标系，为下面研究提供数据支撑。

依据相关资料，GCJ-02 火星坐标系转为 WGS-84 坐标系的坐标偏移算法如下所示：

$$k = 1 - \left[\sin^2\left(\frac{x}{180\pi}\right)\right]e' \tag{16-1}$$

$$dLat = \frac{180y'k\pi\sqrt{k}}{e(1-e')} \tag{16-2}$$

$$dLon = \frac{180x'\pi\cos\left(\frac{y}{180\pi}\right)\sqrt{k}}{e} \tag{16-3}$$

$$Wlng = 2x - (x + dLon) \tag{16-4}$$

$$Wlat = 2y - (y + dLat) \tag{16-5}$$

式中，k 为坐标转换系数；(Wlng、Wlat) 为 WGS-84 坐标系的经度、纬度坐标；(x,y) 为 GCJ-02 火星坐标系的经度、纬度坐标；(x',y') 为 (x,y) 的过渡值；$e = 6378245$，$e' = 0.006693422$；dLon、dLat 为偏差值。

由图 16.4a 可见，原始数据的坐标与道路网的坐标位置存在明显的映射偏差。经过上述的坐标转换方法得到转换后的结果，如图 16.4b 所示。坐标转换保障轨迹点映射到基本路网上，从而为下面的研究提供数据基础。

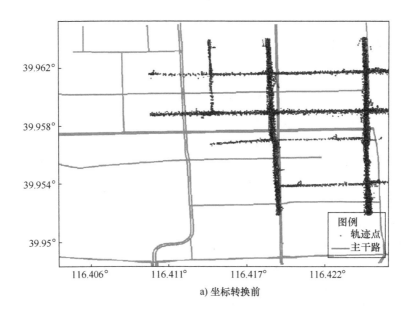

a) 坐标转换前

图 16.4 坐标转换示意图

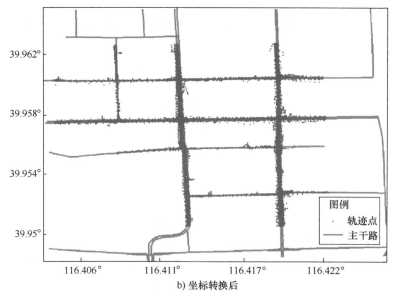

b) 坐标转换后

图 16.4　坐标转换示意图（续）

16.4　路网浮动车数据地图匹配方法

16.4.1　地图匹配算法

为了从 GPS 轨迹数据中提取交通流参数信息，继而用于后续的交通状态估计与预测研究，首先便需要将 GPS 数据映射至路网的电子地图中，这一过程通常被称为地图匹配。地图映射指的是将包含地理位置信息的 GPS 数据序列与电子路网地图进行关联的过程，良好有效的地图映射算法是交通流参数提取的基础，对进一步的路网交通状态监测与驾驶行为分析具有十分重要的作用。通常，GPS 轨迹数据的坐标系与电子地图的坐标系不一定是一致的，因此，在地图映射之前，首先需要对 GPS 轨迹数据的坐标系进行转换。

（1）坐标转换

本章使用的 GPS 轨迹数据采用的坐标系为 GCJ – 02，其在经纬度数据中加入了随机偏差，本章采用的电子路网地图来源于 OpenStreetMap。该电子地图提供了研究区域内详细的道路网络数据，但是采用的坐标系为国际通用的 WGS – 84 坐标系。因此，在地图映射之前，首先需要对坐标系统进行转换，将采用 GCJ – 02 坐标系的轨迹数据转换为 WGS – 84 坐标系。

（2）地图匹配

通常，GPS 轨迹数据只记录了描述车辆空间位置的经纬度信息，并不具有道路信息。因此，需要在对原始 GPS 数据坐标系统进行转换的基础上，采用离线的方式将转换后的 GPS 数据与电子路网进行地图匹配，完成 GPS 数据与道路数据的关联。

目前，一种较为实用且效果良好的地图匹配算法是基于隐马尔可夫模型（Hidden Markov Models，HMM）的方法。

隐马尔可夫模型的基本结构如图 16.5 所示，从图 16.5 中可以看出，HMM 由 5 种基本元素描述：M 个观测状态（K）、N 个隐含状态（S）、各隐含状态之间的转移概率矩阵 A、各时刻受隐含状态影响而可观测的观测状态转移概率矩阵 B 以及初始状态概率矩阵 π。

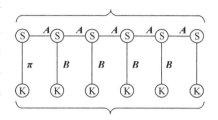

图 16.5　隐马尔可夫模型的基本结构

本节采用 Goh 等人提出的基于隐马尔可夫模型的算法对 GPS 数据进行地图匹配，具体计算方法见式（16-6）。

$$\mathrm{pz}(\mathrm{pos}_t | l_i) = \frac{1}{\sqrt{2\pi}\tau_z} e^{-0.5\left(\frac{\|\mathrm{pos}_t - x_{i,t}\|_{\mathrm{great\ circle}}}{\tau_z}\right)^2} \quad (16-6)$$

式中，pz（）为概率；pos_t 为当前 GPS 数据点的经纬度坐标；l_i 为第 i 个路段；$x_{i,t}$ 为路段 i 上距离当前 GPS 数据点 z_t 最近的点；$\|\mathrm{pos}_t - x_{i,t}\|_{\mathrm{great\ circle}}$ 为观测点 pos_t 与 $x_{i,t}$ 之间的距离；τ_z 为车辆轨迹 GPS 数据点的标准差。

隐含状态转移概率矩阵通过指数函数进行拟合，具体计算方法见式（16-7）。

$$\begin{cases} d_t = \left| \|\mathrm{pos}_t - \mathrm{pos}_{t+1}\|_{\mathrm{great\ circle}} - \|x_{i^*,t} - x_{j^*,t+1}\|_{\mathrm{route}} \right| \\ \mathrm{pz}(d_t) = \lambda e^{-\lambda d_t} \end{cases} \quad (16-7)$$

式中，pos_{t+1} 为下一个 GPS 数据点的经纬度坐标；$x_{j,t+1}$ 为路段 j 上距离下一个 GPS 数据点 pos_{t+1} 最近的点；$\|\mathrm{pos}_t - \mathrm{pos}_{t+1}\|_{\mathrm{great\ circle}}$ 为观测点 pos_t 与 pos_{t+1} 之间的距离；$\|x_{i^*,t} - x_{j^*,t+1}\|_{\mathrm{route}}$ 为车辆在最近点 $x_{i,t}$ 与 $x_{j,t+1}$ 之间行驶的距离；i^* 为观测点 pos_t 候选的匹配路段；j^* 为观测点 pos_{t+1} 候选的匹配路段。

基于式（16-6）与式（16-7）对隐马尔可夫模型进行学习之后，利用 Viterbi 动态规划算法对 HMM 的预测结果进行求解。利用递归计算的思想，针对每一组前后相邻的两个状态，求解它们之间的转移概率与最优路径，并根据概率最大的状态与局部最优路径求出全局最优路径，以此完成 GPS 数据点到路网的地图匹配。

16.4.2　地图匹配结果

以北京市六环为例进行地图匹配的结果展示。首先对数据进行分析，将原始的轨迹数据在 GIS 软件中显示，如图 16.6 所示，可以看出轨迹数据基本呈现为北京道路网的形状，地图匹配后轨迹点如图 16.7 所示，可以很明显看出几乎全部噪声数据被剔除，得到的轨迹点与道路匹配程度极高。最终得到六环路段上的轨迹点分布，从而进行下一步的分析研究。

图 16.8 所示为基于全部的浮动车数据的地图匹配的结果，推断出的某单车车辆在北京六环内一天的行驶轨迹。

图 16.6　地图匹配前轨迹点

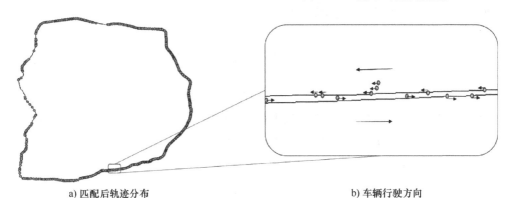

a) 匹配后轨迹分布　　　　　　　　　b) 车辆行驶方向

图 16.7　地图匹配后轨迹点

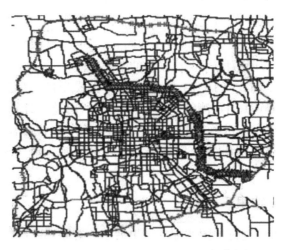

图 16.8　GPS 轨迹展示图（北京六环内单车轨迹）

16.5 浮动车出行数据基础分析

16.5.1 原始数据特征分析

浮动车数据的获取过程涉及 GPS 传感器定位、采集、传输、储存等步骤。以浮动车为载体的 GPS 轨迹点采集过程为例，浮动车数据空间上受到复杂的交叉口拓扑结构的影响，时间上受到高峰期多变的交通运行状态的影响，同时还面临着传输过程中信号传播延迟的影响，因此获取的浮动车数据存在系统性误差和偶然性误差。本节有必要对浮动车原始数据进行分析，准确把握浮动车数据的演化规律，挖掘浮动车数据的运行特性。

图 16.9a 表示的是日订单量变化过程，横坐标表示日期，纵坐标表示订单轨迹数量。可以看出非工作日的平均订单轨迹数量略低于工作日。主要原因是由于非工

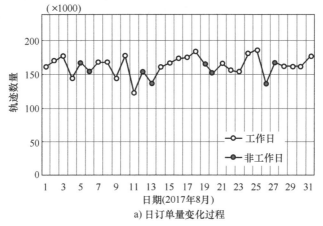

a) 日订单量变化过程

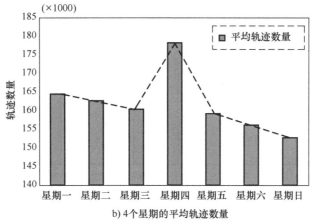

b) 4个星期的平均轨迹数量

图 16.9 日轨迹数量

作日必要性的通勤需求较少,整体需求有所降低。图16.9b表示的是4个星期的平均轨迹数量。可以直观地看出星期四的轨迹数量最大,星期日和星期六的轨迹数量较小。整体来看,日轨迹数量呈现出一定的周期性变化,具体表现在一周的轨迹数量呈现出先增加后降低的变化趋势。

图16.10显示的是一个月内,平均速度的变化趋势。在图16.10a中,速度变化虽然整体看起来比较平稳,但是在8月22日和23日,速度出现了较大的波动。产生该现象的原因可能是天气的影响。根据调查,2017年8月22日和23日连续两天,北京出现了强降雨天气,导致路面湿滑,能见度下降,对道路通行速度产生了明显的影响。图16.10b显示的是星期内的平均速度,可以看出在星期三的平均速度是最低的。产生该现象的部分原因可能是恶劣天气和较多的交通出行需求量。

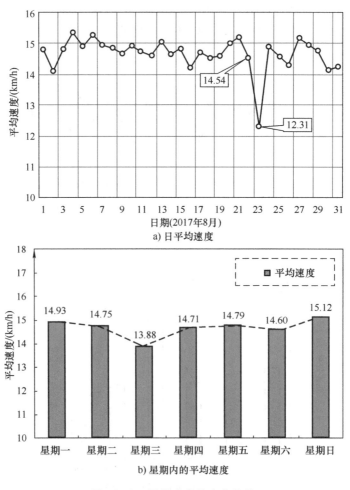

图16.10 平均速度的变化趋势

16.5.2 空间范围影响分析

本章选取的研究区域为北京市中心区域,具体经纬度范围:经度为 116.399450°~116.431700°,纬度为 39.947934°~39.966344°。区域内共选取 10 个交叉口作为研究对象,其中交叉口 No.3、No.4 为主干道相交形成,交叉口 No.1、No.2、No.5、No.6、No.7 为主干路与支路相交形成,交叉口 No.8、No.9 为主干路与支路相交的 T 形交叉口,如图 16.11 所示。

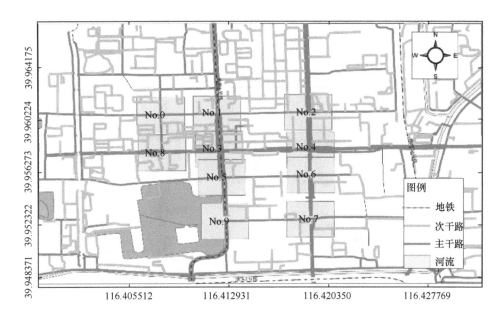

图 16.11 信号交叉口选取区域图

图 16.12 所示为交叉口平均速度的空间画像。分别选取了 7:00—9:00、14:00—16:00、17:00—19:00、22:00—24:00 四个时间段。图中颜色越红表示速度越慢,可见 22:00—24:00 的低速状态的范围最小,7:00—9:00、17:00—19:00 的低速状态的范围最大。高峰期时间段低速状态的空间影响范围更大。与此同时,No.1 号交叉口的西向进口道、No.3 号交叉口的西向进口道、No.5 号交叉口的北向进口道在高峰期和非高峰期间的低速状态的影响范围存在明显的个体差异。因此,在对交叉口的交通状态进行空间特征分析时,有必要考虑交叉口的个体差异因素对空间范围的影响。因此,在后续的研究中,有必要根据交叉口个体的交通状态特征界定交叉口的影响范围,充分考虑交叉口不同方向的交通状态,精准地感知交叉口的运行态势。

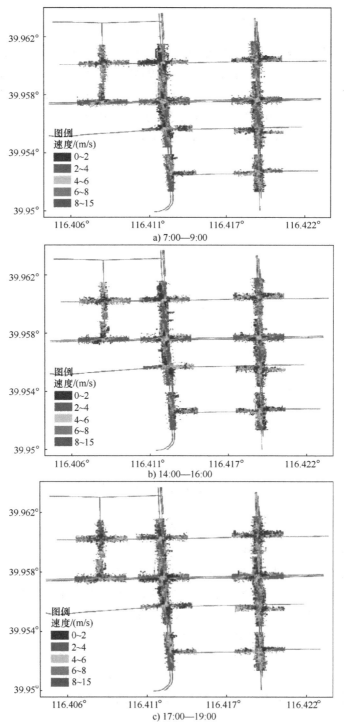

图 16.12 交叉口平均速度的空间画像(见彩插)

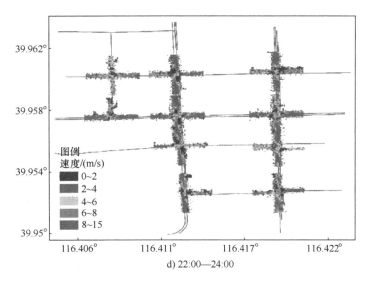

d) 22:00—24:00

图 16.12　交叉口平均速度的空间画像（见彩插）（续）

16.5.3　时间因素影响分析

图 16.13 显示的是 2017 年 8 月份 31 天的平均轨迹数量随时间变化的时序图。其中，图 16.13a 表示全部数据的平均轨迹数量随时间变化的情况。可以看出，研究区域的网约车轨迹订单量的最低点在 4:00，从 6:00 开始呈现明显增加趋势，10:00 左右达到了第一个峰值，在 17:00 之前轨迹订单量保持着平稳的态势，17:00 之后呈现明显的上升趋势，并在 19:00 达到全天订单轨迹点的最高点。可以发现，网约车轨迹总订单量表现出两种独特规律：一是总体订单轨迹规模较大，9:00—17:00 期间总体订单轨迹数量波动幅度平缓；二是晚高峰现象明显，17:00—19:00 的订单轨迹数量有明显上升趋势。图 16.13b 显示的是工作日和非工作日的轨迹数量随时间变化的过程。虚线表示非工作日，实线表示工作日。可以直观地看出，工作日的轨迹数量具有早高峰（9:00—10:00）、平峰、晚高峰（18:00—19:00）的变化趋势。而非工作日的 7:00—10:00 期间，订单轨迹数据不存在明显的早高峰的形式，此外非工作日的晚高峰要比工作日的晚高峰来得更早。其主要原因是非工作日的必要的通勤需求较少，导致非工作日没有早高峰现象。同时，工作日受必要的出现需求的影响，晚高峰形成时间要晚于非工作日。

为了更深入地分析轨迹数的变化趋势，本节对前述的交叉口区域的轨迹数量进行分析，如图 16.14 所示。可以直观地看到工作日的轨迹数量明显高于非工作日的订单轨迹数量，并且不同交叉口的通行需求不同，所对应的轨迹数量也存在差异。通过的轨迹数量最多的交叉口是 No.3 号交叉口和 No.4 号交叉口，轨迹数量最小的是 No.0 号交叉口。其中，No.3 号和 No.4 号交叉口为前述的主干道相交的交叉

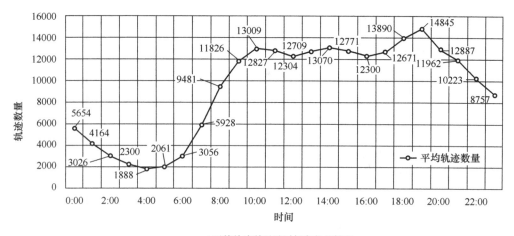

a) 平均轨迹数量随时间变化的情况

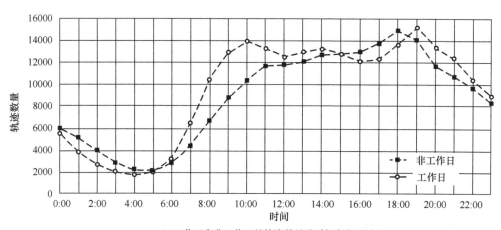

b) 工作日和非工作日的轨迹数量随时间变化的过程

图 16.13 平均轨迹数量随时间变化的时序图

口，而 No.0 号交叉口是次干路相交产生的交叉口。同时，在不同的时间，通过不同交叉口的轨迹数量也不相同，如图 16.14b 所示。其中，No.4 号交叉口在高峰时段通过的轨迹数量是最多的。由此可见，每个交叉口具有独特的属性，在对交叉口进行分析时，需要充分挖掘每个交叉口本身的特性。

图 16.15 所示为所选择区域的平均速度随时间的变化趋势。图 16.15a 显示总体数据的速度变化趋势。可以看出，在平均速度的曲线中，具有两个极小值，分别对应早高峰 7:00—8:00、晚高峰 18:00—19:00。在 0:00—4:00 时间段，选择的区域的订单轨迹数量较少，大部分订单轨迹数量处于自由流状态，自由流状态的速度特征为后续的延误分析提供了支撑。图 16.15b 显示的是工作日和非工作日平均速度的变化趋势。整体来看，非工作日的平均通行速度略高于工作日的通行速度。尤其是高峰期间存在明显的差异。在早高峰期间，对比工作日，在非工作日的平均速度波动不大。在晚高峰期间，非工作日的晚高峰形成时间相对较晚。出现该现象的

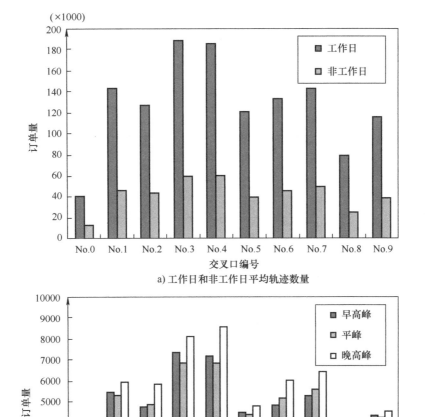

a) 工作日和非工作日平均轨迹数量

b) 高峰和平峰时间的平均轨迹数量

图 16.14 信号交叉口的轨迹数量图

主要原因是工作日和非工作日的交通出行特征具有差异性，工作日具有必要的通行需求，而非工作日却不存在。

通过对时间因素的影响分析可知，在不同的时间段，信号交叉口的交通运行特征表现出差异化。因此在后续实验的数据准备过程中，有必要依据时间特征构建特征数据集，如工作日数据集、非工作日数据集，从而保障后续研究能够更加切合实际的交通情况。

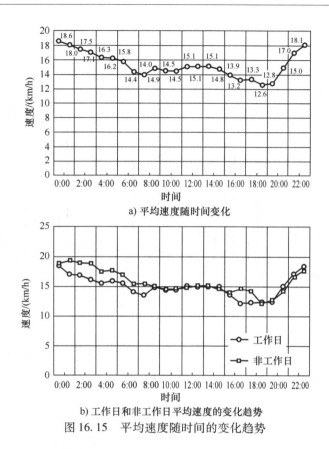

a) 平均速度随时间变化

b) 工作日和非工作日平均速度的变化趋势

图 16.15 平均速度随时间的变化趋势

16.5.4 天气因素影响分析

信号交叉口交通运行状态受多种因素影响，其中天气是不可忽略的因素。不同的天气情况对道路交通状态影响程度不同，本节选取温度、降雨量、风速、气压等典型的天气指标，初步分析天气对交通状态的影响。由于北京市空间区域较大，不同区域的天气状态可能不同。为保证天气数据与交通特征数据的关联性，选取离研究区域较近的 545110 号气象站，该气象站坐标为（116.58°，40.08°）。本节所采用的天气数据来源于开源的气象数据网站 "Wheat A"。该网站可以提供详细的天气信息，数据的更新频率为 1h/次，时间跨度较长，气象站数据丰富，为后续的研究提供了数据保障。

针对降雨量对交通状态的影响分析，对降雨量的大小进行等级划分，见表 16.2。其中降雨量大于 10mm 时，降雨等级为中雨以上。为突显出降雨对交通状态的影响，降雨等级为小雨的天气状态不予考虑。最终选取的降雨量大于 10mm 的日期有 8 月 2 日、5 日、8 日、9 日、12 日、18 日、22 日和 27 日。其中 8 月 22 日和 27 日降雨量都比较大，27 日为非工作日。为了探究天气对工作日出行的影响，本节以 2017 年 8 月 22 日为例分析天气对交通状态的影响，其天气信息汇总见

表16.3。同时,2017 年8月最低温度为11℃,最高温度为43℃,不存在道路结冰等恶劣通行状态。

表16.2 降雨量数据字段定义

时间区间	降雨量	单位	等级
1天	<10	mm	小雨
1天	10~25	mm	中雨
1天	25~50	mm	大雨
1天	50~100	mm	暴雨
1天	100~250	mm	大暴雨

表16.3 2017年8月22日 6:00—23:00 天气信息汇总

时间	温度/℃	气压/Pa	降雨量/cm	风速/(m/s)	天气
6:00	30.5	982.1	1.830	4.080	中雨
7:00	29.8	981.6	1.946	4.016	中雨
8:00	28.9	981.5	2.144	3.270	中雨
9:00	27.4	981.5	3.142	2.997	大雨
…	…	…	…	…	…
23:00	24.1	980.3	0.110	1.844	小雨

图16.16 显示的是不同天气状态下,所选取区域降雨和晴天时平均速度的对比图。可以直观地看出,降雨时的平均速度和晴天的速度具有明显差异。降雨时的平均速度普遍低于晴天时的平均速度,尤其是高峰时期通行速度受天气的影响更加明显,在晚高峰 17:00—19:00 期间,降雨时的交通速度明显比晴天时的交通速度更低。这是由于降雨天气会引起路面湿滑、驾驶人视野模糊,通行速度降低,所以会造成更多的延误。因此,后续在对大范围信号交叉口运行状态进行预测时,有必要考虑天气因素,以提高预测的准确性。

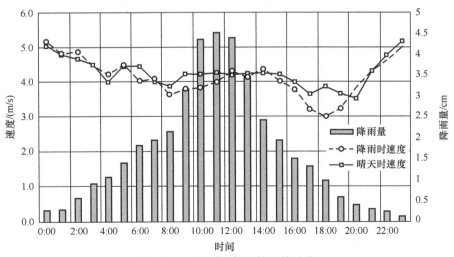

图16.16 不同天气下的平均速度

第 17 章 交叉口运行状态感知

17.1 信号交叉口配时参数及控制方法

17.1.1 交叉口信号配时参数

(1) 交通信号

交通信号控制是现阶段对交叉口管理的最有效的方法之一。最常见的交通信号就是灯光信号,由红、黄、绿三种灯色组成。绿灯表示赋予该方向通行路权,绿灯时长表示所赋予通行权的时长。红灯表示禁止该方向通行,即红灯时段车辆禁止超过停止线。黄灯表示绿灯时间即将结束,车辆应该停止。在后续的研究中,将根据实时的交通需求,优化设置信号灯时长,降低延误,提高运行效率。

(2) 信号周期时长

信号周期时长表示在一个相位中信号灯轮流显示一次所用的时间,它等于各信号灯色显示时间之和。值得注意的是,周期时长是设计信号配时方案的重要控制参数。在道路交通条件不变的情况下,信号周期时长会直接影响交叉口的通行能力。一般来说,周期时长的设置既不能过大,也不能过小。虽然过大的周期时长会提高信号交叉口的通行能力,但是延误和油耗也会随之增加。过小的周期时长不能满足交叉口的通行需求。在对固定信号配时参数计算时,通常采用传统的韦伯斯特(Webster)法确定最佳的信号周期时长 C_0。Webster 法的本质是以延误作为交通效率的指标,见式 (17-1)。信号周期时长计算方法见式 (17-2) ~式 (17-4)。

$$D = q\left(\frac{C(1-\lambda)^2}{2(1-\lambda)} + \frac{x^2}{2q(1-x)} - 0.65\left(\frac{C}{q^2}\right)^{\frac{1}{3}} x^{(2+5\lambda)}\right) \quad (17-1)$$

$$C_0 = \frac{1.5L + 5}{1 - Y} \quad (17-2)$$

$$L = \sum_i (l + I - A) \quad (17-3)$$

$$Y = \sum_{i=1}^i \max(y_i, y_i' \cdots) = \sum_{i=1}^i \max\left[\left(\frac{q_d}{S_d}\right)_i, \left(\frac{q_d}{S_d}\right)'_i \cdots\right] \quad (17-4)$$

式中,D 为总延误;d 为每辆车的平均延误;C 为周期时长 (s);λ 为绿信比;q 为流量 (pcu/h);x 为饱和度;L 为每个周期的总损失时间 (s);l 为启动损失时间 (s);A 为黄灯时间 (s);I 为绿灯时间 (s);i 为一个周期内的相位数;Y 为组成周期全部信号相位的各个最大流量比 y_i 值之和；S_d 为设计饱和流量（pcu/h）。

然而，实际的周期时长通常根据管理经验和历史信息进行设置，与上述方案设计的信号周期时长经常存在一定的差距，从而引起信号交叉口延误现象。后续的研究中有必要估算实际的信号周期时长，诊断引起交叉口延误的原因。

（3）信号相位方案

信号相位方案用于确定不同方向的车辆通行顺序。信号配时方案通常使用信号配时图表达，最基础的信号相位方案是两相位配时图，如图 17.1 所示。很明显两相位配时图存在明显的冲突点，当左转流量较小时，与直行方向的车流冲突并不明显，当左转交通流较大时，会与直行交通流产生明显的冲突点。此时，通常的做法是设置左转专用相位来减少交通流的冲突，提高交通效率。因此，在后续对信号交叉口运行评价的研究中，有必要分析左转交通流对直行交通流的影响。

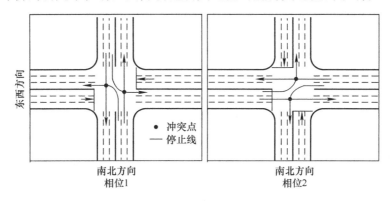

图 17.1 两相位信号配时图

在信号周期内，设置多种控制模式，结合道路的交通状态，合理安排这些控制状态的显示次序，赋予不同方向交通流通行权。图 17.2 所示为经典的四相位顺序，该图表示的是我国信号交叉口最常见的相位顺序。在后续信号配时优化方案的研究中，将基于该信号相位顺序展开深度研究。

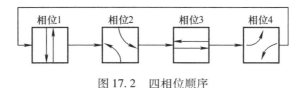

图 17.2 四相位顺序

17.1.2 交叉口信号控制方法

本章的信号配时控制方法主要应用在平面交叉口上，通过设计不同的信号方案，实现在不同的时间维度上赋予不同方向交通流的通行权，从而减少不同方向交通流的冲突点，降低延误，提高效率。交叉口信号控制方法可以分为静态控制方法和动态控制方法。其中，固定配时信号控制就是典型的静态信号控制方法。动态控制方法主要包含感应信号控制和自适应信号控制。

(1) 固定配时信号控制

固定配时信号控制方法具有控制设备成本低、控制方法简单的优势，是目前应用范围最广的信号控制方案，多适用于车流量变化规律稳定的信号交叉口。固定配时信号控制通过预先设定配时方案实现周期性控制。其中，全天只用一个配时方案的控制方法称为全天恒定配时方案（Constant Fixed Signal Control，CFSC）。由于交通需求在高峰时段与平峰时段具有明显的差异，CFSC 控制方案难以应对不同时段内复杂的交通特征。与之相比，分段式固定配时方案（Variable Fixed Signal Control，VFSC）略有进步，在不同的时间段内设置合适的配时方案，从而满足不同时间段的交通需求。固定配时信号控制方案根据历史交通流数据进行制定，在确定配时方案后，一般不会发生改变。因此，这种定时信号控制方案的灵活性较差，难以适应交通流实时、动态的变化。

(2) 感应信号控制

感应信号控制（Actuated Signal Control，ASC）是通过固定传感器检测到达交叉口的车辆信息，从而延长绿灯信号显示时间，形成交通流的动态控制方式。显然，这种控制方式的灵活性更强，应对随机交通流的适应性更强，可以更有效地提高信号交叉口的通行效率。根据固定传感器布设方案的不同，可以将 ASC 分为全感应控制和半感应控制。其中，半感应信号控制方案仅在部分进口道设置固定传感器，只能控制部分进口道的通行权，这种控制方式主要应用于主次干路相交的交叉口。全感应信号控制在所有的进口道设置固定传感器，可以对全部的进口道实施动态感应控制。本章涉及的感应控制方案为全感应控制方案，ASC 方案可依据传感器检测的交通流信息实时地制定匹配交通流的控制策略，提高控制效率。然而，ASC 方案也存在一些缺陷，主要表现在：一是设备成本高，易受其他因素的干扰；二是固定传感器无法检测信号交叉口的上游的交通流量，交通控制策略存在滞后性；三是 ASC 的优化策略存在局部优化性，在面对非均衡性的交通流时，ASC 方案仅加强特定车道的通行权，而忽略了其他车道的交通状况，虽然一定程度降低了特定车道的交通延误，但总体延误降低程度有限。

感应信号控制是基于感应线圈的检测结果来决定是延长绿灯时间还是转换信号相位，其基本原理如图 17.3 所示。当某个信号相位绿灯亮起后，该相位会获得一个初期绿灯时间 g_i。在初期绿灯时间结束时，如果在单位绿灯延长时间 g_0 内，感应线圈检测不到有车辆到达，则立即更换信号相位，因此感应信号交叉口绿灯相位的最短绿灯时间 $g_{min} = g_i + g_0$。如果感应线圈检测到有车辆到达，则每到达一辆车，绿灯时间则延长一个单位绿灯时间 g_0，绿灯时间一直延长至预设的最大绿灯时间 g_{max}。此时，不论后方是否有来车，都要更换相位，可见实际绿灯时间 g 的取值范围为 $g_{min} \leq g \leq g_{max}$。

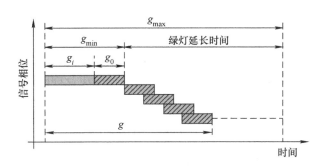

图 17.3　感应信号控制基本原理

（3）自适应信号控制

自适应信号控制将交通系统视为一个随机系统，通过不断检测交通状态，持续学习交通特征，选取合适的信号相位，最终得到最佳的信号配时方案。在控制系统方面，SCATS 系统、SCOOT 系统是自适应信号控制方案中相对成熟的控制系统之一，它们通过不断地调整控制策略达到优化目的。其中，SCATS 系统是方案选择式与单点感应控制相结合的控制系统，其控制策略是优选信号控制参数，并依靠综合流量和饱和度作为算法的主要依据。SCOOT 系统是方案生成式控制系统，通过铺设感应线圈获取车辆的通行信息，并持续地调整绿信比、周期时长和绿灯时间等信号参数，实现实时的协调自适应控制方案。OPAC、PRODYN 系统利用修正频率控制方法，这种控制策略每几秒钟就可以调整一次控制方案，从而达到信号交叉口的最优控制策略。在应用模型方面，早期的自适应控制模型多采用启发式算法，例如：遗传算法、蚁群算法、人工神经网络等。现阶段，深度强化学习算法相比于启发式算法在控制效率方面更有优势，它摒弃了启发式算法的假设条件和固定模型的限制，并通过与交叉口环境互动实现反馈调整控制策略，不断地学习交通信息特征，最终得到最优的控制方案。深度强化学习控制方法凭借其较强的适应性已经成功应用于上述的 OPAC 和 PRODYN 系统。本章将深度强化学习算法应用于浮动数据构建的交通环境中，构建基于部分交通状态的自适应信号配时控制方案。

17.1.3　基于网格模型的交叉口区域界定方法

（1）网格模型的构建

根据城市管理网格模型理论，本节提出基于浮动车数据的信号交叉口网格模型。通过网格模型将交叉口离散化，划分成为特定大小的网格，将浮动车数据的空间坐标转换为网格坐标，从而提高了浮动车数据的匹配效率和提取交通参数的效率。相比于传统的地图匹配方法，网格模型具有三个明显优势。一是网格模型算法简单高效，对浮动车数据的精度要求较为宽松，且不需要复杂的道路匹配算法，仅用单个计算机就可以快速完成匹配任务，降低了计算资源的需求。二是网格模型弥补了高精度电子地图不易获取的缺陷，降低了 GIS 的学习成本，为非地理信息专业的研究人员提供了一种新的研究方法。三是网格模型适用性较强，可以应用于城市道路网，快速地识别出道路网中的交叉口。基于此，本章通过构建网格模型重构交叉口空间结构，提高匹配效率，提取浮动车轨迹数据的交通特征。首先，确定网格大小及规模，以信号交叉口空间结构为研究对象，构建合理的网格模型。其次，基于网格模型，根据交通参数特征确定交叉口不同方向的影响范围。最后，基于网格模型，掌握浮动车数据的运行规律，辨识浮动车的轨迹方向，得到更加精细化的订单轨迹数据集。

构建网格模型首先需要确定网格规模，需要充分考虑交叉口的进口路段的空间属性，能够充分反映道路的车道数、车道宽度等空间几何信息。网格尺寸的设置不宜过大，否则将导致覆盖多余的道路信息，甚至会覆盖到其他交叉口中心区域，致使位置信息不明确，导致网格不能反映出交叉口真实的运行状态，还会导致匹配精度较为粗糙，无法提取精细化的交通数据特征。网格尺寸设置不宜过小，由于浮动车数据的采样频率直接影响网格大小，过小的网格尺寸会导致网格内信息不全，甚至出现网格内存在大量空值数据的现象，所以需要充分考虑实际情况，划分网格大小。根据实际道路特征，以道路宽度作为参考，网格大小范围设定为 3~10m，以达到覆盖交叉口车道的目的。综合以上考虑，本章将网格大小设定为 5m。参考现阶段对信号交叉口影响范围的研究，初步将信号交叉口影响范围设定为 300m。因此，通过网格模型将交叉口区域离散成为等大的网格，交叉口区域可以近似等价于 $Area = Rows \times Columns \times 5 \times 5 m^2$，其中行与列：$Rows = Columns = 60$。

依据上述网格规模设定的标准，构建网格模型。以信号交叉口中心坐标 (Lng_c, Lat_c) 为基准点，向东、南、西、北各方向延伸150m。依据坐标距离公式确定交叉口影响区域的四个方向的边界坐标 (Lng_e, Lat_c)、(Lng_c, Lat_s)、(Lng_w, Lat_c)、(Lng_c, Lat_n)。具体见式 (17-5) ~式(17-8)。

$$Lng_e = 2\arcsin\left(\sqrt{\frac{\sin(D/12742000)^2}{\cos(Lat_c)^2}}\right) + Lng_c \qquad (17-5)$$

$$Lng_w = 2\arcsin\left(\sqrt{\frac{\sin(D/12742000)^2}{\cos(Lat_c)^2}}\right) - Lng_c \qquad (17-6)$$

$$Lat_s = 2\arcsin(\sqrt{\sin(D/12742000)^2}) - Lat_c \qquad (17-7)$$

$$Lat_n = 2\arcsin(\sqrt{\sin(D/12742000)^2}) + Lat_c \qquad (17-8)$$

式中，$D=150m$，为延伸距离；12742000 为地球直径长度（m）。

在构建网格模型后，将浮动车轨迹数据匹配至网格。具体算法见式（17-9）和式 (17-10)。

$$\begin{cases} D_{lat} = \dfrac{Lat_n - Lat_s}{Rows} \\ D_{lng} = \dfrac{Lng_e - Lng_w}{Columns} \end{cases} \qquad (17-9)$$

$$\begin{cases} R_{\text{lat}} = \dfrac{\text{Tr}_{\text{lat}} - \text{Lat}_s}{D_{\text{lat}}} \\ C_{\text{lng}} = \dfrac{\text{Tr}_{\text{lng}} - \text{Lng}_w}{D_{\text{lng}}} \end{cases} \tag{17-10}$$

其中，$(C_{\text{lng}}, R_{\text{lat}})$ 是由浮动车轨迹点的坐标 $(\text{Tr}_{\text{lng}}, \text{Tr}_{\text{lat}})$ 转换后的网格坐标，形成基于网格的浮动车数据（Grid Floating Car Data，GFCD）。网格模型匹配结果如图 17.4 所示。

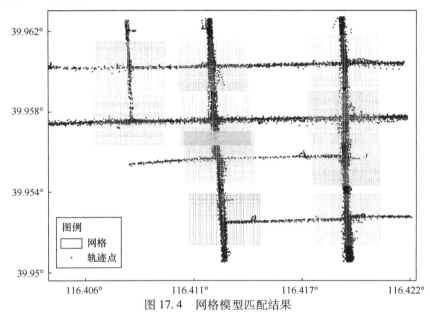

图 17.4　网格模型匹配结果

（2）交叉口区域界定

由于每个信号交叉口具有独特的时空特征，所以信号交叉口影响区域的范围也不一样。如果将信号交叉口的影响区域设定为一个固定的数值，不能体现信号交叉所特有的交通特征。

针对信号交叉口区域的影响范围的界定，本节采用基于网格模型的模糊 C – 均值聚类法（Fuzzy C – Means Based on Grid Model，FCMG）提取交叉口区域的交通特征。由于在交叉口影响范围内，车辆最容易发生停车现象，其中交叉口不同区域的停车频率也存在差异。一般来说，在进口道区域的停车线附近的停车频率最高。因此，利用网格模型提取交叉口区域的停车特征，挖掘浮动车数据停车的空间特征规律。基于此特征，通过统计浮动车轨迹在每个网格中的停车次数，构建停车数据集。

基于停车数据集的空间特性，可以将交叉口区域聚成 3 类：上游区域、进口道区域、停车线附近区域。为了辨别这 3 个区域，采用 FCMG 进行聚类。FCMG 方法见式（17-11）。

$$J(U, v_1, \cdots, v_c) = \sum_{k=1}^{c} \sum_{l=1}^{n} u_{kl}^m d_{kl}^2 = \sum_{k=1}^{c} \sum_{l=1}^{n} u_{kl}^m \|v_l - c_k\|_{kl}^2 \qquad (17\text{-}11)$$

式中，$U = \{u_{kl}, k = 1, \cdots, c; l = 1, \cdots, n\}$ 为隶属度矩阵，受到正则规则约束（即 $\sum_{k=1}^{c} u_{kl} = 1$），其中 n 为 GFCD 的数量，c 为聚类个数；d_{kl}^2 为欧几里得距离；v_l 为 GFCD 的空间向量；c_k 为聚类中心的空间向量。

在约束条件 $\sum_{k=1}^{c} u_{kl} = 1$ 下，通过拉格朗日导数求得目标函数的最小值。然后通过式（17-12）和式（17-13）迭代更新 u_{kl} 和 v_l。

$$u_{kl} = \frac{d_{kl}^{\frac{2}{m-1}}}{\sum_{j=1}^{c} d_{jl}^{\frac{2}{m-1}}} \qquad (17\text{-}12)$$

$$c_k = \frac{\sum_{l=1}^{n} u_{kl}^m v_l}{\sum_{l=1}^{n} u_{kl}^m} \qquad (17\text{-}13)$$

根据 GFCD 的停车数据集中空间特征的先验信息，将停车频率分为低频、中频、高频，分别对应：上游区域、进口道区域、停车线附近区域。本章选定的北京中心区域的交叉口群，交叉口区域被聚类成 3 组：簇类 1、簇类 2、簇类 3，分别表示上游区域、进口道区域和停车线附近区域，分别由灰色、黄色、橙色表示，如图 17.5 所示。在浮动车驶入交叉口区域的过程中受到交叉口的影响逐渐增强。其中，

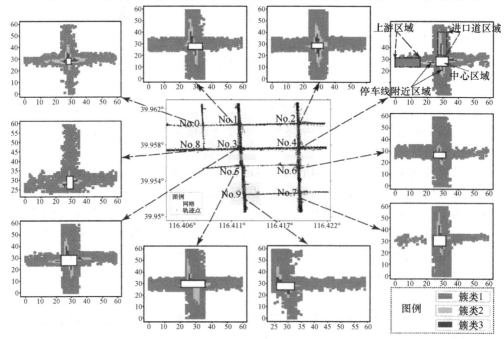

图 17.5 交叉口区域识别

进口道区域直接受信号交叉口影响,是上游至中心区域的过渡区域,它的长度起于上游与进口道交界处,止于停车线位置,也是本章的研究目标区域。此外,信号交叉口中心区域也可以依据停车线位置识别出来,具体可见矩形围成的中心区域。此外,还发现 No.5、No.6、No.7、No.9 的东西方向的进口道的簇类区域较小,这是由于 No.5→No.6 和 No.7→No.9 是单行道,并且这两个车道都是支路,总体车流量较少。最后,通过进口道区域的起止点位置,设定与之对应的阈值区域集合,从而构建上游区域、进口道区域、停车线附近区域数据集。

按照上述步骤,基于浮动车停车数据的 FCMG 算法流程如图 17.6 所示。

算法:FCMG 算法流程

输入:停车数据集、聚类簇数 c

输出:交叉口区域聚类簇划分

过程:
1. 初始化隶属度矩阵 $U = \{u_{kl}, k=1,\cdots,c; l=1,\cdots,n\}$
2. Repeat
3.   令 $C_k = \varnothing (1 \leq k \leq c)$
4.   for $k = 1, 2, \cdots, c$ do
5.   通过 $u_{kl} = d_{kl}^{\frac{2}{m-1}} / \sum_{j=1}^{c} d_{jl}^{\frac{2}{m-1}}$ 更新聚类中心 $c_k = \sum_{l=1}^{n} u_{kl}^m v_l / \sum_{l=1}^{n} u_{kl}^m$
6.   end for
7.   计算目标函数 $J(U, v_1, \cdots, v_c)$
8.   for $j = 1, 2, \cdots, c$ do
9.   更新隶属度矩阵 U
10.   end for
11.   if U 随着迭代停止变化或变化较小
12.   聚类结束
13.   end if
14. 最后将测试集数据输入至模型得到输出结果

图 17.6 FCMG 算法流程

(3) 轨迹方向的识别

信号交叉口的交通状态在不同方向具有明显差异性,因此有必要区分通过交叉口的轨迹数据方向。虽然原始的浮动车数据具有车头角度 Dir 的字段,但是随着时序递增,车头角度时刻发生改变,在使用车头角度进行轨迹方向识别时,存在两个难点:一是当车速为 0 时,部分浮动车的方向传感器停止工作,导致车头角度字段存在大量的数据缺失现象;二是车头角度随时间不断地变化,大幅度的变道行为与转向行为所形成的角度变化不易区分。因此,本章提出了基于网格匹配顺序的轨迹方向识别方法。具体步骤如下：

步骤1：依据提出的聚类方法得到进口道区域，分别对不同方向进口道区域和中心区域设置唯一的标号。具体为 Area_Id = 1、2、3、4、0，如图 17.7 所示。

步骤2：遍历轨迹点数据，通过浮动车位置坐标与区域位置相匹配，在浮动车数据中添加 Area_Id 字段。

步骤3：判断每条轨迹中 Area_Id 字段的顺序。首先判断轨迹 Area_Id 中是否含有 Area_Id = 0 的值，以确保浮动车经过信号交叉口中心。其次，根据 Area_Id 的顺序确定轨迹方向。最后，构建浮动车分方向数据库。

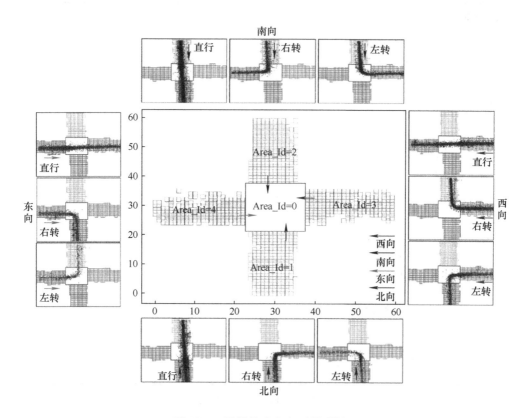

图 17.7　识别轨迹方向（见彩插）

通过上述简单的算法，可以快速地分辨出通过信号交叉口的轨迹方向。以南向直行的轨迹为例，轨迹文件中 Area_Id 的非重复值的顺序为 Area_Id = 2→0→1。GFCD 轨迹分方向算法流程如图 17.8 所示。

算法：GFCD 轨迹分方向算法流程
输入：GFCD 轨迹数据
输出：分方向 GFCD 轨迹数据集

Phase1：GFCD 数据集中添加 $Area\_Id_i$ 字段

1. for $Area\_Id_i \in Area\_Id$
2.   if $[C_{lng}, R_{lat}] \in Area\_Id_i$
3.   GFCD 附加 $Area\_Id_i$
4. end for

Phase 2：判断 GFCD 中 $Area\_Id_i$ 的顺序

1. Repeat
2. 提取 GFCD 的一条轨迹
3.   if 0 in $Area\_Id_i$
4.   if $Area\_Id_i\_order = [2, 0, 1]$
5. 附加至南向直行数据集
6. 同理，分别判断 $Area\_Id_i\_order$ 顺序，并附加至对应的数据集
7.   else pass
8. Until 遍历全部轨迹

图 17.8   GFCD 轨迹分方向算法流程

17.2 信号交叉口参数计算方法

17.2.1 信号交叉口交通参数计算方法

信号交叉口运行状态评价方法是感知交叉口延误的基础手段，本章将通过网格模型和浮动车数据的前期分析，提出基于浮动车数据的交叉口延误框架，从而提取车辆在交叉口的交通特征。在交叉口区域，车辆容易受到前方车辆或信号管控的影响，导致车辆通过交叉口过程中减速或者停车，从而发生延误。因此，根据浮动车通过交叉口的运行特点，可以将通行过程划分为停车等待过程和通行过程。在这两个过程中产生的延误定义为停车等待延误（Delay of Waiting Time，DWT）和通行延误（Delay of Passing Time，DPT）。其中，非停车通行过程不涉及停车等待延误，即 DWT=0。综上，信号交叉口的总延误框架如图 17.9 所示。

由于信号交叉口交通参数计算方法涉及大量的参数和变量，为了方便查阅和参考，这里对运行评价过程的交通延误参数变量符号进行注释，见表 17.1。

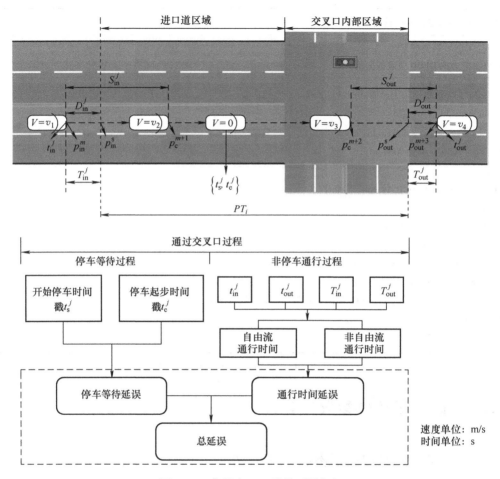

图 17.9 信号交叉口的总延误框架

表 17.1 信号交叉口交通延误参数变量符号注释

参数符号	定 义
i	第 i 轨迹方向,$i \in (0,n)$,n 是交叉口通行方向数
j	第 j 条轨迹
t_s^j	轨迹 j 开始停车等待的时间戳
t_e^j	轨迹 j 停车起步的时间戳
φ	布尔型变量,0 或 1
t_{in}^j	轨迹 j 进入交叉口的时间戳
t_{out}^j	轨迹 j 离开交叉口的时间戳
T_{in}^j	轨迹 j 进入交叉口的时间偏差
T_{out}^j	轨迹 j 进入交叉口的时间偏差

(续)

参数符号	定　　义
p_{in}^m	轨迹 j 进入进口道之前的最后一个轨迹点 m，坐标为 (Lat_{in}^m, Lng_{in}^m)
p_{in}^s	进入交叉口的停车线坐标点 (Lat_{in}^s, Lng_{in}^s)
p_c^{m+1}	轨迹 j 进入进口道后的第 $m+1$ 轨迹点，坐标为 (Lat_{in}^{m+1}, Lng_{in}^{m+1})
p_c^{m+2}	轨迹 j 进入进口道后的第 $m+2$ 轨迹点，坐标为 (Lat_{in}^{m+2}, Lng_{in}^{m+2})
p_{out}^s	出交叉口的停车线的坐标点 (Lat_{out}^s, Lng_{out}^s)
p_{out}^{m+3}	轨迹 j 出交叉口的第 $m+3$ 个点，坐标是 (Lat_{out}^{m+3}, Lng_{out}^{m+3})
N_{tg}	不同时间切面下的轨迹数量
v_{ij}	轨迹 j 在通行方向为 i 的瞬时速度
D_{in}^j	p_{in}^s 与 p_{in}^m 两点之间的距离
S_{in}^j	p_{in}^m 与 p_c^{m+1} 两点之间的距离
D_{out}^j	p_{out}^s 与 p_{out}^{m+3} 两点之间的距离
S_{out}^j	p_{out}^s 与 p_{out}^{m+2} 两点之间的距离
tg	时间粒度（time granularity, tg）

1. 通行时间计算方法

（1）通行时间

根据对信号交叉口的影响区域界定方法，车辆通过交叉口的通行时间对应的空间范围涵盖进口道区域与交叉口内部区域，即通行范围为 [p_{in}^s, p_{out}^s]。考虑到浮动车数据无法完全覆盖进口道区域的每个空间位置，浮动车数据的经纬度坐标点与进口道边界线 p_{in}^s 和交叉口边界线 p_{out}^s 重合的概率较小。为了保证通行时间的计算方法具有统一的标准，将进口道边界设定为基准点，剔除多余的时间间隔（T_{in}^j，T_{out}^j），从而得到时间粒度为 tg 的平均通行时间 PT_i 的公式见式（17-14）。

$$PT_i = \frac{\sum_{j=1}^{N_{tg}} (t_{out}^j - t_{in}^j - T_{in}^j - T_{out}^j)}{N_{tg}} \tag{17-14}$$

其中，(T_{in}^j, T_{out}^j) 通过 D_{in}^j、S_{in}^j、D_{out}^j、S_{out}^j 和采样间隔进行计算。由于本章采用浮动车数据的时间间隔仅为 3s，默认车辆的起动过程为匀加速运动，依据匀加速运动的速度与时间关系计算（T_{in}^j, T_{out}^j），具体公式见式（17-15）和式（17-16）。

$$T_{in}^j = \frac{\text{tg} \times D_{in}^j}{S_{in}^j}$$

$$= \frac{\text{tg} \times \arccos[\sin(\text{Lat}_{in}^m)\sin(\text{Lat}_{in}^s)\cos(\text{Lng}_{in}^s - \text{Lng}_{in}^m) + \cos(\text{Lat}_{in}^s)\cos(\text{Lat}_{in}^m)]}{\arccos[\sin(\text{Lat}_{in}^m)\sin(\text{Lat}_{in}^{m+1})\cos(\text{Lng}_{in}^{m+1} - \text{Lng}_{in}^m) + \cos(\text{Lat}_{in}^{m+1})\cos(\text{Lat}_{in}^m)]}$$

(17-15)

$$T_{\text{out}}^{j} = \frac{\text{tg} \times D_{\text{out}}^{j}}{S_{\text{out}}^{j}}$$

$$= \frac{\text{tg} \times \arccos[\sin(\text{Lat}_{\text{out}}^{m+2})\sin(\text{Lat}_{\text{out}}^{s})\cos(\text{Lng}_{\text{out}}^{s} - \text{Lng}_{\text{out}}^{m+2}) + \cos(\text{Lat}_{\text{out}}^{s})\cos(\text{Lat}_{\text{out}}^{m+2})]}{\arccos[\sin(\text{Lat}_{\text{out}}^{m+2})\sin(\text{Lat}_{\text{in}}^{m+3})\cos(\text{Lng}_{\text{out}}^{m+2} - \text{Lng}_{\text{in}}^{m+3}) + \cos(\text{Lat}_{\text{in}}^{m+3})\cos(\text{Lat}_{\text{out}}^{m+2})]}$$

(17-16)

(2) 自由流状态下通行时间

道路交通自由流状态是指目标车辆不受行人、其他车辆、天气等外界因素干扰，处于无干扰的行驶状态。现有研究认为道路上车头时距大于9s即为自由流的通行状态。然而信号交叉口的自由流状态不但要考虑上述因素，还需要考虑到信号灯、道路渠化等因素。具体表现在：一是由于信号相位转换是周期性的控制策略，信号灯绿灯时通行，红灯时停车，因此信号灯控制因素成为影响交通自由流通行的最主要的因素；二是信号交叉口作为人车汇集点，存在目标车辆与非机动车、行人冲突现象。因此，利用浮动车轨迹数据计算信号交叉口的自由流时间应该尽量避免其他因素干扰，选取无干扰交通场景或干扰较小的交通场景计算自由流通行时间。以此为标准，为了剔除行人和非机动车的干扰，采用时间错位法，即选取浮动车订单时间为夜间（凌晨4:00—5:00）时间区间，减少行人和非机动车的影响。为降低红灯停车的影响，选取无停车过程的轨迹数据，即 $\varphi=0$。通过式（17-14）计算通行时间。考虑到随机误差的影响，对通行时间从大至小排序后，选取95%的分位数作为自由流通的通行时间 TF_i。具体计算流程如图17.10所示。

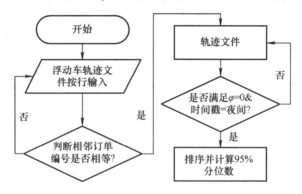

图17.10 自由流通行时间计算流程

2. 总延误的计算方法

信号交叉口延误可以直观地表现出信号交叉口的通行状态，主要包括停车等待延误和通行延误。为了判断轨迹 j 是否处于停车等待阶段，设定布尔型变量 $\varphi=0$ 或1，判断通行轨迹是否含有停车等待过程。设定车辆在进口道的通行速度 $v_{ij}=0\text{m/s}$ 时，处于停车等待状态，并利用开始停车等待时间戳 t_s^i 和车辆停车起步时间戳 t_e^i 计算停车等待时间 WT_i。其中，停车等待时间与等待延误相等，即 $\text{WT}_i=$

DWT_i。分别考虑不同时间粒度 tg，对平均停车等待时间进行计算，具体公式见式（17-17）。

$$WT_i = \frac{\sum_{j=1}^{N_{tg}} \varphi(t_e^j - t_s^j)}{N_{tg}}, \varphi = 1 \tag{17-17}$$

设停车等待时间占总的通行时间比例为 μ，并依据式（17-14）和自由流通行时间 TF_i 计算通行延误，通过两者计算获得第 i 方向延误，具体公式见式（17-18）。

$$DPT_i = WT_i + (1-\mu)(PT_j - TF_j) = \frac{\sum_{j=1}^{N_{tg}} (t_{out}^j - t_{in}^j - T_{in}^j - T_{out}^j - TF_i)}{N_{tg}} \tag{17-18}$$

总延误是评价信号交叉口服务水平的重要指标，可以量化地反映车辆在信号交叉口行驶时间的损失程度。通过浮动车的轨迹数据提取各方向的平均通行时间，并估算各进口道的平均延误。考虑到不同进口道的通行量不同，在对总平均延误进行计算时，应按照各进口道的加权平均数进行估算。其中，$\sum_{j=1}^{N_{tg}^i} Tra_{i,tg}^j / N_{tg}$ 为各方向的通行权重；$Tra_{i,tg}^j$ 为时间粒度为 tg、方向为 i 的轨迹。综上，总延误 TD 的计算公式见式（17-19）。

$$TD = \frac{\sum_{j=1}^{N_{tg}^i} Tra_{i,tg}^j \sum_{i=1}^{n} DPT_i}{N_{tg}} \tag{17-19}$$

信号交叉口的总延误可以量化交叉口整体的服务水平，根据交叉口总体延误、停车等待延误将信号交叉口的服务水平划分为6个等级：等级 A、等级 B、等级 C、等级 D、等级 E、等级 F，见表17.2。

表17.2 信号交叉口服务水平划分标准

服务水平	平均通行延误/s	平均停车延误/s
A	≤10	≤5.0
B	11~20	5.1~15.0
C	21~35	15.1~25.0
D	36~55	25.1~40.0
E	56~80	40.1~60.0
F	>80	>60.0

3. 走停比的计算方法

（1）停车率

车辆通过交叉口的停车率（Stop Ratio，SR）是评价信号交叉口畅通性的重要指标。停车率是停车数与总车辆数之比,依据停车率指标可以衡量交叉口不同方向的运行状态,即停车率低的通行方向相比于停车率高的通行方向的运行效率更高。不同方向的停车率的定义见式(17-20)。

$$\mathrm{SR}_{i,\mathrm{tg}} = \frac{N\mathrm{s}_{i,\mathrm{tg}}}{N_{\mathrm{tg}}} \tag{17-20}$$

式中,$N\mathrm{s}_{i,\mathrm{tg}}$ 为时间粒度 tg 下的第 i 方向的停车数;N_{tg} 为时间粒度为 tg 的总车辆数。

(2)走停比

走停比是衡量停车数与非停车数的比例关系,即各方向走停比 $\tau_{i,\mathrm{tg}}$ 表示在通行方向 i 中未停车数与停车数之间的比值,具体公式见式(17-21)。走停比可以用于衡量交叉口内部各方向的运行效率。当第 i 方向的走停比较大时,表示该方向运行效率较高。同理,当第 i 方向的走停比较小时,该方向运行效率较低。

$$\tau_{i,\mathrm{tg}} = \frac{N\mathrm{p}_{i,\mathrm{tg}}}{N\mathrm{s}_{i,\mathrm{tg}}} \tag{17-21}$$

式中,$N\mathrm{s}_{i,\mathrm{tg}}$ 为时间粒度 tg 下的第 i 方向的停车数;$N\mathrm{p}_{i,\mathrm{tg}}$ 为时间粒度为 tg 的第 i 方向的未停车数。

4. 流量比的计算方法

在交叉口延误诊断的过程中,交通流量是判断延误问题的重要参数。实际数据和浮动车渗透率无法获得,不能进行实时延误诊断。考虑到固定配时方案是基于历史信息制定的,而本章采用的浮动车数据包含丰富的历史信息,具有精度高、采样频率高、数据量大、数据规律性强、数据波动小等优点。此外,现有文献研究验证了浮动车排队数据的流量与实际排队流量存在一定的比例关系。所以,本章所采用的浮动车历史平均的流量比能够反映交叉口各相位实际的平均流量比。式(17-22)表示不同相位 ϕ_i 的浮动车的平均流量比 ω_{ϕ_i}。

$$\omega_{\phi_i,\mathrm{tg}} = \frac{q_{\phi_i,\mathrm{tg}}}{\sum_{i=1}^{n} q_{\phi_i,\mathrm{tg}}} \tag{17-22}$$

式中,$q_{\phi_i,\mathrm{tg}}$ 为在时间粒度 tg 下相位 ϕ_i 的浮动车的交通流量;$\omega_{\phi_i,\mathrm{tg}}$ 为在时间粒度 tg 下浮动车的流量比。

17.2.2 交叉口信号配时参数计算方法

分析延误原因需要交通参数和信号配时参数共同作用,选取停车率、走停比、平均速度、流量比作为分析延误的交通参数,选取信号周期、有效绿灯时间、绿信比为信号配时参数的研究对象,并通过绿信比和流量比构建延误诊断指数。本节利用浮动车数据估算信号配时参数,用于构建延误诊断指数。

1. 信号周期计算方法

在对固定信号周期估算时,首先,采用了增广迪基-富勒(Augmented Dickey Fuller,ADF)检验方法,辨别配时方案是恒定固定配时(Constant Fixed signal cycle,CF)方案和分段式固定配时(Variable Fixed signal cycle in various periods,VF)方案。其次,利用Pettitt突变检验方法确定VF方案的周期突变点。最后,采用K-Means聚类方法确定周期时长,并采用图编辑距离的方法来实现信号周期的精准估计。信号周期估算的流程如图17.11所示。

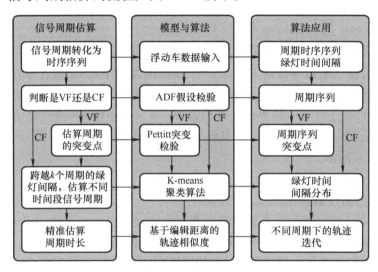

图17.11 信号周期估算的流程

(1) 恒定周期时长和分段固定周期时长的识别方法

固定配时的信号周期可以分为恒定固定配时方案和分段式固定配时方案。可以将全天时间分为 m 个时间段,每个时间段包含 n 个信号周期,如图17.12所示。那么全天的时间 T_{day} 可以由式(17-23)表示。

$$T_{day} = \sum_{g=1}^{m} \sum_{h=1}^{n} C_{g,h} \qquad (17-23)$$

在式(17-23)中,$C_{g,h}$ 表示第 g 个时间段、第 h 个信号周期。设 $C_{g,h} = c$,当 c 是固定周期时长时,则配时方案为CF。设 $C_{g,h} = c_g$,$\forall g \in [1,m]$,c_g 是第 g 时间段的固定周期时长,则配时方案为VF。

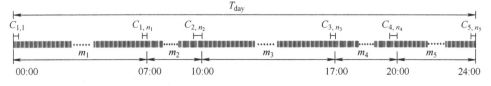

图17.12 一天的时间内的固定信号周期

本节采用了 ADF 检验方法用于辨识信号周期是 CF 方案还是 VF 方案。由于一天内连续的信号周期时长可以转化为由时间切片组成的时间序列。ADF 检验方法的本质是对时间序列进行平稳性检验，当时间序列在均值附近平稳波动时，即 CF 方案。而非平稳时间序列在不同时期的均值往往不同，即 VF 方案。具体见式（17-24）。

$$\Delta C_t = \rho C_{t-1} + x'_t \delta + \beta_b \sum_{b=1}^{a} \Delta C_{t-b} + \varepsilon_t \tag{17-24}$$

式中，t 为时间变量；x'_t 为可供选择的外因变量，包括时间变化趋势 ρ；δ 为估计参数；ε_t 为残差；$\beta_b \sum_{b=1}^{a} \Delta C_{t-b}$ 为 ΔC_t 的滞后项。

如果 $|\alpha| < 1$，C_t 是平稳序列，则可以通过检查 ρ 的绝对值是否严格小于 0 来实现平稳性检验。那么零假设 $H_0 : \rho = 0$，也就说周期序列 C_t 包含单位根，是一个不稳定的序列。ADF 统计量的 ρ 检验的定义与一般 t 检验的定义是一致的，即当样本计算的 ADF 统计值大于临界值，零假设 $H_0 : \rho = 0$ 不能被拒绝，C_t 是个不稳定的序列，也就是 VF 方案。同理，当 ADF 统计值小于临界值时，C_t 是 CF 方案。具体见式（17-25）所示。

$$t_\rho = \hat{\rho}/S(\hat{\rho}) \tag{17-25}$$

式中，$\hat{\rho}$ 为 ρ 的估计值；$S(\hat{\rho})$ 为 $\hat{\rho}$ 的标准差。

如果 C_t 是 VF 方案，有必要确定周期变化的突变点。本节采用 Pettitt 突变检测方法估计周期序列的变化点。Pettitt 突变检测是一种非参数检验方法，该方法通过检查时间序列均值变化位置来确定 VF 的周期变化点。对于具有多个突变点的时间序列中，首先确定整个时间序列 C_t 的第一个突变点，然后将原时间序列分解为两个时间序列，并检测下一个的突变点，最后根据具体原因分析确定突变点。对于给定的时间序列 $C_t, t = 1, 2, 3, \cdots, z$，统计序列 U_t 定义为（17-26）。统计值 Q_t 由序列 U_t 的最大值定义，以表示最可能的突变点，见式（17-28）。建立检验统计量 P，判断突变点是否显著，见式（17-29）。当 P 小于给定的显著性水平 α 时，认为存在一个显著的突变点。

$$U_{t,z} = U_{t-1,z} + V_{t,z} \tag{17-26}$$

$$V_{t,z} = \sum_{q=1}^{z} \text{sgn}(C_t - C_q) \tag{17-27}$$

$$Q_t = \max_{1 \leq t \leq z} |U_t| \tag{17-28}$$

$$P = 2\exp\{-6Q_t^2/(z^3 + z^2)\} \tag{17-29}$$

式中，C_q 为第 q 时间序列样本；sgn( ) 为符号函数。

（2）周期时长估算方法

信号周期是信号配时的重要参数，设置合理的信号周期，有助于降低信号交叉口延误，提高通行效率。信号交叉口的交通运行规律随着交通控制策略的制定呈现出周期性的变化。但由于车辆行驶过程具有走走停停的特征，停车时间戳与红灯开始的时间戳不一定相同。因此，本节采用绿灯开始时间戳 t_{gs} 估算信号周期时长。由于浮动车数据存在稀疏性特征，不能保证每个信号周期都具有的完整轨迹数据。在这种情况下，提出了基于绿灯开始时间戳的跨越 k 个信号周期的时间间隔估算信号周期长度的方法，具体公式见式（17-30）和式（17-31）。

$$\Delta t_{g,k} = t_{g,h+k} - t_{g,h} \tag{17-30}$$

$$C_{g,h} = \frac{\Delta t_{g,k}}{k} = \frac{(t_{g,h+k} - t_{g,h})}{k}, \ \forall g \in [1,m] \tag{17-31}$$

式中，$t_{g,h+k}$ 为在第 g 个时间段内第 $h+k$ 个绿灯开始时间戳；$\Delta t_{g,k}$ 为在第 g 个时间段内，跨越 k 个信号周期的绿灯开始时间间隔。

浮动车通过交叉口的过程包括停车阶段和起动阶段。当绿灯亮起时，车辆开始驶离交叉口，绿灯开始的时间戳可以近似地看作停车线附近第一辆车离开交叉口的起动时间戳。考虑到信号交叉口经常出现排队现象，排队车辆与第一辆车之间存在一个时间偏差。为提高计算精度，需考虑这段时间偏差值。假设排队车辆起步的时间戳为 $t'_{g,h}$，绿灯开始时间间隔如图 17.13 所示，具体公式见式（17-32）和式（17-33）。

$$t_{g,h} = t'_{g,h} - \frac{\Delta l}{u_v} \tag{17-32}$$

$$u_v = \frac{u}{f\rho u - 1} \tag{17-33}$$

式中，Δl 为停车位置至停车线的距离；u_v 为交通波理论的起动波；f 为饱和车头时距；u 为车辆正常行驶速度；ρ 为阻塞交通流的密度。

式（17-33）是起动波的运动学模型。起动波的大小与车头时距和行驶速度有关，在非饱和周期中，车辆的车头时距和行驶速度可近似视为常数。参考现有的文献，起动波的波速一般是稳定的，合理的范围一般在 15～20km/h 之间。

因为车辆的实际起动时间可能无法在采样点中捕捉到，根据加速度公式，可以从现有数据推导出车辆的起动时间，如图 17.13 所示。具体公式见式（17-34）。

$$t'_{g,h} = t_w - 2R \frac{\arccos[\sin(\text{lat}_w)\sin(\text{lat}_{w-1}) + \cos(\text{lat}_w)\cos(\text{lat}_{w-1})\cos(\ln g_w - \ln g_{w-1})]}{v_w} \tag{17-34}$$

式中，$(t_w, \ln g_w, \text{lat}_w, v_w)$ 为轨迹 Tra_w 对应的参数；$(\ln g_{w-1}, \text{lat}_{w-1})$ 为 Tra_{w-1} 对应的参数；R 为地球半径。

浮动车数据的轨迹漂移现象会导致车辆的起始位置和起始时间发生偏移。而且，如果车辆在进口道区域排队，绿灯启动时，所有车辆不能立即同时起动，绿灯开始时间与车辆起动时间存在偏差。该现象导致式（17-30）中计算的多条轨迹的 $\Delta t_{g,k}$ 值在 k 个周期跨度中并不唯一。

为了分析不同种簇类内所隐含的信息，本节采用 K-均值聚类算法对跨越第 k

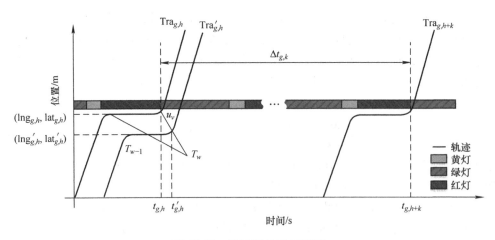

图 17.13 绿灯开始时间间隔

个周期的 $\Delta t_{g,k}$ 簇类进行分析,获得聚类结果。首先,给定数据集 $\{\Delta t_{i,1}, \Delta t_{i,2}, \cdots, \Delta t_{i,k}\}$,K-均值聚类算法可以将数据集 $\{\Delta t_{i,1}, \Delta t_{i,2}, \cdots, \Delta t_{i,k}\}$ 分成 K 个相互独立的簇类 $W_{i_0} = \{W_1, W_2, \cdots, W_K\}$。目标函数采用误差平方和,方法为最小化目标函数。式(17-35)表示聚类中样本与聚类中心的紧密度,值越小,表明聚类中样本之间的距离越小(相似度越高)。K-均值聚类算法采用贪婪策略,通过连续迭代优化得到式(17-35)的最优解。μ_{i_0} 是 W_{i_0} 的聚类中心,聚类中心值更加接近现实的信号周期值。具体公式见式(17-36)。

$$E = \sum_{i_0 = 1}^{K} \sum_{\Delta t_{i,j_0} \in W_{i_0}} \| \Delta t_{i,j_0} - \mu_{i_0} \|^2 \tag{17-35}$$

$$\mu_{i_0} = \frac{\sum_{\Delta t_{i,k} \in W_{i_0}} \Delta t_{i,k}}{|W_{i_0}|} \tag{17-36}$$

2. 绿信比的计算方法

(1) 有效绿灯时间估算方法

由于交叉口信号在进行相位变换的过程中不可避免地会受到一些干扰因素影响,例如:驾驶行为因素和排队等待因素会造成通行时间的损失。这个过程中,车辆不能完全通过信号交叉口,这段时间称为损失时间。显然,实际显示的绿灯时间内存在损失时间,而实际用于车辆通行的时间才是有效绿灯时间。有效绿灯时间的常规算法是通过绿灯间隔时间和损失时间进行计算。以两相位配时方案为例,如图 17.14 所示。通过不同相位的绿灯开始时间 t_{h,ϕ_i},计算第 ϕ_i 个相位的有效绿灯时间 Eg_{ϕ_i}。Eg_{ϕ_i} 等于周期时长 C_h 与红灯时间 R_{ϕ_i} 和损失时间的差值,见式(17-37)。

$$Eg_{\phi_i} = C_h - L_g - R_{\phi_i} = C_h - (t'_{h,\phi_i} - t_{h,\phi_{i+w-1}}) \tag{17-37}$$

式中,L_g 为损失时间;t'_{h,ϕ_i} 为损失时间戳;R_{ϕ_i} 为红灯时间;w 为配时方案中相位个数,在图 17.14 中,$w=2$;C_h 为周期时长。

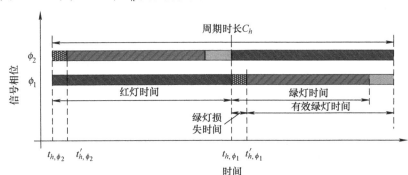

图 17.14 两相位的有效绿灯时间示意图

(2) 绿信比估算方法

绿信比是第 ϕ_i 个相位的有效绿灯时长与周期时长之比。第 ϕ_i 个相位的绿信比可以表示第 ϕ_i 相位的信号交叉口进口车道的通行权占比。当第 ϕ_i 个相位绿信比较大时,说明固定的周期时间内,该相位具有更高的通行权,可以获得更多的通行时间。合理地设置绿信比,有助于降低交叉口延误,提高通行效率。具体公式见式 (17-38)。

$$\lambda_{\phi_i} = \frac{\mathrm{Eg}_{\phi_i}}{C_h} = 1 - \frac{(t'_{h,\phi_i} - t_{h,\phi_{i+w-1}})}{C_h} \tag{17-38}$$

式中,λ_{ϕ_i} 为第 ϕ_i 个相位的绿信比。

17.3 交叉口运行状态评价及诊断

17.3.1 信号交叉口整体延误分析

为了分析信号交叉口的总延误,本节刻画了信号交叉口运行状态排序时空热力图,如图 17.15 所示。可以看到,为了在不同时间粒度刻画信号交叉口在一天内的平均延误水平,时间粒度分别设置为 30min、15min 和 5min。图中不同配色表示不同的延误水平,越接近红色延误越高(延误等级为 F),越接近蓝色延误越低(延误等级为 A)。其中,纵轴表示信号交叉口的延误状态水平排序,横轴表示一天的时间。显然 No.1 号交叉口的平均延误最高,平均延误时间为 52.8s,No.8 号交叉口的延误较低,平均延误时间为 23.4s。当时间粒度 tg=30min,时间区间为 8:00—11:00,17:00—20:00,No.1 号交叉口服务水平大部分为 E 等级。甚至在 2:00—4:00 车流量较少的时间区间内,No.1 号交叉口仍然存在 D 等级的服务水平。可见,No.1 号交叉口配时方案存在一定的不合理性。当时间粒度 tg=15min,可以清晰地定位延误发生的时间点,明显观测到 No.7 号交叉口在 8:30—8:45 时间段,延误较高。当 $t_g = 5\text{min}$ 时，可以更加精准定位延误时间区间，实现对信号交叉口运行状态的精准评价。

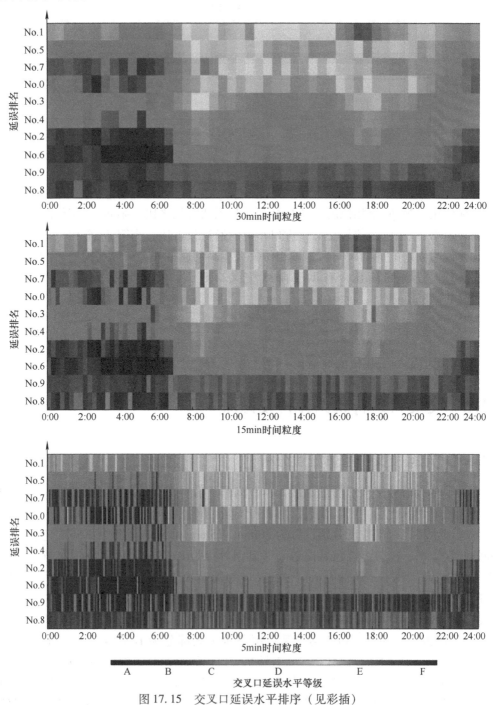

图 17.15 交叉口延误水平排序（见彩插）

通过对信号交叉口运行状态的整体评价，发现交通延误主要体现在早晚高峰期间。为此，图 17.16 进一步详细描绘了早晚高峰期间 $t_g = 5\min$ 的延误的分布。可以清晰地观测到，No.7 号交叉口在 8:35—8:40 时间段延误非常明显。No.1 号交叉口在晚高峰期间整体延误较高，尤其是 17:00—18:00 之间。

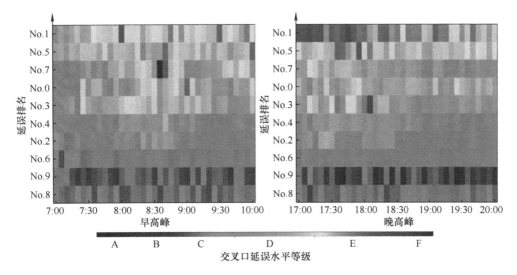

图 17.16　信号交叉口早晚高峰期间的延误分布（见彩插）

通过对信号交叉口的服务水平可视化的方法，可以实现精细地、准确地刻画信号交叉口的运行状态。此外，通过对信号交叉口延误排名，定位延误时间区域，可以为交通管理部门提供信号交叉口运行状态信息，用于优化信号管控策略，形成有主有次的调控方案，促使信号管控方案更加切合实际的交通流运行规律，合理分配交通管控资源，进而提高整个道路网络通行效率。

17.3.2　信号交叉口内部延误分析

（1）内部延误分析

信号交叉口的不同方向进口车道的交通特性存在差异，产生的延误也不同。为进一步探究交叉口内部的延误问题，依据信号交叉口服务水平划分标准，对信号交叉口内部不同方向的进口车道进行评价分析。选定了服务水平较低的 No.1 号交叉口作为研究对象，分析该交叉口不同方向的交通参数：流量、速度、延误，能够全局式、多角度地感知交叉口的运行状态。依据信号交叉口服务水平设计标准，采用时间粒度 $t_g = 15\min$ 的交通参数进行可视化分析，如图 17.17 所示。由于右转车辆一般不受信号灯控制影响，因此选取直行和左转作为主要研究对象。在图 17.17 中，点的大小表示的是流量的多少，点越大表示流量越多；颜色的深浅表示速度的快慢，颜色越深表示速度越慢；点距离中心位置的远近表示的是服务水平，点距离中心越远表示延误越高。

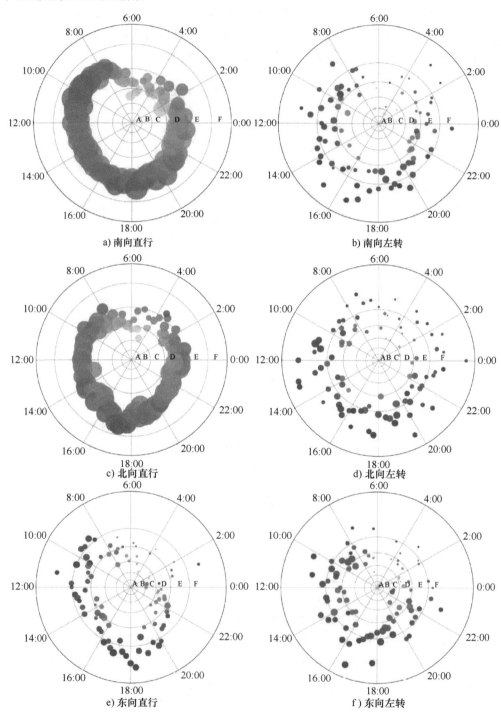

图 17.17　信号交叉口内部评价

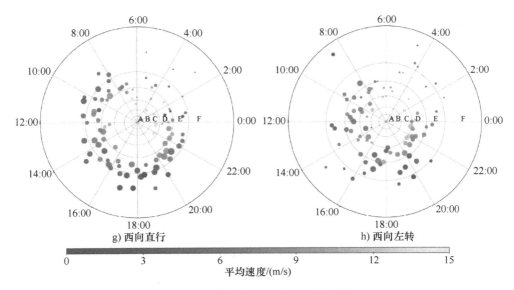

图 17.17 信号交叉口内部评价（续）

首先，对该信号交叉口的运行状态的时间特征进行分析，从图 17.17 中可以直接观察到，在夜间（2:00—6:00），交叉口运行状态基本保持良好。部分方向的左转受到的干扰因素较多，出现随机高延误现象。在南北向直行的可视化图中，早高峰期间（7:00—9:00），南向直行的交通量明显高于北向直行，交叉口的服务水平低于北向直行。但是在晚高峰期间（17:00—19:00），相比于南向直行，北向直行的服务水平明显明显低于南向直行。产生该现象的原因可能是南北直行方向存在潮汐现象。此外，还发现南向左转在（16:00—20:00）期间服务水平较差，北向左转在（10:00—14:00）期间服务水平较差。

其次，对该信号交叉口空间特征进行分析。可以直观地看到，南北向直行的车流量（图 17.17a、c）远高于东西向直行（图 17.17e、g）。东向直行和左转的平均速度低于西向，西向整体的服务水平明显优于东向的服务水平。

通过上述的可视化方法，可以在时间和空间上对信号交叉口的交通特征实现全局式地分析，进而对信号交叉口内部服务水平进行评价。

（2）平均速度分析

为了进一步分析交叉口内部交通运行状态，对不同方向进口道的平均速度进行分析，如图 17.18 所示。在图 17.18a 中可以直观地看到，南北向直行与左转的速度存在明显的差异，直行速度明显比左转的速度更快。该现象的主要原因是南北向的信号相位设有左转专用相位，避免了南北方向直行和左转车辆之间相互干扰，从而表现出直行与左转速度的差异性。与之相比，在图 17.18b 中，东西方向的直行速度与左转速度变化趋势大致相同，这是由于车辆在通过交叉口的过程中，直行方向与左转方向的车辆存在相互干扰的现象，也说明东西方向没有设置左转专用相位。

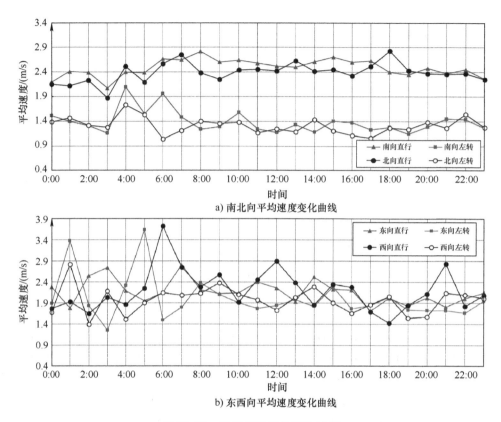

a) 南北向平均速度变化曲线

b) 东西向平均速度变化曲线

图 17.18 通过交叉口的平均速度

(3) 走停比分析

图 17.19a 显示了信号交叉口全天不同方向的停车率。其中南北方向直行的停车率表现突出（即分别为 43% 和 31%），远高于东西方向的直行停车率（即分别为 3% 和 2%）。这个现象是由于南北方向的车流量较大，其相应的停车率占比也较大。左转的停车率在不同方向上大致相同，分别是 3.2%、2.6%、3.0% 和 1.7%，这是由于不同方向的左转的流量都不大，所以其停车率占比也不大，恰与图 17.17 中可视化结果相对应。

图 17.19b 显示了全天时间的走停比，相比东西方向左转的走停比（分别为 66.08% 和 76.17%），南北向左转的走停比更低（分别为 16.18% 和 10.11%）。这表明，南北方向左转的停车次数更多，一定程度上影响交通效率。部分原因是南北向左转设定了左转相位，增加了左转车辆的停车次数。

图 17.19c~d 分别展示了早晚高峰的走停比。可以观测到，高峰期间南北方向左转的走停比（即早高峰：7.48% 和 7.25%，晚高峰：7.31% 和 8.76%）低于全天的走停比（即 16.18% 和 10.11%）。这表明，在高峰时段，不合理的信号灯时间配时方案难以满足增加的车流量，导致停车次数增加、走停比降低的现象。此外，

早高峰期间北向直行的走停比（68%）低于晚高峰期间的走停比（115%）。而南向直行走停比变化恰好相反，早高峰期间的走停比（104%）高于晚高峰间的走停比（90%）。这个现象说明南北向直行存在交通流的潮汐现象，直接地验证了图17.17的分析结果。

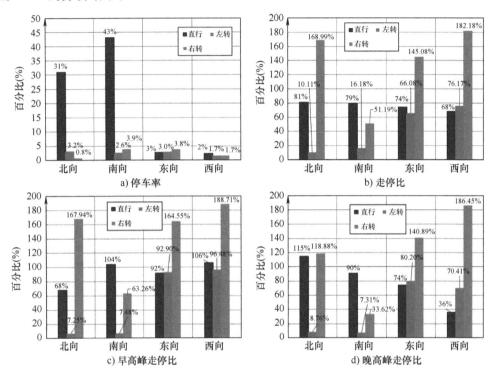

图 17.19 停车率与走停比

17.3.3 信号交叉口延误问题诊断

（1）周期估算

针对 No.1 号交叉口的信号周期时长的估算，首先需要判断 No.1 号交叉口是 VF 还是 CF。根据 ADF 检验结果（表 17.3）可以观测到 t 统计值（-1.8048）高于 10% 的临界值（-2.5686），并且 P 值为 0.3781，明显高于设定的显著性水平 0.05，接受原假设，No.1 号交叉口的时间序列是个不稳定的序列，即 No.1 号交叉口是 VF 方案。

表 17.3 ADF 检验结果

交叉口	t 统计值	P 值	临界值		
			1%	5%	10%
No.1	-1.8048	0.3781	-3.4381	-2.8650	-2.5686

为了观测 No.1 交叉口的周期变化过程,图 17.20 展示了在 7:00—22:00 时间段的信号周期演变过程。由于浮动车轨迹偏移会引起较大的波动,因此对原始数据进行平滑处理。图 17.20a 可以直观地观测到,在该时间段内发生了四次突变,也直接验证了 ADF 检验的准确性。此外,根据 Pettitt 突变检测方法,得出突变点的时间点,如图 17.20b 所示,发现第一次突变点在 9:00:12,第二次突变点在 16:30:04,第三次突变点在 19:00:03,最后一次突变点在 21:00:23。Pettitt 突变检测的统计值通过了显著性检验,置信值为 99%。

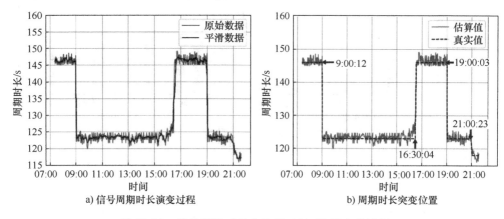

图 17.20　信号周期时长在 7:00—22:00 的变化过程

根据式(17-31)和 K-均值聚类方法估算 No.1 号交叉口在不同时间段的信号周期时长。其中 k 值是由时间窗内的峰值数量决定的。k 个周期跨度的绿灯开始时间间隔分布如图 17.21 所示,其中,横坐标表示跨越 k 个周期的周期时长,纵坐标表示第 k 个周期跨度的 $\Delta t_{g,k}$ 数量。图中时间窗为 800 的场景存在 5 个峰值,因此 k 设置为 5,即聚成 5 个独立簇获取聚类中心。其中簇 $k=0$ 为同一周期时间段绿灯开启的差值,不满足周期设定的条件,因此,簇类 0 不在考虑的范畴。

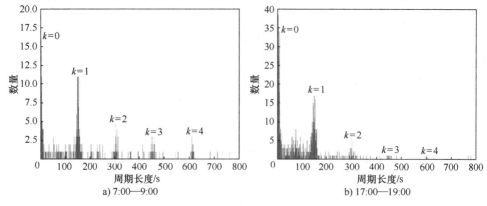

图 17.21　k 个周期跨度的绿灯开始时间间隔分布

以图 17.21 为例，簇类 1 至簇类 4 的聚类中心分别是 148、291、452、606，所得对应的跨越的信号周期的个数是 1 至 4，从而得到周期时长的估算结果，见表 17.4。根据不同簇类的估算结果得到不同时间段的估算平均值。值得注意的是，实际交叉口的信号周期时长都为整数，因此有必要进一步分析信号周期时长。

表 17.4　不同时段从簇类 1 至簇类 4 的周期时长估算结果　（单位：s）

时间段	1	2	3	4	平均值
7:00—9:00	148	145.5	150.7	151.5	148.925
11:00—14:00	123	126.5	120.7	123.5	123.425
17:00—19:00	145	144	150.7	150.5	147.550

为了更为精确地确定信号周期时长，采用轨迹相似度检验方法。以17:00—19:00的信号周期时长 147.55s 为例，分别选取靠近 147.55s 的整数周期，即 145s、146s、147s、148s，分别作为预设的迭代周期。根据 4 个预设周期方案，将 No.1 号交叉口的轨迹叠加至该时段，获得如图 17.22 所示的基于轨迹叠加法的周期时长

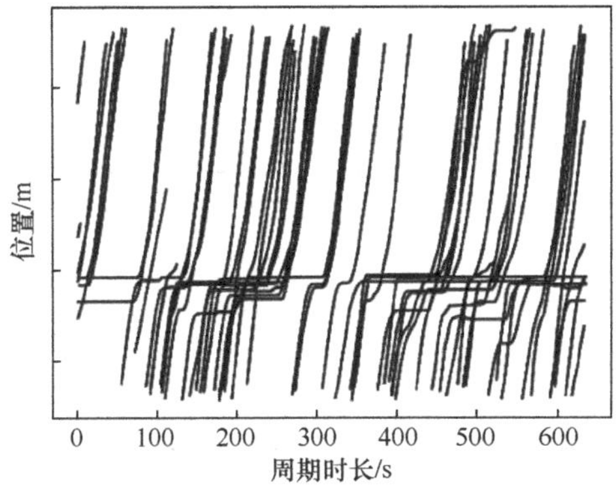

a) 145s

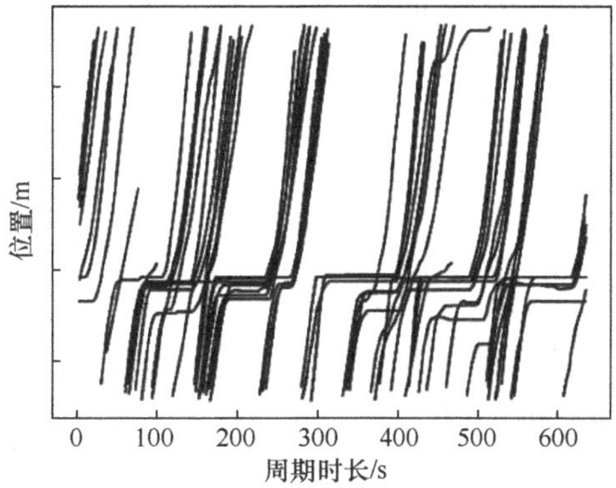

b) 146s

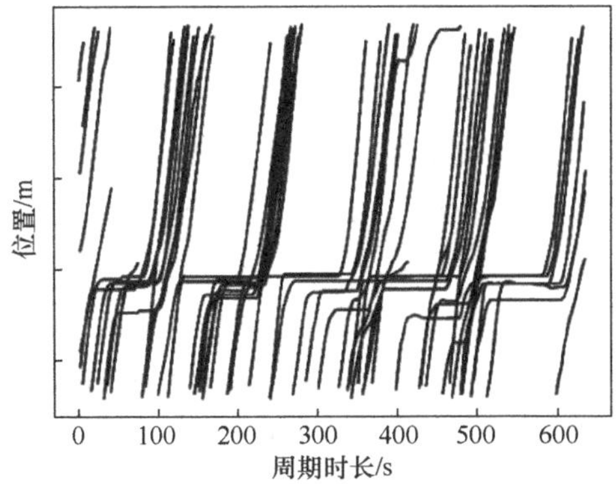

c) 147s

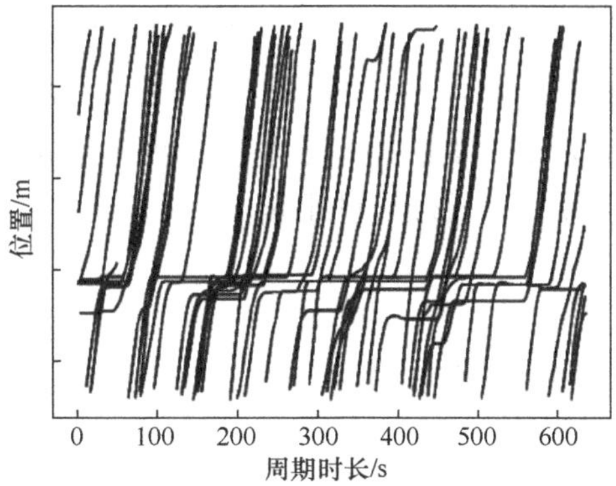

d) 148s

图 17.22　基于轨迹叠加法的周期时长估算可视化图

估算可视化图。可以直观地观测到 146s 和 147s 的车辆轨迹都可以清晰地反映出规律性。而 145s 和 148s 的车辆轨迹呈现出无序状态，无法清晰地反映信号周期的规律性。同时为了定量地表示这段时间内每个周期内轨迹的重合程度，通过编辑距离来衡量迭代轨迹的相似性。所对应的编辑距离分别是 9.301、7.216、7.165、11.725。编辑距离越大意味着需要更多的编辑操作实现轨迹的编辑转换，轨迹的相似度越低。在 147s 时编辑距离最小，车辆轨迹的相似度最高，反映的规律性最强，所估算的周期与实际的周期最接近。因此 147s 是 No.1 交叉口在 17:00—19:00 时间段的最终估算值。同时，依据该方法估算其他时间段的周期时长。

表 17.5 表示的是信号周期时长估算值和真实值对比。可以看到，整体的估算准确率在 98.64% 以上，这说明所提出的估算方法具有实际意义，在特定的时间区间可以精准地估算周期时长。估算产生的误差可能是由两个方面导致的：一是 VF 方案的周期突变时间点存在提前或延迟的现象，而本研究的估算值采用平均值，一些轨迹被划分为两个周期；二是轨迹数据量缺失引起误差，虽然本研究的数据量可以满足本次研究的需求，但是仍然达不到总体数据规模效应，纵然本研究所使用的浮动车的采样间隔是 3s，也无法实现时间点的全覆盖，这也是浮动车数据的局限性。

表 17.5 信号周期时长估算值与真实值对比

时间段	真实值/s	估算值/s	估算准确率（%）
7:00—9:00	146	148	98.64
11:00—14:00	123	123	100
17:00—19:00	146	147	99.32

（2）延误诊断指数

影响信号交叉口的延误因素有很多，其中最主要的因素就是实际通行时间与交通流所需的通行时间的不平衡，即第 ϕ_i 个相位所需要的有效绿灯时间与通行的车流量所需要的时间不匹配。因此，针对信号交叉口延误诊断，本节提出了延误诊断指数 η_{ϕ_i}，通过流量比 ω_{ϕ_i} 和绿信比 λ_{ϕ_i} 的比值定义 η_{ϕ_i}，见式（17-39）。

$$\eta_{\phi_i} = \frac{\omega_{\phi_i}}{\lambda_{\phi_i}} \quad (17\text{-}39)$$

延误诊断指数 η_{ϕ_i} 可以直观地体现通行流量与通行时间（有效绿灯时间 Eg_{ϕ_i}）的相关关系。如果 $\eta_{\phi_i} > 1$，即 $\omega_{\phi_i} > \lambda_{\phi_i}$，则说明在单位时间内相位 ϕ_i 的 Eg_{ϕ_i} 不能满足该相位流量所需要的通行时间。在饱和流量的情况下，如果 $\eta_{\phi_i} < 1$，即 $\omega_{\phi_i} < \lambda_{\phi_i}$，则说明 Eg_{ϕ_i} 没有得到充分的利用。

针对 No.1 号交叉口的延误问题，采用 23 天工作日的浮动车数据作为数据源，分别基于式（17-38）、式（17-22）、式（17-39）计算不同时间间隔下的绿信比、平均流量比和延误诊断指数 η_{ϕ_i}，诊断引起交叉口延误的原因。交叉口不同方向不同时间的 η_{ϕ_i} 值的分布如图 17.23 所示。其中，南北向直行的延误诊断指数 η_{ϕ_i} 最高。同时，依据图 17.17 的流量图可知，南北向直行的流量较高，其所需的通行时间较多。参照 η_{ϕ_i} 的分布图分析结果，南北向直行的有效绿灯时间 Eg_{ϕ_i} 明显不能满足该方向通行时间的需求，进而导致南北向直行延误较高。尤其是南向直行的 7:00—11:00 时间段内 η_{ϕ_i} 值较高，且在该时间段内 8:30—9:30 时间段的 η_{ϕ_i} 值最高。引起该现象主要有两个原因：一是该时间段处于早高峰时间，车流量较大，诱发交通延误增加；二是该交叉口在 9:00 时信号相位发生了改变，转换后的信号配时方案不合理，并不适应此刻的交通需求。

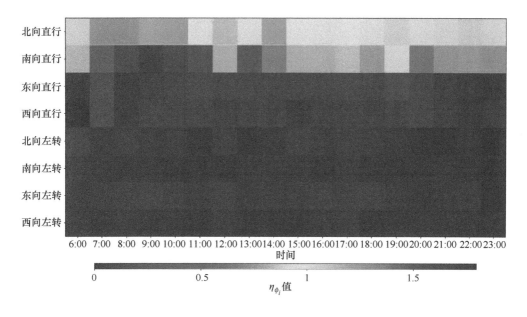

图 17.23　交叉口不同方向不同时间的 η_{ϕ_i} 值分布（见彩插）

表 17.6 量化分析延误诊断指数 η_{ϕ_i}。其中，南向直行的 η_{ϕ_i} 的最值、平均值、中值都大于 1。这意味着南向直行的有效绿灯时间不能满足流量所需的通行时间。在制定信号配时方案时，应考虑在不影响其他相位车流通行的前提下，在延误较高的时间段内，比如 8:00—10:00，适当地给予南向直行更多的通行时间，从而降低 No.1 交叉口的整体延误。

表 17.6　延误诊断指数 $\eta_{\phi i}$

参数	北向				南向				东向				西向			
	$\omega_{i,\phi}$		$\eta_{i,\phi}$		$\omega_{i,\phi}$		$\eta_{i,\phi}$		$\omega_{i,\phi}$		$\eta_{i,\phi}$		$\omega_{i,\phi}$		$\eta_{i,\phi}$	
	直行	左转	直行	左转	直行	左转	直行	左转	直行	左转	直行	左转	直行	左转	直行	左转
最大值	0.421	0.039	1.064	0.120	0.581	0.033	2.131	0.083	0.039	0.040	0.191	0.099	0.032	0.029	0.178	0.075
最小值	0.271	0.012	0.740	0.030	0.404	0.014	1.015	0.044	0.015	0.016	0.047	0.039	0.006	0.010	0.016	0.029
平均值	0.344	0.029	0.928	0.075	0.497	0.025	1.357	0.064	0.028	0.030	0.127	0.078	0.024	0.019	0.112	0.049
中值	0.357	0.031	0.946	0.076	0.487	0.025	1.295	0.065	0.029	0.032	0.138	0.081	0.025	0.020	0.118	0.052

第18章 交叉口交通参数预测方法

18.1 深度学习理论

信号交叉口的交通场景较为复杂，传统的短时交通预测方法现在已经不能满足新的技术需求。深度学习（Deep Learning，DL）是机器学习（Machine Learning，ML）的热点技术，它的出现打破了传统数学统计模型难以处理非线性问题的桎梏。深度学习模型的结构更加复杂，这意味着它能够解决更加复杂的交通问题。此外，大数据、云计算等新兴技术也为深度学习模型提供了丰富的计算资源和数据资源，提高了深度学习模型的训练效率。

深度学习模型具有更多隐藏层结构，随着隐藏层数的增加，不但激活函数的嵌套层数有所增加，拥有激活函数的神经元数量也有所增加。深度学习模型通过隐藏层的多层堆叠，对输入目标和输出目标实现逐层计算，加强了输入和输出的密切联系，使得模型能够处理更加复杂的任务。在交通状态预测过程中，通过对输入变量的多层处理，逐渐将初始的交通状态特征由"低层"向"高层"转变，从而实现对交通状态的预测。

18.1.1 循环神经网络

（1）RNN

交通特征数据是典型的时间序列数据，在对交通特征进行预测时，交通特征数据在传统的神经网络模型的传输过程是输入层→隐藏层→输出层，层与层之间采用全连接或部分连接方式，每层之间的节点是相互独立的，无法储存历史信息，也无法利用历史信息对当前任务做出预测。循环神经网络（Recurrent Neural Network，RNN）的隐藏层节点是有联系的，隐藏层既包括当前时刻输入信息，又包括历史输入信息，有效地解决了传统神经网络无法记忆历史信息的问题。标准RNN模型结构比较简单，只设置单一循环的模块和单一的双曲正切函数tanh，如图18.1所示。可以看到，RNN模型在每个时刻都有一个输入x_t，并根据$t-1$时刻的交通状态His_{t-1}计算t时刻的交通状态His_t。通俗来讲，当预测交通运行状态时，RNN模型会记忆历史的交通状态，并利用历史的交通状态来影响后面输出。然而，RNN模型存在着明显的缺陷，即在预测长期的时间序列时，所对应的神经网络参数矩阵会出现不稳定的状态，表现出梯度快速衰减或增长现象。

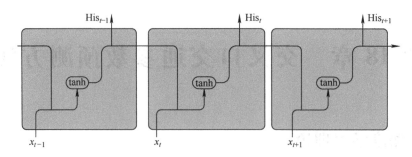

图 18.1　RNN 模块单元

（2）LSTM 和 GRU 神经网络

LSTM 模型作为 RNN 的改进模型，它具有更加复杂的结构特征，能够更好地处理梯度爆炸和消失的现象。相比于 RNN 模型的结构方面，LSTM 模型具有三个"门"结构和一个记忆单元的特殊网络结构，如图 18.2a 所示。LSTM 模型可以依据记忆单元状态和门控机制有选择地保留长期的历史信息，有效地解决了 RNN 模型对长期时间序列预测时梯度消失或梯度爆炸的问题。

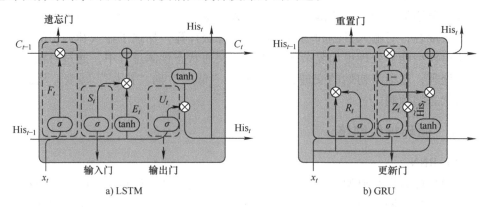

a) LSTM　　　　　　　　　　　　　b) GRU

图 18.2　LSTM 和 GRU 记忆模块

LSTM 模型具体的门结构分别是：输入门 S_t、遗忘门 F_t、输出门 U_t 和记忆单元 C_t。门结构之所以可以对信息进行筛选，是因为它包含两个激活函数：Sigmoid 函数和 tanh 函数。这两个激活函数都具有筛选数据信息的功能，其中 Sigmoid 函数见式（18-1），其取值范围为 $[0, 1]$，其中 0 表示不允许信息通过，1 表示允许通过，以此来控制信息流的传递。另一个激活函数 tanh 的取值范围为 $[-1, 1]$，见式（18-2）。为了减少梯度爆炸和消失的现象，在激活函数中引入了 ReLU，它具有更好的特性，可以加快模型的收敛速度。具体函数见式（18-3）。

$$\sigma(x) = \frac{1}{1+e^{-x}} \tag{18-1}$$

$$\tanh(x) = \frac{e^x - e^{-x}}{e^x + e^{-x}} \tag{18-2}$$

$$\text{ReLU} = \begin{cases} x, & x > 0 \\ 0, & x < 0 \end{cases} \tag{18-3}$$

表 18.1 是对本节参数的详细介绍。

表 18.1 本节参数的详细介绍

符号	含义解释
S_t	在 t 时刻 LSTM 记忆模块的输入门
F_t	在 t 时刻 LSTM 记忆模块的遗忘门
U_t	在 t 时刻 LSTM 记忆模块的输出门
C_t, C_{t-1}	在 t、$t-1$ 时刻 LSTM 记忆模块的记忆单元
[ ]	两个向量的连接
W_f、W_s、W_e	为 LSTM 模型中对应的权重
W_r、W_z、$W_{\widetilde{\text{His}}}$	为 GRU 模型中对应的权重
B_f、B_s、B_e	为 LSTM 模型中对应的偏置值
His_t、His_{t-1}	分别是 t、$t-1$ 时刻的历史信息
$\otimes$	表示 Hadamard 乘积
$\oplus$	点加操作
σ	Sigmoid 函数
tanh	双曲正切函数

LSTM 模型依据门结构决策信息存留，具体流程如下：

第一步，由遗忘门决定 $t-1$ 时期的记忆模块传递的信息 His_{t-1} 和当前输入的 x_t 的去留，具体见式（18-4）。

第二步，由两个部分组成，输入门 S_t 采用 Sigmoid 函数，用于决策更新信息，见式（18-5），tanh 层用于创建新的信息。

第三步，更新 $t-1$ 时刻的记忆模块，将 C_{t-1} 转化为 C_t，将 t 时刻 C_{t-1} 与 F_t 相乘，决策需要丢弃的信息，加上 $E_t S_t$ 构建新的候选信息，具体公式见式（18-7）。

最后，确定输出信息，由输出门做出决策，见式（18-6）和式（18-9）。

LSTM 记忆模块中"门"结构见式（18-4）~式（18-6）。

$$F_t = \sigma(W_f * [\text{His}_{t-1}, x_t] + B_f) \tag{18-4}$$

$$S_t = \sigma(W_s \cdot [\text{His}_{t-1}, x_t] + B_s) \tag{18-5}$$

$$U_t = \sigma(W_u \cdot [\text{His}_{t-1}, x_t] + B_u) \tag{18-6}$$

输入变量转换见式（18-7）。

$$C_t = F_t * C_{t-1} + E_t * S_t \tag{18-7}$$

记忆模块更新见式（18-8）和式（18-9）。

$$E_t = \sigma(W_e \cdot [\text{His}_{t-1}, x_t] + B_e) \quad (18\text{-}8)$$

$$\text{His}_t = U_t * \tanh(C_t) \quad (18\text{-}9)$$

GRU 模型是 LSTM 模型的一个变体。相比 LSTM 模型，GRU 模型更为简洁，信息操作步骤更少，收敛速度要比 LSTM 更快一些。在结构方面，GRU 模型将遗忘门和输入门合成为更新门 Z_t，用于决策信息去留。重置门 R_t 用于决策信息的取舍。

GRU 记忆模块信息传递方程见式（18-10）和式（18-11）。

$$R_t = \sigma(W_r * [\text{His}_{t-1}, x_t]) \quad (18\text{-}10)$$

$$Z_t = \sigma(W_z * [\text{His}_{t-1}, x_t]) \quad (18\text{-}11)$$

记忆更新模块见式（18-12）~式（18-14）。

$$\widetilde{\text{His}}_t = \tanh(W_{\widetilde{\text{His}}} \cdot [R_t * \text{His}_{t-1}, x_t]) \quad (18\text{-}12)$$

$$\text{His}_t = (1 - Z_t) * \text{His}_{t-1} + Z_t * \widetilde{\text{His}}_t \quad (18\text{-}13)$$

$$y_t = \sigma(W_y \cdot \text{His}_t) \quad (18\text{-}14)$$

18.1.2 卷积神经网络

卷积是空间图像处理的重要手段之一，卷积神经网络（CNN）是采用卷积作为基本运算形式的网络结构。卷积神经网络具有特殊的网络构造，由输入层、卷积层、池化层、全连接层和输出层组成，其结构示意图如图 18.3 所示。

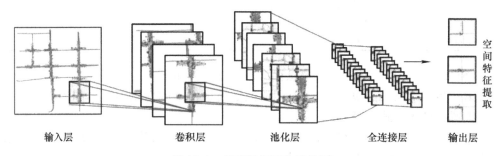

图 18.3　卷积神经网络结构图

1）输入层。CNN 的输入层用于接收特征信息，本章将大范围信号交叉口区域交通参数的空间特征转化为像素矩阵作为输入信息。例如，在图 18.3 中的输入层的交叉口区域的交通特征图片就可以表示为一个像素矩阵，其矩阵维度可以由［长×宽×深度］表示。其中长宽表示图像大小，深度表示色彩通道。一般黑白的色彩通道为 1，彩色的色彩通道为 3。

2）卷积层。卷积层是 CNN 的核心层，该层利用卷积算法对交通参数的空间特征进行提取。与传统的全连接不同，卷积层的输入仅是上一层神经网络中的一部分。卷积层主要利用过滤器（Filter）或者卷积核（Kernel）对输入的空间矩阵进行特征提取。

3)池化层。通过池化层可以缩小全连接层节点的个数,降低整个神经网络中参数。池化层不会改变矩阵的深度,但它可以缩小矩阵,对数据的特征维度进行降维处理,保留有效信息。常规的池化方式包括极大池化、均值池化、混合池化等。

4)全连接层和输出层。经过多轮的卷积层和池化层的处理后,交叉口的交通状态特征矩阵已经被抽象成了信息含量更高的特征。最后,由全连接层和输出层调整输出维度,并输出最终结果。

18.2 信号交叉口交通特征数据集构建

信号交叉口交通运行状态具有动态的时空特征,在不同的时间区间和空间位置会表现出不同的态势。因此,在对交叉口的交通状态预测时,本节利用网格模型提取不同时空状态下的交通特征。在本节中,依据网格模型将交通参数按照特定的时间间隔进行划分,形成不同时间粒度的交通参数。时间粒度的大小会对交通状态预测产生影响,短时交通预测的时间粒度大小范围一般设定为 5~30min。考虑到浮动车渗透率的因素,过小的时间粒度会导致大范围网格区域数据缺失;过大的时间粒度不能保证预测的实时性,而且粗糙的计算结果会导致信息丢失。因此,本章节采用 10min、15min、20min 三种时间粒度作为标准。此外,通过对浮动车数据分析可知,在夜间(0:00—6:00),研究区域浮动车量较少,交通运行状态呈现出单一特性,数据缺失现象明显。因此,本节采用白天(6:00—22:00)时间段作为研究区间。

18.2.1 特征变量相关性检验

用于感知信号交叉口的运行状态的交通参数主要有:通行时间、速度、等待时间、延误、停车率。其中,通行时间可以反映交叉口运行过程的表现,速度可以直观地反映交叉口运行状态表现。因此,本节选择通行时间和速度作为预测目标值。为了提高模型的可解释性,提高模型的预测精度,有必要对时间参数和速度参数进行相关分析。皮尔逊相关系数(Pearson Correlation Coefficient)可以用作分析两个变量相关关系的指标,具体公式见式(18-15)。

$$\rho_{XY} = \frac{\text{Cov}(X,Y)}{\sigma_X \sigma_Y} = \frac{\sum_{i=1}^{n}[x_i - E(X)][y_i - E(Y)]}{\sqrt{\sum_{i=1}^{n}[x_i - E(X)]^2}\sqrt{\sum_{i=1}^{n}[y_i - E(Y)]^2}} \quad (18\text{-}15)$$

其中,$E(X)$、$E(Y)$ 分别为 X、Y 的期望值。皮尔逊相关系数取值范围为 $[-1,1]$,越接近 1,表明两者之间正相关性越强;越接近 -1,表明两者负相关性越强;越接近于 0,表明两者越不相关。相关系数分级见表 18.2。

表 18.2　相关系数分级

相关系数绝对值范围	相关程度
0~0.2	极弱相关或无相关
0.2~0.4	弱相关
0.4~0.6	中等程度相关
0.6~0.8	强相关
0.8~1.0	极强相关

基于皮尔逊相关系数方法对研究区域的 10 个信号交叉口的通行时间和平均速度进行相关性检验，见表 18.3。

表 18.3　交叉口的通行时间和平均速度的皮尔逊相关系数

交叉口编号	0	1	2	3	4	5	6	7	8	9
相关系数	-0.44	-0.83	-0.81	-0.89	-0.85	-0.81	-0.41	-0.49	-0.42	-0.64

同时，选取具有代表性的信号交叉口，以订单量较少的 No.0 号交叉口、设有单向车道的 No.6 号交叉口、T 形的 No.9 号交叉口，以及标准的 No.3 号十字交叉口为例绘制散点图，如图 18.4 所示。可以发现的是，No.1、No.3、No.4 号交叉口

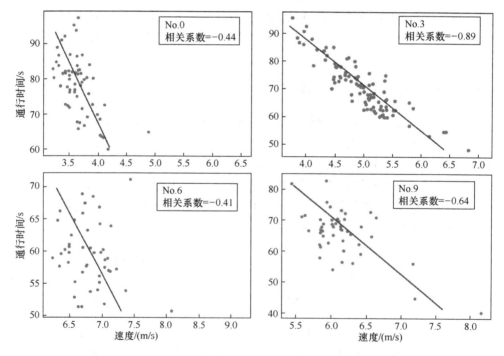

图 18.4　相关系数散点图

的皮尔逊相关性为极强负相关，部分原因是这三个信号交叉口设有左转专用相位和左转专用道，降低了左转车辆与直行车辆之间的干扰，通行时间和速度之间表现出更加显著的相关关系。而 No.0、No.6、No.8 号交叉口中时间和速度两者的负相关关系表现为中等程度相关。这是由于这几个交叉口受到道路渠化结构和信号管控因素的影响，产生了较多的离群点，影响了两者之间的相关关系。

18.2.2 特征变量标准化处理

浮动车数据是典型的时序性数据，数据的稳定性将直接影响模型预测的准确性和可靠性。由前面对浮动车数据的特征分析可知，其时序特征数据中存在周期性的波动和噪声振动。有必要对浮动车数据的时序特征进行验证，采取相应的方法平稳数据的异常波动。此外，多变量的预测模型中，由于不同变量之间的单位和量纲存在一定差异，会直接影响预测过程中不同变量的权重分配，因此，本节针对浮动车数据的特征变量和空间环境变量进行标准化处理。

时序性数据的标准化方法是将数据集按照特定的计算比例使数据集映射至特定的范围内，除去数据集的单位限制，将数据集转化为无量纲的纯数据集，使得不同的维度和量级的数据具有可比性，从而提高数据变量回归迭代的准确性。数据标准化的方法有很多，根据处理数据特性，可以将其分为：线性方法（如极值法、标准差法、三折线法）和非线性方法（如正态分布法）。依据数据集字段特征选择相对应的标准化方法，

非线性方法中最典型的方法是 Z-score 标准化方法，该方法具有 3 个限制条件：数据服从正态分布、数据字段中的最大值和最小值未知、原始数据分布近似为高斯分布。Z-score 标准化公式见式（18-16），其中 X 为转换前的数据变量，X'_T 为转换后的数据变量；μ 为均值；σ 为方差。

$$X'_T = \frac{(X - \mu)}{\sigma} \tag{18-16}$$

线性方法中最为典型的方法是 Max-Min 归一化方法，该方法可以将数据字段映射至最小值与最大值之间，或者将数据字段转化为单位大小，一般将数据转化为 [0,1] 区间的数。转换公式见式（18-17）。

$$X'_T = \frac{X - X_{\text{Min}}}{X_{\text{Max}} - X_{\text{Min}}} \tag{18-17}$$

式中，X_{Max} 为字段的最大值；X_{Min} 为字段中的最小值。

一般来说，非线性方法 Z-score 标准化方法多应用于分类和聚类算法中，采用距离度量相似度，或应用于主成分分析（PCA）技术，进行数据降维。当标准化数据不涉及距离度量、协方差计算且不符合正态分布时，可以使用线性方法 Max-Min 归一化方法。在对浮动车数据特征字段和天气环境数据字段进行标准化处理时，采用 Max-Min 归一化方法更为合理。其主要原因如下：一是浮动车数据字段

具有明确的最大值和最小值；二是计算过程中并不涉及协方差计算；三是在进行归一化时，浮动车数据字段的量纲已经等价了，避免了不同量纲的选取对距离计算产生影响。

18.2.3 特征变量数据集划分

在对信号交叉口交通运行状态的目标变量通行时间和速度进行预测时，本章选取了三个特征数据集：通行时间数据集、通行速度数据集、天气状态数据集，并将数据的不同时间特征作为划分标准，构建特征数据集。

1）工作日与非工作日数据集划分。将时间特征拆解为工作日交通特征数据集和非工作日特征数据集。交叉口在工作日与非工作日的交通时序特征存在一定的差异。所以，将数据集划分为工作日和非工作日数据集，有助于提升模型特征学习的能力。

2）时间粒度的选取。针对连续的时间特征，将交叉口交通特征数据划分为不同时间粒度（tg）的特征数据集。时间粒度既不能过大，也不能过小。因此，在交叉口的交通预测过程中，既需要考虑实时性，又需要考虑效用性，而当时间粒度过大时，以一天为例，会导致短期预测丧失效用性，不具备实时数据的特征。当时间粒度过小时，以 1min 为例，会受到浮动车数据渗透率的影响，部分区域会存在大量的空值，不容易处理，即使在插值处理过后，也会导致交通数据特征与真实的交通状态存在明显的差异。因此，充分考虑浮动车数据的数据特征，时间粒度分别设置为 tg＝10min、tg＝15min 和 tg＝20min 三种。以本节选取的时间段 6:00—22:00 为例，该时间段将划分为 6×(22-6)=96、4×(22-6)=64、3×(22-6)=48 个时间切片。因此，可以将该区间划分为 96、64、48 个时间段，如图 18.5 所示。

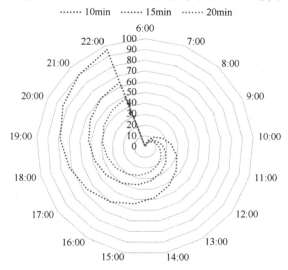

图 18.5　6:00—22:00 时间区间内不同时间粒度下切片划分

3）训练集与测试集的划分。为了验证模型的有效性，将数据集分为训练集、测试集。为保障数据集时序特征的完整性，以天为单位划分数据集。以工作日一个月有 25 天为例，按照 72% 比例进行划分，训练集的天数为 18 天。当时间粒度 tg = 10min 时，时间切片为 $18 \times 96 = 1728$ 个，测试集的时间切片为 $7 \times 96 = 672$ 个。

18.3 多任务深度学习融合模型构建

18.3.1 残差卷积神经网络

深度卷积神经网络（DCNN）在训练过程中，随着网络层数的增加，模型预测精度会呈现出逐渐增加至峰值后下降的趋势。值得注意的是，DCNN 的梯度消失问题并不一定是由过拟合引起的，可能是 DCNN 网络的恒等映射并不容易拟合引起的网络退化现象。为解决网络退化问题，本章引入了残差网络（Residual Network，ResNet），用于构建更深层的 DCNN。残差网络的核心思想是当 DCNN 中一层达到了精度峰值时，采用跳跃连接的方法，将当前层的信息传输至后面，形成一个恒等映射，不仅增加了模型的深度，而且提高了预测的精度，降低了梯度消失现象出现的概率。

如图 18.6a 所示，残差网络输入的是 X_T，输出的是 X_{T+1}，$F(X_T)$ 是复杂的映射方法。当初始层的训练精度达到峰值时，会采用跳跃连接的方式，直接将 X_T 传输至输出层作为初始结果，并将初始结果与常规结果进行逻辑运算，得到的结果为：$X_{T+1} = F(X_T) + X_T$。当 $F(X_T) = 0$ 时，公式呈现出恒等映射现象，即 $X_{T+1} = X_T$。这种神经网络层跳跃连接的方式，打破了传统深度学习网络只能在相邻层之间进行信息传输的惯例，使得 DCNN 层与层之间的连接方式更为灵活，随着网络层的增加，模型会保持较高的预测精度，如图 18.6b 所示。其中 CONV 表示的是卷积层，BN 表示的是正则化层，ReLU 表示的激活函数层。

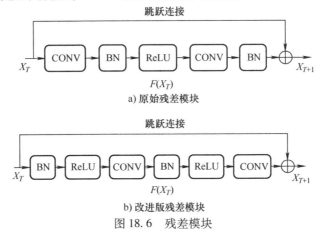

a) 原始残差模块

b) 改进版残差模块

图 18.6 残差模块

本章采用改进版的残差网络模块。从结构上进行比较，相比于原始的残差模块，改进版的残差模块先经过了数据的 BN 和 ReLU，如此操作可以使数据通过跳跃连接更为畅通无阻地传递到后面的任意层。同时，在现有的研究中也表明，当迭代次数相同时，改进版的残差模块误差会更小。

在对交叉口的交通特征提取过程中，CNN 可以用于学习大规模道路网的局部或全局的交通参数的空间相关性。本章采用 ResNet – CNN 模型挖掘信号交叉口交通参数特征，具体结构如图 18.7 所示。该框架主要由四个部分组成：数据基本特征提取、数据空间特征提取、数据特征矩阵构建、ResNet – CNN 模型的构建。其具体的步骤如下：

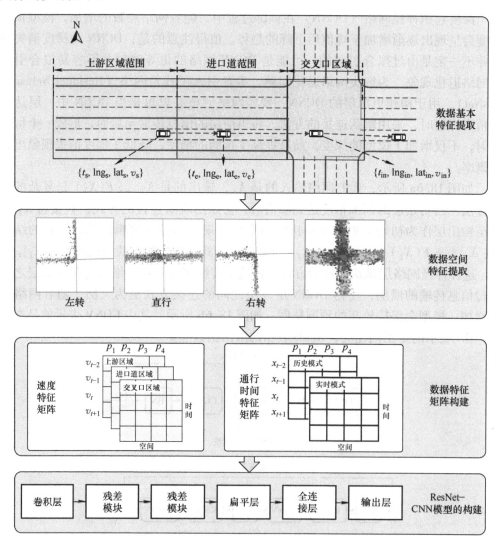

图 18.7 基于残差卷积网络交叉口交通特征提取方法结构

步骤1：提取浮动车数据的基本信息：时间信息 t、位置信息（lng, lat）、速度信息 v。

步骤2：依据浮动车数据的空间特征属性，构建交叉口进口道交通特征矩阵：速度特征矩阵、通行时间特征矩阵。

步骤3：构建 ResNet-CNN 模型。模型的主要模块包括：卷积层、残差模块、扁平层、全连接层、输出层。

ResNet-CNN 模型的训练过程如图 18.8 所示。

算法：ResNet-CNN 模型训练过程
输入：时间粒度 tg、速度 v、时间 t、经度 lng、纬度 lat
输出：具有学习参数的 ResNet-CNN 模型及预测目标的特征矩阵
第一阶段：交叉口交通特征提取
方法：循环遍历
1. 循环遍历计算订单轨迹通行时间和平均速度
2. 构建时间粒度为 tg 的上游区域、进口道区域、交叉口区域的速度矩阵
3. 构建时间粒度为 tg 的实时模式、历史模式下的通行时间矩阵
第二阶段：ResNet-CNN 训练过程
1. 初始化模型参数、权重、偏置值
2. 输入特征矩阵的训练集
3. Repeat
4. 计算损失函数
5. 调整模型参数
6. Until 函数收敛
7. 输入特征矩阵的测试集，检验模型精度
8. 模型保存

图 18.8　ResNet-CNN 模型训练过程

18.3.2　残差图卷积神经网络

道路网可以看作是点和线组成的拓扑结构，交叉口是道路之间连接的关键节点。静态的交通空间特征提取方法主要采用 CNN，将道路网络划分为大小均等的网格，然后对网格进行卷积运算。然而，这样的划分方式虽然可以提取局部区域静态的交通状特征，却无法刻画交叉口内部各进口道之间的连接关系、交叉口与其他交叉口之间的连接关系，从而忽略了整个交叉口研究区域的全局连接关系。

相比于 CNN，图卷积神经网络（Graph Convolutional Network，GCN）可以用于处理非欧几里得结构（Non Euclidean Structure）数据的空间特征，提取交叉口的拓扑结构特征。本章依据 GCN 模型重新定义了交叉口的拓扑结构，着重对交叉口的通行时间和速度的结构特征进行研究。

如图 18.9 所示，GCN 结构包括输入层、隐藏层、激活层和输出层。在时间 t 时刻，交叉口图结构可以定义为 $G=(V_t, E, W_{ij})$，其中 V_t 是顶点的集合，对应的是

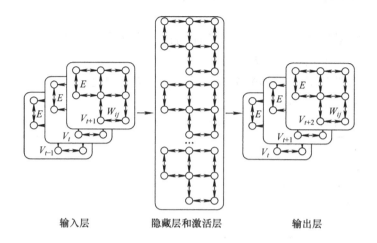

图 18.9　GCN 网络结构

交叉口进口道车道停车线位置；E 是边的集合，对应的是交叉口之间相连接的车道；$W_{ij} \in R^{n \times n}$ 是 G 对应邻接矩阵的权重。GCN 定义见式（18-18）和式（18-19）。

$$H^l = \sigma(LH^{l-1}W^{l-1}) \tag{18-18}$$

$$= \sigma(\hat{D}^{-\frac{1}{2}}\hat{L}\hat{D}^{-\frac{1}{2}}H^{l-1}W^{l-1}) \tag{18-19}$$

式中，$\sigma()$ 为激活函数；$\hat{L} = L + I$，$L \in R^{n \times n}$，为邻接矩阵；I 为单位矩阵；$\hat{D}$ 为 $\hat{L}$ 的对角矩阵；W^{l-1} 为参数矩阵的权重。

值得注意的是，多层深度 GCN 和 CNN 一样会随着层数的增加，出现梯度消失的现象。此外，随着 GCN 层数的增加，会出现过度平滑现象，导致无法辨别同一顶点的特征，进而降低预测精度。因此，本节采用残差图神经网络（ResNet - GCN）来增加模型深度。将图信号 P_t 转化为 P'_t，并作为 ResNet 的输入变量，其中 P_t 和 P'_t 具有相同的交叉口之间的拓扑信息。具体见式（18-20）。

$$P'_t = LP_t = \hat{D}^{-\frac{1}{2}}\hat{L}\hat{D}^{-\frac{1}{2}}P_t \tag{18-20}$$

式中，$\hat{D}^{-\frac{1}{2}}\hat{L}\hat{D}^{-\frac{1}{2}}$ 为拉普拉斯矩阵（Laplacian Matrix），$P \in R^{t \times a}$ 为输入变量，t 为交叉口进口道的时间步，a 为交叉口进口道。

通过上述对 ResNet - GCN 的描述，提取研究区域交叉口的拓扑结构信息。值得注意的是，交叉口的进口道车道的连接关系具有明显的方向性。因此，在构建邻接矩阵时，需要考虑交叉口进口车道的方向性，构建有向的邻接矩阵。图 18.10 所示为提取交叉口拓扑结构信息流程图。

算法：ResNet – GCN 拓扑结构信息构建

输入：交叉口进口道有向邻接矩阵

单位矩阵

时间粒度为 tg 的信号交叉口通行时间特征变量矩阵

时间粒度为 tg 的信号交叉口速度特征变量矩阵

输出：交叉口通行时间特征的拓扑结构矩阵

交叉口速度的拓扑结构矩阵

方法：

1. 计算对角矩阵 $\hat{L}$
2. 计算 Laplacian Matrix：$\hat{D}^{-\frac{1}{2}}\hat{L}\hat{D}^{-\frac{1}{2}}$
3. 分别计算通行时间和速度转换后的 $P'_t = LP_t$ 矩阵

图 18.10　提取交叉口拓扑结构信息流程图

18.3.3　堆栈式长短期记忆网络

信号交叉口的交通运行状态随着时间的延续存在着一定的规律性变化，信号交叉口运行状态的预测是典型的时间序列预测问题。本节引入了堆栈式长短期记忆（Stacked LSTM）网络，用于预测天气参数的时序特征和交通参数的时序特征。相比于基础的 LSTM 网络，Stacked LSTM 网络具有更深的层次结构，在捕捉时间序列特征时拥有更好的性能，Stacked LSTM 网络结构如图 18.11 所示，可见 Stacked LSTM 网络拥有更多的 LSTM 层，提升了模型的泛化能力。

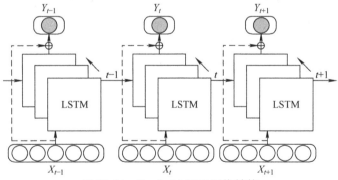

图 18.11　Stacked LSTM 网络结构

18.3.4　注意力机制神经网络

在使用上述深度学习模型对交叉口的运行状态进行预测时，选择的特征变量主要包括：通行时间、速度、天气。这 3 个特征变量对目标变量的影响程度不同，模型的权重参数也不相同。在预测通行时间时，显然时间参数占据的权重比例更大。在预测速度时，速度参数占据的权重比例更大。为实现合理地分配特征变量权重，本节引入了注意力机制神经网络（Attention 模型）。

注意力机制神经网络的主要目的是确定过去交通运行的时空状态和未来交通运行的时空状态之间的相关性。显然，信号交叉口运行状态在相邻时间点之间具有很强的相关性，相比于非相邻的时间点的交通状态，相邻的时间点的交通状态可以获得更多的权重。此外，交叉口的运行状态受到很多因素的影响，诸如一天中的时间段、天气、交通事故等因素。在如此复杂的网络上分配各自的权重是比较困难的任务。甚至，在预测交叉口内部某条进口道的交通运行状态时，其他交叉口的进口道对它的影响程度甚至高于该交叉口上游区域对它的影响程度。仅粗略地采用主观经验来分配交通参数时空特征的权重，显然是不合理的。而注意力机制的引入恰恰是为了实现合理地、智能地分配特征变量权重，实现特征融合。Attention model 的具体公式如下：

$$M = \tanh(\boldsymbol{H}) \tag{18-21}$$

$$w = \boldsymbol{H}\left[\operatorname{Softmax}(\boldsymbol{X}^{\mathrm{T}}\boldsymbol{M})\right]^{\mathrm{T}} \tag{18-22}$$

$$\operatorname{Out}_{\text{Fusion}} = \sum_{i=1}^{n}(w_i \otimes V_i) \tag{18-23}$$

式中，$\boldsymbol{H}$ 为由输入变量组成的矩阵 $[h_1, h_2, \cdots, h_T]$，T 为变量的长度；w_i（$i \in [1, n]$）为不同特征变量的权重，n 为特征变量的个数；V_i，($i \in [1, n]$) 为特征变量；$\otimes$ 为 Hadamard 乘积。

本章将 Attention 模型和 LSTM 神经网络相结合，对输入的变量进行选择性地学习，确定变量之间的相关性，进而确定各自变量的权重，实现特征融合，使模型更好地拟合数据特征。LSTM – Attention 模型构架如图 18.12 所示，分为输入层、深度学习层、注意力机制层、输出层。

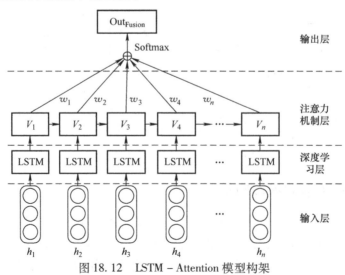

图 18.12　LSTM – Attention 模型构架

LSTM – Attention 算法流程如图 18.13 所示。

算法：LSTM – Attention 算法流程
输入：通行时间和速度的特征变量矩阵、通行时间和速度的图信号矩阵、天气矩阵
输出：交叉口通行时间和速度预测结果
方法：循环迭代 Repeat 　1. 初始化权重参数，设置模型参数 　2. 将训练集输入至 LSTM – Attention 模型 　3. 计算损失函数 　4. 反向调节模型参数 Until：达到预设的迭代次数，Epoch 或 Loss 函数趋于稳定 最后将测试集数据输入至模型，得到输出结果

图 18.13　LSTM – Attention 算法流程

18.3.5　多任务融合深度学习模型

信号交叉口交通状态较为复杂，仅用单一的交通参数并不能全局刻画信号交叉口的运行状态。本章采用浮动车数据，其速度和时间特征字段恰好可以反映交叉口的直观状态和过程状态。因此，为了从多角度刻画大范围信号交叉口的运行态势，本章采用多任务融合深度学习模型（Multi – task Fusion Deep Learning，MFDL）预测通行时间和速度，如图 18.14 所示。模型框架中包含 4 个分支，分别是对信号交叉口运行状态的时间特征提取、对交叉口运行状态的空间特征提取、对信号交叉口拓扑结构特征提取、对外部环境特征提取。融合层用于融合 4 个分支提取的特征变量。输出层同时输出预测的通行时间和速度。

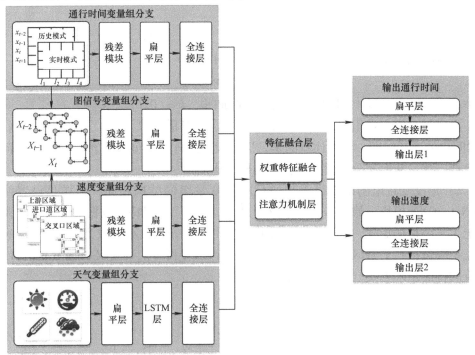

图 18.14　多任务融合深度学习模型框架

1）通行时间变量组分支由通行时间特征矩阵 $P_{t,n}$、残差模块（ResNet – Blocks）、扁平层（Flatten Layers）、全连接层（FC Layers）组成。数据扁平层将多维数据一维化，由卷积层到全连接层过渡，数据扁平化过程并不影响数据量的大小，全连接层的作用是将提取的特征整合。其中通行时间特征矩阵不但采用了实时的特征模型，而且还引入了历史特征模式。历史特征模式的引入有助于对实时模型进行校正，有助于提升预测精度。残差模块中设置两个 ResNet – CNN 模块，滤波器的大小分别是 32 和 64。由于选定了两个特征矩阵，所以在进行卷积运算时，Kernel 大小设置为 $[2 \times 2]$。

根据提出的通行时间公式 [式（17-14）]，构建实时通行时间矩阵 $P_{t,n}^{r}$ 和历史通行时间矩阵 $P_{t,n}^{h}$，见式（18-24）和式（18-25）。

$$P_{t,n}^{r} = \begin{pmatrix} p_{t-k,1}^{r} & p_{t-k,2}^{r} & \cdots & p_{t-k,n}^{r} \\ p_{t-k+1,1}^{r} & p_{t-k+1,2}^{r} & \cdots & p_{t-k+1,n}^{r} \\ \vdots & \vdots & \ddots & \vdots \\ p_{t,1}^{r} & p_{t,2}^{r} & \cdots & p_{t,n}^{r} \end{pmatrix} \quad (18-24)$$

$$P_{t,n}^{h} = \begin{pmatrix} p_{t-k+1,1}^{h} & p_{t-k+1,2}^{h} & \cdots & p_{t-k+1,n}^{h} \\ p_{t-k+2,1}^{h} & p_{t-k+2,2}^{h} & \cdots & p_{t-k+2,n}^{h} \\ \vdots & \vdots & \ddots & \vdots \\ p_{t,1}^{h} & p_{t,2}^{h} & \cdots & p_{t,n}^{h} \end{pmatrix} \quad (18-25)$$

通行时间变量组 I_1 输入可以定义为式（18-26）。

$$I_1 = (P_{t,n}^{r}, P_{t,n}^{h}) \quad (18-26)$$

式中，$n \in N$，为交叉口进口道数目；t 为时间步，$k \in [0, t]$。

在通行时间变量组中，选择三个时间步，分别是 $t-2$、$t-1$、t，用于预测 $t+1$ 时间步的通行时间。值得注意的是，历史模式矩阵的时间步与预测目标的时间步需保持一致，从而充分发挥历史模型的校正作用。

2）速度变量组的结构组成与通行时间变量组的结构相同，同样是设置两个 ResNet – CNN 模块，滤波器的大小分别是 32 和 64。根据特征数据划分方法，由于选定了三个特征矩阵，所以在进行卷积运算时，Kernel 大小设置为 $[3 \times 3]$。速度特征矩阵包括：上游区域矩阵 $V_{t,n}^{u}$、进口道区域矩阵 $V_{t,n}^{e}$、交叉口区域矩阵 $V_{t,n}^{in}$，对应的特征矩阵见式（18-27）~式（18-29）。

$$V_{t,n}^{u} = \begin{pmatrix} v_{t-k,1}^{u} & v_{t-k,2}^{u} & \cdots & v_{t-k,n}^{u} \\ v_{t-k+1,1}^{u} & v_{t-k+1,2}^{u} & \cdots & v_{t-k+1,n}^{u} \\ \vdots & \vdots & \ddots & \vdots \\ v_{t,1}^{u} & v_{t,2}^{u} & \cdots & v_{t,n}^{u} \end{pmatrix} \quad (18-27)$$

$$\boldsymbol{V}_{t,n}^{e} = \begin{pmatrix} v_{t-k,1}^{e} & v_{t-k,2}^{e} & \cdots & ve_{t-k,n}^{u} \\ v_{t-k+1,1}^{e} & v_{t-k+1,2}^{e} & \cdots & v_{t-k+1,n}^{e} \\ \vdots & \vdots & \ddots & \vdots \\ v_{t,1}^{e} & v_{t,2}^{e} & \cdots & v_{t,n}^{e} \end{pmatrix} \tag{18-28}$$

$$\boldsymbol{V}_{t,n}^{\text{in}} = \begin{pmatrix} v_{t-k,1}^{\text{in}} & v_{t-k,2}^{\text{in}} & \cdots & ve_{t-k,n}^{\text{in}} \\ v_{t-k+1,1}^{\text{in}} & v_{t-k+1,2}^{\text{in}} & \cdots & v_{t-k+1,n}^{\text{in}} \\ \vdots & \vdots & \ddots & \vdots \\ v_{t,1}^{\text{in}} & v_{t,2}^{\text{in}} & \cdots & v_{t,n}^{\text{in}} \end{pmatrix} \tag{18-29}$$

速度变量组 I_2 输入可以定义为式（18-30）。

$$I_2 = (\boldsymbol{V}_{t,n}^{u}, \boldsymbol{V}_{t,n}^{e}, \boldsymbol{V}_{t,n}^{\text{in}}) \tag{18-30}$$

3）在图信号变量组中，通过 ResNet – GCN 提取信号交叉口的拓扑结构。将实时模式下的通行时间变量矩阵和速度变量矩阵分别输入 ResNet – GCN 模型中，转化成为图信号。ResNet – GCN 变量组结构同样设置了两个残差模块，滤波器大小分别是 32 和 64，Kernel 大小设置为 [3×3]。通过式（18-20）、式（18-24）、式（18-28），图信号变量 I_3 可以定义为式（18-31）。

$$I_3 = (\boldsymbol{L} \times \boldsymbol{P}_{t,n}^{r}, \boldsymbol{L} \times \boldsymbol{V}_{t,n}^{e}) \tag{18-31}$$

4）在天气变量组中，天气变量分为四类，包括温度 TE（单位：℃）、气压 PR（单位：Pa）、风速 WS（单位：km/h）和降水 RA（单位：mm）。天气数据的采样频率为每小时获取一次天气数据，为了与通过时间和速度的时间粒度相对应，天气状况数据的时间粒度需要与特征变量的时间粒度相一致。例如：6:00—6:10 的天气情况与 6:00—7:00 的记录数据一致。根据数据集划分方法，将天气数据划分为训练集数据和测试集数据。天气变量组的结构包括：扁平层、LSTM 层、全连接层。其中 LSTM 层为堆栈式双层结构，分别设置了 64 和 128 个隐藏单元。全连接层设置为 92 个神经元，以对应通行时间和速度矩阵的维度。具体的天气输入矩阵见式（18-32）。

$$\boldsymbol{WE}_{t,n}^{u} = \begin{pmatrix} \text{TE}_{t-k,1}^{u} & \text{PR}_{t-k,2}^{u} & \text{RA}_{t-k,2}^{u} & \text{WS}_{t-k,n}^{u} \\ \text{TE}_{t-k+1,1}^{u} & \text{PR}_{t-k+1,2}^{u} & \text{RA}_{t-k+1,2}^{u} & \text{WS}_{t-k+1,n}^{u} \\ \vdots & \vdots & \vdots & \vdots \\ \text{TE}_{t,1}^{u} & \text{PR}_{t,2}^{u} & \text{RA}_{t,2}^{u} & \text{WS}_{t,n}^{u} \end{pmatrix} \tag{18-32}$$

5）特征融合层。采用 LSTM – Attention 网络分配上述特征变量的权重。根据图 18.13，将通行时间变量组提取的通行时间特征、速度变量组提取到的速度特征、图变量组提取的图信号、天气变量组提取的天气信息输入至模型。在输出层中多变量输出时，目标变量通行时间和速度都可以刻画信号交叉口的交通特征，所以各自损失函数权重输出占比 50%。

6）特征数据集划分。根据特征变量标准化处理和特征变量数据集划分方法，对通行时间数据进行划分。当时间粒度 tg = 10min 时，在 6:00—22:00 时间段具有 $(22-6)\times 60/10 = 96$ 个时间切片，则 92 个进口道的 31 天的时间变量组的输入变量（$P_{t,n}^r$，$P_{t,n}^h$）的维度为 $[92\times 2\times 96\times 31]$，训练集数据的维度为 $[92\times 2\times 96\times 31\times 70\%]$，测试集输入变量的维度为 $[92\times 2\times 96\times 31\times 30\%]$，其余三个变量组的特征数据集划分见表 18.4。

表 18.4　10min 特征数据集划分

分组	总数据集	训练集	测试集
时间变量组	[92×2×96×31]	[92×2×96×31×70%]	[92×2×96×31×30%]
速度变量组	[92×2×96×31]	[92×2×96×31×70%]	[92×2×96×31×30%]
图信号变量组	[92×2×96×31]	[92×2×96×31×70%]	[92×2×96×31×30%]
天气变量组	[4×96×31]	[4×96×31×70%]	[4×96×31×30%]

18.4　实验分析

18.4.1　评价指标选取

为了评价 MFDL 模型的预测精度，本节引入了三个模型性能评价指标，分别是平均绝对误差（Mean Absolute Error，MAE）、均方根误差（Root Mean Square Error，RMSE）和加权平均绝对百分比误差（Weighted Mean Absolute Percentage Error，WMAPE）。采用均方误差（Mean Squared Error，MSE）作为速度和通过时间的损失函数。具体定义如下：

$$\text{MAE}(Y_i, \hat{Y}_i) = \frac{1}{n}\sum_{i=1}^{n}|Y_i - \overline{Y}_i| \tag{18-33}$$

$$\text{RMSE}(Y_i, \hat{Y}_i) = \left[\frac{1}{n}\sum_{i=1}^{n}|Y_i - \overline{Y}_i|^2\right]^{\frac{1}{2}} \tag{18-34}$$

$$\text{WMAPE}(Y_i, \hat{Y}_i) = \sum_{i=1}^{n}\left(\frac{1}{\sum_{j=1}^{n}Y_j}\frac{|Y_i - \overline{Y}_i|}{Y_i}\right) \tag{18-35}$$

$$\text{Loss}_1 = \text{Loss}_2 = \text{MSE}(Y_i, \hat{Y}_i) = \frac{1}{n}\sum_{i=1}^{n}|Y_i - \overline{Y}_i|^2 \tag{18-36}$$

式中，n 为测试样本数量；Y_i 为真实值；$\hat{Y}_i$ 为预测值；$\overline{Y}_i$ 为平均值。

18.4.2　实验环境介绍

为了满足本次实验的要求，采用的硬件设施和软件设施如下：

硬件设施：计算机采用 32 个 CPU 内核、64GB RAM、NVIDIA GeForce RTX 2080 GPU 构架。

软件系统：Windows 10 平台、Python 3.6、TensorFlow、Keras。其中 TensorFlow 是一个在大规模异构环境中运行的机器学习框架，该框架可以很好地实现各种深度学习算法，它可以将数据流映射至多核 CPU、GPU 进行张量运算，它的特性及应用场景具有较强的灵活性。本节将采用 TensorFlow 进行深度模型的训练，降低模型训练的负担。

超参数设置见表 18.5。

表 18.5　超参数设置

超参数	超参数设置	应用位置
激活函数	ReLU	LSTM 模型
Drop out	0.3	LSTM 模型避免过拟合
数据通道格式	Channels_last	CNN 模型，通道位置（通道位置在后）
Padding	Padding = Same	CNN 模型，像素填充
Learning Rate	0.0001	融合模型
优化器	Adam	融合模型
Batch Size	32	融合模型

18.4.3　模型结果分析

（1）基础模型的选取

为了验证 MFDL 模型的预测精度，采用了三类基准模型对比分析，包括基于数理统计的模型（MS 模型），如 ARIMA；传统机器学习的模型（ML 模型），如 SVR；深度学习模型（DL 模型），如 LSTM、GRU、CNN 和 Conv-LSTM。此外，为了验证 MFDL 模型的鲁棒性，对 MFDL 模型自身变量组进行分析。

MS 模型：对于 ARIMA (p, d, q) 模型，采用 AIC 准则（Akaike Information Criterion）作为标准来选择最优模型。参数选取过程中，运用常规的循环迭代的方法获取最优参数 (p, d, q) 过程复杂又烦琐。为了降低选取 ARIMA 最优模型的计算复杂度，采用封装好的 PMDARIMA 函数库自动计算 ARIMA 函数的 AIC 准则最小值，从而获取 (p, d, q) 参数。由于 ARIMA 模型难以捕捉交叉口的时空特征，因此本节构建了 92 个模型来表示 92 个进口车道。

ML 模型：SVR 的两个主要关键参数分别是惩罚系数 C 和 Gamma 参数，本节通过交叉验证的方法确定最优的参数，确定惩罚系数 $C = 90$，Gamma = 0.001，核函数设置为径向基函数（Radial Basis Function，RBF）。

DL 模型：LSTM 和 GRU 都有两个隐藏层，有 128 个单位神经元。对于 CNN 和 Conv-LSTM 模型，Kernel 的大小都设置为 $[2 \times 2]$，Kernel 两层分别设置 32 个过滤器和 64 个过滤器。

MFDL 模型：分析自身模型特征，分别考虑四种模型，即没有天气变量组分支的 No Weather 模型、没有图信号变量组分支的 No Graph 模型、没有 CNN 变量组分支的 No CNN 模型，以及 MFDL 模型。

为了保证对比的公平性，MFDL 模型与基准模型的输入变量都采用相同的维度特征，具有相同的变量类别、时间窗和超参数设置，时间粒度分别选择 10min、15min、20min。为了验证构建模型的准确性，本节使用 RMSE 和 MAE 两个指标来评价测试集数据的预测精度，使用 WMAPE 指标衡量模型的预测性能。

（2）模型训练过程

为训练最优的模型避免过拟合现象，在训练过程中采用了提前停止（Early Stop）的技术。在模型训练的过程中，随着函数收敛的迭代次数的增加，损失函数变化趋于稳定，Early Stop 技术会提前终止迭代过程，这样的操作不但降低了出现过拟合现象出现的概率，而且减少了训练时间，节省计算资源。图 18.15 所示为模型的训练过程，可以

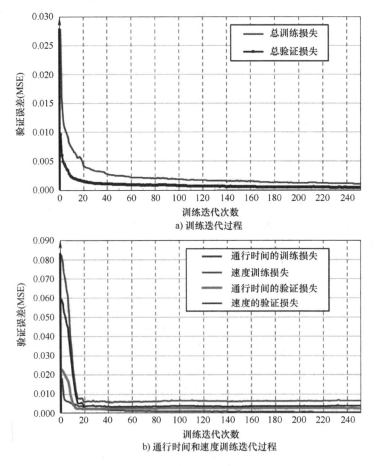

图 18.15 模型的训练过程

直观地看到，总训练损失和总验证损失迅速下降。在100个训练迭代次数时，模型就已经处于稳定状态，并且在分支任务训练过程中，50次训练迭代后就开始趋于稳定，这意味着MFDL模型性能良好，具有收敛速度快、稳定性强的优点。

（3）MFDL与基准模型的预测精度比较

MFDL与基准模型的对比结果见表18.6。可以看出，MFDL模型在多个评价指标下都优于MS模型和ML模型。其中，ARIMA模型的预测精度表现最差，这是由于ARIMA模型不具备处理空间特征参数的能力。所以，在处理复杂非线性问题时，ARIMA模型呈现出疲态。此外，SVR模型的预测精度略差，这是因为在有限的计算资源下，SVR难以处理大规模时空特征数据。

表18.6 MFDL与基准模型的对比结果

目标	tg/min	模型方法指标	MS	ML	DL				MFDL			
			ARIMA	SVR	LSTM	GRU	CNN	Conv-LSTM	No CNN	No Graph	No Weather	MFDL
通行速度	10	RMSE	3.64	2.43	2.29	1.98	1.99	1.97	1.96	1.92	1.90	1.70
		MAE	2.63	2.01	1.62	1.71	1.58	1.51	1.82	1.42	1.36	1.29
		WMAPE(%)	30.29	24.54	19.88	20.90	18.98	18.03	22.34	17.31	16.65	15.82
	15	RMSE	3.99	2.69	2.19	2.06	1.98	2.31	2.00	1.98	1.96	1.85
		MAE	2.93	2.87	1.62	1.52	1.52	1.60	1.52	1.46	1.44	1.42
		WMAPE(%)	32.91	25.48	20.32	21.32	20.54	20.10	19.06	18.28	18.11	15.95
	20	RMSE	4.39	3.44	2.06	2.19	3.31	3.06	2.18	2.01	1.98	1.94
		MAE	3.05	2.92	1.53	1.51	2.61	2.17	1.56	1.44	1.45	1.43
		WMAPE(%)	37.35	26.43	24.50	24.69	23.17	23.61	19.64	18.82	18.47	17.97
通行时间	10	RMSE	30.27	25.73	19.72	19.87	18.24	17.25	18.64	18.23	16.19	15.26
		MAE	24.90	23.92	13.87	13.93	13.43	12.70	13.39	11.24	10.86	
		WMAPE(%)	43.39	39.05	25.31	22.42	22.04	22.69	22.34	22.23	20.52	19.76
	15	RMSE	31.39	26.06	22.78	18.78	19.16	20.12	19.66	19.07	17.89	
		MAE	25.25	24.17	15.65	14.28	14.92	12.67	14.30	13.65	13.33	12.59
		WMAPE(%)	46.27	44.14	24.86	24.52	23.12	23.14	26.12	24.93	24.34	22.99
	20	RMSE	32.77	28.23	22.78	20.78	19.36	20.12	20.52	20.67	21.04	18.41
		MAE	27.78	26.39	16.06	14.65	15.24	13.37	14.42	13.82	14.14	13.16
		WMAPE(%)	49.93	47.97	25.51	25.28	25.26	24.31	26.18	25.12	24.70	23.94

进一步对比分析ML模型和DL模型，发现DL模型的预测精度明显更好。这是因为DL模型具有更强的提取大规模时间序列特征的能力，可以更好地控制交通

数据流的输入→激活→输出的循环迭代过程。值得注意的是，在深度学习模型中，Conv – LSTM 的预测性能表现更加突出。这是由于其他深度学习模型仅能学习单一的时间特征信息或空间特征信息，Conv – LSTM 不但能够学习时间特征信息，而且还能学习空间特征信息，保证了更好的预测性能。

实验结果表明，多任务融合深度学习模型的预测精度最高，能够有效地同时学习两个目标变量的时空特征。在模型精度对比结果中，以 10min 的时间粒度为例，MFDL 模型在 RMSE、MAE 和 WMAPE 三个评价指标中整体优于 MS 模型和 ML 模型，预测精度相比 MS 模型分别提高了 1.94、1.34、14.47%，相比 ML 模型分别提高了 15.01%、14.04% 和 26.63%。这是因为 MFDL 模型所涵盖的信息更加全面，可以同时提取大范围交叉口的时间信息、空间信息、拓扑结构信息和天气特征信息。在改变自身变量的 MFDL 模型比较结果中，可以发现 MFDL 模型受天气因素的影响较小，当删除天气因素分支后，对模型的预测精度影响不明显。相比之下，No CNN 模型与 MFDL 模型对比结果最明显。虽然 No CNN 模型可以提取交叉口拓扑结构信息，但是它丧失了通行时间和速度的空间静态属性信息，影响了模型的预测精度。

此外，随着时间粒度的增加，所有模型的预测性能都逐渐变差。这是由于时间粒度越大，数据样本量越小，特征数据集的特征信息出现了缺失。同时还发现速度的预测精度高于通行时间的预测精度的现象，这是由于通行时间数据的随机波动更大，模型预测过程受到的干扰更加显著。

（4）MFDL 模型与基准模型的误差比较

图 18.16 显示了 MFDL 模型与基准模型在不同的时间粒度下，即 t_g = 10min、15min、20min 的总体预测误差。结果表明，所提出的 MFDL 模型对通行时间和速度的预测精度明显优于基准模型。其中，ARIMA 模型误差最高，四分位数距离最大。MFDL 模型的误差最小，模型的四分位数范围最小，25% 分位数与 75% 分位数间距最小，评价指标值比其他模型更加集中。此外，还发现随着时间粒度的增加，误差分布变得更加分散的现象，说明预测精度逐渐下降。这些现象直接验证了表 18.6 的分析结果。

（5）在不同时间步下 MFDL 与基准模型预测精度比较

基于评价指标中的 WMAPE，在不同的时间步（Time Step）条件下，对不同模型的预测精度进行比较，如图 18.17 所示。通过模型之间对比分析，发现在相同的时间步长下，MFDL 模型的表现最好，MS 和 ML 模型表现最差。通过模型自身在不同的时间步长下对比分析，发现预测误差 WMAPE 随着时间步长的增加而增加，其中 MS 模型和 ML 模型的增长幅度较大，MFDL 模型 WMAPE 的增加幅度最小，这说明了 MFDL 模型预测精度更加可靠，也表明 MFDL 模型的稳定性更好。

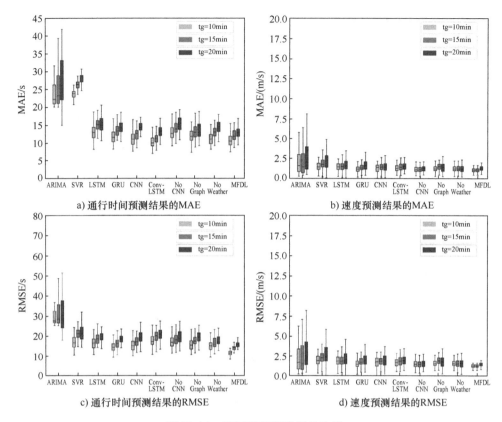

图 18.16 不同模型预测误差比较

（6）单任务预测模型与多任务预测模型比较

为了量化多任务模型的优势，对比单任务模型（Single-Task Learning，STL）与多任务模型（Multi-Task Learning，MTL）的预测性能。为了保障公平性，模型的输入变量保持一致，都采用 50 次迭代过程。表 18.7 对比分析单任务对通行时间和速度的预测精度结果（STL-T、STL-V）与多任务对通行时间和速度的预测精度结果（MFDL-T、MFDL-V）。可以直观地发现，MFDL 模型预测精度明显优于 STL 模型预测精度。这是因为通行时间和速度两个目标变量具有较强的相关性，可以实现信息共享、相互促进，共同提高预测精度。与此同时，MFDL-T 模型和 MFDL-V 模型所需要的训练时间相比于 STL-T 模型和 STL-V 模型的训练时间少。当时间粒度为 10min 时，MFDL 模型训练时间减少 8.5min，效率提高了 31.72%，RMSE 精度分别提高了 1.13 和 0.2。由此可见，相比于单任务模型，多任务深度融合模型无论在模型预测精度方面还是在训练效率方面都有明显的优势。

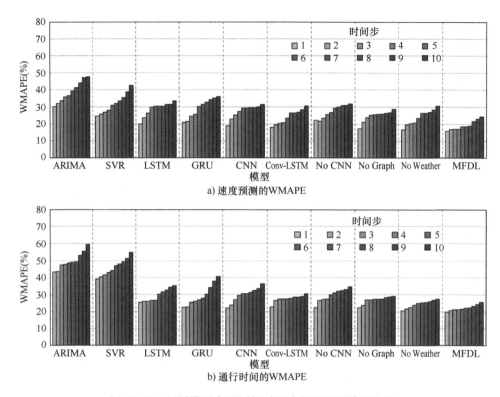

图 18.17 不同模型在不同的时间步长下预测精度比较

表 18.7 单任务预测模型与多任务预测模型的比较

tg/min	评价指标	STL – T	STL – V	MFDL – T	MFDL – V
10	RMSE	16.39	1.90	15.26	1.70
	MAE	11.42	1.37	10.86	1.29
	WMAPE(%)	20.84	16.74	19.76	15.82
	训练时间/min	13.4 + 13.4 = 26.8		18.3	
15	RMSE	17.92	1.94	17.89	1.85
	MAE	12.79	1.48	12.59	1.42
	WMAPE(%)	23.36	17.07	22.99	15.95
	训练时间/min	9.2 + 9.2 = 18.4		12.5	
20	RMSE	19.14	2.14	18.41	1.94
	MAE	13.71	1.56	13.16	1.43
	WMAPE(%)	24.93	19.80	23.94	17.97
	训练时间/min	6.7 + 6.7 = 13.4		9.25	

18.4.4 敏感度的分析

(1) 通行时间和通行速度的绝对误差和相对误差

图 18.18 显示的是基于 MFDL 模型预测大范围交叉口进口道的通行时间和速度的绝对误差 ($|Y-\hat{Y}|$) 和相对误差 ($|Y-\hat{Y}|/Y$)。图中横轴表示白天的时间 (6:00—22:00),纵轴表示的是进口道的位置编号。其中红色区域颜色越深,误差越显著,蓝色区域越深,误差越低。在图 18.18a 中可以看出,大部分通行时间的绝对误差在 10s 以下。只有少数进口道在特定时刻有稍高的绝对误差。值得注意的是,虽然某些进口道的绝对误差显著,但相对误差很小,如图 18.18b 所示。例如,在 7:50—8:40、12:10—12:30、19:10—19:20 等时段,26 号进口道(即 No. 2 号交叉口北向左转的进口道)的绝对误差显著,但是它的相对误差却不明显。这种现象的原因是 26 号进口道受到的干扰因素更多,它的平均通行时间(即 141s)明显高于该交叉口的平均通行时间(69.4s)。

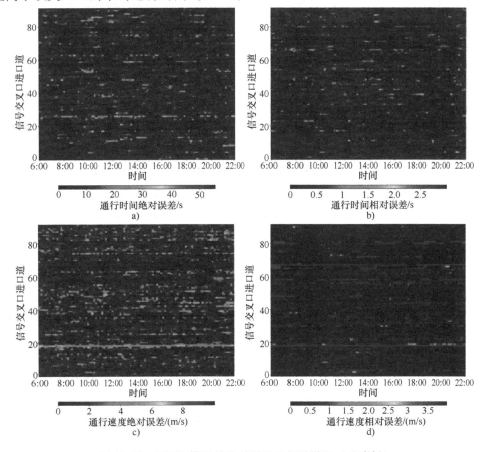

图 18.18 MFDL 模型的绝对误差和相对误差(见彩插)

由图 18.18c~d 可以直观地看出，速度的相对误差和绝对误差存在显著差异。虽然某些进口车道速度的绝对误差较大，但其相对误差较小。由于平均速度较小（即 7.78m/s），速度的绝对误差对真实速度更敏感，可能引起较大的误差。以 18 号进口道（即 No.1 号交叉口南向右转）为例，绝对误差和相对误差均显著，说明该进口道的数据波动较大，影响了模型的预测精度。

总体而言，MFDL 模型可以学习交叉口通行时间和速度的时空特征，并进行精准预测，误差可视化方法也可以清晰地表达出模型的预测性能。

(2) MFDL 模型不同时间段的预测精度

为了分析输入变量在不同时间段对 MFDL 模型的准确性与稳定性的影响。选取 RMSE 作为评价指标，将测试集数据输入至已经训练成功的模型，计算不同时段每条进口道的 RMSE 值。采用四分位图表征不同时段误差的波动，如图 18.19 所示。其中，曲线表示的是 RMSE 中值的波动趋势，箱型图表示的是不同时间段内，92 个进口道的误差值分布。可以直观地看到，MDFL 模型的 RMSE 中值的变化趋势整体表现比较平缓，说明 MFDL 模型鲁棒性较强，可以适应不同时间段内数据特征。综上所述，MFDL 模型在不同时间特征下具有较高的精度和良好的稳定性。

(3) 信号交叉口不同方向的预测精度

信号交叉口是特殊的交通基础设施，它具有多个通行方向，不同方向具有不同的空间属性。因此，有必要分析预测模型在信号交叉口不同方向的预测结果。在对信号交叉的不同方向进行预测分析时，由于各通行方向并不是独立的，交叉口研究区域的空间拓扑关系并不容易表达，无法构建相同的邻接矩阵，所以采用不包含图信号的多任务融合深度学习模型（MFDL – No – Graph）进行实验。同时，考虑到由于交叉口存在特殊控制策略，如禁止左转或禁止右转，出现直行、左转、右转的进口车道数目不一样的现象，本案例中有 29 个进口道为左转，30 个进口车道为右转，33 个进口道为直行，为保障变量维度的一致性，均采用 29 个进口车道作为实验对象。图 18.20 显示了不同方向的预测精度存在差异。根据不同方向对比结果可知，右转的预测误差 WMAPE 表现显著，因为相比于其他方向，右转的车辆会受到更多的干扰，比如非机动车、行人和交叉口渠化结构都会影响右转车辆的通行，导致右转无序性的特征数据波动较大，直接影响右转预测精度。而左转车辆和直行车辆受到上述因素的影响较少，因为直行和左转方向设有专门的相位，数据的规律性较强，预测精度更高。例如研究区域的 No.3 号和 No.4 号交叉口都设有左转专用相位，该控制策略会使交叉口内部冲突点减少，提升了左转浮动车数据的平滑性。此外，结果还发现，随着时间粒度的增加 WAPE 也在增加，说明样本减少导致部分信息缺失，预测精度下降，也验证了表 18.6 的结果。

(4) 天气因素对模型预测精度的影响

表 18.6 中 MFDL 的 No Weather 模型已经表明天气对预测精度有影响。本节为

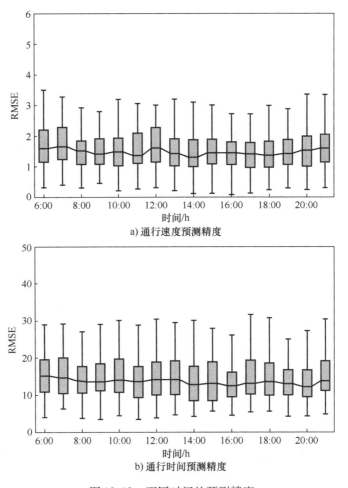

图 18.19 不同时间的预测精度

了进一步分析天气因素对预报精度的影响程度,分别对不同的天气因素建模,包括四种模型,分别是:不包含温度变量的模型 MFDL – NT、不包含气压变量的模型 MFDL – NP、不包含降雨变量的模型 MFDL – NR、不包含风速的模型 MFDL – NW。实验结果如图 18.21 所示,可以直观地看到,MFDL – NR 模型对通行时间和速度的预测精度表现都是最差的,MFDL – NP 模型的预测精度相对好一些。这也直观地表明,降雨对预测精度的影响程度明显高于其他天气因素。这一点不难理解,较大的降雨量会干扰驾驶人的视线,导致交通运行状态发生非常态性的变化,引起较大无序性的数据波动,影响模型预测精度。同时,这也验证了天气因素中的降雨量因素是对交通影响较大的因素之一。

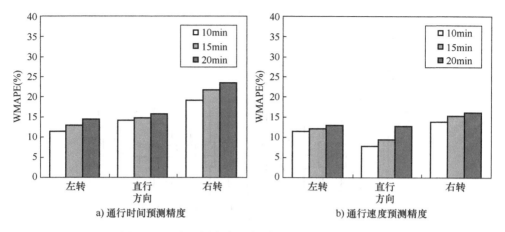

图 18.20 在不同方向通行时间和速度的预测精度

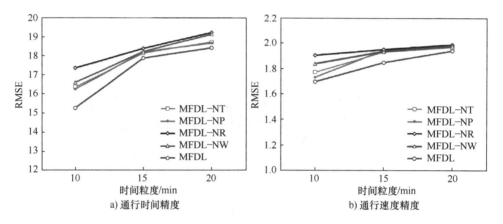

图 18.21 天气因素对模型预测精度的影响

第 19 章 交叉口自适应配时优化方法

19.1 强化学习理论

在信号交叉口的信号控制过程中，经常看到交通警察通过手势信号直接控制信号交叉口。交通警察通过实时观测交叉口的交通状况，结合对交通状态的了解和长期管控经验，可以智能地确定交叉口每个方向所允许通过的时间长度，这种控制方法通常效果显著。为了类比该智能控制策略，本书引入了强化学习算法，该算法可以利用经验驱动并具备自主学习能力，提取实时输入的交通状况，持续与交叉口环境互动，制定最优的信号控制策略。

19.1.1 强化学习基本要素

强化学习是机器学习中的一类算法，它不同于有监督学习和无监督学习。相比于深度学习方法，强化学习方法并不需要准备训练数据中的标签值，而是通过与交通环境进行不断互动学习，并从行动中获得奖励值，以获取最大累计奖励为目标，不断循环迭代，最终获取最优的奖励，其本质是构建一个从观测值到映射的最优的函数，得到正向的奖励，从而实现奖励值的最大化。强化学习可以看作为序贯的决策过程，以信号灯配时优化决策过程为例，该过程主要包括：t 时刻的交通状态 s_t、t 时刻的信号灯行为 a_t、t 时刻的反馈奖励函数值 r_t。控制过程包括两个主要结构，分别是信号控制交通环境（Traffic Light Control Environment，TLCE）和智能体 Agent，如图 19.1 所示。

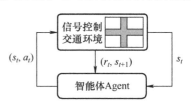

图 19.1 信号交叉口控制的流程

Agent 的目标是获取交通环境的最大化的反馈奖励值 r_t。如果信号灯采取了变化动作 a_t，降低了信号交叉口的通行延误，交通环境会给予 Agent 一个正向反馈，反之，升高了信号交叉口的通行延误，交通环境会给予 Agent 一个负向反馈。Agent 为了更进一步地获取正向反馈，会选择降低信号交叉口延误的行为。可见，Agent 采取的动作 a_t 会直接影响交通状态的变化。

根据强化学习算法基本特征的不同，强化学习算法可以分为四种类别，具体类别见表 19.1。每种强化学习算法根据分类的方法不同，特征类别也不相同。以 Q-Learning 算法为例，它既是 Model-free 算法，也是 Value-Based 算法，还是 Off-policy 算法和单步更新算法。其中，Model-Free 算法与现实环境结合更加紧密,单步更新方法的更新效率更高。因此,信号交叉口自适应信号配时系统所选取的强化学习算法为 Model – Free 单步更新算法。

表 19.1　强化学习算法分类

序列	名称	算法基本特征	典型方法
1	有模型学习（Model – Based）	具备环境的先验知识	Markov Decision Process；World Models；I2A；MBMF；AlphaZero
1	无模型学习（Model – Free）	不具备环境的先验知识	Monte – Carlo；Temporal – Difference；Policy Optimization；Q – Learning
2	基于策略学习（Policy – Based）	决策值的动作是连续的,可以用概率选取动作	Policy gradients
2	基于值学习（Value – Based）	决策值的动作是离散的	Q – Learning；Sarsa
3	在线学习（On – policy）	Agent 与环境交互选择的动作和计算评估函数中选择的动作的策略一致	Sarsa
3	离线学习（Off – policy）	Agent 与环境交互选择的动作和计算评估函数中选择的动作的策略不一致	Q – Learning
4	回合更新方法	每一回合都进行更新的方法	Monte – Carlo updata
4	单步更新方法	每一步都进行更新策略的方法	Temporal – Difference updata（TD）；Q – Learning

19.1.2　强化学习基本模型

蒙特卡罗（Monte – Carl – Learning）算法需要等到整个回合（Episode）结束后进行更新。然而信号灯的相位变化需要采用按步的更新方法,时序差分（Temporal – Difference – Learning,TD – Learning）算法是更加切合交通信号相位配时的优化方法。TD – Learning 的两个主要延伸算法分别是 Q – Learning 算法和 Sarsa 算法。其中,Q – Learning 算法是 Off – policy 算法,即 $t+1$ 时刻的交通状态 s_{t+1} 和信号灯转换动作 a_{t+1} 是不确定的。Sarsa 算法是 On – policy 算法,即 $t+1$ 时刻的交通状态 s_{t+1} 和信号灯转换行为 a_{t+1} 将成为实际采取的动作和状态。显然 Off – policy 算法更适用于信号灯控制过程,所以本章采用 Q – Learning 算法为基础算法,并以此算法为基础拓展至本书所提出的深度强化学习模型。

Q – Learning 是一种 Model – Free 的强化学习算法。作为 TD – Learning 算法的延伸,Q – Learning 是基于动作 – 值学习函数。模型构建的行动策略是由一系列的动作组成的,算法目标是从当前状态开始不断学习,最后达到最优策略,使累积期望回报最大化。具体过程是智能体在特定的状态 s 下，采取了动作 a 达到了一个新的状态 s'并获得奖励值 r，形成样本（s, a, s', r）。并构建关于 Q - value 和样本（s, a, s', r）的映射函数，所得到的值是采取动作的回报期望 $Q^\pi(s,a)$，见式（19-1）。

$$Q^\pi(s,a) = E[\underbrace{r_t + \gamma r_{t+1} + \gamma^2 r_{t+2} + \cdots + \gamma^{T-t} r_T}_{N} | s_t = s, a_t = a, \pi] = E[\sum_{n=1}^{N} \gamma^n r_{t+n} | s_t = s, a_t = a, \pi] \quad (19-1)$$

式中，π 为智能体在第 t 步采取的策略；γ 为折扣系数，$\gamma \in [0,1)$。当 $\gamma = 0$ 时，智能体返回的是第 t 步的奖励，此时智能体只注重短期的奖励。随着 γ 的增加，未来的奖励占比逐渐增加，智能体对长期的奖励更加重视。

最优的策略 π' 可以根据递归方法进行获取。当 Agent 在状态 s'感知到最优 Q - value 时，最优策略会选择累计奖励最高的行为，可以根据后续状态的最优 Q - value 计算出最优 Q(s,a)。通过贝尔曼（Bellman）最优方程来计算 $Q^{\pi'}(s,a)$，见式（19-2）。显然，累计奖励等于即时奖励和未来的最优奖励之和。

$$Q^{\pi'}(s,a) = E_{s'}[r_t + \gamma \max_{a'} Q^{\pi'}(s',a') | s,a] \quad (19-2)$$

根据式（19-2）的 Bellman 方程，可以得到 Q - Learning 的更新公式，具体见式（19-3）。

$$Q(s_t,a_t) \leftarrow Q(s_t,a_t) + a[r_{t+1} + \gamma \max_A Q(s_{t+1},a_t) - Q(s_t,a_t)], 0 \leq \gamma < 1 \quad (19-3)$$

式中，$Q(s_t,a_t)$ 为在 t 时刻、状态 s_t 中采取动作 a_t 的 Q - value；r_{t+1} 为从状态 s_t 采取的行为所对应的奖励；$Q(s_{t+1},a_t)$ 为 t+1 时刻的 Q - value；s_{t+1} 为在状态 s_t 采取行动 a_t 后得到的新的状态。学习率 a 为旧 Q - value 的保留程度，如果学习率越高，新的 Q - value 占的比例越高。当 a = 1 时，$Q(s_t,a_t) = r_{t+1} + \gamma \max_A Q(s_{t+1},a_t)$，新的 Q - value 占据全部。

Q - Learning 算法利用 Q - value 表进行状态更新，流程如图 19.2 所示。首先初始化 Q - value 表，初始化 Agent 在每个 Episode 交互的状态 $s = s_0$。其次，采取循环迭代的方法，依据策略 $\pi(x)$ 选择执行的动作。然后，通过所执行的动作转移 Q - value 表中状态 $s_t \rightarrow s_{t+1}$，得到反馈奖励值 r，并更新 t+1 时刻的 Q - value 表。最后，将 $s_{t+1} \rightarrow s_{t+2}$，并重复循环之前的计算方法，最终实现收敛。值得注意的是，在状态 s_{t+1} 中，仅是计算采取哪个动作值 a 能获取最大的 Q 值，并未执行，这说明在选择动作执行和计算 Q - value 表时采取的策略是不一样的，体现出 Off - policy 算法的典型特征。

输入：环境 E、动作集合 A、起始状态 s_0、折扣系数 γ、更新步长 α

过程：

1. $Q(s,a) = 0, \pi(s,a) = \dfrac{1}{|A(s)|}$
2. $s = s_0$
3. for $t = 1,2\cdots$ do
4. $r, s_{t+1} = $ 在环境 E 中执行动作 $\pi^\varepsilon(s)$ 后生成的奖励值和转移的状态
5. $a_{t+1} = \pi(s_{t+1})$
6. $Q(s_t,a_t) \leftarrow Q(s_t,a_t) + a[r + \gamma Q(s_{t+1},a_t) - Q(s_t,a_t)]$
7. $\pi(s) = \underset{a''}{\arg\max} Q(x,a'')$
8. $s = s'$, $a = a'$
9. end for

输出：策略 π

图 19.2　Q - Learning 算法流程

19.2　信号交叉口智能体设计

19.2.1　基于 NUDG 的交通状态提取方法

智能体的状态描述了 t 时刻的交叉口环境的状态 s_t。为了更有效地利用智能体优化信号配时策略，应该从交叉口环境状态 s 中充分提取交叉口每个进口道车辆的分布的特征。为此，本节提出了非均一离散网格（Non - Uniform Discrete Grid，NUDG）模型，用以提取信号交叉口进口道的交通信息。非均一离散网格模型的每个网格的大小并不相等，离停车线越远，网格的边长越长，如图 19.3 所示。相比于均一的离散交通状态编码（Uniform Discrete Traffic State Code，UDTSC）模型，非均一离散网格模型具有如下优势：一是由于距离交叉口区域越近，受到影响越大，车辆的停车次数越多，NUDG 模型可以更为准确地刻画出信号交叉口不同区域的交通特性；二是采用 NUDG 模型既能保留进口道的主要信息，还可以降低算法的复杂度。基于此，本研究定义了信号交叉口的非均一的离散向量状态（Intersection Discretized State，IDS），其中每个 IDS 的定义见式（19-6）。

$$\text{ch}_h = \{k \mid L_{k,\min} < \text{Len} - \text{cp} < L_{k,\max}, k \in (0,N)\} \tag{19-4}$$

$$\text{index}_h = \text{ch}_h + \text{ch}_h \times \text{cv}_h \tag{19-5}$$

$$\text{IDS}_{\text{index}} = s_{\text{index}} \tag{19-6}$$

式中，ch_h 为车辆水平方向的索引值；k 为水平方向索引的特征；cp 为车辆所在的位置；$L_{k,\min}$、$L_{k,\max}$ 分别为水平方向第 k 个网格边界的最小值和最大值；Len 为交叉口范围的长度；N 为水平方向网格的数量；h 为第 h 辆车；cv_h 为竖直方向索引，

即第 h 辆车所在的进口道的编号；index_h 为第 h 辆车的索引值；$\text{IDS}_{\text{index}}$ 为索引为 index 车辆的交通状态；s_{index} 为 0-1 变量，若网格中有车辆，则 $s_{\text{index}} = 1$，若网格中没有车辆，则 $s_{\text{index}} = 0$。

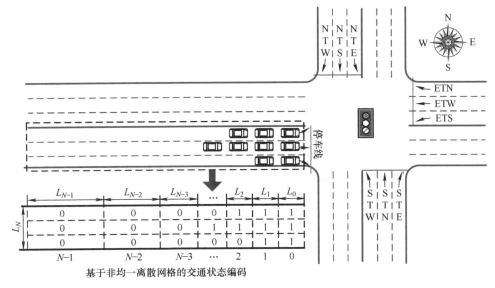

图 19.3 采用 NUDG 刻画信号交叉口交通流状态

19.2.2 信号灯相位集的构建及动作选择

为了减少同一时段内车辆在交叉口的交通冲突，信号交叉口往往通过时间错位控制的方法，即在同一周期的不同时间段内将通行权赋予不存在冲突点的交通流，来减少空间上冲突点。其中，交通流所获得的通行权表示的是一种控制状态，即信号相位，简称相位。相位时长通常由绿灯时间和黄灯时间组成。在设计信号配时中，当左转交通流较大时，为了避免对其他方向交通流造成干扰，可以设置左转专用相位。典型的十字交叉口控制方案如图 19.4 所示，其中，相位 1 至相位 4 是国内大部分交叉口的典型控制方案，东西向和南北向的左转方向都设置了左转专用相位。

信号灯需要根据交叉口当前的交通状态，选择合适的动作引导交叉口的交通流，即信号灯智能控制系统作为智能体，其采取的动作意味着某车道的信号灯将转变为绿色，从而赋予该车道上车辆通行的权利，并在一定时间内保持绿灯状态。也就是说，利用智能体从设定的绿灯转换的动作集合中选取相应的动作改变信号相位。以图 19.4 为例，图中所包含的四个相位分别是：南北向绿灯相位（South - North Green，SNG）、南北向左转绿灯相位（South - North Left Green，SNLG）、东西向直行绿灯相位（East - West Green，EWG）、东西向左转绿灯相位（East - West

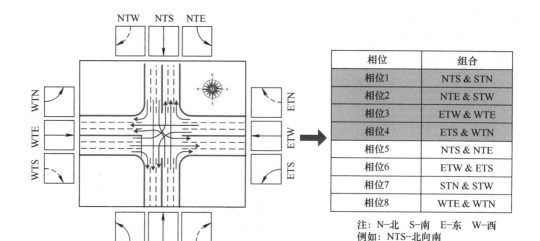

图 19.4 典型的十字交叉口控制方案

Left Green，EWLG)，其他未提及的方向默认为红灯相位。信号交叉口的相位集合可以定义为 Phase = {SNG,SNLG,EWG,EWLG}。所对应的动作的二进制编码为 A = {00,01,10,11}。值得注意的是，智能体的动作并非是无序的，为了与实际的配时方案相匹配，相位变化往往呈周期性变换。在进行相位变化的过程中，为了保障车辆的行驶安全，在相位发生改变时，需插入黄灯相位。

19.2.3 信号相位转换奖励值函数的构建

在强化学习中，奖励值表示智能体执行一个动作后获得环境的反馈，用于感知前一个动作的表现。因此，确定奖励值对正确引导学习过程尤为重要，有助于协助交叉口采取最佳的动作策略。奖励值通常包含两种类型：积极奖励值和消极奖励值，良好的动作可以产生积极奖励值，不良动作将产生消极奖励值。

本章的主要目标是提高交叉口的运行效率。因此，本研究从能够体现交通效率的指标中选取奖励值，从而判断智能体所采取的信号灯转换动作是否提高了交通效率。反映交叉口运行效率的指标包括平均延误、通行时间、平均速度、等待时间等。其中，等待时间是交叉口延误的重要组成部分，能够直接体现交叉口运行效率。本研究将车速小于 0.1m/s 的状态归入停车等待时间。基于此，信号相位转换奖励可以定义为两个相邻步之间的累计等待时间的变化值。这意味着奖励值等于智能体执行动作前后的累计等待时间的增量，即第 t 步的奖励值如果比 $t-1$ 步大，累计等待时间就会减少。显然，累计等待时间延误不会随着时间的推移而减少，整体奖励值总是负值。结合对第 t 步的累计等待时间 WT_t 见式（19-7）。

$$WT_t = \sum_{j=1}^{Ns_t} w_{j,t} \tag{19-7}$$

相邻步的奖励值定义见式（19-8）。

$$r_t = \text{WT}_t - \text{WT}_{t+1} \tag{19-8}$$

总体的累计奖励值定义见式（19-9）。

$$\max_{a_t} R_t = r_t + \gamma r_{t+1} + \gamma^2 r_{t+2} + \cdots + \gamma^{T-t} r_T = \sum_{t=0}^{T} \gamma^t r_t \tag{19-9}$$

式中，r_t 为第 t 步的奖励值；$w_{j,t}$ 为车辆 j 在第 t 步的等待时间；Ns_t 为停车的数量。

19.3 基于 3DQN – PSTER 的信号交叉口优化配时方法

本节主要分为三个部分，一是构建信号交叉口自适应信号控制的深度强化学习模型，用于优化信号配时策略；二是搭建信号交叉口的仿真环境，包括基于总体数据的交通环境搭建、基于浮动车数据的交通环境搭建和基于感应线圈数据的交通环境搭建；三是选取评价模型性能的指标检测模型的性能。

19.3.1 3DQN – PSTER 深度强化学习模型

1. DQN

由于信号交叉口的交通状态具有数量庞大、时序性强的特点，传统强化学习算法 Q – Learning 受限于状态空间数量，难以刻画复杂的交通状态。为了弥补 Q – Learning 算法的不足，深度强化学习网络（Deep Q Network，DQN）特有的经验池结构能够用于存放、更新交通状态，这种经验重放机制打破了 Q – Learning 算法动作空间受限的桎梏。此外，DQN 具有目标网络机制，可以利用前面提出的深度神经网络对连续的交通状态的空间值函数进行计算，并通过不断迭代逼近最优的函数值。下面从两个方面展开阐述 DQN 模型。

（1）损失函数

为了更新神经网络中的参数，需要定义损失函数，建立目标网络和主网络之间的联系。深度神经网络迭代更新一般采用 MSE 作为损失函数，见式（19-10）。

$$L(\theta) = \mathbb{E}_{(s,a,s',r) \sim D}[r + \gamma \max_{a'} Q(s',a';\theta^-) - Q(s,a;\theta)]^2 \tag{19-10}$$

式中，$\mathbb{E}_{(s,a,s',r) \sim D}$ 为期望，D 为经验池，(s,a,s',r) 为经验池中抽取的样本；$\hat{Q}(s,a;\theta^-) = r + \gamma \max_{a'} Q(s',a';\theta^-)$，为目标网络函数；$Q(s,a;\theta)$ 为主网络函数。为了保障神经网络在迭代收敛过程中实现稳定更新，DQN 算法引入了参数为 θ^- 的目标网络。目标网络和主网络结构相同，但采用不同的参数生成目标值。在主网络中利用反向传播方法对网络中的参数 θ 进行更新。θ^- 基于 θ 进行软更新，具体更新公式见式（19-11）。

$$\theta^- = \tau\theta^- + (1-\tau)\theta \tag{19-11}$$

式中，τ 为更新速率，它表示最新参数对目标网络中的组成部分的影响程度。引入目标网络可以缓解过渡估计的问题。

由于 MSE 非常容易受到过大的或者过小的奖励值的影响，本节采用 Huber Loss 函数代替 MSE 损失函数，Huber Loss 损失函数计算更加平滑，训练效果比较稳定。Huber Loss 的计算公式见式（19-12）。

$$L_\delta[\hat{Q}(s,a;\theta^-)-Q(s,a;\theta)]$$
$$=\begin{cases}\frac{1}{2}[\hat{Q}(s,a;\theta^-)-Q(s,a;\theta)]^2, |\hat{Q}(s,a;\theta^-)-Q(s,a;\theta)|\leqslant\delta \\ \delta[|\hat{Q}(s,a;\theta^-)-Q(s,a;\theta)|-\frac{1}{2}\delta^2], 其他\end{cases} \quad (19-12)$$

（2）经验重放机制

在信号控制的序列决策过程中，交通流数据在连续的时间段内具有明显的时序特征。如果将交通流的时间序列数据直接输入 DQN 模型中，算法并不稳定。为了提升算法的稳定性，采用经验重放机制，将智能体传递的特征序列(s,a,s',r)储存在经验池 D 中，并采用 Mini-batch 方法小批量抽取特征序列(s,a,s',r)。值得注意的是，在经验池 D 中，虽然每个特征序列具有相同的被抽取的机会，但是由于时序差分误差（Temporal-Difference-Error，TD-Error）的不同，在反向传播的过程中其作用具有差异性。一般情况，TD-Error 越大，对模型的收敛的影响越大，抽取越大的 TD-Error 值，模型越容易收敛。基于此，在经验池 D 中抽取样本时，引入优先级回放机制，提高较大 TD-Error 值的抽取概率，可以提高模型的收敛速度。现阶段主要的优先级回放的方法主要有：基于排序的优先级回放方法（Priority Sequence Expericence Replay，PSER）、基于树结构的优先级回放方法（Priority Sumtree Expericence Replay，PSTER）。

基于排序方法的优先级回放机制是对样本的 TD-Error 进行排序，并提取较大的值。显然该方法在经验池 D 的样本量较少的时候影响不大，但随着样本量的增加，计算负担会显著地增加。PSTER 将样本和样本的优先级保存在树结构的子节点内，树干节点不保存样本数据。干节点保存子节点的优先级值之和。SumTree 结构图如图 19.5 所示，根节点为 32，样本区间范围为[0，32]。其中第 3 个子节点

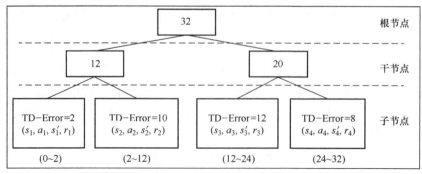

图 19.5 SumTree 结构图

的优先级最高，被抽取到的概率更大。

2. Double DQN

一般情况下 DQN 会采用相同的网络训练 Q – value 和动作行为的选择来计算 TD – Error 值。这种算法虽然可以促使 Q – value 逼近优化目标，但容易引起函数值的过渡估计。为了解决该问题，本研究引入 Double DQN（Double Deep Q Network）（简称 DDQN）进行优化。Double DQN 对信号控制 Agent 的目标 Q – value 和相位选择进行解耦计算，目标网络负责 Q – value 的计算，主网络负责信号相位的选择，从而缓解了过度估计的问题。Double DQN 的目标网络的生成方法是在主网络中找出最大 Q – value 所映射的动作 $\arg\max_{a'}[Q(s',a';\theta)]$，并基于该动作在目标网络生成 $\hat{Q}(s,a;\theta)$，具体公式见式（19-13）。

$$\hat{Q}(s,a;\theta) = r + \gamma Q\{s', \arg\max_{a'}[Q(s',a';\theta)], \theta^-\} \quad (19\text{-}13)$$

信号控制的 Agent 在进行信号相位转换的动作时，会利用强化学习中的探索和利用机制。本章采用 ε – greedy 策略探索，选择探索的概率为 ε，选择执行动作的概率为 $1-\varepsilon$。随着模型学习的步长 h 的增加，ε 值降低，最优信号相位被执行的概率逐渐增加。具体公式见式（19-14）。

$$\varepsilon_h = \max\left\{\varepsilon_{\min}, \varepsilon - \frac{h}{H}(\varepsilon - \varepsilon_{\min})\right\} \quad (19\text{-}14)$$

式中，h 为当前的步数；H 为总的训练步数；ε_h、ε、$\varepsilon_{\min}$ 分别表示第 h 步的值、初始值、最终值。

3. Dueling DQN

为了降低信号灯相位转换动作对短期交通状态的影响，本研究采用 Dueling DQN 方法对神经网络结构进行优化。通过将 Q – value 网络分成两个部分：第一个部分只与交通状态 s 有关，与信号相位的动作选择 a 无关，表示在未来的时间步中采取行动而获得的总体状态奖励值函数，即 $V(s;\theta,o)$；第二部分既与交通状态 s 有关，也与信号相位的动作选择 a 有关，即动作优势函数 $A(s,a;\theta,u)$。因此 Q – value 网络可以定义为状态奖励值函数 $V(s;\theta,o)$ 和动作优势函数 $A(s,a;\theta,u)$ 之和。具体公式定义见式（19-15）。

$$Q(s,a;\theta,o,u) = V(s;\theta,o) + \left[A(s,a;\theta,u) - \frac{1}{|A|}\sum_{a'}A(s,a';\theta,u)\right] \quad (19\text{-}15)$$

式中，$A(s,a;\theta,u)$ 为动作优势函数，表示一个动作对所有动作的重要性；o 为状态奖励值函数 $V(s;\theta,o)$ 的参数；u 为动作优势函数 $A(s,a;\theta,u)$ 的参数。如果动作 A 是正值，这意味着与采取的可能行为的平均反馈值对比，该动作展现出更好的反馈奖励。反之，如果 A 值是负值，则认为该行为潜在的反馈奖励低于平均值。

4. 3DQN – PSTER 网络

本章节结合 Double DQN 方法、Dueling DQN 方法、PSTER 方法构建 3DQN –

PSTER网络,信号灯配时优化模型如图19.6所示。3DQN-PSTER模型框架的核心是智能体的结构设计,主要由目标网络、主网络、经验池三部分组成。利用深度神经网络计算目标延误为基延误,估计延误为预测延误,累计延误是基延误与预测延误的差值,并以缩小累计延误为优化目标,不断循环迭代,最终形成最优的控制策略。具体的操作过程如下:

首先,采用Double DQN方法,利用目标网络和主网络对交通信号控制的智能体中的目标Q-value计算和相位的选择进行解耦,目标网络负责Q-value的计算,主网络负责信号相位的选择,该方法降低了过渡估计的概率。主网络是模型参数为θ的神经网络,目标网络虽然和主网络具有相同的结构,但模型参数为θ^-。在参数更新的过程中,采用式(19-11)的软更新方法进行更新,其中$\tau=0.01$。

其次,为了降低信号灯相位转换动作对短期交通状态的影响程度,采用Dueling DQN方法对神经网络结构进行优化。通过Dueling DQN方法分割神经网络为动作优势函数$A(s,a;\theta,u)$和状态奖励值函数$V(s;\theta,o)$,求和得到Q-value。Dueling DQN方法有助于提升训练的稳定性,降低动作函数与状态函数之间的干扰。

最后,采用优先经验回放技术更新经验池。经验池的功能是储存特定的训练样本(s,a,s',r),并将Agent与信号交叉口环境交互的当前状态s、动作a、执行动作后的状态s'、奖励r的更新值储存起来。框架采用基于SumTree的方法更新优先级,提高收敛速度。

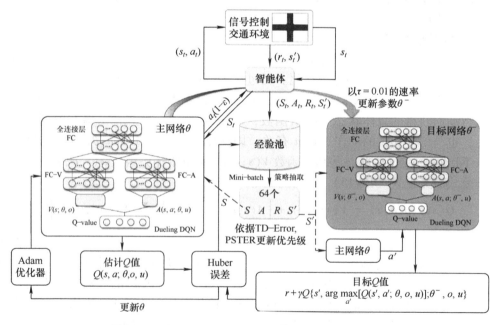

图19.6 基于3DQN-PSTER的信号灯配时优化模型

结合式（19-10）、式（19-13）、式（19-15），3DQN-PSTER 算法中目标函数定义见式（19-16）。

$$\hat{Q}(s,a;\theta,o,u) = r + \gamma Q\{s', \arg\max_{a'}[Q(s',a';\theta,o,u)];\theta^-,o,u\} \quad (19\text{-}16)$$

式中，$\hat{Q}(s,a;\theta,o,u)$ 为目标函数；s、a、s'、a' 分别为当前状态、当前动作、执行动作后状态值和未来的动作；$\arg\max_{a'}[Q(s',a';\theta,o,u)]$ 为采用 Double DQN 的方法，即最大奖励值的动作；o 为 Dueling DQN 中状态奖励值函数 $V(s;\theta,o)$ 的参数；u 为 Dueling DQN 中动作优势函数 $A(s,a;\theta,u)$ 的参数。

最终，可以计算得到 3DQN-PSTER 的 TD-Error 的计算公式，见式（19-17）。

$$\text{TD-Error} = \hat{Q}(s,a;\theta,o,u) - Q(s,a;\theta,o,u) \quad (19\text{-}17)$$

19.3.2　信号交叉口的交通环境构建方案

在构建 3DQN-PSTER 模型后，将总体数据集中提取到的交通状态作为训练样本。本研究定义的总体数据是通过对车辆的行驶过程精细刻画而获得的，它具备所有车辆的时间、位置和速度信息。然而，在现实生活中，如此精细化的总体数据并不容易获取。虽然感应线圈可以获取总体交通量，但是由于它的位置是固定的，空间影响范围有限，感应视野较小，不能实现大范围的交通空间特征提取。而信号优化配时方案恰恰需要传感器具有较强的预见性，为即将到来的交通流特征赋予合理的配时方案。现有研究表明，利用浮动车数据可以精准地检测交通状态运行状态。浮动车是在车辆上安装移动传感器，实现实时地传递车辆的时间和位置信息。浮动车在用于监测交叉口上下游的交通状态时，可以为研究提供更开阔的视野。通过对浮动车的交通特征进行提取，能够识别信号交叉口上下游的交通状态，并促使信号灯控制系统更具有前瞻性，从而制定合理的相位方案应对随机变化的交通流。因此本研究采用浮动车数据提取信号交叉口的交通状态。但是，由于不同渗透率的浮动车数据刻画的交通状态的精准度存在差异，因此有必要考虑不同的渗透率对交通状态刻画的影响。

基于浮动车数据的交通环境和基于总体数据的交通环境的主要区别是交通状态的提取对象不同，表现在交通环境与智能体进行交互的过程中，基于浮动车数据的交通环境仅利用提取到的浮动车的交通数据进行建模和更新参数，具体框架如图 19.7 所示。主要包括三个阶段：交通状态提取阶段、强化学习模型构建阶段、模型性能评价及应用阶段。

首先，利用总体数据集 TD 和浮动车数据的渗透率 ρ，生成浮动车数据集 FCD。具体公式见式（19-18）。

$$\text{FCD} = \rho \times \text{TD} \quad (19\text{-}18)$$

其中，ρ 的取值范围为 $[0,1]$。当 $\rho=1$ 时，此时为极限条件下，总体数据集等

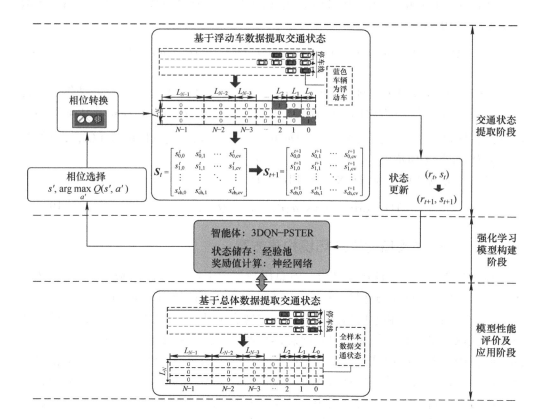

图 19.7 基于浮动车数据构建交通环境

于浮动车数据集。

其次，基于浮动车数据集，利用 NUDG 模型提取不同时刻的交叉口的交通状态。其中，基于浮动车数据提取的交通状态集作为训练样本，基于总体数据提取的数据作为测试数据。浮动车数据的提取的状态定义见式（19-19）。

$$S_t = \begin{bmatrix} s_{0,0}^t & s_{0,1}^t & \cdots & s_{0,cv}^t \\ s_{1,0}^t & s_{1,1}^t & \cdots & s_{1,cv}^t \\ \vdots & \vdots & \ddots & \vdots \\ s_{ch,0}^t & s_{ch,1}^t & \cdots & s_{ch,cv}^t \end{bmatrix} \tag{19-19}$$

式中，ch、cv 在前面已有阐述；S_t 为 t 时刻的状态。

具体的算法流程如图 19.8 所示。

算法：基于浮动车数据和 3DQN – PSTER 模型的信号灯优化配时算法

输入：经验池的容量 Memory – size：D；Batch – size：B；Train – Epoch：te；折扣系数 γ；贪婪系数 ε；目标网络更新率 τ；主网络参数 θ；目标网络参数 θ^-；经验回放记忆大小 d；仿真步数 step；最大仿真步数 Max-step；行驶车辆种类：Cartype {Floating car；Standard car}

输出：更新的参数 θ、θ^-

方法：使用随机值初始化 θ、θ^-

   初始化 $d\leftarrow\varnothing$；step = 0；初始化交叉口交通状态 s

1. If Cartype = Floating car
2. 利用 NUDG 抽取 Floating car 的状态值 s
3. While step < Maxstep
4. 依据 ε – greedy 策略选取动作 a
5. 执行动作 a 并观测奖励值 r 和新的状态 s′
6. If d > D Then
7. 移除经验池中旧的经验
8. End If
9. 向经验池 D 中增加样本 (s, a, r, s′)
10. 更新状态 s：s←s′
11. If D > B
12. 基于 SumTree 优先回放原则从 D 中选 B 个样本
13. 计算 TD – Error = $\hat{Q}(s, a; \theta, o, u) - Q(s, a; \theta, o, u)$
14. 根据 Adam 反向传播梯度下降更新 θ
15. 通过 $\theta^- = \tau\theta^- + (1-\tau)\theta$ 更新 θ^-
16. 根据采样优先级 SumTree 更新样本；更新 ε
17. End If
18. step←step + 1

图 19.8 基于浮动车数据的模型配时优化算法流程

19.3.3 模型评估和应用性能的指标选取

  为了合理地评价不同的深度强化学习模型的性能、不同交通环境下的信号控制方案的表现，本节选取交叉口运行效率指标作为评价标准，分别是：平均速度（Mean Speed，MS，单位：m/s）、平均排队长度（Mean Queue Length，MQL，单位：veh/s）、平均等待时间（Mean Waiting Time，MWT，单位：s）。

  （1）平均等待时间

  信号交叉口的平均等待时间是衡量信号灯配时方案的过程性指标。它是车辆等待时间相加的结果，它的大小可以直接衡量信号灯配时方案的优劣。在计算平均等待时间时，需先判断车辆的行驶状态。本研究认为当车辆的速度低于 0.1m/s 时，车辆即处于停车等待状态，基于此标准，通行车辆分为不停车通过交叉口（vehicle – no – stop state，vns）和停车 – 起动通过交叉口两种通行状态（vehicle – stop state，vs）。

根据所阐述的限制条件，平均等待时间可以定义为发生停车-起动状态车辆的等待时间之和与发生停车-起动状态车辆的数量之比。具体公式见式（19-20）。

$$\text{MWT} = \frac{\sum_{vs} \text{wt}_{vs}}{N_{vs}} \qquad (19\text{-}20)$$

式中，wt_{vs}、N_{vs} 分别为在 vs 状态下的停车时间和停车数量。其中，vs 状态的定义为速度 $v_{vs} \leqslant 0.1 \text{m/s}$，$\sum \text{wt}_{vs} \leqslant \text{Episode}$。

（2）平均排队长度

车辆在信号交叉口的排队长度是一种直观的评价指标。依据该指标可以直接观测信号交叉口的运行状态，从而反映信号配时方案的合理性。同时，该指标也可以直观地判断赋予信号交叉口在不同方向的通行权是否合理。该指标的限定条件也是车辆发生停车-起动状态。根据限定条件，平均排队长度可以定义为在停车起动状态下，排队车辆数与停车时间的比值。具体公式见式（19-21）。

$$\text{MQL} = \frac{\sum N_{\text{que}}}{T_{\text{que}}} \qquad (19\text{-}21)$$

式中，N_{que} 为排队车辆的数量；T_{que} 为排队消耗的时间。

（3）平均速度

平均速度是衡量交叉口运行效率的直观性指标之一。平均速度整体较快表示信号交口运行效率较高，信号相位设置合理。平均速度可以定义见式（19-22）。

$$\text{MS} = \frac{\sum_{\text{veh}} v_{\text{veh}}}{N_{\text{veh}}} \qquad (19\text{-}22)$$

式中，v_{veh} 为车辆速度；N_{veh} 为车辆的数量。

19.4 仿真实验与结果分析

19.4.1 仿真环境设置

1. SUMO 仿真软件

为了实现对本章设计的三种交通场景下的配时策略与强化学习模型的比较分析，本章节引入了微观交通仿真模拟器（Simulation of Urban Mobility，SUMO）。SUMO 提供了开源、多模式的交通仿真环境，可以多维度地刻画出人-车-路的交通出行特征。

在构建仿真路网过程中，SUMO 具有特殊的优势，它可以将实际路网直接拓印，从而得到对应的仿真道路环境。尤其是针对信号交叉口，它可以根据交叉口的实际交通环境特征，提供渠化结构、拓扑连接结构以及信号相位配时等设计，以确保所模拟的交叉口环境更贴近于真实的交通环境。

在模拟车辆行驶的过程中，SUMO 涵盖了丰富的车辆行驶属性。模拟车辆自身的特征参数包括：车辆的标识 ID、车辆的大小（长、宽）、车辆的类型（公交车、出租车）、载客量等；车辆的运行参数主要包括：时间信息（如出发时间、到达时间、时间戳、等待时间等）、位置信息（实时位置、出发位置、停车位置等）、速度信息（实时速度、加速度、减速度等）、距离信息（车头与前车最小距离）；此外，SUMO 还内置了丰富的跟车模型，如：Krauss、PWagner2009、IDM 等。

在信号灯控制的模拟过程中，SUMO 可以对多种信号相位控制方案实现精准化的模拟。对于信号相位本身参数，它具有：信号灯基础状态（如：红灯 r、绿灯 g & G、黄灯 y）、信号灯相位状态（如：state = "GGggrrrrGGggrrrr"）、相位时长（最大间隔时间、最小间隔时间）。

在传感器的设置中，SUMO 主要包括三种：常规感应线圈传感器（E1 型）、区域感应线圈传感器（E2 型）、多维进出口传感器（E3 型），既能保障本研究对感应线圈数据的提取需求，也能为感应信号配时提供支持。

在软件交互过程中，SUMO 提供了交通控制接口（Traci），可以实现对仿真环境下的交通状态的实时监测以及对信号相位的控制。同时，SUMO 还提供了良好的可视化环境（SUMO - GUI）。通过载入路网文件（.net.xml 文件）和车流文件（.rou.xml 文件），SUMO - GUI 可以呈现出控制仿真过程，如提升或降低仿真速度、开始或停止仿真进程，从而实现实时的、可控性强的仿真实验。

综上所述，SUMO 可以为本章研究提供可靠的技术保障，并能够保证仿真环境最大程度地贴近于真实交通环境，因此，本章所涉及的交通数据均来源于 SUMO 仿真。

2. 交通环境

本节中选取十字交叉口作为仿真对象，其中每个进口道均为双向八车道。为了降低左转和右转对直行车辆的干扰，本实验设置了左转专用相位、左转车道和右转车道。其中每个车道长为 500m，保障了对信号交叉口的影响区域的全覆盖，具体的交叉口拓扑结构如图 19.9a 所示。

针对本书提出的基于浮动车数据的信号交叉口配时优化问题，本章一共设计了三种实验环境进行对比分析，分别是：基于总体数据的信号交叉口仿真环境、基于浮动车数据的信号交叉口仿真环境和基于感应线圈数据的信号交叉口仿真环境，如图 19.9b ~ d 所示。

（1）基于总体数据的信号交叉口仿真环境设计

基于总体数据的信号交叉口仿真环境如图 19.9b 所示，所采集的交通数据为总体数据，既包括浮动车的位置信息数据，又包括感应线圈的数据。由于总体数据可以涵盖全方位的仿真车辆的位置、速度、流量等信息。因此，基于总体数据对信号

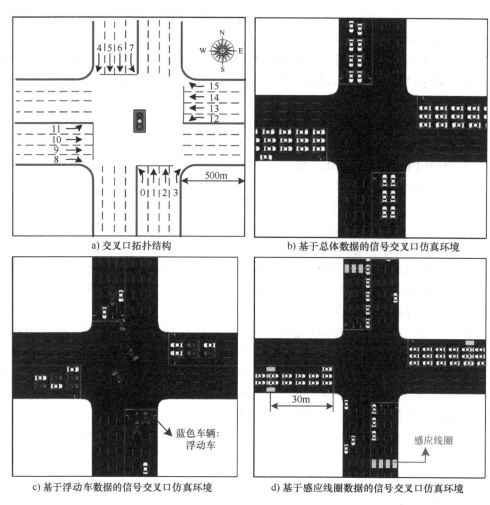

a) 交叉口拓扑结构　　b) 基于总体数据的信号交叉口仿真环境

c) 基于浮动车数据的信号交叉口仿真环境　　d) 基于感应线圈数据的信号交叉口仿真环境

图 19.9　SUMO 仿真环境（见彩插）

交叉口进行配时优化方案最贴合实际的交通流状态。

（2）基于浮动车数据的信号交叉口仿真环境设计

图 19.9c 表示的是基于浮动车数据的信号交叉口仿真环境。其中蓝色车辆为浮动车，白色的车辆为标准车辆。浮动车可以实时传递车辆在交叉口的位置、时间、速度等信息。由于交叉口初期影响范围设定为 500m，根据前面 NUDG 模型提取浮动车交通运行状态可知，参数 Len = 500m。为了切合实际情况，采用 No.3 交叉口作为仿真对象，以图 19.9c 的西进口道为例，将该进口道分为车辆行驶过程区域和车辆排队过程区域，分别对应图 17.5 的上游区域和进口道区域。其中 No.3 交叉口的进口道区域的最大停车排队长度为 55m。因此，本实验的行驶过程区域设置为 444m，排队过程区域长度设置为 7×8m = 56m，以保证仿真实验研究区域更切合实

际，即网格边长 L 由距离停车线近及远的长度分别是 $L_i = [8,8,8,8,8,8,8,32,160,$
$248]$，$\sum_{i=0}^{9} L_i = 500m$ $i \in [0,9]$，如图 19.10 所示。由此可见，整个交叉口需提取的交通状态的个数为 $4 \times (4 \times 10) = 160$ 个。如果采用 UDTSC 方法，网格边长设置较短，需要更多的网格来刻画进口道，增加了算法的复杂度。如果边长设置较长，则会丢失部分交通信息。综上考虑，设定最小的网格边长为 8m，保障了单个网格可以容纳一辆车（车长设定为 4.5m）。

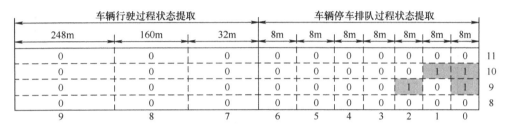

图 19.10　基于浮动车数据的交通状态提取

尽管浮动车数据能够提供准确的时间、位置、速度等信息。然而，与总体数据进行比较，浮动车数据依然无法代表全部的交通流信息。为了探索不同的浮动车渗透率对交叉口信号配时优化方案的影响，本章考虑了当浮动车的渗透率为 10%～100% 时对仿真结果的影响。浮动车数据的生成方式为依据浮动车渗透率的比例，在不同的进口道内随机生成，从而更加切合实际的交通场景。

（3）基于感应线圈数据的交通环境

图 19.9d 表示基于感应线圈数据的信号交叉口仿真环境。其中黄色的模块位置为布设的感应线圈的位置。虽然感应线圈数据可以提取总体的交通流量信息，但是利用感应线圈数据所提取的交通状态仅局限于感应线圈距离停车线的范围。相比于利用浮动车数据提取 $16 \times 10 = 160$ 个交通状态，感应线圈提取的交通状态仅为 16 个。

3. 交通参数

（1）交通流

为了复现实际的交通场景，本研究采取图 19.11 所示的 No.3 交叉口的 30 天浮动车数据的不同方向流量平均比例作为数据生成的参考比例，见表 19.2。

表 19.2　实际 No.3 交叉口各方向的浮动车数据交通流比例

时间	平均车流量/(veh/h)	直行(%)	左转(%)	右转(%)
7:00—8:00	2264	64.23	15.83	19.94
8:00—9:00	3957	63.81	15.39	20.80
9:00—10:00	4748	61.78	18.02	20.20
平均值	3654	63.27	16.41	20.31

按照交通流比例,采用 Weibull 分布,构建交通流数据,生成路由文件.rou.xml。同时,本实验设计了三种交通流场景:3000veh/h 的高频交通流场景、2000veh/h 的中频交通流场景、1000veh/h 的低交通流场景。以 1000veh/h 的交通流为例,图 19.11 表示的是不同方向的交通流量。可以看出,不同方向的交通流存在着非均衡性的波动现象,其中直行流量明显高于左转流量,随着时间的延续,各方向的流量也存在着随机波动,可见模拟生成的交通流演变过程比较符合实际的交通特征。

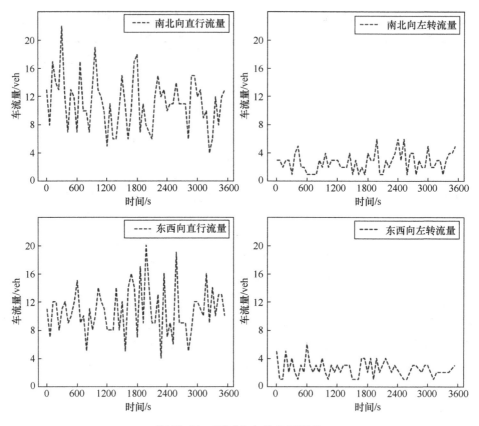

图 19.11　不同方向的交通流量

(2) 信号配时参数

为了验证深度强化学习的配时方案（RLSC）的性能。本实验选取了三种常见的配时方案作为对照组,分别是:全天恒定配时方案（CFSC）、分段式的固定配时方案（VFSC）、感应控制配时方案（ASC）。表 19.3 为车流量为 1000veh 的固定配时相位方案。Ph 表示相位,Yt 表示黄灯时间。CFSC 为 No.3 信号交叉口的实际配时方案。VFSC 采用式（17-39）的流量比与绿信比的比例关系,每 15min 设定一个配时方案,应对变化的交通流。

表 19.3 固定配时相位方案

配时方案	相位	Ph 0	Yt/s	Ph 1	Yt/s	Ph 2	Yt/s	Ph 3	Yt/s	周期/s
CFSC	0 ~ 60min	46	4	23	4	39	4	23	4	147
VFSC	0 ~ 15min	48	4	15	4	53	4	15	4	147
	15 ~ 30min	50	4	20	4	48	4	13	4	147
	30 ~ 45min	55	4	23	4	26	4	27	4	147
	45 ~ 60min	44	4	22	4	22	4	43	4	147

在设置感应线圈位置和初期绿灯时间时，需要考虑以下因素：一是保证停在感应线圈和停车线之间的车辆全部驶离交叉口；二是保证行人安全过街需求，我国还设定了保证非机动车安全过街所需时间。美国推荐在车头与前车距离为 6m 时，感应线圈的位置和初期绿灯时间见表 19.4。

表 19.4 感应线圈的位置和初期绿灯时间

感应线圈距离停止线距离/m	初期绿灯时间 g_i/s	感应线圈距离停止线距离/m	初期绿灯时间 g_i/s
0 ~ 12	8	25 ~ 30	14
13 ~ 18	10	31 ~ 36	16
19 ~ 24	12	—	—

综合以上考虑，本实验设定感应线圈位置距离停车线的距离为 30m。具体的感应控制配时相位方案见表 19.5。

表 19.5 感应控制配时相位方案

参数	参数名称	方案设置
g_i	初期绿灯时间	14s
g_0	单位绿灯延长时间	4s
g_{min}	最短绿灯时间	18s
g_{max}	绿灯最大延长时间	60s
Yt	黄灯时间	4s
Num_{ph}	相位个数	4
$Order_{ph}$	相位顺序	相位 1→相位 2→相位 3→相位 4→相位 1

19.4.2 模型比较分析

（1）模型参数设置

本实验需要设置的模型参数主要包括：SUMO 仿真参数和 Agent 模型参数。其中 SUMO 参数主要为生成路由文件所需的参数值。Agent 参数主要为神经网络参数、经验池参数、优先经验回放参数。具体的参数值设定见表 19.6。

表 19.6　SUMO 仿真参数和 Agent 模型参数

类型	参数	参数名称	值
SUMO 仿真参数	Maxstep	最大步长	3600
	Flow	车流量	1000、2000、3000
	Gt	绿灯时间/s	5
	Yt	黄灯时间/s	4
	Dis_s、Dis_l、Dis_r	直行、左转、右转的车间距/m	1.818、2.00、2.182
	v_{max}	最大速度/(m/s)	25
	Acc	加速度/(m/s^2)	1
	Dec	减速度/(m/s^2)	4.5
	Sigma	跟车模型参数	0.5
	Cartype	车辆类型	Floating or Standard Car
Agent 模型参数	Episode	回合数	50、200、1000
	Hidden Layers	隐藏层	3
	Batch-size	批量大小	64
	Unit	神经元数	200
	α	学习率	0.0001
	Train-Epoch	训练次数	200
	D	经验池大小	500000
	S_p	总体数据交通状态	160
	S_{FCD}	浮动车数据交通状态	160
	S_{LOOP}	感应线圈数据交通状态	16
	Na_{max}	最大行为执行次数	6
	γ	折扣系数	0.75
	Optimizer	优化器	Adam
	ε	ε-greedy 参数	3

（2）深度强化学习模型训练过程对比

在模型对比过程中，为了保证公平性，所有模型采用相同的超参数、相同的路由文件、相同的路网参数。基于此，为了验证所提出模型 3DQN-PSTER 的精准度，本章采用了 3 个深度强化学习模型作为基准模型，分别是：DQN、DDQN、3DQN-PSER。其中，3DQN-PSER 模型与 3DQN-PSTER 的区别是在优先级回放时，3DQN-PSER 采用的是大小排序优先级回放方法。

图 19.12 展示的是 4 个模型训练过程的比较，其中图 19.12a、c、e 是累计奖励值演化过程，图 19.12b、d、f 是累计等待延误的演变过程。为了更为清晰地辨别模型的收敛速度，本实验设置 Episode 为 50。可以观测到，随着 Episode 的增加，

累计奖励值和累计等待延误趋于稳定。其中表现最好的是 3DQN – PSTER 模型,它在 20 个 Episode 以内基本完成了收敛,并且收敛后模型波动较小。表现最差的 DQN 模型,它的收敛速度最慢,并且它在 40 个 Episode 以后仍然存在波动。因此,在模型训练过程中,本书所提出的 3DQN – PSTER 模型对比 3 个基准模型,收敛速度更快,收敛后具有更好的稳定性。

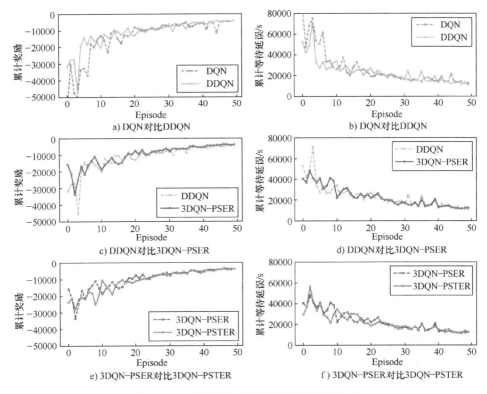

图 19.12 深度强化学习模型训练过程比较

(3) 强化学习模型结果对比分析

在总体流量相同的前提下,采用相同的测试数据作为输入,选取信号交叉口的运行效率指标作为评价依据,分析模型的测试结果,具体结果见表 19.7。整体观测,本章所提出的 3DQN – PSTER 模型在车流量为 1000veh/h、2000veh/h、3000veh/h 的交通环境中,模型的优化结果都是最显著的。其中表现最差的是 DQN 模型,以车流量为 1000veh/h 为例,3DQN – PSTER 模型要比 DQN 模型在等待时间、排队长度、平均速度三个评价指标方面分别提升了 2.79s、0.84veh/s、0.74m/s。相比于 3DQN – PSER,3DQN – PSTER 的预测结果提升不明显,虽然这两个模型都采用了优先回放的技术,但是 SumTree 策略比排序策略效率略高。综上,通过对比 4 个深度强化学习模型的测试结果,本章所提出的模型具有收敛速度快、稳定性强、结果优异的优点。

表 19.7　深度强化学习模型测试结果比较

车流量/(veh/h)	模型指标	DQN	DDQN	3DQN-PSER	3DQN-PSTER
1000	MWT/s	5.52	3.06	2.88	2.73
	MQL/(veh/s)	6.82	6.35	6.09	5.98
	MS/(m/s)	9.88	10.42	10.48	10.62
2000	MWT/s	6.29	5.09	5.02	4.5
	MQL/(veh/s)	9.68	7.37	7.31	6.82
	MS/(m/s)	9.8	10.52	10.55	10.61
3000	MWT/s	14.20	14.02	13.98	10.21
	MQL/(veh/s)	22.09	22.07	21.53	17.88
	MS/(m/s)	9.08	9.23	9.26	9.71

19.4.3　模型应用结果

基于上述模型的对比结果，本章节 RLSC 方案的模型均采用 3DQN-PSTER 模型进行信号相位优化控制。模型应用结果分析主要分为三个部分：基于总体数据的信号相位配时优化、基于浮动车数据的信号相位配时优化、基于感应线圈数据的信号相位配时优化。

1. 基于总体数据的信号相位配时优化

（1）模型训练过程

强化学习的智能体训练过程如图 19.13 所示。图中横坐标表示的是训练的回合数，采用 1000 个训练回合以保证模型得到了充分的训练，每个回合 Maxstep 设置为 3600，深度神经网络 Train-Epoch 设置为 200。图 19.13a、c、e 分别是车流量为 1000veh/h、2000veh/h、3000veh/h 时累计奖励的演化过程。图 19.13b、d、f 分别是流量为 1000veh/h、2000veh/h、3000veh/h 时累计延误的演化过程。可以看出，随着 Agent 训练的回合数增加，累计奖励逐渐增加后趋于稳定，累计延误值逐渐降低后趋于稳定。训练结果表明，所提出的强化学习模型鲁棒性较好，在不同流量的交通状态下，都可以不断地学习交通流特征，实现收敛，最终达到最优的配时方案。

（2）模型结果比较

表 19.8 展示了强化学习控制方法（RLSC）、全天恒定配时方案（CFSC）、分时段配时方案（VFSC）、感应配时方案（ASC）四种信号相位控制方案在不同流量（1000veh/h、2000veh/h、3000veh/h）时的表现。为了评价 RLSC 的性能，本节选取了 MS、MQL、MWT 3 个评价指标。可以直观地看出，不论在低流量、中流量、高流量的环境中，RLSC 在 3 个指标的评价结果都是最好的，其中 ASC 的表现稍

第19章 交叉口自适应配时优化方法

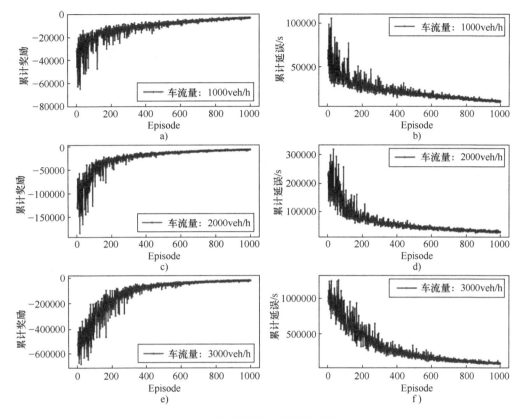

图19.13 强化学习的智能体训练过程

差，表现最差的是CFSC。以1000veh/h的车流量为例，RLSC相比于CFSC、VFSC、ASC，等待时间减少了460.81%、438.83%、145.42%，速度提升了15.94%、13.34%、3.21%，排队长度降低了95.15%、74.25%、19.90%。显然，RLSC方案相比CFSC方案可以显著地提高交通效率。这是由于RLSC可以根据交通流的变化，动态地变换信号相位，对交通流实现动态控制。

对比ASC与RLSC，ASC的表现略逊色于RLSC的原因在于ASC的控制机制存在一定的片面性。一方面，ASC方案通常只专注一个信号相位交通流的变化而忽略了其他信号相位的交通状态，另一方面，ASC的控制范围仅为感应线圈到停车线附近，这就导致ASC控制方案存在明显的短视性。尽管ASC在流量较小的情况下表现较好，但随着流量的增加，ASC方案的性能逐渐衰减。在流量1000veh/h→2000veh/h→3000veh/h过程中，ASC方案的评价指标的性能衰减程度表现为：MQL增加了3.09veh/s和9.92veh/s，MWT增加了1.87s和1.98s。可见，随着交通量的增加，ASC方案的短视性和片面性越发突出。

CFSC表现最差，VFSC的表现略好于CFSC。主要原因在于CFSC方案较为单一，VFSC 具有更多的配时方案，更切合交通流的变化。但是相比于动态配时方案，VFSC 的提升程度依然非常有限。这也间接证明了全天恒定配时方案在应对动态交通流时的能力不足。值得注意的是，随着交通流的增加，全天恒定配时方案与 RLSC 的差距逐渐降低。以等待时间为例，流量 1000veh/h→2000veh/h→3000veh/h 过程中，RLSC 方案相比于 VFSC 方案提升的幅度为 438.83% → 246.00% → 58.96%。这个现象是交通需求大于交通供给导致的，随着交通流量增加至饱和时，动态配时方案的优势在逐渐降低。

表 19.8 RLSC、CFSC、VFSC、ASC 四种方案表现对比

车流量/(veh/h)	配时方案	MS/(m/s)	MQL/(veh/s)	MWT/s
1000	CFSC	9.16	11.67	15.31
	VFSC	9.37	10.42	14.71
	ASC	10.29	7.17	6.70
	RLSC	**10.62**	**5.98**	**2.73**
2000	CFSC	7.50	17.15	15.95
	VFSC	7.61	16.31	15.57
	ASC	8.72	10.26	8.57
	RLSC	**10.61**	**6.82**	**4.5**
3000	CFSC	7.22	26.75	17.12
	VFSC	7.18	25.75	16.23
	ASC	8.00	20.18	10.55
	RLSC	**9.71**	**17.88**	**10.21**

表 19.9 展示当车流量为 1000veh/h 时，CFSC、VFSC、ASC、RLSC 不同方向的表现对比。整体来看，RLSC 方案在不同的进口道方向的表现明显优于其他控制方案。对比于 CFSC 方案，RLSC 方案对不同方向进口道的总体提升更加明显。以东进口道的评价指标为例：平均等待时间降低了 14.91s，平均排队长度降低了 1.71veh/s，速度提升了 2.13m/s。ACS 方案虽然在一定程度上对不同进口道的交通状态都有优化，但是西进口道的表现明显优于其他方向。相比之下，RLSC 方案表现更为均衡，不存在某个方向的表现明显突出于其他方向的现象。说明 RLSC 方案可以实现信号配时的整体最优，而 ASC 容易出现局部最优的现象。

图 19.14 更为详细地展示出三种优化方案在不同进口道、不同时间的表现。可以明显地看出，在大部分时间段内 RLSC 方案的评价指标都明显优于 VFSC 和 ASC 方案。依据速度指标可以观测到两个现象：一是 RLSC 方案的平均速度指标整体优于 VFSC 和 ASC 方案；二是 RLSC 方案的平均速度的波动更为平缓。这也说明在应对不同进口道非均衡交通流时，RLSC 方案可以制定全局的优化策略，而 ASC 方案会陷入局部最优的困境中。

表19.9 当车流量为1000veh/h时，CFSC、VFSC、ASC、RLSC不同方向的表现对比

方向	配时方案	MS/(m/s)	MQL/(veh/s)	MWT/s
北向进口道	CFSC	9.80	3.81	13.50
	VFSC	10.09	3.80	12.25
	ASC	10.78	3.14	6.02
	RLSC	**11.33**	**2.2**	**3.42**
南向进口道	CFSC	10.17	3.03	10.61
	VFSC	10.38	2.94	9.72
	ASC	10.34	3.68	7.63
	RLSC	**11.18**	**2.42**	**3.52**
东向进口道	CFSC	9.19	4.34	18.26
	VFSC	9.23	3.76	19.33
	ASC	9.35	3.27	7.27
	RLSC	**11.32**	**2.63**	**3.35**
西向进口道	CFSC	9.72	4.22	16.06
	VFSC	10.04	3.80	14.22
	ASC	10.88	2.79	7.02
	RLSC	**11.54**	**2.35**	**3.95**

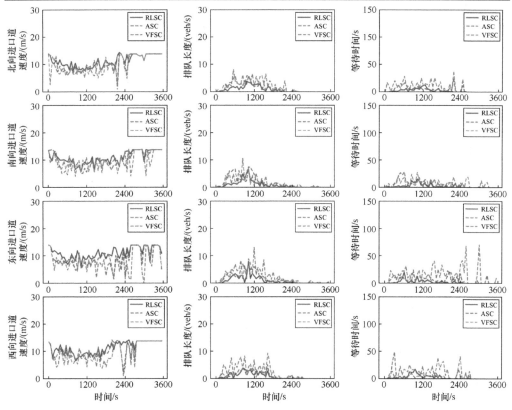

图19.14 三种优化方案在不同进口道、不同时间的表现

图 19.15 展示了三种优化方案在 15min 内、时间切片为 10s 的等待延误的演化过程。结果展示出 RLSC 的表现结果明显优于 VFSC，这是由于 RLSC 可以自适应地转换信号相位以应对动态的交通流变化。根据图 19.11 显示的流量变化可知，1500~1800s 时间段内，南北向直行流量和东西向直行流量存在峰值。RLSC 在该时间段的信号相位行为多为相位 1 与相位 3 之间的转换，用以满足该时间段的交通需求。VFSC 方案无法灵活地转换信号相位来应对实时的、动态的交通流，导致该时间段交叉口延误比较显著，甚至出现了过饱和的交通现象。虽然 ASC 方案也可以动态地调整信号相位应对动态的交通流，但是受到本身的控制机制和控制范围的限制，ASC 方案的表现与 RLSC 方案仍存在一定的差距。

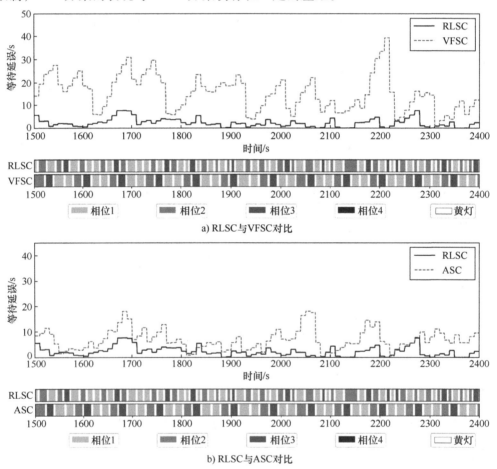

图 19.15 RLSC、ASC 和 VFSC 在 15min 内、时间切片为 10s 的等待延误的演化过程

2. 基于浮动车数据的信号相位配时优化

（1）训练过程

在浮动车数据的交通环境中，当车流量设置为 1000veh/h，浮动车渗透率为

10%时，会出现车流量过于稀疏、模型难以收敛的现象。因此，在探索不同渗透率条件下的配时方案优化时，本节设置车流量为2000veh/h，保障实验的可行性和稳定性。图19.16展示的是基于不同渗透率的浮动数据对RLSC方案的训练过程。横坐标表示的是Episode，本实验设置了200个Episode。图19.16a的纵坐标表示的是累计奖励。图19.16b的纵坐标表示的是累计延误。整体观测，随着浮动车数据的渗透率增加，模型收敛过程稳定性逐渐增加。以图19.16a中的累计奖励演变过程为例，当浮动车渗透率为10%时，在150→200个Episode过程中还存在明显的波动。随着渗透率增加至50%，训练模型收敛的稳定性得到了明显的提升。同样，在累计延误的演变过程中，也存在着随着渗透率增加，模型的稳定性逐渐增强的现象。出现这一现象的主要原因在于强化学习是基于数据驱动的模型，随着渗透率的增加，模型可以更加精准地刻画总体数据的交通特征，从而训练出更贴合实际交通流的模型。所以当渗透率较低的时候，利用较少的数据量去学习总体交通特征，模型收敛过程会出现明显的波动。随着数据量的增加，模型的稳定性逐渐增强，学习的交通状态特征趋于完整。

（2）模型应用

为了探究不同渗透率下浮动车数据构建的RLSC方案的性能，本研究采用了两项评价指标：平均等待延误和平均排队长度，如图19.17所示。其中x轴表示的是浮动车的渗透率，y轴表示的是仿真时间，z轴分别是平均等待延误和平均排队长度。从x轴方向可以看出，平均等待延误和平均排队长度随着浮动车的渗透率的增加呈现下降的趋势。从y轴方向可以观测到，在600s、1200s附近整体延误较高，尤其是渗透率为10%的区域延误最高，部分原因是该时间段的交通量较高，低渗透率的模型在应对较高的通行流量时优化能力仍然有很大提升空间。因此，随着浮动车数据量的增加，训练的模型可以更为全面地刻画总体数据的交通特征，从而进一步降低延误。

图19.18a~c表示不同渗透率浮动数据的RLSC方案与ASC和VFSC方案结果对比。可以看出，随着浮动车渗透率的提高，平均等待时间降低，排队长度减少，平均速度提升，这与图19.17的结果保持一致。同时，以平均等待时间为例，可以看出ASC方案的优化结果MWT=8.57s与10%渗透率的RLSC方案（6.27s）仍然存在着差距。其主要原因是ASC方案具有片面性和短视性的缺陷，从而限制了ASC方案的优化能力。

图19.18d表示的是利用不同渗透率的浮动车数据的RLSC方案相比于CFSC方案的评价指标提升的百分比。可以观测到，随着浮动车渗透率的增加，RLSC方案的平均排队长度、平均等待时间、平均速度相比于CFSC方案也在不断增加，分别为85.41%→151.47%，154.39%→254.44%，20.40→41.47%。由此可见，随着浮动车渗透率的增加，模型的优化性能逐渐增加，趋向于最优的控制方案，直接地促进交通效率的提升。

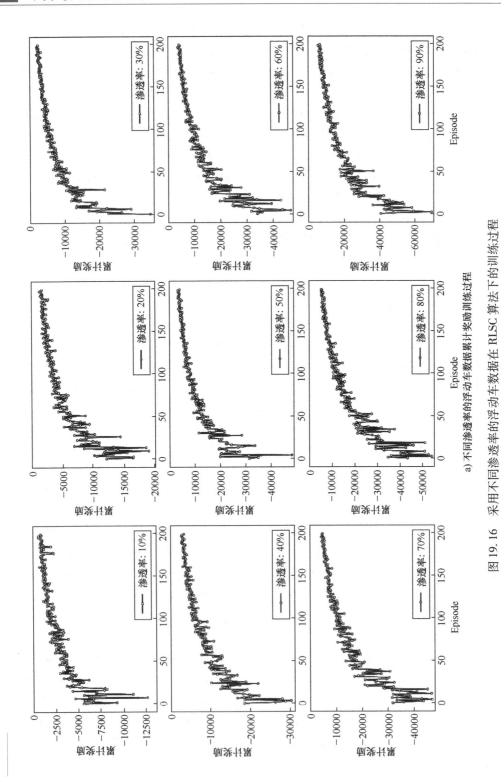

图 19.16 采用不同渗透率的浮动车数据在 RLSC 算法下的训练过程

第19章 交叉口自适应配时优化方法

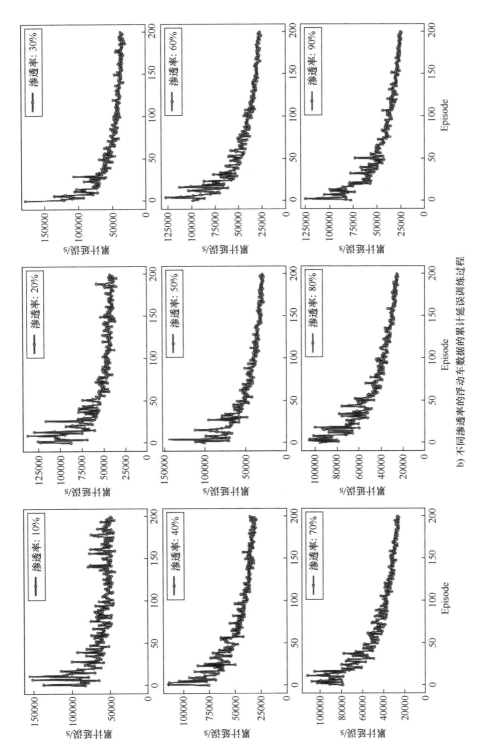

b) 不同渗透率的浮动车数据的累计延误训练过程

图 19.16 采用不同渗透率的浮动车数据在 RLSC 算法下的训练过程（续）

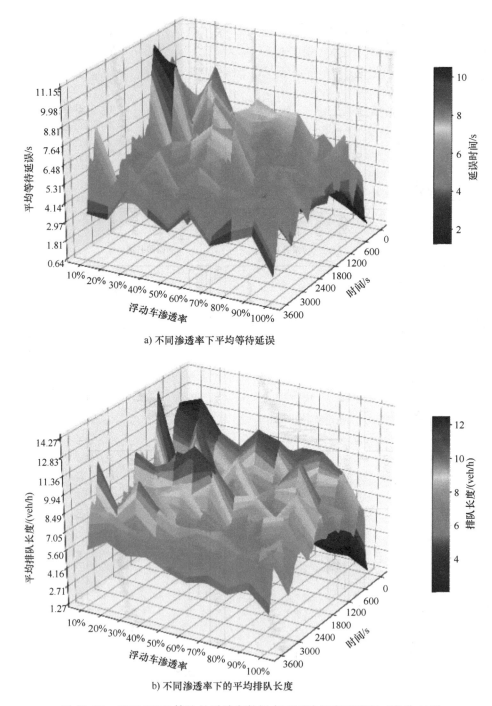

a) 不同渗透率下平均等待延误

b) 不同渗透率下的平均排队长度

图 19.17 基于 RLSC 算法的浮动车数据在不同渗透率下的配时优化表现

第19章 交叉口自适应配时优化方法

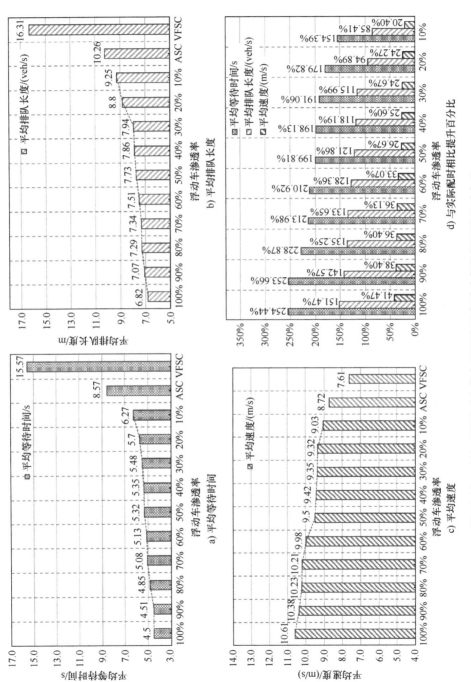

图 19.18 对比三种配时方案在不同渗透率浮动车数据下的配时表现

3. 基于感应线圈数据的信号相位配时优化

（1）模型训练过程

图19.19 展示的是在不同流量下，利用感应线圈数据对深度强化学习模型训练的过程，所构建的配时优化方案为 RLLOOP。横坐标表示的是 Episode，纵坐标分别表示的是累计奖励值和累计延误值。本实验设置了 200 个 Episode，随着 Episode 增加，RLLOOP 方案逐渐收敛。由于它仅能提取线圈位置至停车线位置的交通状态，所以，模型在收敛的过程中会出现一些明显的波动。比如在车流量为 1000veh/h 时的累计奖励和累计延误的演变过程中，模型收敛后都出现了一些波动现象。相比于浮动车数据，虽然感应线圈数据交通环境的感应空间范围存在一定的局限性，但是感应线圈数据可以提取全部的交通流量信息，这也是感应线圈数据的优势。

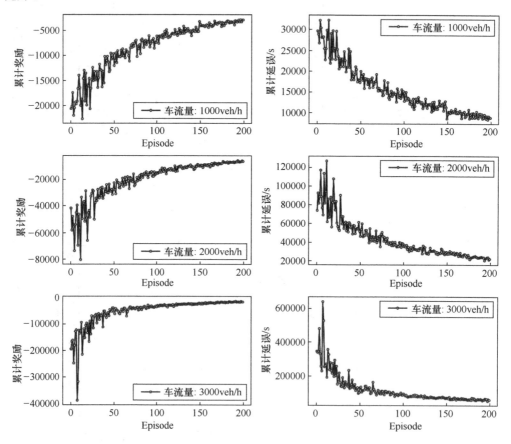

图 19.19　利用感应线圈数据在 RLLOOP 算法下的训练过程

（2）优化结果及比较

图 19.20 显示的是 RLLOOP 模型与基于总体数据的 RLSC、ASC、VFSC、CFSC

四种配时方案的表现对比。整体来看，对于等待时间和排队长度，相比于 RLSC 方案，RLLOOP 的表现略有不足。这是由于在提取交通状态时，感应线圈数据是固定传感器，其影响范围有限，无法检测出上游、下游的车流量。因此，RLLOOP 对即将到达的车流量感知较弱，无法提取丰富的交通状态，所以优化结果逊色于 RLSC 方案。相比 ASC 方案，虽然两者都是采用线圈数据，但是 ASC 方案具有片面性和短视性的缺陷，而 RLLOOP 方案具有深度强化学习的特性，可以实现整体性优化。相比于 CFSC 和 VFSC 方案，RLLOOP 的表现明显优于二者。这是由于 RLLOOP 方案可以满足动态的交通需求，可以对动态的交通流实现自适应控制，降低信号交叉口的延误，提高交叉口的通行效率。

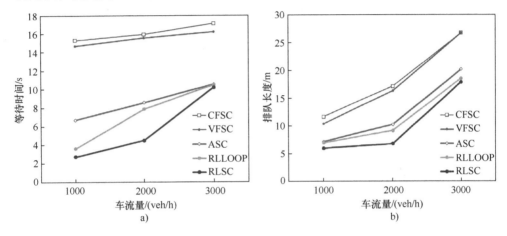

图 19.20　对比 RLLOOP 方案与其他配时方案的表现

第 20 章 基于张量分解的路段行程速度稀疏张量重建算法

路段行程速度是可以表征交通流状态的基础交通信息数据之一。利用浮动车 GPS 数据可提取道路平均行程速度，即在单位时间内经过单个路段的所有车辆的平均速度值。但装有 GPS 设备的浮动车车辆在城市路网中所占的比例较低，因此所获取的平均行程速度数据是稀疏的。本章基于张量分解模型和海量稀疏的浮动车 GPS 数据，进行城市路网中路段行程速度的估计研究。以路段、周、天、时段四个维度为基础，构建行程速度张量，该张量中的数据存在着大量的缺失数据，呈现出稀疏性，鉴于此，本章提出了一种基于截断核范数的张量分解模型进行稀疏张量填充的方法。为了对所提出模型的有效性进行验证，利用在北京路网中获取的海量 GPS 轨迹数据进行实验。结果表明，该模型能够有效利用海量稀疏 GPS 轨迹数据对城市路网的行程速度进行估计。

20.1 张量理论基础

20.1.1 张量相关定义

张量是多维数组，又称 N 边向量或 N 模式矩阵。张量是向量和矩阵在高阶的推广。N 阶张量可以表示为 $\boldsymbol{A} \in R^{I_1 \times I_2 \times \cdots \times I_N}$。张量用多个变量来唯一标识张量中的每一个元素，增加了可表示的数据量。张量的元素可以表示为 $a_{i_1 \cdots i_k \cdots i_N}$，这里 $1 \leq i_k \leq I_k$，$1 \leq k \leq N$。图 20.1 所示为一阶、二阶及三阶张量示意图。其中直线表示一阶张量（向量，$\boldsymbol{a} \in R^N$），矩形表示二阶张量（矩阵，$\boldsymbol{A} \in R^{M \times N}$），三维立方体表示三阶张量（$\boldsymbol{A} \in R^{M \times N \times P}$）。

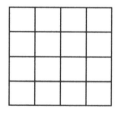
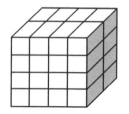

图 20.1 向量、矩阵及三阶张量示意图

(1) 张量内积

对于张量 $\mathcal{A} \in R^{I_1 \times I_2 \times \cdots \times I_N}$ 和 $\mathcal{B} \in R^{I_1 \times I_2 \times \cdots \times I_N}$，张量的内积定义为各个张量对应元素乘积的和：

$$\langle \mathcal{A}, \mathcal{B} \rangle = \sum_{i_1=1}^{I_1} \sum_{i_2=2}^{I_2} \cdots \sum_{i_N=1}^{I_N} a_{i_1 \cdots i_k \cdots i_N} \times b_{i_1 \cdots i_k \cdots i_N} \quad (20\text{-}1)$$

式中，$a_{i_1 \cdots i_k \cdots i_N}$ 和 $b_{i_1 \cdots i_k \cdots i_N}$ 分别为张量 $\mathcal{A}$ 和 $\mathcal{B}$ 的第 $i_1 \cdots i_k \cdots i_N$ 个元素。如果张量 $\mathcal{A}$ 和 $\mathcal{B}$ 的内积 $\langle \mathcal{A}, \mathcal{B} \rangle = 0$，则称张量 $\mathcal{A}$ 和 $\mathcal{B}$ 正交。特殊地，当 $\mathcal{A} \in R^{I_1 \times I_2}$ 和 $\mathcal{B} \in R^{I_1 \times I_2}$，即 $\mathcal{A}$ 和 $\mathcal{B}$ 分别为矩阵时，则称 $\langle \mathcal{A}, \mathcal{B} \rangle$ 为矩阵 $\mathcal{A}$ 和 $\mathcal{B}$ 的内积。

(2) 张量的 F 范数

对于给定的 N 阶张量 $\mathcal{A} \in R^{I_1 \times I_2 \times \cdots \times I_N}$，它的 F 范数定义为各元素平方和的平方根。张量的 F 范数又称为张量的模。

$$\|\mathcal{A}\|_F = \langle \mathcal{A}, \mathcal{A} \rangle = \sum_{i_1=1}^{I_1} \sum_{i_2=1}^{I_2} \cdots \sum_{i_N=1}^{I_N} a_{i_1 \cdots i_k \cdots i_N} \times a_{i_1 \cdots i_k \cdots i_N} \quad (20\text{-}2)$$

当 $\mathcal{A} \in R^{I_1 \times I_2}$，即 $\mathcal{A}$ 为矩阵（二阶张量）时，则称 $\|\mathcal{A}\|_F$ 为矩阵 $\mathcal{A}$ 的 F 范数，又被称为矩阵的模。

(3) 张量的秩

对于给定的 N 阶张量 $\mathcal{A} \in R^{I_1 \times I_2 \times \cdots \times I_N}$，如果 $\mathcal{A}$ 可以表示成 $\mathcal{A} = \sum_{n=1}^{N} \alpha_n \mathcal{B}_n$，这里 α_n 均不为 0，$\mathcal{B}_n$ 均为秩为 1 的张量，则满足公式的最小整数 N 称为张量 $\mathcal{A}$ 的秩。特殊地，当 $\mathcal{A} \in R^{I_1 \times I_2}$ 即 $\mathcal{A}$ 为矩阵（二阶张量）时，则满足公式的最小整数 N 称为矩阵 $\mathcal{A}$ 的秩。

(4) 秩为 1 的张量

对于给定的 N 阶张量 $\mathcal{A} \in R^{I_1 \times I_2 \times \cdots \times I_N}$，可以表示成向量 $a_n \in R^{I_n}$，$n = 1, 2, \cdots, N$ 的外积形式，即 $\mathcal{A} \in a_1 \odot a_2 \odot \cdots \odot a_N$，则张量 $\mathcal{A}$ 称为秩为 1 的张量。特殊地，当 $\mathcal{A} \in R^{I_1 \times I_2}$，即 $\mathcal{A}$ 为矩阵（二阶张量）时，则称 $\mathcal{A}$ 为秩为 1 的矩阵。

(5) 张量的 n 模式展开矩阵

对于给定的 N 阶张量 $\mathcal{A} \in R^{I_1 \times I_2 \times \cdots \times I_N}$，它按第 n 模式展开成矩阵表示为 $A_{(n)} \in R^{I_1 \times I_2 \times \cdots \times I_N}$，相反，矩阵也可重新构建成张量。本章用 $A_{(n)} = \text{unfold}_n(\mathcal{A})$ 表示张量 $\mathcal{A}$ 的第 n 模式展开矩阵，展开成矩阵后的秩称为张量的 n 模式秩。

(6) 张量的 n 模式乘积

对于给定的 N 阶张量 $\mathcal{A} \in R^{I_1 \times \cdots \times I_n \times \cdots \times I_N}$ 和矩阵 $U \in R^{R_n \times I_n}$，张量 $\mathcal{A}$ 的 n 模式乘积可以表示为 $\mathcal{A} \times_n U \in R^{I_1 \times \cdots \times I_n \times \cdots \times I_N}$。张量的 n 模式乘积也可以看成是对矩阵 U 和 $A_{(n)}$（张量 $\mathcal{A}$ 的 n 模式展开矩阵）的乘积矩阵重新变换为张量，即 $\mathcal{B} = \mathcal{A} \times_n U$，$B_{(n)} = U \times A_{(n)}$。

20.1.2 基本符号

在本章中，矢量用小写字母表示，例如：a。矩阵用大写字母表示，例如：A。

张量用花体表示，例如：$\boldsymbol{A}$。R 表示实数域。N 阶张量可以表示为 $\boldsymbol{A} \in R^{I_1 \times I_2 \times \cdots \times I_N}$。张量的元素可以表示为 $a_{i_1 \cdots i_k \cdots i_N}$，其中，$1 \leq i_k \leq I_k$，$1 \leq k \leq N$。

20.2 基于相关性分析和低秩假设的路网内路段行程速度稀疏张量建模

本书所采用的基于浮动车数据的路段行程速度估计模型的框架如图 20.2 所示。将浮动车行驶产生的数据与电子地图中的路网数据进行匹配，得到车辆的行驶轨迹，存入历史轨迹数据库中。基于历史的轨迹数据，提取路段交通流参数，即平均行程速度时间序列，进行相关性分析和低秩分析，构建含有缺失数据的行程速度张量模型，利用张量分解算法，求解张量中的缺失数据。

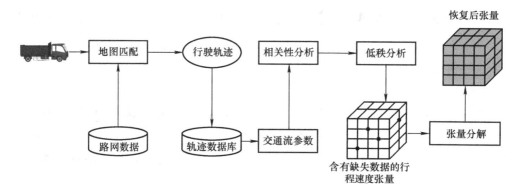

图 20.2 基于浮动车数据的路段行程速度估计模型的框架

20.2.1 交通数据的相关性分析

多模式特性指当人们从不同的角度或使用不同的方法分析一件事时，分析结果是不同的。对于交通数据，当从日、周、空间或时间模式观察时，它显示出显著的多模式特性，并且研究人员发现交通数据在这些模式中显示出强烈的多重相关性。考虑到浮动车数据的稀疏特性，本节以半个小时为周期，提取平均行程速度这一交通流参数，对多模式下的交通流参数的相关性进行分析。图 20.3 显示了每种模式下基于浮动车数据提取的交通流参数的分布特性。图 20.3a 显示了日模式和时刻模式下的数据分布，图 20.3b 显示了空间模式下的数据分布。其中，路段 B 和路段 C 为路段 A 的上游路段，路段 B 与路段 C 交叉。图 20.3c 显示了周模式下的数据分布。可以看出，浮动车数据在不同模式下具有相似的特征。

在本节中，式（20-3）给出了各种交通数据模式的相关性。

$$S = \frac{\sum_{n \geq i \geq j \geq 1} \boldsymbol{R}(i,j)}{n(n-1)/2} \tag{20-3}$$

式中，n 为整个数据点；$\boldsymbol{R}(i,j)$ 为相关系数矩阵。

表 20.1 显示了日模式、周模式、空间模式和时刻模式下的交通数据张量的相关性。

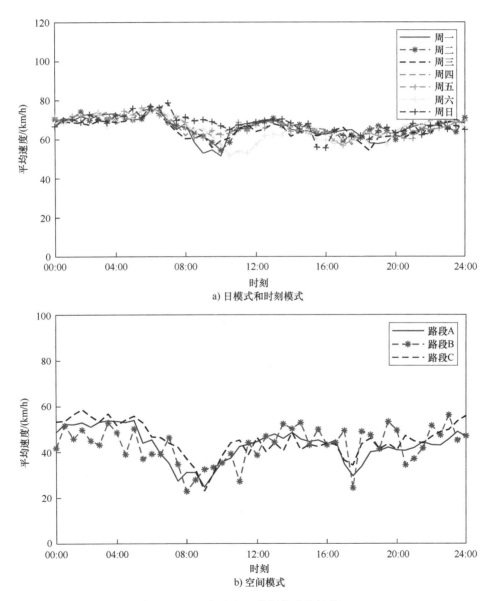

图 20.3 各种交通数据模式的趋势

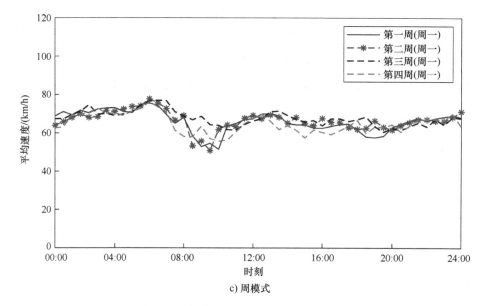

c) 周模式

图 20.3 各种交通数据模式的趋势（续）

表 20.1 每种模式下的交通数据张量的相关性

模式	相关性
空间	0.3163
周	0.8490
日	0.7814
时刻	0.3861

从表 20.1 可以看出，交通数据显示周模式和日模式的高度相关性。然而，在时刻模式中，交通量在不同时间显示不同的状态，这使得交通流参数张量在时间模式中呈现低相关性。在空间模式中，由于本节所使用的数据涉及的路段较多，平均空间相关性较低。还可以看出，由于工作日和休息日之间的弱相关性，与周模式相比，日模式中的相关性较低。

20.2.2 路网内路段行程速度稀疏张量模型

张量是一个多维数组，它是一阶向量和二阶矩阵的高阶扩展。元素的位置需要由三个或更多变量表示。N 阶张量表示为 $\mathbf{A} \in R^{I_1 \times I_2 \times \cdots \times I_N}$。

基于前面的分析说明，交通数据显示出强大的多模式相关性，为交通数据张量模型的构建提供了充分的基础。基于前述的分析结果，本节通过组合多模式交通量时空特征，构建了交通数据张量形式 $\mathbf{A} \in R^{L \times W \times D \times T}$，如图 20.4 所示。图中 L 表示路段，W 表示周，D 表示天，T 表示时段。基于本节数据来源，各个维度对应的元素个数分别为 60、12、7、48。

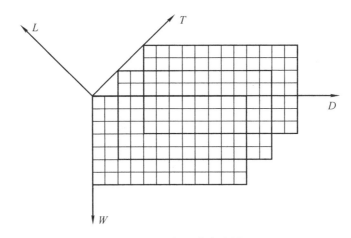

图 20.4　行程速度张量

20.2.3　交通数据的低秩性分析

张量分解算法可以成功地估计交通流参数张量中的丢失数据，主要原因是张量分解算法采用的低秩性假设可以成功地近似交通数据的多模式相关性。本质上，当张量具有低秩或稀疏特性时，可以说张量是冗余的，并且可以以更紧凑的形式表达，从而可以用更少的采样张量重建完整的张量。为了解决张量中缺失数据的恢复问题，通常假设要恢复的张量具有低秩结构，即其数据分布在低维线性子空间中。显然，由实际数据构建而没有任何人为干预的交通数据张量模型不是低秩的，并且大部分时间是满秩的。因此，我们需要进行低秩近似。为了揭示低秩近似的工作原理，我们在张量上使用高阶奇异值分解（HOSVD）进行多模式低阶近似。HOSVD可以使用具有低秩结构的张量来近似已知的张量。张量的 HOSVD 模型将张量分解为核张量与每个模式中 n 模式矩阵的乘积，见式（20-4）。

$$\mathcal{A} \approx \mathcal{G} \times_1 U_1 \times_2 U_2 \times \cdots \times_N U_N \tag{20-4}$$

张量 $\mathcal{G}$ 称为核张量，其元素 U_N 表示各种模式的主成分之间的关系。A 是 n 模式的展开矩阵。$\mathcal{G} \times_N U$ 是张量 $\mathcal{G}$ 和矩阵 U 的乘积。

图 20.5 显示了使用 n 模式秩 $[3,3,3,3]$ 的交通张量的低秩近似的在工作日和休息日条件下的部分结果。从图 20.5 中可以看出，具有秩 $[3,3,3,3]$ 的张量低秩近似可以维持 $\mathcal{A} \in R^{60 \times 4 \times 7 \times 48}$ 交通流参数张量数据的主要变化，以及适当的多低秩性假设可以有效地捕获交通量的多重相关性，获得交通流参数数据的主要变化趋势，从而估计缺失的数据。

在本节中，基于截断核范数的低秩张量分解算法与 HOSVD 模型具有相同的目的。它们都对给定的张量进行低阶近似，从而实现交通流参数张量模型中缺失数据的填充。

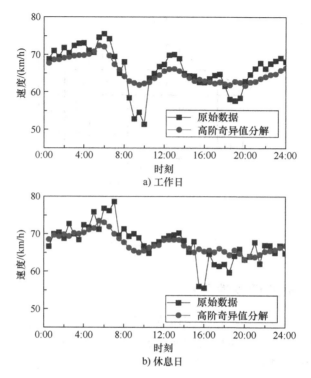

图 20.5　交通数据的低秩近似结果

20.3　基于截断核范数的低秩张量分解填充算法

低秩张量填充方法属于常见的张量填充方法理论之一。由于技术限制等因素，在现实生活中，所获取到的张量数据常常是不完整的。张量填充理论试图利用已有的不完全的观测数据恢复出完整的目标张量。以不完全观测的张量 $\mathcal{M} \in R^{M \times N \times T}$ 为例，低秩张量填充问题（Low–Rank Tensor Completion）可以表示为以下模型：

$$\min_{\mathcal{X}} \mathrm{rank}(\mathcal{X})$$
$$\mathrm{s.\,t.\,} P_\Omega(\mathcal{X}) = P_\Omega(\mathcal{M}) \tag{20-5}$$

式中，$\mathcal{X} \in R^{M \times N \times T}$ 为恢复后的张量；Ω 为 $\mathcal{M}$ 中已知元素的索引的集合；$\mathrm{rank}(\cdot)$ 为秩函数；P_Ω 为投影算子，进行如下运算：

$$[P_\Omega(\mathcal{X})]_{mnt} = \begin{cases} x_{mnt}, & (m,n,t) \in \Omega \\ 0, & \text{其他} \end{cases} \tag{20-6}$$

张量填充算法中，张量秩函数最小化问题是一个 NP–hard 问题。为解决这一问题，最近的研究集中于将该问题转化为一个凸优化的问题进行求解。例如，Liu 等人基于张量的 Tucker 分解模型提出了张量核范数的概念。基于张量核范数的概念首次提出了一种基于低秩张量的缺失数据填充算法,为后续低秩张量填充算法的研究提供了理论基础。基于核范数最小化的低秩张量缺失数据恢复模型可以使用如下的公式进行表达:

$$\min_{X} \sum_{i=1}^{3} \lambda_i \|X_{(i)}\|_*$$
$$\text{s. t. } P_\Omega(\mathcal{X}) = P_\Omega(\mathcal{M}) \quad (20\text{-}7)$$

其中,$\lambda_i > 0$。在该目标函数中,对于任何矩阵 X,核范数被定义为 $\|X\|_* = \sum_i \sigma_i(X)$,$\sigma_i(X)$ 是矩阵 X 的第 i 大的奇异值。

核范数最小化方法在缺失矩阵/张量数据推算任务中取得了巨大的进步和显著的成功,但最近的研究表明,通过使用某些在奇异值上构建的非凸函数来代替默认的核范数,可以显著地提升缺失矩阵/张量填充的效果。例如,截断核范数最小化方法通过保持大的奇异值不变来保留主要成分,只考虑那些小的奇异值作为变量,而不是同时最小化矩阵的所有奇异值。

(1) 矩阵的截断核范数(Truncated Nuclear Norm,TNN)

给定一个矩阵 $X \in R^{m \times n}$ 和一个正整数 $r < \min\{m, n\}$,TNN $\|X\|_{r,*}$ 定义为第 $\min\{m, n\} - r$ 个奇异值之和,即:

$$\|X\|_{r,*} = \sum_{i=r+1}^{\min\{m,n\}} \sigma_i(X) \quad (20\text{-}8)$$

式中,$\sigma_i(X)$ 为矩阵 X 的第 i 个奇异值,奇异值按照 $\sigma_1 \geq \sigma_2 \geq \cdots \geq \sigma_{\min\{m,n\}} \geq 0$ 进行排序。此矩阵定义不能直接用于多阶张量。根据 TNN 矩阵,本节提出使用张量或展开(即矩阵)来定义 TNN 张量。

(2) 张量的截断核范数

对于任意的 d 阶张量 $\mathcal{X}$,

$$\|\mathcal{X}\|_{\theta,*} = \sum_{k=1}^{d} \alpha_k \|\mathcal{X}_{(k)}\|_{r_k,*} \quad (20\text{-}9)$$

每个张量模式的截断为

$$r_k = \left\lceil \theta \min\left\{n_k, \prod_{h \neq k} n_h\right\} \right\rceil, \forall k \in \{1, 2, \cdots, d\} \quad (20\text{-}10)$$

式中,$\lceil \cdot \rceil$ 为不小于给定值的最小整数;θ 为一个通用速率常数,可以控制张量在 d 模式上的截断,它应该满足 $1 \leq r_k \leq \min\{n_k, \prod_{h \neq k} n_h\}$。$\alpha_1, \cdots, \alpha_d (\sum_k \alpha_k = 1)$ 是分别加在每个张量展开矩阵 $X_{(1)}, \cdots, X_{(d)}$ 的截断核范数上的权重参数。

如果以式(20-9)作为 LRTC 与 TNN 最小化的基础,则认为如果速率参数可以被适当地设置,每个张量模式的截断将被自动分配。在此基础上,如果将速率参数设置得很合理,那么每个张量模式的截断值就会自动分配。

$$\min_{\mathcal{X}} \sum_{k=1}^{3} \alpha_k \|X_{(k)}\|_{r_k,*}$$
$$\text{s. t. } P_\Omega(\mathcal{X}) = P_\Omega(\mathcal{Y}) \tag{20-11}$$

然而,式(20-11)仍不是合适的形式,实际上,以不同的模式展开的张量并不能保证目标函数中变量的独立性。因此,引入辅助张量变量 $\mathcal{M}$ 和一个限制条件 $\mathcal{X}_k = \mathcal{M}$,$k=1,2,3$,将式(20-11)转换为一个可解问题,具体如下:

$$\min_{\mathcal{M},\mathcal{X}_1,\mathcal{X}_2,\mathcal{X}_3} \sum_{k=1}^{3} \alpha_k \|X_{k(k)}\|_{r_k,*}$$
$$\text{s. t. } \begin{cases} \mathcal{X}_k = \mathcal{M}, k=1,2,3 \\ P_\Omega(\mathcal{M}) = P_\Omega(\mathcal{Y}) \end{cases} \tag{20-12}$$

式中,$\mathcal{M}$ 为被引入用于保存观测信息,并将信息传递至变量 $\mathcal{X}_k$($k=1,2,3$)。在目前的公式中,张量 $\mathcal{X}_k$($k=1,2,3$)涉及截断核范数,变量 $\mathcal{M}$ 建立了与部分观测张量 $\mathcal{Y}$ 之间的关系。

为了求解这个最优化问题,一种直接且广泛使用的方法是交替乘子法(Alternating Direction Method of Multipliers,ADMM)。过去的研究已经证明了该方法对于低秩张量或矩阵填充是有效的。在建立 ADMM 模型之前,首先需要增强拉格朗日函数:

$$L(\mathcal{M},\{\mathcal{X}_k,\mathcal{T}_k\}_{k=1}^{3}) = \sum_{k=1}^{3} \left(\alpha_k \|\mathcal{X}_{k(k)}\|_{r_k,*} + \frac{\rho_k}{2} \|\mathcal{X}_{k(k)} - \mathcal{M}_{(k)}\|_F^2 + \langle \mathcal{X}_k - \mathcal{M}, \mathcal{T}_k \rangle \right) \tag{20-13}$$

式中,$\langle \cdot, \cdot \rangle$ 为内积;$\mathcal{T}_1, \mathcal{T}_2, \mathcal{T}_3 \in R^{M \times N \times T}$ 为引入的辅助变量。

相应地,ADMM算法以迭代的方式将原来的张量填充问题转换成以下三个子问题:

$$\mathcal{X}_k^{l+1} = \arg\min_{\mathcal{X}} L(\mathcal{M},\{\mathcal{X}_k^{l+1},\mathcal{T}_k^l\}_{k=1}^{3}) \tag{20-14}$$

$$\mathcal{M}^{l+1} = \arg\min_{\mathcal{M}} L(\mathcal{M},\{\mathcal{X}_k^{l+1},\mathcal{T}_k^l\}_{k=1}^{3}) \tag{20-15}$$

$$\mathcal{T}_k^{l+1} = \mathcal{T}_k^l + \rho_k(\mathcal{X}_k^{l+1} - \mathcal{M}^{l+1}) \tag{20-16}$$

其中,我们依据 $\mathcal{X}_1^{L+1} \to \cdots \to \mathcal{X}_3^{l+1} \to \mathcal{M}_1^{l+1} \to \mathcal{T}_1^{l+1} \to \cdots \to \mathcal{T}_3^{L+1}$ 的顺序进行迭代。

$$\mathcal{X}_k^{l+1} = \arg\min_{\mathcal{X}} \alpha_k \|\mathcal{X}_{(k)}\|_{r_k,*} + \frac{\rho_k}{2} \|\mathcal{X}_{(k)} - \mathcal{M}_{(k)}^l\|_F^2 + \langle \mathcal{X}_{(k)}, \mathcal{T}_{k(k)}^l \rangle$$

$$= \arg\min_{\mathcal{X}} \alpha_k \|\mathcal{X}_{(k)}\|_{r_k,*} + \frac{\rho_k}{2} \|\mathcal{X}_{(k)}\|_F^2 - \rho_k \left\langle \mathcal{X}_{(k)}, \mathcal{M}_k^l - \frac{1}{\rho_k} \mathcal{T}_{k(k)}^l \right\rangle \tag{20-17}$$

$$= \arg\min_{\mathcal{X}} \alpha_k \|\mathcal{X}_{(k)}\|_{r_k,*} + \frac{\rho_k}{2} \left\| \mathcal{X}_{(k)} - \left(\mathcal{M}_k^l - \frac{1}{\rho_k} \mathcal{T}_{(k)}^l \right) \right\|_F^2$$

$$= \arg\min_{\mathcal{X}} G(\mathcal{X}_{(k)})$$

通常，当 $G(\boldsymbol{X}_{(k)})$ 为凸时，最优的 $\boldsymbol{X}$ 可以通过求解 $0 \in \partial G(\boldsymbol{X}_{(k)})$ 得到。然而，当 $G(\cdot)$ 非凸时，则不能保证其为全局最优解，式（20-17）里的优化问题能否收敛到全局最优值也不清楚。在本节中，通过使用以下定理来解决这个问题。

定理 对任意 α，$\rho > 0$，$\boldsymbol{Z} \in R^{m \times n}$，$r \in N_+(r < \min\{m,n\})$，对于问题：

$$\min_{\boldsymbol{X}} \alpha \|\boldsymbol{X}\|_{r,*} + \frac{\rho}{2} \|\boldsymbol{X} - \boldsymbol{Z}\|_F^2 \tag{20-18}$$

其最优解可以由广义奇异值阈值给定：

$$\hat{\boldsymbol{X}} = \boldsymbol{U} \Sigma_{\alpha/\rho} \boldsymbol{V}^T \tag{20-19}$$

其中，$\boldsymbol{U}\Sigma\boldsymbol{V}^T$ 是 $\boldsymbol{Z}$ 的奇异值分解。奇异值的收缩被定义为

$$\Sigma_{\alpha/\rho} = \text{diag}((\sigma_1,\cdots,\sigma_r,[\sigma_{r+1}-\alpha/\rho]_+,\cdots,[\sigma_{\min\{m,n\}}-\alpha/\rho]_+)^T) \tag{20-20}$$

其中，$\sigma_1,\cdots,\sigma_{\min\{m,n\}}$ 是 Σ 的对角线上的元素，$[\sigma - \alpha/\rho]_+$ 满足 $[\sigma - \alpha/\rho]_+ = \max\{\sigma - \alpha/\rho, 0\}$。

对于任意的 $x, z > 0$，定义函数 $f_i(\cdot)$ 为

$$f_i(x) = \begin{cases} \alpha x + \frac{\rho}{2}(x-z)^2, & i > r \\ \frac{\rho}{2}(x-z)^2, & \text{其他} \end{cases} \tag{20-21}$$

该函数可微

$$\frac{\partial f_i(x)}{\partial x} = \begin{cases} \alpha + \rho(x-z), & i > r \\ \rho(x-z), & \text{其他} \end{cases} \tag{20-22}$$

当最小化目标函数 $F(\boldsymbol{X}) = \alpha \|\boldsymbol{X}\|_{r,*} + \frac{\rho}{2}\|\boldsymbol{X} - \boldsymbol{Z}\|_F^2$ 时，我们需要找到 $\boldsymbol{X}(0 \in \partial F(\boldsymbol{X}))$ 来优化 F。为了求解 $0 \in \partial F(\boldsymbol{X})$，建立了奇异值函数 $f:R^{\min\{m,n\}} \mapsto R:f(\sigma(\boldsymbol{X})) = \sum_{i=1}^{\min\{m,n\}} f_i(\sigma_i(\boldsymbol{X}))$，其中函数 $f(\cdot)$ 的定义见式（20-21）。分别考虑总和 $f(\sigma(\boldsymbol{X}))$ 的各个部分，我们有

$$0 \in \frac{\partial f_i(\sigma_i(\boldsymbol{X}))}{\partial \sigma_i(\boldsymbol{X})} \Rightarrow \sigma_i(\boldsymbol{X}) = \begin{cases} [\sigma_i(\boldsymbol{Z}) - \alpha/\rho]_+, & i > r \\ \sigma_i(\boldsymbol{Z}), & \text{其他} \end{cases} \tag{20-23}$$

结果和式（20-18）是一样的。

式（20-24）描述的 TNN 最小化问题是特殊的加权核范数最小化问题。

$$\min_{\boldsymbol{X}} \alpha \omega^T \sigma(\boldsymbol{X}) + \frac{\rho}{2}\|\boldsymbol{X} - \boldsymbol{Z}\|_F^2 \tag{20-24}$$

权重 $\omega_1,\cdots,\omega_r = 0$，$\omega_{r+1},\cdots,\omega_{\min\{m,n\}} = 1$。当 $0 \leq \omega_1 \leq \cdots \leq \omega_{\min\{m,n\}}$ 时，加权核范数最小化问题有一个最优解，对应于式（20-19）的奇异值的收缩量为

$$\Sigma_{\alpha/\rho} = \text{diag}([\sigma_1 - \alpha\omega_1/\rho]_+,\cdots,[\sigma_{\min\{m,n\}} - \alpha\omega_{\min\{m,n\}}/\rho]_+)^T \tag{20-25}$$

其与上述定理一致。

基于上述定理，式（20-17）的奇异值收缩为

$$\sigma_i(X_{(k)}) = \begin{cases} \left[\sigma_i(M_{(k)}^l) - \dfrac{1}{\rho_k}T_{k(k)}^l\right) - \dfrac{\alpha_k}{\rho_k}\Big]_+, i > r_k \\ \sigma_i(M_{(k)}^l) - \dfrac{1}{\rho_k}T_{k(k)}^l), \text{其他} \end{cases} \quad (20\text{-}26)$$

其中 $M_{k(k)}^l - \dfrac{1}{\rho_k}T_{k(k)}^l$ 的奇异值分解是 $U\Sigma V^T$。可以得到最优的 X_k^{l+1}，通过

$$\mathcal{X}_k^{l+1} = \text{fold}_k\{U\text{diag}[\sigma(X_{(k)})]V^T\} \quad (20\text{-}27)$$

下面对张量 $\mathcal{M}$ 进行计算。

基于最小二乘法对 $\mathcal{M}^{l+1}$ 进行求解：

$$\begin{aligned}
\mathcal{M}^{l+1} &= \arg\min_{\mathcal{M}} \sum_{k=1}^{3} \left(\dfrac{\rho_k}{2}\|\mathcal{X}_{k(k)}^{l+1} - \mathcal{M}_{(k)}\|_F^2 - \langle \mathcal{M}_{(k)}, \mathcal{T}_{k(k)}^l \rangle\right) \\
&= \arg\min_{\mathcal{M}} \sum_{k=1}^{3} \left(\dfrac{\rho_k}{2}\langle \mathcal{X}_k^{l+1} - \mathcal{M}, \mathcal{X}_k^{l+1} - \mathcal{M}\rangle - \langle \mathcal{M}, \mathcal{T}_k^l\rangle\right) \\
&= \arg\min_{\mathcal{M}} \sum_{k=1}^{3} \left(\dfrac{\rho_k}{2}\langle \mathcal{M}, \mathcal{M}\rangle - \rho_k\langle \mathcal{M}, \mathcal{X}_k^{l+1}\rangle - \langle \mathcal{M}, \mathcal{T}_k^l\rangle\right) \quad (20\text{-}28) \\
&= \arg\min_{\mathcal{M}} \langle \mathcal{M}, \mathcal{M}\rangle - \dfrac{2}{\sum_{k=1}^{3}\rho_k}\left\langle \mathcal{M}, \sum_{k=1}^{3}(\rho_k\mathcal{X}_k^{l+1} + \mathcal{T}_k^l)\right\rangle \\
&= \dfrac{1}{\sum_{k=1}^{3}\rho_k}\sum_{k=1}^{3}(\rho_k\mathcal{X}_k^{l+1} + \mathcal{T}_k^l)
\end{aligned}$$

其中，增加了一个约束条件 $P_\Omega(\mathcal{M}^{l+1}) = P_\Omega(\mathcal{Y})$，以保证观测信息在每次迭代的时候进行变换。

20.4 路网内路段行程速度稀疏张量重建算例分析

20.4.1 实验数据

本节中所使用的数据的时间范围如前述章节所述，数据采集的时间段为凌晨0点至晚上12点，即00:00am—24:00pm。数据采集的空间范围如前所述。原始的浮动车GPS数据经过地图匹配等预处理后，便可以得到每条数据对应的轨迹所在的路段。以半个小时为周期，提取路网内路段的行程速度时间序列，进而构建本章的行程速度张量。在构建张量时，无法达到覆盖强度的路段，视为其交通流参数信息缺失。经统计，本章所建立的行程速度张量的完整率为79.83%，所构建的行程速度张量是稀疏的，基于该数据，后续无法获得准确的交通流参数的预测结果。

20.4.2 结果分析

图20.6所示为部分数据缺失的填充效果。图20.7所示为某天数据完全缺失情

况下的填充结果。图 20.8 中将完全缺失情况下的填充结果与相邻路段同天的平均速度时间序列进行对比,可以看出,两者具有相同的走势。

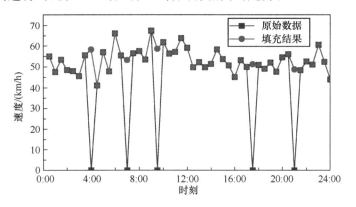

图 20.6　部分数据缺失的填充结果

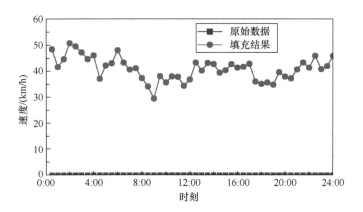

图 20.7　某天数据完全缺失情况下的填充结果

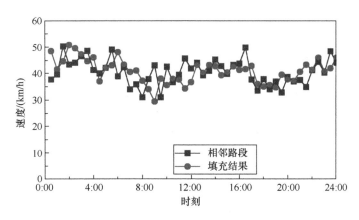

图 20.8　完全缺失情况下填充结果与相邻路段同日的平均速度时间序列对比

本节以路段 1（节点 2 至节点 1）为例，分别在工作日（5 月 9 号）、休息日（5 月 13 号）和突发拥堵（5 月 11 号）三个不同的场景对填充结果进行展示。

图 20.9 所示为路段 1（节点 2 至节点 1）工作日的填充结果，图 20.10 所示为路段 1（节点 2 至节点 1）休息日的填充结果，图 20.11 所示为路段 1（节点 2 至节点 1）突发拥堵场景下的填充结果。

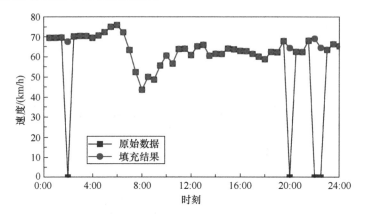

图 20.9　路段 1（节点 2 至节点 1）工作日的填充结果

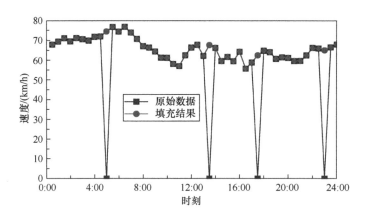

图 20.10　路段 1（节点 2 至节点 1）休息日的填充结果

为了对本节中所使用的行程速度填充模型的精度进行进一步评估，从所构建的行程速度张量模型中随机抽取 10% 的已知数据，将其设置为缺失，然后利用本章提出的算法对这些数据进行估计，并以这些数据的初始值为真值对行程速度的估计精度进行评估。在实验中，将本章所提方法同三种基线方法进行了对比，分别是基于向量、基于矩阵形式的方法和基于张量形式的方法。这三种方法在现有的研究中得到了广泛的应用。

本节所使用的精度评价指标为平均绝对百分比误差（Mean Absolute Percentage Error，MAPE）、均方根误差（Root Mean Squard Error，RMSE）和拟合优度 R –

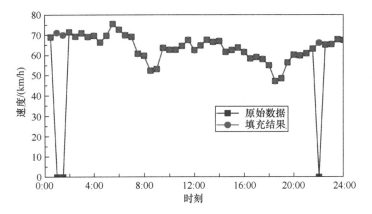

图 20.11 路段 1（节点 2 至节点 1）突发拥堵场景下的填充结果

square，见式（20-29）~式（20-31）。

$$\text{MAPE} = \frac{1}{I_{\text{total}}} \sum_{I_{\text{total}}} \frac{|V_{\text{es}}(i) - V_{\text{actual}}(i)|}{V_{\text{actual}}(i)} \quad (20\text{-}29)$$

$$\text{RMSE} = \sqrt{\frac{1}{I_{\text{total}}} \sum_{I_{\text{total}}} [V_{\text{es}}(i) - V_{\text{actual}}(i)]^2} \quad (20\text{-}30)$$

$$\text{R-square} = 1 - \frac{1}{\sum_{i=1}^{I_{\text{total}}} [V_{\text{actual}}(i) - \overline{V_{\text{actual}}}]^2} \sum_{i=1}^{I_{\text{total}}} [V_{\text{actual}}(i) - V_{\text{es}}(i)]^2$$

$$(20\text{-}31)$$

式中，$V_{\text{es}}(i)$ 为第 i 个周期的速度估计值；$V_{\text{actual}}(i)$ 为第 i 个周期的真实速度；$\overline{V_{\text{actual}}}$ 为真实速度的平均值；I_{total} 为预测周期总数。

（1）历史平均法（Historical Average，HA）

当前时间段内不同路段上的平均行程速度通常可以通过对应条件下平均行程速度的历史平均值进行估计，见式（20-32）。

$$V_{\text{r}}(L,T) = V_{\text{h}}(L,T) \quad (20\text{-}32)$$

式中，$V_{\text{r}}(L,T)$ 为当前时间段内不同路段上的平均行程速度；$V_{\text{h}}(L,T)$ 为对应条件下平均行程速度的历史平均值。

（2）矩阵分解（Matrix Decomposition，MD）

研究区域的历史平均行程速度数据可以建模为一个维度大小为 60×4032 的二维矩阵，该矩阵中的缺失值可以通过矩阵填充算法进行估计，例如非精确增广拉格朗日乘法（Inexact Augmented Lagrange Multiplier，IALM）等。基于矩阵的建模方法考虑了平均行程速度时间序列在不同路段上的空间相关性，以及在时刻模式下的时间相关性,而没有考虑平均行程速度时间序列在多模式下的时间相关性。

(3) 贝叶斯张量分解(BGCP)

参考相关文献,该方法可基于张量模型进行缺失数据的恢复。

图 20.12 所示为基于 HA 模型的行程速度填充值与真实值的关系,图 20.13 所示为基于 MD 模型的行程速度填充值与真实值的关系,图 20.14 所示为基于 BGCP 模型的行程速度填充值与真实值的关系,图 20.15 所示为基于 TNN 模型的行程速度填充值与真实值的关系。行程速度估计精度的评价指标见表 20.2。

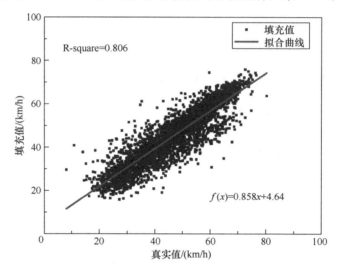

图 20.12 基于 HA 模型的行程速度填充值与真实值的关系

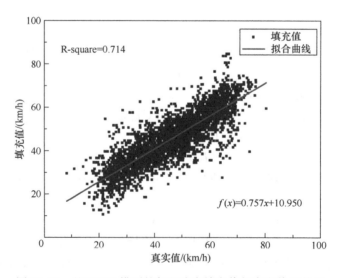

图 20.13 基于 MD 模型的行程速度填充值与真实值的关系

表 20.2　行程速度估计精度的评价指标

算法	MAPE	RMSE	R – square
HA	0.104	6.018	0.806
MD	0.128	7.007	0.714
BGCP	0.087	4.754	0.867
TNN	0.081	4.438	0.888

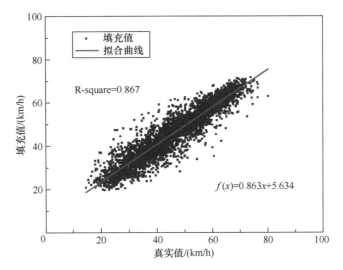

图 20.14　基于 BGCP 模型的行程速度填充值与真实值的关系

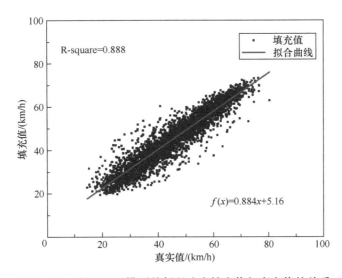

图 20.15　基于 TNN 模型的行程速度填充值与真实值的关系

从以上图表中可以看出，基于 HA 模型的行程速度估计的 MAPE 值为 0.104，RMSE 值为 6.018，R – square 值为 0.806。基于 MD 模型的行程速度估计的 MAPE 值为 0.128，RMSE 值为 7.007，R – square 值为 0.714。基于 BGCP 模型的行程速度估计的 MAPE 值为 0.087，RMSE 值为 4.754，R – square 值为 0.867。基于 TNN 模型的行程速度估计的 MAPE 值为 0.081，RMSE 值为 4.438，R – square 值为 0.888。从实验结果可以看出，本章所提出的基于截断核范数的低秩张量分解算法的精度最高，且明显优于基于向量和矩阵形式的历史平均法和矩阵分解方法的填充结果。但由于本章中所使用的数据本身具有一定的稀疏性，所构建的行程速度张量模型也较为稀疏，随机抽取 10% 的数据进行填充实验，所得的误差评价结果略高。

第 21 章　基于密度峰值优化的路网子区划分及交通状态识别算法

城市中不同的空间区域被赋予了不同的功能特征，不同的城市区域路网规划结构不同，各区域内路网的交通流运行状态及特性也会有较大的差异。在进行路段的平均行程速度预测研究时，考虑将相邻且运行特征相似路段的平均速度时间序列作为输入，可以提高预测的精度。因此，本部分进行路网子区域划分算法的研究，利用前述章节基于 GPS 数据和张量分解算法重建的路网内路段的平均行程速度时间序列结果，采用 NCut 算法并依据特定的指标，将交通流运行特征相似的路段进行聚集，进而将一个异质性较大的路网划分成多个同质性较强的子区域。之后，对各路网子区域路段的交通状态进行识别，这样，路网内道路的交通状况可以被更详细、生动地呈现。针对 NCut 算法结果对初始聚类中心敏感的问题，提出了一种基于密度峰值优化的 NCut 算法，该方法通过计算各数据点的局部密度及与高局部密度点之间的距离来确定初始聚类中心及聚类数目。然后，基于路段平均速度和单位行程时间延误两个交通流参数，利用密度峰值优化的 FCM 算法实现了交通状态识别。

21.1　路网交通子区划分算法研究

21.1.1　路网子区划分的原则

城市中各区域内路网的交通流运行状态和特性会有较大的差异。但相邻路段的交通流特性可能会呈现出相似性。在进行路段的平均行程速度预测研究时，考虑将相邻且运行特征相似路段的平均速度时间序列作为输入，可以提高预测的精度。因此，在进行路网交通状况的研究分析之前，首先需要对城市路网子区划分算法开展研究。本章在进行路网子区划分时，考虑到了如下 4 个原则。

1）各子区应具有"同质性"。针对划分后的城市路网子区，需要确保每个子区内部每个路段的交通运行特征是相似的。确保每个子区内部各个路段的交通运行特征与其他子区内道路的交通运行特征差异性较大。

2）各子区要具有连通性。各子区内部的各个道路应当确保是连通的，避免出现孤立的路段。同时，从空间上来看，各个相邻的子区也应当是紧密相连的，有利于实施控制措施。

3）划分后的子区内应包含合适数目的路段数。在划分子区时，需要避免出现划分后的子区仅包含一个路段的情况出现，这种情况明显是不合理的。

4) 划分后的子区数量应适中。子区太多可能导致单个子区包含的路段数较少，子区过少可能导致子区内的各道路运行特征相似度较低。

21.1.2 基于 NCut 的路网子区划分方法

针对路网子区划分问题，在求解的时候经常将其转换为图的子图划分问题。作为目前最受欢迎的聚类算法之一，谱聚类算法是基于图论中的图谱理论提出的。使用谱聚类算法时，聚类问题被转换成图的最优划分问题。该算法可以使用图论和线性代数技术来实现。谱聚类的目标是对一组数据点进行聚类，而不对数据聚集的形式进行任何假设。谱聚类通常可以比传统的聚类算法如 K - 均值和混合模型产生更好的结果。它还允许找到非凸簇。谱聚类算法涉及不同的步骤。首先是预处理，用于构建表示数据集的图和相似度矩阵（或亲和矩阵）。接下来，计算拉普拉斯矩阵及其特征值和特征向量。然后，将原始数据点映射到基于两个或更多特征向量的低维表示。最后，基于新表示将数据分配给两个或多个类。

归一化割（Normalized Cut，NCut）算法是谱聚类算法的一种，这种方法重点在宏观层面，对图中的细节没有过多的分析，通常以图的整体特征为出发点，不会通过划分产生孤立的路段。本章在对路网进行子区划分时利用 NCut 算法。具体操作步骤如下：

1. 基于交通运行相似度的路网带权图构建

（1）交通运行相似度

以图论为基础，把路段看作路网无向图 G 中的节点 V，实现对路段的划分的实质就是对节点的划分。基于路段平均速度表示确定相邻路段 i 与 j 的交通运行相似度 $w(i,j)$，见式（21-1）。

$$w(i,j) = \exp[-(\bar{v}_i - \bar{v}_j)^2] \tag{21-1}$$

式中，$\bar{v}_i$ 为路网 G 中路段 i 的平均速度；$\bar{v}_j$ 为路网 G 中路段 j 的平均速度。

把式（21-1）计算所得的结果映射至区间 $[0,1]$。当 $w(i,j)=1$ 时，意为此时路段间交通运行相似度为最高，反之，当 $w(i,j)=0$ 时，意为此时路段间交通运行相似度为最低。

（2）路网带权图的构建

由于路段间交通运行相似度的值处于区间 $[0,1]$ 之中，且当数值越大时，其相似度越高，因此可以用相似度 $w(i,j)$ 体现图中弧段的权重，然后再利用交通运行相似度 $w(i,j)$ 构造路网 G 的拉普拉斯矩阵。

当路网 G 中的路段 i 和 j 处于有向连通状态时，$a_{ij}=1$；当路段 i 和 j 不连通时，$a_{ij}=0$，该状态保证了一些单向行驶的路段情况；当 $i=j$ 时，$a_{ij}=0$。路网 G 的带权邻接矩阵为 W，W 中的元素为

$$w_{ij} = \begin{cases} w'(i,j), & a_{ij} = 1 \\ 0, & a_{ij} = 0 \end{cases} \tag{21-2}$$

令 $w'(i,j) = -w(i,j)$，矩阵 $\boldsymbol{D}$ 为度矩阵：

$$\boldsymbol{D} = \mathrm{diag}\{d_i\}$$

$$d_i = \sum_j w'(i,j) \tag{21-3}$$

2. 基于 NCut 算法的路网子区划分

假设一个图 $G(V,E)$ 被切分成为 A 和 B 两个子图，x 为指示向量，$x_i = 1$，则节点 i 在 A 中，$x_i = -1$，则节点 i 在 B 中。通过求取节点 i 与 V 中所有节点的连接边权重之和，可以得到度矩阵 $\boldsymbol{D}$ 的各个主对角线元素 d_i。根据前述的条件，$\mathrm{NCut}(A,B)$ 可以使用如下公式进行表示：

$$\begin{aligned}\mathrm{NCut}(A,B) &= \frac{\mathrm{cut}(A,B)}{\mathrm{assoc}(A,V)} + \frac{\mathrm{cut}(A,B)}{\mathrm{assoc}(B,V)} \\ &= \frac{\sum\limits_{(x_i>0, x_j<0)} -w_{ij}x_ix_j}{\sum\limits_{x_i>0} d_i} + \frac{\sum\limits_{(x_i<0, x_j>0)} -w_{ij}x_ix_j}{\sum\limits_{x_i<0} d_i}\end{aligned} \tag{21-4}$$

依据图 G 生成邻接矩阵 $\boldsymbol{W}$，其中矩阵元素 $W(i,j) = w_{ij}$，$k = \dfrac{\sum_{x_i>0} d_i}{\sum_i d_i}$，$\boldsymbol{I}$ 为 $N \times 1$ 的单位向量，其值全为 1。$\dfrac{\boldsymbol{I}+\boldsymbol{x}}{2}$ 和 $\dfrac{\boldsymbol{I}-\boldsymbol{x}}{2}$ 分别指示 $x_i > 0$ 和 $x_i < 0$ 的向量。那么式（21-4）可以被进一步转换为

$$\begin{aligned}\mathrm{NCut}(A,B) &= \frac{(\boldsymbol{I}+\boldsymbol{x})^{\mathrm{T}}(\boldsymbol{D}-\boldsymbol{W})(\boldsymbol{I}+\boldsymbol{x})}{k\boldsymbol{I}^{\mathrm{T}}\boldsymbol{D}\boldsymbol{I}} + \frac{(\boldsymbol{I}-\boldsymbol{x})^{\mathrm{T}}(\boldsymbol{D}-\boldsymbol{W})(\boldsymbol{I}-\boldsymbol{x})}{(1-k)\boldsymbol{I}^{\mathrm{T}}\boldsymbol{D}\boldsymbol{I}} \\ &= \frac{\boldsymbol{x}^{\mathrm{T}}(\boldsymbol{D}-\boldsymbol{W})\boldsymbol{x} + \boldsymbol{I}^{\mathrm{T}}(\boldsymbol{D}-\boldsymbol{W})\boldsymbol{I}}{k(1-k)\boldsymbol{I}^{\mathrm{T}}\boldsymbol{D}\boldsymbol{I}} + \frac{2(1-2k)\boldsymbol{I}^{\mathrm{T}}(\boldsymbol{D}-\boldsymbol{W})\boldsymbol{x}}{k(1-k)\boldsymbol{I}^{\mathrm{T}}\boldsymbol{D}\boldsymbol{I}}\end{aligned} \tag{21-5}$$

然后令 $\alpha(x) = \boldsymbol{x}^{\mathrm{T}}(\boldsymbol{D}-\boldsymbol{W})\boldsymbol{x}$，$\beta(x) = \boldsymbol{I}^{\mathrm{T}}(\boldsymbol{D}-\boldsymbol{W})\boldsymbol{x}$，$\tau = \boldsymbol{I}^{\mathrm{T}}(\boldsymbol{D}-\boldsymbol{W})\boldsymbol{I}$，$M = \boldsymbol{I}^{\mathrm{T}}\boldsymbol{D}\boldsymbol{I}$，上式变为

$$\mathrm{NCut}(A,B) = \frac{[\alpha(x)+\tau] + 2(1-2k)\beta(x)}{k(1-k)M} - \frac{2[\alpha(x)+\tau]}{M} + \frac{2\alpha(x)}{M} + \frac{2\tau}{M} \tag{21-6}$$

将上式中 $\dfrac{2\tau}{M}$ 约等于 0，可以得出：

$$\mathrm{NCut}(A,B) = \frac{(1-2k+2k^2)[\alpha(x)+\tau] + 2(1-2k)\beta(x)}{k(1-k)M} + \frac{2\alpha(x)}{M} \tag{21-7}$$

令 $b = \dfrac{k}{1-k}$，上式变为

$$\text{NCut}(A,B) = \frac{(1+b^2)[\alpha(x)+\tau]+2(1-b^2)\beta(x)}{bM} + \frac{2b\alpha(x)}{bM}$$

$$= \frac{[(1+x)-b(1-x)]^T(D-W)[(1+x)-b(1-x)]}{bI^TDI} \qquad (21\text{-}8)$$

令 $y = (1+x) - b(1-x)$，容易得出：

$$y^TDI = \sum_{x_i>0} d_i - b\sum_{x_i<0} d_i = 0 \qquad (21\text{-}9)$$

因为 $b = \dfrac{k}{1-k} = \dfrac{\sum_{x_i>0} d_i}{\sum_{x_i<0} d_i}$，$y^TDy = \sum_{x_i>0} d_i - b^2\sum_{x_i<0} d_i = b\sum_{x_i<0} d_i - b^2\sum_{x_i<0} d_i = bI^TDI$。

那么式（21-9）可以被进一步转换为

$$\frac{y^T(D-W)y}{y^TDy} \qquad (21\text{-}10)$$

所以求解 $\text{NCut}(A,B)$ 的最小值的问题可以变为求解下式最小值的问题：

$$\min_x \text{NCut}(x) = \min_y \frac{y^T(D-W)y}{y^TDy} \qquad (21\text{-}11)$$

在 $y_i \in \{1,-b\}$ 和 $y^TDI = 0$ 这两个条件的限制约束下，式（21-11）的求解问题可转换为求解下式的特征值：

$$(D-W)y = \lambda Dy \qquad (21\text{-}12)$$

将式（21-12）转变为标准特征系统：

$$D^{-\frac{1}{2}}(D-W)D^{-\frac{1}{2}}z = \lambda z \qquad (21\text{-}13)$$

其中，$z = D^{\frac{1}{2}}y$。实际应用中，通常不考虑条件 $y_i \in \{1,-b\}$，NCut 的最佳分割结果如下：

$$z_1 = \arg\min_{z^Tz} \frac{z^TD^{-1/2}(D-W)D^{-1/2}z}{z^Tz} \qquad (21\text{-}14)$$

$$y_1 = \arg\min_{y^TDI=0} \frac{y^T(D-W)y}{y^TDy} \qquad (21\text{-}15)$$

由上面两个公式可得知，$\text{NCut}(A,B)$ 最小值的计算问题可被转换成式（21-12）第二小的特征值对应的特征向量 y_1 或标准特征系统式（21-13）第二小的特征值对应的特征向量 z_1 的计算问题。随后离散化该特征向量，就能得到图分割结果。本节利用式（21-12）第二小的特征值对应的特征向量实现图分割的原因是，最小特征值对应的是常数值特征向量，仅使用该常数值特征向量无法实现图分割。前面所描述的内容为 2-way 归一化割算法的求解过程，适用于将无向图分割为两部分的情形，但仅仅分割为两部分不能满足实际应用的需求。同时，由于 2-way 归一化割算法只用到了利用第二小的特征值时对应的特征向量，而其余的特征向量中同样包含着分割信息，所以，可以将 2-way 归一化割算法推广到 K-way 归一化割算法。本节采用 K-way 归一化割算法进行图分割。K-way 归一化割算法是通过最小的前 k 个特征值所对应的特征向量一次性地将图分割成 k 个子图,K-way 算法的求解过程可以借鉴 2-way 算法的求解过程。下面将给出 K-way 归一化割算法的表达式。

假设有无向图 $G=(V,E)$,假设有无向图 $V=\cup_{i=1}^{k}V_i$,$V_k \cap V_i = \varnothing$,$\forall k \neq i$,K-way 归一化割算法的表达式如下:

$$\text{KNCut}(V_1,\cdots,V_k) = \frac{\text{cut}(V_1, V-V_1)}{\text{assoc}(V_1, V)} + \frac{\text{cut}(V_2, V-V_1)}{\text{assoc}(V_2, V)} + \cdots + \frac{\text{cut}(V_k, V-V_k)}{\text{assoc}(V_k, V)} \quad (21-16)$$

式(21-16)为 K-way-NCut 算法的图分割准则。K-way-NCut 算法流程如图 21.1 所示。

21.1.3 基于密度峰值聚类改进 NCut 的路网子区划分方法

NCut 方法通常需要事先确定聚类中心的数量,并且需要在聚类的过程中随机选择初始聚类中心。初始聚类中心和聚类中心数目的选取将会对谱聚类算法的聚类结果产生影响。针对 NCut 算法的潜在缺点,本部分提出利用密度峰值聚类算法改进的谱聚类算法。

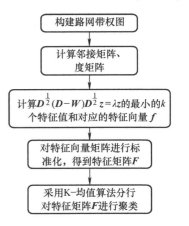

图 21.1 K-way-NCut 算法流程

密度峰值是一种流行的聚类算法,有许多不同的应用,尤其是非球形数据。该算法的基础是假设局部密度较低的邻居包围了聚类中心,并且它们与任何局部密度较高的点有相对较大的距离。

基于以上的假设,对于每个待聚类的数据点 X_i,有两个关键的参数需要被计算。一个是局部密度 ρ_i,另一个是高局部密度点之间的距离 δ_i。局部密度 ρ_i 的定义是:

$$\rho_i = \sum_{X_j \in \Delta, X_j \neq X_i} \chi[d(X_i, X_j) - d_c] \quad (21-17)$$

式中,$d(X_i, X_j)$ 为两个待聚类的数据点 X_i 和 X_j 之间的距离;d_c 为截断距离。d_c 取值一般情况下由人工指定,本节算法以自适应的形式获取 d_c。Δ 表示所有待聚类点的集合。如果 $x<0$,则 $\chi(x)=1$,其他情况下 $\chi(x)=0$。局部密度 ρ_i 是在一个半径 d_c 内与轨迹 X_i 最相似的轨迹数。使用高斯核作为密度被认为是更具有鲁棒性的,因为基于上面的定义,更多的数据点可以共享相同的密度值,而高斯核可以在很大程度上避免这个问题。因此,在本章中,采用以下函数作为度量密度:

$$\rho_i = \sum_{X_j \in \Delta, X_j \neq X_i} e^{-\left(\frac{d(X_i, X_j)}{d_c}\right)^2} \quad (21-18)$$

高局部密度点之间的距离 δ_i 定义如下:

$$\delta_i = \begin{cases} \max\{d(X_i, X_j) \mid X_j \in \Delta\}, & \forall X_i \in \Delta, \rho_i \geqslant \rho_j \\ \min\{d(X_i, X_j) \mid \rho_i \leqslant \rho_j, X_j \in \Delta\}, & \text{其他} \end{cases} \quad (21\text{-}19)$$

在计算出 ρ_i 和 δ_i 这两个参数之后,通过找到聚类中心并将标签分配给其他点来执行聚类。根据这些假设,一个聚类中心在 ρ_i 和 δ_i 上都有较高的值,因此可以采用以下方法来选择中心。首先绘制出决策图,它的横坐标是 ρ_i,纵坐标是 δ_i。聚类中心应是具有高 δ_i 值和相对高 ρ_i 值的点来标识。令 $\gamma = \rho_i \delta_i$,计算 γ 的值。然后,将 γ 按数值大小进行排列,绘制 γ 值的分布图。γ 值的分布图样例如图 21.2 所示,取 γ 值明显较大的几个点作为聚类中心。最后,将每个剩余的数据点分配到它的最近邻且密度比其大的数据点所在的簇。

基于密度峰值的 NCut 算法流程如图 21.3 所示。

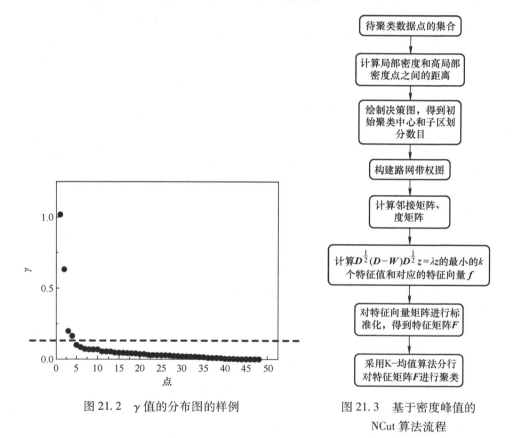

图 21.2　γ 值的分布图的样例　　　图 21.3　基于密度峰值的 NCut 算法流程

21.2　路网子区内路段交通状态识别算法

交通状态指的是道路上交通流的运行状态。交通状态识别算法以可以描述交通流状态的各种交通流参数为基础,采用机器学习算法,实现交通流状态的划分。目前,关于交通流状态识别算法的研究,大多基于固定车检器数据,包括微波车检器数据、视频检测器数据等,基于浮动车数据进行交通状态识别的研究较少。固定车检器采集到的是道路断面的交通流状态信息,由于固定车检器的间隔可能较大,因此采集到的断面交通流状态信息可能不能较好地反映路段上的交通状态。浮动车数据可采集更大且连续的空间范围内的交通流信息,是更好的路段交通状态识别的数据源。

关于交通状态的划分,目前还没有形成统一的标准。交通流状态的演变是一个连续的过程,同时,人们对于交通状态的描述,通常会采用"基本畅通"等模糊性语言,即交通状态具有模糊特性。模糊聚类算法可以基于交通状态的模糊特性将交通流参数数据分类,进而实现道路交通状态的划分。

本章基于浮动车数据进行路网子区域内路段的交通状态识别算法的研究,选取路段平均速度和单位行程时间延误两个利用浮动车数据容易获取的指标来衡量交通流状态,利用模糊 C - 均值聚类算法实现交通流状态的划分。针对模糊 C - 均值聚类算法存在的问题,采用密度峰值聚类算法对其进行了优化。

21.2.1 交通流参数的选择

本章以浮动车数据为基础,进行交通状态识别算法的研究。在选择交通流参数时,考虑到所选的参数要能够直观地反映路段的交通状态,要容易获得,要对路段交通流状态的变化敏感等原则,根据浮动车数据的特点,选择了路段平均速度和单位行程时间延误这两个交通流参数。

(1) 路段平均速度

平均速度是反映道路上交通流状态的重要指标。道路上的平均速度值较大时,表示道路是畅通的,速度值过小时,则道路比较拥堵。

本节中,关于路段平均速度的求解公式为

$$\overline{V} = \frac{\sum_{i=1}^{n} v_i}{n} \tag{21-20}$$

式中,$\overline{V}$ 为路段平均速度;n 为单位时间段内路段上经过的车辆产生的轨迹数据的行数;v_i 为第 i 行数据的瞬时速度值。

(2) 单位行程时间延误

行程时间延误是指车辆的实际行程时间与期望的行程时间的差值,其可反映道路是否拥堵以及拥堵的程度。当行程时间延误值较小的时候,代表道路上的交通流状态接近于自由流,车辆可以以驾驶人期望的速度行驶;当行程时间延误值较大的时候,代表道路上行驶的车辆较多,造成了交通拥堵,驾驶人驾驶车辆经过路段的实际时间远大于期望的时间。

1) 采用如下公式计算单一车辆的行程时间延误：
$$\Delta T(i) = T(i) - T_p(i) \tag{21-21}$$
式中，i 为单位时段内经过研究路段的第 i 辆车；$T(i)$ 为某单位时段内第 i 辆车经过研究路段所花费的实际时间；$T_p(i)$ 为自由流状态下，车辆按最高限速行驶过研究路段所需的时间；$\Delta T(i)$ 为单一车辆的行程时间延误。

车辆行驶过所研究的路段花费的实际行程时间，可以基于路段长度和平均速度的比值得到，计算公式如下：
$$T_i = \frac{L}{\overline{V}} \tag{21-22}$$
式中，L 为研究路段的长度；$\overline{V}$ 为车辆行驶过研究路段的平均速度。

自由流状态下，车辆按最高限速行驶过研究路段所需的时间为
$$T_p = \frac{L}{V_p} \tag{21-23}$$
式中，T_p 为自由流状态下期望的行程时间；V_p 为道路最高限速。

综合式（21-21）~式（21-23），计算车辆 i 的行程时间延误：
$$\Delta T(i) = T(i) - T_p(i) = L\left(\frac{1}{V_i} - \frac{1}{V_p}\right) \tag{21-24}$$

2) 对路段上行驶车辆的整体的行程时间延误进行研究，某单位时段内行程时间延误可表示为
$$\Delta T = \frac{\sum_{i=1}^{n} \Delta T_i}{n} \tag{21-25}$$
式中，ΔT 为所有车辆的行程时间延误；n 为单位时段内行驶过研究路段的车辆总数；T_i 为车辆 i 的行程时间延误。

从上述路段的行程时间延误的计算公式中可以看出，行程时间延误的值与路段的长度成正比。为了方便计算，本节在计算得到单位时段内所有车辆的平均行程时间延误后，乘以路段长度的倒数，以获得单位路段长度（1km）上的行程时间延误。该单位行程时间延误的定义可屏蔽路段长度的影响，从而提升本章算法的适用范围。

21.2.2 基于 FCM 算法的交通状态识别

模糊聚类算法主要针对具有模糊性特点的事物，交通状态恰好符合这一特性。在众多模糊聚类算法中，FCM 算法应用成熟且最为广泛，在事物的属性分析方面效果显著。因此，本节根据从浮动车数据中提取到的平均行程速度数据和单位行程时间延误数据，基于 FCM 算法展开交通状态识别的研究。

(1) FCM 算法

将有 n 个样本的样本数据矩阵 X 划分成 c 类,其中 $1 \leqslant c \leqslant n$;令 A 表示类型,则 $\{A_1, A_2, \cdots, A_c\}$ 表示相应的 c 类;令 V 表示每个类型的聚类中心,且 $V = \{v_1, v_2, \cdots, v_c\}$;$U$ 表示隶属度矩阵,u_{ij} 表示样本 x_i 对于类型 A_j 的隶属度。

$$X = \begin{bmatrix} x_1 \\ x_2 \\ \cdots \\ x_n \end{bmatrix} = \begin{bmatrix} x_{11} & x_{12} & \cdots & x_{1q} \\ x_{21} & x_{22} & \cdots & x_{2q} \\ \cdots & \cdots & \cdots & \cdots \\ x_{n1} & x_{n2} & \cdots & x_{nq} \end{bmatrix}, U = \begin{bmatrix} u_{11} & u_{12} & \cdots & u_{1n} \\ u_{21} & u_{22} & \cdots & u_{2n} \\ \cdots & \cdots & \cdots & \cdots \\ u_{c1} & u_{c2} & \cdots & u_{cn} \end{bmatrix} \quad (21\text{-}26)$$

式中,n 为样本数;q 为特征值数量。

$$J(U, V) = \sum_{i=1}^{c} \sum_{j=1}^{n} (u_{ij})^m (d_{ij})^2$$

s.t.
$$m \in [1, \infty), 1 \leqslant i \leqslant c, 1 \leqslant j \leqslant n \quad (21\text{-}27)$$
$$u_{ij} \in [0, 1]$$
$$\sum_{i=1}^{c} u_{ij} = 1, 0 < \sum_{j=1}^{n} u_{ij} < n$$

式中,$J(U, V)$ 为样本到各自聚类中心的加权平方距离之和;d_{ij} 为样本点 x_j 与聚类中心 v_i 的欧式距离,且 $d_{ij} = \|x_j - v_i\|$。

FCM 算法的目标是求得 $\min J(U, V)$。隶属度 u_{ij} 的求解公式如式(21-28)所示:

$$u_{ij} = \left[\sum_{k=1}^{c} \left(\frac{d_{ij}}{d_{kj}} \right)^{\frac{2}{m-1}} \right]^{-1}, 1 \leqslant i \leqslant c, 1 \leqslant j \leqslant n \quad (21\text{-}28)$$

聚类中心 v_i 可通过式(21-29)进行计算得到:

$$v_i = \frac{\sum_{j=1}^{n} (u_{ij})^m x_j}{\sum_{j=1}^{n} (u_{ij})^m}, 1 \leqslant i \leqslant c \quad (21\text{-}29)$$

FCM 算法流程图如图 21.4 所示。

(2) 聚类中心数目的选择

距离误差平方和(SSE)又称为组内平方和。关于聚类中心的选择,常用的方法是,首先基于不同聚类数目运算聚类算法,得到对应各聚类数目的聚类结果,然后,计算聚类结果的各类中的各点到中心的 SSE。SSE 可通过式(21-30)计算得到,SSE 值越小,表示聚类的效果越好。

$$SSE = \sum_{i=1}^{j} \sum_{x \in c_i} (x - m_i)^2 \quad (21\text{-}30)$$

式中,c_i 为分类的第 i 个类;m_i 为第 i 个类 c_i 的质心。

(3) FCM 算法特性分析

表 21.1 为 FCM 算法的具体特性。FCM 算法应用范围较广，具有较好的聚类效果和较强的局部收敛性。基于前述内容可知，FCM 算法是一种局部搜索优化算法，对初始值的设定比较敏感。但该算法的运算过程中，在初始聚类中心的选择以及初始的隶属度函数的选择上，使用的是随机算法，因此 FCM 算法的结果可能会在每次运行后都有一定的差异，这会导致使用该算法无法高效准确地识别交通状态。为得到更加精确的路网交通状态识别结果，需要对 FCM 算法的初始聚类中心选择的过程进行优化。

(4) 聚类算法性能度量

常用的聚类算法性能度量指标可分为外部性能度量指标和内部性能度量指标两种。外部性能度量指标是指，在完成聚类后，将聚类的结果与给定的基准结果进行对比，从而对聚类算法的效果进行评价。而内部性能度量指标是直接考察聚类的结果，在完成聚类后，首先对整体的相似度进行计算，然后计算簇间的平均相似度及簇内的平均相似度，进而实现对聚类效果的评价。

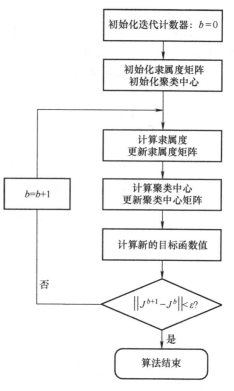

图 21.4 FCM 算法流程图

表 21.1 FCM 算法的具体特性

算法	优点	局限性
FCM 算法	1) 思想简单、应用范围广 2) 聚类效果好 3) 较强的局部收敛性	1) 初始聚类中心随机产生 2) 易陷入局部最优 3) 受初始聚类中心和聚类数目影响大

本节采用 CH(Calinski_Harabaz_Score) 指标这一内部性能度量指标来对聚类的效果进行评价。CH 指标由分离度与紧密度的比值得到。CH 越大代表类自身越紧密，类与类之间越分散，即聚类结果是更优的。

CH 指标的计算公式为

$$s = \frac{\mathrm{tr}(\boldsymbol{B}_k)}{\mathrm{tr}(\boldsymbol{W}_k)} \frac{m-k}{k-1} \tag{21-31}$$

式中，tr( ) 为矩阵的迹范数；$\boldsymbol{B}_k$ 为类别之间的协方差矩阵；$\boldsymbol{W}_k$ 为类别内部数据的协方差矩阵；m 为训练集样本数；k 为类别数。

式（21-31）中，W_k 可以表示为

$$W_k = \sum_{q=1}^{k} \sum_{x \in C_q} (x - c_q)(x - c_q)^{\mathrm{T}} \quad (21\text{-}32)$$

式中，C_q 为当前点所在的类 q；c_q 为当前类 q 的聚类中心点。

$$B_k = \sum_{q=1}^{k} n_q (c_q - c_e)(c_q - c_e)^{\mathrm{T}} \quad (21\text{-}33)$$

式中，c_e 为类 e 的中心；n_q 为类别 q 包含的点数。

21.2.3 基于密度峰值聚类和 FCM 算法的交通状态识别

（1）初始聚类中心和聚类数目 c 的确定

基于前述章节的分析可知，初始值的设定严重影响着 FCM 算法的精度，针对这一问题，本节依据密度峰值聚类算法，来确定 FCM 算法初始聚类中心和聚类数目 c。关于密度峰值聚类算法的具体流程在前述章节已经进行了描述，本部分不再重复。

（2）模糊指数 m

在 FCM 算法中，模糊指数 m 的取值决定了模糊程度的大小。迄今为止，已有众多学者针对 m 的取值问题开展了研究。本节综合分析了相关文献，选取 $m=2$。

综上，本节中基于密度峰值聚类改进的 FCM 算法的具体步骤见表 21.2。

表 21.2 基于密度峰值聚类改进的 FCM 算法的具体步骤

输入、输出及步骤	内容
输入	待聚类的交通状态指标数据集 TQ = $\{tq_1, tq_2, \cdots, tq_N\}$，截断距离 d_{qc}
输出	交通状态识别结果
1	计算数据中各点局部密度 ρ_i 和高局部密度点之间的距离 δ_i
2	基于 ρ_i 和 δ_i 绘制决策图，得到初始聚类中心以及聚类数目 c
3	初始化迭代计数器：$b=0$，初始化隶属度矩阵 $U^{(0)}$
4	计算隶属度 u_{ij}，更新隶属度矩阵 U
5	更新聚类中心 v_i，更新聚类中心矩阵 V
6	计算新的目标函数值 J
7	如果目标函数值 J 满足 $\|J^b - J^{b-1}\| < \varepsilon$，则算法结束，否则返回步骤 4

21.3 路网子区划分与交通状态识别算例分析

21.3.1 路网交通子区划分算例分析

依据前面提出的基于谱聚类的路网子区划分方法，对选取的实验区域进行子区划分研究。图 21.5 所示为抽象出的实验区域路网结构图，从图中可以看出该路网

中包含有 30 条路段、20 个节点。

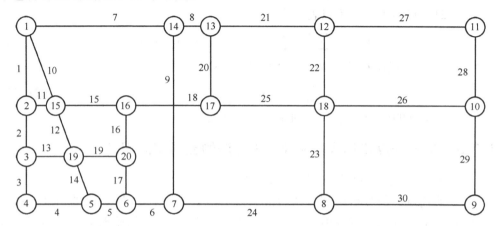

图 21.5　抽象出的实验区域路网结构图（见彩插）

本节中的路网子区划分是以路段为基础的。图 21.6 所示为路网抽象图，图中的节点表示的是路段。基于路段平均速度时间序列，计算路段运行的相似程度，然后，基于 NCut 谱聚类算法最终实现路网子区划分。

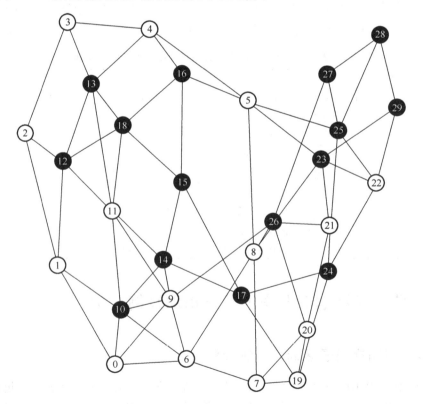

图 21.6　路网抽象图

图 21.7 所示为密度峰值聚类算法过程中绘制的路网划分决策图,图 21.8 所示为 γ 值的分布图,从该图中可以看出有三个点明显异于其他点,因此本节中将路网划分为三个子区。图 21.9 所示为路网子区划分结果。

本节采用子区匀质度 NS 对各个子区划分数目的合理性进行评价,NS 的数值越小表示划分得到的各子区之间的异质性最大,各子区内路段的同质性最大。表 21.3 为分别划分 2~5 个子区时,利用 NS 指标的评价结果。从表中可以看出,当划分个数为 3 时,评价标准 NS 值最优,证明了本节所提出的算法可以自动确定较优的子区划分数目。

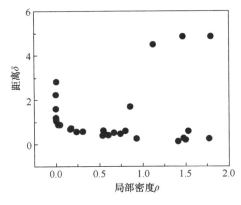

图 21.7 路网划分决策图   图 21.8 γ 值的分布图

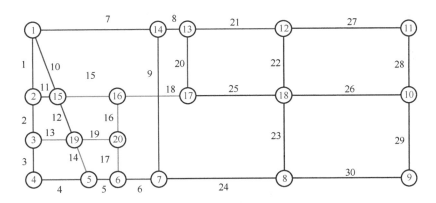

图 21.9 路网子区划分结果(见彩插)

表 21.3 路网子区划分结果分析

划分子区个数	1	2	3	4	5
NS 值	—	0.8547	0.7329	0.7469	0.8022

21.3.2 子区交通状态识别算例分析

（1）确定聚类数目

关于交通状态的分类，目前并没有统一的标准。我国公安部发布的《城市道路交通管理评价指标体系》和北京市标准 DB11/T 785—2011《城市道路交通运行评价指标体系》中关于道路交通运行等级划分及我国城市交通定量指标见表 21.4 和表 21.5。

表 21.4 道路交通运行等级划分

交通运行指数	0≤TPI<2	2≤TPI<4	4≤TPI<6	6≤TPI<8	8≤TPI<10
道路网运行水平	畅通	基本畅通	轻度拥堵	中度拥堵	严重拥堵

表 21.5 我国城市交通定量指标

序号	拥挤程度	界定方式（平均行程速度）/(km/h)
1	畅通	≥30
2	轻度拥挤	20≤v≤29
3	拥挤	10≤v≤19
4	严重拥挤	≤9

综上，关于交通状态，我国目前将其分为 4 类或者 5 类。

本节基于密度峰值聚类算法进行 FCM 聚类算法聚类数目的选择。首先绘制了研究区域路网内路段的平均行程速度与单位行程时间延误的散点图，如图 21.10 所示。利用散点图数据，计算生成了如图 21.11 所示的交通状态划分决策图和如

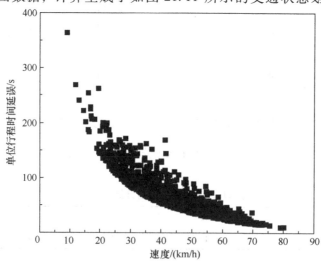

图 21.10 平均行程速度与单位行程时间延误的散点图

图 21.12 所示的交通状态划分 γ 值分布图。从交通状态划分的决策图中可以看出，有较多的离群的数据点存在，难以对聚类中心点进行选择。在交通状态划分的 γ 值的分布图中，有 5 个点的 γ 值明显高于其他的点且明显距离其他点较远。综合上述关于交通状态划分的标准和本节中通过密度峰值聚类算法绘制的路段交通状态划分决策图和 γ 值的分布图，选取 5 为交通状态聚类数目，对应着畅通（Ⅰ）、基本畅通（Ⅱ）、轻度拥堵（Ⅲ）、中度拥堵（Ⅳ）、严重拥堵（Ⅴ）5 种交通状态。

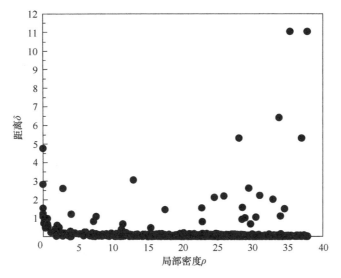

图 21.11 交通状态划分决策图

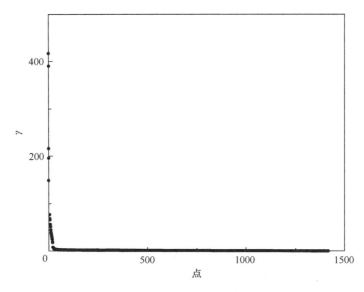

图 21.12 交通状态划分 γ 值分布图

如图 21.13 所示，分别计算了不同聚类数目下的误差平方和 SSE 的值，从图中可以看出，当聚类数目为 5 时，SSE 值的变化趋势开始趋于平缓，证明了本节中聚类数目选择的可靠性。

（2）初始聚类中心的选取

基于前述的分析，选取了 5 为交通状态划分的数目，之后，可根据交通状态划分决策图和交通状态划分 γ 值分布图，对应到各具体的数据点，从而确定初始的聚类中心，具体的根据密度峰值聚类算法所获得的交通状态聚类的初始的聚类中心见表 21.6。

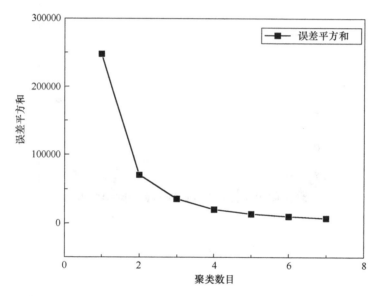

图 21.13 不同聚类数目下的 SSE

表 21.6 交通状态划分的初始聚类中心

交通状态	平均行程速度/(km/h)	单位行程时间延误/s
畅通（Ⅰ）	61.10	27.15
基本畅通（Ⅱ）	54.25	38.83
轻度拥堵（Ⅲ）	48.75	56.54
中度拥堵（Ⅳ）	37.51	73.01
严重拥堵（Ⅴ）	30.50	82.32

（3）交通状态划分结果及分析

图 21.14 所示为基于本章所提出的密度峰值聚类优化 FCM 算法计算得到的交通状态划分结果。交通状态划分的最终聚类中心见表 21.7。表 21.8 为原来的 FCM 算法和改进的 FCM 算法的 CH 值对比。图 21.15 ~ 图 21.17 所示分别为路段 24（节

点7至节点8）的工作日、休息日和突发拥堵时的行程速度及区域交通状态识别结果的时间序列曲线。

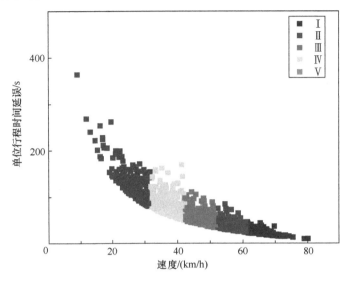

图21.14 交通状态划分结果

表21.7 最终聚类中心

交通状态	平均行程速度/(km/h)	单位行程时间延误/s
畅通（Ⅰ）	64.53	26.03
基本畅通（Ⅱ）	53.67	43.36
轻度拥堵（Ⅲ）	43.44	62.53
中度拥堵（Ⅳ）	33.35	90.89
严重拥堵（Ⅴ）	24.81	144.25

表21.8 原来的FCM算法和改进的FCM算法的CH值对比

评价指标	原来的FCM算法	密度峰值聚类改进的FCM算法
CH值	4451	5253
迭代次数	81	52
运行时间/s	5.98	4.12

畅通（Ⅰ）：路段处于自由流状态，车辆可以在道路上畅通行驶，单位路段长度内的平均行程时间延误较低，驾驶人可以按照期望的状态保持车辆运行。

基本畅通（Ⅱ）：与低峰状态相比，道路上行驶的车辆数增加，车辆可以在道路上较畅通地行驶，不至于出现交通拥堵的情况。单位长度内的平均行程时间延误仍然处于低水平，道路的利用率和运行效率较高。

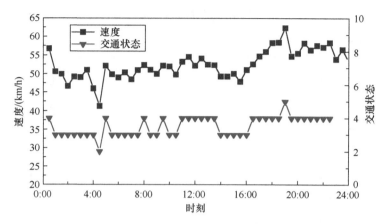

图 21.15 路段 24（节点 7 至节点 8）工作日的行程速度及区域交通状态识别结果的时间序列曲线

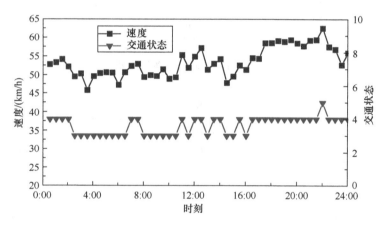

图 21.16 路段 24（节点 7 至节点 8）休息日的行程速度及区域交通状态识别结果的时间序列曲线

轻度拥堵（Ⅲ）：此时，道路上运行的车辆数较多，单位长度内的平均行程时间延误高，道路上偶尔会发生交通拥堵。

中度拥堵（Ⅳ）：此时，道路上运行的车辆数较多，单位长度内的平均行程时间延误较高，道路上车辆行驶的速度缓慢。

严重拥堵（Ⅴ）：此时，道路上运行的车辆数非常多，单位长度内的平均行程时间延误非常高，道路上发生严重的交通拥堵。

为了便于展示，图中使用阿拉伯数字来表示交通状态。其中 1 代表严重拥堵状态（Ⅴ），2 代表中度拥堵状态（Ⅳ），3 代表轻度拥堵状态（Ⅲ），4 代表基本畅通状态（Ⅱ），5 代表畅通状态（Ⅰ）。

从上述内容可以看出，改进后的算法 CH 值有明显的提高，提高幅度为

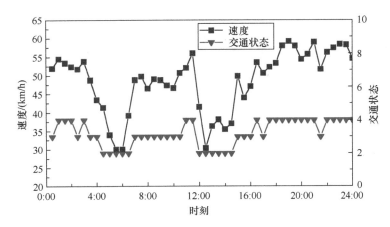

图 21.17　路段 24（节点 7 至节点 8）突发拥堵时的行程速度
及区域交通状态识别结果的时间序列曲线

15.27%，证明改进后的算法的交通状态分类效果好于改进前的交通状态分类效果。同时，改进后算法的迭代次数和运行时间均减少，算法的效率得到了提高。从图 21.15～图 21.17 中可以看出，无论是在工作日、休息日还是在突发拥堵的情况下，交通状态的识别结果均与行程速度时间序列曲线的变化趋势吻合。在工作日和休息日的大部分时段内，案例路段处于基本畅通或轻度拥堵的状态。如图 21.17 中所示，由于事故或恶劣天气的影响，道路上的交通流状态产生突变，全天的交通流状态的变化趋势会异于正常的工作日或休息日场景，出现中度拥堵或严重拥堵的情况。这种情况的出现会严重影响交通流参数预测的精度。针对这种情况，需要对已有的算法进行优化，以提高交通流预测的精度。

第 22 章 基于组合优化深度学习算法的路网内路段行程速度预测

随着我国汽车保有量的不断增加，当前我国汽车出行总量和出行范围快速双扩张，使得很多道路运行于高负荷状态，交通拥堵现象成为常态。交通拥堵问题严重制约了交通系统的运行效率，产生了交通安全、环境污染等社会问题。目前，随着智能交通系统的发展，道路上布设了越来越多的交通流监测设备，积累了海量的交通流数据。分析道路交通数据、掌握交通状态演变规律、发现或预判道路上的交通拥堵现象并及时采取有效交通管理措施，已成为当前交通运输管理领域的一个重要研究方向。路段平均速度可以反映车辆在道路上行驶是否通畅，本章利用前述章节提取到的路段行程速度时间序列以及交通子区域的划分结果和交通状态的识别结果，进行路段平均速度预测算法的研究，预测结果可为交通管理者提供道路管控依据，并向出行者发布准确的交通引导信息，以缓解交通拥堵。

道路上交通流状态的演变是一个复杂的非线性过程，其不仅在时间上受路段本身的交通流演化规律的影响，而且在空间上受到相邻路段的影响。传统的机器学习算法不能完全挖掘出交通流特征的本质。近年来，深度学习模型，如长短期记忆网络（Long Short – Term Memory，LSTM）等已经成功应用于交通预测，其可以帮助我们有效地学习和抓住交通流演变固有的复杂特征，进而在没有先验知识的情况下预测交通流，利用深度学习算法挖掘交通流演变规律，已成为交通状态预测的方向。但现有基于 LSTM 的交通预测模型同样存在缺点。交通流状态的变化往往呈现出非线性和非平稳性，严重制约了预测精度，减少预测模型输入数据序列的波动性以及随机性是进行交通预测并提高预测准确性的关键之一。同时，交通数据本身具有很强的日和周的周期特征，但并非严格周期性，当受天气、突发事件等影响，交通数据在局部时间会出现突发的变化，即局部周期性转移问题。在 LSTM 中，长期的周期依赖关系通过输入、输出和遗忘门单元提取输入时间序列中的特征并保存到内存单元，输入的时间序列中各时间步对于输出的影响是相同的。在交通预测中，LSTM 的这种建模方式忽视了交通流状态演化过程中的局部周期性转移的问题。本章认为，捕捉这种非严格周期性的影响，解决输入时间序列数据中的局部周期性转移问题，是进行交通预测并提高预测准确性的关键之二。

时间序列分解方法（Seasonal Decomposition of Time Series by LOESS，STL）可利用鲁棒局部加权回归（LOESS）对时序数据进行平滑，从而得到若干波动性较弱、规律性较强的分量，有效提高预测的准确性。注意力机制通过构造一个注意力神经网络，接收与注意力有关的输入，实现对数据或特征的自适应关注，提高其特征提取能力。当与注意力有关的输入不同时,注意力机制可以关注在输入特征的不同部分,以便更好地提取特征。本章考虑交通数据的时间-空间相关性、交通数据的非线性及非平稳性和中长期时间序列局部周期性转移等问题,提出了一种基于优化的 LSTM 的路段交通流平均速度预测方法。以浮动车数据为基础,从中提取出路段的平均速度时间序列数据以及路段的交通状态作为算法模型的输入,输出为路段平均速度预测结果。对比实验结果表明,所提出的改进模型与现有的长短期记忆网络和其他基线方法相比,具有较好的预测效果。

22.1 基于 STL 的 LSTM 模型输入向量优化

基于前述章节的路网子区划分结果和路段交通状态识别结果本章构建了行程速度预测模型的输入,即所预测路段所在区域的各路段的平均行程速度时间序列和所预测路段的交通状态识别结果。针对交通时序数据的非线性和非平稳性特性严重制约预测精度的问题,本部分研究利用时间序列分解方法,将原始时间序列分解为趋势量 TR_t、周期量 S_t 和残差分量 R_t,以实现交通数据的平滑处理。

$$Y_t = TR_t + S_t + R_t, \quad t = 1, \cdots, N \tag{22-1}$$

STL 分为两个部分。一是外部循环,可调节鲁棒性权重。二是内部循环,针对 TR_t 和 S_t 进行分解计算。

内部循环的主要步骤如图 22.1 所示。

图 22.1 中,$TR_t^{(k)}$ 为第 $k-1$ 次循环结束时的趋势量;$S_t^{(k)}$ 为第 $k-1$ 次循环结束时的周期量;$n_{(p)}$ 为周期样本数;$n_{(s)}$ 为步骤 2 的 LOESS 平滑参数;$n_{(l)}$ 为步骤 3 的 LOESS 平滑参数;$n_{(t)}$ 为步骤 6 的 LOESS 平滑参数。

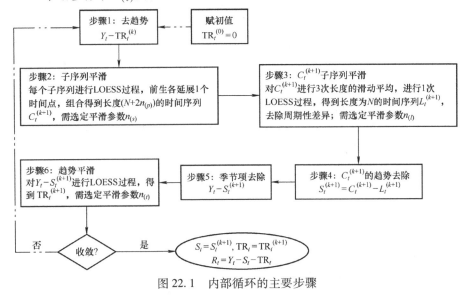

图 22.1 内部循环的主要步骤

为减少余项对分解的影响,在内部循环的步骤 2 和步骤 6 中做 LOESS 时乘以外部循环所得到的鲁棒性权重 χ_t。鲁棒性权重 χ_t 计算见式(22-2)~式(22-4)。

$$\chi_t = B\left(\frac{|R_t|}{h}\right) \tag{22-2}$$

$$B(z) = \begin{cases} (1-z^2)^2 &, |z| \leq 1 \\ 0 &, |z| > 1 \end{cases} \tag{22-3}$$

$$h = 6\mathrm{median}(|R_t|) \tag{22-4}$$

式中,B 为双平方函数;h 为中间变量。

22.2 基于注意力机制的 LSTM 模型结构优化

Seq2Seq 是自然语言处理中的一种重要模型,可以被用于机器翻译、对话系统、自动文摘。Seq2Seq 是基于循环神经网络提出的一种编码器(Encoder)-解码器(Decoder)模型。Seq2Seq 模型结构如

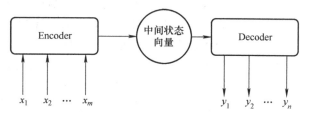

图 22.2 Seq2Seq 模型结构

图 22.2 所示,其主要包括 Encoder、Decoder 以及中间状态向量三个部分。Encoder 将输入向量 $[x_1, x_2, \cdots, x_m]$ 编码成一个固定大小的 State Vector(中间状态向量),继而将其传给 Decoder,Decoder 再通过对中间状态向量的学习来输出预测值 $[y_1, y_2, \cdots, y_n]$。其中的编码器和解码器均可选取 RNN、LSTM、GRU 等循环神经网络。Seq2Seq 模型的输入和输出向量的长度可以不一致。

在使用 Seq2Seq 模型时,Encoder 总是将输入向量的所有信息编码到一个固定长度的中间状态向量中,然后在 Decoder 对每个输出值的解码预测过程中都使用相同的中间状态向量。也就是说,在整个编码-解码过程中,输入向量中的每一个元素对输出向量中每一个元素的预测产生的贡献都是相同的。当编码器-解码器模型的输入是一个信息量巨大的长时间序列时,固定的中间状态向量并不能很好地反映输入序列中随时间变化的信息关系,从而导致在解码器解码的过程中,使用的是不完整的信息,预测的准确性也就会受到影响。

为了解决上述问题,有学者提出使用注意力机制来优化编码器-解码器模型。注意力机制是目前机器学习研究领域的一个重要的概念,其在机器翻译、统计学习和语音识别等领域有着大量的应用。注意力机制可以实现对重要信息的关注,并忽略不相关信息。注意力模型优化后的编码器-解码器模型的中间状态向量并不是只有一个。通过引入更多的中间状态向量,可以实现在解码过程中对输入向量进行选择,学习随时间变化的相关信息关系,得到最终的预测输出。

注意力机制的提出不仅能提高模型性能，还能在模型中添加可解释性层，便于观察模型的训练情况。注意力机制的主要原理是在解码器输出的每个时间步长到所有编码器隐藏状态之间创建唯一的映射。这意味着对于解码器的每个输出，它都可以访问整个输入序列，并且可以从该序列中有选择地选择特定元素以产生输出。换句话说，对于每个输出，网络都学会在过去的时间步长（输入）上注意，这些时间步长可能会对预测产生更大的影响。

加入了注意力机制的编码器-解码器模型如图22.3所示，时间模块由分别充当编码器（Encoder）和解码器（Decoder）的两个循环神经网络组成。第一个输入时间序列并输出隐藏状态，而第二个输入为先前的解码器输出和注意力机制的输出，然后利用这些信息进行模型预测。

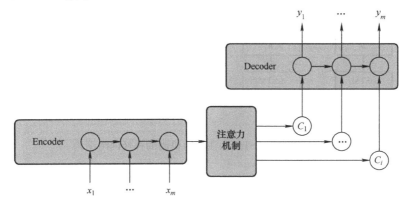

图22.3　加入了注意力机制的编码器-解码器模型

可以看出，在Seq2Seq模型中加入注意力机制后，预测解码结构的生成已经不能只由输入序列决定，而是每个元素按照其重要程度进行加权求和得到，即

$$C_i = \sum_{j=1}^{t} a_{ij} h_j \tag{22-5}$$

式中，h_j 为编码过程每个时刻的输出状态，也就是隐藏层的输出；a_{ij} 为每一个 h_j 的权重。

a_{ij} 的计算公式为

$$a_{ij} = \frac{\exp(e_{ij})}{\sum_{k=1}^{t} \exp(e_{ik})} \tag{22-6}$$

式中，e_{ij} 为待编码的元素和其他元素之间的匹配度。

当匹配度越高时，说明该元素对其影响越大，则 a_{ij} 的值也就越大，其中 e_{ij} 的计算公式为

$$e_{ij} = \bm{V}_a^\mathrm{T} \tanh(\bm{W}_a s_{i-1} + \bm{U}_a h_j) \tag{22-7}$$

式中，$\bm{V}_a^\mathrm{T}$、$\bm{W}_a$、$\bm{U}_a$ 为权重矩阵。

22.3 基于注意力机制和 LSTM 的交通流参数预测模型

基于前述章节所述，本节所构建的基于 LSTM 和注意力机制的神经网络结构如图 22.4 所示。

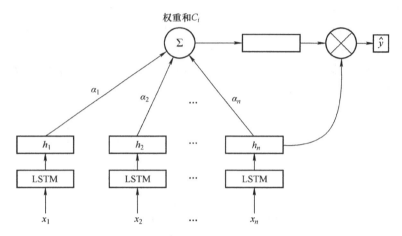

图 22.4 基于 LSTM 和注意力机制的神经网络结构

该模型包含四个组成部分：

1）输入层：输入的时间序列向量$[x_1, x_2, \cdots, x_n]$。

2）LSTM 层：利用 LSTM 从输入的数据中提取高级特征$[h_1, h_2, \cdots, h_n]$。

3）注意力层：产生一个注意力权重向量$[\alpha_1, \alpha_2, \cdots, \alpha_n]$，并通过 $C_i = \sum_{j=1}^{t} a_{ij} h_j$ 计算权重和。

4）输出层：输出层位于网络架构图的最后，是一个单层全连接神经网络。

本节中将反映控制子区域的交通状态演变的参数，即子区域历史时段和当前时段的交通流参数（速度），以及交通状态指数，同步分类加载到 LSTM 的输入层。由相应时刻的隐藏层（记忆模块）的输入门对交通参数进行非线性函数变换，并将其同遗忘门变换后的细胞状态相结合，形成新的记忆单元状态。之后经输出门动态控制输出。不同时刻的记忆模块利用交通参数的时间序列特征实现自相连，进而完成 LSTM 单元正向学习输出。依据 LSTM 网络结构自下而上进行正向传播，计算隐藏层、输入层的累积残差。

使用经典的梯度下降优化方法误差反向传播算法（BPTT）将 LSTM 单元网络按照时间顺序展开，为深层网络进行有监督反向训练。通过不断训练调整 LSTM 模型参数和网络结构，模型训练样本集误差收敛达到最小，得出满足要求的交通状态参数预测值。通过加入注意力机制，实现输入和输出之间的权重连接，在预测过程中，注意力机制可自适应地为输出最相关的输入提供更大的权重。行程速度预测模型如图 22.5 所示。

第22章 基于组合优化深度学习算法的路网内路段行程速度预测

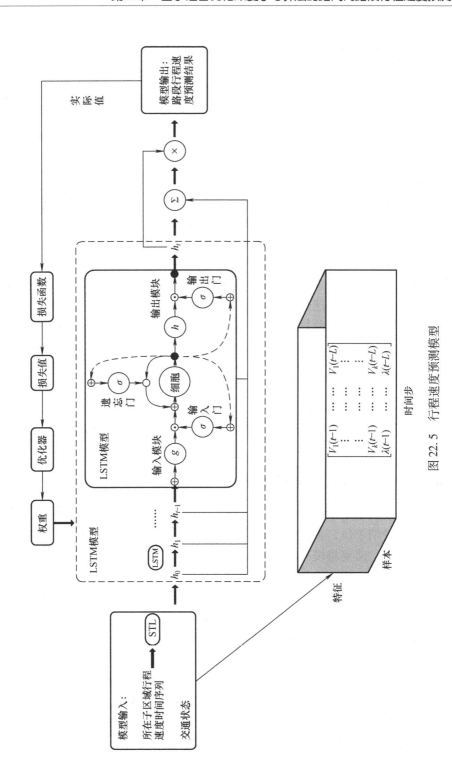

图 22.5 行程速度预测模型

22.4 交通流参数预测算例分析

22.4.1 数据准备

本节选择了属于不同区域的路段1（区域1，节点2至节点1）、路段19（区域2，节点19至节点20）、路段24（区域3，节点7至节点8）进行算法精度的实验验证。以一周为例对预测结果进行了展示，并分别在工作日、休息日和突发拥堵三个不同的场景对该算法的预测效果进行了分析。将本章所提算法的预测结果与基于单一路段时间序列的LSTM预测算法和机器学习算法SVR、基于NCut子区域划分结果作为输入的LSTM（NCut-LSTM）、基于NCut子区域划分结果作为输入的注意力机制优化的LSTM（NCut-LSTM-Attention）、基于NCut子区域划分结果和时序分解优化输入的注意力机制优化LSTM模型（STL-NCut-LSTM-Attention）的预测结果进行了比较。这个LSTM模型的参数设置与本章所介绍的模型相同。

本部分所使用的实验数据均为第2章中所述区域内的数据。输入的时间序列数据是经过地图匹配、张量填充等步骤得到的。预测模型需要经过已知的数据进行监督学习后才可以被用于交通流参数的预测，因此需要将已知数据进行训练数据、测试数据的划分。本章中训练集使用的是2018年3月1日至2018年5月3日数据。测试集使用的是2018年5月4日至2018年5月31日数据。

实验的硬件环境为3.40GHz，i5-7500，开发语言为Python，使用Keras神经网络库和TensorFlow框架。

22.4.2 模型构建与参数设置

本章中使用的输入包含平均行程速度时间序列和交通状态两个向量，其具有不同的量纲和量纲单位，且数据不在同一数量等级，这会影响到最终的数据分析结果的精度。因此，需要将模型的输入数据进行归一化处理，从而消除指标之间的量纲影响。本文采用min-max这种方式进行归一化，其可依据输入数据的最大值和最小值将数据映射至[0,1]的区间范围内。在得到预测结果后，根据归一化的准则对其进行反归一化处理得到最终的平均速度预测值。

本章中构建的行程速度时间序列预测模型结构如图22.6所示。其中，Dropout层可防止模型出现过拟合，Dropout层的参数设置为0.2。Dense层的激活函数选择Sigmoid函数。为保证效率和精度，在训练过程中，批处理数据量设置为16，循环次数epoch设置为100，预测模型通过MSE表征损失函数。

在对平均行程速度预测模型进行训练即权重和偏置参数进行寻优的过程中，需要进行正向传播，并依据代价函数值后向调节参数值，在后向传播的过程中，最重要的是利用梯度下降算法，找到可以使模型输出的误差最小的参数值。在本书中选取

Rmsprop 这一梯度下降权重优化算法，对模型的权重和偏置等参数进行寻优调整。

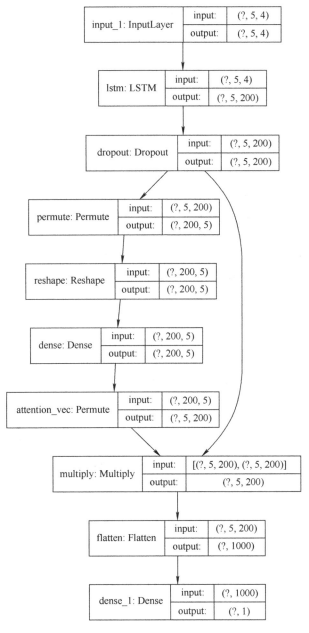

图 22.6 行程速度时间序列预测模型结构

22.4.3 误差评价指标

本节采用平均绝对百分比误差、均方误差来衡量预测精度。具体的计算公式见式(22-8)和式(22-9)。

$$\text{MAPE} = \frac{1}{L} \sum_{L} \frac{|V_Y(t) - V(t)|}{V(t)} \tag{22-8}$$

$$\text{RMSE} = \sqrt{\frac{1}{L} \sum_{L} [V_Y(t) - V(t)]^2} \tag{22-9}$$

式中,$V_Y(t)$ 为第 t 个周期的速度预测值;$V(t)$ 为第 t 个周期的真实速度;MAPE 为平均绝对误差;L 为预测周期总数;RMSE 为均方误差。

22.4.4 预测结果对比分析

将本章中所提的方法与基线方法进行对比,基线方法包括机器学习算法 SVR、基于单一路段时间序列的 LSTM 预测算法、基于 NCut 子区域划分结果作为输入的 LSTM(NCut-LSTM)、基于 NCut 子区域划分结果作为输入的注意力机制优化的 LSTM(NCut-LSTM-Attention)、基于 NCut 子区域划分结果和时序分解优化输入的注意力机制优化 LSTM 模型(STL-NCut-LSTM-Attention)。其中的 LSTM 模型的参数设置与本章所介绍的模型相同。下面具体针对各个路段的各种模型的预测结果展开分析。

(1) 区域 1 路段 1

以 2018 年 5 月 7 日至 5 月 14 日的数据为例进行区域 1 路段 1 预测结果的展示。基于本书所提的 STL-NCut-LSTM-Attention 预测算法所得的预测结果与实际的平均行程速度时间序列的对比如图 22.7 所示。

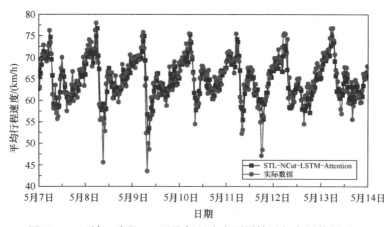

图 22.7 区域 1 路段 1,平均行程速度预测结果与实际数据对比

图 22.8 展示了区域 1 路段 1 基于实际的平均行程速度时间序列分解的季节性分量及季节性分量的预测结果,图 22.9 展示了区域 1 路段 1 基于实际的平均行程速度时间序列分解的趋势分量及趋势分量的预测结果,图 22.10 展示了区域 1 路段 1 基于实际的平均行程速度时间序列分解的残差分量及残差分量的预测结果。

表22.1中展示了基于SVR算法、LSTM算法、NCut-LSTM算法、NCut-LSTM-Attention算法、STL-NCut-LSTM-Attention算法的行程速度预测误差指标值。总体的MAPE值分别为4.05%、3.83%、3.68%、3.56%、3.50%，RMSE的值分别为3.46、3.23、3.11、3.02、2.98。

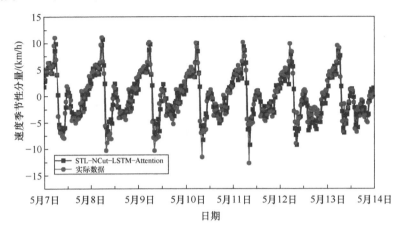

图22.8 区域1路段1，平均行程速度季节性分量预测结果与实际数据对比

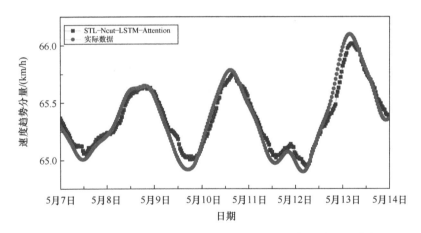

图22.9 区域1路段1，平均行程速度趋势分量预测结果与实际数据对比

2018年5月9日（工作日）区域1路段1的平均行程速度预测结果如图22.11所示。误差如图22.12所示。从图中可以看出，5月9日早高峰时段，该路段的平均车速较低，处于轻度拥堵状态，而该路段在其他时段包括白天及夜间均处于畅通状态。从图中可以看出，本章提出的算法可以获得可接受的预测结果。误差评价指标MAPE和RMSE的结果见表22.1。SVR、LSTM、NCut-LSTM、NCut-LSTM-Attention、STL-NCut-LSTM-Attention算法的MAPE值分别为5.53%、5.02%、4.69%、4.65%、4.28%，RMSE分别为4.46、4.02、3.98、4.01、3.67。

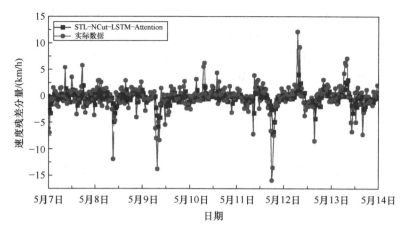

图 22.10　区域 1 路段 1，平均行程速度残差分量预测结果与实际数据对比

表 22.1　区域 1 路段 1 的平均行程速度预测误差指标值

时间	SVR		LSTM		NCut – LSTM		NCut – LSTM – Attention		STL – NCut – LSTM – Attention	
	MAPE（%）	RMSE	MAPE（%）	RMSE	MAPE（%）	RMSE	MAPE（%）	RMSE	MAPE（%）	RMSE
5月9日	5.53	4.46	5.02	4.02	4.69	3.98	4.65	4.01	**4.28**	**3.67**
5月13日	3.86	3.18	3.74	3.02	3.21	2.63	**3.19**	2.62	3.29	**2.58**
5月11日	4.71	4.09	4.29	3.68	4.00	3.42	4.08	3.53	**3.98**	**3.32**
总误差	4.05	3.46	3.83	3.23	3.68	3.11	3.56	3.02	**3.50**	**2.98**

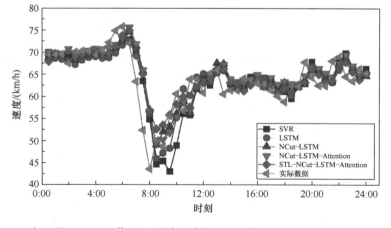

图 22.11　2018 年 5 月 9 日（工作日）区域 1 路段 1 的平均行程速度预测结果与实际数据对比

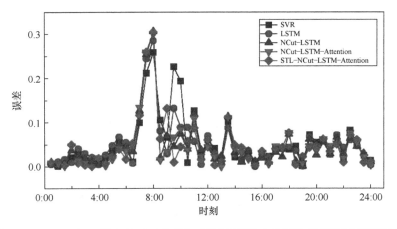

图 22.12 2018 年 5 月 9 日（工作日）区域 1 路段 1 的平均行程速度预测误差

2018 年 5 月 13 日（休息日）区域 1 路段 1 的平均行程速度预测结果如图 22.13 所示。误差如图 22.14 所示。从图中可以看出，5 月 13 日全天该路段均处于畅通状态，本章提出的算法可以达到可接受的预测结果。误差评价指标 MAPE 和 RMSE 的结果见表 22-1。MAPE 分别为 3.86%、3.74%、3.21%、3.19% 和 3.29%，RMSE 分别为 3.18、3.02、2.63、2.62 和 2.58。

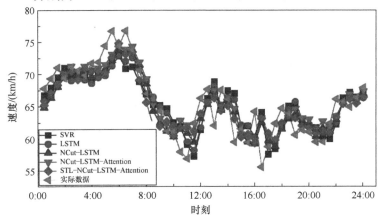

图 22.13 2018 年 5 月 13 日（休息日）区域 1 路段 1 的平均行程速度预测结果与实际数据对比

2018 年 5 月 11 日（突发拥堵）区域 1 路段 1 的平均行程速度预测结果如图 22.15 所示。误差如图 22.16 所示。从图中可以看出，5 月 11 日早高峰时段，该路段的平均车速相对较低，道路上出现了轻度拥堵，与 5 月 9 日情况相同。而在晚高峰时段，道路上的平均行程速度异常低于平日，道路上发生了突发的交通拥堵，在其他时段包括白天及夜间该路段均处于畅通状态。本章提出的算法可以得到可接受的预测结果。误差评价指标 MAPE 和 RMSE 的结果见表 22.1。MAPE 分别为 4.71%、4.29%、4.00%、4.08%、3.98%，RMSE 分别为 4.09、3.68、3.42、3.53、3.32。

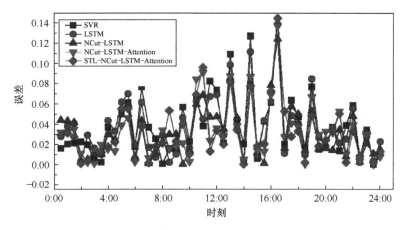

图 22.14　2018 年 5 月 13 日（休息日）区域 1 路段 1 的平均行程速度预测误差

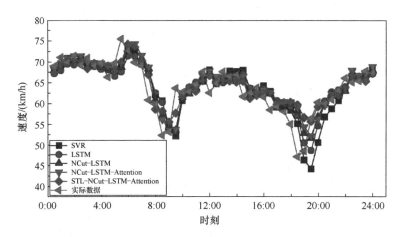

图 22.15　2018 年 5 月 11 日（突发拥堵）区域 1 路段 1 的平均行程速度预测结果

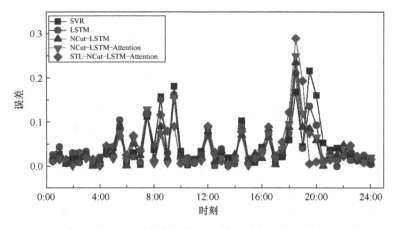

图 22.16　2018 年 5 月 11 日（突发拥堵）区域 1 路段 1 的平均行程速度预测误差

表22.2中,以区域1路段1为例,展示了各种预测算法的预测结果与实际值的拟合优度 R^2 的值,从表中可以看出本章所提算法的预测效果最好。

表22.2 区域1路段1的平均行程速度预测拟合优度

时间	SVR	LSTM	NCut – LSTM	NCut – LSTM – Attention	STL – NCut – LSTM – Attention
	R^2	R^2	R^2	R^2	R^2
5月9日	0.5995	0.6115	0.6234	0.6441	**0.6868**
5月13日	0.6359	0.6808	0.76	0.7571	**0.7765**
5月11日	0.6215	0.6277	0.6851	0.6839	**0.7163**
总计	0.6071	0.6328	0.6696	0.6866	**0.6916**

(2) 区域2路段19

以2018年5月7日至5月14日的数据为例进行区域2路段19预测结果的展示。基于本章所提的STL – NCut – LSTM – Attention预测算法所得的预测结果与实际的平均行程速度时间序列的对比如图22.17所示。

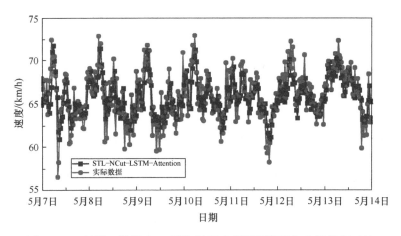

图22.17 区域2路段19,平均行程速度预测结果与实际数据对比

图22.18展示了区域2路段19基于实际的平均行程速度时间序列分解的季节性分量及季节性分量的预测结果,图22.19展示了区域2路段19基于实际的平均行程速度时间序列分解的趋势分量及趋势分量的预测结果,图22.20展示了区域2路段19基于实际的平均行程速度时间序列分解的残差分量及残差分量的预测结果。

表22.3中展示了区域2路段19基于SVR算法、LSTM算法、NCut – LSTM算法、NCut – LSTM – Attention算法、STL – NCut – LSTM – Attention算法的平均行程

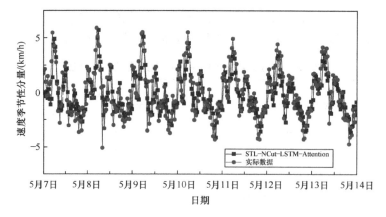

图 22.18　区域 2 路段 19，平均行程速度季节性分量预测结果与实际数据对比

速度预测误差指标值。一周内总体的 MAPE 值分别为 3.54%、2.85%、2.66%、2.62%、2.54%，RMSE 的值分别为 2.97、2.43、2.26、2.17、2.15。

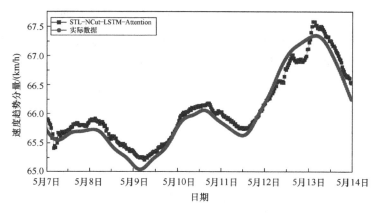

图 22.19　区域 2 路段 19，平均行程速度趋势分量预测结果与实际数据对比

2018 年 5 月 9 日（工作日）区域 2 路段 19 的平均行程速度预测结果如图 22.21 所示。误差如图 22.22 所示。从图中可以看出，5 月 9 日早高峰时段及晚高峰时段内，该路段的平均车速较其他时段较低，而该路段在其他平峰时段及夜间均处于畅通状态。本章提出的算法可以得到可接受的预测结果。误差评价指标 MAPE 和 RMSE 的结果见表 22.3。MAPE 分别为 3.41%、3.08%、3.15%、3.16%、2.87%，RMSE 分别为 2.90、2.64、2.51、2.49、2.36。

2018 年 5 月 13 日（休息日）区域 2 路段 19 的平均行程速度预测结果如图 22.23 所示。误差如图 22.24 所示。从图中可以看出，5 月 13 日全天该路段均处于畅通状态，本章提出的算法可以达到可接受的预测结果。误差评价指标 MAPE 和 RMSE 的结果见表 22.3。MAPE 分别为 4.49%、2.76%、2.54%、2.23%、2.17%，RMSE 分别为 3.71、2.29、2.09、1.86、1.79。

第22章 基于组合优化深度学习算法的路网内路段行程速度预测

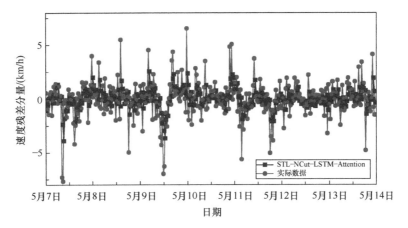

图22.20 区域2路段19，平均行程速度残差分量预测结果与实际数据对比

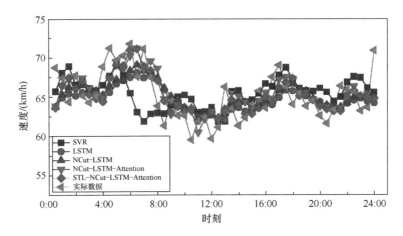

图22.21 2018年5月9日（工作日）区域2路段19的平均行程速度预测结果与实际数据对比

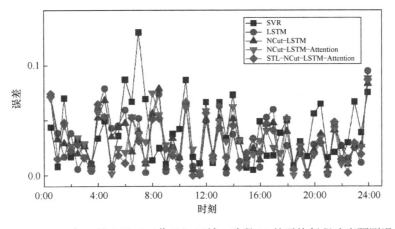

图22.22 2018年5月9日（工作日）区域2路段19的平均行程速度预测误差

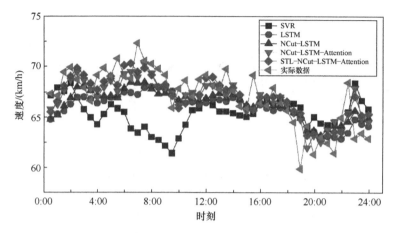

图 22.23　2018 年 5 月 13 日（休息日）区域 2 路段 19 的
平均行程速度预测结果与实际数据对比

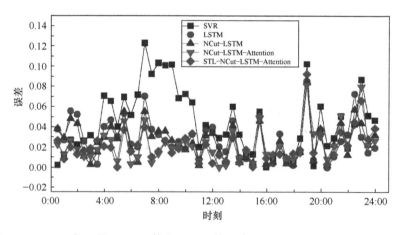

图 22.24　2018 年 5 月 13 日（休息日）区域 2 路段 19 的平均行程速度预测误差

2018 年 5 月 11 日（突发拥堵）区域 2 路段 19 的平均行程速度预测结果如图 22.25 所示。误差如图 22.26 所示。从图 22.26 中可以看出，5 月 11 日早高峰时段，该路段的平均车速较其他时段低，与 5 月 9 日情况相同。而在晚高峰时段，道路上的平均行程速度异常低于平日，道路上发生了突发的交通拥堵，在其他时段包括白天及夜间该路段均处于畅通状态。本章提出的算法可以得到可接受的预测结果。误差评价指标 MAPE 和 RMSE 的结果见表 22.3。MAPE 分别为 2.78%、2.70%、2.45%、2.29%、2.18%，RMSE 分别为 2.21、2.15、1.98、1.83、1.81。

第22章 基于组合优化深度学习算法的路网内路段行程速度预测

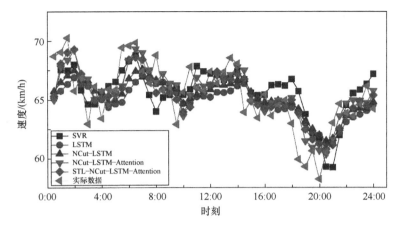

图 22.25 2018 年 5 月 11 日（突发拥堵）区域 2 路段 19 的平均行程速度预测结果与实际数据对比

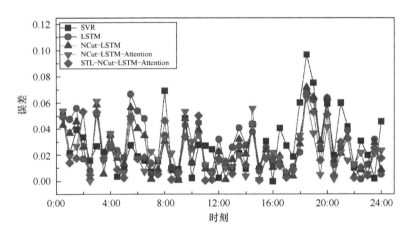

图 22.26 2018 年 5 月 11 日（突发拥堵）区域 2 路段 19 的平均行程速度预测误差

表 22.3 区域 2 路段 19 的平均行程速度预测误差指标值

时间	SVR		LSTM		NCut – LSTM		NCut – LSTM – Attention		STL – NCut – LSTM – Attention	
	MAPE (%)	RMSE	MAPE (%)	RMSE	MAPE (%)	RMSE	MAPE (%)	RMSE	MAPE (%)	RMSE
5 月 9 日	3.41	2.90	3.08	2.64	3.15	2.51	3.16	2.49	**2.87**	**2.36**
5 月 13 日	4.49	3.71	2.76	2.29	2.54	2.09	2.23	1.86	**2.17**	**1.79**
5 月 11 日	2.78	2.21	2.70	2.15	2.45	1.98	2.29	1.83	**2.18**	**1.81**
总误差	3.54	2.97	2.85	2.43	2.66	2.26	2.62	2.17	**2.54**	**2.15**

(3) 区域 3 路段 24

以 2018 年 5 月 7 日至 5 月 14 日的数据为例进行区域 3 路段 24 预测结果的展示。基于本章所提的 STL – NCut – LSTM – Attention 预测算法所得的预测结果与实际的平均行程速度时间序列的对比如图 22.27 所示。

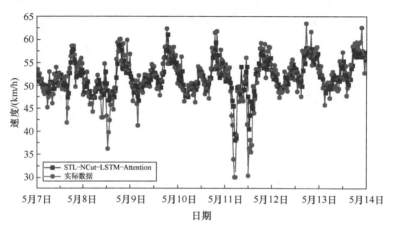

图 22.27　区域 3 路段 24，平均行程速度时间序列

图 22.28 展示了区域 3 路段 24 基于实际的平均行程速度时间序列分解的季节性分量及季节性分量的预测结果，图 22.29 展示了区域 3 路段 24 基于实际的平均行程速度时间序列分解的趋势分量及趋势分量的预测结果，图 22.30 展示了区域 3 路段 24 基于实际的平均行程速度时间序列分解的残差分量及残差分量的预测结果。

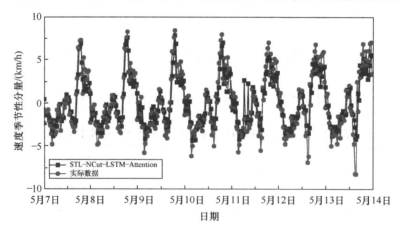

图 22.28　区域 3 路段 24，平均行程速度季节性分量

表 22.4 中展示了基于 SVR 算法、LSTM 算法、NCut – LSTM 算法、NCut – LSTM – Attention 算法、STL – NCut – LSTM – Attention 算法的平均行程速度预测误

差指标值。总体的 MAPE 值分别为 5.28%、5.23%、5.02%、5.00%、4.73%，RMSE 的值分别为 3.65、3.38、3.27、3.25、3.12。

2018 年 5 月 9 日（工作日）区域 3 路段 24 的行程速度的预测结果如图 22.31 所示。误差如图 22.32 所示。从图 22.32 中可以看出，5 月 9 日早高峰时段，该路段的平均车速较低，处于拥堵状态，而该路段在其他时段包括白天及夜间均处于畅通状态。本章提出的算法可以达到可接受的预测结果。误差评价指标 MAPE 和 RMSE 的结果见表 22.4。MAPE 分别为 4.43%、4.37%、4.21%、4.17%、3.99%，RMSE 分别为 2.84、2.82、2.71、2.72、2.52。

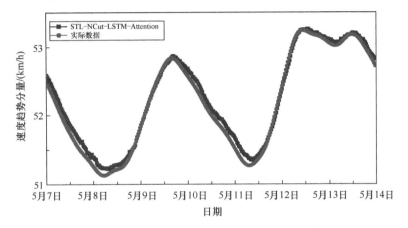

图 22.29　区域 3 路段 24，平均行程速度趋势分量

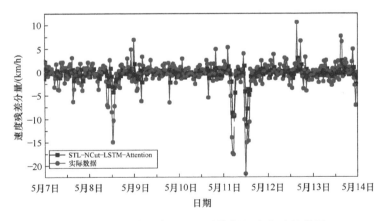

图 22.30　区域 3 路段 24，平均行程速度残差分量

2018 年 5 月 13 日（休息日）区域 3 路段 24 的平均行程速度预测结果如图 22.33 所示。误差如图 22.34 所示。从图 22.34 中可以看出，5 月 13 日早高峰时段，该路段的平均车速较低，处于轻度拥堵状态，其他时段道路畅通，本章提出的算法可以得到可接受的预测结果。误差评价指标 MAPE 和 RMSE 的结果见表 22.4。

MAPE 分别为 4.30%、4.24%、4.15%、4.04%、3.69%，RMSE 分别为 2.88、2.71、2.58、2.51、2.41。

表 22.4 区域 3 路段 24 的平均行程速度预测误差指标值

时间	SVR		LSTM		NCut–LSTM		NCut–LSTM–Attention		STL–NCut–LSTM–Attention	
	MAPE (%)	RMSE	MAPE (%)	RMSE	MAPE (%)	RMSE	MAPE (%)	RMSE	MAPE (%)	RMSE
5月9日	4.43	2.84	4.37	2.82	4.21	2.71	4.17	2.72	3.99	2.52
5月13日	4.30	2.88	4.24	2.71	4.15	2.58	4.04	2.51	3.69	2.41
5月11日	10.20	6.53	9.80	5.44	9.47	5.33	9.22	5.20	9.04	5.14
总误差	5.28	3.65	5.23	3.38	5.02	3.27	5.00	3.25	4.73	3.12

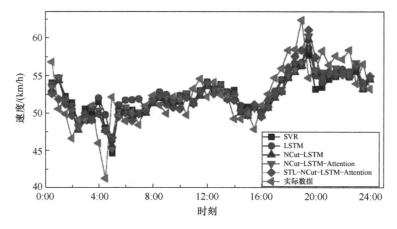

图 22.31 2018 年 5 月 9 日（工作日）区域 3 路段 24 的平均行程速度

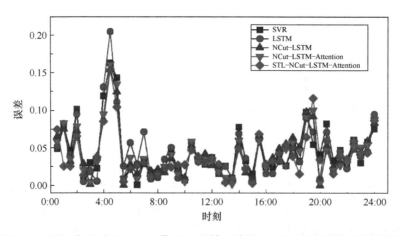

图 22.32 2018 年 5 月 9 日（工作日）区域 3 路段 24 的平均行程速度预测误差

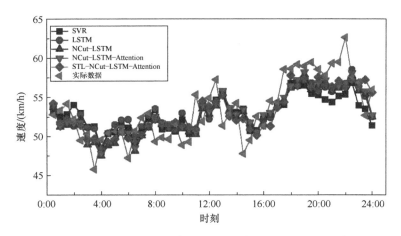

图 22.33　2018 年 5 月 13 日（休息日）区域 3 路段 24 的平均行程速度

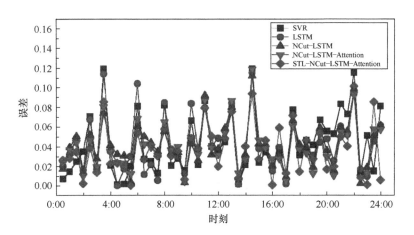

图 22.34　2018 年 5 月 13 日（休息日）区域 3 路段 24 的平均行程速度预测误差

2018 年 5 月 11 日（突发拥堵）区域 3 路段 24 的平均行程速度预测结果如图 22.35 所示。误差如图 22.36 所示。从图中可以看出，5 月 11 日早高峰时段，该路段的平均车速较低，处于拥堵状态，且拥堵程度较 5 月 9 日更加严重。而在晚高峰时段，道路上的平均行程速度异常低于平日，道路上发生了突发的交通拥堵，在其他时段包括白天及夜间该路段均行驶畅通。本章提出的算法可以得到可接受的预测结果。误差评价指标 MAPE 和 RMSE 的结果见表 22.4。MAPE 分别为 10.20%、9.80%、9.47%、9.22%、9.04%，RMSE 分别为 6.53、5.44、5.33、5.20、5.14。

根据图 22.7～图 22.36 和表 22.1～表 22.4 可知，在日常状态下，本章所提算法均可以达到较好的预测效果，预测误差均在可接受范围内。深度学习算法的精度明显高于传统的机器学习算法，平均精度提高幅度为 8.6%。经过子区划分算法对

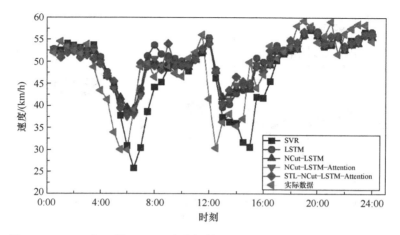

图 22.35　2018 年 5 月 11 日（突发拥堵）区域 3 路段 24 的平均行程速度

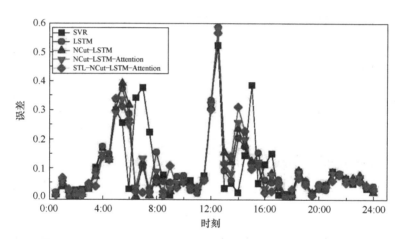

图 22.36　2018 年 5 月 11 日（突发拥堵）区域 3 路段 24 的平均行程速度预测误差

LSTM 的输入向量进行优化后，预测算法的精度有明显的提高，平均精度提高幅度为 4.8%。同时采用注意力机制对算法内部结构进行优化后，算法的精度也有明显提高，平均精度提高幅度为 1.7%。采用时间序列分解算法对输入进行优化后，预测算法平均精度提高幅度为 3.3%。

在路段上突发交通拥堵时，道路上的平均行程速度值会在短时间内发生较大的变化，即出现局部周期性偏移的问题，这个阶段的交通流预测效果比日常场景时要差。

从突发拥堵的场景的预测结果图和预测误差表中可以看出，在该场景下，本章所提的算法仍然可以取得较好的预测效果，具有较好的鲁棒性。突发拥堵的场景下，深度学习算法的精度明显高于传统的机器学习算法，平均精度提高幅度为 5.2%。经过子区划分算法对 LSTM 的输入向量进行优化后，预测算法的精度有明显的提高，平均精度提高幅度为 6.4%。同时采用注意力机制对算法内部结构进行优化后，算法的精度也有明显提高，平均精度提高幅度为 3.7%。采用时间序列分解算法对输入进行优化后，预测算法平均精度提高幅度为 3.1%。

基于以上分析可以看出，本章所提的 STL – NCut – LSTM – Attention 混合模型在进行平均行程速度预测时有着更好的效果和鲁棒性。

参 考 文 献

[1] SHOJI I, LKUO K, MASAKI Y. Analysis on vehicle stability in critical cornering using phase - plane method [J]. JSAE Review, 1999, 16 (2): 287 - 292.

[2] KIENCKE U, NIELSEN L. Automotive control systems [M]. New York: Springer, 2000.

[3] 喻凡, 林逸. 汽车系统动力学 [M]. 北京: 机械工业出版社, 2005.

[4] GENESIO R, TARTAGLIA M, VICINO A. On the estimation of asymptotic stability regions: State of the art and new proposals [J]. IEEE Transactions on Automatic Control, 1984, 30 (8): 747 - 755.

[5] SLOTINE J J, LI WP. Applied nonlinear control [M]. Upper Saddle River: Prentice Hall, 1991.

[6] JOHNSON D B, HUSTON J C. Nonlinear lateral stability analysis of road vehicles using Lyapunov's second method [J]. SAE Paper, 1984: 841057.

[7] INAGAKI S, KSHIRO I, YAMAMOTO M. Analysis on vehicle stability in critical cornering using-phase - planemethod [C] //Proceedings of the International Symposium on Advanced Vehicle Control 1994. Japan: Tsukuba - shi, 1994: 287 - 292.

[8] SHINICHIRO H, KAZUYUKI O, SHINYA N. Analysis of accelerating and braking stability using constrained bifurcation and continuation methods [J]. Vehicle System Dynamics, 2008, 46 (1): 585 - 597.

[9] 刘丽. 车辆三自由度平面运动稳定性的非线性分析及控制策略评价 [D]. 长春: 吉林大学, 2010.

[10] SHINICHIRO H. Evaluation of chassis control method through optimisation - based controllability region computation [J]. Vehicle System Dynamics, 2012, 50 (1): 19 - 31.

[11] OSELEDEC V I. A multiplicative ergodic theorem: Lyapunov characteristic numbers for dynamical system [J]. Trans. Moscow Math. Soc, 1968, 19: 197 - 231.

[12] WOLF A, SWIF J B, SWINNEY H L, et al. Determining Lyapunov exponents from a time series [J]. Phys. D, 1985, 16 (3): 285 - 317.

[13] ALLIGOOD K T, SAURE T D, YORKE J A. Chaos: An Introduction to dynamical systems [M]. NewYork: Springer, 1997.

[14] YANG C, WU Q. On stability analysis via Lyapunov exponents calculated from a time series using nonlinearmapping - a case study [J]. Nonlinear Dyn, 2010, 59 (1 - 2): 239 - 257.

[15] RAMASUBRAMANIAN K, SRIRAM M S. A comparative study of computation of Lyapunov spectra with different algorithms [J]. Phys. D 2000, 139 (1 - 2): 72 - 86.

[16] 庄继德. 汽车轮胎学 [M]. 北京: 北京理工大学出版社, 1996.

[17] BAKKER E, NYBORG L. Tyre modelling for use in vehicle dynamics studies [J]. SAE Technical Paper, 1987: 870421.

[18] PACEJKA H B, SHARP R S. Shear force development by pneumatic tyres in steady state conditions: A review of modeling aspects [J]. Vehicle System Dynamics, 1991, 20 (3): 121 - 176.

[19] PACEJKA H B. Tyre and vehicle dynamic [M]. Oxford: Elsevier, 2006.

[20] 郭孔辉. 汽车操纵动力学 [M]. 长春: 吉林科学技术出版社, 1991.

[21] GIM G, NIKRAVESH P E. An analytical model of pneumatic tyres for vehicle dynamic simulations. Part 1: pure slip [J]. Vehicle Design, 1990, 11 (6): 65 – 75.

[22] GIM G, NIKRAVESH P E. A three dimensional tire model for steady – state simulations of vehicles [J]. SAE, 1993, 102 (2): 150 – 159.

[23] FIALA E. Seitenkrafte am rollenden luftreifenU [J]. ZVDI, 1954, 29 (11): 81 – 92.

[24] 克罗拉, 喻凡. 车辆动力学及其控制 [M]. 北京: 人民交通出版社, 2004.

[25] RAHNEJAT H. Muli – body dynamics vehicle, machine and mechanisms [M]. Warrendale: SAE, 1998.

[26] RYSZARD A, JAN A. Nonlinear dynamics of a wheeled vehicle [M]. New York: Springer Science + Business Media, 2005.

[27] KO Y E, SONG C K. Vehicle modeling with nonlinear tires for vehicle stability analysis [J]. Int. J. Automot. Technol, 2010, 11 (3): 339 – 344.

[28] ROLF J, ANDERS R. Nonlinear and hybrid systems in automotive control [M]. London: Springer – Verlag, 2003.

[29] WONG J Y. Theory of ground vehicles third edition [M]. New York: John Wiley & Sons, 2001.

[30] VINCENT N. Vehicle handling, stability, and bifurcation analysis for nonlinear vehicle models [D]. Washington D C: University of Maryland, 2005.

[31] LIU L, SHI S M, SHEN S W, et al. Vehicle planar motion stability study for tyresworking in extremely nonlinear region [J]. Chinese Journal of Mechanical Engineering, 2010, 23 (2): 185 – 194.

[32] HASSAN K K. Nonlinear systems third edition [M]. Upper Saddle River: Prentice Hall, 2002.

[33] 胡海岩. 应用非线性动力学 [M]. 北京: 航空工业出版社, 2000.

[34] FINCKENOR J. Genetic algorithms, with inheritance, versus gradient optimizers, and ga/gradient hybrids [C] // Computer aided optimum design of structures V. New York: Springer, 1997: 257 – 266.

[35] ONO S, HIROTANI Y, NAKAYAMA S. Multiple solution search based on hybridization of real – coded evolutionary algorithm and Quasi – Newton method [J]. IEEE Congress on Evolutionary Computation, 2007, 3: 1133 – 1140.

[36] HIROYASU T, MIKI M, MINAMI Y, et al. Global optimal point search of hybrid genetic algorithms using gradient method [C] //Proceedings of the 5th Technical Session on Mathematical Modeling and Problem Solving. New York: Springer, 2000: 57 – 64.

[37] ZHANG G, LU H. Hybrid real – coded genetic algorithm with quasi simplex technique [J]. International Journal of Computer Science and Network Security, 2006, 6 (10): 246 – 253.

[38] KWON Y D, JIN S B, KIM J Y, et al. Local zooming genetic algorithm and its application to radial gate support problems [J]. Structural Engineering and Mechanics, 2004, 17 (5): 611 – 626.

[39] 徐涛. 数值计算方法 [M]. 长春: 吉林科学技术出版社, 2002.

[40] 刘秉正, 彭建华. 非线性动力学 [M]. 北京: 高等教育出版社, 2005.

[41] 刘秉正. 非线性动力学与混沌基础 [M]. 长春：东北师范大学出版社，1994.

[42] 张伟，胡海岩. 飞信行动力学理论与应用的新进展 [M]. 北京：科学出版社，2009.

[43] CHEN G R, DAVID J H, YU X H. Bifurcation control: Theory and applications [M]. Berlin: Springer, 2003.

[44] ARAM A. Effective safety factors on horizontal curves of two – lane highways [J]. Journal of Applied Sciences. 2010, 10 (22)：2814 – 2822.

[45] ZHAO Y, LEI X. Safety discrimination of expressway plane and vertical alignment combination based on grey clustering method [C] //IOP Conference Series: Earth and Environmental Science. Bristol: IOP Publishing, 2019, 371 (3): 032013.

[46] 邓晓庆，孟祥海，郑来. 基于BP神经网络的高速公路事故预测模型 [J]. 交通信息与安全，2016, 34 (1): 78 – 84.

[47] 孟祥海，覃薇，邓晓庆. 基于神经网络的山岭重丘区高速公路事故预测模型 [J]. 公路交通科技，2016, 33 (3): 102 – 108.

[48] 马聪，张生瑞，马壮林，等. 高速公路交通事故非线性负二项预测模型 [J]. 中国公路学报，2018, 31 (11): 176 – 185.

[49] GIBREEL G M, EASA S M, HASSAN Y, et al. State of the art of highway geometric design consistency [J]. Journal of Transportation Engineering, 1999, 125: 305 – 313.

[50] LAMM R, PSARIANOS B, MAILAENDER T. Highway design and traffic safety engineering handbook [M]. New York: McGraw – Hill, 1999.

[51] 李昆冈. 基于运行速度的双车道公路线形和安全性评价方法研究 [D]. 西安：长安大学，2017.

[52] HASSAN Y. Highway design consistency: Refining the state of knowledge and practice [J]. Transportation Research Record Journal of the Transportation Research Board, 2004, 1881: 63 – 71.

[53] SALVATORE C, GRAZIA L C. Driving performance, alignment consistency, and road safety: Real – world experiment [J]. Transportation Research Record, 2009, 2102 (1): 1 – 8.

[54] 林声，刘建蓓，阎莹，等. 基于驾驶负荷的山区高速公路长大下坡路段安全性评价模型 [J]. 交通运输工程学报，2013, 13 (6): 99 – 106.

[55] XIE L, WU C Z, LYU N C, et al. Studying the effects of freeway alignment, traffic flow, and sign information on subjective driving workload and performance [J]. Advances in Mechanical Engineering, 2019, 11 (5): 1 – 11.

[56] 王进州，艾力·斯木吐拉. 基于驾驶员生理负荷的高原公路转角值安全风险评价 [J]. 科学技术与工程，2020, 20 (7): 2939 – 2943.

[57] 徐进，汪旭，王灿，等. 山区公路纵坡段驾驶人脚操纵特征及驾驶负荷 [J]. 中国公路学报，2018, 31 (1): 91 – 100.

[58] 徐进. 用于道路几何线形质量评价的仿真模型和动力学指标 [J]. 公路交通科技，2007 (11): 114 – 119.

[59] 任秀欢，何杰. 基于人 – 车 – 路虚拟试验的道路线形安全性评价 [J]. 公路，2011 (9): 171 – 175.

[60] CHEN Y K, WANG K, XU C C, et al. Evaluation of the safety performance of highway align-

ments based on fault tree analysis and safety boundaries．［J］．Traffic Injury Prevention，2018，19（4）：409－416．

［61］YUE L，WANG H，PAZ A. An Optimization Design Method of Combination of Steep Slope and Sharp Curve Sections for Mountain Highways［J］. Mathematical Problems in Engineering，2019（6）：1－13．

［62］龙铭谦，赖俊羽．基于虚拟驾驶平台的山区高速公路行车安全评价研究［J］．西部交通科技，2019（9）：175－178．

［63］姜丹丹．城市道路平面交叉口的组织管理优化［D］．西安：长安大学，2017．

［64］陈宽民，严宝杰．道路通行能力分析［M］．北京：人民交通出版社，2003．

［65］HE Z，ZHENG L，CHEN P，et al. Mapping to cells：A simple method to extract traffic dynamics from probe vehicle data［J］. Computer－Aided Civil and Infrastructure Engineering，2017，32（3）：252－267．

［66］CHEN D，YAN X，LIU X，et al. Multi－task fusion deep learning model for short－term intersection operation performance forecasting［J］. Remote Sensing，2021，13（10）：1919－1945．

［67］谭甄元，尹凯莉，等．基于移动导航数据的信号配时反推［J］．交通运输系统工程与信息，2017，17（2）：60－67．

［68］AHMED M S，COOK A R. Analysis of freeway traffic time－series data by using box－jenkins techniques［J］. Transportation Research Record，1979，722：1－9．

［69］LANA I，LOBO J L，CAPECCI E，et al. Adaptive long－term traffic state estimation with evolving spiking neural networks［J］. Transportation Research Part C：Emerging Technologies，2019，101：126－144．

［70］COBBETT D. Short－term inter－urban traffic forecasts using neural networks［J］. International Journal of Forecasting，1997，13（1）：21－31．

［71］LI D，WU J，XU M，et al. Adaptive traffic signal control model on intersections based on deep reinforcement learning［J］. Journal of Advanced Transportation，2020（6）：6505893．

［72］陈喜群，周凌霄，曹震．基于图卷积网络的路网短时交通流预测研究［J］．交通运输系统工程与信息，2020（4）：49－55．

［73］张坤鹏．基于深度学习的行程时间估计方法研究［D］．长沙：湖南大学，2019．

［74］范永强．基于SCOOT系统的公交信号优先控制技术研究［J］．交通科技与经济，2020，22（5）：21－25．

［75］VOLODYMYR M，KORAY K，DAVID S，et al. Human－level control through deep reinforcement learning［J］. Nature，2015，518：529－33．

［76］刘志，曹诗鹏，沈阳，等．基于改进深度强化学习方法的单交叉口信号控制［J］．计算机科学，2020，47（12）：234－240．

［77］赵建东，王浩，刘文辉，等．基于收费数据的高速公路站间旅行时间预测［J］．同济大学学报（自然科学版），2013，41（12）：1849－1854．

［78］GOLD D L，TURNER S M，GAJEWSKI B J. Imputing missing values in its data archives for intervals under 5 minutes［C］//Transportation Research Board 80th Annual Meeting. Washington DC：TRB 2001：4804－4612．

[79] CONKLIN J H, SMITH B L. Use of local lane distribution patterns to estimate missing data values from traffic monitoring systems [J]. Transportation Research Record, 2002, 1811 (1): 50-56.

[80] SMITH B L, SCHERER W T, CONKLIN J H. Exploring imputation techniques for missing data in transportation management systems [J]. Transportation Research Record, 2003, 1836 (1): 132-142.

[81] KURUCZ M, BENCZUR A A, CSALOGANY K. Methods for large scale SVD with missing values [C]//Proceedings of KDD Cup and Workshop 2007. New York: ACM, 2007: 31-38.

[82] QU L, LI L, ZHANG J, et al. PPCA-Based missing data imputation for traffic flow volume: a systematical approach [J]. IEEE Transactions on Intelligent Transportation Systems, 2009, 10 (3): 512-522.

[83] TANG J, ZHANG G, WANG Y, et al. A hybrid approach to integrate fuzzy C-means based imputation method with genetic algorithm for missing traffic volume data estimation [J]. Transportation Research Part C: Emerging Technologies, 2015, 51: 29-40.

[84] ZHAO J, XU F, LIU W, et al. Travel time prediction based on pattern matching method [J]. International Journal on Smart Sensing and Intelligent Systems, 2015, 8 (1): 658-676.

[85] 陆百川, 郭桂林, 肖汶谦, 等. 基于多尺度主元分析法的动态交通数据故障诊断与修复 [J]. 重庆交通大学学报 (自然科学版), 2016, 35 (1): 134-137, 166.

[86] 江雅倩. 基于矩阵低秩分解的路网数据的补全算法 [D]. 西安: 长安大学, 2018.

[87] WANG J, DENG W, GUO Y. New Bayesian combination method for short-term traffic flow forecasting [J]. Transportation Research Part C: Emerging Technologies, 2014, 43 (1): 79-94.

[88] ACAR E, KOLDA T G, DUNLAVY D M. All-at-once optimization for coupled matrix and tensor factorizations [J]. Computing Research Repository-CORR, 2011. DOI: 10.48550/arxiv.1105.3422.

[89] SILVA C D, HERRMANN F J. Hierarchical tucker tensor optimization-application to tensor completion [C]//Proceedings of the 10th International Conference on Samplingeory and Application. New York: IEEE, 2013: 384-387.

[90] TAN H, FENG G, FENG J, et al. A tensor-based method for missing traffic data completion [J]. Transportation Research Part C: Emerging Technologies, 2013, 28: 15-27.

[91] TAN H, FENG J, CHEN Z, et al. Low multilinear rank approximation of tensors and application in missing traffic data [J]. Advances in Mechanical Engineering, 2014 (6): 157-597.

[92] RAN B, TAN H, WU Y, et al. Tensor based missing traffic data completion with spatial-temporal correlation [J]. Phys. A: Statistical Mechanics and its Applications, 2016, 446: 54-63.

[93] WALINCHUS R J. Real-time network decomposition and subnetwork interfacing [J]. Highway Research Record, 1971, 366: 20-28.

[94] JI Y, NIKOLAS G. On the spatial partitioning of urban transportation networks [J]. Transportation Research Part B, 2012, 46 (10): 1639-1656.

[95] NIKOLAS G, SUN J. Properties of a well-defined macroscopic fundamental diagram for urban traffic [J]. Transportation Research Part B: Methodological, 2010, 45 (3): 605-617.

[96] 秦子雁. 基于宏观基本图的城市交通路网区域边界控制研究 [D]. 北京: 北京交通大

学，2020.

[97] WAGNER M, ZEILEIS A. Heterogeneity and spatial dependence of regional growth in the EU：a recursive partitioning approach［J］. German Economic Review，2019，20（1）：67-82.

[98] KOUVELAS A, SAEEDMANESH M, NIKOLAS G. Enhancing model-based feedback perimeter control with data-driven online adaptive optimization［J］. Transportation Research Part B：Methodological，2017，96（5）：26-45.

[99] DONG W, WANG Y, YU H. An identification model of critical control sub-regions based on macroscopic fundamental diagram theory［J］. Journal of Intelligent Transportation Systems，2019，23（5）：441-451.

[100] HU Y, WANG Y, ZHANG J, et al. Correlation degree analysis of arterial adjacent intersections for coordinated control subunit partition［J］. Advances in Mechanical Engineering，2018，10（1）：1-12.

[101] 徐建闽, 鄢小文, 荆彬彬, 等. 考虑交叉口不同饱和度的路网动态分区方法［J］. 交通运输系统工程与信息，2017，17（4）：145-152.

[102] 孙晨. 基于多源数据的区域交通信号控制动态子区划分方法研究［D］. 北京：中国人民公安大学，2020.

[103] National Research Council（U.S.）. Highway Capacity Manual［M］. Washington DC：Transportation Research Board of the National Academies，2010.

[104] HAWAS Y E. A fuzzy-based system for incident detection in urban street networks［J］. Transportation Research Part C：Emerging Technologies，2007，15（2）：69-95.

[105] HILMI B C, MEHMET A S. Extension of traffic flow pattern dynamic classification by a macroscopic model using multivariate clustering［J］. Transportation Science，2016（3）：966-981.

[106] RICARDO G, MARÍA L L, MARÍA T. An approach to dynamical classification of daily traffic patterns［J］. Computer-Aided Civil and Infrastructure Engineering，2017，32（3）：191-212.

[107] YANG S, WU J, QI G, et al. Analysis of traffic state variation patterns for urban road network based on spectral clustering［J］. Advances in Mechanical Engineering，2017，9（9）：1-11.

[108] CAO J, FANG Z, QU G, et al. An accurate traffic classification model based on support vector machines［J］. International Journal of Network Management，2017，27（1）：e1962.

[109] 张帆. 基于SAGA-FCM的城市道路交通状态判别方法研究［D］. 长春：吉林大学，2019.

[110] 王春娥. 基于数据融合的城市道路交通状态判别算法研究［D］. 长春：吉林大学，2008.

[111] 谢洪彬. 基于Hadoop的城市道路交通状态判别技术研究［D］. 广州：华南理工大学，2016.

[112] ELENI I V, MATTHEW G K, JOHN C G. Short-term traffic forecasting：where we are and where we're going［J］. Transportation Research Part C：Emerging Technologies，2014，43：3-19.

[113] 牟宇. 汽车驱动转向稳定性的前馈与反馈控制方法研究［D］. 长春：吉林大学，2018.

[114] 薛刚. 考虑驾驶员道路熟悉程度的山区公路单车事故影响因素研究［D］. 广州：华南理工大学，2021.

[115] MCRUER D T, JEX H R. A review of quasi-linear pilot models [J]. IEEE Transactions on Human Factors in Electronics, 1967 (3): 231-248.

[116] 郭孔辉. 驾驶员—汽车闭环系统操纵运动的预瞄最优曲率模型 [J]. 汽车工程, 1984 (3): 1-16.

[117] SHI B, LI X, MENG W. Applying a WNN-HMM based driver model in human driver simulation: Method and test [J]. IEEE Transactions on Intelligent Transportation Systems, 2018 (19): 3431-3438.

[118] ZHOU X, JIANG H, LI A, et al. A new single point preview-based human-like driver model on urban curved roads [J]. Journal of Engineering, 2020 (8): 107452-107464.

[119] WANG P, WANG Q Y, WAN M, et al. A fractional derivative-based lateral preview driver model for autonomous automobile path tracking [J]. Mathematical Problems in Engineering, 2018 (12): 7320413.

[120] 曹艳玲, 张琦. 自适应神经模糊推理的方向驾驶员模型研究 [J]. 机械设计与制造, 2021 (1): 185-187, 192.

[121] 许金良. 道路勘测设计 [M]. 5版. 北京: 人民交通出版社, 2018.

[122] 方靖, 荣建, 祝站东. 自由流状态的判别标准研究 [J]. 中国公路学报, 2010, 23 (S1): 65-68.

[123] 曲昭伟, 王殿海, 姚荣涵. 信号交叉口起动波的运动学模型 [J]. 吉林大学学报 (工学版), 2008, 2: 268-272.

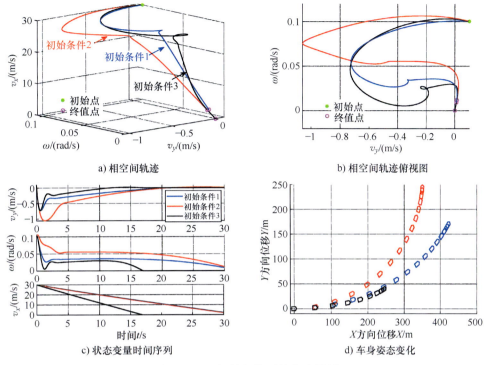

a) 相空间轨迹　　　　　　　　b) 相空间轨迹俯视图

c) 状态变量时间序列　　　　　　d) 车身姿态变化

图 6.5　3 组初始条件下的仿真结果

a) 车身参数　　　　　　　　b) 空气动力学参数

c) 轮胎模型　　　　　　　　d) 仿真初始参数

图 6.6　CarSim 车辆模型参数设置

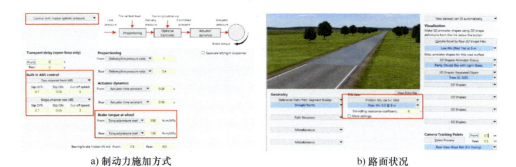

a) 制动力施加方式　　　　　　　　　　b) 路面状况

图 6.7　CarSim 制动系统与路面参数设置

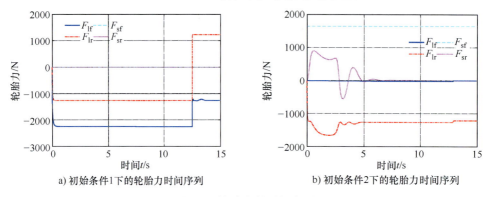

a) 初始条件1下的轮胎力时间序列　　　　b) 初始条件2下的轮胎力时间序列

图 6.9　轮胎力的时间序列

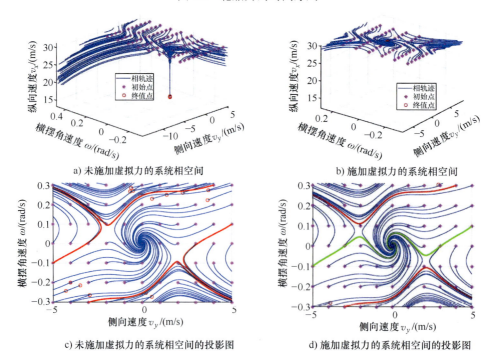

a) 未施加虚拟力的系统相空间　　　　　　b) 施加虚拟力的系统相空间

c) 未施加虚拟力的系统相空间的投影图　　d) 施加虚拟力的系统相空间的投影图

图 7.2　系统施加虚拟力前后的相空间和单初值点状态变量时间序列对比

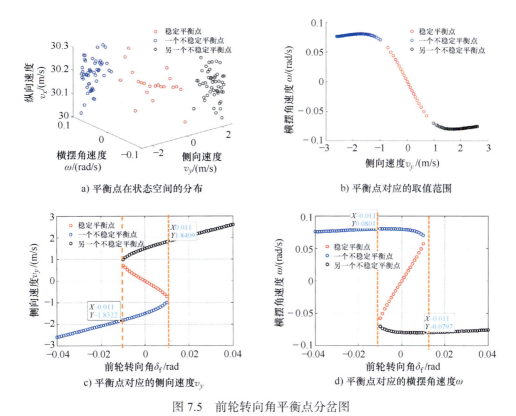

图 7.5 前轮转向角平衡点分岔图

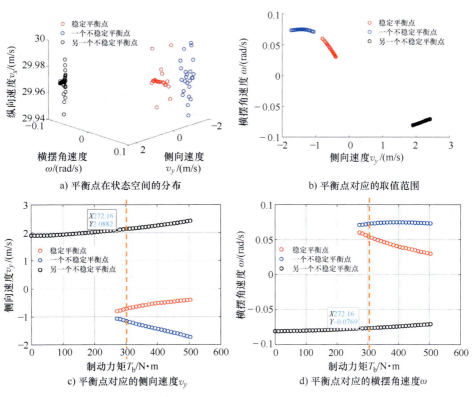

图 7.6 制动力矩平衡点分岔图

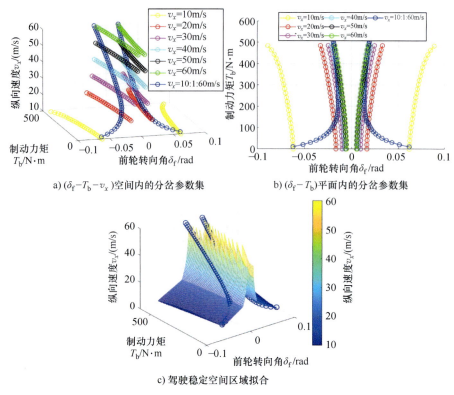

图 7.9 驾驶稳定区域求解结果

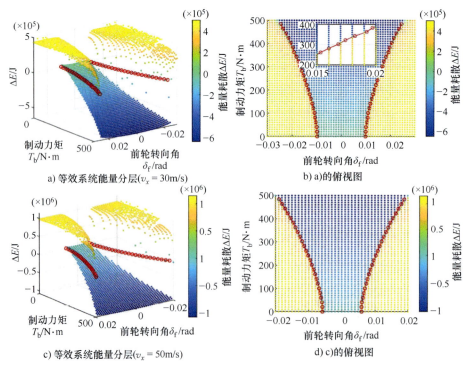

图 8.4 中高速下的等效系统驾驶稳定区域和平衡点分岔法稳定区域边界对比

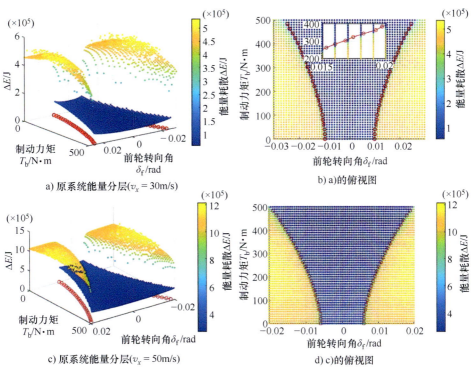

图 8.5 中高速下的原系统驾驶稳定区域和平衡点分岔法稳定区域边界对比

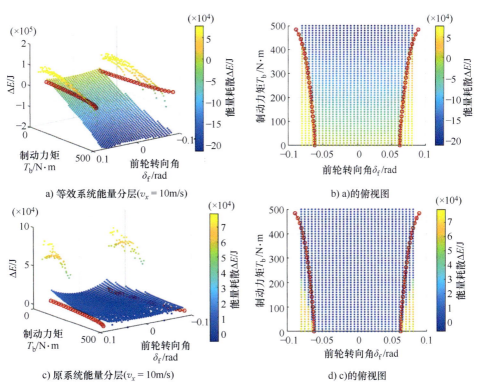

图 8.6 低速下的驾驶稳定区域对比和平衡点分岔法稳定区域边界对比

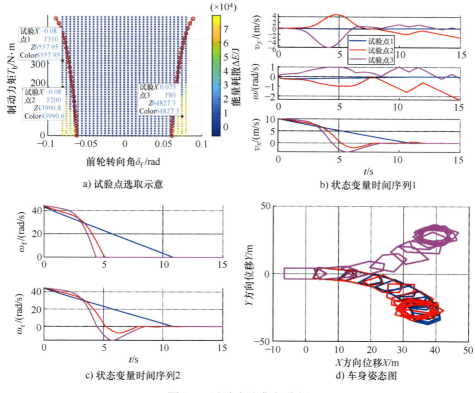

图 8.7　试验点取集与分析

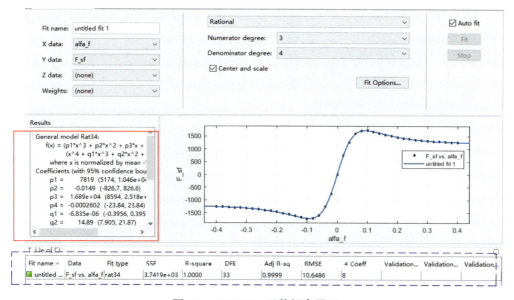

图 9.1　CFTOOL 函数拟合界面

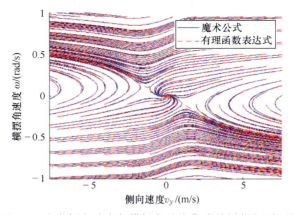

图 9.5　汽车侧向速度与横摆角速度集成的局部相平面图

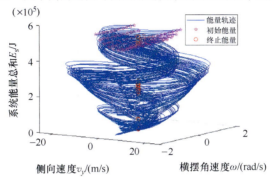

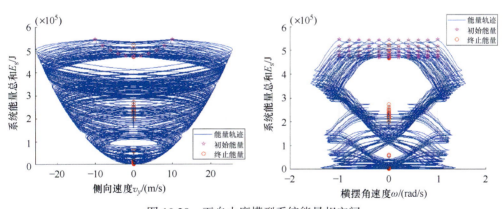

图 10.29　五自由度模型系统能量相空间

图 12.10　深度学习的研究方向和学科渗透

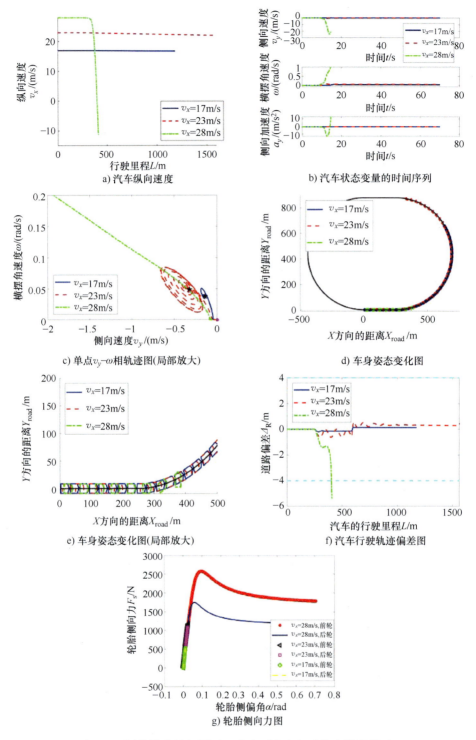

图 14.1 圆曲线半径相同时，速度对汽车行驶稳定性的影响

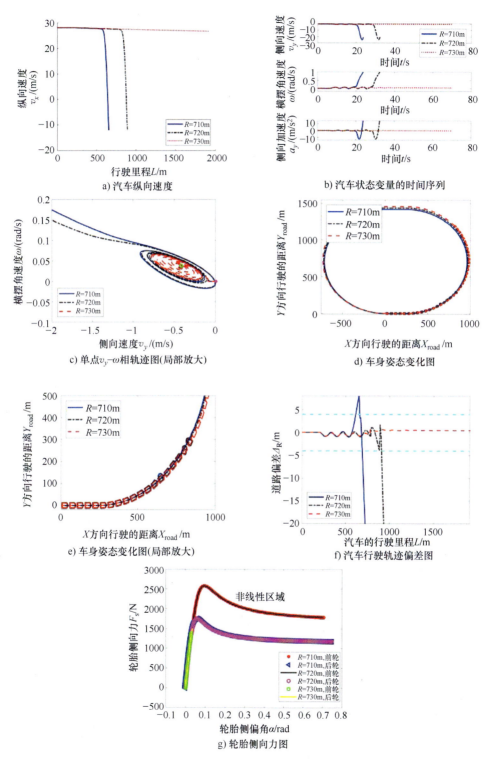

图 14.2 速度相同时，圆曲线半径对汽车行驶稳定性的影响

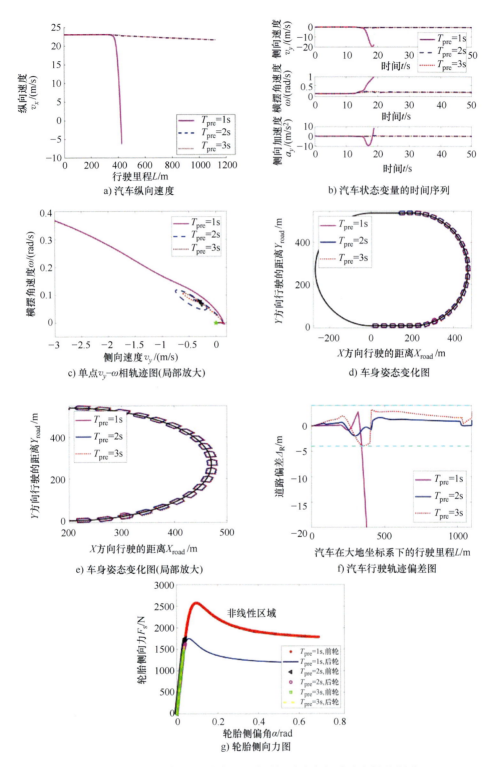

图 14.3 圆曲线半径相同时，预瞄时间对汽车行驶稳定性的影响

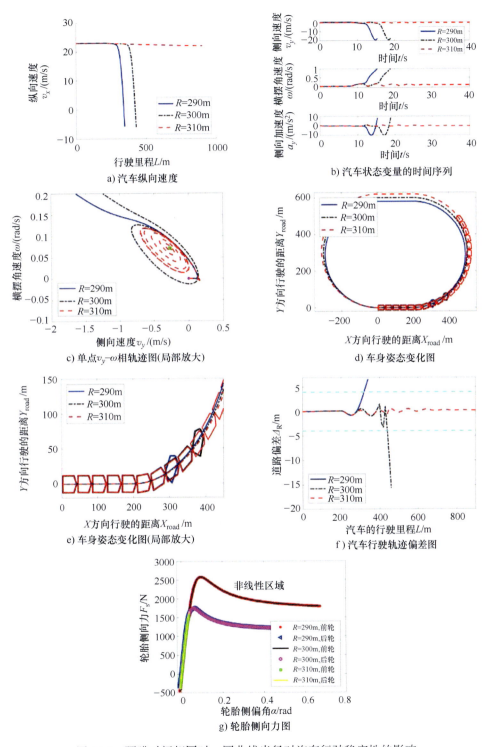

图 14.4 预瞄时间相同时，圆曲线半径对汽车行驶稳定性的影响

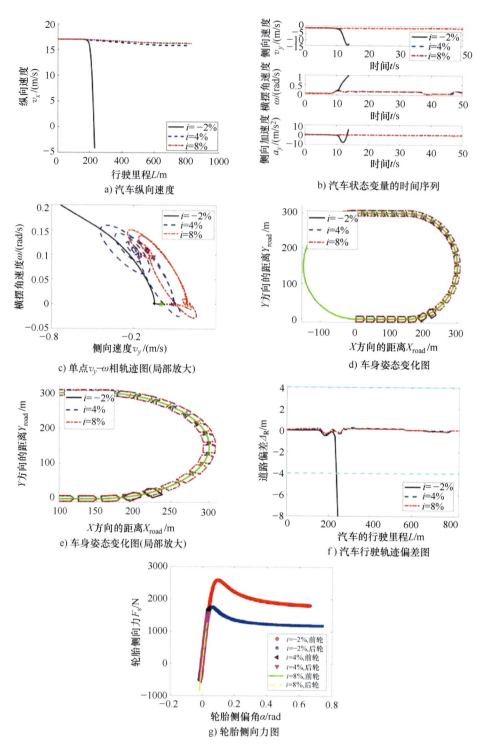

图 14.5 圆曲线半径相同时，道路横坡度对汽车行驶稳定性的影响

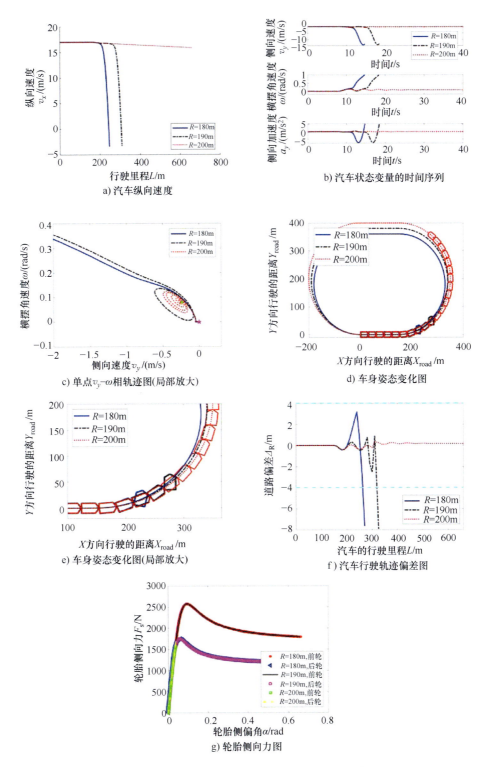

图 14.6　道路横坡度相同时，圆曲线半径对汽车行驶稳定性的影响

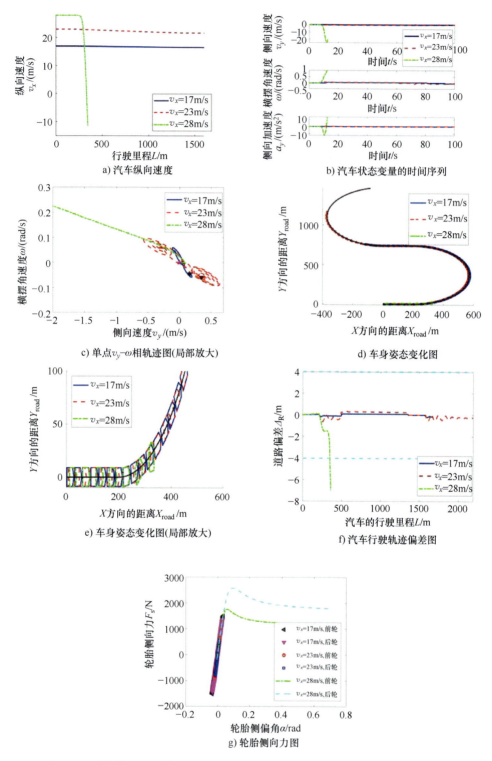

图 14.7 圆曲线（反向曲线）半径相同时，纵向速度对汽车行驶稳定性的影响

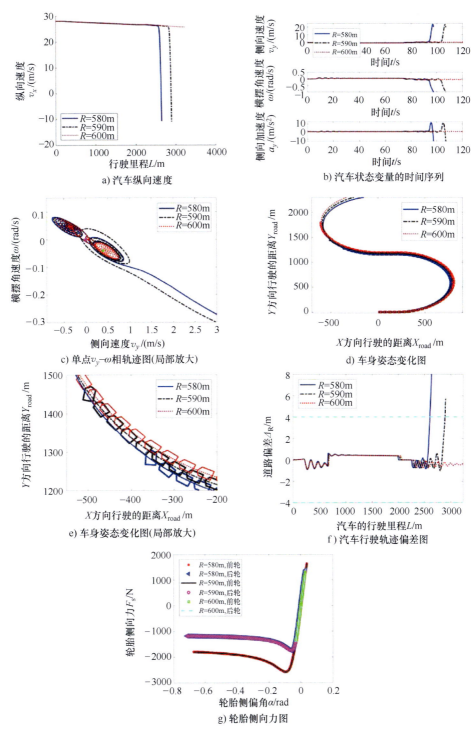

图14.8 纵向速度相同时,圆曲线(反向曲线)半径对行驶稳定性的影响

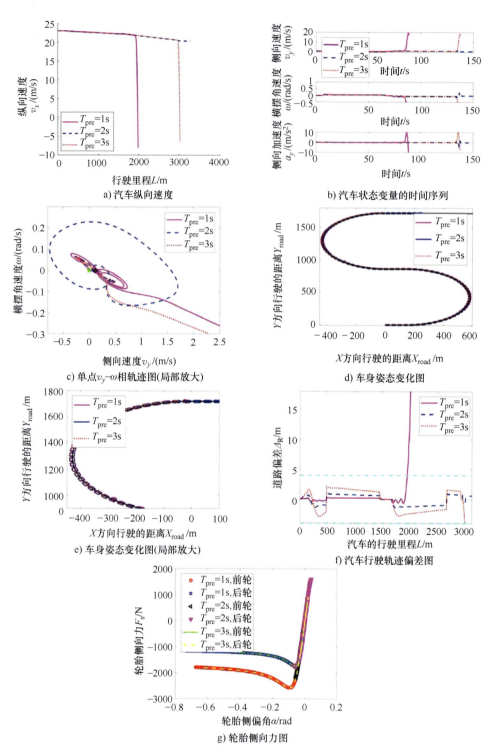

图 14.9 预瞄时间相同时,圆曲线(反向曲线)半径对汽车行驶稳定性的影响

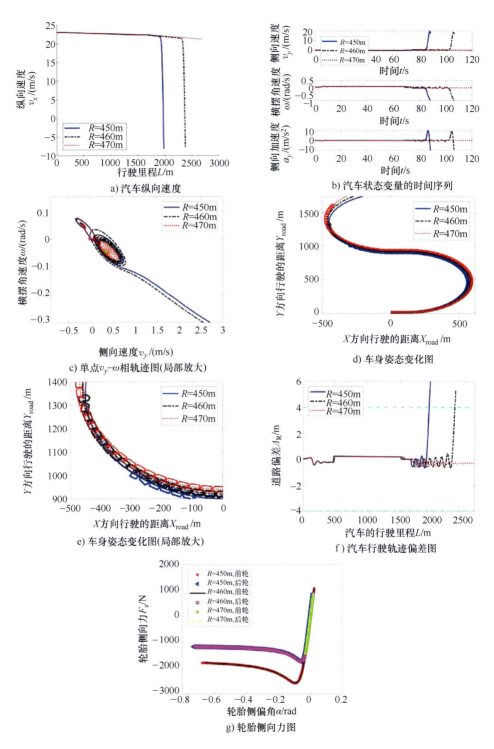

图 14.10 预瞄时间相同时,圆曲线(反向曲线)半径对汽车行驶稳定性的影响

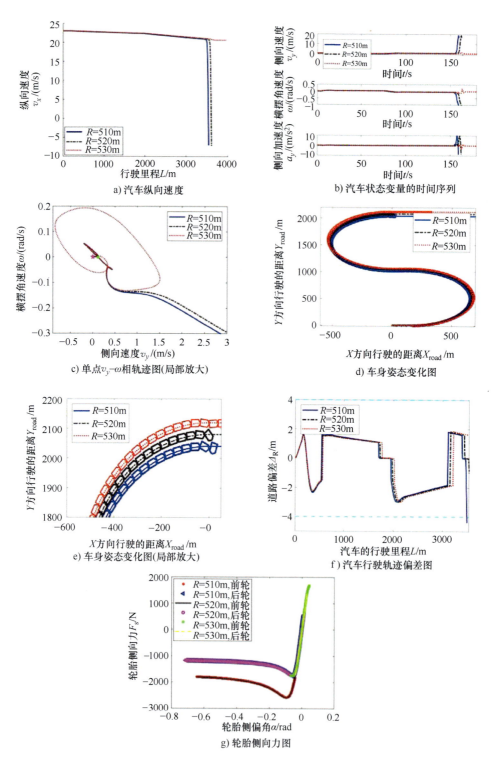

图 14.11 预瞄时间相同时,圆曲线(反向曲线)半径对汽车行驶稳定性的影响

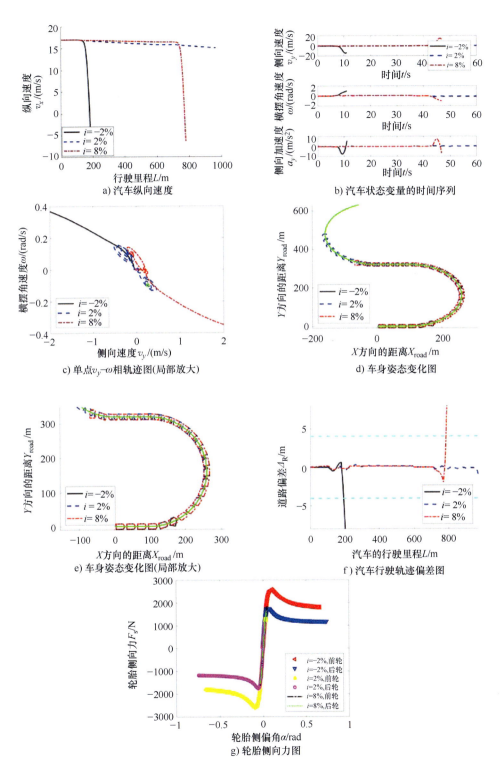

图 14.12 圆曲线（反向曲线）半径相同时，道路横坡度对汽车行驶稳定性的影响

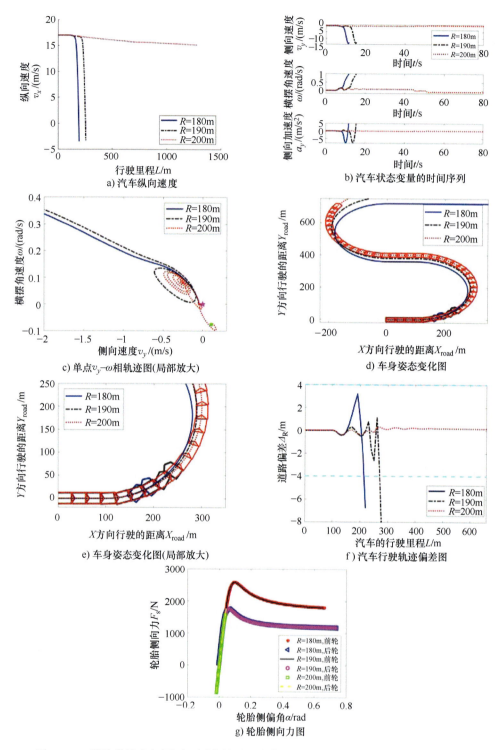

图 14.13 道路横坡度相同时，圆曲线（反向曲线）半径对汽车行驶稳定性的影响

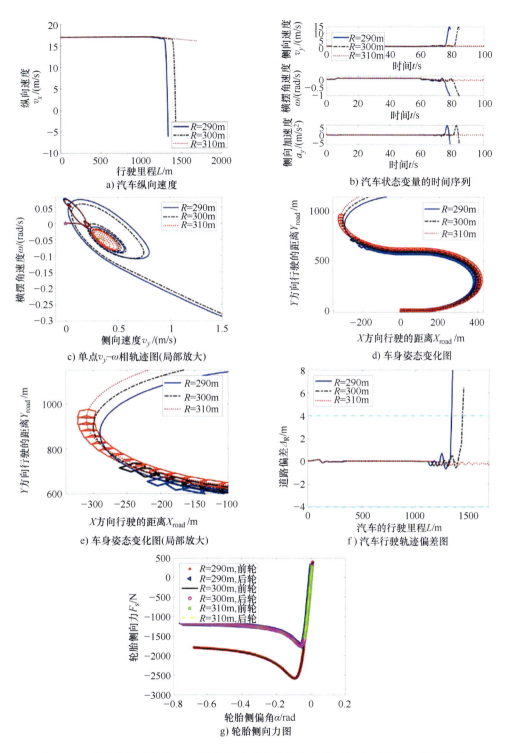

图 14.14 道路横坡度相同时,圆曲线(反向曲线)半径对汽车行驶稳定性的影响

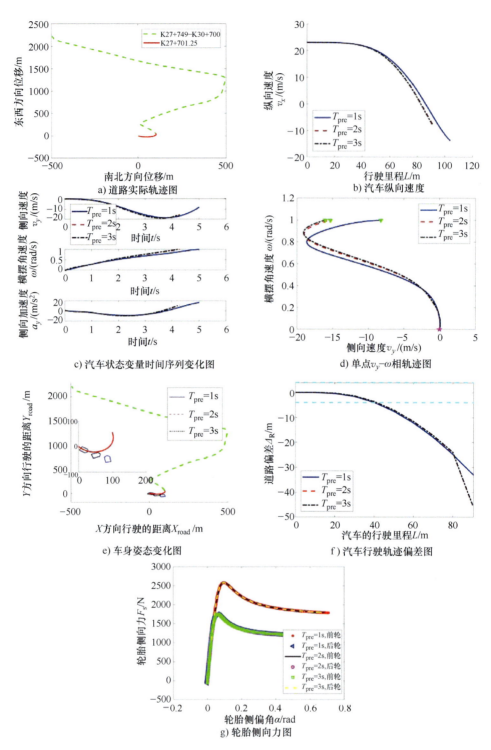

图 15.3　基于驾驶人预瞄时间的 K27 + 701.25 路段的安全评价

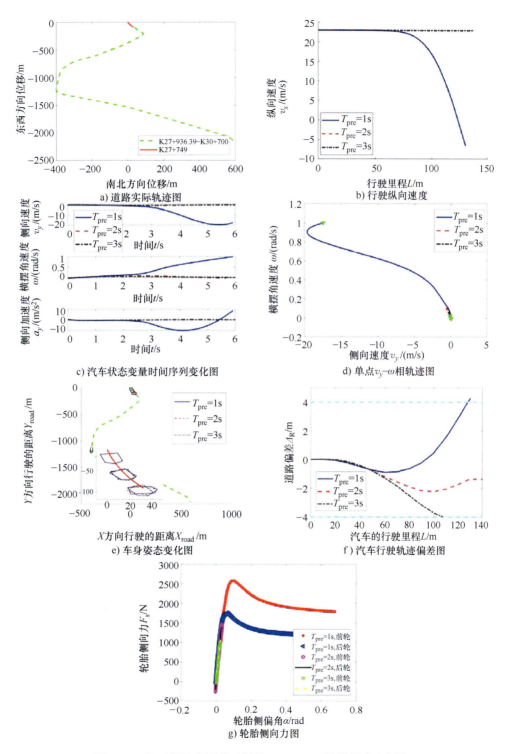

图 15.4 基于驾驶人预瞄时间的 K27＋749 路段的安全评价

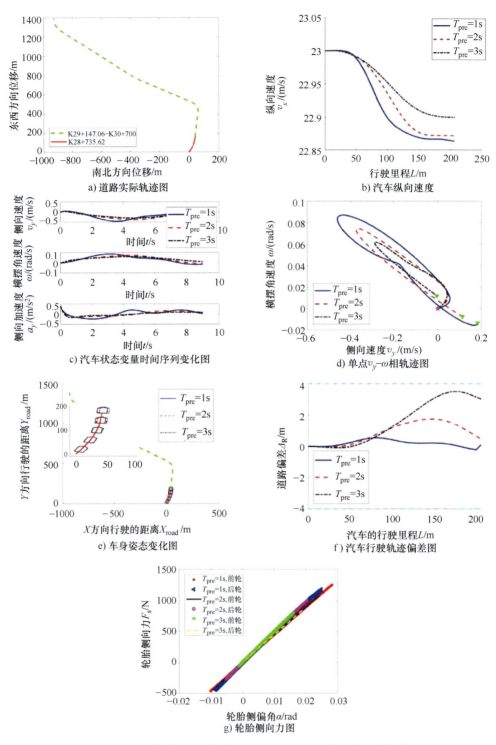

图 15.5 基于驾驶人预瞄时间的 K28+735.62 路段的安全评价

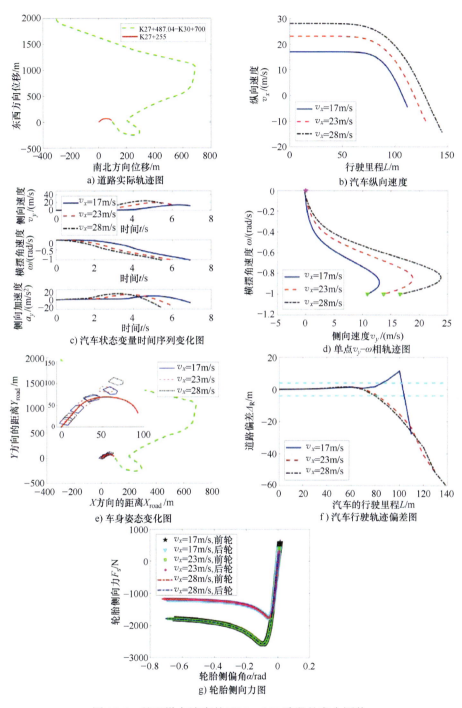

图 15.6 基于纵向速度的 K27+255 路段的安全评价

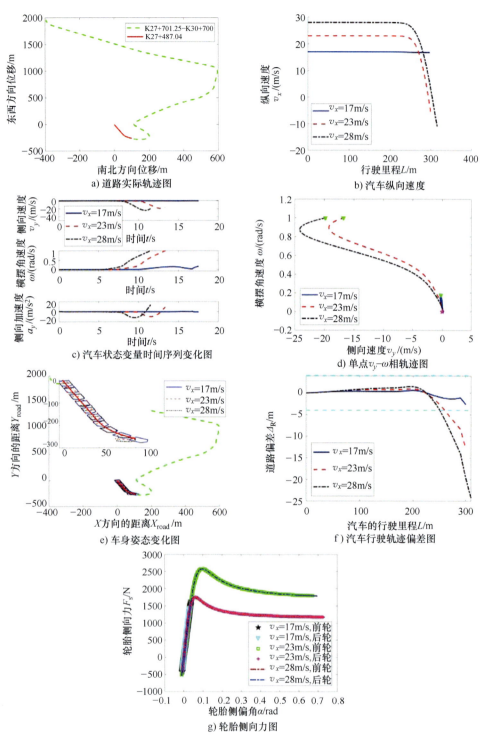

图 15.7 基于纵向速度的 K27＋487.04 路段的安全评价

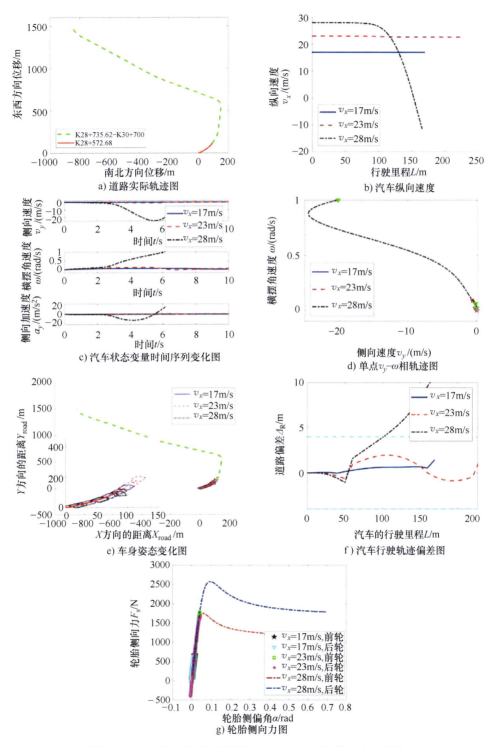

图 15.8 基于汽车纵向速度的 K28 + 572.68 路段的安全评价

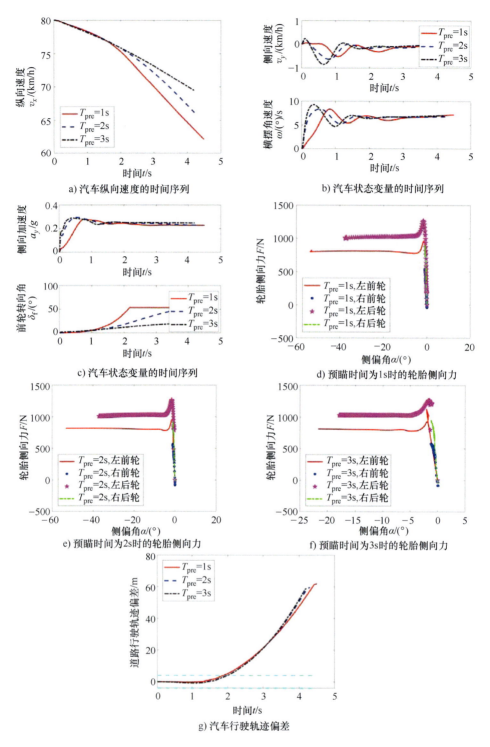

图 15.14 基于驾驶人预瞄时间对 K27 + 60.38 路段的安全评价

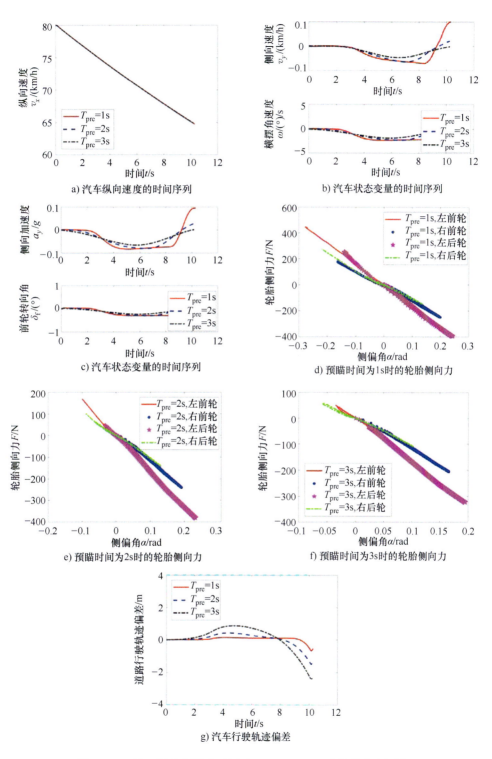

图 15.15 基于驾驶人预瞄时间对 K28 + 154.93 路段的安全评价

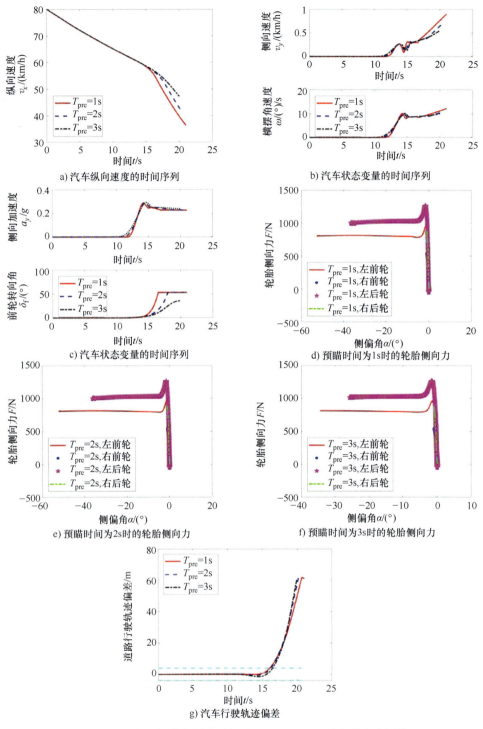

图 15.16 基于驾驶人预瞄时间对 K29 + 147.06 路段的安全评价

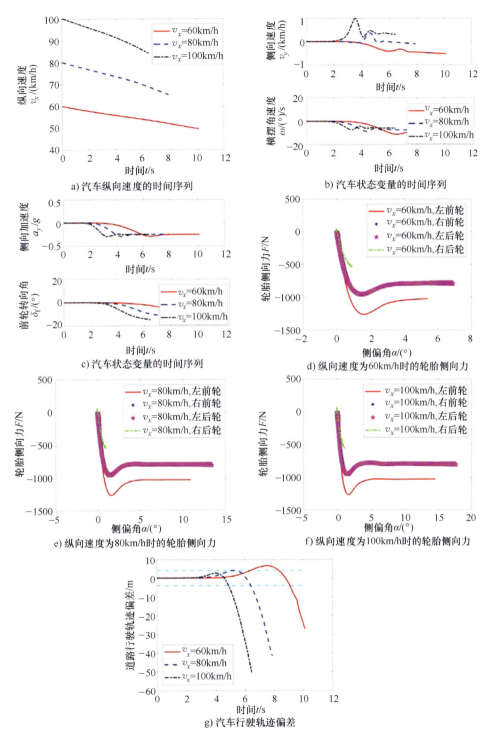

图 15.17 基于汽车纵向速度对 K27 + 936.39 路段的安全评价

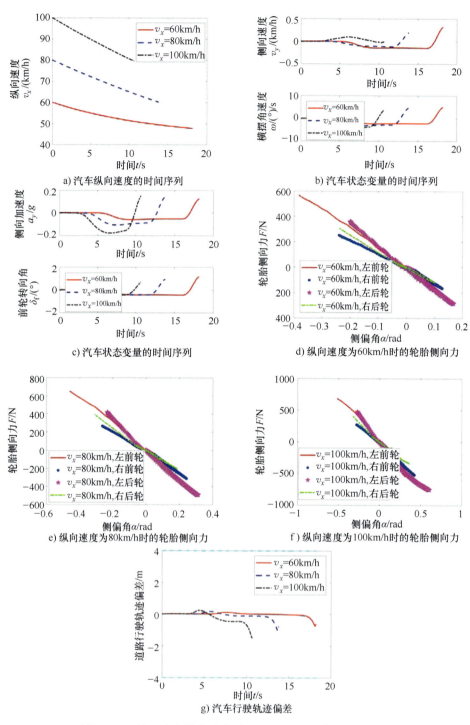

图 15.18 基于汽车纵向速度对 K28 + 411.93 路段的安全评价

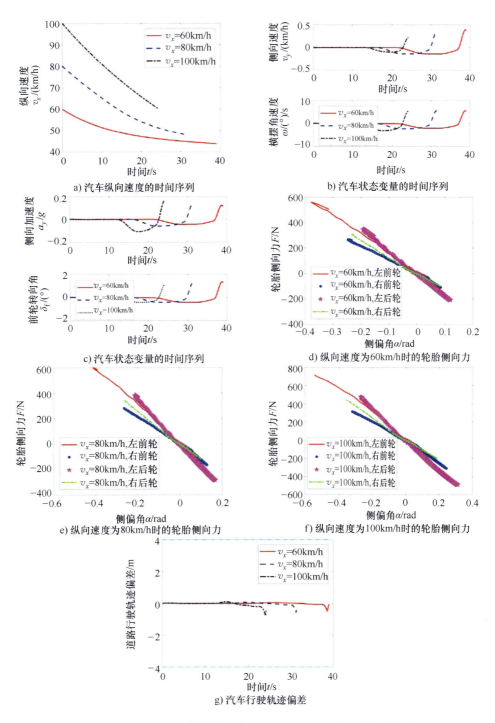

图 15.19 基于汽车纵向速度对 K29 + 564.11 路段的安全评价

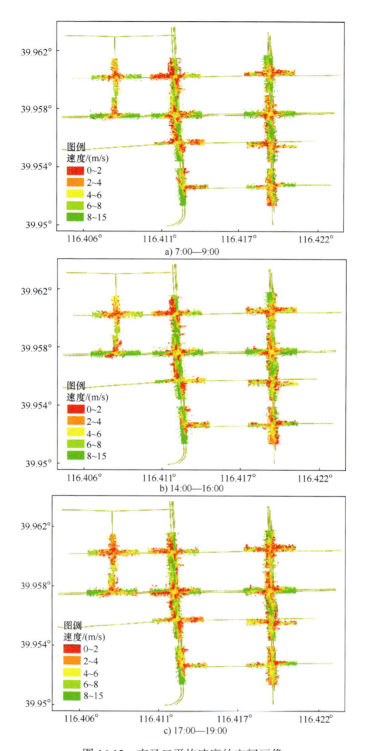

图 16.12 交叉口平均速度的空间画像

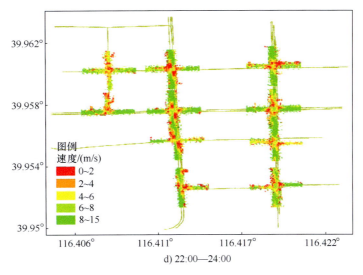

d) 22:00—24:00

图 16.12　交叉口平均速度的空间画像（续）

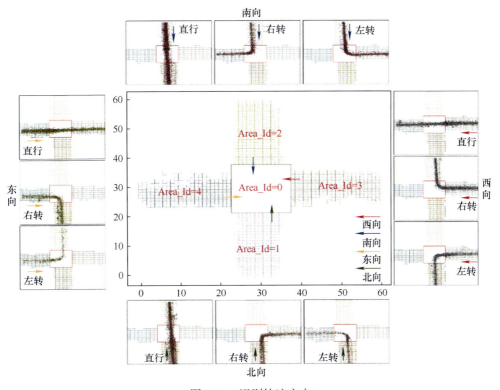

图 17.7　识别轨迹方向

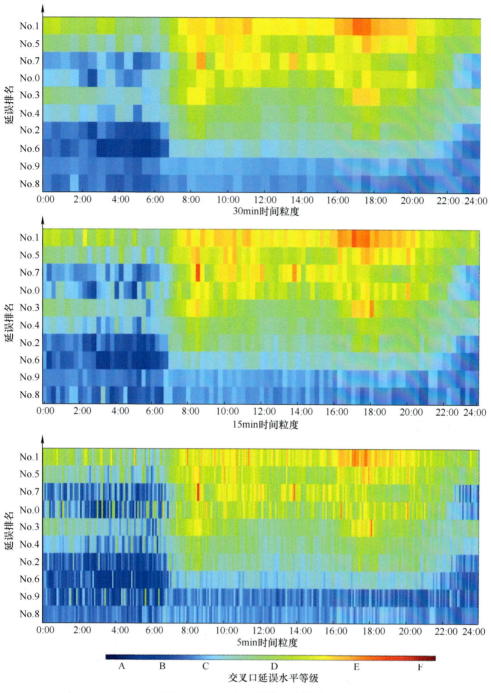

图 17.15 交叉口延误水平排序

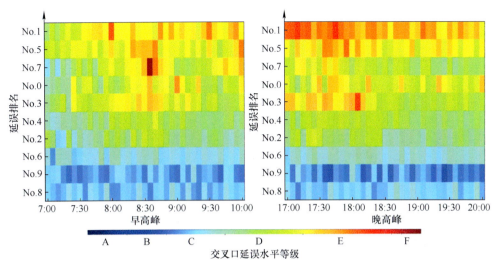

图 17.16 信号交叉口早晚高峰期间的延误分布

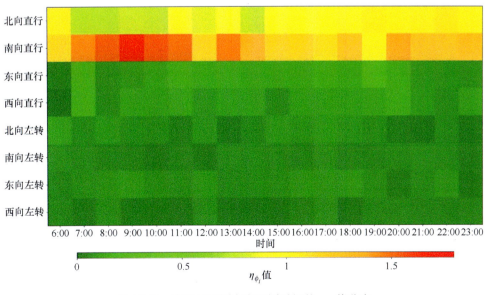

图 17.23 交叉口不同方向不同时间的 η_{ϕ_i} 值分布

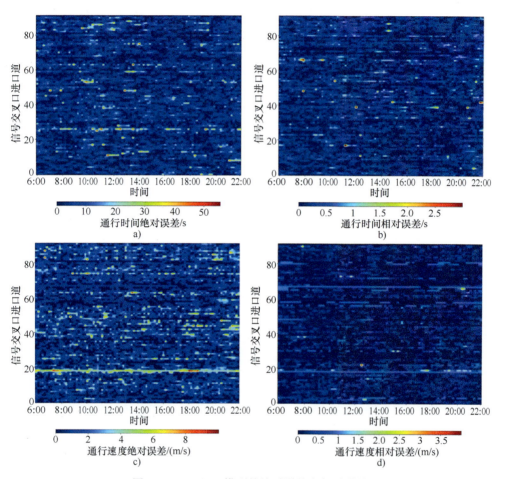

图 18.18 MFDL 模型的绝对误差和相对误差

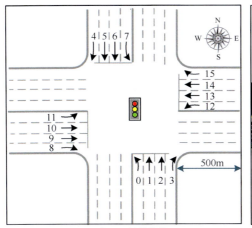
a) 交叉口拓扑结构

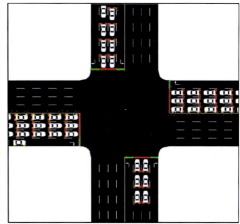
b) 基于总体数据的信号交叉口仿真环境

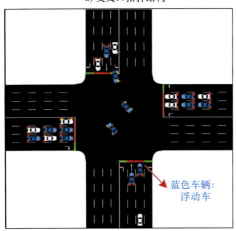
c) 基于浮动车数据的信号交叉口仿真环境

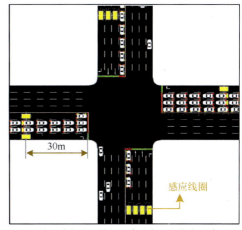
d) 基于感应线圈数据的信号交叉口仿真环境

图 19.9 SUMO 仿真环境

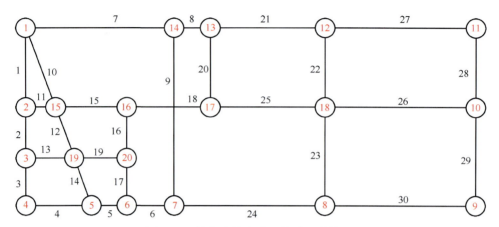

图 21.5 抽象出的实验区域路网结构图

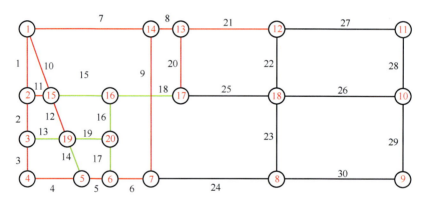

图 21.9 路网子区划分结果